人 民 军 队 征 战 丛 书   《人民军队征战丛书》编写委员会

抗日戰爭

孤悬喋血

1931 年 9 月—1945 年 9 月

（东北抗日联军）

王晓辉　编著

人 民 出 版 社

总　序

　　1927 年 8 月 1 日凌晨，南昌城头的枪声划破了黎明前的黑暗，中国共产党领导下的人民军队由此诞生。之后，这支人民军队在党的领导下，历经风雨，不断发展壮大。从土地革命战争到抗日战争、解放战争，再到抗美援朝战争，人民军队在每一个历史阶段都发挥了重要作用，都为民族独立和人民解放事业作出了巨大贡献。

　　在土地革命战争时期，南昌起义部队与秋收起义队伍在井冈山会师后，逐步形成中国工农红军，并在以毛泽东同志为主要代表的中国共产党人领导下，由城市转入农村，在农村建立和扩大根据地，深入开展土地革命，一次次粉碎国民党军的“进剿”、“会剿”和“围剿”。在第五次反“围剿”斗争遭到严重挫折后，中央红军进行了举世闻名的二万五千里长征，使革命转危为安，打开了中国革命的新局面。而留在南方根据地的红军和游击队则在险恶的生存环境下，紧密依靠群众，坚持了三年不屈不挠、英勇顽强的游击战争。

　　在抗日战争时期，东北各地自发成立的各抗日义勇武装，纷纷举起抵抗日本帝国主义侵略的大旗，并最终会聚成中国共产党领导的东北抗日联军。1937 年全民族抗战爆发后，红军主力部队改编为国民革命军第八路军（简称“八路军”，后改称“第十八集团军”），活动在江西、福建、广东、湖南、湖北、河南、浙江、安徽等八省的红军游击队集中改编为国民革命军陆军新编第四军（简称“新四军”）。在中国共产党倡导的以国共合作为基础的抗日民族统一战线旗帜下，中国共产党以全民族的全面抗战为总路线，以持久战为总方针，独立自立地领导八路军、新四军、华南抗日游击队和东北抗日联军等武装，深入敌后开展游击战争，创建扩大根据地，不断壮大力量，并发起百团大战。在敌后抗战进入严重困难时期后，中国共产党一面顽强地坚持独立自主与自力更生的对日作战，一面反投降、反分裂，不断粉碎国民党顽固派的反共摩擦，经过不懈的艰苦斗争与浴血奋战，终于战胜重重困难，最终迎来了抗日战争的伟大胜利，在全民族抗战中发挥了中流砥柱作用。

在解放战争时期，中国共产党为争取国内和平，一面与国民党政府谈判，一面不断击退国民党军队的进攻。到 1946 年 6 月，国民党在美国支持下，撕毁停战协定和政协协议，悍然对解放区发起全面进攻。解放区军民奋起反击，中国共产党领导的武装部队也开始陆续使用"人民解放军"称号。在连续粉碎国民党军队的全面进攻和重点进攻后，人民解放军遵照中共中央的战略计划，由战略防御转入战略进攻，将战争推进到国民党统治区，经过辽沈、淮海、平津三大战役，以摧枯拉朽之势摧毁了国民党赖以维持其反动统治的主要军事力量，转入了向全国进军的新阶段。以渡江战役为起点，中国共产党领导人民军队向仍残存于大陆的国民党军队展开了大规模进攻，并在胜利进军的凯歌声中，迎来了新中国的诞生。从此，中国彻底摆脱了半殖民地半封建社会的悲惨命运，真正实现了民族的独立和解放并走向富强。

新中国成立后不久，朝鲜内战爆发。美国立即进行武装干涉，同时侵入中国台湾海峡，将战火烧到鸭绿江边。中共中央和毛泽东等在国家安全面临严重威胁的情况下，经过艰难曲折的抉择，作出了"抗美援朝、保家卫国"的决策，组成中国人民志愿军赴朝作战。中国人民志愿军同朝鲜人民军密切配合，经过连续五次战役，将侵略军从鸭绿江和图们江边赶回到了"三八线"

附近，迫使侵略者展开谈判，并最终在停战协定上签字。抗美援朝战争的胜利，不仅保卫了朝鲜民主主义人民共和国和中国的安全，而且捍卫了远东和世界和平，对国际局势也产生了深远影响。

2027年8月1日，是中国人民解放军诞生100周年纪念日。为此，我们组织编写了这套《人民军队征战丛书》。丛书分为4篇共16部：土地革命战争篇分为《星火燎原》《铁血破围》《万里远征》《烽火南国》4部；抗日战争篇分为《孤悬喋血》《深入敌后》《巩固发展》《艰苦奋战》《反攻凯歌》5部；解放战争篇分为《大开局》《大转折》《大决战》《大追击》4部；抗美援朝战争篇分为《艰难决策》《席卷千里》《战场逼和》3部。这套丛书的作者，都是从事军事历史与军事理论研究或教学的专业人员，因此特色明显。

一是宏观与微观相汇融。各部书大多以时间顺序作为纵线，不仅从战略层面记述了各场战争的来龙去脉、决策过程，而且对战争中的重要环节和场面进行了全景式地画面描绘。历史纵深感强，场景复杂宏阔。在重点叙述人民军队作战行动壮阔画卷的同时，还细致入微地记述了众多革命先烈和英雄人物，立体、具体、多元地呈现了我军征战的历程。

二是学术性与生动性相兼顾。各部书在学术上保持权威、可靠、严谨的基础上，文风鲜明活泼、语言晓畅明白，力求深入浅出地将历史讲清楚、讲生动。特别是书中融入大量权威的将帅传记内容与战争当事者原汁原味的回忆史料原文，使对人民军队征战的叙事更加活泼多姿、引人入胜，具有较强的可读性。

三是史与论相结合。各部书坚持马克思主义历史观，严格依据正史讲述战争的发生发展进程，同时引入大量的原始电报、文件、档案等历史资料，力争重要引言与对话皆有出处，不作臆断发挥，以保证严谨与严肃性。同时，各部书注重恰如其分地加入适当的历史背景分析、战略战术评价等，画龙点睛地揭示出战争发生的矛盾源头与战争发展的内在规律，以给读者以更为深入的思想启迪。

希望广大读者能够通过这套丛书，更全面更准确地了解人民军队征战的辉煌历史与优良传统，以利于更好地把握今天、面向未来，以昂扬向上的精神风貌投身于全面建设社会主义现代化国家和实现中华民族伟大复兴的事业中去。

由于我们水平有限，且本套书史料繁杂，涉及面广，难免有疏漏和不当之处，恳请读者批评指正。

《人民军队征战丛书》编写委员会
2025 年 8 月

目　录

义勇抗日潮起潮落

关内，锦州失守——辽西耿继周三打新民，两战彰武——郑桂林率部打绥中——锦西民团歼灭古贺骑兵中队——辽东邓铁梅夜袭凤凰城，攻战龙王庙——四次反"讨伐"，邓铁梅壮烈殉国——苗可秀少年铁血军浴血沙场——辽南"老北风"、项青山揭竿抗日——李纯华三打海城——刘景文大战关门山——义勇军四路联手攻沈阳——辽东唐聚五通化保卫战告捷——李春润血战新宾——辽东反"讨伐"，义勇军作战失利

到民众中去、到农村去、到义勇军中去

祸"降临,魏拯民东满拨乱——西征传捷报,独立师组建为人民革命军第二军——
第二、第五军会师组建西部派遣队——日伪再"讨伐",东满抗日形势陷低潮满载而归——崔石泉单枪拉起饶河特务队，攻打虎林县城——虎林脱险，饶河民众反日游击大队越战越强——夜袭与伏击，李学福破敌有道——东北人民革命军第四军第四团（东北抗联第七军前身）成立，新兴洞血战突围——开辟同江游击新区，抗联第七军成立在即——历坎坷，汪雅臣南山里举起抗日义旗——跟着共产党抗日到底，汪雅臣率队改编为东北人民革命军第八军

鼎盛、孤悬、危机、西征

退却是为了更好地反攻！

义勇抗日潮起潮落

义、勇两字，各有其义；合在一起，乃精神气节，因义生勇、奋勇横发。中华民族自古就有重义轻利的文化传统，历来有"匈奴未灭，何以家为"的报国情怀，历来有舍生取义之忠勇之士。

九十多年前，日本帝国主义者悍然发动九一八事变，由于国民党蒋介石政府顽固坚持"攘外必先安内"的反动方针，东北军主力不战而撤入关内，致使日寇长驱直入，如入无人之境，在不到4个半月的时间里，东北辽吉黑三省广袤的国土，便全部沦陷于侵略者的铁蹄之下，造成了中华民族抗御外侮史上的奇耻大辱。

国土沦陷、民族危亡！一批批不愿做奴隶的中华义勇之士揭竿而起、奋起反抗，自发组织起义勇军、自卫军、救国军等抗日武装，在白山黑水之间，冒着敌人的炮火，前仆后继，向日寇发起冲锋。这些用生命与鲜血、悲壮与英勇，主动诠释什么叫义勇的忠勇之士，就是东北抗日义勇军。

东北抗日义勇军的英勇抗战，揭开中华民族抗日战争的序幕。毛泽东早在全民族抗战之初，就做了明确阐述："中国人民的抗日战争，是在曲折的道路上发展起来的。这个战争，还是在一九三一年就开始了。"**1**九一八事变后，东北各民族各阶层各行业各团体和广大人民群众，自发组织起各种抗日义勇武装，走上打击侵略者的战场。据统计，从九一八事变到1932年夏秋之际，东北抗日义勇军全盛时期总人数达到30万人以上。在当时东北三省154个县中，有义勇军活动的就达93个县之多。从辽河西岸到松花江畔，从长白山到兴安岭，白山黑水间，东北抗日义勇军天天在战斗，使日寇天天疲于奔命，惊呼"遍地皆'匪'""'剿'不胜'剿'"。东北抗日义勇军英勇抗战，沉重打击了日本帝国主义者的侵略野心，激发了全国人民的抗日斗志，推动了全国抗日救亡运动的发展。习近平总书记在纪念中国人民抗日战争暨世界反法西斯战争胜利75周年座谈会上指出，"中国人民经过14年不屈不挠的浴血奋战，打败了穷凶极恶的日本军国主义侵略者，取得了中国人民抗日战争的伟大胜利"。并明确指出，"九一八事变后，中国人民就在白山黑水间奋起抵抗，成为中国人民抗日战争的起点，同时揭开了世界反法西斯战争的序幕"。东北抗日义勇军的英勇抗战，将永远载入中国人民反抗侵略的斗争史册。

东北抗日义勇武装英勇抗战，体现中华民族的浩然正气。九一八事变以后，东北地区从社会上层官员、民族资本家、高级军官到社会底层的贩夫走卒，从工人、农民、学生、知识分子到各社会团体，从爱国东北军官兵到警察、民团、保安队，再到林林总总的红枪会大刀会山林队，大批爱国之士都深切感受到亡国灭种的威胁，都意识到最危险的时候已经到来，都不甘心沉沦当亡国奴，必须站出来，不惜牺牲生命来反抗日本帝国主义的侵略。面对日本帝国主义者的侵略，在国民党政府对侵略者一再妥协退让而不予义勇军以支持支援等不利条件下；面对日本侵略军编制严密、武器精良、训练有素等军事优势，东北抗日义勇军组织分散、装备低劣，方方面面都相形见绌。为了民族生存和尊严，东北抗日义勇军不畏强敌、不怕牺牲，在物资缺乏和严寒中苦战，采取阻击、伏击、偷袭、夜袭等灵活战术，同日本侵略军进行大小战斗3000多次，先后攻占县城达40余座，对日军盘踞的长春、沈阳、哈尔滨、齐齐哈尔等大中城市也多次进行袭击，消灭了日本侵略军大批有生力量。东北抗日义勇武装英勇抗战，体现中华民族不畏强暴、抵御外侮、宁死不屈的民族气节和深厚长久的爱国主义精神。

东北抗日义勇武装英勇抗战，为中国共产党领导东北抗日武装斗争提供有益经验。九一八事变后，中共中央、中共满洲省委的一系列抗日号召和路线方针政策，对于东北抗日义勇军的兴起起到积极的推动作用，部分抗日义勇军在组建过程及武装反日斗争中得到中国共产党的领导和协助；大批中国共产党员和东北抗日联军将领，如周保中、赵尚志、李兆麟、李延禄等，都曾在东北抗日义勇军中担任过职务、指挥过战斗、经受过锻炼；一些东北抗日义勇军部队经过中国共产党的改造与改编，最终成为东北人民革命军和东北抗日联军的部队。可以说，东北抗日义勇军及其斗争，为中国共产党领导东北抗日斗争、建立抗日武装、开展游击战争等，准备了各方面的条件；从政治建设、作战训练、部队管理、根据地建设等方方面面，提供了有益经验。

东北抗日义勇军的斗争，虽然由于国民党政府不予支持、孤军奋战、后继无援、缺乏统一指挥以及内部团结不力等原因，最终未能坚持下去，以致最后失败。但这是全东北人民一次伟大的爱国行动，在斗争中涌现出许许多多抗日英雄。他们以"国家兴亡，匹夫有责"的爱国担当，为驱逐日寇、光复国土而前仆后继，以满腔热血洒于白山黑水之间，灌溉中华民族自由之花。东北抗日义勇军崇高的爱国精神和英勇杀敌的事迹，永远值得后人敬佩。

随着东北抗日义勇军的斗争潮起潮落，继之而起的是中国共产党领导下的东北抗日武装斗争。

注　释

1. 《毛泽东选集》第三卷，人民出版社 1991 年版，第 1034 页。

第 一 章

处心积虑　日本觊觎东北

国力渐盛，日本觊觎东北——从"奉天王"到"东北王"，日本屡屡扶持张作霖——百般应付，"满蒙悬案"张作霖惹杀身——皇姑屯：张大帅血流汨汨——沈阳城：少帅密不发丧，东北易帜

《松花江上》
我的家在东北松花江上
那里有森林煤矿
还有那满山遍野的大豆高粱……

一首《松花江上》，曾让多少中国人对东北心驰神往。从三江平原到白山黑水之间，是一片多么神奇的土地，更是一片富饶美丽的天地。

中国东北（九一八事变时包括辽宁、吉林、黑龙江、热河四省及哈尔滨特别行政区）地域辽阔，总面积达 130 余万平方公里，自然资源十分丰富。广阔的松辽平原，江河纵横，土地肥沃，盛产大豆、高粱、小麦和各种经济作物。连绵起伏的长白山和大小兴安岭，森林茂密，驰名中外。在山地和丘陵地带更蕴藏着丰富的矿产资源。长达数百公里的海岸线，不仅盛产鱼虾，而且有一些天然良港广通舟楫之利。东北的富饶美丽，令人向往；东北的无尽宝藏，更是发展现代工业的风水宝地。

东三省不仅有广阔而富饶的土地，也是我国的边陲重地和战略要冲。帝国主义列强对我国东北垂涎三尺，特别是日本帝国主义觊觎我国领土

的野心由来已久。

国力渐盛，日本觊觎东北

早在 16 世纪中叶，日本统一的封建国家形成之后，即德川幕府时代，丰臣秀吉为了日本封建主和大商人的利益，做好对外侵略战争的准备。按照丰臣秀吉的计划，首先征服朝鲜，然后征服满洲、台湾、菲律宾群岛，最后迁都于中国本土，建立"大亚细亚日本帝国"。

吞并朝鲜，侵占东北，灭亡中国，征服全世界，是日本明治政府既定的国策。1868 年 1 月，日本实现所谓"明治维新"运动，建立起以明治天皇为首的新兴资产阶级和封建地主阶级联合统治的政权，使日本跨入了资本主义时代。在明治政府成立后不久，1868 年 3 月 14 日，就以天皇名义发表了所谓《宸翰》的亲笔信，公然宣布其要"继承列祖列宗的伟业"，"安抚尔等亿兆，开拓万里波涛，布国威于四方"的侵略野心。日本统治集团制定了吞并朝鲜、侵占满蒙（我国东北和内蒙古）、侵略中国和征服全世界的所谓"大陆政策"。19 世纪 70 年代，日本便开始侵略我国台湾，并侵入朝鲜，蓄谋把朝鲜作为进攻我国东北的跳板。

1894 年春，朝鲜南部爆发了东学党起义。起义军声势浩大迅猛异常，朝鲜政府无力镇压，于是向中国政府请求派兵支援。日本乘中国出兵之机，抢先派兵进入朝鲜，事件平定后，拒不撤兵。6 月 25 日，日军占领汉城，并袭击中国驻军，遂挑起中日甲午战争。由于清廷腐败无能，战争一开始中国军队即节节败退，北洋舰队全军覆灭，中日甲午之战以清政府的失败而告终。1895 年 4 月 17 日，清政府被迫与日本签订了卖国的《马关条约》，割让辽东半岛、台湾和澎湖列岛给日本，赔偿日本军费白银 2 亿两。

日本通过《马关条约》，不仅获得巨额赔款，获得在中国通商、开埠、关税等许多特权，而且还控制了朝鲜，霸占中国辽东半岛、台湾及澎湖列岛和所有附属岛屿。这引起了早就把吞并中国东北作为国策的沙皇俄国的强烈不满，随后发生了"三国干涉还辽"事件。此后，日本帝国主义积极扩军备战，同沙俄争夺东北的角逐愈演愈烈。1904 年 2 月，日本不宣而战，终于在中国东北的黑土地上爆发了日俄战争。在战争中，俄国在陆、海战场上均遭到失败。1905 年，日本在对马海峡海战中全歼了俄国舰队，日俄战争以沙俄的惨败而告结束。翌年 9 月，日俄两国在美国朴茨茅斯签订了和约。沙俄将其在南满的特权让与日本。12 月，日本政府全权代表小村寿太郎前往北京，迫使清政府承认日本在《朴茨茅斯条约》中所取得的有关中国的特权，强迫清政府签订了《中日会议东三省事宜正约》（三款）和《附约》（十二条）。

通过上述条约，日本霸占了朝鲜，取得了中国旅顺口、大连的租借权，攫取了作为中东铁路支线的南满铁路（长春至大连）及其所属财产的全部特权。同时，还获得经营安奉铁路（安东至沈阳）和在鸭绿江右岸采伐林木等权利。另外，开放东北 16 个重要城镇，如凤凰城、辽阳、铁岭、长春、吉林、哈尔滨、齐齐哈尔、满洲里等为商埠，作为日本通商和居住的地方。这样，通过中日甲午战争和日俄战争，日本侵略势力便扩张到中国东北地区。从此，美丽富饶的东北时刻处于日本的觊觎之中。

第一次世界大战期间，日本乘英、美、法各国忙于战争，无暇东顾，公然出兵占领中国山东青岛，夺取德国在胶东的所有特权，进而阴谋独占中国。在东北同时继续扩大其侵略活动。1915 年 1 月，日本提出了灭亡中国的"二十一条"。全文共分五号，其中第二号是日本强占东北南部、东部和内蒙古地区的条款，共分七条，条条都企图扩大日本在东北的侵略势力。"二十一条"的提出，是日本帝国主义推行"大陆政策"狂妄野心的大暴露。袁世凯除了第五条声明容日后协商外，其余条款在日本逼迫下都予以"欣然接受"。5 月 9 日，袁世凯派代表与日本签订条约的消息传出后，全国人民无比愤慨，掀起了群众性的爱国反袁、反日运动。袁世凯在人民反对的声浪中，仅仅做了83天皇帝，就被迫取消帝制。

在袁世凯死后，日本帝国主义乘中国军阀割据混乱之机，又以种种卑劣手段继续加紧对中国的侵略。1917年，当时中国国内正值南北对峙，北洋政府段祺瑞为了用武力压服南方，便勾结日本以求得到其援助，日本诱使中国参加第一次世界大战，贷款2000万元给中国，并缔结《中日共同防敌军事协定》，以进攻苏俄为名，日本军队大批开入中国东北和蒙古地区，并利用帮助中国训练参战军，让许多日本现役军官担任了教官、顾问。

为了巩固日本在中国南满地区的统治，日本借助两个得力工具，一个是南满洲铁道株式会社（简称"满铁"），一个是关东军。"满铁"是日本帝国主义对我国东北进行殖民侵略的重要机构。"满铁"作为经济侵略机构，其侵略活动是多方面的，不仅大肆进行经济掠夺，还对我国东北进行政治、文化方面的侵略。它以"铁路附属地"的名义，在铁路沿线霸占了大量的土地。同时，获得每10公里驻军15名的驻军权。"铁路附属地"内的一切均由日本派驻中国的有关机构分别掌管，对这里的中国居民进行殖民统治。除此之外，它设有专门的情报机构，广泛收集中国的军事、政治和经济情报，它用巨款收买汉奸，拉拢中国的官僚、军阀；还广泛搜罗反华分子，拼凑"满洲青年联盟"等极右组织，从各个方面为日本的侵华政策服务。

关东军是日本帝国主义驻中国东北的殖民军队。从它成立那一天开始，就是日本政府推行侵华政策的工具。它制造了一系列侵华事件，大肆进行侵华活动，它以军事力量为后盾，积极支持"满铁"和"关东厅"的侵华活动。它直接参与策划和实施了九一八事变。因此，关东军是日本帝国主义推行大陆政策的急先锋。关东军司令部是日本在东北的军事统率机构。其直接任务是对"关东州"实行殖民地的军事统治和保护"满铁"的特权。它的主要兵力有：南满铁道独立守备队、重炮兵大队和野战部队的一个师团，在九一八事变前，总兵力约2万人。其中南满铁道独立守备队共有兵力5400余人，分布于南满铁路和安奉铁路沿线的主要城镇。其他的野战部队分驻于长春、沈阳、辽阳等地。

1927年4月，田中义一陆军大将登台组阁。这是日本统治者决心对内加强军事法西斯统治、对外扩大侵略的标志。田中上台后，策划召开了"东方会议"，推行"对华积极政策"，会议制定了《对华政策纲领》。会后，田中将该纲领上奏日本天皇，即臭名昭著的"田中奏折"。这个奏折，描述了中国东北各省及蒙古地区丰富的自然资源，阐明了占领这些地区的必然性，并提出"欲征服中国，必先征服满蒙；如欲征服世界，必先征服中国"的侵略方针和步骤。同年8月，日本又召开了大连会议，讨论具体贯彻落实上述"纲领"并制定实施方案。从此，日本加快了吞并中国东北的步伐。

从"奉天王"到"东北王"，日本屡屡扶持张作霖

在日本帝国主义侵略者着手准备实施吞并东北计划的年代，东北地区处在以张作霖为首的奉系军阀的反动统治下。

张作霖，1875年（光绪元年）出生于辽宁海城荒村栾家铺，祖籍直隶（河北）河间府。因早年出身"绿林"，当过胡匪，在他当上"督军""大元帅"的时候，一些官僚、军阀都以讽刺的口吻称他为"胡帅"。

张作霖年轻时即"与宵小为伍"，游手好闲。张作霖20多岁的时候，正值东北地区的战乱年代。1894年，中日甲午战争爆发，日本疯狂进犯辽南，辽河下游战火纷飞。1900年，义和团运动兴起，沙俄侵略者为镇压义和团以实现其"黄色俄罗斯"计划，大举进犯东北。4年以后，又发生了日俄争夺东北的侵略战争。东北，特别是辽南，又成了日俄角斗的战场。东北的大好河山任敌蹂躏，战争期间，辽东地区直接遭到战争破坏，生命财产损失严重：庐舍为墟，田园荒芜，难民到处流离，啼饥号寒，一片凄凉景象。

连年的战火之后，东北地区陷入极度混乱的无政府状态。一些不肖之徒啸聚山林，趁机劫掠民财，许多散兵游勇到处流窜，四处抢劫，东北一时出

现了大量的土匪。地方绅商为了防范散兵游勇和土匪的骚扰，保护自己的身家财产，也起而勾结土匪，组织团练，为其保镖。沙俄入侵之后，在辽河沿岸出现了许多二匪与豪绅相结合的所谓"保险队"组织。这些"保险队"在地主豪绅的收买与操纵下，名曰"为地方保险"，实则为地主绅商保镖。

张作霖就是在上述背景下，投身"绿林"，拉帮称匪的。靠着自己的投机钻营与精明能干，张作霖很快成了气候，拉起了自己的"保险队"，开始了替地主豪绅看家护院的保镖营生。随着实力的增长，他在绅商心目中的身价逐渐抬高，彼此勾结更加密切，这些绅商每月支给张作霖近3000两充饷。因为有地主豪绅的支持，张作霖在辽西的势力就越来越大了。

1901年9月，清廷命新民知府曾韫把张的部众收编为省巡防营。1903年8月，张作霖任巡防营游击马队营管带，张景惠任帮带，汤玉麟、张作相等分任哨官。1904年经奉天巡防营营务处批准，由民间筹款改为由政府发饷。从此，张作霖身价抬高，再不担心被看成"胡匪"和"马贼"，而是地方官军的堂堂营官了。

张作霖当上清朝营官两年之后，1904年2月爆发了日俄战争。我国东北成了日俄角逐的重要战场。反动腐朽的清政府竟可耻地宣布辽河以东为战区，辽河以西为"中立区"。置战区人民于不顾。

这时，已当上新民府游击马队营管带的张作霖，在战争期间不敢不遵守清政府所宣布的"中立"。身为游击营官，职在保护地方，虽说官职不高，却要领兵巡逻放哨，四处活动，这就引起了日俄特务的兴趣。双方都用种种拉拢手段，威胁要求合作。于是，善于投机取巧、看风使舵的张作霖，在日俄战争期间对清政府的"中立"采取阳奉阴违的态度，对日俄侵略者采取了双管齐下的投机手段。他抱定主意：首先是乘机弄些好马好枪和粮饷，以壮大自己的武装，再看形势的变化而见机行事。

为了达到上述目的，在战争初期，他看到俄军强大，为了应付和讨好俄军，就接受俄军贿赂的金钱和枪械，暗地里帮助俄军搜罗粮草，供应俄军一些情报，有时也抓住机会换上俄军军装，偷袭小股日军，缴获些枪支弹药、粮秣柴草和金银细软。一年后，随着战争形势的发展，看到日军明显地转为优势，他又暗地里倒向日本一边，干些为日军效劳和从中渔利的事情，张作霖与日本的特殊关系此刻已现萌芽。由于张作霖在日俄战争中采取骑墙态度，既严守清廷的所谓"中立"态度，又暗中做个墙头草随风倒，左右逢源，谁也不得罪。因此，自身实力不减反增。到 1906 年，张作霖的部队已由一营扩大到五营，张作霖本人也升为五营管带。

辛亥革命爆发后，张作霖率部移驻奉天城内镇压革命党，不仅受到奉天当局的赏识，也受到袁世凯的重用。1907 年，他升任奉天巡防营后路统领。1912 年又成为民国新贵，成为奉天省陆军第二十七师中将师长。从此，张作霖掌握了东北地区最为强劲的一支军队，成为左右奉天局势举足轻重的人物了。

1915 年底护国运动刚发生，张作霖为扩充自己的势力，借口表示赞成帝制对袁世凯施压，袁世凯被迫给了张作霖威武将军督奉的头衔，而将原奉天都督段芝贵排挤走。袁世凯一生投机钻营，可谓大师级人物，在其称帝野心之下竟也失去了往日的精明，被后来居上的张作霖给玩了一次逼宫，可谓世事轮回实难料定。1916 年，张作霖又被袁世凯任命为奉天盛京将军。袁氏帝制失败后，张又改任奉天督军兼省长，利用张勋复辟之役搞掉了"绿林老前辈"、时任奉天省陆军第二十八师师长冯德麟。这样，张作霖就成了名副其实的"奉天王"。

成为"奉天王"后，张作霖在日本人眼里自然身价不菲。日本人正忙于煽动第二次"满蒙独立"运动，认定通过张作霖搞"满蒙独立"是条捷径，开始重视和支持张作霖。

1916 年 10 月，力主支持张作霖的寺内正毅上台组阁。决定支持张作霖"统一东北"。

　　张作霖对于他的老相识寺内上台非常高兴。他曾对他的日本顾问菊池武夫说："我对日本在满蒙有特殊地位一点十分了解，对日本开发满蒙一事抱欢迎态度。现在中国南北冲突势所难免，我力避投入政争漩涡，一意和日本提携，维持东三省及东蒙的安宁秩序，以专心致力于开发。请菊池把以上各点向总理大臣转达。"此后，日本对张作霖的支持显著加强。到 1917 年，在日本人的扶持下，张作霖已握有奉天陆军第二十七、二十八、二十九师 3 个师的兵权。1918 年又增编了 1 个师和 6 个混成旅，并将势力扩张到吉林、黑龙江地区。张作霖夺取东北霸权的每一步骤都与日本研究并取得支持，特别是在和冯德麟、孟恩远的斗争中，都是在日本赞助、支持下取胜的。

　　为了独霸东北，张作霖在独揽奉天省大权后，在日本人的支持下，即着手兼并黑龙江和吉林两省。他首先趁黑龙江军阀内部争权之乱，拉拢争斗双方，运用"分而治之"的手法最终收回了黑龙江军政大权。

　　在黑龙江得手后，张作霖立即向吉林插手。此时，1918 年 9 月，张作霖被北京政府任命为东三省巡阅使。但是，吉林督军孟恩远在吉林苦心经营十余年，资格比张作霖还老，要想驱走孟恩远谈何容易。

　　老于权谋、工于心计的张作霖，先是收买北京的吉林省议员控告孟恩远参加"张勋复辟"，要求罢免其督军一职，后遭到孟恩远激烈反抗而未果。于是，张作霖再次唆使吉林民众向当时的国务院写控告信，控告孟恩远纵兵殃民，再次要求罢孟之督军职位。北京政府即调其来京任职，孟恩远不肯，并以会发生兵变为由拒受任职。张作霖见软的不行，立即派第二十七师、第二十九师攻打吉林，但吉军高士傧等绝不示弱，他们在长春组织司令部，以高俊峰为前敌司令，将吉军集中到吉长一带积极备战。奉、吉间的军阀战争大有一触即发之势。

　　在双方对峙的紧要关头，日本帝国主义支持张作霖，在长春制造了"宽城子事件"。

　　宽城子是长春的旧名，地处长春北部。吉军的一个团驻宽城子迤北，禁止行人通过。但 19 日下午，长春车站的日本职员船津不顾哨兵的阻拦，强行通过驻军营地，且破口大骂中国人为"支那病夫"，激起当地的吉军士兵的愤怒，被众兵暴打一通。事后，船津立即奔赴长春日本兵营求援，日军马上开到吉军营地，接着日本又从公主岭、铁岭等地调来大批军队，挑起军事冲突，双方互有死伤。日本即以此为借口，提出无理要求：要长春的吉林驻军全都撤出三十里以外，待"督军问题解决后"（指免去吉林督军）才能复原。在日本侵略者的军事压力下，吉军被迫撤出长春。

日本帝国主义挑起事端后，又向北京政府提出抗议。在亲日派段祺瑞控制下的北京政府，立即下令将孟恩远、高士傧免职。但高士傧不服，继续顽抗。然而，他的队伍由于日军干涉和奉军的围攻，加之其部下已被张作霖收买，最后不得不在孟恩远的劝阻下停止抵抗，向张作霖表示交出吉林军政大权。就这样，张作霖在日本人的支持下，夺取了吉林的军政大权，成为名副其实的"东北王"，成为握有重兵、雄踞一方的大军阀。

第一次世界大战结束后，西方列强腾出手来再次转向东方，帝国主义之间对中国的争夺加剧。在它们的策动下，军阀混战连年不绝。与此同时，随着自身实力的增长，张作霖不甘心孤悬于关外，其驱兵关内、问鼎中原的野心也急剧膨胀起来。在日本的支持下，从 1920 年起，张作霖入关参加军阀混战，先利用直皖军阀混战渔翁得利，捞取军火，扩张势力范围；接着与直系争霸北京政权，先败后胜，打了两次大战，最终在北京当上安国军大元帅。

1921 年 4 月 29 日，第一次直奉战争正式打响。第一次奉直战争前，张作霖准备了一年，出兵近 20 万。不料开仗 7 天便一败涂地。其实奉军的兵力、装备并不亚于直军，但由于"绿林"式的奉军素质甚差，缺乏训练，加上指挥失误，不到一周即告失败。于是张作霖退回东北，开始了大规模的整军经武运动。

张作霖的整军备战得到了日本的大力支持。日本派了很多军事顾问为奉张整训军队，在武器方面也给以大力支援。1922年10月，张作霖以100万元购得日本存在海参崴的军械子弹（内有步枪2万支以及炮弹、炸弹、飞机等）；1923年2月，日本把购自意大利的军械（步枪13000支、炸弹800颗、大炮12尊）转卖给张作霖；8月，日本又把价值368万元的军械（2.2万件）运入奉天省城；等等。日本帝国主义者感到直接供给张作霖军火武器，会引起列强的干涉和中国人民的抗议，又采取助张自办兵工厂的办法，来满足张作霖日益增长的军火需要。在日本人的帮助下，张作霖大力扩建兵工厂，使得东北兵工厂成为全国规模最大的综合性兵工厂之一，每年能生产大炮（包括山炮、野炮、重炮等）约150门，炮弹20余万发，步枪6万余支，枪弹1亿至1.8亿粒，轻重机枪1000挺以上，迫击炮的生产数量也很大。

靠着日本的大力扶持，经过整顿和训练，奉军实力剧增，奉军素质和战斗力提高了。在第二次直奉战争前，共有步兵27个旅、骑兵5个旅。炮兵在改编前只有山、野炮4个团及重炮1个营，后扩编为2个炮兵独立旅和1个重炮团，并将各师旅之炮兵团或营加以补充更换，计有炮兵10个团左右。奉军总兵力约有25万人。

除整顿和充实陆军以外，张作霖又竭力筹建空军、编练海军。在第二次直奉战争前，奉军拥有"镇海""威海"两舰，以后逐渐发展。东北海军全盛时期，拥有大小舰只21艘，32200余吨，当时全国军舰只有42000吨，东北就占76.7%。东北海军官兵有3300人，当时全国海军约有5400人，东北军就占61%。

由此可见，奉系军阀张作霖为了准备军阀战争和称霸全国而进行的整军备战规模是相当浩大的。这是与日本的援助密切相关的。如果没有日本的支持和维护，他在东北的"自治"和整军备战是难以实现的。

1924年9月，第二次直奉战争爆发，张作霖终于打败了直系吴佩孚。张作霖之所以能够取胜，原因是多方面的。其中，是和日本的援助分不开的，没有日本帝国主义在战前和战争进行中的种种支持，张作霖是难以取胜的。此后，奉系军阀势力在日本帝国主义支持下，再一次伸入关内。1925年初，奉军大举入关，迅速占据了河北、山东、江苏、安徽，到6月，奉系势力伸展到东南财富中心——上海。

1925年，孙传芳、吴佩孚卷土重来，组织了五省联军反对奉系，张作霖被迫再次退回北方。同年冬，张作霖手下参谋长郭松龄与冯玉祥暗通反奉，郭松龄的部队都是奉系的精锐之师，因此，初期郭松龄进兵顺利，张作霖被打得措手不及。12月5日，郭松龄攻占了锦州，张作霖的统治危在旦夕。此时，日本关东军为了维护日本在东北的利益，悍然出兵干涉。日本除从朝鲜增调一部分军队到东北外，又派斋藤少将率一个混成旅团参战，日本侦察队还切断了郭军指挥部与前线部队的联系。由于日军的干涉，张作霖终于打败了郭松龄。1926年初，直奉军阀联合进攻国民军，赶走冯玉祥，掌握了北京政权。1927年6月，张作霖在北京组织"安国军政府"，张作霖升任"中华民国陆军大元帅"，成为北洋军阀最后的小朝廷。

百般应付，"满蒙悬案"张作霖惹杀身

世上没有免费的午餐。日本对掌握了东北统治权的奉系军阀头子张作霖既支持又利用，当然支持仅仅是手段，而利用则是目的。

在张作霖统治东北时期，为换取日本的支持，他竭力讨好日本，给日本以经济扩张诸如"合办"投资的种种便利，对日本的侵略行径听之任之，使日本的经济侵略势力在东北有了极大的扩展。此外，日本帝国主义对东北土地的掠夺也很猖獗。1922年11月，为了更有计划地掠夺东北土地，由"满铁"和"东拓"合资设立"东亚劝业株式会社"。该会社成立后，在内蒙和奉天各地，通过军阀政府订立商租契约，或勾结土豪劣绅利用典押合办等形式掠夺大量土地。总之，在奉张统治东北时期，日本的侵略势力基本上控制了东

北的经济命脉和左右了张作霖的政权，给东北人民带来了深重灾难。

世上只有永恒的利益，没有永恒的朋友。日本人费尽心机扶植张作霖成为"东北王"，根本目的在于利用张作霖来实现吞并东北进而吞并中国的侵略企图。然而，日本人没有想到入主中原的张大帅，并不是一个可以轻易摆弄的人物。

第二次直奉战争后，张作霖实际上控制了北京政权。由于奉军势力的增强、张作霖地位的上升，他不愿像在东北那样完全受日本控制。他感到要稳定中国政局、保住自己的宝座，单靠日本的支持是远远不够的，还需要得到英、美等国的支持。于是，他同英、美等国进行联系，寻求援助，企图"以夷制夷"。

1927年5月30日，日本驻北京公使芳泽谦吉将日本出兵山东一事通报张作霖和代总理兼外交总长顾维钧，张、顾当即表示反对。山东当局也向日本驻济南总领事提出抗议，要求转电日本政府中止出兵，济南、青岛等地民间团体也掀起了反对日本出兵山东的斗争浪潮。日本感到张作霖越来越不肯俯首听命，对他的态度迅速作出反应。6月初，关东军司令部在《关于对满蒙政策的意见》中提出，要东三省宣布自治，在自治政权中设置日本行政、财政、军事顾问。如张作霖不肯接受这些要求，即另以他人取代之，必要时当准备使用武力。

6月18日，张作霖在北京组织军政府，当上海陆军大元帅后，他感到自己身居高位，应"内孚民望""外睦诸国"，因此，对日本强加的种种侵略要求，或予以拒绝，或借故推托。同时，他又联络英美，引进英美资本，修建打虎山至通辽、沈阳至海龙铁路和葫芦岛港等，张作霖的这种态度和行为，促使日本对他态度继续发生改变。

在1927年的东方会议上，日本军政要员对张作霖及其把持的北京政权进行了详尽的分析。外务省提交讨论的文件《关于满蒙政治形势的安定及解决悬案问题》指出，当前中国形势对张并不利。芳泽认为若南北决战，张作霖只有三分胜利把握。吉田茂则认为南军北上，张作霖迟早要失去在京津的地位，逃回关外，其前途不容乐观。日本不能在维护和扩大其在满蒙特殊权益这件大事上"把重点放在张作霖命运如何上"，"如张能自己支撑并对日本有用则支持之，否则就踢开他"。

东方会议结束后，日本按既定方针不断向张作霖提出各种"满蒙悬案"问题，进行交涉，步步威逼张作霖。先是，日本公使芳泽到北平访问张作霖，要求解决所谓的"满蒙悬案"。9月，日本人就东北当局自行修筑两条铁路之事进行抗议，被张作霖驳回。11月，日本满铁社长山本访问张作霖，要求在东北修筑五条铁路，企图进一步控制东北。张作霖怕激起东北人民的强烈反抗，动摇其在东北的统治，于是利用英美出面"以夷制夷"牵制日本，致使日本这项计划又一次成为悬案而搁置起来。

所谓"满蒙悬案"问题，就是日本为侵占中国东北地区（包括内蒙古东部地区），不断向中国政府提出的以攫取铁路修筑权和经营权为主的各种权益的无理要求，由于这些强加给中国政府的无理要求不能完全得到满足，日本就把这些问题视为悬案，一而再、再而三地敦促中国当局解决"悬案"，否则就以武力相威胁。

1928年3月，张作霖为军事斗争需要，与日本方面签订了《吉敦铁路延长垫款合同》，合同规定日本提供500万日元之军需品，以支持张作霖与国民军对抗。此时，日本仍企图获取在东北修建五条铁路的修筑权，张未予明确答复。

1928年4月，蒋介石与冯玉祥、阎锡山、李宗仁等联兵北伐，奉军节节败退。张作霖因战事吃紧，急调吉林军入关，但"满铁"拒绝运送。19日，日本因北伐军逼近山东，悍然决定第二次出兵山东。5月初，日军制造了骇人听闻的济南惨案，张作霖把持的北京政府也不得不向日本提出抗议。就在张作霖的北京政权岌岌可危之时，日本加紧对张施加压力，再次要求解决

"满蒙悬案"，兑现奉方过去答应之条款，并威胁说，否则张作霖出关时可能遇到危险。日方终于逼迫他于 5 月 13 日签署了由"满铁"承修延海、洮索两线铁路的合同；15 日，张作霖又委交通部代表赵镇签署了关于吉敦延长线、长春至大赉线的合同。同时，日本又欲逼张退回东北，再以承担军事责任为由剥夺张的权位，从而实现由日本霸占东北的野心。张作霖窥破日本居心，既不愿意接受日本提出的苛刻条件，也不愿在失败的情况下退回东北被日本人操纵。

5 月 18 日，日本政府向张作霖和南京政府发出备忘录，公然声称："当战乱进展至京津，并祸及满蒙时，帝国政府为了维持满洲治安，必将采取适当而有效的措施。"张对这一备忘录非常不满。芳泽"劝告"张趁秩序未乱时早退关外。30 日，走投无路的张作霖下令总退却。于是向日本提出，因不与国民军作战，不再需军费补充，拟取消过去三月间双方签订的《吉敦铁路延长垫款合同》，日本方面对张作霖此举十分恼火。

这样，随着日本侵华和解决所谓"满蒙悬案"问题势态的发展，日奉之间的矛盾日趋尖锐，日本军方认为依靠张作霖攫取东北已不现实，必须抛弃"同他生死与共的想法"，终于下了除掉张作霖的决心。在张作霖决定撤回关外的前几天，关东军司令部曾派参谋竹下义晴少佐到北京与华北派遣军合作，派刺客在北京刺杀张作霖。竹下向关东军高级参谋河本大佐泄露了该计划，河本认为这一冒险计划没有成功把握，让竹下与他合作，竹下答应了他的要求。

河本另有谋划：他决定在张乘火车回沈阳时在沿途某处炸车。张死后，使东三省权力地方军阀化，而后扰乱治安，乘机出兵武装占领。他要求竹下"直接去北京，详细侦察张作霖的行动，把他哪月哪日乘火车逃往关外的情况侦察清楚"，及时告诉他。不久，竹下用密码电报通知河本，说张真要逃归沈阳，河本立即向山海关、锦州、新民和京奉线各重要场所派出侦察人员，让他们将张车经过的地点、时间侦察确切，迅速汇报。炸车地点原先选在巨流河铁桥，后发现该处奉军戒备森严，无法下手，遂改在沈阳车站西北皇姑屯附近京奉、南满两铁路交叉处的桥洞。河本作了布置：由守备队东宫铁男大尉直接指挥工兵队，在铁路交接处埋入黄色炸药 30 麻袋，在 500 米外的瞭望台用电动装置引爆。在交接点以北装置了脱轨机，附近还埋伏了一个排的冲锋队。

机警的张作霖也预感到日本方面不会善罢甘休，遂预作防备，曾"故布疑阵"，一再更改出关日期，加强保安措施。先宣布 6 月 1 日启程，后改为 2 日，最后在 3 日离开北京。在张作霖决定回奉的前几天，奉天宪兵司令齐恩铭曾有密电到平（北京）说，"老道口（南满路与京奉路的交叉点），日方近日来不许行人通过，请防备"。但张对这一消息并未重视，不以为然。他虽然也曾想坐汽车取道古北口出关，但因怕公路坎坷不平，仍决定乘火车离京。但是，他却没料到关东军司令部早已指定专人，拟制了在皇姑屯一带炸车的周密计划；更没料到与他同行的日本顾问町野，竟一直与关东军司令部保持联系，在快到皇姑屯时提前下车走人。一张死亡大网已悄然网住了张大帅。

在张离京前夕，日使芳泽仍去纠缠张作霖，逼他正式履行"日、张密约"的手续（指郭军反奉时所订的密约）。对这种趁火打劫的行为，张很气愤。当芳泽到中南海客厅时，张不予接见，在办公厅内高声大骂，"日本人不够朋友，竟在人家危急的时候，掐脖子要好处"，并说："我张作霖最讨厌这种办法！""我不能出卖东北，以免后代骂我张作霖卖国贼。我什么也不怕，我这个臭皮囊早就不打算要了。"[1]这时，日、张关系已很紧张，张的随身官员后来说："临行时都有一种惴惴不安的预感，惟恐在山海关出事"。[2]有的还私下准备了药布、饼干，以防万一。

皇姑屯：张大帅血流汩汩

1928 年 6 月 3 日凌晨 1 时 15 分，张作霖率同要员及侍从武官等出帅府西门，乘黄色的钢制汽车出发，同行的汽车共有四辆，张坐第二辆。汽车在夜色中开往车站。

月台上明晃晃的灯光照射着卫兵的刺刀，充满着森严、沉闷的空气。张学良、杨宇霆、孙传芳等前往送别。随行回奉的除"大元帅府"的官员和卫队外，还有张作霖的六太太和三公子张学曾，以及日籍顾问町野等。张作霖乘坐的专车是前清慈禧太后所乘的花车，装饰华丽，雍容贵气，共有22节。张作霖乘坐的车厢在列车中间，车后有餐车，车前还专门有一列压道车做前卫。然而，即使是这样的安全防范，最终没有抵过日本军国主义的狠毒算计。

列车开动后，大家在车上闲谈。6时许，车抵天津站，日本人也来会面，旋即离津东进。在山海关与从沈阳前来迎接的吴俊陞相聚，遂换着便服，在车内闲谈。预计列车4日3时30分到沈阳站，但迟行约2小时。

5时30分左右，车经皇姑屯附近京奉、南满两铁路交叉处的桥洞。埋伏在暗处的日本关东军大尉东宫铁男按动电钮，轰然巨响，烟尘冲天，花岗岩的桥墩被炸裂了，钢轨、桥梁被炸弯了，石头、碎木、土砾四处乱溅，鲜血与尸骨四处杂陈。第七、八、九节车厢被炸毁，张作霖所乘第八节车厢崩出几丈开外，被炸得只剩下一个底盘。张作霖咽喉破裂，脑受剧震，血流汩汩；随行人员或血肉模糊死相惨烈，或被埋在碎木土石下面，或受伤阵阵号痛。张作霖身受重伤，经急救后改坐汽车，驶入沈阳大南门里的大元帅府时，已经奄奄一息。张对他的老婆芦夫人说："我受伤太重……恐怕不行了……叫小六子（张学良）快回沈阳。"说完便死去了。

按照预定的计划，河本事先在沈阳大和饭店前集结了足有一个旅团的兵力，事件发生后，再令参谋尾崎大尉紧急集合关东军，同张作霖卫队交战，搅乱局势，再以"维持治安"之名出兵占领沈阳乃至东北。但是，由于一名不了解河本计划的关东军参谋在3日夜里解散了那个旅团，紧急集合命令又被参谋长斋藤中将严厉的命令所阻止，而奉天省长臧式毅也阻止了奉天军队准备报复的行动，河本的阴谋才未能得逞。田中内阁的海相冈田启介后来在供词中说："如果那时能够紧急集合的话，大概满洲事变（指九一八事变）当时就会发生。"[3] 炸车事件发生后，为掩盖事实真相，关东军在出事地点布置了假现场，并立即修复被炸毁的铁路，抓来两名吸毒的中国人换上衣服，处死在现场，身旁放 2 枚炸弹，散置在现场的还有"国民军关东招抚使"书信残片一件和私人信封两个，诬指此事是国民革命军便衣队员所为。关东军以此广布谣言，制造混乱，掩盖罪行。

日本军国主义者在制造皇姑屯事件之后，又在沈阳制造了一系列事件，企图引起东北的混乱，挑起军事冲突，以便乘机占领东北，建立傀儡政权。在炸车的第二天，日本侵略者在山海关、锦州间的一车站制造了奉军军车脱轨事件；6 月 10 日和 12 日，日军又接连在沈阳市制造炸弹案，并想谋杀张学良。当时，"日兵在奉，蚁屯云集，其全部为三师弱，有二万人，观其耀武扬威之情，似有跃跃欲试之心"[4]。16 日，日军 1.8 万人在沈阳城南浑河沿岸演习，高唱"南满是我们的家乡"。

沈阳城：少帅密不发丧，东北易帜

日本军国主义者的阴谋诡计立即为奉省当局识破，为稳定局势，防止敌人乘机举动，决定对张作霖之死采取保密措施。6 月 6 日，奉天省公署发表通电称："主座由京回奉，路经皇姑屯东南满铁道，桥梁发生炸弹，伤数人，主座亦身受微伤，精神尚好……省城亦安谧如常。"除通电之外，"每日厨房照常开张作霖的饭，杜医官天天来府假装换药并填写医疗经过和处方，以瞒过日本的窥探。日本方面不断有人来慰问求见，皆婉言谢绝"[5]，直至张学良回奉后，才宣布发丧。为稳定局势，张学良决定 6 月 21 日为父发丧。发丧时，日本政府故作镇静，特派林权助前来吊祭，还想拉拢张学良。

由于奉省当局采取镇静处理的对策，使日本侵略者无隙可乘。特别是由于日本统治集团内部的矛盾，没有做好战争准备，加上英美帝国主义的揭露和掣肘，使日本提前占领东北的阴谋未能得逞。

皇姑屯事件，是日本侵华史上举世皆知的重大事件。这个事件的发生不是偶然的，也绝不是河本大佐等军国主义分子个人的偶然行动，而是日本帝国主义长期以来妄图霸占我国东北的产物。早在辛亥革命时，日本侵略者即曾策划"第一次满蒙独立运动"，1916年又策划"第二次满蒙独立运动"。此后11年间，策动"满蒙独立"是日本"陆军秘密工作的一部分"，到1927年召开"东方会议"时，独占"满蒙"成了日本公然确立的"最高国策"。暗杀张作霖的皇姑屯事件，正是日本帝国主义这个"最高国策"下的产物，也是"关东军当时根据田中内阁积极解决满洲问题的方针"所制定的整个军事阴谋的产物。后来，一些日本人道出了决意除掉张作霖的真情。日本人认为，张"未必是孙文主义者，但他却同样希望中国统一，立志横扫在满洲的苏联、日本势力"，即使让他退回东北，也"未必和日本相安无事"。河本大佐在供词中说："一切亲日军阀，我们统统抓住，能利用的时候就援助，不能利用的时候，就设法去消灭。"因此，关东军要解除其武装，弄不死他也要逼他下野，而"让张学良当满洲的主宰，从当时的南京政府中分离出来，建立王道乐土"。

日本人炸死张作霖，目的是扫清侵占东北地区的障碍。但事与愿违，却加速了中国南北妥协、全国统一的进程。1928年7月初，张学良就任东三省保安总司令　总揽东北军政大权。他深知当时形势极为险恶，强忍不发，"把杀父之仇藏于心底"，表面上"继续与日本协调"，实则"决心与国民党联合"。7月中旬，他与南京政府派来的代表刘光、张同礼洽商东北易帜问题，他明确表示易帜、实行三民主义已毫无疑义，并"决定在7月24日由张学良本人正式发表"。7月17日，张学良会见日驻奉天总领事林久治郎，向他表示难以实现山本与张作霖私人签署的铁路借款合同。18日，田中训令林久治郎对中国南北妥协发出警告。19日，林久治郎向张学良面递警告书，反对易帜，日方希望他"观望形势""勿轻率妥协"，并许愿"予以援助"。21 日，中国驻日公使汪荣宝到日本外务省，对日驻奉天总领事阻挠张学良易帜、干涉南北妥协提出抗议，日方答称此事仅为对张个人忠告，并非干涉内政。22 日，在张学良召开的部属会上确定了易帜方针。

10 月 8 日，蒋介石为推动东北早日易帜，力主任命张学良为国民政府委员。12 日，张学良明确宣布东北是中国的一部分。1928 年 12 月 29 日上午 7 时，沈阳城内外的政府机关、商铺等全都挂上了青天白日旗，同时设立了东北边防军总司令部，张学良接受了国民政府授予的总司令官委任状，并通电吉、黑、热三省全部易帜。

东北易帜使日本"帝国政府颇感意外"。但田中不就此罢休，电告林久治郎，要他转告张学良，东北政局虽发生变化，但"日本仍采取有关维护权益和维持治安的必要措施"。为此，31 日下午 4 时，林久治郎去拜会张学良，对东北易帜横加指责，并重申保护日本权益的强烈要求。

林久治郎蛮横地质问张学良："我国在东北三省权益之如何重大，本是贵总司令所充分了解的。因此，即使实现了妥协，也决不能容许对我国权益发生丝毫危害。此次贵总司令断然实行易帜，不知在尊重我国权益方面是否已有充分的思想准备？"并威胁说："南北妥协固非我国所欲过问，但要采用'革命外交'而致危害我国权益，我国政府则断然不能容忍。不知贵司令是否真已有此决心？"

由于林久治郎态度蛮横，张学良为之色变，也义正词严地回答说："事与南京政府有关，诸如铁道等问题，希即与南京政府直接交涉。"

最后，林久治郎凶相毕露，进行恫吓说："贵司令既然企图用易帜来蹂躏我国权益，即请慎加考虑，下定承担后果的决心！"

此次会见约费 3 小时，两人进行了激烈的争论。

12 月初，原为张作霖顾问的町野武马又从东京返回沈阳，访见张学良，

拟以旧情相劝张学良回心转意，借以促成铁路交涉。但张学良却坚定地表
示：“我本人只能按照自己的信念行事。不论日本方面反应如何，都必须坚
决贯彻自己的主张。”张学良的决心坚定，又不像其父张作霖那样信任町野，
致使町野此举以失败而告终。**7**

注　释

1. 中国人民政治协商会议辽宁省委员会文史资料委员会编：《辽宁文史资料》第一辑，辽宁
人民出版社 1988 年版，第 27 页。

2. 中国人民政治协商会议辽宁省委员会文史资料委员会编：《辽宁文史资料》第一辑，辽宁
人民出版社 1988 年版，第 167 页。

3. 常城主编：《张作霖》，辽宁人民出版社 1980 年版，第 202 页。

4. 常城主编：《张作霖》，辽宁人民出版社 1980 年版，第 201 页。

5. 常城主编：《张作霖》，辽宁人民出版社 1980 年版，第 200 页。

6. 林声主编：《“九·一八”事变图志》，辽宁人民出版社 1991 年版，第 56 页。

7. 林声主编：《“九·一八”事变图志》，辽宁人民出版社 1991 年版，第 56 页。

第二章

枪炮骤响 "九一八"东北沦陷

东北军主力入关，东北空虚——转嫁危机，日本寻衅滋事——调兵遣将，频繁演习，日军真要动手——"九一八"柳条湖边炸声响——日军进攻北大营，"大家挺着死！"——日本强盗自任"沈阳市长"——绝对不抵抗，大好河山沦陷敌手——伪"满洲国"建立

东北军主力入关，东北空虚

1928 年 12 月，张学良宣布东北易帜，极大地推动了国家统一进程，稳住了东北的时局，有力地抑制了日本日益膨胀的侵略野心，也使东北的政治、经济形势发生了深刻变化。一方面，南京国民党政府在经济上加紧向东北输入英美势力，英美也积极在满洲扩大其势力范围；另一方面，国民党各派新军阀的混战更加剧烈和频繁。为此，南京国民党政府在内政、外交、党务诸方面加紧对东北当局实行"中央化"，最终把张学良和数十万东北军拖入了军阀内战旋涡，从而给日本帝国主义侵略东北提供了可乘之机。

1930 年 4 月，爆发了中原大战。刚刚易帜和拥兵东北的张学良于 9 月 18 日发出"巧电"拥护中央，呼吁和平，率 10 万东北军主力进驻平津。至此，经历 7 个月的新军阀混战，以阎冯失败、蒋介石胜利而告终。

1930 年 10 月，张学良在沈阳就任国民政府陆海空三军副总司令；1931 年 4 月，他在北平组织了陆海空三军副总司令行营并长期坐镇北平。1931 年 6 月讨伐石友三之役中，他又调东北军 4 万余人入关。这样，就使总数在

26万—28万的东北军，有14万余人的精锐部队留驻关内。而在东北的驻军只有12万—13万人，并且主要分驻吉、黑两省，辽宁驻军只有3万多人，从而使东北三省特别是辽宁省的防务力量大大削弱。留在东北的10多万军队也基本处于无戒备状态，没有紧急应变的军事部署。

中原大战之后，蒋介石又调集20万军队，向中央革命根据地进行新的"围剿"。蒋介石一直坚持的反共反人民内战，给日本帝国主义侵略我国东北造成了可乘之机。

此外，东北各地工农群众自发的反日斗争不断出现。日本帝国主义为弥补其在经济危机中造成的损失，在东北加强对工农劳苦大众的压榨与剥削，日本守备队经常制造枪杀、殴打中国群众的残暴事件，激起了广大人民群众的坚决反抗。从1929年到1931年上半年，仅南满地区抚顺、沈阳、辽阳一带，为反对日本帝国主义而举行的较大规模的罢工、抗议等斗争就达20多次。

英美势力积极向东北渗透，东北人民反日斗争的不断出现，引起日本帝国主义的震动和不安，他们认为自己多年侵略得来的权益受到了严重威胁。

转嫁危机，日本寻衅滋事

1930年初，受世界经济危机影响，日本政府宣布取消黄金出口禁令和实行通货紧缩政策。3月，日本经济危机大爆发。到10月，失业人数多达370万之众，缺食儿童超过20万。于是，日本国内的阶级矛盾开始激化，统治阶级内部矛盾也尖锐起来，急于对外发动战争以转移危机。他们认为，要解决经济危机乃至整个社会危机的出路在满蒙，按照东方会议确定的"满蒙积极政策"，对满蒙实行直接的"武装占领"。但出兵要"师出有名"才行。于是，日本帝国主义便在东北四处滋事，挑起事端，为日本侵占东北找借口。

1931年4月，日本帝国主义借万宝山事件，蓄意挑拨中朝民族关系，大肆进行战争宣传。东北当局与日本驻奉天总领事进行交涉，严正指出，万宝山一带朝鲜人根本无居住权，日本也无权派驻警察。日方则百般狡辩，只同意撤回警察，顽固地坚持非法入境的朝鲜人有权在当地垦殖的主张，使交涉陷入僵局。7月19日，日本首相若规声称，为保卫日本的"生存权"，"必须不惜任何牺牲，毅然奋起"。万宝山事件发生后，为挑起更大事端，日本人迅速致电朝鲜各报，颠倒是非，大造谣言。朝鲜仁川等地日文报纸立即散发号外，诬称东北当局驱逐朝侨，万宝山农民杀伤朝鲜人。在日本殖民当局的煽动和暗中指挥下，朝鲜各地掀起了血腥的反华浪潮，一周之内即有百余华人被残杀，160余人受伤，华人商店、住宅等被捣毁者不计其数，数千人逃回国内。此事激起了中国人民的无比愤慨。

万宝山事件余波尚未平息，日本帝国主义又借中村大尉失踪事件，煽动战争狂热。

日本自"大陆政策"确定后，即不断地派遣间谍潜入中国各地进行活动。1928年初至10月初，赴东北北部的"旅行团""考察团"等各种团体即达166个、6180人。他们主要任务是广泛搜集军事情报，供日军编制军事地图和制订作战计划；网罗收买汉奸、蒙奸、土匪，培植亲日势力。东北外兴安岭地区，蒙汉诸族杂居，又与外蒙、苏联邻近，由于地处边陲，统治力量薄弱，土匪猖獗，是日本派遣间谍的重点地区。对此，东北当局早有防范。1929年，张学良在大兴安岭成立兴安屯垦区，驻3个甲种团，任命邹作华为长官。在屯垦区成立之初，东北当局即照会驻沈阳各国总领事，大意是："兴安区乃荒僻不毛之地，山深林密，盗匪出没，惟恐保护不周，谢绝参观游历。凡外国人要求入区者，一律不发护照。"各国领事相继复照认可，唯日本领事拒不回文。

1931年6月初，日本陆军大尉中村震太郎率退役骑兵曹长井杉延太郎和一名担任向导的蒙古人、一名白俄人，化装成中国农民，潜入兴安岭、索伦山一带活动。6月下旬，他们完成任务后在返回途中被驻在蒙古王公余公府（在洮索铁路线上）的兴安屯垦区第三团官兵捕抓，当场搜出军用地图、调查笔记、侦察与调查表册、拟呈军部报告书及侦察所用各种器具和枪支等。当团副董昆吾审讯中村时，中村递上印有"日本东京农业学会会员"等字样的名片，并谎称他是由该学会派到东北来的，由洮南出发，欲去索伦山一带调查土质、农业状况，因听说前方有土匪出没抢掠，故由此折回洮南。从缴获的种种文件证物可以认定，中村等确系日本的军事间谍。

据当时担任屯垦公署军务处处长兼第三团团长关玉衡回忆，当晚，关玉衡召集军官会议，大家历数日本侵华种种罪恶，特别是最近制造的万宝山事件和煽动朝鲜惨杀华人血案，旧恨新仇齐涌心头，无不咬牙切齿。现在日人间谍又无视中国政府当局禁令，擅闯边塞禁区进行军事间谍活动，因此一致要求将中村一伙杀掉。接着就将他们押进大军帐中审讯。

在审讯中，中村的态度傲慢自大，一会儿以不会中国话为由企图推卸间谍罪责，一会儿又自称是"大日本帝国陆军大佐"，大逞武士道威风，蛮横撒野，甚至于同军官们格斗。

关玉衡怒不可遏，正要抽战刀手刃强寇，怒火满腔的官兵一拥而上，当即将此狂谍砸死。

看到中村倒在地上的尸体，关玉衡果断地命令将其余三人统统处决。天亮时，待掩埋好三名间谍的尸体后，关玉衡向官兵宣布纪律：谁也不准走漏半点消息，违者军法从事！

后来，日本军方派人多方打探中村一行的下落，终于得知其已被中国军队以间谍罪枪毙。8月17日，日本陆军公布中村等被杀的所谓真相。于是，在日本国内，朝野上下，借题发挥，战争狂热达于顶点。

8月20日，日本陆相南次郎在内阁会议上提出，中国方面必须保证不再发生类似事件，否则日本将使用武力。24日，日本陆军省决定：当中国方面否认杀害中村或不能满足日本要求时，要断然实施对洮南、索伦地区的保护性占领。9月初，日本参谋本部军事课长永田已向外务省亚洲局局长谷正之提出要从解决中村事件开始，立即解决万宝山事件乃至十多年来没有解决的 300 多项"满蒙悬案"，要求"不应错过这种绝好的形势"。日本之所以利用中村事件大做文章。石原莞尔后来说得很明白："中村事件只不过是新增加的一个悬案"，"是向附属地以外的地方出兵之天赐良机，是在柳条湖行使武力的先行事件"。事实上，在交涉和处理万宝山事件和中村事件过程中，日本帝国主义侵略东北的阴谋已经充分暴露出来。

调兵遣将，频繁演习，日军真要动手

如前所述，正当蒋介石忙于进行反共内战，张学良又拥兵关内之际，日本帝国主义加速了发动侵略战争的步伐。"东方会议"后，日本政府加紧扩军备战。1930 年，其军费已近 4.43 亿日元，占当年国家财政总支出的 28%以上，居世界列强之首；1931 年增至几乎占财政总支出的 31%。1929 年、1930 年其军需品进口额均占当年进口总额的 41%，这在当时世界各国中是极为罕见的。在日本国内，不仅建立了 23 万常备陆军及相当规模的海军、空军，还进行"国家总动员"演习。这为日本即将武装侵占东北提供了有力的支持。

要武装侵占东北，必须在行动前制定周密的作战方案与占领方案。九一八事变之前，东北的中国军队约有 25 万人，拥有飞机、坦克和能生产迫击炮等重型武器的兵工厂，其中驻守沈阳的军警即有 2 万多人，而当时的日本关东军则仅有万余人，没有飞机、坦克，连炮兵、工兵也很少，且分散在铁路沿线的独立守备队就占去了 6 个大队的兵力，机动能力很差。在这样的情况下，要攻击中国军队，占领东北，不进行周密的策划是不敢贸然行动的。这一阴谋的秘密策划是在关东军内进行的，谋主便是石原莞尔和坂垣征四郎。

1928年10月石原就任关东军参谋（作战主任）时，石原伙同即将离开关东军的河本向关东军幕僚会议径直提出讨论作战计划的动议。其要点是"以寡制众"，首先攻克沈阳城，然后向外辐射，占领整个东北。经过多次研究讨论，幕僚会议通过了在发生事端时要"闪电般地歼灭奉天附近的军队，推翻其政权"这一总的原则方案。1930年，他们又开始专门研究现场作战技术，石原和佐久间分别研究了"夜袭公主岭的现场设计"和"奉天城进攻要领"。

1930年底，日本军部开始进行秘密策划。在策划阴谋的过程中，关东军与军部的阴谋家们遥相呼应，配合默契，许多具体阴谋计划都是他们共同研究制订的。1931年5月，在石原、坂垣的策划下，关东军司令部制定了《处理满蒙问题方案》，强调："在非常情况下，关东军应有自行决定颠覆张学良政府、占领满蒙的决心。"6月末，在柳条湖一带炸毁铁路的具体计划都被制订出来。7月，日本军部以参谋本部和陆军省为中心也积极策划武力侵占东北的方案，拟定了"解决满洲问题方策大纲"。

在阴谋策划妥当之后，1931年春，日本开始向中国东北调动兵力，加紧进行战前军事部署。1931年4月，日本军部以换防为名，把原驻辽阳的日军第十六师团调回国内，另由多门二郎中将率领的仙台第二师团接防。第二师团是日本精锐部队之一，士兵多生长在日本北部的寒冷地区，调到东北能够适应在寒冷地区作战和开展军事行动。7月1日，日本军事参议官会议决定：调1个师团常驻东北，废止驻东北日军两年调换一次的制度，在辽阳设步兵旅团司令部和1个步兵联队；旅顺、长春各驻1个步兵联队，在沈阳、公主岭、海城分别驻骑、炮、工兵各1个联队。8月下旬至9月上旬，先后将驻大连柳树屯守备队秘密调到沈阳站，将驻安奉线守备队第三大队集中到沈阳、苏家屯一带。

要攻占沈阳，必须配备大口径火炮。1931年7月，日本参谋本部从国内调24厘米口径重型榴弹炮两门，由神户运至大连，然后再运到沈阳。在沈阳南满路车站附近的日本独立守备队兵营内，隐蔽地安置了这两门大炮，并且确定和瞄准了攻击目标。8月下旬，又从国内运来飞机30余架，存放于苏家屯车站。

关东军司令易人，也是日本帝国主义在军事上采取的重要措施之一。1931年8月1日，本庄繁被任命为关东军司令官，接替前任司令官菱刈隆。本庄繁过去曾任张作霖的军事顾问和日本驻华使馆武官，对东北情况非常熟悉。8月20日，本庄繁到达旅顺关东军司令部后，即向参谋长三宅光治和高级参谋坂垣部署了"满洲时局对策的根本方针"，并审查了石原莞尔等人制订的"作战计划"。

根据暗中制定的作战方案，日军以军事演习为掩护，秘密进行突然发动战争的准备，加强了实战演习。9月2日至5日，关东军在文官屯、关帝庙等处进行了围攻北大营、兵工厂和沈阳全城的各种作战演习。9月8日，日军公然在沈阳大北边门外架设机枪，作攻城演习，在合堡大街进行巷战演习，在沈阳东站附近修建3座炮台。9月14日至17日，日军天天在沈阳北大营一带进行实战演习，有一次甚至贴近了北大营围墙。17日那天，竟然有两个日警闯入北大营将电线切断。

为麻痹东北人民，关东军在沈阳街头张贴布告，声称："大日本奉天驻屯军，近日以来举行秋操，满铁附近居民突闻枪声勿得惊慌"。9月2日，驻长春的日军也进行了攻夺长春的作战演习。

与此同时，日本在东北的各种团体和机构都异乎寻常地活跃起来。8月27日和28日，关东军向在沈阳日侨发放了枪支。9月7日，东北日侨在乡军人会会员奉陆军省密令，分赴沈阳、长春、哈尔滨报到。9月17日，集中到沈阳的日在乡军人聚集在南站的"忠魂碑"前，臂缠黑纱，狂呼愿为保障满蒙之既得权利而洒军人之鲜血。满铁职员公司也组织装运货物表演，做好发动战争的准备。

从9月7日开始，本庄繁对南满路和安奉路沿线的海城、鞍山、本溪、连山关、公主岭、长春、沈阳等地的日军进行巡视、检阅，检查关东军的"应变准备工作"。本庄繁在巡视部队期间组织多次军事演习，鸣枪放炮，甚至把东北军兵营作为攻击目标，其嚣张气焰达到极点。

9月18日上午，本庄繁在辽阳检阅第二师团，并发出指示："现在满蒙的形势日益不安，不许有一日之偷安。当万一发生事端时，希各部队务必采取积极之行动，要有决不失败的决心和准备，不可有半点失误。"

同日晚10时，本庄繁在辽阳巡视后归抵旅顺关东军司令部。这时，一场侵略战争已经准备就绪，犹如在弦之箭，一触即发。

"九一八"柳条湖边炸声响

1931年9月18日夜深10时20分，月黑风高。

关外的夜晚已是秋风瑟瑟，让人不禁发抖。

南满铁路奉天（沈阳）车站以北8里左右的柳条湖地区，疏星点点，长空欲坠，黑沉沉的高粱地一望无际。

7个日本兵鬼鬼祟祟地沿着铁路线走来。领头的是一个名叫河本末守的工兵中尉。这伙人在一个预先选好的地方停下了。

河本小心地向四周张望了一番。

"快快地干活！"他低声向身后的日本兵发出命令。

7个日本兵忙活起来。一个身材粗壮的家伙用工兵镐将铁轨下的一小段路基刨开，其他人将随身携带的42包黄色炸药一包一包地填在坑里，一个长得精瘦的小个子兵将启爆装置安放停当。随后，这一伙人迅速地离开了埋药处，边跑边放电线。一直跑了约300米后，才在一处小土包前停了下来。

河本蹲下去仔细地检查了一遍电发火线路，当看到线路一切正常后，拍拍手站起来，河本向手下招手示意快快卧倒。

只见河本十分老练快速地摇动了数圈充电手柄，之后，便按下了启爆按钮。只见远处火光、浓烟、灰土腾地升向天空，接着巨大而又沉闷的爆炸声传了过来。

河本跑上铁路，发现二至三米长的一段铁轨被炸断，底下的枕木被炸飞了一截。爆炸很成功。

这个年轻的日本下层军官咧开嘴笑了，吩咐小个子兵："快快地去报告！"

小个子日本兵顺铁路向北方的文官屯跑去。

文官屯外的高粱地里。

日军大尉今田新太郎正朝柳条湖方向翘首而望。他的身前身后，是关东军奉天独立守备队第二大队第三中队长岛本正率领的百余名杀气腾腾的官兵。今田本人也早已拔出军刀，单等河本末守派的人一到，就与高粱地里的日军一起杀向爆炸点东侧 800 米处的中国东北军第七旅驻地北大营。

今田脚下放着一部野战电话。电话线穿越茫茫夜色，通向奉天城中日本特务机关的一间密室。密室里，既紧张又兴奋地站着日军大佐、关东军高级参谋坂垣征四郎。

坂垣征四郎的面前摆着七八部电话机。这些电话机分别联系着设在旅顺的关东军司令部和东北各地的日军指挥机关。

当夜，全东北的日军都进入了戒备状态。

当夜，奉天城外的日本兵营里，2 门口径达 240 毫米的超重型榴弹炮已奉坂垣之命去掉伪装，将炮口瞄准了北大营。

接到小个子兵的报告后，今田新太郎在夜色里咧开嘴笑起来，急忙拿起野战电话要通了坂垣征四郎。

随即，今田一刻也没有迟疑，举起军刀，对高粱地里的日本兵发出了口令："目标——北大营！步兵队——冲锋！"

接着，坂垣征四郎拿起电话听筒，以关东军代理司令官的名义，向全东北的关东军发出了攻击令：

由于□国守军炸坏了南满铁路，向关东军挑衅，奉天独立守备队第二大队、第五大队立即出动，"扫荡"北大营中国驻军主力；

奉天城外日本兵营里的巨型火炮向北大营展开猛烈射击，支援奉天独立守备队的"扫荡"行动。

驻奉天城外的关东军第二师团第二十九联队立即向奉天发起攻击。

本庄繁返回旅顺关东军司令部不久，11时刚过接到坂垣报告，不仅批准了坂垣代他发的命令，还称赞坂垣的主动精神。同时还发布了电令，命令：

驻辽阳的第二师团部率师团主力即刻乘火车出发，进攻奉天并占领之；

驻长春的日军守备队向长春、吉林地区的中国守军发起攻击，迅速完成对奉天、吉林两省主要城市和交通干线的控制。

南满路、安奉路沿线日本驻军迅速占领安东、凤凰城、营口、长春等地。

当夜，在本庄繁的授命下，坂垣征四郎以同样的名义打电报给日本驻朝鲜司令官林铣十郎大将，请求驻朝鲜日军越境增援。林铣十郎立即派遣第三十九旅团越过鸭绿江，进入中国东北。

震惊世界的九一八事变爆发！

日军进攻北大营，"大家挺着死！"

深夜，北大营。

熄灯号早已吹响，北大营内一片寂静，官兵们早已沉入梦乡。

北大营北门，哨兵在城墙上四处走动。

北大营位于沈阳城北约5公里处，东距东大营约10公里，西距南满铁路约300米，距柳条湖不到500米。南卡子门外是老瓜堡子和营市街，北卡子门外隔商店、住户是北山，山间有2座子弹库。营地为正方形，占地约400万平方米，营中间是大操场，西、北、东三面是营房，南卡子门东侧建有一座迫击炮弹药库。大营四周有2米高的围墙，四面围墙中间各有一个卡子门，各卡子门派一个排兵士守卫。围墙外挖有约2米深、3米宽的壕沟，夏季雨水流入沟内，形成了天然的"护营河"。

北大营是奉军王以哲第七旅驻地。七旅辖3个步兵团，即张世贤的六一九团、王铁汉的六二〇团、何立中的六二一团。旅部直属有骑兵、炮兵、通信和特务4个独立连。全旅官兵约1万余人。除一个营驻东陵外，都驻在北大营营区内外。

第七旅的绝大部分军官毕业于各种正规军校，士兵基本都具有小学以上文化。因此，全旅官兵的素质较好，轻重武器配备精良，是东北奉军中的一支劲旅。

路灯下，东北军第七旅六一九团张团长的小汽车开到了城门前。

哨兵远远地认出了张团长的车，"啪"的一声立正敬礼，另外两名哨兵赶紧移开门前的挡杆，小车一加油门就驶出了北大门。

哨兵知道，这是张团长要回家睡觉去了。

最近日本鬼子借着"中村事件"大闹特闹，面对日军蠢蠢欲动、咄咄逼人的情势，8月中旬，王以哲即召开了上校以上军官和情报人员会议，分析研究日军动向。会后，王以哲亲自到北平向张学良报告东北局势，请示应对方略。张学良将东北的局势转报了蒋介石。蒋在8月16日给张发来电报，内称"无论日本军队此后如何在东北寻衅，我方应予不抵抗，力避冲突，吾兄万勿逞一时之愤置国家民族于不顾"。9月6日，张学良就日人借"中村事件"掀起的喧嚣挑衅，电嘱辽宁省主席臧式毅和东北边防司令长官公署参谋长荣臻:"应付一切亟宜力求稳慎,对于日人无论其如何寻事,我方务须万分容忍,不可与之反抗,致酿事端。"

按此电报指示,东北军政当局迅速传达,严令遵照执行。王以哲又召开了团以上军官会议,集中研究如何执行上级指示,采取应变措施。经过激烈争论,反复研究,决定采取"衅不自我开"的对策,对日军的进攻"做有限的让步",进行有节制的还击。实在顶不住,全旅撤到东山嘴子集结待命。为防备敌人的突然袭击,还制定了一系列具体措施。即:一、取消各级军官的宿假,官兵不得擅自离开营区;二、抓紧构筑各种防御工事;三、加强情报工作,密切注意敌人的动向;四、为防备敌人伪装成我军官兵进行偷袭,将官长姓名改变,变更符号颜色,以便易于识别。

尽管旅部制定了这些防备突袭的应急措施,但日子久了,日本鬼子天天寻衅滋事,第七旅官兵受"不准抵抗"命令的影响,并没有放在心上,广大官兵战斗意志松懈。大家总觉得天真要塌下来还有蒋委员长顶着,日本鬼子真要进攻东北军,还有国民政府去和日本鬼子交涉。这样想想,大家心里多少也就开始放松起来,当官的也抽空往家里跑跑看看。

哨兵目送着张团长汽车消失在马路尽头,心想,又一天平安无事地过去了。

然而,令哨兵想不到的是,9月18日当晚,旅长王以哲离开营区去参加水灾赈济会。旅长不在位,下面的团长也想回家看看老婆孩子。这不,六一九团的张世贤张团长一看没什么大情况,等官兵就寝后也决定回趟家看看老婆孩子。令张团长没想到的是,六二一团的何立中团长也回家了。于是,9月18日当晚,旅长不在家,第七旅所辖的3个团的3名团长中有2名归宿家中。

再说蓄谋已久的日军在柳条湖发生爆炸后,按照事先拟定的作战方案,埋伏在柳条湖以北文官屯的日军守备队第二大队第三中队长川岛正大尉,首先率队南下直扑北大营，11 点钟已到达北大营营垣，在炮兵掩护下，以坦克开路，向北大营发起攻击。与此同时，日军设在守备队营区内的 24 厘米口径的大炮开始发炮轰击北大营、东大营和兵工厂，隆隆炮声震动全城。日军的重炮设在昭陵高阜之上，向北大营猛烈轰击。大营之内数处起火，迫击炮弹药库被炸，日军进迫营门。

当晚约 11 时 50 分，守备队第二大队长岛本中佐率第一、四中队，从沈阳站乘火车到达柳条湖附近，配合第三中队从北、西、南三面向北大营内攻击，日军炮火异常猛烈。

驻守北大营的东北军第七旅共 3 个团约 7000 人在营房内。当夜，旅长王以哲不在军中，由参谋长赵镇藩代署军务。在这危急时刻，旅参谋长赵镇藩用电话与旅长联系不上，一面命令部队迅速进入阵地，准备还击，一面直接向东北边防军长官公署参谋长荣臻报告，请示应付办法。

荣臻转达当局命令："不准抵抗，不准动，把枪放在库房里，挺着死，大家成仁，为国牺牲。"

赵镇藩面对日军的凶残进攻，感到难于向部队下达这样的命令，稍过了一会儿，又向荣臻报告，希望他改变指示，但荣臻仍坚持说："全取不抵抗主义，缴械则任其缴械，入占营内即听其侵入。"

此时，七旅官兵已按旅参谋长命令进入预定阵地。因不准抵抗，官兵虽持枪实弹，也只能挺着挨打而不敢还击。广大官兵怒目圆睁，狂呼若雷，群请一战。甚有抱枪痛哭者，挥拳击壁者。11 时，日军将该六二一团一营之营房举火焚毁。11 时 30 分，日军由营垣西南隅跃进，并以炮火连续射击。迄至 19 日凌晨 2 时，日军以大部由营垣西、南、北三面进占营堤。日兵入营院，即大施惨杀，枪炮齐发，官兵受其伤害者甚多。第七旅旅部、第六一九团附近、六二〇团之院内，均有日兵冲入射击。日军以机枪射击并投掷手榴弹，广大官兵相继避退，一时呈混乱状态。面对日军的凶狠猖狂和自己同胞残酷被杀，荷枪实弹的中国官兵怎么也想不通，为何要挺着死？

　　在敌人已三面逼近营垣的紧急情况下，赵镇藩又向荣臻报告，荣指示必要时可以向东"移动移动"。于是，旅参谋长赵镇藩、六二〇团团长王铁汉指挥第七旅官兵从南北两面出击，掩护非战斗部队按原定计划向东山嘴子撤退。此时，日军已从南面突入营垣，对七旅官兵形成包围阵势。中国官兵们不愿引颈就戮，怒火满腔，违反不抵抗命令奋力还击，日军不得不放慢了进攻速度。七旅官兵乃且战且退，撤出了北大营。到了集结地点后，清查人员，发现七旅死亡官长 5 人、兵夫 144 人，负伤军官 14 人、兵夫 172 人，共计伤亡官兵 335 人，士兵失踪生死不明者有 483 人。

　　19 日晨 5 点多钟，日军完全占领了北大营。8 时 30 分，来自鞍山的日本守备队第六大队也到达北大营。

日本强盗自任"沈阳市长"

　　日军攻占北大营后，19 日零点 50 分，步兵第二十九联队按照坂垣的命令兵分三路向沈阳城发起进攻。第一、二路日军进攻南市场和北市场，第三路日军进攻沈阳城。为配合日军进攻沈阳，本庄繁命令满铁沿线日军迅速向沈阳集结，支援攻击沈阳的日军。从 19 日凌晨 1 时至 8 时，从抚顺、辽阳、铁岭、本溪、鞍山、海城、四平街、旅顺、公主岭等地向沈阳共发出 13 列军车，先后到达沈阳，迅即投入战斗，加强了日军攻势。

　　当时，沈阳全城约有 1.5 万名警察，分布在城区各个公安分局和警察分所。他们事前也接到了上级"不准抵抗"指示，因此战斗意志松懈，思想麻痹。当第一路日军攻入商埠第一、第二公安分局时，他们处于毫无戒备状态。日军突施包围，先行割断电线，次则强迫缴械，将所有军警全部囚禁一室，然后占领一切官厅衙署，"紧要物品，悉被掠夺。各机关之首领员司，除微服逃避外，悉被日人软禁"，日军很快占领了南市场。

　　第二路日军攻商埠北市场时，十间房公安分局警察见大股日军气势汹汹奔来，还以为又是在搞"军事演习"，并未介意。当看到日军爬上电杆，割断电线时上前制止，日军便开枪射杀警察。局内警察闻枪声知事情有变，便出来应援，双方发生冲突，互有死伤。但日军逐渐增多，大部分警察被当场缴械，北市场很快也被日军占领。

第三路日军向沈阳城内进攻。大约有 700 名日军在大西边门外分成两股，一股奔大西边门，一股奔小西边门。19 日凌晨 3 时后，大小西门枪声四起，火力甚烈，攻击小西门及西南城角的日军爬上城墙向城内射击。此时，臧式毅用电话催问日本领事，"答云，军人行动，领事无权限制，只好请其军事当局，设法制止"。并谎称"日军决不进城"。至 4 时天将拂晓，日军竟由城西南角墙坏处登墙入城，一面包围第一公安分局及宪兵总司令部，一面割断电线，占据电话局、有线电局、无线电台，致使所有电报电话完全不通，内外消息全部断绝。随后，小西城门被打开，大股日军蜂拥而入，装甲车也冲入城内。日军在城内四处鸣枪扫射，攻击各个公安局所，迫使警察与宪兵缴械。"当时市内我方军警，亦以事前奉到命令，不准与日军冲突，又以沈阳城下，中外杂居，我军警负有保护地方之责，自当竭力维持治安，遂亦在毫无抵抗情形下，惨死于日人弹下者为数不少。"……就这样，日军在基本没有受到什么抵抗的情况下，顺利占领了各衙署机关。

日军从小西门冲进城后，迅速占领了东北边防军司令长官公署，从公署内向外射击。日军以满铁奉天公所为日军城内临时指挥所，指挥日军在城内作战。先后被日军占领的重要军事机关，除已叙及的东北边防军司令长官公署、东北航空军司令部、东北迫击炮厂外，日军还迅速占领了奉天城里辽宁省政府等重要机关及东三省官银钱号、中国银行、交通银行等金融单位。城内各警察署、宪兵司令部、公安分驻所的武装均被解除，一部分人员被监禁。

19 日晨 5 时，驻辽阳的日本关东军第二师团长多门二郎中将率步兵第十五旅团，分乘两列火车先后开到沈阳，并立即派第十六联队攻占了航空处、飞机场、兵工厂等地。19 日晨 6 点多钟，沈阳城完全被日军占领。

19 日上午 8 时，日军除留一批兵力控制沈阳城以外，调集第二师团、独立守备队一部主力，开始向东大营攻击，东大营中国驻军撤走，11 时左右，日军占领东大营。一夜之间沈阳全城陷于敌手。

1931 年 9 月 19 日清晨，沈阳街头高悬日本旗。

被日军占领的奉天城内充满了混乱与恐怖。大街小巷遍布日军，飞机在空中侦察、扫射，装甲车在市街上横冲直撞。附属地与商埠交界处设有鹿砦电网，鼓楼旧址成为日军炮台。日军封锁各交通道口，持械盘查行人。一伙伙气势汹汹的日本兵，到处搜捕军警和未逃走的文职人员。对捕获的军官，迫令签字承认是中国军队破坏铁路，先行攻击，并把他们反绑双手，看押在街头。对稍有不满或反抗行为的则任意枪杀，致使许多无辜百姓遭到残害。上午 9 时，日军在沈阳全城张贴出以本庄繁名义发布的石印大布告，编造谎言，把挑起战争的责任推给了中国，并进行威吓，宣称："倘有对我军行动欲加妨害者，本军必出断乎处置。"19 日中午 12 时许，本庄繁偕其参谋、幕僚及步兵第三十联队，从旅顺匆匆抵达沈阳，司令部设在被日军占领的兴业银行内。

日军占据沈阳后，便大肆进行烧杀抢掠，城内硝烟弥漫，街头尸体横陈。举凡机关衙署、官私宅邸，都在洗劫之内。张学良官邸被占据后，"搜出黄金 8 万条运往东京，每条重 2 斤，计 256 万两，价值华币 2 亿 6 千万元"。中国银行的 4000 万两白银被掠劫，汤玉麟公馆被日军掠夺之财物及军需物品约载十余汽车，运往日军兵营。沈阳全城工厂停工，商店关门，市民闭户，路少行人。而逃难平津者，纷纷载途，大有争先恐后之势。

九一八事变给沈阳人民带来深重灾难、巨大损失。无数房屋被毁，全部电线被破坏，大量官私财物被掠劫。据不完全统计，仅官方财产损失即达 18 亿元以上。而军械弹药物资的损失尤为严重，据不完全统计，东北军损失飞机 262 架、迫击炮和各种口径大炮 3091 门、战车 26 辆、各式机关枪 5864 挺、各种步枪和手枪 118206 支，以及大量的各种枪炮弹药、被服、粮秣等等。

9 月 20 日，日军以本庄繁名义发出《关于奉天市政的布告》："日本军司令官鉴于奉天城附近现状，为增进日中官民幸福，自昭和六年九月二十日起，由日中人实施该地区之临时市政"，"市政业务范围除特定者外，包括奉天的一切"。布告还宣布了以土肥原贤二为市长的全部由日本人组成的奉天市政事务所。为了装点门面，日军又临时找来金维三（前官地调查处主任）、戴修衔（前商埠局工程课长）、刘国增（前市政公所卫生课长）、李宝经（前商埠局埠政课长）等 4 名中国人参加市政。21 日，市政职员在小西门内市政公所地址举行就任式。翌日，《盛京时报》大篇幅报道这一消息。并捏造说，"森冈领事往访臧式毅氏，说明此等市政计划，臧氏颇示赞成"。可就在第二天，即 9 月 22 日，日本宪兵即拘禁和逮捕了臧式毅、教育厅厅长金颧徹和冯庸大学校长冯庸，并打开监狱，放出犯人。23 日，日军又以本庄繁名义发出第三号布告，怦然以救世主口吻说："关于所有民生休戚，本职最所注意苦虑。特对部下已经切实谕示，拥护其福利，爱抚其身命，安业乐局。"[1]

据九一八事变时日本驻沈阳的总领事林久治郎回忆："事变爆发之前，军部幕僚早已秘密制订了占领奉天后的应变计划。19 日占领沈阳全城后，就发生了为维持治安而设置某种机构的需要，遂于 20 日设立了以土肥原大佐为市长、以居留民中某些人为处长的自治机关。"后来迫于国际国内舆论的压力，于 10 月 20 日改任汉奸赵欣伯为市长，换下了土肥原。

绝对不抵抗，大好河山沦陷敌手

在日军攻占沈阳的同时，9月18日夜至19日上午，南满路、安奉路沿线的日军全面出击，先后占领了复县、海城、营口、辽阳、铁岭、四平、公主岭和安东、凤城、本溪、抚顺等地。

长春日军也奉命做攻占长春的准备。长春不仅是南满铁路的终点和中东路的交接点，而且也是吉林的门户，地理位置非常重要。按关东军既定计划，驻长春日军的第二师团第三旅团和独立守备队第一大队第四中队，于9月18日午前即进行了军事部署。19日凌晨4时左右，驻长春日军得知沈阳正在交战的消息后，第三旅团司令官长谷部照于3时55分下达总攻击命令，日军开始对宽城子和南岭中国驻军进行袭击。步兵第四联队主力攻击宽城子中国驻军，中区警察署也被包围缴械。二道沟中东路护路军六六三团第二营在日军进攻时，营长傅冠军率部勇敢迎战，不幸战死。19日上午11时，宽城子遂为日军占领。在南岭，中国驻军有炮兵、步兵各一团和一个辎重营。日军进攻后，炮团团长穆纯昌、步兵团长佟玉山电请东北边防军司令部驻吉副司令长官公署参谋长熙洽，熙洽下令撤退，不准抵抗。在日军猛烈炮火轰击下，中国驻军被迫还击，且战且退，伤亡惨重。19日下午5时30分，日军占领南岭，长春完全陷落。

日军占领沈阳、长春之后，即将关东军司令部移驻沈阳，第二师团主力移驻长春，以图进攻吉林。当时正值吉林省主席张作相回锦州奔父丧，参谋长熙洽代理政务。沈阳陷落后，熙洽密函多门二郎达成投降协议，并下令吉林驻军全部撤到城外数十里待命。9月21日，日军第二师团占领吉林省城。9月23日，日军第二师团一部沿吉敦路东进，侵占了蛟河和敦化。这期间，吉林东部的延吉、珲春、汪清、和龙也被日军侵占。

从9月18日夜日军进攻沈阳起，至9月末的旬日之间，日军迅速占领长春、吉林等战略要地，其投入的总兵力尚不足2万人。关于九一八事变时日军投入的兵力有几种说法：日本"东亚同文会"编写的《对华回忆录》一书中说日本兵为 1.01 万人，《太平洋战争史》一书说 1.5 万人，日本关东军司令官本庄繁日记附录中说一万五六千人。经核对国内外资料，九一八事变时，除第二师团及独立守备队共一万五六千人，9 月 2 日又从朝鲜调来第三十九旅团，负责沈阳附近的警备任务。这样，其兵力总数不足 2 万人。而当时在辽、吉、黑三省的东北军还有 12 万多人，在辽宁全省的东北军正规军也还有 3 万人。东北军几倍于敌不战自退，有土不守，造成了中华民族抗御外侮史上的奇耻大辱。对此，东北军从上到下自有其不可推卸之责任，但总根子在于当时中国当政者出于反动阶级本性而对外妥协；也在于当权者战略视野短浅，天真地幻想靠国际公理来决断。呜呼哀哉！

继沈阳、长春、吉林等地陷落之后，1931 年 11 月，日本帝国主义突破中国黑龙江省驻军嫩江桥防线，11 月 19 日占领黑龙江省省会齐齐哈尔。然后，又集中优势兵力在辽西北宁路沿线发动进攻，1932 年 1 月 3 日占领锦州，控制了北宁路沿线关外段。1932 年 1 月底，日军从锦州调兵北上，并于 2 月 5 日占领北满最大城市哈尔滨。

从九一八事变到 1932 年春，不到 4 个半月，东北三省的大中城镇及战略要地大部沦于敌手。

东北三省大部领土迅速沦陷，是蒋介石国民党政府不抵抗政策导致的必然结果。以蒋介石为首的代表大地主大买办阶级利益的国民党政权对外投降帝国主义，不惜出卖民族利益。早在 1927 年 9 月，蒋介石到日本时即表示愿意与日本帝国主义"亲如一家"，并以承认日本在东北的"特殊权益"为条件，取得日本对他的支持。1928 年 5 月，日本军队在进攻济南、屠杀中国军民时，蒋介石下了"不与日军构争""无论如何，亦须忍受"的不抵抗训令。1931 年 7 月间万宝山事件时，国民党南京政府分别于 7 月 12 日、13 日以蒋介石和于右任的名义电告张学良："此非对日作战之时"，"中央现在以平定内乱为第一，东北同志宜加体会"**2**。同年 8 月间，日本借中村事件大肆喧嚷"满蒙危机"，煽动战争狂热，蒋介石于 8 月 16 日致电张学良，内称"无论日本军队比后如何在东北寻衅，我方应予不抵抗，力避冲突。吾兄万勿逞一时之愤，置国家民族于不顾"**3**。张学良当即将电报转告东北各军事长官一体遵照执行。九一八事变发生后，东北司令长官公署参谋长荣臻电询北平张学良请示办法，张当即电告南京国民党政府，国民党政府答以"日军此举，不过寻常寻衅性质，为免除事件扩大，绝对持不抵抗主义"。从张学良到东北军参谋长荣臻、驻北大营第七旅旅长王以哲等高级将领完全执行了蒋介石的这个反动命令。日本帝国主义已经洞悉了蒋介石的政治态度，所以才敢取断然措施，突然袭击，以寡击众。

蒋介石之所以顽固地推行对日妥协政策，是因为他正在集中力量进行反共反人民的内战。"攘外必先安内"是蒋介石的既定方针。1931 年 7 月，蒋介石纠集 30 万兵力，对中央革命根据地发动第三次军事"围剿"。九一八事变发生时，蒋介石正在江西主持"剿共"，9 月 21 日返回南京，22 日他在南京市党部发表演说：要求"国民此刻必须上下一致，先以公理对强权，以和平对野蛮，忍痛含愤，暂取逆来顺受态度，以待国际公理之判断"。

所谓"以待国际公理之判断"，即依赖国联制止日本对东北的侵略，这是蒋介石集团在九一八事变后采取的唯一措施。南京国民党政府派出的代表施肇基于 9 月 19 日在日内瓦召开的国联第 65 届理事会议上将中日事件提交理事会。21 日，施肇基又向国联提出书面声明，声明中简述了日军发动九一八事变的经过，并请求国联根据盟约第 11 条之规定，采取有效措施"阻止此种情势之扩大，以免危及国际间和平"。但是，当时的国联是在英、法、德、意、日等几个帝国主义列强控制之下，他们对日本的侵略行径采取了纵容和姑息的态度。所以，在 9 月 22 日的国联理事会上竟然作出了"两国立即撤兵，使两国人民之生命财产不受妨害"这样纵容侵略的、荒谬的决议。

国联不公开谴责日本帝国主义的野蛮侵略，要求受侵略的中国军队从自己的国土上撤退，可见国联并不主持"公道"。

蒋介石和国民党南京政府不仅不揭露国联不主持正义的做法，反而毫无保留地执行国联的不合理决议。在9月23日国民政府告全国国民书中声明："现在政府既以此案件诉之国联行政院，以待公理之解决，故希望全国军队对日军避免冲突"。蒋介石依赖国联主持"公道"，不仅麻痹了中国人民，也更加助长了日本帝国主义对东北侵略的野心。1932年3月14日，以李顿为首的国联调查团来中国，调查团经过几个月的活动，于10月2日发表报告书，提出组织"特殊制度"，国际共管东三省。对此，中华苏维埃共和国临时中央政府发出通电，反对国联调查团报告书，斥责它是出卖中国、讨好日本的"帝国主义奴役中国民族的卖身契"。

伪"满洲国"建立

日本帝国主义发动九一八事变之后，在进行军事侵略的同时，谋求在东北建立殖民统治。关于在东北的统治方式，早在九一八事变之初，关东军司令官本庄繁即提出建立一个"将满蒙从中国本土彻底分裂出来，将满蒙统一在一起；表面上由中国人统治，而实际上要掌握在我们手里"的新政权方案。为了尽快实现建立一个傀儡政府的计划，日本关东军网罗了一批汉奸、政客，在辽、吉、黑三省拼凑地方伪政权，这是日本帝国主义在东北建立傀儡政权的第一步。

在拼凑东北三省伪政权的同时，日本关东军也正在加紧"新国家"的"建国"活动。1931年11月3日，日本关东军司令官派特务机关长土肥原贤二到天津与溥仪密谈，劝其出任"新国家"的"元首"。11月10日晚，日军以保护溥仪安全为名，挟持其离开天津，经营口、汤岗子送往大连"监护"起来。1932年2月16日，按照关东军司令官的旨意，在关东军参谋长三宅、参谋坂垣等监视控制下，张景惠、臧式毅、熙洽等各省汉奸头目在沈阳召开了所谓"建国会议"。会后，他们以"东北行政委员会"的名义发表宣言，公然妄称"满洲独立"。1932 年 3 月 1 日，这些汉奸发表了一个所谓"满洲国"建国宣言，宣布伪满洲国成立，以"大同"为国号，长春改名"新京"，定为伪国都。3 月 6 日，溥仪到达汤岗子，9 日到达长春。在关东军导演之下，溥仪就任"满洲国执政"，清朝遗老、汉奸郑孝胥充任伪国务总理。3 月 10 日，溥仪就任"执政"的第二天，公布了由关东军拟定的伪满洲国政府成员名单，并与关东军司令官签署一份密约。这个密约规定"满洲国"的国防、治安由日军负责，所需经费则由"满洲国"方面承担。铁路、港口、水路、航空、邮电均委日本管理；日本所需经费及军事设施由"满洲国"予以"援助"；"满洲国"各级政府均得任用日军保荐的日人官吏。密约规定的内容反映了"满洲国"政权的傀儡性质。

为强化国家机器，推行反动统治，伪"满洲国"一成立，就公布了《政府组织法》，实行立法、行政、司法、监察四权分立，在执政之下分设国务院、立法院、监察院三院七部。在军事组织上，则根据"日满密约"有关规定成立伪军政部，组建伪满军队。伪军政部内设立由日本关东军军官组成的军事顾问团，操纵伪军政部的一切军务、政令和指挥、调动大权。伪满洲国傀儡政权的出现，完全是日本一手包办的，是其侵略政策的产物，它进一步暴露了日本帝国主义长期霸占我国东北的野心。"满洲国"在名义上是独立国，实质上则完全是日军占领下的殖民地。

注　释

1. 陈觉编著：《九一八后国难痛史》上册，辽宁教育出版社 1991 年版，第 77 页。
2. 《东北抗日联军斗争史》，人民出版社 1991 年版，第 15 页。
3. 《东北抗日联军斗争史》，人民出版社 1991 年版，第 15 页。

第 三 章

奋起抵抗　辽宁首燃抗日义勇烽火

　　黄显声秘密发枪，"市区不能打，我拉出去打，打到底！"——黄显声整编公安骑兵总队，出手剿汉奸——锦州阻击战，辽西义勇军勇挫日军——东北军再撤关内，锦州失守——辽西耿继周三打新民，两战彰武——郑桂林率部打绥中——锦西民团歼灭古贺骑兵中队——辽东邓铁梅夜袭凤凰城，攻战龙王庙——四次反"讨伐"，邓铁梅壮烈殉国——苗可秀少年铁血军浴血沙场——辽南"老北风"、项青山揭竿抗日——李纯华三打海城——刘景文大战关门山——义勇军四路联手攻沈阳——辽东唐聚五通化保卫战告捷——李春润血战新宾——辽东反"讨伐"，义勇军作战失利

　　辽西地区，东起辽河，西讫榆关，西北与热河毗邻，西南面临渤海。其间铁路纵横，北宁铁路（北平至沈阳）横贯东西，是东北通往关内的咽喉要冲，也是古今兵家必争之地。辽西地区多山，除东部及沿渤海湾狭长的辽西走廊为平原外，其余则多为丘陵山地。山势由西北向东南呈阶梯式降低，进可以攻，退可以守，大有回旋的余地。

　　锦州不仅为辽西重镇，而且也是天津与沈阳之间的交通枢纽和入关的屏障，战略位置十分重要。锦州的存亡，不仅意味着辽宁全境的得失，而且也直接关系到热河和平津的安危。

　　九一八事变时，在锦州城外驻有东北军步兵第十二旅张廷植部约9700人；两署成立后，又将驻洮南的步兵第二十旅常经武部调来辽西，以加强大

辽河一线的防务，该部约1.1万人。此外，在辽宁还有张树森的骑兵第三旅驻通辽，孙德荃的步兵第十九旅驻兴城，约9500人；刘翰东的炮兵第八旅驻彰武、阜新一带，约2400人；王和华的炮兵第六旅一个团驻锦州、北镇一带。这样，辽西地区东北军总兵力有3.3万人左右。原驻沈阳的步兵第七旅王以哲部溃散后，余部已奉命撤入关内，洮南镇守使张海鹏部5个骑兵团已公开投敌，东边镇守使于芷山也在暗中与日军相勾结，已非锦州军署所能调遣。虽然辽宁全境尚有差不多6个旅的兵力，但因装备较差，有的部队不满额，加上旧军队一些固有的弱点（如官兵对立，群众关系不好，各保实力，互不应援等），一旦日伪军全力西犯，现有正规军的兵力必然有势单力孤之感。因此，民众武装状况如何，对于辽西的得失，就成为十分重要的问题了。

九一八事变后，日本帝国主义企图首先占据辽西地区，以达到既可以控制东北，又可以打开入关的道路，扩大对中国的侵略之目的。另外，日本进兵辽西走廊控制交通要道，还企图切断东北与关内的联系，阻止关内抗日武装出关支援，使其可以集中兵力镇压东北各地蓬勃兴起的抗日武装，以便达到把东北变成殖民地，奴役东北人民的罪恶目的。

正是这样一个重要的战略要地，在九一八事变后爆发了大规模的抗日武装斗争，辽西军民誓死保卫国土，与进犯日军展开了艰苦卓绝的斗争，从而使辽西地区成为东北抗日义勇军兴起最早、最活跃的地区。

黄显声秘密发枪，"市区不能打，我拉出去打，打到底！"

在国难当头的情形下，原辽宁省警务处处长黄显声发挥了关键作用，毅然挑起了在辽西地区组织民众、武装民众进行抗日的重担。

黄显声，字警钟，辽宁凤城县人。1896年出生，1922年结业于东北讲武堂第三期炮兵科。毕业后，一直服务于东北军。1930年春，张学良委任其为辽宁省警务处处长兼省会公安局局长。九一八事变后，为反抗日本帝国主义武装入侵，黄显声在锦州先后组建了辽宁省公安总队和东北抗日义勇军，在辽宁和热河广大地区到处打击日本侵略军和伪军，给敌人以重大杀伤，在反抗日本侵略的斗争中作出了重大贡献。

早在九一八事变前，因沈阳等地形势日趋紧张，黄显声曾将从各方面汇集的情报向在北平的张学良作了详细报告，并提出了应变的建议。张当时答称：已派王树翰赴南京请示过蒋介石，蒋说有九国公约及国联，日本不能强占我领土，因此不必惊慌。万一日本进攻也不可抵抗，以免扩大事态，处理困难。但张同时也指示黄："你们地方武装可以加紧训练，严加戒备。"[1]黄显声返沈后，曾扩充各县公安队编制，同时又建立了地区公安联防区。还果断地将辽宁所属的公安部队和各地警察编为 12 个总队（每 3 县至 5 县为一个总队），以利调动。

9 月初，经张学良同意，黄显声又以警务处的名义紧急通知全省 58 县公安队到沈阳领枪，将沈阳库存原东北军历次入关作战所获旧枪约 20 万支（每支枪配给 50 发子弹）尽数发到各县，领枪者尤以辽西、辽南等地最为踊跃，这些枪支为这些地区后来迅速组织民众抗日武装提供了有利条件。

九一八事变当夜，东北军第七旅旅长王以哲到市公安局与黄显声商量该怎么办。黄显声对他说："公安局各分局队，将尽力支持，非到不能抵御时，决不放弃驻地。"又坚定地说："市区不能打，我拉出去打，打到底！"黄显声一声令下，市内各处警察大队和公安分队纷纷起来抵抗日本侵略者。但敌军火力强大，黄显声的队伍伤亡严重。9 月 21 日夜，沈阳各城门及东关公安总局、公安总队部大门被日军用坦克打开，黄显声下令各分局分队尽量多带一些弹药退出沈阳，向锦州集中。[2]从沈阳撤出的警察及公安队陆续到达锦州后，黄显声考虑到东北的危急局势，除了整顿自己的队伍外，他还积极支持其他的抗日力量和组织。

黄显声整编公安骑兵总队，出手剿汉奸

沈阳沦陷后，9月23日，张学良通电将东北的军、政指挥中心西迁，在锦州设立东北边防军司令长官公署行署和辽宁省政府行署，以张作相代理边防军司令长官，米春霖代理辽宁省政府主席。25日，已经撤到北平的原省政府部分人员20多人在警务处长黄显声的带领下返回锦州。9月末，米春霖等相继到达。10月初，荣臻参谋长也率东北边防军司令长官公署在平人员到锦办公。锦州军政两署的及时建立，对辽宁以至整个东北地区都有重要的影响，也为全国人民所瞩目。

军政两署成立以后，黄显声又以警务处长的名义不断扩充公安武装和民众武装力量。当时，张学良碍于蒋介石的不抵抗命令，对军政两署有一条原则指示，即：要求东北军的正规部队避免与日军发生冲突，一切问题由地方政府出面去解决。9月末，黄显声又亲自主持召开锦西、义县、兴城、绥中、北镇、黑山、盘山、台安等8县公安局长会议，决定抽调各县干警补充辽宁省公安总队，并重新改编为3个骑兵总队，令其在锦州北三屯一带驻扎整训，准备打击来犯之敌。会后，黄又通令全省其他各县也要迅速与驻锦州省政府警务处联系。于是，各县公安局长纷纷赶往锦县听候指示。各县公安局长回县后，普遍组织民团，这样就为抗日义勇军的兴起奠定了一定的组织基础。

为了鼓励民众起来武装抗日，黄显声又以省府警务处的名义制订了民众武装的"编委方案"。方案中对民众抗日武装的组编程序、奖励办法、经费来源等都作了详尽的规定，指出：凡能举义抗日的民众武装的领导人，均授予适当的军职和军衔，率武装"100人者，以上尉待之"；"率武装骑兵250人或步兵500人以上者，当为上校营长"；"率武装骑兵500人或步兵1000人以上者，当任上校团长"；"不满100人之部队，当俟与他部队合并，俟达定额后，派委员检阅，然后付给编成费"。黄曾拟订在日军西侵之前在辽西

一带组编 8 万义军的计划。这个计划拟在上述 8 县中每县组成一路以警察队伍为核心的万人义勇军队伍。这个计划对辽宁各地特别是辽西各地义勇军的兴起起到了积极的组织和推动作用，而且在物质上、精神上对各地兴起的义勇军也给予了有力的支持和鼓舞。

此外，锦州军政两署成立以后，赴北平找张学良要求抗日者，张多介绍到锦州黄显声处。于是，张学良委任黄显声为义勇军总司令的消息不胫而走，各地爱国志士赴锦请缨者纷至沓来。黄显声根据各地武装人数和各人的具体情况，分别加以委任。从 9 月末到 11 月底，仅仅两个月的时间，经省府警务处和"救国会"分别加委的、规模不等的抗日义勇军达 30 余路，人数约 4 万到 5 万人，初具规模与实力，分布在辽西、辽北、辽南各地，已做好了同日军进行作战的准备。

锦州军政两署成立后所采取的抗日措施，使日本侵略者感受到莫大的威胁，必欲除之而后快。但是，由于这时日军的兵力正用于对满铁沿线的占领和准备对吉、黑两省的进攻，尚无力顾及进兵锦州。因此，日军连续派出小股部队占通辽、窥新民、侵牛庄，为其后来集结重兵沿大通、北宁、营沟三线进攻锦州做准备。

1931 年 10 月 8 日，日本关东军司令部参谋石原莞尔下达了轰炸锦州的作战命令，于是由 12 架日本飞机组成的空军编队便于当日午后 2 时到达锦州上空进行轰炸。目标主要有省政府办公驻地交通大学、第二十八师兵营、张作相私宅等处。在轰炸锦州的同时，日军飞机也对大虎山、沟帮子等地车站进行了空袭，整个辽西又笼罩着新的战争气氛。

在以飞机轰炸锦州的同时，关东军推行"以华制华"的政策，又组织汉奸叛逆武装向锦州进攻。10 月 11 日，指使仓岗繁太郎、松本德松、道源元助，以一万元日币收买上海《国民日报》驻沈特派员、日本豢养多年的汉奸凌印清，让其收编各地胡匪，成立伪东北民众自卫军。司令部设在海域沙岭镇，由日军供给枪支弹药和经费，经四处联络共收编 300 余人，声称 18 个旅。委任胡匪"老北风"（张海天）、天龙、中华、得好、青山、宝山等为旅长，以仓岗繁太郎为顾问，总管凌部的一切事宜，并令其攻占盘山，扰乱锦州。

为了消灭这股胡匪，黄显声奉张学良之命派公安总队总指挥熊飞率部前往镇压。在进军之前，他暗中派人与其学生凌匪第一旅旅长单庭秀联系，晓之以大义，动之以利害，争取反正。后又通过单庭秀说服了伪第一师师长项青山、伪第二旅旅长胡匪出身的张海天等人幡然醒悟，表示反正，并设计捕杀凌印清和日本顾问仓岗等人。11月4日，在海城沙岭镇，"老北风"以宴请凌印清和日本顾问仓岗繁太郎等16人为名将其一网打尽，于当日执行枪决，行动异常迅速，其余匪部随之瓦解。单庭秀、项青山、张海天等人从此走向抗日救国道路，后被黄显声编入东北民众抗日义勇军第二路军，活动在辽河两岸。

凌印青被镇压后，日本侵略者并不死心，又收买了另一个汉奸张学成，为其进犯辽西打前站。此人乃张学良的堂弟。张学成有很强的权力欲，素与张学良不和。对此，日方早已了如指掌。

1931年11月15日，日本关东军司令官本庄繁把张学成找到他的司令部，利诱张说："日军进军东北，原无侵占东北之意，本意促使令兄张学良的觉悟，脱离蒋介石的牢笼，速归东北，实行中日亲善，共存共荣，共同保卫满蒙，防御'赤化'势力的侵入。不想令兄张学良执迷不悟，反友为仇，因此请你出来，共同协力'剿灭'辽西的东北残军，恢复东北秩序。我保障你作一个东北军政方面的大首领……"[3]利欲熏心的张学成当即应承，于是，本庄繁便委任张学成为"东北自卫军总司令"。

张学成就任伪司令后，为个人野心驱使，急于成势，滥发委任状，大肆收编胡匪，拼凑了18个旅的番号，并以日本人为顾问，以壮声威。尤其无耻的是，这支汉奸队伍竟仰承日本侵略者的旨意，打出了红蓝白黑（旗的右上角）满地黄的旗帜，这成为后来伪满洲国的"国旗"。这支汉奸队伍的声势虽稍逊于凌逆，但他本人不仅具有继称"关东王"的野心，而且身边聚集了一批党羽，日军也正是想利用他的这种特殊身份在东北产生影响。

由于张学成是张学良的堂弟，当时锦州军政两署包括荣臻、米春霖在内的一些人物对如何处理张学成都感到很棘手。黄显声力排众议，明确指出："谁投降日本做汉奸，都应当消灭他，张学成也不能例外。"[4]随后便派庄景福带公安骑兵二、三总队前往剿办。高山子一战，这股逆匪不堪一击，张学成及日本顾问等被生擒，请示张学良后，就地枪决。辽西抗日义勇军声威大震，队伍迅速扩大，由2000多人发展到2万多人。

这时，活动在绥中、兴城、锦西、锦州、锦县、义县、北镇、黑山等地的抗日武装，除辽宁省警务处处长黄显声领导的公安8个总队外，还有民团、民众自发组织起来的东北民众抗日义勇军。12月中旬，由黄显声主持把各县抗日武装组织起来，成立"东北民众抗日义勇军"，初编为二十二路，后发展到五十六路，一时间义勇军的抗日声势震动中外。此外，还有名目繁多的抗日武装，也都十分活跃。他们转战辽西各地，从1931年9月末到1932年8月，仅一年时间即与日伪作战数百次，给予进犯之敌以沉重打击，使"关东军以主力进入了辽西地区，维持满铁沿线的治安，深感兵力不足"。并哀叹道："锦州军政当局唆使'土匪'和义勇军的活动，更加鼓舞了中国军反抗的意志。"至此，日军在辽西组织伪军的阴谋宣告失败。

锦州阻击战，辽西义勇军勇挫日军

辽西义勇军的壮大使日寇极为不安，急忙抽调各地侵略军，作出"迅速击败锦州附近之敌后进入山海关一带"的决定。日军计划兵分三路向锦州进攻：一路自通辽沿大通路南下，攻占彰武、法库后，直接进犯义县、锦州；一路由沈阳出发沿京奉路西犯，直攻锦州；一路自营口北上攻占沟帮子后西进，从正面、侧面突破东北军在大凌河一带的防线，占领锦州。但各路进犯的日军均遭到各地抗日军民的顽强抵抗，行动十分缓慢。

1931年11月27日凌晨1时，关东军司令部命令独立守备队第二大队沿奉（沈）山线路向沟帮子推进，命令新由朝鲜开来的混成第四旅团向大凌河一带进攻，上述两部日军于当日上午5时和8时分别从沈阳出发。与此同时，日军第二师团主力和混成第三十九旅团也由郑家屯一带开抵沈阳，本庄繁命令留下混成第三十九旅团配合中路之敌西犯，第二师团主力则向营口前进。

此时，东北军的正规作战部队的防线还远在大凌河沿岸，而辽西重镇新民已于11月23日沦陷。大凌河以东，只有民团和各地义勇军肩负着守土御敌的重任。上午9时许，日军先头部队混成第四旅团一部在飞机的配合下，以装甲列车在前开道，开抵新民境内的青岗子附近，当即受到埋伏在铁路两侧的耿继周部及辽南义勇军项青山等部的阻击，被毙伤多人。时有东北军的一辆装甲车滞留在白旗堡（现名大红旗）附近，经义勇军将士动员，装甲车的爱国士兵也参加阻敌战斗。义勇军以装甲车作掩护奋力抵抗，日军多次进攻均被打退。战斗从上午9时一直打到下午3时，义勇军在杀伤了大量敌人后才主动撤出，敌人勉强进入绕阳河车站。为支援该部，刚刚开到沈阳的敌混成第三十九旅团也奉命尾追混成第四旅团前进，于下午6时开抵白旗堡。与此同时，从营口和通辽两地分别出发的两部日军，也被辽南和辽北义勇军给予迎头痛击。

义勇军粉碎日军第一次西侵的胜利，极大地鼓舞了辽宁各地义勇军及广大民众抗日斗争的勇气，增强了他们战胜日本侵略者的信心。12月初，救国会派出大批人员潜往东北各地组织义勇军，使活跃于各地分散的民团、绿林帮伙，东北军的许多中、下级军官，以及地方爱国绅士、知识分子、青年学生逐渐地趋于联合，从而于1931年底至1932年初，在辽西地区又掀起了一个义勇军抗日的高潮。

东北军再撤关内，锦州失守

日本侵略军第一次西侵攻占锦州的企图失败后，即加紧增调部队，为再次进犯锦州做准备。1931 年 12 月 13 日，关东军司令部制定了《进攻锦州的方略》，确定了从北向南直接进犯锦州的方案。18 日，关东军司令部根据《进攻锦州的方略》，又制定了《我军为反攻锦州向大凌河畔进军的要点》和《进攻锦州附近敌阵地的内定计划》。19 日，关东军司令部开始调兵遣将。

关东军在做好进攻锦州的一切布置后，24 日正午下达了进攻锦州的命令。1931 年 12 月 18 日以后，日军利用空军优势，派出飞行中队，对当地守军和爱国民众进行惨无人道的狂轰滥炸。同时，又从海城调来日军 300 余人，向田庄台附近进犯，但遭到义勇军项青山、张海天部的阻击，战斗十分激烈。从营口进犯之敌也在李家窝棚附近遭到当地民团的袭击，双方激战甚久。

1931 年 12 月 23 日，集结在营口和田庄台之间地区的日军第二师团的先头部队，向东北军寻衅遭到抵抗，双方的战斗十分激烈。后来，日军 200 余人占领了田庄台车站。此股敌人在半夜又遭到当地民团 500 余人的围攻，激战一昼夜，日军伤亡大半，被迫逃跑。

12 月 26 日，日军出动千余人在飞机、坦克车配合下又攻占了田庄台、大洼等地，准备北上进犯盘山、台安等县，与东北军第十九旅铁甲车护路队展开激战。这时抗日义勇军首领项青山、张海天、蔡宝山等人率 3000 余众赶来增援。经 4 小时的激战，毙敌 50 余人，击伤百余人，遂夺回田庄台。翌日，项青山、张海天率部与东北军第十九旅护路队联合，击溃日本侵略军，收复大洼车站。此后，项青山、张海天和第十九旅护路队一起与日军第二师团第三十九联队反复战斗，日军每向北进犯一步，都要付出重大伤亡。

28 日上午 10 时，日军第二师团步、骑、炮联合大队及飞机 5 架、载重汽车二三十辆，由田庄台向大洼进犯，见有华人即行扫射，至下午1时，大洼站失守，东北军退至盘山。29日上午10时，日军300余人、坦克车4辆、飞机4架开始进攻盘山县，在城内外与中国守军发生激烈混战，义勇军千余人自动投入战斗，协助东北军多次击退日军进攻。下午2时许，在日军猛烈炮火轰击下，盘山陷落。防守车站的东北军第十九旅第一团遭受重大损失。在混战中，东北军护路队中山号铁甲车被敌击坏，被迫放弃盘山退入胡家窝棚。日军也因兵力不足暂停北犯，等待增派的第二十师团混成第三十八旅团及重轰炸飞行中队到达辽西后再行西犯。

张学良为了坚守辽西，除指示东北军加强防守外，曾三次向南京国民党政府和蒋介石电请支援。25日电称："日军大举西进，已自马日（二十一日）开始实行。惟是我以东北一隅之兵，敌强邻全国之力，强弱之势，相去悬绝，无论如何振奋，亦必无侥幸之理。……而我东北军队，止有此数，顾此失彼，必不能免。且东北根据地既已全失，枪炮弹药，极感缺乏，稍一支撑，即难为继。至饷项一端，尤无办法。……所有弹款，务请于一星期内发到，而子弹需用最急，尤请日内照拨。一面仍乞调遣大部援军，以厚实力，而资御敌，否则巧妇难为无米之炊，纵使殚竭忠诚，也必无济于事。"[5]

国民党政府接到电文后，26日，仅以"迅即筹发"复电了事。因此，张学良不得已乃于同日向南京再次发出告急电："日军大举进犯，我则饷糈不充，械弹两缺，防空御寒，均无准备，实力相较，众寡悬殊。凡此情形，谅为钧府所洞察。战端一开，非一时所能了，关于补充增援诸项，必须筹有确切办法。……否则空言固守，实际有所为难。良部官兵，已有牺牲决心，但事关全国，深恐无补艰危……对此大难当前，绝非有何畏惧，惟念事关全国存亡，情势所在，不能不据实真陈，究应如何处理之处，敬请统筹全局，确切指示为祷。"[6]然而国民党政府仍以"已分交参谋、军政两部核办矣"应付，并无一实际措施。

28日，在日军向盘山发起进攻之后，张学良不得不再次向南京报告战情，请求增援，电称："锦县危急万分……因我军誓死抵御，敌人迄未得逞，然士气虽振，款弹两缺，敌如大举前进，即举东北士兵尽数牺牲，亦难防守。事关全国，钧府既迭责其尽职，自应即拨以实力，事出紧迫，惟有仍恳俯赐查照前电，迅饬主管各部，火速照拨，以济眉急"。29 日，国民党政府在蒋介石授意下，复电称："已妥密交各主管机关，迅速办理矣。"又是一纸空文了事。[7]

正当张学良与国民党政府往返电文，而实际得不到一兵一弹援助之际，30 日上午 8 时，日军多门第二师团主力天野旅团步、骑、炮兵约 600 余人，在飞机、坦克车配合下，开始向胡家窝棚、沟帮子发起进攻。日机多架扫射，投掷炸弹，全站职工均被击散，纷纷逃至沟帮子，胡家窝堡站失陷。东北军第十九旅部分队伍也退入沟帮子。日军主力进入杜家台一带。

与此同时，在 30 日晨，日军混成第三十九旅团分别从沈阳和新民出发，向打虎山行进。上午 8 时，9 架日机轰炸打虎山车站。下午 3 时至 8 时，日机连续轰炸沟帮子车站。当日晚，第二师团一部到达沟帮子，主力也到达附近地区。是日晚，日军混成第三十九旅团到达打虎山。31 日下午 2 时，该旅团亦到达沟帮子附近。

沟帮子是大通、京奉和营沟三路之要冲，锦州东部门户。一旦沟帮子有失，锦州难保。由于蒋介石一贯抱不抵抗主义，甚至提出锦州为中立区，放弃东北，一再命令东北军退入关内，因而涣散了东北军的抗日决心。31 日，日军向沟帮子发起猖狂进攻，中国守军由于武器陈旧、子弹不足，在日机狂炸和重炮轰击下，突围退到石山车站。是日晚，沟帮子失守。

31 日，东北军部分爱国官兵发表通电，愤怒斥责国民党政府不支持抗日，一贯推行不抵抗主义的卖国行径。通电指出：日军三路攻取锦州，血战五日死伤枕藉，营沟线田庄台，京奉线白旗堡，大通线向山等处，尸骨暴露鹰犬争食，触目伤心，无以逾此。……三次转电中央，请发弹药接济，无一应者，是中央抗日能力仅于一纸电文，数张标语，其视我东北将士，不过政治上理应送死之牺牲品而已。……党国诸公，则支配院长、部长之不遑，对东北前线将士之呼吁，迄无一弹一钱之助。**8**

沟帮子既失，锦州东大门洞开，日军从三面包围，直逼锦州。

而早在30日这天，日军第八混成旅团的先头部队已先期到达大凌河左岸，准备在大凌河、田丰一带集结，进犯锦州。1932年1月2日，日军增援部队的主力第二十师团也集结在大凌河一带。这次日军投入3个师团、4万之众的兵力，从三面包围锦州，摆出了大决战的架势。

当关东军兵临锦州城之时，众达3万人的东北军悄悄地撤离了。张学良虽集家仇国难于一身，但出于保存实力之目的，他是不肯做此一拼的。当时，担负维持锦州一带治安并防守大凌河岸任务的仅有东北军张学良部所属的3个公安骑兵总队。

1932年1月1日，我锦州守军在黄显声率领下，与日军在锦州附近展开了激烈战斗。1月2日下午，守军和义勇军与日寇在大凌河两岸进行决战。日寇曾几次向黄显声进行诱降，均遭到黄显声的严厉斥责，并表示：守土有责，绝不退让。本代主席抱城亡与亡之旨，愿民众亦同，有毁家纾难、以身许国之决心。1月2日，集结在大凌河东岸的日军第八旅团向东北军展开进攻，在炮火掩护下，步兵分3路强渡大凌河。

锦州处境十分艰难。当地各县抗日团体和抗日民众一致电请张学良速予支援，与日寇决一死战，但此时张学良已无心挽回局势，只能任凭日军发起猖狂攻击。战至天黑，东北军因无重武器难以固守，遂向锦州城内撤退。3日凌晨2时，日军开始攻城。4时，最后撤退的公安骑兵总队炸毁女儿河铁桥，保护省府人员向虹螺蚬、锦西撤退。下午6时，日军侵占了辽西重镇锦州。日军耀武扬威地开进了锦州城，他们在城楼上狂呼乱叫，狂热到了极点。4日，日军古贺联队向锦西进犯，6日侵占了锦西县城。同日，葫芦岛失陷。7日，日军侵占绥中车站。10日，日军进犯山海关附近的前所车站。至此，山海关、长城一线实际上处于日本侵略者的控制之下。此后，东北的抗日斗争进入了义勇军独立行动的新时期。

辽西耿继周三打新民，两战彰武

锦州沦陷后，黄显声率公安骑兵总队撤至北票，组织了东北义勇军总指挥部。锦州沦陷后，东北地区的敌情也发生了变化。在锦州军政两署存在时期，日军以东北军主力作为主要攻击目标，而在锦州沦陷、军政两署瓦解之后，日军的主攻目标便转向义勇军方面。事实上，在锦州沦陷的前三天，关东军司令部就获悉中国正规军已陆续经山海关撤退到关内，通辽一带的东北军骑兵第三旅也已退向热河省方面，因而，在1月3日午后1时，即下达了以消灭各地义勇军为其主要任务的命令。

1932年1月上旬以后，日军出动步兵大队、装甲车队、骑兵联队、野炮大队、野战重炮队及飞行队对新民、新立屯、打虎山、北镇、医巫、闾山、锦州、锦西、兴城、绥中以及热边义县、凌原一带的抗日义勇军进行了连续不断的"讨伐"，企图以残酷的"讨伐"镇压民众的反抗，彻底消灭抗日武装力量。仅1月份，在新民、打虎山、新立屯一带就进行了20余次战斗。但是，日本侵略者的战略意图并没有如期实现。

辽西各部抗日义勇军的英勇奋战，使日军每前进一步都要付出极其惨重的代价。辽西义勇军诞生最早，战斗力较强。九一八事变后，出于民族大义，很多原东北军军官纷纷揭竿而起，组织创建抗日队伍，辽西各地义勇军纷纷建立。据统计，活跃在以锦州为中心的辽西一带的义勇军队伍有战绩可考者即有22支，其中黑山6支，北镇6支，义县、锦县4支，锦西2支，兴城、绥中4支，兵员多达4万人，最小的一支只有几十人，最大的如郑桂林的第四十八路达万人。

1月至4月间，辽西、辽北各路义勇军在奉（沈）山、沟盘、大通、沈长各铁路沿线地区和辽热边界一线广泛出击，战线长达两千余里，给敌人以沉重打击，而自己在战斗中队伍不断壮大。在这个阶段，不仅靠近沈阳的新民、打虎山、新立屯一带战斗不停，而且围绕日军进占辽西的军事中枢——驻锦州第二十师团司令部周围也战事四起。特别是辽西走廊及热边一带的抗日义勇军主动出击，使兴城、绥中等地日军穷于应付。第二十师团各部及沿各铁路线日军守备队也昼夜不安，整个辽西日本占领军处在疲于奔命之中。

这一时期，在辽西、辽北一带较著名的抗日义勇军队伍有：耿继周领导的东北民众抗日救国义勇军第四路，王显庭领导的辽西抗日救国军（后被救国会改编为义勇军第一路），赵大中领导的蒙边威镇第一义勇军，潘士贤领导的东北民众抗日救国义勇军第三路，于百恩、张海涛领导的东北抗日义勇军第三纵队（后被救国会改编为义勇军第十二路），郑桂林领导的东北民众抗日救国义勇军第四十八路，石盘领导的东北民众抗日救国义勇军第十三路等。

当日军刚刚占领锦州，尚未站稳脚跟时，即遭到活动于新民附近的第四路义勇军耿继周部的袭击。

耿继周，新民人，先为小学教员，1921年入东北讲武堂三期炮科，结业后在东北军步兵第七旅服役，1927年随汤玉麟调往热河，任上校炮兵总监。九一八事变的消息传到热河，耿痛心疾首，毅然"舍上校差职"回东北收容旧部，编练民众，组织义勇军进行抗日。

耿继周部是辽西最早建立起来的一支民众抗日武装。这支队伍不仅有一批原东北军中下级爱国军官和士兵参加，而且还有由农民组织起来的"护秋"队和部分工人、商人、知识分子参加。此外，还收编了活动在新民、黑山境内的具有民族正义感和爱国思想的"胡匪"。比较著名的有："高老梯子"（高鹏振，字德山），率众4000余人参加；河西的朱青山，彰武的王志德，新民的柴玉书、李培林、李盛久，康平的洪树甲等，各带数百人纷纷来投。这支抗日队伍共编为2个师，此外还编有一个卫队团，共9个团，有7000余人。

1931年12月15日，耿继周一打新民县城。事前探知城内日军只有200

余人，集中驻在城内。于是，耿继周率部 3000 余人，从三面围攻县城。命令第一团团长"高老梯子"率所部从北、西两门进攻；命令第二旅旅长"君子红"（柴玉书）率部从西、南两门攻打；自率一部分队伍攻打东门，为了防止日军从沈阳方面前来增援，派人炸毁了巨流河大桥两孔。

发起总攻后，义勇军战士非常勇敢，很快攻入城内与日军发生激烈巷战，毙敌 80 余名，我军伤亡官兵 20 余名，缴获步枪 66 支、手提式机枪 2 架、子弹 5000 余粒。

27 日，耿继周率领"君子红"、孙柱国部二打新民县城。日军极为恐慌，连夜向沈阳告急，等援军开到时，义勇军早已撤入农村。这次行动虽未攻克县城，但牵制一部日军不能顺利西犯锦州。

1932 年 1 月 3 日，由于东北军奉命撤入关内，锦州失守。耿继周部广大义勇军官兵极为愤慨悲痛，决定就地坚持抗日。耿继周按黄显声原来的部署，连夜由沟帮子附近返回新民，再次袭击新民。

1932 年 1 月 4 日晚 7 时许，耿继周三打新民县城。他以一部封锁驻火车站的日守备队，然后亲自率领 500 余人冲破敌人的火力封锁，杀入城内，先后将城内的日领署、电话局、广济医院和日人住宅区等地攻下，还砸开监狱，释放了被敌拘押人员 200 多名，还放火烧了日本人开设的当铺、商店、洋行等 10 余处。闻第四路义勇军攻打新民，附近其他小股抗日武装也纷纷赶来自动配合耿部作战。城内伪公安队基于民族大义反正起义，调转枪口打击日军。至晚 9 时，攻城义勇军已增至 2000 余众。但由于义勇军各部没有统一指挥，入城各部又都只注意在城内攻打，而忽略了对还占据着火车站制高点的日军的攻击，致使敌有生力量没有受到致命打击。这时，已与驻守车站守备队换防交接完毕，正欲乘车离去的日军另一大队又调头向义勇军反攻，火车站内之敌也向外反扑，致使封锁火车站的义勇军一部力不能支，而入城的各部义勇军有的竟擅自先行撤走。至翌日凌晨 2 时许，城内只剩耿部孤军作战。特别是火车站之敌居高临下，用火力控制了各要点，迫使义勇军不得不撤出城外。这一仗毙敌 20 多人，缴获一批枪械弹药和大宗军用物资，给日军很大的打击。

1 月 5 日，日军又增派步兵第二十九联队在新民集结，企图围攻第四路义勇军。耿继周当即决定避开敌人进攻的锋芒，将队伍化整为零，分散作战。令柴玉书、孙柱国、高鹏振等分别游击于锦西、义县、兴城、北镇、黑山等地，自率骑兵 2000 余众进入新民县北部与敌周旋。由于他们在这一带的群众基础较好，又熟悉这一地区的地形，加上队伍精干，耿部先后在唐家窝堡、五台子、六家子、五拉马、大三家子等地接连打了几个成功的伏击战，共歼敌百余名。后又夜袭巨流河日军驻地，焚毁敌武器库，并不断地进行扒铁道、劫列车、割电线等活动，使这一带日军昼夜不得安宁。

1932 年 2 月 3 日拂晓，耿继周联合第二十路义勇军一部及东北军第二十旅营长于澄部共 1 万余人包围了彰武县。当时城内驻有日军 400 人及汉奸王永宽所部伪军 2000 多人。早上 7 时，义勇军发起攻城战斗，敌军凭借坚固的工事和精良的武器拼命抵抗。激战两小时后，耿部骑兵首先从东北角城垣倒塌处冲入城中，随即大批义勇军蜂拥入城，守城的日伪军仓皇出逃，义勇军遂将彰武收复，把城内库存"枪支弹药悉数掠走"。

此时，正值汉奸张海鹏奉日本军事当局之命，率 3500 余人到彰武一带来"清剿"义勇军，遂与从彰武逃出的日伪军纠集在一起反扑过来，义勇军由于弹药耗尽，于当日下午 3 时许主动退出彰武。是役，歼敌日伪军百余人。

11 日，耿部稍作整顿后，即又联络于澄、孙柱国、金子明、九龙、九胜、九江乐以及抗日绿林队伍共 3000 余人，第二次攻打彰武县城。张海鹏得知消息，调一部逆军往援彰武。根据敌情的变化。义勇军调整了战斗部署，决定由耿继周率骑兵一部在城外阻击敌之援军，于澄率所部进攻县城。

是夜零时，攻城与阻击几乎同时打响，耿在战斗中一边组织部队打退来援之敌，一边派出小股部队割断敌人电话线并炸毁铁路路轨多处，防止敌人继续派来增援部队。在耿部的有力阻击下，于部于拂晓时分攻入城内。正当耿部欲进城之时，忽然敌人又有一批援军开到，先头部队竟冲至城垣附近。其时于部弹药消耗殆尽，眼见支持不住，耿继周翻身上马，率部英勇冲入敌阵。一阵冲杀，把敌之援军打退。12日早6时，义勇军再次攻克彰武。

第四路义勇军成立以后，连续作战达数月之久，大小战役几十次，不仅弹药消耗殆尽，而且必要的衣食药品也得不到补充。为了坚持斗争，耿虽将所有家产悉数变卖，用以补充义勇军所急需，但仍是杯水车薪，除了对鼓舞部队的士气起一定作用之外，实在解决不了部队的根本问题。2月底，第四路军为摆脱困境，徐图再起，除部分队伍仍留在原地坚持斗争外，耿继周率其主力部队向西部热边转移。同年5月，耿继周率部转战辽西锦绥地区，与第一路军王显庭合作，成立辽西抗日义勇军总部，被推任总司令，不久参加朱霁青组织的东北国民救国军，担任第四军长。9月，朱霁青入关，耿继周部被汤玉麟改编为公安总队第三团，耿继周被任命为团长。1933年3月，热河抗战失败后，耿继周于5月中旬脱离汤部，又随朱霁青参加冯玉祥、吉鸿昌等人组织的察哈尔抗日同盟军，继续坚持抗日。

郑桂林率部打绥中

活动在兴城、绥中一带的抗日义勇军是东北民众抗日救国义勇军第四十八路军郑桂林部。

郑桂林，原名郑兴国，字香庭，原籍辽宁省建昌县药王庙郑麦家沟。1930年6月毕业于东北讲武堂第九期，后任东北军第十三旅中尉副官。九一八事变后，郑桂林在全国人民特别是东北人民抗日爱国思想的影响下，联络石蓝田、李卓英等人毅然脱离东北军。11月间，去北平与东北民众救国会联系，后潜回东北组织抗日武装，遂经救国会推荐被黄显声委任为东北民众抗日救国义勇军第四十八路军司令。日军进犯锦州时，郑部迁到绥中县西北山区二道沟，以朱宝富家为据点开展抗日救国活动，从此队伍逐渐发展起来，仅大凌河畔的山地方面，"其数达 3500 名"。

1932 年 1 月下旬，日寇集中优势兵力开始"围剿"辽西抗日义勇军。此间，日寇第二十师团以步兵 9 个大队、野炮兵 4 个中队、野战重炮兵 1 个大队为基干，对打虎山以西至北宁路大凌河两岸进行"围剿"。活动在这一地区的第四十八路军郑桂林部不但没有被其消灭，反而日益强大起来。他们不断发动群众，经常对群众宣传抗日救国主张，广大群众在其号召下纷纷来投抗日军，这支武装声势越来越大，成为辽西主要抗日武装。

1932 年初，日寇刚刚占领绥中，为巩固统治，便经常四处"扫荡"抗日武装。日军所到之处，肆意烧杀淫掠，残害百姓，激起抗日民众无比愤慨。他们自动组织起来，配合抗日军不断打击侵略者，迫使日寇不得不龟缩在绥中县城南关和火车站以及南大营等处。郑桂林探知日军在城内百余人，70 余人驻在车站南大营，40 余人驻在南关涌盛泉烧锅，各配装甲车两辆。3 月间，郑桂林司令在东下洼子召集由旅、团长参加的军事会议，研究攻打绥中县城，会上作出了进攻部署，决定于清明节那天行动。

清明节那天傍晚，各路义勇军分头出发，预定半夜零点各路同时发起总攻。杨振忠率部直扑南大营，首先击毙日军瞭望台上的哨兵。枪声惊醒正在酣睡中的日军，他们惊慌失措，乱作一团，最后日军在两辆装甲车掩护下冲出营门。当他们逃到东站附近时，督战队队长管长春飞身跳上车，用手榴弹炸毁前面一辆，而后面那辆装甲车驶速太快无法刹车，撞上前辆车后滚到沟里。郑部取得这次战斗胜利，俘虏 17 人，缴枪 20 余支、铁盔 30 顶。但义勇军也有很大伤亡，天亮前，郑桂林率部向城西撤走。

郑桂林部结束绥中攻城战后，声势大振，各地抗日民众踊跃参加抗日义勇军。为了适应斗争的需要，第四十八路军在原来的基础上进行了整顿，扩编为 12 个旅。由于第四十八路军战术机动灵活，忽而集中，忽而分散，神出鬼没，使敌人无计可施，只好调集重兵进行"讨伐"。从 4 月开始，日寇调遣第八师团和混成第四旅团协同作战。敌人虽然不断地增加兵力，然而对声势极盛的义勇军出没无常的袭击仍毫无办法。第四十八路军越战越勇，一直转战于热辽西边。

1933 年 1 月间，日寇对我兴城、绥中一带抗日义勇军和其他抗日武装进行了残酷的"大扫荡"。敌人纠集了兴、绥两县日伪军警，步兵 1000 余人，骑兵 200 余人，分兵两路向红庙子进攻。红庙子是第四十八路军活动要地，是日寇"扫荡"的主要目标。

郑桂林获悉日军进犯红庙子的情报后，根据敌强我弱的形势，决定采用"口袋战术"诱敌深入，然后将其围歼。他命令部队撤出红庙子，结集于蟠龙沟一带的狭谷中。命令一部兵力占领红庙子北山，一部率领 100 余人占领红庙子南山，郑桂林亲率 300 人占领红庙子西山张飞岭。一切部署就绪，凌晨 2 时，以点火为号，各路军同时发起总攻。战斗打响了，敌人从梦中惊醒，狼狈逃窜。战斗时间不长，收获很大，敌人死伤百余人，抗日军无任何伤亡，缴获轻机枪 3 挺、步枪 16 支、山炮 1 门。^❾第四十八路军从建立以后，在几次较大的战斗中都取得了辉煌的成绩，到 1933 年春，部队发展到 1.4 万余人，声势浩大，并扩展到热河境内。

锦西民团歼灭古贺骑兵中队

1932 年 1 月 3 日，日军第八师团占领锦州后，师团长嘉村命令骑兵第二十七联队长古贺传太郎中佐率领 200 余名日军向锦西进犯。1 月 6 日，古贺率骑兵 87 名，几乎没有遇到任何抵抗，就开进了锦西县城。7 日晚，日军松尾少尉率领运输粮秣的士兵 26 人，此外还有担负警戒的步兵第六十三联队，由中尉石野率领的 28 名士兵，计 50 余人，也先后到达县城。锦西县县长张国栋，原系日本留学生，他为了讨好日本，命令商户、居民悬挂日本旗，并亲自带领士绅出东门迎接日军入城。张国栋引狼入室的汉奸行径引起锦西人民的愤怒和反对，特别是锦西各乡的联庄会和民团已做好消灭入侵之敌的准备。

古贺入城以后，得意忘形，认为锦西已被占领，县长已投降，忽视了辽西人民的反抗力量。入城的第二天就决意出城"扫荡"，汉奸张国栋劝阻，告诉他城外有抗日武装，古贺不听劝告仍坚持出城"讨伐"。

锦西临近热河，"民风强悍"，骑马打枪习以为常。九一八事变时，锦西县地方民团人枪齐备，约八九千人，是一支颇有战斗力的武装。锦西人民在日寇围攻锦州时就着手整顿原有民团武装，由黄显声委派组织起锦西"西五会"民众抗日民团，准备与来犯日军进行决战。

当锦西民团得知古贺联队前来"围剿"的消息时，"西五会"首脑周玉桂、刘国漳、白香亭、赵品三、赵庆吉等人连夜开会商讨对策，决定采取"诱敌深入，聚而歼之'的战术，在西园子、龙王庙、于家屯、楼房等地埋伏兵力，在熊家沟处设卡秀敌，做好一切战斗准备。

9日上午，古贺命令石野步兵小队暂留驻地；命令松尾少尉率领辎重队回锦州领取弹药给养；留下村上中尉带领一小队骑兵守护联队本部。古贺部署完毕后，亲率50余名骑兵和28名步兵小队，配备轻重机枪，由锦西县城西门出发，分两路向城西峡谷地带进行"扫荡"。

这时，江家屯以西已有一批武装群众集结，刘纯启率领其绿林队伍和民团三四百人已于8日晚从锦西、朝阳交界处星夜南下，赶至县城西部的碾子村埋伏待敌。

9日上午10时30分，古贺率日骑兵到距县城10里的上坡子屯时，突然受到"西五会"民团的袭击。

古贺立即决定由他和山田大尉率骑兵野口小队、亲泊小队、中原小队以及星野大尉指挥的机关枪队攻打上坡子屯；命令石野步兵小队攻打龙王庙。石野小队一进龙王庙西山，就被埋伏在那里的刘春山、刘春雨、张恩远和亮山的队伍四面包围，这些民团武装富有战斗经验，射击准确，一开始就击毙了石野，日军顿时乱作一团。

这时，古贺突然接到警戒兵报告，从热河开来五六百骑兵袭击锦西，于是古贺决定迅速回锦西救援。上午12时许，当古贺率部路经西园子时，突然遭到亮山队的袭击。亮山队占据西园子北土坎上一座炮楼，居高临下，以猛烈的火力封锁公路。当古贺走到炮楼正面时，被民团一枪击于马下，机枪队长星野大尉也当即被击毙。这时，城内敌军得到消息后，以机枪封锁炮楼，并用火攻引爆楼上火药，刘存富、刘存荣、王振东3人跳楼幸免，刘国臣等9人壮烈牺牲。义勇军和民团恐敌援兵赶到，主动撤出战斗。这次战斗，击毙古贺以下少尉军官4名，士兵40余名、重伤20余名，缴获古贺的战刀一把、长短枪数十支，打死和缴获战马三四十匹。古贺中佐荣膺首位被东北民团武装击毙的日军联队长之"殊荣"。

9日晨，奉命去锦州领取弹药的松尾辎重队，全队30人押护5辆满载弹药的大车。行至县城东30里的钱搭屯时，遭到民团首领高福瑞等率众伏击。枪响后，附近的陈家屯、杜家屯、马圈子、杨相公屯、小岭子等地民团也纷纷前来参战，有1000余人，把敌人重重包围，激战4小时。张明祥、赵德义等20多人奋不顾身，冒死冲杀，战斗打得十分激烈。最后，日军辎重队小队长以下全部被歼，缴获机枪1挺、三八式步枪27支、战刀1把、大车5辆、弹药数箱、军毯20余条，打死战马19匹。民团牺牲9人，负伤4人。

上述两次战斗极大地鼓舞了辽西人民抗日士气，同时也震慑了入侵之敌。锦西民团歼灭古贺骑兵中队后，关东军感到非常震惊，他们哀叹古贺联队被歼"实在是满洲事变以来最大的悲惨事件"。从此，日军对辽西派重兵"讨伐"。但辽西人民并没有屈服，反而掀起更大的抗日风暴。

活动在辽西地区的抗日义勇军除上述著名战斗之外，其他各路义勇军和各种抗日武装力量，在各地袭击日寇，破坏交通，事例数不胜数。自九一八事变开始，抗日烽火遍及辽西各地，至1933年初发展到顶点。此后，由于日寇疯狂地"围剿"，敌我力量悬殊，义勇军缺乏后援，逐渐走向了低潮。

辽东邓铁梅夜袭凤凰城，攻战龙王庙

辽东三角地带，是富有反帝反封建光荣传统的地区。日本侵略者对辽东三角地带的武装侵略，首先是从强占安奉路上的两座重镇安东、凤城开始的。

安东是安奉路的起点，与朝鲜仅一江之隔。西南临黄海，襟江表海，为边陲重要门户。九一八事变前，日本侵略军对占领安东作出了特别部署。9 月 19 日早 5 时左右，日军铁道独立守备队 200 余人分两路侵入安东市街。当时安东没有东北军正规部队驻扎，只有警察维持治安。由于已有"不抵抗"命令下达，在日军进攻面前，所有警察未作任何反抗即被缴械，县政府、公安局等机关均被占领。日军占领安东后，9 月 21 日，从朝鲜境内开来第三十九混成旅团，连同部分独立守备队一起开赴沈阳，只留一小部分兵力驻扎安东。

凤城县为安凤线上的又一重镇，它南通安东，西达岫岩，东临宽甸，北向本溪。为辽东三角地带交通中枢。东北军政当局对凤城也很重视，凤城镇内驻有奉天省防军陆军步兵第一团一部 500 余名，驻扎在原东边镇守署大院内。此外，还有辽宁省公安队第十九大队约 350 人，也驻扎在凤城镇内。在东北军大批调往关内之后，凤城县城成了安奉铁路沿线驻东北军最多的地方。

鉴于凤城县中国驻军较多，日本侵略者在发动九一八事变时，尽管兵力不足，仍派驻扎在连山关的日军铁道独立守备队第四大队长板津直纯，亲自率 2 个中队 200 余名日军进攻县城。

9 月 19 日上午 7 时，日军一个骑兵中队突入县城，直扑第一团团部，团长姜全我率部投敌。被日军缴械的有姜全我的第一团官兵 455 名、公安警察 200 余名。日军共缴大枪 600 余支、子弹 5.5 万余发、手枪 40 支、手枪子弹 3000 发；迫击炮 9 门、炮弹 1800 余发；机关枪 6 挺，机枪子弹 6 万多发。日军兵不血刃就占领这座辽东重镇。

富于反抗精神的辽南人民并未屈服，特别是在日军力量尚未到达的农村，反抗侵略的怒火正在迅速燃烧。在这里，邓铁梅率领的东北民众自卫军和苗可秀率领的铁血军为核心的抗日义勇军，发展之迅速，斗争之持久，为辽宁和东北全境之首。

1931年9月19日，日寇独立守备队步兵第四大队占领了凤城之后不久，就遭到了邓铁梅领导的东北民众自卫军的袭击。

邓铁梅，名古儒，字铁梅，辽宁本溪磨石峪邓家村人。从本县警察教练所毕业后，曾任凤城县警察大队长和公安局长、哈尔滨东省特别区警察管理处督察员、牡丹江警察分署署长等职。任职期间，邓铁梅"深知警政积弊甚深，严戒部属苛扰百姓，而彼亦廉洁持身，守法尽职，颇得人民部属之敬爱"。

九一八事变后，邓铁梅目睹祖国大好河山为日寇所践踏，深感亡国之痛，决心回乡组织抗日武装，得到黄显声的支持。是年10月初，偕好友云海清回凤城四区尖山窑村，秘密组织抗日队伍，不久在小汤沟（今岫岩县境内）正式成立东北民众自卫军。东北民众自卫军最初仅有200余人，但不到一个月的时间，辽南各地农民、东北军下级军官、爱国知识分子和士绅以及邓铁梅的旧部接踵而来，很快发展到3000多人，另有大刀队1000多人，最初编成3个步兵团、1个武术队（大刀队）、1个侦察队。邓铁梅在组建东北民众自卫军的同时，非常注意根据地的经济建设和政治思想教育。

凤城是辽南一个极为重要的战略要地，敌人在这里防范森严。当时凤城县驻有伪警察大队"何大马棒"的队伍500人，县城车站驻有日军独立守备队一个中队。自卫军事前经过周密侦察，掌握了日伪军的兵力情况。

邓铁梅决定攻打凤城，并进行了周密的部署。

1931年11月22日午夜，东北民众自卫军发动了凤城战斗。在战斗打响之前，邓铁梅率义勇军秘密向预定地点集结，把主攻部队兵分两路：第一路，由邓铁梅亲自指挥，2 个步兵营和 500 人的大刀队，负责解决"何大马棒"的伪警察大队；第二路，由孙耀亭指挥，2 个步兵营和 1 个大刀队，主攻凤城车站的日本军。天黑以后，自卫军各部陆续到城下集结潜伏，午夜突然响起进攻号令，顿时枪炮轰鸣，弹火纷飞，喊声震天，自卫军向城内守敌发起猛烈的攻势。

一部分攻城的队伍由城南门直穿而入，打进南街。城内驻守的伪警察队从梦中惊醒，仓促应战，大部分伪警察根本不想顽抗，其中有许多是邓铁梅的旧部，经过自卫军的宣传，他们纷纷放下武器，有的只身逃走，有的携械投降。只有"何大马棒"领十几人乘混乱之际出城逃跑。自卫军消灭了这股守城警察队之后，迅猛地冲进了伪警察局，砸开了监狱大门，放出 100 多名爱国志士和其他无辜受难者。另一部分攻城的队伍从西门向城内进攻，以迅雷不及掩耳之势包围了车站，消灭了日本独立守备中队。战斗胜利后，自卫军部队撤离县城。他们刚刚离开县城，日本援军随后赶到，便尾随其后追击，当日军追至二龙山时，被自卫军二团伏兵以猛烈的炮火予以阻击，日军遭到惨败，只好退回县城。这次战斗用了约 5 个小时，战果辉煌，消灭伪警察大队 400 多人、日军 30 余人，缴获 13 式步枪 300 余支、三八式步枪 20 余支、轻机枪 2 挺、迫击炮 2 门，以及其他许多军用物资。凤城大捷后，邓铁梅部在三角地带影响颇大，参加义勇军的人数也日益增加，到 1932 年春已发展到万余人。同年 3 月，东北民众抗日救国会统一建制，特委邓铁梅为东北民众自卫义勇军第二十八路军司令。

龙王庙，是凤城通往孤山镇海口的必经之路，又是凤城南部门户，军事战略要地。李寿山伪军司令部设在此地。

李寿山，原是汉奸张海鹏的中校团附，九一八事变发生后，随张海鹏投敌。不久，率一部伪军进驻安东，疯狂镇压抗日军，残杀群众，效忠日寇。李寿山以龙王庙为防守据点，对自卫军的活动和发展极为不利，李寿山不仅封锁通往海口与关内联系的交通线，而且控制了这个地区的税收、商业，切断了自卫军的经济来源。

邓铁梅决心拔掉这个钉子。

经过一番准备，临时由各团抽调精锐 2000 余人，编成两队，另有 2000 人的大刀队配合。在邓铁梅亲自率领下，于 6 月中旬一天晚上 10 时发起总攻。自卫军从四面包围了龙王庙镇，勇敢地冲进街内，与伪军发生激烈的巷战。伪军司令李寿山和副司令张宗援（日本人）等人混溃兵之中逃往大孤山，丢弃辎重枪支弹药甚多。**10**

同年 8 月，东北民众自卫军把司令部从尖山窑迁至龙王庙进行休整，同时邓铁梅以龙王庙为根据地。8 月 11 日夜，邓铁梅率领 4 个步兵团、2 个大刀队，有 2000 余人，秘密渡过大洋河，从四面包围岫岩县城。12 日拂晓发起总攻，以大刀队为主攻队伍，在炮兵掩护下，很快攻到城下，自卫军登梯越过城墙冲入街内。这时伪军从酣睡中惊醒，慌忙应战，抵挡不住大刀队猛烈的冲击，除了一部分随伪县长逃出县城之外，大部分缴械投降。

四次反"讨伐"，邓铁梅壮烈殉国

东北民众自卫军在邓铁梅领导下，在安东、凤城、岫岩三角地区打过许多胜仗，给日本侵略者和伪政权以沉重打击。敌伪政权惊呼"三角地带现为'匪军'占领"，引起敌人的极大重视。特别是邓铁梅所部东北民众自卫军在各路义勇军中人数最多、战斗力最强，日伪政权视其为三角地带头号敌人。从 1932 年春天开始，不断派出独立守备队、伪军、伪警察对三角地带各路义勇军进行"讨伐"。

1932 年 12 月，日军对三角地带进行了第一次"大讨伐"。这次行动由日本关东军司令武藤信义亲自下达作战命令，令日军第二师团担负行动任务；并把第十四旅团步兵第一大队调给第二师团直接指挥；关东军所属海军加强对三角地带海上沿线的警戒。此外，特别调派一个飞行队协助"讨伐"。经过激战，东北民众自卫军取得了关门山、黄花甸子大捷，打死打伤日伪军长冈少佐以下官兵140余人。

12月末，在关门山战役之后，邓铁梅部主力进入岫岩县东部，在文家街与"讨伐"日军相遇，遂发生战斗。经半日苦战，自卫军凭有利地形打退敌人三次冲锋，大刀队勇敢冲杀，冒死迎敌，最后终于迫使日军逃回县城，这次战役击毙日军50余名，并缴获一批武器和军需用品。此外，辽东三角地带庄河县大刀队砍死日军少将森秀树，东北民众自卫军胜利地打破了日伪军的第一次"大讨伐"。

鉴于三角地带各部义勇军活动日趋活跃，日本独立守备队进上司令官又于1933年4月14日开始了第二次"大讨伐"。这次"讨伐"日伪军共投入8000余人。为了打破敌人的"讨伐"，邓铁梅率部先后从尖山窑、老平顶子两次突围，以后部队化整为零，分开行动，主力部队在凤、岫两县山区活动，三角地带的反日斗争陷入低潮，邓铁梅部仅剩1000多人。

6、7月间，凤、岫两县青纱帐起，经过两个多月的消沉，义勇军又开始复苏。邓铁梅一面收容旧部，一面整顿部队，加紧军事训练，总结与日伪军作战的经验教训。部队很快又达到3000人以上，不断对日伪军进行袭击。

三角地区抗日力量的苏醒，使日伪军大为惊恐。遂于1933年7月至11月进行了第三次"大讨伐"，敌人调动了两个守备大队的兵力和伪军7个营投入进攻。义勇军先后在小汤沟、关门山一线，大李家堡子、大楼房一线、哨子河左岸至龙三庙一线，同日伪军展开激战。双方互有伤亡。自7月末以后，邓铁梅所部不断出击，仅重要战斗就达20余次，有力地打破了敌人的"讨伐"。11月天气寒冷，日伪军撤出三角地区，第三次"大讨伐"又告一段落。

1933年11月，敌人对三角地区第三次"大讨伐"结束后，加强了对三角地区的统治。在凤、岫两县一些重要村、镇增设据点，派驻伪军警，较大的据点还有日军驻扎。在各据点周围及交通要道建围墙、木栅栏，修碉堡，对来往行人严加盘查和控制。对义勇军官兵家属、亲友进行迫害，并逐步建立保甲，施行连坐法以断绝群众对义勇军的支援。在这种情况之下，各部义勇军处境更加困难，每行动一步，都处于敌人追踪、包围之中。

1934年1月下旬，日伪军又发动了对三角地区的第四次"大讨伐"。这次"大讨伐"主要是由辽东警备司令部混成第三旅王殿忠部、安奉地区警备司令混成第二旅赫慕侠部伪军及少量日本守备队担任，主要攻击目标是邓铁梅部义勇军。日伪军兵力集中从岫岩、凤城两个方向同时展开军事行动，几乎日夜不停地在三角地区实行"讨伐"，一直持续到5月，历时4个月。敌军每到一处大肆烧杀抢掠，对原来义勇军活动地区的村屯实行集村并屯，以断绝民众对义勇军的支援。义勇军冒着冰雪严寒，整日在深山密林里游动，缺衣少食，陷于重重困难的境地。各部义勇军乘敌不备攻击敌人，仅重要战斗即达20余次。虽然义勇军取得了一些局部战斗胜利，但不能有效地改变被动与不利态势，整个三角地区抗日力量受到挫折。

为了保存仅有的一批义勇军实力，邓铁梅在敌人发动第四次"大讨伐"之后，于1934年1月在岫岩境内的牌坊沟召开军事会议，经过慎重讨论，将现有千余人的部队化整为零，改编为若干小部队，三五十人为一部，便于隐蔽分散活动。如有机可乘，也可随时出击与敌人作战。邓铁梅自己率少数卫队来往于凤、岫山区各处，并随时与各支队保持联系。

1934年春，邓铁梅因长期征战，积劳成疾，加之身患痢疾，行军不便，乃决定隐匿于岫岩小蔡家沟张文缨家养病。汉奸于芷山密令伪军第二旅长赫慕侠利用亲属同乡关系收买了邓铁梅的军官教导队大队长沈廷辅。5月30日晚，沈廷辅以有要事相见为由，叫开张家门把邓铁梅秘密劫走。6月3日，邓铁梅被押解到凤城，自卫军得知消息赶来营救时，邓已被敌押送到沈阳警备区司令部军法处了。

邓铁梅在狱中，敌人使用各种手段对他进行审讯，都毫无所得，枉费心机。他虽然身陷囹圄，但抗日救国的意志坚如磐石。他曾在狱中写下"五尺之躯何足惜，四省失地几时收"气势磅礴的诗句，表达他抗日爱国的决心。他在狱中，曾向前来探监的亲友表示："我白墙不能划黑道，粉墙不能沾黑点，我决不会投降"，"事到如今我活将与草木同休，死可与古人并存。我宁愿死，决不贪生"。[11] 最后，敌人对他下了毒手，于 1934 年 9 月 28 日晨被敌人杀害，年仅 43 岁。

邓铁梅自 1931 年 10 月揭竿而起进行抗日，创立东北民众自卫军到 1934 年 9 月牺牲，3 年间栉风沐雨，饱受艰辛，团结群众，重创敌人。邓铁梅的抗日业绩及其为民族解放事业而英勇献身的精神得到中国共产党的充分肯定和表彰。1935 年 8 月 1 日，中共中央发表的《为抗日救国告全体同胞书》中，列举的在九一八事变后为反对日本帝国主义侵略而捐躯的民族英雄，其中就有邓铁梅的名字，邓铁梅抗日救国的英雄业绩，永载中国人民民族解放斗争的光荣史册。

抗日战争胜利后，党中央抽调我八路军、新四军各一部进军东北。其中山东军区主力部队一部从山东越海到达辽东，在庄河、孤山一带登陆。这里正是邓铁梅和东北民众自卫军活动地区。为表彰邓铁梅的抗日功勋，我党组建了"铁梅"支队。由当年参加过邓部活动的邹大鹏亲任政委，当年自卫军战士孙永泉任一团政委。这支队伍转战辽东三角抗区，对于团结、号召辽东广大群众跟随我党参加反对蒋介石国民党独裁、内战的斗争起到了积极作用。

苗可秀少年铁血军浴血沙场

邓铁梅虽然牺牲了，但邓铁梅为之奋斗的抗日救国事业并没有中断。在辽南三角抗区，各部公推苗可秀继任东北民众自卫军司令。1934 年 10 月初，苗可秀在尖山窑主持召开了追悼邓铁梅祭奠大会，全军战士化悲痛为力量，誓与日伪军血战到底。

苗可秀，又名苗景墨、苗尔农，辽宁本溪下马塘村人。九一八事变时正在东北大学文学院读书，后随学校入关，不久成立东北学生抗日救国会，被推任常务委员。1932 年春，苗可秀与赵同等人一起奉命出关去三角地带参加邓铁梅部，并担任总参议兼任军官学校教育长，赵同任政治处处长。在此期间，他们积极协助邓铁梅加强部队的政治思想工作和组织建设，先后培养出 300 多名青年军官，这些人在以后的抗日斗争中起到了骨干作用。

苗可秀曾与赵同等组织了中国少年铁血军，被推为铁血军的总司令，积极开展对日斗争，历经大小战斗 300 余次。苗可秀初创少年铁血军时，对外仍称邓铁梅部东北民众自卫军学生大队，并经常协同邓部义勇军作战。1934 年 9 月邓铁梅牺牲后，苗可秀决心支撑三角抗日区的艰难局面，并对外公开了少年铁血军的番号，开始以铁血军的名义进行活动。从此之后，在三角抗日区，铁血军成为日伪军主要的"讨伐"对象。

1934 年以后，在日伪军连续"讨伐"之下，各部义勇军损失殆尽。日伪军、警分散于三角地带，有如星罗棋布一样，一处有事，互相联络应援，义勇军活动已经陷于十分不利的境地。这时铁血军的基干队伍尚不足 200人，敌我力量悬殊，因此苗可秀尽量避免攻坚战和消耗战，主要采取迂回、移动，四处出击，寻找有利时机袭敌的战术。从 1934 年春至 1935 年 9 月苗可秀牺牲止，此一年余时间有进行大小战斗近百次，其中较大者有 10 余次。

1934 年 5 月，伪军王殿忠部一个营百余人，从岫岩出发前往县城东北方向关门山、黄花甸子以及大营子一带"讨伐"铁血军。这时，苗可秀与铁血军率第一、二大队在大营子以东之大岔沟活动，与这批伪军遭遇，激战半日，伪军伤亡 20 余人，内有一中尉军官。

1934 年 6 月，铁血军三个大队在县城边界地带之任家堡子宿营，清晨刚分散出村即与伪军相遇，敌人约 200 余人，铁血军当即迎战。双方相持 3

小时，铁血军撤至山林里，打死打伤伪军9人，内有一少尉军官。

1935年2月5日，正当日伪反动派大肆宣传和庆贺对义勇军"讨伐"成功的时候，苗可秀派所部一小队乔装成市民潜入凤城，并亲率200余铁血军战士猛攻县城，里应外合，非常迅速地攻入城内，抗日军逮捕了日寇、汉奸多名，并将其财产没收，然后退出凤城，沿途散发传单号召人民抗日救国。日军调动大批部队向铁血军追击，苗可秀佯作败退，诱敌至赊里沟，在此据优势地形与敌人展开激战。2月6日晚，苗可秀、赵同、刘壮飞、盛梅五、唐广学等率领卫队和第一、三大队，将日军包围，激战约一小时，将150名敌人全部消灭，此役取得大捷。

同年3月15日，苗可秀率部行军抵达凤城与岫岩交界的汤沟地带，发现敌军从北开来，由西泽少佐、长岗指挥官率领2000多日伪军向抗日军包围上来。

苗可秀立即命令第一支队长刘壮飞、第二支队长白君实率部迎敌。此间探知一部日伪军主力盘踞汤沟屯的两个大院内，于是苗可秀司令命令第二支队为第一梯队担任主攻，而自带50余名卫队在后接应。

是夜，铁血军从三面包围敌军驻地，首先发起政治攻势，由支队长白君实向伪军喊话："你们是中国人，赶快逃走，我们是专打鬼子的！"顷刻，伪军大乱，纷纷逃去，院内只剩日军负隅顽抗。一个时辰后，义勇军突然销声匿迹，隐蔽起来。又过了一会儿，苗可秀令刘壮飞扮一伪营长率队伍入屯，并向日军大声喊话："'马贼'已被我们打跑了，我们是奉命前来接长岗指挥官的。"这时长岗从屋内走出试探虚实，立即被铁血军击毙，日军大乱，铁血军一拥而入，将其余日军俘虏，缴获三八枪50余支、手枪4支、轻机枪2挺。铁血军阵亡班长1人，刘支队长受轻伤，这次战斗大大提高了铁血军的声威，使敌人闻风丧胆。

1935年4月，敌人实行第六次"大讨伐"，日伪军有3万余人，企图一举消灭辽南抗日队伍。苗可秀分析敌强我弱众寡悬殊的形势，认为不可硬拼，便决定化整为零，以大队、中队为单位与敌周旋。1935 年 4 月间，苗可秀率领铁血军避开敌人的主力，沿岫岩、盖平、海城交界一带的山区迂回活动。

6 月 13 日夜间，苗可秀、赵同等率卫队和第一支队百余人由凤城渡河向岫岩西部转移，行至杨家沟宿营，被日伪军重重包围，铁血军战士英勇奋战，与敌激战 4 个小时，敌军又增兵。铁血军孤军无援，苗可秀下令突围，分两路冲出，向北山转移。

敌人炮火甚猛，苗可秀在掩护部队撤退中，被炮弹击伤臀部，被抬送岫岩山村治疗，后因日伪军搜索很紧，秘密转移到凤城二道洋河村农民家中养伤。6 月 21 日，苗可秀被敌发现，不幸被捕入狱。他在狱中，誓死不屈，表现了中华民族的浩然正气，敌人对他百般诱降，均遭到失败。在 7 月 25 日，苗可秀牺牲于凤城的二龙山。

苗可秀在就义前夕，留下了感人肺腑的遗书："不要忘了我们要做新中国的主人，要做重整山河的圣手。"[12]苗可秀抗战报国的精神和勇气鼓舞着一大批热血青年、知识分子走上抗日战场。时至今日，在凤城火车站以南的凤城南山上，一座纪念碑巍然耸立在山林中，上面镌刻着"抗日烈士苗可秀同志永垂不朽"。

苗可秀牺牲后，铁血军面临"敌兵满山遍野，食粮断绝，弹药空虚，人心惶惶"的局势。在赵同、赵伟、刘壮飞、白君实、王越、唐广学等人的领导下，铁血军继续与敌血战，每次战斗都不同程度地打击了日本侵略者。赵伟、阎生堂、白君实等相继在战斗中英勇殉国，少年铁血军最终解体。

辽东三角地带义勇军的抗日斗争，自 1931 年 10 月邓铁梅率众起义，到1939 年 1 月白君实壮烈牺牲，前后长达 8 年之久。其间，三角抗日区的抗日军民为中华民族的解放事业献出了数以千计的优秀儿女，涌现出许多杰出的爱国主义英雄人物，他们的英雄事迹将永远彪炳史册。

辽南"老北风"、项青山揭竿抗日

九一八事变爆发后，不到一天的时间，除台安、盘山等地外，辽南广大地区悉为日寇所占领。然而，富有反侵略传统的辽南人民纷纷组织起来，拿起武器，同侵略者展开武装斗争，形成了轰轰烈烈的义勇军抗日运动。

在辽南地区首先揭竿而起的是张海天、项青山组织的两支绿林抗日队伍。

张海天，又名张贺年，辽宁盘山人。中年时家境衰败，充当过炮手，练得一手好枪法，走起路来健步如飞，故在江湖上报号"老北风"。拥有部众 300 余人，打着"杀富济贫、替天行道"的旗号，出没在海城、辽中、台安、盘山一带。

项青山（后改名项忠义）也是"绿林"出身。与张海天在盘山一带"绿林"中齐名。拥有部众 300 人，在盘山、海城、辽阳、台安、辽中一带活动。

后来在辽南地区出现的抗日义勇武装，辽阳有吴三胜、沈宝林、王全一部，辽沈有林子升、刘海泉、崔德志部，辽中有朱青山、崔荣山等部。

辽南义勇军初期阶段的特点是：人数不多，规模不大，活动范围也较小，斗争形式仍是各自为战。锦州失守后，黄显声退入关内，东北民众抗日救国会负起领导东北民众抗日的责任，特把项青山、张海天所部改编为东北民众抗日救国义勇军第二路军。从此，他们与活动在辽南地区的李纯华部联合起来，共同抗击日本帝国主义的侵略。

九一八事变后，日军沿南满铁路北犯吉、黑两省的时候，曾唆使汉奸凌印清成立"东北自卫军"，在海城县高坨子设立司令部，试图网罗各路土匪，配合日军行动。张海天与其虚与周旋，一举歼灭了这股反动武装，生擒凌印清和日本顾问仓冈繁以下日伪军 200 余人，凌印清和仓冈繁被公开处决。

张海天、项青山镇压汉奸、揭竿抗日的消息一经传出，辽南父老无不拍手称快，赞扬他们这种正义的行动和民族气节。昔日打家劫舍的绿林人物，今日成了抗日杀敌的英雄，张海天把这种变化称为"安脑袋"。他说：过去干咱这行的人，整天把脑袋挂在腰带上，不知啥时候让官兵抓住，丢掉脑袋。如今国难当头，咱领着弟兄们打日本人，乃是将功折罪，死而重生，就等于重新安了一个脑袋。张、项等部抗日义勇军受到辽宁警务处长黄显声的嘉奖，他委任项青山、张海天为东北民众抗日救国义勇军第一、二路军司令。

1931年12月初，日本关东军分兵两路进犯锦州，左路沿营沟线进犯，由日本"皇军之花"第二师团担任主力，22日从辽阳、海城出发，偷渡辽河，日军在飞机、坦克配合下于23日晚攻占了田庄台，并准备分兵两路进攻盘山。

张海天、项青山、蔡宝山、盖香凌等闻讯后率义勇军300余人，前去配合东北军第十九旅第六五五团铁甲车队反攻，并于26日晚进攻田庄台，日军500余人在左藤联队长指挥下顽抗。张海天率领义勇军，从北面攻破敌人封锁线，冲入街内，与日军展开巷战，经三四个小时的激战，击毙日军50余名，余者狼狈逃回营口，遂夺回了田庄台。第二天，张海天等人乘胜率部与东北军护路队联合，包围了大洼车站，战斗打响后，义勇军战士冒着敌军炮火向镇内猛攻，经过三进三出的争夺战，日军终于被击溃，是夜10时突围逃回营口。这两次战斗的胜利，极大地鼓舞了辽宁人民的抗日决心。

此后，张海天、项青山等率义勇军活动在营沟线上，协助中国驻军刘汉山护路大队与日军第二师团第三十九联队展开激烈的战斗。由于日军有飞机、坦克的配合，武器精良，给养充足，而义勇军兵力单薄，武器陈旧，孤军无援，作战不利，便节节撤退。12月底，沟帮子陷落。

12月31日，东北军西去，辽西大好山河变色，国土沦丧，见此惨状军民无不悲愤。张海天、项青山等人率队转移到敌后，以台安高力房子为中心，同日伪军展开灵活机动的游击战争。

1932 年 1 月 16 日，日军从海城派出日伪军 300 余人，渡过太子河和辽河侵占了沙岭镇。张海天部闻讯后，在富家庄召开了会议，决定消灭这股入侵之敌。为此，他们作了周密部署，决定从四面包围沙岭镇。东面由张海天亲自指挥，派颜振元大队从镇东河口进攻；南面由傅天龙、孙德率部进攻；西面由项青山、盖中华从西坨子向镇内挺进；北面由徐荣福、潘荣久指挥两个大队，从后壕直冲镇街。

当晚 9 时发起攻势，义勇军从沙岭镇四面同时开枪，枪炮齐鸣、杀声震天，西路义勇军首先攻入镇内，打乱了日军指挥系统，使其乱作一团。防守该镇西、南两面之敌遭到突然袭击后，拼命向街中溃退，而街中的日军以为义勇军来攻，便开枪猛烈射击，敌人互相对射，结果日军死伤百余人，其中包括日军大尉河野英基。天亮后日军突围逃回牛庄，沙岭镇又回到义勇军手中。

此后，张海天率部经常袭击牛庄、营口等地，虽经激战未得攻克，但日伪军也不敢轻易出城骚扰。辽南的海城、台安、盘山、辽阳、营口和大石桥等广大乡村则是义勇军的天下。

1932 年春，辽南第二军区成立后，张海天被任命为第三路司令，司令部设在台安县高力房子。他的队伍经过整顿，共编为 10 个旅、22 个独立团。这支队伍颇有战斗力，活动于辽河两岸，不时打击日伪军及其伪政权。

6 月 29 日，张海天率 2000 余人以迅雷不及掩耳之势攻克了台安县。义勇军进城后，首先砸开监狱，释放被关押的抗日爱国志士和广大劳苦群众，遂即占领伪县公署，焚毁一切"文书卷宗"，所有财物现款"悉被掠走"。7 月 19 日，张海天率崔荣山、双山、张申五等部第二次攻打台安县城，在激战中击伤了伪军营长周东升，周率残部逃出县城。新开河、苏家沟一带义勇军占领伪县公署后，从财务局中缴获许多财物给养。这支抗日队伍在战斗中不断发展壮大，成为辽南抗日义勇军的主要力量。

李纯华三打海城

1932年5月，东北民众救国会常委会第十九次会议决定将辽宁省划分为五个军区，以辽南地区为第二军区，委任王化一为第二军区总指挥，在王化一未到任之前，由李纯华代理总指挥之职。第二军区的建制，总指挥部下划分6路，路下分大队、中队、分队。6月1日，王化一以第二军区总指挥的名义发布了第一号命令，委任各路司令。

东北义勇军第二军区的建立，协调了营口、海城、辽阳一带各部义勇军之间的关系，推动了这一地区抗日斗争的深入发展。此时第二军区以海城为中心，北起辽阳，西至台安、盘山，南达营口，方圆数百里，除铁道沿线的城镇外，广大农村皆为义勇军所控制。该军区辖兵力达2万余人，全盛时期达4万余人。在第二军区管辖范围内，各小股抗日义勇军纷纷成立，积极袭击日伪盘踞的城镇及铁道设施，使日伪防不胜防。从6月中旬到9月末，大小战斗即达50余次，不断取得重大战果。

九一八事变一周年前夕，救国会要求东北各地义勇军发动大规模的攻势，消灭日军有生力量，打击日军的嚣张气焰。第二军区总部决定在辽海一带进行一次大出击。参加攻打海城的各部义勇军领导人有李纯华、张海天、肖东藩、项青山、顾冠军等。

8月1日，各路义勇军近万人兵分四路包围海城。李纯华在海城东山上设立指挥所，指挥攻城战斗。义勇军从北、西、南三个方向同时对海城车站发动进攻。从夜里攻到天明，攻下火车站，一部分队伍突进县城。天亮时日军援兵来到，城内日伪军乘机反攻，义勇军坚守不住，遂撤出战斗。

8月2日晚，第二军区各部又发动一次袭击海城县大矢组兵站的战斗。大矢组是日军在南满路线上一个较大的兵站。在县城西北，距车站3里路，属伪警察局白衣寺分驻所管区。兵站内有军需仓库，敌人防守甚严。兵站四周深沟高垒，沟内有电网，每隔三四丈远即有一处路灯照耀，兵站内有高大的炮楼、岗楼，出口和四角均有日军岗哨。

义勇军侦悉敌人防守情况后，由李纯华、张海天、肖东藩等率队进行袭击。当晚 10 时，各队到达预定地点并开始行动。第一突击队直扑白衣寺分驻所，把正在熟睡的十余名伪警全部缴械俘获。第二突击队直奔大矢组兵站，战士们身背枪支，手持铁钳及引火油棉，潜过敌人岗哨隐蔽待攻。攻击队的马枪一响，立即割断电线冲入院内，用油棉将草垛点燃，顿时五堆大火腾空而起，火光冲天。

大矢组兵站日伪军突遭袭击，又见草垛起火，顿时大乱，有的灭火，有的应战，乱作一团。日军盲目射击，有的炮弹竟落到草垛上，更加助长了火势。转瞬间，枪炮声混为一体，火光冲天，整个兵站顿成一片火海。这时，第一突击队消灭白衣寺伪警察所之后，立即赶来接应，日军腹背受敌，惊慌逃窜。城内日伪军闻讯赶快派兵前来增援，遭到义勇军阻击。激战两小时后，义勇军主动撤出战斗。不料经过车站附近时，又遇到前来增援的一部分日军，激战再起。随后敌兵援军又至，义勇军且战且退，迅速将队伍调走。

义勇军两次对海城的袭击，使城内日伪军及日伪人员终日惊魂不定，大有草木皆兵之感。8 月 23 日夜里，海城郊区的一个农民家里，因迷信为病人祛祟消灾，燃放了几支爆竹，日军疑为"老北风"又至，乃竞相逃避。天明，敌遣侦探去讯问，始知真相，便迁怒于村民，用炮火将该村轰塌。

此事为第二军区代理总指挥李纯华知悉，乃真遣"老北风"往袭。26 日夜即与日军接触。入夜，攻入南满路，此时日军竭力抵抗。我军数次猛扑，但因日军炮火过盛，未得攻入，仅将日占海城车站界内之建筑设施焚毁。

9 月中旬，李纯华在高力房子召开军事会议，有张海天、项青山、吴三胜、阎华山和顾靠天等 30 余人参加，充分研究讨论三打海城的作战方案，决定从 9 月 14 日起，辽南义勇军在海城周围发动攻势。

9月29日，顾靠天、张海天与邓铁梅派来的支援队伍有3000余人围攻海城。日伪大为惊慌，城内四门紧闭，通宵戒严，伪县长孙文敷连夜发三次告急电：悍匪势力猖獗，攻城甚紧，一周数惊，朝不保夕。由于城内敌军防守森严，奉天援军又到，因此抗日义勇军自动撤离。

不久，顾靠天与边防各率所部攻打大石桥和营口，虽未攻克但使敌人大为震惊。在攻打营口战斗中，张海天率2000余人前来参战，沿营沟铁路线向市内进攻，先头部队一直攻打到河北沿日本附属地。在战斗中击毙日军少佐阴山、少尉忠直等10余名，所有电线和军事设施均被破坏，给侵略者沉重打击。在此期间，辽南义勇军各部皆有很大的发展，不仅张海天、项青山、顾靠天等部得到壮大，而且殷援民、安福轩、阎华山等部也在战斗中不断扩大，形成以海城为中心的抗日武装力量。在辽南抗日军中顾靠天部坚持时间较长，张海天、项青山、李纯华退走辽西之后，他仍率部坚持斗争，直到1933年7月失败后退入关内。

刘景文大战关门山

1932年10月，日军击溃黑龙江省马占山部和唐聚五部之后，集中主要兵力开始向辽南和三角地带义勇军进行"讨伐"。

辽南抗日义勇军得到日军"讨伐"的消息后，于12月10日，在岫岩哨子沟由第二军区副总指挥李纯华主持召开军事会议。参加会议的有刘景文、邓铁梅、苗可秀、李子荣、刘同轩、王全一和顾靠天及各路参谋、随员等30余人。会上重点讨论研究了各路联合抗日，粉碎日伪军的"讨伐"，以及扩大抗日队伍和抗区建设等问题，同时也讨论从海上运来的武器分配办法。

会议结束的第二天，12月13日，日军下达总"讨伐令"，分兵三路进犯。第一路，由第十五旅团长天野少将指挥，约有7000人，这是进攻辽南的主力，向海城、大石桥、盖平等南满铁路线上集结，然后由西向东进犯岫岩，主要目标是攻击第五十六路抗日义勇军刘景文部。第二路，由日军第十四旅团步兵第四联队长小岛大佐指挥，总兵力约有5000人。该路在瓦房店、松树一带集中，然后分成三路纵队向庄河进攻，主要目标是"围剿"邓铁梅、刘同轩、李子荣等部。第三路，以日军驻安东警备队司令板津大佐为司令，配有伪军李寿山部，约有3000人，主要任务是防止义勇军被包围后从海上突围逃走。

日军发动进攻后，担任此次"讨伐"主力的第一路日军，其进攻的重点是岫岩刘景文部。

刘景文，原是岫岩县伪县长。为了抗日，利用日本参事官岗村向伪奉天省要来260支步枪、子弹10万余发，加上收缴上来的600多支大小枪支，编成10个公安中队，外有骑兵中队和炮兵中队各1个，全部兵力有3500余人，于1932年8月正式反正起义。该部共有9个旅，人员最多时达万余人，刘景文被东北民众救国会任命为第五十六路司令，加入辽南军区后又被任命为第二军区第十四路军司令。刘景文起义后，成为辽南主要抗日武装力量，经常与邓铁梅、李子荣、刘同轩等几支队伍合作，给辽南日伪政权以沉重的打击。

9月11日，刘景文侦知日军将分两路进攻岫岩，主力在辽阳方面。刘景文决定集中兵力，首先歼灭这支入侵之敌，以第一路阻击由海城、大石桥方面来犯的日军主力，主要扼守大偏岭、新开岭一带，抢修工事，做好迎敌准备。

大偏岭在岫岩西北，距县城60里，是海城通往岫岩的必经之路，地势险要，易守难攻。刘景文特派第一团长任福祥率2000余人在此防守，并请邓铁梅、李子荣等率部阻截由安东、凤城方面来犯之敌。而他自己率第二、五旅进至县城北关门山附近的龙门村隐蔽起来，准备歼灭从辽阳方面来的入侵之敌。

任福祥率部进入大偏岭做好战斗准备之后，14日上午，有日军一个中队100余人、伪军王殿忠部600余人，从沿岫海向大偏岭开来。当日伪军走入义勇军火力射程内时，一声令下，四处枪响，日军突然遭到阻击，便立即停止前进，抢占山头。双方展开激烈战斗。义勇军弹无虚发，颗颗命中，不多久就打死打伤日军40余名。而义勇军炮兵营副营长吴凯明等人以下10余人也牺牲了。激战多时，部队战斗力渐渐不支。任福祥被迫退守滚马岭，与敌再战一下午，因子弹用尽，最后被迫向西南方向撤退。日军占领岫岩，入城后对中国抗日群众进行了血腥大屠杀。

防守新开岭阻击从大石桥入侵之敌，是由第一旅第三团团长张镇山担任，该人抗日思想不坚定，甚至暗中通敌。在主要交通要道没有修筑防御工事，仅派一营驻守，营长刘汉生贪生怕死，发现敌人后不战而逃，新开岭失守，日军长驱直入，攻占了岫岩。

刘景文为了阻击辽阳进犯之敌，在加强防守关门山的同时，也加强了关门山以北黄花甸子的防守力量，经李纯华同意，特派王全一、阎华山和张海川等部防守。王全一部担任主要防守任务，在黄花甸子以南沙岗子、磨盘沟一带修筑工事，分段布防。12月16日，辽阳伪县长杨显青率警队500人，带辎重车30余辆，由古洞峪侵入黄花甸子街，进入了义勇军的伏击圈。于是王全一发起进攻号令，义勇军炮兵打出一炮恰落在伪县长杨显青住地门前，他极为惊慌，率队逃跑，由于急不择路，辎重车全部翻进山沟。当日，王全一等人率队进驻黄花甸子街，做好阻击日寇的一切准备。当日晚8时，日中队长冈宽少佐率一队日军由海城开来，误认为街内驻军是伪军，便得意扬扬地跃马上桥，被义勇军哨兵开枪击中，立即击毙于马下。

18日，日军为了报复，进攻黄花甸子，残杀居民多人。当晚，张海川率200余名大刀队冲入日军驻地，砍死、砍伤30余名日寇。20日，日军有200余人又攻占了黄花甸子，但被刘景文、王全一等部包围，战斗异常激烈，日军龟缩在街内不敢出来。夜间，张海川率百余名大刀队战士再次袭击日军，摸入其驻地后，发挥了大刀队的长处，东杀西砍，锐不可当，毙伤日军百余名，义勇军获得大胜。不幸的是，大刀队司令张海川在混战中中弹牺牲。

在黄花甸子战斗打响前一天，刘景文为了指挥方便，把司令部迁到关门山附近的龙门村，并在大岭沟各要地修筑工事。同时，把主力部队分别部署在大路两侧的安乐堡、隋家堡、陈家虫、葫芦头沟和红石碰子等高地严阵以待。18日，成泽直亮率日伪军700余人进犯安乐堡，遭到义勇军痛击，退到仅距关门山八华里矿洞沟附近时，又被刘景文部2000人重重包围，战斗异常激烈、炮火连天、硝烟弥漫。伪军警"溃败殆尽"，有些伪军警惊恐万状，高声叫喊："中国人不打中国人，我们愿意缴枪投降！"700余伪军警全部缴械。午后3时许，成泽直亮在高地上督战，被义勇军迫击炮击中身旁，坠落于山麓下，遂被活捉。这次战斗持续10小时以上，除了活捉成泽直亮以外，击毙日军80余人，俘获30余名，缴获步枪700余支、机枪8挺、迫击炮2门、山炮2门、辎重车14辆、无线电台1部。

关门山大战是辽南义勇军在抗日斗争中最大的一次战役。由于各部义勇军团结协作，英勇奋战，击退了日伪军，活捉日参事官成泽直亮，彻底粉碎了敌人的军事进攻，对辽南义勇军的发展和振奋士气都起到了积极作用。但在此后不久，12月23日，刘景文的参谋长贺绍光、第一旅旅长张云山、第三团团长张镇山、第二旅第一团团长孙多山等部450人公开叛变投敌，并释放了在押的成泽直亮。

关门山战斗过后，刘景文率部两次攻打岫岩县均未成功，乃退入西部山区，进行游击活动，并与李春润合作。李春润原是唐聚五部副司令兼第六路军司令，部队失败后，率余部数百人退入故乡凤城北部，与其弟李子荣合并，队伍发展到2000余人。1933年8月17日，刘景文、李春润与日军会战于龙王庙塔子沟，激战4小时，击毙日军守备中队长少佐小彬以下70余人。但李春润身负重伤，只好去烟台医治，后不幸逝世。李纯华率部西走热河。此后，辽南抗日军势力日益减弱，而日伪军不断地加紧"讨伐"。刘景文多次作战失利，人员锐减，士气涣散，最后，退到庄河夹皮沟时，队伍只剩下 300 人。刘景文本人也失去抗日信心，于是潜入关内，把队伍交给旅长任福祥率领，任福洋一直坚持到 1935 年 9 月，因后继无援而告失败。

义勇军四路联手攻沈阳

九一八事变后，日寇虽然占领了沈阳，但如坐针毡，特别是北满马占山江桥抗战爆发，不得不抽调兵力去北满增援。因此，沈阳兵力十分空虚。

1932 年初，东北民众救国会获悉日寇把清废帝溥仪从天津运至汤岗子，将于 3 月 9 日举行伪满洲傀儡政权"就职典礼"。又得悉国联调查团将来沈阳，便认为与日决战的时机已到，为了打击日伪的嚣张气焰；同时，向国联调查团表示中国人民抗日到底、收复失地的决心，遂于 2 月间密令"沈阳附近各路抗日义勇军司令，届期率部围攻沈阳，以图光复省会，打击日军，务保民生"。

这次攻城的部署是：以活动在沈阳附近的第九路军于德霖部和抗日总队赵亚洲部为主力，由东、西两方面主攻市中心；以吴三胜、刘海泉部由南面发动进攻；以活跃于台安、盘山、新民一带的第二路项青山部和第四路耿继周部从西面发动攻势，并邀请活动于大甸子附近的绿林抗日首领金山好、长江好、不服劲、九洲等人参战，各路义勇军与绿林英雄都做了充分准备。

3 月 9 日傍晚，赵亚洲、于德霖部开往伯官屯一带，并预定从大小东门攻城；金山好率领千余人集于辉山附近，长江好率领六七百人驻扎在望宾屯，以此二部为先头进攻部队，决定由大小北门进攻，直捣日本关东军司令部所在地和进攻日本租界地浪速町（即今中山广场），活捉日伪要人，光复沈阳城。

10 日晨 3 时许，金山好部乔装成伪靖安军，巧妙地冒雪混过敌人的警戒线，迅速闯入大北边门，把尚在梦中的日伪警队缴械。接着，赵亚洲等部也相继从大小东门进入市中心。敌人档案供称："匪军入城在梅翻译带领下，吹着靖安军进城号，发音甚近，臂章与警备第一旅相同，将我防守警官蒙混，乘机占领了第十一分局，所有警队全被缴械，掳走各种枪械一百五十余支。该局长张振东、董建业二人被击殒命，受轻重伤者数十名。"[13]

赵亚洲部入城后，在交通银行胡同和太清宫附近与伪奉天警备马队和日本守备队展开巷战。从西面进攻的耿继周部进入马三家子和市郊塔湾后，久攻小西门不下，转攻大北门又受堵击，激战 3 小时未有进展，只好退回新民。南路的刘海泉部攻入市区斩杀两个日军俘虏祭旗，挺进小河沿一带，由于失掉联络，不战而退。其他各路均受阻不能与赵亚洲部会师，也相继退出沈阳城。因此，与日伪军战斗正酣的赵亚洲、金山好部孤军深入无援，子弹将尽，被迫退出大东门。

义勇军第一次攻打沈阳失败后，并没有停止战斗。经过一个时期的休整和准备，1932 年 8 月 28 日，辽南各部义勇军以第二十一、二十四路为主力，再次对日伪在南满地区的统治中心——沈阳发起了声势浩大的攻击。

这次行动的主要组织者是第二十一路司令赵殿良，第二十四路的李烈生等人也参加了组织领导活动。

赵殿良，又名赵振国，山东黄县人。赵殿良系前东北军研究班毕业生，颇有能力，是张学良所亲信的人。九一八事变后，他被黄显声委派到本溪、陈相屯一带组织义勇军，任第二十一路军司令，该部有 3000 余人，编为 4 个支队。这路军颇有战斗力，他与当时绿林抗日将领小白龙（许树春）、修子实（刘海泉）、长江（崔恩甲）、平日（肇俊凤）、张永才、崔志义（外号狗子）等山林抗日武装互相配合得极为得力，这次攻城颇得他们的资助。

这次攻城计划酝酿较久，早在 6 月初，赵殿良就已派其参谋长白云普到各地联络抗日武装配合攻城。白云普先后到三角地带与邓铁梅部约定在安奉线上截击增援日军；联络活动在新宾一带的第六路军李春润部、第十路军梁锡福部攻打抚顺。以牵制敌人，同时派出一部分兵力进攻沈阳；相约耿继周部和项青山部从西面发动攻势。与此同时，还派人到敌人的靖安军中，联络其张参谋、王营长、杨作修等人里应外合进行策应。

8月间，日军侵略东北的首脑机关正忙于人员更替，这正是发起攻击的大好时机。赵殿良等得知这一情况，决定27日午后各部队集合于浑河堡一带，而后一起向城内进发，城内外以鸣枪为号同时发起攻击。并指定城内由赵殿良指挥，城外总指挥为王兰田，辽阳一带义勇军作为攻城预备队，总指挥为李烈生。

一切安排就绪，赵殿良率少数精干人员先行潜入城内。可是到了27日晚，城外并无动静。次日晨，赵殿良急忙来到浑河堡问明情况，原来是各路人马尚未到齐。于是临时决定将进攻时间改在28日晚上。下午4时，各队义勇军基本到齐，共有3000余人，赵殿良在老爷庙集合了本队人马，宣布了攻打沈阳的要求与纪律。他指出：这次攻打沈阳，为的是救国救民，成功之后，自有重赏；打响后要奋勇争先，不准乱抢乱夺，违者就地正法。

8月28日这一天，天气阴暗，傍晚又下起小雨来。各路攻沈的义勇军官兵冒雨前进，虽然天黑路滑，行走不便，但阴雨天气也起到了掩护义勇军行动的作用，为进攻增添了有利条件。

当夜11时左右，战斗首先在大、小南边门附近打响。这一带是伪警察三分局的防区。在此之前，日伪为防止义勇军袭击，在各交通要道设置了铁刺网或电网，但广大义勇军战士根本没把这些障碍放在眼里。他们挥动大刀木棒，很快割断电网，挑开铁刺路障，冲进边门，占领了勒石胡同、头条胡同等处，把伪警察三分局包围起来。在义勇军的攻势下，伪警察30余人反正抗日，掉转枪口与义勇军一起参加了战斗，另一部则被缴械。这时，伪沈阳警察厅厅长齐恩铭率部分人马乘车来大南边门增援督战，刚到勒石胡同西头，汽车司机和几名警卫便被义勇军击伤，齐恩铭钻出车门逃走，侥幸活命。义勇军乘胜攻击大南门。但这时日军宪兵一部会同伪警前来阻击，义勇军无法攻进城内，双方展开激战，战斗陷于僵持局面。

在大南边门一带打响的同时，东路义勇军直奔东塔飞机场。当夜11时

30分左右，东路义勇军攻到东塔机场。负责守卫机场的伪靖安游击队王营长率40余人反正，会同义勇军立刻向负隅顽抗的日伪军发起攻击。

广大义勇军不怕流血牺牲，势如潮水，打得敌人抬不起头来。由于有伪靖安游击队起义人员的配合，义勇军很快占领了机场并烧毁了机场油库，摧毁敌人飞机27架。[14]之后，义勇军又攻击了与飞机场相邻的兵工厂、无线电台等处，义勇军另一部又攻打了大、小东边门一带，围攻了伪警察七分局，也给敌人以很大杀伤。

在北面，沈阳郊区一带义勇军攻击了大北门外之敌。后因敌人增援，义勇军未能从北门攻入。

在四路攻沈的义勇军中，只有西路黄云臣等部因天黑路远，加之敌加强防守，未能对敌人的车站发起攻击。到了下半夜，日军出动了坦克、装甲车等各种重武器向义勇军反扑。各路义勇军陆续退出战斗，安全撤回。伪靖安军起义人员也在王营长率领下随义勇军撤走。

8月21日夜，义勇军一支部队再次袭击了沈阳东部的兵工厂，但这时敌人的防守兵力已大大加强，经两个多小时的战斗，义勇军付出很大牺牲，被迫撤回。

义勇军虽未能攻下沈阳，但对日寇的打击却是十分沉重的。不仅在军事上取得重大战果，在政治上也产生了深远的影响。沈阳是东北最大的工业城市，是日伪在南满地区的统治中心。手执土枪大刀的义勇军敢于攻击日伪重兵把守的大城市，以2500余人与5000日伪军激战一夜，破坏了敌人航空处，烧毁敌机，这就大大鼓舞了全东北人民乃至全国人民的反日热情，在政治上给日伪以沉重打击。事后，国内各大报刊乃至国外一些通讯社都报道了这一消息。当年参加攻城的何庸同志回忆说："义勇军当时武器不足，只凭着爱国热忱，杀敌心切，大家明知攻占不了沈阳，但也想乘机狠狠打击一下日军。打沈阳的消息很快地传遍东北和关内，给群众鼓舞很大，连日本的《盛京时报》还报道了这件事，给义勇军作了宣传。我还记得，事后张学良拨来一批款项奖励我们，总数不知多少，每人分到三至五元钱。这样一来，士气更高，参加人数日增。以后我们在沈阳附近还多次打击日伪军。"**15**

辽东唐聚五通化保卫战告捷

九一八事变发生后，日本并没有立即派兵侵占辽东地区，而是采用收买的办法，收买了东边镇守使于芷山和他的第一团团长姜全我等汉奸卖国贼，没费一兵一卒，轻而易举地占领了辽东地区 21 县。

于芷山、姜全我的公开投敌，遭到部下许多爱国官兵的反对。第一团中校团副唐聚五首先起来反对，积极主张抗日，其部下第三营长李春润也立即响应。

唐聚五，字甲州，黑龙江省双城县人。毕业于东北讲武堂第六期。毕业后一直在奉军任职。

李春润，字滨浦，辽宁凤城县大李家堡人，东北讲武堂第六期毕业。与唐聚五是同学，有强烈的爱国思想，他积极协助唐聚五在东北地区组织抗日武装。

九一八事变后，唐聚五去北平向张学良汇报了战况，被委任为第一团团长。回故里后四处奔走联络。1932 年 3 月 21 日，各抗日首领在桓仁秘密集会。会议决定成立辽宁民众救国会和辽宁民众自卫军，公推唐聚五为救国会常委和自卫军总司令，统率十九路军(后增加到三十七路)，共有 10 万余人。唐聚五当众宣布就职。4 月 1 日，自卫军在桓仁县师范学校举行誓师大会，唐演说后血书"杀敌讨逆，救国爱民"八个大字，向全国发出抗日通电。

这次反正起义，有辽东的桓仁、通化、宽甸、辑安、临江、长白、金川、柳河、新宾、清原等 14 县一体行动，声势浩大，影响深远，给日寇和汉奸沉重的打击。自卫军迅速发展壮大，极盛时期总兵力达 7 万人左右，控制着整个辽东地区，成了日伪心腹之患。

　　自卫军桓仁誓师抗日的消息传开后，日伪极为震惊。驻沈阳的日军当局一面责令于芷山调兵前往镇压，一面直接从安东、旅顺等地抽调日本武装警察 260 余人和一些伪警察临时编成一个大队，以旅顺关东厅警察官练习所主事酒井硕二为大队长，配备轻重机枪、步兵炮等优良武器和通讯设备，气势汹汹地奔向通化。

　　辽宁民众自卫军总司令部接到日军进逼通化的报告，立即电令孙秀岩部前往阻击。孙秀岩闻讯后，率 500 名步兵、80 名大刀队员前往迎敌，在城西北 20 余里的二密河口附近布防。

　　5 月 2 日上午 10 时左右，日伪警察队进犯至二密河口。忽听前方传来喇叭声，接着枪声大作，迎面射来了密集的子弹。日伪警察当即出现伤亡，仓促应战。自卫军先发制人，又占据了有利地势，可惜武器太差，只有"七九""连珠""十响翻子""单响毛瑟""快火枪"等，而且子弹很少，每支枪平均只有五六十发子弹，还有许多人并无枪械，只靠长矛大刀杀敌。

　　日军原以为我抗日军没有准备，便可长驱直入占领通化，不料突然遭到伏击。大刀队战士一见日军皆怒不可遏，个个奋勇直前，日军以机枪疯狂地扫射，大刀队不畏枪炮，杀声震天，闯入敌群猛杀猛砍，与其肉搏，日军机枪大炮顿时失去效力，而抗日军挥动大刀长矛，发挥其优势，触之不亡即伤，日军大惊失色，丢弃机枪逃至二密山上。孙秀岩率队赶到后将日军重重包围，日军为了突围，曾数次冲下山来，皆被大刀队杀回。

　　5 月 3 日，被困在山上的日警在机枪掩护下突围，冲至半山腰时被自卫军截住。又与抗日军大刀队发生激烈的肉搏，日军以枪刺格斗，笨重不灵，顿时被砍死砍伤大半。此役前后毙敌 20 余人，缴枪 128 支、机枪 3 挺、子弹万余发；我大刀队牺牲 20 余名。自卫军以众击寡，使日警死伤累累，不得不再退回山上。

　　同日，日军飞机两架前来与被围在山上的日警联络，驻沈日军又增派部队前往通化企图增援。原来是被围日警已放出信鸽向驻沈阳日军求救。但是，在敌援军到达之前，被围在山上的日警被困得 3 天断绝粮水，辎重已失，山上又无水源，已陷于困境。于是不得不派人向孙秀岩部求和，表示甘愿保护驻通化的领事侨民离通而不再作军事行动。第十六路军司令孙秀岩电请桓仁民众自卫军总部，唐聚五特派王育文偕通化县裴焕星向日领事馆交涉，并向日方提出立即退出通化县境、向中国赔礼道歉等四点要求。驻通化日领事兴津良郎被迫对上述条件完全承诺，日军警全部退至柳河柞木台。5 月 9 日，由通化县出 40 余辆大车，将日领事人员及侨民 54 人，连同其财物一并送出境外。

这次通化保卫战自卫军初战告捷，毙敌 60 多人，粉碎了日军轻取通化的图谋，大大地鼓舞了自卫军各部抗日必胜的信心。6 月初，辽宁民众救国会及自卫军总部移驻通化。全县各界民众举行欢迎大会。

同年 8 月 15 日，张学良为了推动东北抗日运动的深入发展，决定在通化再次成立辽宁省政府，任命唐聚五为主席兼辽宁自卫军总司令，授陆军中将衔。20 日，辽宁省政府正式成立，同时，召开军事会议，划分抗日区域，明确战斗任务，扩大军队，成立 6 个方面军：第一方面军总指挥李春润兼六路司令；第二方面军总指挥孙秀岩兼十六路司令；第三方面军总指挥王凤阁兼十九路司令；第四方面军总指挥邓铁梅（未就职）；第五方面军总指挥张宗周；第六方面军总指挥郭景珊兼七路司令。

9 月 5 日，在通化由唐聚五主持召集各路司令和各级政府人员紧急军事会议。会议决定在九一八事变一周年发起进攻，袭击沈海线和日军占领的主要城镇及军事要地，并制定了今后抗日方针和战略部署，加强军队建设。

辽宁民众自卫军以通化为中心向外不断扩展，与辽南第二军区李纯华部、辽东三角地带邓铁梅部、辽北高文彬部，以及吉南宋国、田霖，吉东王德林、黑龙江马占山部均有密切联系，信使不绝于途，造成了东北抗日新声势，不断向日伪军发动进攻。

李春润血战新宾

在通化保卫战的同时，自卫军第六路李春润部在新宾县也进行了顽强的防御战。

自从抗日政府成立后，形势大好，大有驱逐日寇推翻伪满傀儡政权之势。关东军获知东北道各县一体反正的消息后，极为惊慌和不安，急令伪东北道保安司令于芷山率兵"围剿"，妄图一举消灭这一地区的抗日力量，以防抗日烽火蔓延。

于芷山最初认为自卫军是乌合之众，不堪一击。因此，经过一番准备后，便在日军顾问的监督下，率第三团田德胜部、骑兵团王殿斌部和邵本良游击大队，共3000余人，于1932年5月6日由南杂木和南口前两处进犯新宾境内。

李春润闻讯后，立即派主力周保升第七旅、卫队团和朝鲜特务大队，在永陵街北九龙眼山一带设伏阻击进犯的伪军。是日下午，伪军王殿斌部进入伏击圈，自卫军以猛烈的炮火射击，大刀队乘势冲入敌群，杀敌之声震山谷，一直战斗到天黑，伪军留下200多具尸体后，狼狈逃回。这次战斗持续4个小时。虽然击溃了伪军，但自卫军的损失也很惨重，原因在于子弹不继，部队又缺乏训练。为了保存实力，李春润便决定放弃永陵街和新宾县城，采取诱敌深入、然后围歼的战术。李春润率部队转移到县城南的关家堡、红庙子一带，研究反攻的具体方案，同时向总部告急，请求援兵。

5月7日，于芷山率领伪军进占新宾县城，任命汉奸张永山为县长，到处捕杀抗日人员及其家属，于芷山的倒行逆施引起全城人民的不满。11日，于芷山派田德胜团 500 余人向自卫军驻地进犯，在响水道子村被自卫军打败，逃回新宾。李春润乘胜率军尾追至城下，并立即包围县城，因兵力不足，便采取巧攻斗智、昼伏夜出的战术，每日晚各队用煤油桶装上鞭炮，系在驴背上，赶到城外点着，驴子受惊乱跑，鞭炮轰鸣，犹如机枪扫射之声。城内伪军听之以为自卫军来攻，惊慌应战，乱放枪炮，以壮其胆，耗费大量子弹，而自卫军一枪没放，如是三夜，伪军疲惫不堪，士气低落。

14 日晚，唐聚五所派援军已到，第二天拂晓发起攻击，城内潜伏的朝鲜特务队和大刀队也及时起来响应，在里应外合夹击下，伪军失去了战斗力，子弹也消耗殆尽。于芷山又闻自卫军要袭击山城镇，深恐老巢倾覆，于是率残兵败将仓皇突围逃跑，但又中了自卫军在后仓和湾沟子的埋伏。

早在攻城前，李春润即命令第六旅十六团团长吕晓峰和大刀队王彤轩率部开到此地设伏，他们把大树砍倒，拦在通往山城镇的路上，当于芷山率残部逃跑到这里时，去路被阻，队伍混乱，这时埋伏在山中的自卫军突然跃起，顿时枪声大作，伪军到处逃窜，在慌乱之际被大刀队砍死百余人，于芷山率残部败退往山城镇。这次伏击战缴获各种枪百余支、战马 20 余匹、辎重车 20 余辆，自卫军获得大胜。

于芷山第一次进犯新宾失败后并不甘心，5 月 27 日，又率伪军 2 个团、邵本良游击大队和野炮连，第二次侵犯新宾。

李春润为了避其锋，及时把队伍撤出城外，并向总部告急。29 日，总部派第七路司令郭景珊率部增援，30 日由桓仁开到白旗堡一带与李部会师。他们决定立即反攻，包围县城，由李部担任西、北方面的围攻，郭景珊率本部负责东、南方面总攻。

6 月 1 日早发起总攻，时值大雨滂沱，李春润亲临阵地，在进攻中手部负伤，身旁落弹数枚，数扑数起，在硝烟弹雨中指挥各军猛攻。经过半日激烈的战斗，下午伪军突围，邵本良负伤，于芷山险些被活捉，化装从北门逃

出。是役打死伪军营长和副官以下 100 余人，缴获各种机枪 500 余支、子弹
4 万余发、迫击炮 2 门。在战斗中，有两连伪军反正加入自卫军。

　　于芷山带领残军逃出县城，路经东昌台、三棵树一带时，遭到早在这里
埋伏的王彤轩大刀队的迎头痛击。英勇奋战的大刀队员一声呐喊跃入敌群，
短兵相接，挥刀杀砍，发挥了大刀队的长处，伪军死伤大半。是夜，伪军在
日军顾问大冢农昔指挥下，退到吴家堡子一带固守待援。第二天上午，李春
润率骑兵一部前来包围，大冢农昔企图组织伪军反扑，当即被击毙，于芷
山仅率五六百人狼狈逃回山城镇。于芷山两次进犯新宾又以失败告终。是
夜，李春润率兵收复新宾城。李春润收复新宾后，势力发展很快，由最初的
3000 余人扩增到 2 万余人，成为辽宁民众自卫军的主力。

辽东反"讨伐"，义勇军作战失利

　　辽宁民众自卫军自桓仁誓师以后，坚持战斗半年之久，各部历经大小战
斗数百次，收复东北十余县，声势远震全国。1932 年夏秋两季，辽东民众
自卫军抗日斗争的发展，不仅使日伪在辽东的统治难以建立，而且直接危及
抚顺、沈阳等中心城市。日本侵略者为消除这一心腹之患，实现其独占东北
的侵略计划，遂从 9 月开始调兵遣将，准备对辽东抗日军民实行残酷的"讨
伐"。日本侵略者这次对辽东用兵，投下了很大的赌注，调集了第十四师团
骑兵第一旅团、骑兵第四旅团、混成第十四旅团等 3 个旅团部分兵力及在辽
宁的大部分日伪军，日伪军总兵力在 3 万人以上。

　　1932 年 10 月上旬，上述日伪军各部分别部署完毕。骑兵第一旅团部署
在朝阳镇、海龙一带；混成第十四旅团部署在英额门、营盘一线；骑兵第四
旅团置于本溪、抚顺一带；日军驻朝鲜第二师团越江部队已西进至鸭绿江边
临江一线，对辽东地区形成了四面包围的态势。10 月 11 日，日伪军各部开
始行动。

对于如此严峻的局势，辽宁民众自卫军总司令部及各路军事先并无充分准备，当日伪军大举进攻时，各部仓促应战。第五方面军张宗周部与日军血战太平哨，第六方面军郭景珊部大战日军于八道江，第三方面军王凤阁部与日军血战于刺门、辉南，第一方面军李春润部会战于新宾，第二方面军孙秀岩部抗敌于柳河。由于敌人集中优势兵力进行"围剿"，各路抗日军孤军无援，最终招致失败。10月13日，新宾、柳河相继失陷。14日，通化危急。15日，辽宁救国会总部退至抚顺。因自卫军弹尽援绝，唐聚五等决定自卫军各部分别行动，能将队伍带至热河者，尽量带往热河；愿在当地坚持者可就地坚持；不能坚持的可就地遣散。唐聚五本人则决定化装入关请援，以图再举。

19日，唐聚五化装带数人绕道前往北平。唐在北平报告失利经过后，张学良委其为第三军团总指挥，参加了热河抗战和长城保卫战。全民族抗战爆发后，唐部"东北游击队"在八路军总司令朱德帮助下回到冀东根据地，1939年在敌人"大扫荡"中不幸负重伤牺牲。

唐聚五走后，张宗周、孙秀岩、包景华、林振清等自卫军领导人也历尽艰险，辗转入关。郭景珊则率自卫军余部向热河转进。该部昼伏夜行，历尽千辛万苦，战胜敌人的堵截，于11月底到达热河省凌原县（今属辽宁省）。

辽宁民众自卫军的大规模抗日斗争失败了，但他们所创造的抗日业绩是不可磨灭的。自卫军的10万健儿在辽东广阔的战场上英勇地抗击了日军的入侵，有力地打击了日伪的统治。自卫军留在辽东地区的余部和零散武装人员，大都加入东北抗联或与之联合作战。在中国共产党的领导之下，辽东人民又以新的姿态投入到轰轰烈烈的抗日斗争之中。

注　释

1. 熊正平：《沈阳、锦州沦陷纪略》，载《文史资料选辑》第六辑，中华书局1960年版，第9页。

2. 张华：《东北抗日义勇军》，北京时代华文书局 2016 年版，第 56 页。

3. 王子衡：《九一八事变前后日寇和汉奸在东北的阴谋活动》，载《文史资料选辑》第十七辑，中华书局 1961 年版，第 85 页。

4. 熊正平：《沈阳、锦州沦陷纪略》，载《文史资料选辑》第六辑，中华书局 1960 年版，第 13 页。

5. 陈觉编著：《九一八后国难痛史》上册，辽宁教育出版社 1991 年版，第 158 页。

6. 潘喜廷、卞直甫、赵长碧、王秉忠：《东北抗日义勇军史》，辽宁人民出版社 1985 年版，第 209 页。

7. 潘喜廷、卞直甫、赵长碧、王秉忠：《东北抗日义勇军史》，辽宁人民出版社 1985 年版，第 209 页。

8. 潘喜廷、卞直甫、赵长碧、王秉忠：《东北抗日义勇军史》，辽宁人民出版社 1985 年版，第 211 页。

9. 潘喜廷、卞直甫、赵长碧、王秉忠：《东北抗日义勇军史》，辽宁人民出版社 1985 年版，第 225 页。

10. 潘喜廷、卞直甫、赵长碧、王秉忠：《东北抗日义勇军史》，辽宁人民出版社 1985 年版，第 253 页。

11. 《东北抗日烈士传》第一辑，黑龙江人民出版社 1980 年版，第 284 页。

12. 潘喜廷、卞直甫、赵长碧、王忠：《东北抗日义勇军史》，辽宁人民出版社 1985 年版，第 264 页。

13. 中国人民政治协商会议辽宁省暨沈阳市委员会文史资料研究委员会编：《沈阳文史资料》第三辑，辽宁人民出版社 1963 年版，第 97 页。

14. 温永录主编：《东北抗日义勇军史》（上），黑龙江人民出版社 1987 年版，第 368 页。

15. 潘喜廷、卞直甫、赵长碧、王秉忠：《东北抗日义勇军史》，辽宁人民出版社 1985 年版，第 288 页。

第 四 章

拒绝劝降　吉林抗日义勇军浴血赴国难

熙洽甘心投敌，日军轻取吉林城——李杜、冯占海、张作舟拒绝劝降，誓与日一搏——吉林抗日省政府宾县成立——吉林自卫军首战哈尔滨和双城——再战哈尔滨，李杜通电："为国牺牲，士皆用命！"——王德林首克敦化，奇袭海林——日军偷袭依兰，李杜率部退入苏联

熙洽甘心投敌，日军轻取吉林城

九一八事变前，作为东北军组成部分的吉林军主力并未应调入关，全部留驻本省，吉林省境内的东北军驻军包括边防军和省防军两个部分，共有步骑9个旅，总数约6.5万人，较辽、黑两省兵力均强，是东北陆军中的精锐之师。其中，边防军有原东北军第十五师所辖张作舟的第二十五旅、邢占清的第二十六旅、苏德臣（后为赵毅）的第二十二旅，分驻于吉林、哈尔滨和双城堡等地；省防军有李桂林的二十三旅、吉兴的二十六旅、赵芷香的二十一旅、李杜的二十四旅和常伴桥的骑兵第七旅，分驻于长春、延吉、宁安、依兰、农安等地；还有丁超的护路军二十八旅，驻中东路哈绥线沿线；军署卫队团冯占海部驻省城吉林。九一八事变后，在汉奸熙洽的胁迫下，吉林军降日从伪的有3个步兵旅的大部和1个骑兵旅，共约8000人。其他吉林军大多在李杜、丁超、冯占海等人的率领下毅然走上武装抗日道路，英勇参加哈尔滨保卫战，并在战斗中建立吉林自卫军，与日军激烈对战，以命捍卫祖国大好河山。

日军侵占沈阳后，迅速地向长春推进。同时，驻长春的关东军和守备队也奉命向中国驻军发动进攻。

9 月 19 日，长春失守后，日军按其"根本解决满蒙问题"的战略方针和军事部署，又开始攻取吉林省城的行动。当天关东军司令部调动多门二郎中将率领的第二师团在长春集结，师团司令部移至长春。9 月 20 日，海城的日本野炮队、旅顺的日本步兵主力也移至长春，准备向吉林进犯。

9 月 20 日，日本宪兵大尉甘柏正彦，伙同日本吉林特务机关长大迫通贞中佐自行投弹炸毁日本侨民的房屋，然后诬称中国军民迫害日本侨民。当日，本庄繁以吉林形势不稳为借口，命令多门中将所率的第二师团立即向吉林进犯。21 日 6 时 10 分，日军首先包围吉长铁路局和铁路警察处，将铁路局房屋 40 余间全部焚毁，所有警察武装被缴械，并将中国职工驱逐，"满铁"派中川增藏全权接管吉长铁路。9 时，吉林至长春间的电线被日军破坏，交通断绝，多门师团主力和海城野炮队、公主岭步兵联队、长春步兵联队等 2000 余人，从长春乘装甲列车向吉林市进犯。

当时，吉林省政府主席张作相回老家锦州操办父丧，省军政大事均由参谋长熙洽代行管理。

熙洽系清朝皇族，在政治上一直幻想复辟清王朝的封建统治。他早年曾在日本士官学校读书，是经日本帝国主义豢养过的亲日派。所以，在日军入侵的紧要关头，熙洽不顾国家的安危和民族的利益，而一心想脱离国民党政府，以实现他在东北复辟清王朝统治的野心。蒋介石的"不抵抗主义"恰好成了他卖国投敌的有利条件。此时，进攻吉林的关东军第二师团师团长多门二郎是其"业师"（熙洽在日本士官学校时的教官），经吉林的日本顾问大迫通贞的策动，九一八事变时，熙洽迅即"甘心卖国，礼迎敌师"。

9 月 20 日，当他听到日军已占领长春，并准备派兵攻占吉林的消息后，立即命令驻吉林省城的第二十五旅张作舟部所辖步兵第六七〇、第六七二两个团，以及省署卫队团冯占海部撤出城外十余里到东团山、龙潭山一带待命。熙洽还下达了"为了避免冲突，保存实力，中日事件由外交解决，各部队长应严约所部不得擅自抗击"的命令。随后，他又向全省驻军发出命令：遇有日军"我军应万分容忍，切勿端自我开"。实际上是为日军占领吉林大开方便之门。与此同时，熙洽派其亲信原军政两署秘书张燕卿持密函赴长春，向日寇表示投降，在得到多门"谅解"后，便积极进行出卖吉林的叛国活动。熙洽厚颜无耻地向日本驻吉林领事馆总领事石射求救，向他们表示"自己控制吉林军，不向日军进击，保证日本侨民的安全"，并且从吉林官银号提取 20 万元作为投降的活动费用。

在和石射达成协议后，21 日早，石射偕同吉林省公署军事顾问大迫通贞中佐、东北交涉署驻吉办事处主任施履本及吉林副司令长官公署少将参谋安玉珍等人赴河湾子车站，迎接日军"和平入城"。熙洽本人还率一小撮汉奸前往车站欢迎侵占吉林的日军入城。就这样，日寇不费一枪一炮轻而易举地占领了吉林省城。

在省城吉林沦陷前夕，熙洽除将第二十五旅张作舟部、卫队团冯占海部调离省城外，其他各部均在原地驻防。熙洽深知省内各地驻军的态度和动向对吉林省政局影响之大，因而在其投敌伊始即以威胁和利诱的软硬两手，迫使各地军队首脑附逆。迫于日军压力，长春、延吉等 10 个县表示服从伪令，其余各县多持观望态度。吉林各地驻军也在分化，丧失民族气节的将领先后率部附逆，而具有民族大义的爱国将领和广大爱国官兵则相继走上抗日道路。

经熙洽诱降，原吉长镇守使兼第二十三旅旅长李桂林、延吉镇守使兼第二十七旅旅长吉兴、宁安镇守使兼第二十一旅旅长赵芷香部的傅芳廷、赵秋航两团、农安骑兵第七旅旅长常伴桥等，均先后表示服从伪政权。熙洽还分别派人员到乌拉街第二十五旅驻地劝降。该旅第六七〇团团长刘宝麟、第六七二团团长夏鸿谟挟持所部的一部分官兵投敌。其余官兵不听伪令，撤至榆树县。汉奸齐知政则前往军官教练处总队、省城公安武装保卫队劝降，这些部队也都先后附逆。熙洽就以这些叛国投敌的军官和兵痞作骨干，大肆网罗土匪流氓，纽成所谓新吉林军。熙洽通过日本顾问兼驻吉林特务机关长大迫通贞，从关东军那里要来大批枪械弹药。10月底，熙洽任命事变前已被撤职而赋闲在家的前骑兵第十六师师长于深澂为"剿匪"司令，马锡麟为副司令，编成逆军5个旅，由马锡麟、李文炳、刘宝麟、王澍棠、李毓文等分任旅长。

李杜、冯占海、张作舟拒绝劝降，誓与日一搏

日本帝国主义对吉林的占领和叛逆熙洽的卖国行为，激起吉林军民的极大愤慨，不甘亡国的广大军民纷纷起来，抗击日本帝国主义的侵略暴行，熙洽的劝降活动遭到李杜、冯占海、张作舟等爱国将领和官兵的坚决反对。

9月24日，依兰镇守使兼第二十四旅旅长李杜首先"宣告独立"，不听伪令，并通电所辖各县严斥熙洽的卖国行径，呼吁各县军警联合起来抗日救国。熙洽十分震惊，先以伪长官公署参谋长一职诱惑李杜，遭到拒绝；接着又派伪公署木税局局长翟某前去劝降，受到李杜的严厉痛斥。

李杜知道熙洽不会善罢甘休，遂积极做好抗日准备。他召集全旅少校以上的军官会议讨论时局问题，他说："日本用武力侵占我国领土，我们也必须用武力将他们赶出去。守土抗战，保国卫民是军人的天职，我李杜绝不当汉奸，叫国人唾骂，更不作亡国奴，任人宰割"，"现在国难当头，大敌当前，军人不能苟且偷生，除了奔赴疆场，为国杀敌，报效国家之外，再无别路可走！"与会人员一致响应。会上，李杜还命令"各县设自卫团督办处，训练民众，登记民枪，准备抗击日逆军队进攻"。在李杜的领导下，辖区军民赶编保卫团、整顿服械、加紧训练、筹设地方银行以裕经济，不逾两月，大体就绪。除此之外，李杜派得力密使赴哈尔滨联络丁超、邢占清，赴阿城联络冯占海，赴榆树联络张作舟，赴双城联络苏得臣，赴舒兰

联络宫长海，赴敦化联络王德林，进而联合邻省各友军首领，以图联合抗日大义。

为防止日伪唆使土匪、汉奸队伍扰乱地方治安，李杜"除颁布戒严令外，近又召所辖区域各县之绅商，来依兰会议保侨保安事项，务使贼盗不起，地方安谧，作正当之自卫"[2]。他还于10月18日乘轮船到下江一带巡视防地，检查各县抗日准备情况。为防备不测，李杜先后将暗中与熙洽勾结的第六六七团团长马龙图和原桦川县县长唐某撤职，任命积极主张抗日的原镇守使署副官长马则周和原同江县县长张锡侯，分别担任第六六七团团长和桦川县县长职务。他还电令各县不准将税收交给伪政权，而要留作抗日资金。一切安排就绪后，他派出马则周团长率领一支队伍开赴哈尔滨以东三棵树附近，以监视日军和汉奸们的行动。

与此同时，第二十五旅旅长张作舟也在榆树重新整顿队伍，准备抗日。

日本侵略者和熙洽对冯占海所领导的卫队团动向尤为注意。冯占海乃张作相的姨外甥，平日仗义疏财，与东北军驻吉林的各将领过往甚密，对他们有较大的影响。卫队团有3000多人，装备精良，训练有素，是吉林各军中的一支精锐部队，卫队团撤离省城时又将大批库存军械带走。卫队团移驻地点是离省城只有咫尺之地的永吉县官马山、三家子一带。

日伪深感卫队团对他们是一个很大的潜在威胁。当日军侵占省城后，日军天野旅团立即派一部骑兵进占口前车站，以防卫队团反攻省城，同时指示熙洽加紧对卫队团的劝降活动。

9月24日以后，熙洽三次派人持函对冯占海劝降，信中说："识时务者为俊杰，忍辱负重，勿与日军发生冲突，免将事件扩大，并委任冯占海为吉海铁路护路司令的职务。"[3] 第二次在信中威胁说："日军屡次准备向你进攻，均被劝阻。你应当机立断，率部回城，改任你为省城警备司令，并使你生命财产绝对安全。"第三封信中写道："传闻你有意准备向日军反击，日军嘱我转告你，如果你向日军抗击，即将吉林市人民杀光。望你念及省城百姓的灾难，即速解除兵柄，如不愿为官，可留学日本，先发给数万元留学费用。"[4] 熙洽用尽种种利诱、威胁、哄骗等手段劝降，均被冯占海严加拒绝。

当熙洽投敌真相大白后，全团官兵均义愤填膺，一致表示坚决抗日讨逆到底。接着冯占海向吉林全省各县发出通电，表示"日寇侵我国土，掠我省城，杀我同胞。熙洽卖国求荣，认贼作父，丧权辱国，罪大恶极，希我吉林爱国军民，团结一致，同仇敌忾，坚决与寇逆抗战到底，克尽保卫国土的神圣职责。我团全军敢效前驱，愿与我吉林全省爱国同胞共勉之"[5]。此后，冯占海率部与日本帝国主义展开了殊死的搏斗。

吉林抗日省政府宾县成立

熙洽投敌后，在9月25日按照日本帝国主义的旨意成立伪吉林省长官公署，自任长官，并发表所谓"独立宣言"。至此，全省一切军政大权完全沦于敌手。这时在锦州守父丧的吉林省政府主席张作相，得知伪吉林省长官公署成立的消息后，马上敦促诚允由吉返哈，组织吉林省临时抗日政府，对抗日本帝国主义扶植的伪政权。

诚允，字执中，辽阳人，满洲正红旗，北京法政学堂毕业，任吉林省政府委员、吉林高等法院院长等职，是吉林省"文治派"的核心人物。伪政权成立后，熙洽任命他为伪高等法院院长，但他拒不受命，坚决主张抗日。

按照张作相的指示，11月初，诚允从吉林来到哈尔滨，着手准备成立临时抗日政府。诚允到达哈尔滨时，正值东省特别区维持会会长张景惠与熙洽勾结，率一部兵力准备前往齐齐哈尔成立伪黑龙江省政府。由于政治形势有所变化，为了防止日本人破坏，经张学良批准，诚允遂改变原计划，将吉林省临时政府移至宾县设立，并由张学良电告南京国民党政府。

宾县距哈埠较近，交通便利，境内多山，北依巴彦，南临延寿，与珠河

（今尚志县）相接，东连方正，是哈尔滨的东部门户，吉东地区的咽喉，在政治上军事上均占重要地位。吉林省临时政府在宾县成立后，诚允任代理主席。当时有 31 个县听命于省政府领导，并能上交税款，支持抗日。所有吉林境内的抗日军队一律听从省政府指挥，接受省政府拨给的抗日军费。

诚允确为富有民族精神的忠节志士，在抗日救国艰难条件下，他奉张学良"整饬一切"的电令，对吉林省各项军政进行整顿，加紧对学生进行军事训练，赶编自卫团。省政府成立仅一个月，即恢复 27 个县的广大地区的军政秩序，使吉林省的爱国军民抗日情绪大为高涨，有力地推动了抗日形势的发展。

日寇占领沈阳、长春、吉林、齐齐哈尔之后，攻占的主要目标指向了哈尔滨，并以此为侵占北满的大本营，进而把魔爪伸向哈东、哈西和哈北各处，妄图消灭活动在吉哈一带的抗日义勇军。按行政区划，哈尔滨应归当时的吉林省辖属，但因中东铁路关系，成为东省特别区首府。

日本以"保侨"为借口进犯哈尔滨。1932 年 1 月 28 日凌晨 3 时，日本陆军部批准了关东军司令官本庄繁的请求，命令驻长春步兵第三旅团旅团长长谷少将率部向哈尔滨进犯。凌晨 4 时许，长谷旅团的步兵第四联队、野炮第八联队第一大队和战车两辆向哈尔滨急速前进。同时，第二师团所属第十五旅团也参加了进占哈尔滨的战斗。日军又以驻奉天步兵第二十九联队作为战斗预备队。此外，还命令驻齐齐哈尔混成第四旅团也做好进攻哈尔滨的准备。关东军司令官本庄繁为了迅速侵占哈尔滨，还命令第二十师团配属的战车队及在奉天的野战重炮兵第六联队第二大队、独立野战重炮兵第八联队第四中队，在 1 月 5 日黄昏前集结于长春，作为侵占哈尔滨的增援部队。由此可见，日本关东军对侵占哈尔滨早已做了充分准备。

这时，宾县的吉林省临时政府及抗日义勇军面对日伪军大举北犯哈尔滨的严重局势，针锋相对地做了战斗部署。

1932 年 1 月 26 日，冯占海率部自阿城进入哈市。同日上午，李杜率领驻守依兰的第二十四旅也进抵哈尔滨道外市区。李杜到达哈尔滨后，立即与驻在哈尔滨的丁超联合各路义勇军，组织吉林抗日自卫军总司令部。1月31日，吉林自卫军总司令部在李杜、丁超、冯占海等人的支持下在哈尔滨正式成立，公推李杜为军总司令。

日伪军对李杜率军入哈非常恐慌。26日午后，一架敌机飞至李杜部驻扎的道外上空，以于深澂的名义散发传单，威胁李杜退出哈尔滨。27日，各路抗日义勇军参加哈尔滨保卫战，日寇对李杜突然提出严重"抗议"，同时责令张景惠29日在哈尔滨全市悬挂日旗。而李杜却下令"有撤换青天白日旗者，以军法从事"。百姓多为抗日自卫军的行为所感动，都积极响应李杜的号召。

吉林自卫军首战哈尔滨和双城

李杜、丁超、冯占海等人做了一系列保卫哈尔滨的军事准备工作，以便痛击日伪军的进犯。

伪军于深澂部攻占榆树、五常、拉林等地后，被熙洽提为护路军司令，以代替丁超。1月25日，于深澂以接收护路军为名率部进攻哈尔滨。1月27日凌晨，于深澂指挥王渤棠、李炳文两旅伪军分别向上号一带和南岗至三棵树一带义勇军防地发起进攻，义勇军奋起抗击。参加保卫哈尔滨战斗的有丁超的第二十八旅、李杜的第二十四旅、宋文俊的第二十六旅、冯占海等部共2万余人。此外，黑龙江省马占山也派苑崇谷旅前来应援。抗日军为了阻止日寇的北侵，光复被日寇占领的大好山河，在哈尔滨展开激烈的争夺战，第一阶段的哈尔滨保卫战正式开始。

在南岗至三棵树方面，当战斗开始后，数架日机对宫、姚等部阵地狂轰滥炸，掩护逆军进攻。义勇军不为所惧，勇猛反击，两军交叉厮杀，日机只能低空飞行，断续对义勇军扫射，战斗异常激烈。这时冯占海与参谋长邓乃柏带领预备队赶来，立即投入战斗，并统一指挥各部反击，果断迅速，逆军嚣张气焰顿减。冯占海又令战士们向逆军喊话："同胞们！不要帮助敌人打自己人啦！""赶快反正，参加义勇军吧！不要为日本和于大头卖命啦！"（于深瀓绰号"于大头"）义勇军的号召在逆军中得到响应，敌方枪声逐渐稀疏，冯占海乘机下令猛攻，逆军不支，从南岗、三棵树一带向拉林方向败退。

在上号方面，李杜、邢占清也亲临前线指挥战斗，率部从伪军左侧夹攻，毙敌甚众，并击毁敌机一架。在战事激烈时，逆团长田德胜在前线率部起义，又削弱了伪军的攻势。战斗到傍晚，伪军不支后撤。

28日上午，义勇军各部分别进入南岗极乐寺、文庙一带，伪军则布防于上号一带，南北对峙，双方都以炮火轰击对方阵地。义勇军发起冲锋，占领新发屯东南一带坟地，以坟墓为掩体向逆军射击。这时宫长海率骑兵从文庙绕到敌人背后，对敌军形成包围，随后发起猛攻，敌全线溃退，向阿城方面逃去。宫长海率骑兵猛追30余里，午后宫旅骑兵押着大批俘虏回到哈市。至此，哈尔滨第一阶段保卫战乃告胜利。哈尔滨市民为抗日军的胜利所鼓舞，涌向街头，齐声欢呼，呈现一片热烈的气氛。当晚，哈市工商学各界联合举行盛大的庆功会，会上将商会捐募的2万元大洋赠送给抗日将士。

伪军进攻哈尔滨失败后，日寇恼羞成怒，乃从沈阳、长春等地调集大批队伍，疯狂地向哈埠扑来，企图首先攻占双城。双城是哈尔滨的南大门，中东铁路南部线上的重要车站。若日军占领双城，便可以此作为进攻哈尔滨的桥头堡。在哈尔滨保卫战开始的1月27日，关东军即命令日军吉长警备司令迅速集结兵力，准备随时向哈尔滨进发。吉林伪军败退后，关东军命令第二师团之第三旅团长谷部急进哈尔滨，名义是"侨民保护"。31日凌晨4时，当关东军第二师团长谷旅团刚从两辆军列下车，尚未宿营便遭到抗日军的猛烈围歼。闻名的双城阻击战就此打响。同日8时和9时日军的战报称：

> 拥有大炮的一个联队至少一千五六百名之敌，晨 5 时许前来夜袭我宿营地，接近到我阵地前 20 米，交战约两小时后，将之击退。
>
> 从 31 日天亮前起，在双城堡的长谷部支队受敌攻击，从晨 6 时起兵力进一步增加，步兵达 2000 人，炮 3 门。敌在约一小时前虽已向东部退去，伹在约相距 2000 米处停止，并无退却迹象，对我军呈包围态势。伤亡者不详，估计约 30 名（据报告，至午后 1 时 30 分为战死 13，负伤 35。敌在战场上遗弃尸体不下 300）。**6**

抗日军发动的双城阻击战不啻为对日军公然进攻哈尔滨的当头棒喝。关东军于翌日对吉林抗日军进行猛烈的报复性进攻，在日寇优势火力下，吉林抗日军遭受重大损失，不支退却，日军占领双城。由此揭开第二次哈尔滨保卫战的大幕。

再战哈尔滨，李杜通电："为国牺牲，士皆用命！"

1932 年 2 月 1 日，多门师团的第二十九联队、工兵第二中队的一个小队及师团通信队的主力、野战医院的一部分，从长春分乘 62 辆野战汽车进犯哈尔滨。第二师团的余部也于 2 月 2 日午前，分乘 3 辆列车从长春进犯哈尔滨。这样，日寇多门师团所有的部队于 2 日晚，先后集结到哈尔滨近郊。一面作总攻哈尔滨的准备，一面等待侵占齐齐哈尔的铃木第四旅团的支援。

此时，设防在哈尔滨四周的 1.5 万余人的抗日军，绝大部分驻扎在哈尔滨市两侧。2 月 2 日夜晚，冯占海派 2 个团的兵力分三路乘载重汽车向哈尔滨市内挺进：第一路进驻秦家岗；第二路进占十七道街直冲西门脸；第三路占领松花江码头、马家船口对岸。冯占海率余部担任迂回敌后任务，经阿城南下，袭击吉林、长春两城之敌。

3 日早 7 时左右，各路军先后到达了驻地，并在市内东兴旅社设立指挥部，做好迎击进犯日伪军的一切军事准备。

3 月 4 日拂晓，气势汹汹的日军采取分进合击的战术发起了进攻。其主攻部队一路由第二师团的步兵第三旅团长谷旅团组成右翼纵队，沿哈长铁路线以东进攻秦家岗一带，而后向南岗侧背迂回，并配有于深澂逆军为助攻队。于逆指挥 5 个旅由阿城出发，经成高子车站向哈尔滨道外进攻。这伙伪军还分出一部指向上号地区，其主力经王家岗直取南岗地区，与日军遥相配合取合击之势，夹攻自卫军。

另一路由日军第二师团的步兵第十五旅团组成左翼纵队，向哈长铁路以西进攻，沿松花江畔经八里堡进攻顾乡屯，直扑道里。

由第二联队和第八联队的炮兵队组成野炮队，以杨马架、刘士会屯附近为攻击目标。

经过敌我双方激战后，日军首先突破南郊医院附近的抗日自卫军阵地。日军第三旅团长谷部奉令从右翼进攻铁路线以东抗日自卫军阵地，第十五旅团天野部从左翼向铁路线以西抗日自卫军阵地猛攻。两路日军均在飞机、装甲车掩护下向抗日自卫军阵地进逼，日军炮兵队占领杨马架、刘士会屯附近阵地。

抗日自卫军为了阻止日军前进，利用所在阵地的围墙和高房为工事，奋力抵抗，并发炮阻击日军前进。李杜、丁超都亲临前线指挥战斗。战至夜间，日军相距抗日自卫军阵地五六百米远时，自卫军用平射炮击毁日军坦克 2 辆。但因日军用飞机掷弹轰炸，在混战中自卫军骑兵和炮兵失掉联系，被迫撤至哈西顾乡屯，前线部队撤至三姓屯，形势十分严重。

4 日午夜 11 时，日军占领南郊后，对右翼部队、左翼部队、骑兵联队、炮兵队和飞行队作了重新调整部署，于 5 日早 7 时，向抗日军阵地发起第二次进犯。抗日自卫军坚守阵地，以猛烈炮火迎击日伪军，向日军第二十九联队的左侧发动猛攻，使其陷于苦战状态。但由于日军投弹多至数百枚，凡义勇军队密集处均遭轰炸。黑龙江省援军苑崇谷旅在何家沟遭敌包围，死伤尤重，最后退出战场。

战至午前 10 时，日寇长谷旅团长指挥的部队向医院街北端发动进攻，天野旅团长指挥的部队向香坊方向的抗日自卫军阵地发动进攻。12 时半，日军若松联队由哈西南上号、香坊、懒汉屯攻入，占领了自卫军驻守无线电台的二十六旅兵营。午后 4 时，日军主力皆开入市内。

在战斗中，抗日自卫军受到日机扫射，无法坚持对日军的战斗，为保存实力，部队遂向市外东北撤退，完全撤离哈尔滨。李杜、丁超等率其主力退向宾县、巴彦等地。北满重镇哈尔滨遂于 2 月 5 日被日军占领。在哈尔滨保卫战中，抗日义勇军伤亡奇重，而日军亦受相当之损失。

在第二次哈尔滨保卫战中，担任佯攻吉林、迂回敌后任务的冯占海部，由哈尔滨出发南下，经五常向吉林进击。2 月 5 日，该部行至五常以南的团山子地区时与日伪军遭遇。敌人来势很凶，云集了约 5 个旅的伪军和一部日军。双方交战后，前卫部队宫长海、姚秉乾两旅遇伪军主力的伏击，陷入重围。冯占海闻报，率全军赶到应援。经两昼夜激战，宫、姚两旅之围被解。此役击毙伪军千余人，日军伤亡 200 余人，伪军反正者千余人。我自卫军方面也付出了很大牺牲。

战斗结束后，冯占海已知哈尔滨陷落，感到继续南下已失掉牵敌意义，且又处腹背受敌之境，于是放弃团山子，率部向宾县、方正一带退却。沿途收容了由哈尔滨撤退出来的散兵。至方正后与李、丁等部相继会合，大家决定将联合军总司令部移到依兰。

哈尔滨的沦陷，使宾县的吉林省临时政府陷入困境。6 日晨，日军飞机 20 多架轮着轰炸宾县，长达一整天，满城起火，市民伤亡惨重。诚允代主席不得不带随从人员和眷属撤出县城，吉林省临时政府的工作也告结束。

哈尔滨保卫战之所以失败，主要是军事上的敌强我弱的结果。关东军司令部有组织、有准备地从各地调动大批侵略队伍，装备精良，并配有飞机、坦克和重炮。而抗日自卫军部队虽成立了指挥机构，做了军事准备，但力量分散，武器陈旧，弹药奇缺，又无坚固的防御工事，战斗一打响，处处被动，不得不退离哈埠。

吉林抗日自卫军退至宾县，总司令李杜于2月8日发出《哈埠血战及退守宾县经过》的通电，略谓："日人鲸食无履，既占辽吉，复窥哈埠，杜分属军人，痛外患之日亟，凛东北之濒亡，爰率所部，星夜驰援；联合护路军及友军各部队，共赴国难。……我军终以转战经旬，伤亡盈千，兵力过疲，呼救无援，乃退守宾州、巴彦一带，与护路军通力合作，组织联合军司令部，整饬部属，再图恢复。总之，为国牺牲，士皆用命，成败利钝，在所不计，区区愚忱，伏祈鉴察。" 7 至此，哈尔滨虽未守住，但挫败了日军的骄狂兵锋，打乱了其意欲尽早打造伪满洲国的步骤，激励了中国人的抗日斗志，使吉林省抗日战争出现新的格局。

日寇占领吉林大部地区后，急于修筑吉会铁路。此时，王德林部正驻防在延吉明月沟的瓮声砬子，该地四面高山峻岭，林深草茂，两面峭壁千丈，"一夫当关，万夫莫开"，地势十分险要。

王德林，原名王林，字惠民，后改德林，1875年10月生于山东省沂南县垛庄崖子乡一个世医家庭里。沙俄攫取中东路后，曾当过筑路工人，后拉起绿林队伍，积极抗击俄军。九一八事变前，王德林曾任东北边防军第二十六混成旅第六六六团第三营营长。事变发生后，熙洽首先投敌，然后命令驻吉部队一律向日军缴械投降，延吉镇守使吉兴积极响应，率部投降，接受伪军职，对此王德林愤慨至极。

10月7日，日军命令吉兴保护到瓮声砬子勘察日本吉会路的测量人员的安全。因此吉兴命令王德林派兵加以保护，王德林闻讯极为愤慨并表示王德林一息尚存，决不许日寇完成吞并东北之吉会路。

10月8日，日本测量人员十余人，到瓮声砬子强行勘测。王德林当即严肃地告诉他们："俺王某奉国家命令驻防此地，一切均需奉命而行，关于测绘吉会路这件事，现在还未奉到我们政府的命令，还是请你们回去，俺这防地没有俺政府的命令是不让别人随便横行的。所以最好你们快快回去……"然而，日人不听劝告，擅自闯入营防地，强行上山。值日班长遂下令开枪，当场击毙日本测量人员七八人，其余各自鼠窜逃命。

事件发生后，日军要熙洽和吉兴把王德林的老三营调在吉林驻防，然后缴械并逮捕王德林及其他军官。王德林意识到前景不妙，遂拒绝调往吉林，乃于11月23日率部反正，从敦化转到汪清县小沙滩，并在此地召开全营官兵军事会议，决定率部起义抗日。

1932年2月8日，王德林在小城子召开了抗日誓师大会，参加这次大会的除起义军全体将士和工农商学各界代表外，还有延、珲、和、汪等县的警察队和保安队，以及各县中小学的知识分子与青年学生，达1200余人。大会郑重宣布成立"中国国民救国军"，并一致推举王德林为救国军总指挥，孔宪荣为副总指挥，并任命吴义为前方总司令，任命共产党人李延禄为总部参谋长兼任第一补充团团长。大会同时发出通电，号召各界民众团结起来抗日救国。全场群情激奋，纷纷表示愿以血肉之躯拼杀强敌，夺回失地。

最后，王德林以救国军总指挥的名义登台讲话，全营官兵一致响应，表示坚决与日寇血战到底。

王德林在这次演说中，郑重地提出了"工农商学兵各界同胞联合起来""不分党派，共同一致对外抗日"的口号，这个口号鲜明地反映了救国军对共产党抗日主张的拥护和对国民党政府不抵抗政策的愤慨。这一基本立场和基本态度在救国军得以确立，就使这支抗日队伍能够接受中国共产党的抗日主张，容纳中国共产党人参加，并在部队中担任了各种重要职务，从而使这支抗日武装在抗日斗争中不断发展壮大，战斗力不断增强。

王德林首克敦化，奇袭海林

1931 年 9 月 23 日，日军天野旅团清水支队约三四百人占领了敦化县城。但敌人不敢久居此地，采取时来时去、白天来晚上走的流动战术。1932 年 1 月前后，吉林抗日救国军王德林部从起义抗日以来，声势浩大，队伍由数百人增至五六千人，占领的地区不断扩大，遂决定攻打敦化县城以解决军饷，并以此地作为根据地，在敦化、宁安、延吉等一带开展抗日活动。攻城前，王德林得到县商会会长万茂森的报告，县永衡官银号存有数十万元的公款，希望攻城提取，并表示愿率城内商团配合攻城部队共同消灭日伪军。因而，更加激起救国军攻打敦化城的积极性。

1932 年 2 月 13 日，王德林下达攻城令。随后各部开始行动。王德林、孔宪荣坐镇在敦化城南 50 里的大荒沟处指挥。在阵地上直接参加作战的有吴义成率领的"老三营"、李延禄指挥的第一补充团和参加抗日的地主武装戴凤龄独立营，共有 2000 余人。

2 月 16 日夜间，王德林派出爆破交通队将吉林敦化间铁路线上的重要桥梁炸毁多处，并将铁路两旁电话线割断，电杆砍倒，以此切断敦化、吉林间的联系，并阻止敌兵的增援。

20 日早晨，吉林救国军开抵敦化城下，发起攻城。守城伪军一个团先行逃走，城内只剩不到 300 名日军与伪警察人员据守。战斗打响后，救国军补充一团 300 多人主攻南门。连长史忠恒率领全连部队"搭上云梯，首先越过高墙，在伪警察署打响之后，纵火围攻，敌伪伤亡近四百人，从北门溃退出去"[8]。

日军龟缩在伪县公署院内用机关枪猛烈扫射，救国军奋勇迎击。活捉日军 10 余名。救国军吴义成部 300 余人自西门攻入十字街，打死日寇 7 名，打死南满公所门卫日兵 11 名，伤 2 名。柴世荣督战部队担任截击从北门溃逃之敌的任务。从清晨开始，经数小时的战斗，攻城的各支救国军不怕牺牲，勇往直前，共打死打伤日伪军400余人，很快占领整个敦化城。溃退到敦化西北山上的日寇，利用居高临下的有利地形向城内救国军猛烈射击。这时，商会会长万茂森不遵诺言，不但不给提款，而且紧闭商会大门，不与救国军合作。救国军认为再战不利，便携带大批战利品撤出敦化城。

继敦化战斗之后，北上的救国军于24日攻克了额穆县城。28日，又攻克了蛟河县城。在攻打敦化、额穆、蛟河的作战中，缴获了各式机枪28挺，大小枪支1600余支，以及大批军用物资。经过这些战斗，救国军的影响扩大了，吉东各县爱国志士纷纷来投，仅延吉县老头沟罢工的煤矿工人就有500多人前来参军。活动在汪清、敦化、延吉、安图等地的民团、大刀会、山林队、参茸队、起义军警纷纷加入救国军，其中包括由总队长刘万魁率领的众达千名士兵的宁安公安总队。从此，王德林部救国军声势大振，成为吉东主要抗日武装力量。

日本侵略军在吉林省境内连续遭到吉林自卫军和救国军打击之后，深感如不及早消灭这一地区义勇军，不仅吉会铁路永无接通之日，而且抗日武装力量必将迅速壮大，甚至将他们赶出东北。于是，日本关东军司令官本庄繁一面责令吉林日本宪兵司令部火速派员查处与抗日军有联系的爱国志士，一面命令第二师团长多门二郎速派部队"进剿"海林、宁安方面的民众救国军。

3月1日，多门二郎决定以该师团第十五旅团即天野旅团为基干，辅之以驻海、宁一带的日军和汉奸附逆部队，匆匆忙忙向海林、宁安进攻。3月3日，天野少将指挥的部队乘车由哈尔滨出发，于4日午后4时至6时到达海林车站，当夜即宿营于车站附近。

当天，王德林接到宁安商会转来的海林商会的密报。获悉：海林已有日军铁甲车开到，拥兵千余名，由天野少将督率，并有平射炮4门，迫击炮6门，轻重机枪共40余架，正宿营于车站附近，日军司令部设于海林商会。

于是，救国军总部拟定了一项以攻为守的积极作战方案。依据这一方案，王德林命令刘万魁团会同吴凤海、赵国安两个营前往海林火车站，阻击日军。他自己也将南湖头总指挥部事务委交由副总指挥孔宪荣代理，率军法处长郑兴和卫队营到靠近海林前线的五虎林坐镇指挥。鉴于日军兵力增强，王德林急令陈连富营速往海林，配合刘万魁等部行动。

5日拂晓，刘万魁率部兵分三路突袭海林车站。营长吴凤海身先士卒，越墙冲入敌阵；团副杨清廉率部分左右两路挺进敌军阵地；救国军将士一面冲杀，一面高呼"活抓天野"的口号，战斗殊为激烈，一时间海林车站附近炮声隆隆，烟蔽全市。战斗一直打到午时，由于救国军突然袭击，日军无备，伤亡多人，后分两路向宁安和牡丹江方向败退。天野少将在其卫队的掩护下仓皇出逃。退往牡丹江的一部日军，途中又遇到刘万魁团所设伏兵，复遭沉重打击。待这股敌军逃跑后，刘万魁又会同吴营继续追击逃往宁安之敌，可惜天色已晚，为防不测，撤回海林。是役，救国军毙敌圾田少尉以下官兵84名，缴获日军给养车7辆，手榴弹12箱，子弹万余发，洋马6匹。救国军部阵亡将士24人，负伤23人。

由于救国军起兵后接连打了几次胜仗，加之又能够容纳各界抗日力量，因而声威已名扬吉东一带，前来要求参加抗日部队的日渐增多。原驻宁安县城的绥宁镇守署卫兵连连长项元英，鉴于绥宁镇守使兼第二十一旅旅长赵芷香一再拒绝部下对其率部起义的劝告，便自动联络部分官兵举行兵变，项元英率卫兵连官兵与该旅克房伯炮营第三连连长么印清所部官兵共同宣布起义抗日，并将部队开赴牡丹江七河一带，同救国军刘万魁所部徐祥贵连会合，正式加入了救国军。

时有额穆境内猎户刘镇江，带领他组织的30多名猎手前往前方司令吴义成部，要求从军与日作战。吴义成见他们个个体魄健壮，又有高超的枪法，当即接纳，编为别动队，用作奇兵。不久，又有安图县伪满洲国军两营起义，被救国军收编。由于各地工人、农民和青年学生前来投奔救国军者日渐增多，救国军队伍迅速壮大。据统计。到1932年3月间，救国军总人数已达2万余众，枪7000支，分编成步兵7个旅，骑兵2个团，炮兵编入各旅，此外还有机关枪队、大刀队等。各部分驻于东宁、敦化、穆棱、额穆、宁安、绥芬、密山、安图、辉春、汪清等 10 个县境。

日军偷袭依兰，李杜率部退入苏联

为打击李杜、丁超自卫军及王德林救国军，日军悄然增兵，吉林乃至东北的抗日斗争进入最为惨烈的阶段。单从吉林省来看，接替第二师团的以广濑寿助为师团长的第十师团于 1932 年 4 月中旬陆续到达哈尔滨，归其指挥的第三十八混成旅团也于 4 月 26 日到达并被派往宁安一带。此后，日军开始兵分两路向李、丁自卫军及王德林救国军展开大规模攻势。而第十八师团则在第十四师团先头部队到达后，从 5 月 11 日起沿江而下，直指依兰。

哈尔滨失守后，李杜率吉林自卫军退守依兰地区，经过一个多月的休整补充，部队的战斗力基本恢复。此时，大地解冻，春暖花开，正是行军作战的好时光。下江各界民众和部队官兵纷纷要求反攻哈尔滨，收复失地。于是，李杜于 1932 年 4 月中旬主持召开了全军将领会议，研究新的军事行动和战斗部署。与会者一致同意反攻哈尔滨，收复失地。兵分左中右三路，扫荡沿途敌伪据点，向哈尔滨推进，相机夺取哈城。

依兰会议后，三路大军于 4 月 24 日起开始向哈城推进，沿途经过激战，连克海林、方正、宾县、珠河等县城，直逼哈尔滨，离城只有十余里远，义勇军胜利在望。

不料就在此时，5 月 16 日，吉林自卫军总部所在地依兰突然受到日军重兵的偷袭。依兰位于松花江和牡丹江的汇合处，一面靠江，三面有高山峻岭，素有"东北重镇，遐迩通衢"之称，是重要的战略要地。吉林抗日自卫军总司令部设于此地，军用被服、粮食、武器弹药也储存在这里。依兰大本营的得失，对自卫军的成败关系重大。

依兰既失，正在反攻哈尔滨前线作战的自卫军各部失去了依托，其的归路被切断。日军在总攻依兰的同时，又在海林、一面坡、方正等地对自卫军进行反击。自卫军各部既不能回师增援依兰总部，又无力发动新的攻势，处于进退维谷的境地。日军在占领依兰后，又将其主力调往呼兰、海伦方面，攻击马占山部黑龙江省抗日军。这样，两省义勇军联合反攻哈尔滨的战斗相继失利。

李杜在依兰失守后，先是率余部转移，经勃利县转入鸡西县梨树镇进行休整，部队因作战失利，士气低落，且自卫军内部各部间的矛盾也越来越大，甚至发生火拼，很难再组织起大规模的反攻，李杜只好勉强支撑着吉东地区的抗日局面。

1932 年秋后，日伪军集结重兵"讨伐"以梨树镇为中心的抗日军。12 月下旬，绥芬河失守，使梨树镇的自卫军总部岌岌可危，李杜率部向密山县转移，日军跟踪追击，李杜只好退出密山，开赴宝清县拟与丁超会师，力图挽回败局。不料丁超于 1933 年 1 月 4 日向日军投降。李杜见大势已去，从虎林率部 3000 余人退入苏联境内。至此，吉林抗日自卫军大规模的抗日战争遂告失败。

吉林抗日义勇军在战斗中有很大发展，虽不如辽宁，但也有 15 万之众，与日军苦战一年多，大小战斗不下 500 余次，毙敌万余人，攻克城镇 30 余座，占领吉东 13 县。但受国民党投降政策的影响，加之后继无援，最后在日军优势兵力的连续进攻下纷纷失败，奔赴他处。

吉林省内的抗日军余部仍在坚持战斗。依兰失守后，冯占海部重新组织吉林抗日救国军，独立作战。1932 年 5 月独自反攻哈尔滨未果，接着率部南下收复榆树县，攻克五常、舒兰等地，于 9 月 8 日围攻吉林城，经奋勇冲杀，终于一部突击至市区，但终因力量弱小，未克吉林城而返。由于敌我态势发生不利变化，9 月 19 日以后，冯占海率部向热河省开拔，准备在关内补充部队和武器弹药，以图再战。1932 年底，部队到达热河开鲁地区，被北平军分会改编为陆军第六十三军，冯占海任军长。不久，冯部便参加了热河抗战和长城抗战。

其他吉林抗日军余部如吴义成、姚振山、柴世荣、孔宪荣以及田霖等人，各率其部活动很长时间。这些抗日队伍后来分别参加了周保中和李延禄领导的东北人民革命军，一直战斗到东北光复。

注　释

1. 李杜：《东北抗日联军之沿革》，《新华日报》1946年3月24日。
2. 李杜：《东北抗日联军之沿革》，《新华日报》1946年3月24日。
3. 中国人民政协吉林省委员会文史资料研究委员会编：《吉林文史资料选辑》第六辑，吉林人民出版社1981年版，第22页。
4. 中国人民政协吉林省委员会文史资料研究委员会编：《吉林文史资料选辑》第六辑，吉林人民出版社1981年版，第23页。
5. 中国人民政办吉林省委员会文史资料研究委员会编：《吉林文史资料选辑》第六辑，吉林人民出版社1981年版，第24页。
6. 解学诗主编：《抗日义勇军与抗日救亡运动》，社会科学文献出版社2016年版，第29页。
7. 潘喜延、卞宜甫、赵长碧、王秉忠：《东北抗日义勇军史》，辽宁人民出版社1985年版，第323页。
8. 李延禄：《过去的年代》，黑龙江人民出版社1979年版，第14页。

第 五 章

违蒋命令　黑龙江东北军誓死御土

　　日军"北满经略"，汉奸效命——马占山临危受命，誓"与日本一拼"——嫩江桥阻击战，黑军两挫日寇——三间房阻击战，马占山以寡敌众——苏炳文海拉尔起兵抗日，激战富拉尔基不支——吉黑义勇军四路联攻齐齐哈尔

日军"北满经略"，汉奸效命

　　黑龙江省位于东北的最北部，北隔黑龙江与苏联相望，东南与吉林省接壤，中苏共管的中东铁路横贯省区东西。九一八事变爆发后，由于蒋介石的不抵抗主义使辽、吉两省很快沦陷。日本帝国主义在武装侵占辽、吉之后，立即着手谋取黑龙江省，他们虽然首先在政治上和军事上做了准备，但也考虑到黑龙江省与辽、吉两省大不相同：一是黑龙江省是我国东北边陲，与苏联仅仅一江之隔，贸然进攻怕苏联出兵干涉；二是在黑龙江省境内没有日本关东军守备队，况且该省地域广阔，崇山峻岭，援军不易得到及时补充；三是黑龙江省国防军主力虽然调往关内，但仍有一定数量的省防军，官兵抗战情绪高昂。因此，日本侵略者对黑龙江省不敢轻举妄动，孤军深入。实际上，自发动九一八事变起，面对苏联介入或武装干涉的可能性，日军采取非战或少战而主要利用中国人夺取北满的所谓"北满经略"政策，施展他们惯用的收买伎俩，网罗和利用汉奸为他们卖命效劳，利用张景惠和操纵张海鹏都是实行的此种政策。

日寇占领沈阳之后，首先物色了洮辽镇守使张海鹏，驱使他作为侵略黑龙江省的鹰犬。

张海鹏，字仙涛，辽宁省盘山县人，清末东三省讲武堂毕业，九一八事变时任洮辽镇守使，当时他已经65岁，贪图权势，利欲熏心。张海鹏原系绿林出身，曾与张作霖、冯德林、汤玉麟、张作相等人共事多年，是奉系军阀中的元老之一。张作霖和吴陛升被炸死后，张学良秉政。他自忖自己年高资深，黑龙江省督办遗缺非他莫属。但事与愿违，省督办一职却由万福麟接替，对此，张海鹏衔恨益深。在杨宇霆、常荫槐被张学良处决之后，东北政局一度紧张，张海鹏认为时机已到，准备乘机谋反，但考虑到自己兵力单薄，不敢轻举妄动。但反叛之心不死。

日本关东军掌握了张海鹏的动态之后，派出政要官员先后进行了一系列诱降活动，使张海鹏终于投降了日本侵略者，成了民族败类。1931年10月1日，张海鹏宣布"独立"，脱离黑龙江省管辖，自封边境保安司令，准备向黑省伸手。日本关东军也"慷慨"地拨给张海鹏3000支步枪，使原来并无实力的张部一下子膨胀起来。

1931年10月10日，当他确知北平张学良决定派黑河警备司令马占山做代理黑龙江省政府主席时，幻想破灭，恼羞成怒，遂决心充当日寇进犯黑龙江省的急先锋。1931年10月13日，张海鹏派少将徐景隆率三个团兵力，进犯黑龙江省。

日寇为支持张海鹏部伪军的进攻，于15日自通辽起飞两架飞机，投弹轰炸，配合以优良武器装备起来的约1.7万名伪军作战，企图趁洮昂路段黑龙江守桥部队人数不多、没有准备之机夺取江桥阵地。但扼守江桥的部队虽人少势单，但将二却个个勇猛强悍，死守江桥，决不后退。16日晨，兴安区突泉一带的黑龙江屯垦军有两个团来援，始将伪军击退。日寇为支持张逆，于16日中午，再次派出飞机三架狂轰滥炸，入夜，日军又出动铁甲车，以猛烈的炮火助战，致使守江桥部队伤亡甚众。

当张逆前锋抵达江桥南端时，守军开炮迎击，叛军少将先锋官徐景隆触地雷被炸死，守军趁势跃出阵地，一鼓作气，将其三个团兵力全部击溃。张海鹏这次兵败，受创甚重，致使内部分崩离析，在洮南城内，受他指挥的兵力仅有一团。其军需处处长李余久见张海鹏大势已去，即把张海鹏全军所有现款带在身上不告而去。张见大势已去，乃率残部溃逃。为了阻止敌人再犯，黑龙江省驻军炸毁了嫩江桥三个桥孔。

马占山临危受命，誓"与日本一拼"

1931 年 10 月 10 日，张学良委任马占山为代理黑龙江省政府主席兼军事总指挥，谢珂为军事副指挥兼参谋长。这是在日军进犯黑龙江前夕张学良所采取的一项应急措施。面对蠢蠢欲动的日伪军，张学良还曾电示："如张海鹏进军图黑，应予讨伐，但对日军须避免直接冲突。"[1]马占山虽然深感兵力单薄，兵器不良，抗战绝难持久，但是还是决定"宁为玉碎，不为瓦全"，与日本一拼。

马占山，是辽宁省怀德县（今属吉林）人，出身绿林。被官府收编以后曾担任中哨哨长、连长、营长、团长、旅长、黑省剿匪司令、骑兵总指挥等职。1930 年 10 月，担任黑河警备司令兼步兵第三旅旅长。1931 年 10 月，当他接到张学良的电令以后，即命令步兵第三旅开赴齐齐哈尔附近待命。随后他把黑河警备事宜略作安排，就率领李青山团长和随从人员乘大兴轮南下，19 日下午到达哈尔滨，当晚换乘火车到达省城齐齐哈尔。马占山就职后立即召开会议，宣布抗日，设立黑龙江省临时总指挥部，马占山自任总指挥。消息传出，黑省军民士气激昂，人心振奋。

为了阻止日伪军对黑省的进攻，马占山又陆续调兵加强对江桥一带的防务。他先后调朴炳珊炮兵团、步兵第一旅孙鸿裕团、步兵第二旅吴德霖团、步兵第三旅徐青山团、骑兵第二旅两个团，以及由兴安屯垦军苑崇谷部改编的暂编步兵第一旅开往江桥防线。这样调到前线的兵力，连同以前调来的兵力共有步兵7个团、骑兵7个团、炮兵1个团又1个营，以及工兵、辎重兵等共约13000余人。这些兵力分布在江桥以北的大兴、汤池、三间房、昂昂溪、富拉尔基一带。马占山把上述地区划分为三道防线，指定了指挥官。这三道防线和指挥官是：第一道防线是嫩江桥防线，由徐宝珍团长任指挥；第二道防线是大兴防线，由吴松林旅长任指挥；第三道防线是三间房防线，由苑崇谷旅长任指挥。

10月30日，马占山会同徐宝珍、吴德霖赴第一道防线视察，激励士兵准备抗日。马占山在观察地形后对徐、吴说："敌众我寡当利用地形以奇制胜。现在江水初退，江桥北岸及铁道两旁多泥沼，须诱敌深入实行反击，如见敌势受挫或败退时要拼死猛追，追到桥边时就要坚守。又因我子弹缺乏，敌人不进入百米射程内，绝对不准开枪。"[2]

10月30日，日本关东军令以第二师团步兵第十六联队联队长滨本喜三郎为首组成嫩江支队，下辖步兵第十六联队、步兵山炮队、野炮兵第二联队第一大队、工兵第二大队第二中队、无线电一班和空军第八中队。11月1日，嫩江支队主力分别从吉林、长春出发，2日晚兵力集结在泰来附近。3日，滨本派遣炮兵第二联队第一大队抢占了江桥南岸附近的有利地势，构筑阵地，做好进攻准备。同时，又派工兵第二大队第二中队到达江桥南岸准备抢修桥梁。当日，日军又出动铁甲车2辆、步兵3000余名以飞机5架为掩护开赴江桥。黑省守桥部队遂即撤至距江桥四五里地的阵地内。在嫩江支队开抵泰来的当天，林义秀奉关东军司令部命令向黑省政府送来了关于满铁准备修复江桥船通告，这个通告实际上是日本侵略者对黑省中国军队的最后通牒。

接到日军最后通牒，马占山带领一班人开会研究，会上主战主和各占一半，辩论多时，双方意见仍僵持不下。

这时，马占山拍案而起，大声说道："我是一省长官，守土有责，决不能将黑龙江寸土尺地，让于敌人。我的力量固然不够，他来欺负我，我已决定与日本拼命，保护我领土，保护我人民，如果我打错了，给国家惹出乱子来了，你们把我的头割下来，送到中央去领罪。"力主"和平"应付、实则是对日军妥协投降的人顿时瞠目结舌，主战势力立时占了上风。会议决定："如果日军侵入我阵地，即行抵抗。"**3** 这是对国民党政府关于黑龙江省驻军"对于日军务须避免直接冲突"的命令最直接、最公开的否定。至此，黑龙江省抗日局面形成，东北军终于成建制大规模地要奔赴抗日前线。

会后，马占山命令徐宝珍立即返回前线阵地，并命令步兵第三旅李青山团长带队前往增防。广大战士枕戈待旦，严阵以待。一场违反蒋介石国民党政府不抵抗命令，大规模、有组织的武装抗击日军侵略的江桥之战即将开始。

嫩江桥阻击战，黑军两挫日寇

嫩江桥阻击战从 11 月 4 日开始到 18 日结束。嫩江桥位于洮昂铁路的中段，是通向黑省省会的咽喉。日军欲侵占黑省，必须先夺取嫩江桥。

4 日拂晓，日军派小股部队突然进入嫩江桥左翼防地，乘机在陈家窝堡将中国哨兵 3 人捕去。午后 3 时左右，由滨本大佐指挥的嫩江支队的 3 个大队和汤满铁道守备队一部，在飞机和轻、重炮的掩护下向我嫩江桥阵地守军发动进攻。日军先以 500 名步兵为先头部队，进攻嫩江桥左翼高地，意在牵制我两翼部队兵力。继之，便以主力部队向江桥正面的大兴一线主阵地发起猛攻，企图从中间突破我军防线，一举占领江桥。

此时，江桥阵地上的爱国官兵强烈的怒火正在胸中燃烧，他们以枪口瞄准来犯之敌，见敌进入有效射程后，便以猛烈枪炮火力射向敌群。敌遭此意外打击之后，锐气受挫，队形亦呈混乱。乘此之机，黑省官兵跃出战壕，冲向敌群，展开白刃战。敌人的飞机、大炮、铁甲车这时均失去作用。激战多时，日军渐感不支，遂向江岸撤退。我预先埋伏在江岸芦苇丛中的官兵猛起阻截，在我军的前后夹击下，日军死伤甚重，他们为了逃回嫩江桥南岸，仍拼死顽抗。恰在此时，敌人援军一部赶到，我军未等日本援军站稳脚跟，就用骑兵发起攻击，东北军血战到晚 8 时，江北岸无敌踪，唯见血肉模糊的日军遗尸 400 余具，遗弃武器几无隙地。黑省军队亦伤亡 300 余人。

入夜，日军用探照灯向北岸照射侦察，用重炮向北岸轰击。黑军官兵潜入芦苇内不动，日军误认为黑军已撤退，乃驾船百余只满载日军渡江。俟船驶近江岸时，我方潜伏的官兵突然用机枪向日军扫射，日军仓促应战，死伤落水者甚多，余者狼狈逃回南岸。

5 日晨，日军以炮百余门、飞机 20 余架，对我军防地狂轰滥炸，以掩护日军从中路、张海鹏逆军从左右两路强渡嫩江。当敌军渡到江心时，我军突起射击，渡江敌军死伤落水者甚多，但仍拼死强渡。敌人飞机、大炮的轰炸更为猛烈。战至中午，因我军伤亡过重，又无援军接济，乃分别撤至左右两翼阵地。

敌军强行渡过嫩江，占领了我军的嫩江防地。接着，又向我军第二道防线即大兴阵地发起进攻。吴德林团奋起抗击，退往左右两翼的卫队团乘机向日军发起进攻。当战事进行到最激烈时，马占山率卫兵十余名赶到前线指挥。他命令吴、涂两团从正面坚守阵地，并急调骑兵第一旅萨力布团从两翼包抄日军。由于东北军用步兵及骑兵实行包围式之反攻，日军蒙受极大损失而不得不向后撤退，直至日暮，仅保持了其原有阵地。同时，马占山还派兵将张海鹏部伪军包围在河套一带并将敌击溃，夺回了被日伪军占领的阵地。是役我军士兵伤亡 200 余人。

日本侵略军先后两次在嫩江桥被黑军击败，使正在嫩江桥前线的关东军参谋石原十分惊恐，他直接要求关东军司令部急速派兵增援。5 日上午，关东军下达命令，将六约 2 个大队的步兵和 3 个中队的炮兵火速派往嫩江，连同嫩江支队、南满铁道守备队一起，日军进攻嫩江桥的军队共有近万人的兵力。

6 日凌晨 2 时许，日军 4000 余人携大炮 40 余门、飞机 8 架、铁甲车 3

列强行渡江。日本侵略者接受前两日进攻失败的教训，改变了进攻战术。他们首先派出飞机飞到我军防地低空轰炸。继之，日本炮兵以猛烈炮火向我军防地进行排炮轰击。

日军在其飞机、大炮的掩护下，令工兵搭制浮桥。4时许，大队日军冲过浮桥向我军防地进攻。我军官兵起而抗击，激战至中午，我军战壕几乎全被日军炮火摧毁，战士们跳出战壕与日军白刃相接，喊杀之声震天动地。直至晚6时，我军在敌众我寡、无援军、弹药告尽的情况下，为了保存有生力量，指挥部决定放弃嫩江桥、大兴阵地，将部队撤退到大兴站以北三间房阵地。至此，阻击战第一阶段告终。马占山在10日发布的对全国通电中说道："日军自支（四）日以来，开始向我军攻击，下面炮炸，上面飞机，陆空交施，凶暴已极。我将士拼死抵抗，不为所屈，碧血横流，再接再厉。占山以大兴势难守，未忍将士孤注一掷，固于麻（六）日下令左右互相掩护，再退至距江桥五十华里之三间房车站一带，以资固守。"**4**

三间房阻击战，马占山以寡敌众

从7日开始，嫩江桥抗战进入第二阶段，即三间房阻击战。

三间房是洮昂铁路上的一个车站，北距齐齐哈尔70华里，是保卫省会的最后一道防线。马占山命令部队撤出大兴防线以后，立即重新布防：确定从大兴站以北到三间房为正面防线，由苑崇谷的暂编步兵第一旅、朴炳珊炮兵团、徐宝珍卫队团、步兵第三旅李少峰二团防守，总兵力不超过3000人；右翼为骑兵第一旅吴松霖两个团，守卫在汤池一带，左翼为程志远的骑兵第二旅，分守在前官屯、后官屯、新立堡一带，左、右两翼兵力不过2000人。守军总兵力为5000人左右。

在嫩江桥阻击战中，由于日军伤亡很重，亟待补充，因而在7日以后的数日内，战事稍缓。本庄繁等一面电请日本派兵增援，同时调集在东北的日本精锐兵力向前线集结。

13 日正午，关东军司令部命令第二师团长一并指挥嫩江支队。第二师团剩余部队及混成第三十九旅团的步兵 3 个大队派往大兴附近，当日，嫩江桥被日军工兵修好。16 日，日军 2 个步兵联队、旅顺重炮兵联队和空军一部又抵达黑省前线。据关东军参谋部第 164 号电所称：在嫩江附近能够动用的兵力，步兵约 10 个大队、骑兵 2 个中队、野炮兵 6 个中队、重炮兵 2 个中队、工兵 1 个中队。总兵力共达 1.3 万余人，统归多门指挥。

从此，敌我在三间房鏖战三昼夜，肉搏十多次，黑省军阵地失而复得，反复冲杀。

从 16 日上午 10 时开始，敌军向我守军左、右阵地连续发起 10 余次进攻，均被我军击退。当战事进行到最激烈时，骑一旅四团炮兵庞振海向敌群连发 80 余炮，忽炮筒断裂，仍"徒手奋呼杀杀不已"，"跣足裸体奔赴敌阵"。[5]

17 日上午 10 时，在飞机、坦克的掩护下，1.1 万多名日军分三路向三间房我军阵地发起进攻。日军开始进攻时，先用重炮向我军正面防线进行排炮轰击，并用部分兵力发起进攻，意在牵制我军不得向两翼支援，而利于其将进攻的重点放在东北军左右两翼。进攻我军左翼防线的是日军的两个联队，攻我右翼防线的是天野旅团全部。

18 日拂晓，日军举全力来攻，其陆空联合火力将我阵地炸毁殆尽，坦克已将我军战壕冲塌。黑军武器既劣，复无阵地凭借，伤亡枕藉，黑军被敌人坦克和炮火切断数十处，不能互相应援。即使如此，黑军死战不退。敌鉴于我军坚抗不退，遂遣日机 17 架又飞临黑军残存阵地上空猛轰滥炸，并派飞机 4 架轰炸省垣，威胁黑军后方。这时，我军不得不且战且退。激战至上午 10 时许，左右两翼抗日部队先后退到昂昂溪。中午，马占山由齐齐哈尔赶到昂昂溪，指挥部队猛力反攻，下午 2 时许将日军击退，夺回原阵地。但是，由于敌人拼死反攻，我军虽拼死抵抗，也难以守住阵地，不得不再次退回昂昂溪，扼守铁路抗拒。是役吴、程两旅死伤过半。

18 日上午，日军加强了对抗日军正面防线的攻势。当日下午，当左翼我军再次往昂昂溪一带撤退时，日军以三个联队的兵力，自白蘑菇溪、汤池间向我大兴，小三家子，三间屯，四家子一、二道防线与正面长谷旅团全力夹击，我军腹背受敌。下午 3 时后，日军又"增加坦克车 12 辆、炮 30 余门，在我防线左右前三方猛攻，飞机 12 架助战投弹，我军战壕均为炮火摧毁"**6**。

我军官兵冲出战壕与敌肉搏，战至下午 6 时，苑旅已伤亡过半，我军正面防线被日军攻破。

在三间房战斗进行最激烈时，马占山虽电致各方乞援，但是"吉林军观望不动，北平方面亦无一确切指示。自洮昂路战事发生，所用子弹均黑省旧存，且多霉湿不堪用。一昼夜之激战，已用去十之九，士卒虽有斗志，其奈徒手不能应战何？"马占山在弹尽援绝的情况下为保存实力，于 18 日下午 6 时 15 分下令各部撤出阵地。当日晚，日军一部进抵省城南端，马占山命令省府撤出齐齐哈尔，并亲率卫队团扼守省城，掩护省府机关撤退。19 日上午 9 时许，日军主力占领距省城 15 里之榆树屯，以猛烈炮火向省城轰击。下午 5 时，日军 5000 余人侵占省城。我军沿齐克路撤往克山、拜泉、海伦一带集结。历时 16 天的江桥抗战至此结束。

嫩江桥抗战虽然以我军撤出阵地而告终，但仍不失其重要意义，当时即被称为中华民国抗日战争开始之第一次江桥战役。在前后 16 天的战斗中，中国军队不畏强敌，英勇奋战，给日军以重大打击，致其伤亡累累。日军不得不一次又一次地往前线增兵，最后几乎把日本关东军的主力部队都投到嫩江前线。从军事上看，这一战役黑军虽败犹荣，它证明日军并非绝对不可抗拒。从政治上看，这一战役是日本帝国主义自九一八事变以来所遭到的第一次重大打击。黑龙江省爱国军民违背国民党政府不抵抗命令，奋起抗击日本侵略者的壮举，体现了中国人民抗日救国的坚强意志，显示了中国人民不可战胜的力量。它向全世界宣告，中华民族是不可侮的。因而，嫩江桥抗战的炮声震动中外，引起了国内外的强烈反响。

苏炳文海拉尔起兵抗日，激战富拉尔基不支

嫩江桥抗战失利后，黑龙江抗日形势急转直下，以马占山为代表的东北军抗日斗争进入了艰苦阶段。1932年秋冬之际，黑龙江省的抗日武装斗争又出现了高涨的形势。其标志是苏炳文所部东北民众救国军的海满抗战以及其与马占山所部黑龙江抗日救国军联合对齐齐哈尔的围攻。这两次战斗，其规模之大、对敌伪打击之沉重，和嫩江桥抗战不相上下。同时，由于发生时间（在伪满洲国建立之后）和地点（或在伪省府周围，或在中苏边境地区）的特殊性，这两次战斗在国内外都产生了重要影响。

苏炳文，字翰章，1892年10月22日生于辽宁省新民县中古城子屯，是东北抗日义勇军的重要将领，保定军校第一期毕业。毕业后加入袁世凯北洋新军"模范团"，从上等兵逐步晋升到营长，参与讨伐张勋复辟等战斗。1925年加入东北军，因战功卓著受到张学良赏识，1930年任哈满铁路护路司令，授中将军衔，统辖黑龙江东北军陆军第一、第二旅。1931年九一八事变后，苏炳文严词拒绝日伪拉拢。1945年抗日战争胜利后，曾任有名无实的国民党国防部上将参议官。新中国成立后，苏炳文出任政协委员。

1931年九一八事变后，苏炳文在马占山率部江桥抗战时，曾奉令派步兵第四团团长吴德林率部应援，由于出师不利，吴身受重伤又撤回海拉尔。在此期间，日寇曾经派120人组成的"国境警察队"（原东北军边防部队国境警察队，九一八事变后变为由中、日、朝混合组成的伪国境警察队，驻满洲里维持边境秩序，后加入东北抗日义勇军）驻扎在满洲里，名为警戒苏联，实则监视苏炳文的行动。由于"国境警察队"队长秦树声狐假虎威，欺凌百姓，被苏炳文部张殿九旅（即黑龙江东北军陆军第一旅）士兵秘密处死，于是引起日寇不满，施压撤换张殿九旅长职务，以汉奸冯广有(石友三旧部)

接替，以削弱苏炳文的力量。

苏炳文感到灾难即将降临到自己头上，遂下定决心举兵抗日。他一方面派该旅驻免渡河站的第六团团长张玉键率部进驻富拉尔基，以阻止冯广有前来接替张殿九旅长职务。另一方面于9月27日派团长吴德林率两营兵力包围驻满洲里站的"国境警察队"，双方发生激战。吴德林军用迫击炮将"国境警察队"营房击毁，燃起大火，继以猛烈围攻，使敌人死伤20余人，被迫缴械投降。时值日寇飞机在上空侦察，发现情况有变，急转东飞去朱家坎附近。因汽油不足，被迫降落，机上的日侦探炮兵少佐渡边秀一、步兵大尉井上、航空大尉胜目等及机组人员全部被当地军民击毙。

1932年10月1日上午9时，海拉尔上空飘扬东北民众救国军的大旗，爱国官兵和各界人士约4000人举行了东北民众救国军成立和誓师大会。会上群情振奋，广大军民纷纷表示，要坚持抗战，收复国土。许多中外记者也参加了大会。苏炳文、张殿九分别就任"东北民众救国军"总、副司令之职，宣誓为国家收复失地，为民族争生存，决心为东北同胞驱逐敌寇，并委任谢珂为总参谋长、金奎壁为副参谋长。

东北民众救国军，包括原苏炳文和张殿九部的2个旅4个团。经改编，第一旅辖第六团，旅长为张玉挺；第二旅辖第一、四、九团，旅长吴德林，全军共约5000人。此外，还有原马占山部朴炳珊炮兵旅及李海青所部救国军；原黑龙江省卫队团的中校团附李振华、第三营营长张竞渡部等，也都号召旧部响应海满抗战。救国军前方总司令部设在扎兰屯，由张殿九、谢珂、金奎壁主持日常工作和制度作战计划。

会上还宣布了东北民众救国军实行总动员、讨伐叛逆和敌寇、收复省城等决定。当即命令驻海拉尔步兵第二旅第一团高峻岭团长率全团官兵赴朱家坎、腰库勒一带；驻满洲里第二旅第四团由钮玉庭团长率领开赴碾子山一带待命；步兵第一旅第六团仍在原驻地富拉尔基一带严密布防，以上各部队统归张玉挺指挥。博克图、兴安岭以及满洲里护路事宜由步兵第二旅第九团负责，归总司令部直接指挥。为了维持地方治安，稳定社会秩序，救国军总部任命王尔瞻为呼伦贝尔警备司令，并责成吴德林负责满洲里警备事宜。随后发出致国民党政府和全国人民通电。

9 月中旬，张玉挺在富拉尔基沿江一带构筑工事，对昂昂溪之日伪军进行警戒。自 10 月 1 日海拉尔起义后，日伪害怕抗日军渡江袭击省城齐齐哈尔，竟将江桥破坏。

10 月 3 日拂晓，日军一小股部队由齐齐哈尔北面渡江，遭张玉挺派到富拉尔基的步兵六团一营兵力阻击，敌被击毙 12 人，被迫退回。几天后，日军 200 余人分乘橡皮船 30 余只强行渡江，被抗日救国军沿江部队猛烈射击，当即被击沉数只，但敌人又增兵 500 余人，配有重机关枪，向坚守富拉尔基的抗日救国军的左翼进击，以掩护后续部队渡江。张玉挺总指挥急调高峻岭团长率两营兵力占据有利地势，以逸待劳给进犯之敌迎头痛击，致敌伤亡 50 余人，被迫稍退。第二天，敌又增兵千余人，攻势甚猛，高峻岭将一个营的预备队增援火线，致使敌人遭到重大伤亡，而救国军亦伤亡 80 余人，使日军前进不得，双方形成对峙局面。于是，日军又增加步兵千余人、炮 4 门、飞机数架投弹配合。激战两昼夜，高峻岭团长背部及左臂被炮弹击成重伤，中校团副庸忌信、少校团副孙庆麟亦负伤，第二营营长杨传绪阵亡，排长伤亡 10 余人，士兵亦死伤 400 余人，被迫向腰库勒转移阵地，后由于张玉挺急令步兵第四团由碾子山火速增援，富拉尔基仍坚守在救国军手中。

日寇不甘心失败，以松木直亮的第十四师团为主力，从辽宁调来精锐之服部骑兵旅团为前锋，配有装甲车、坦克、飞机向嫩江西岸的富拉尔基、腰库勒一带猛攻。救国军奋勇抵抗，历经 4 天激战，伤亡颇重。总部为减轻损失，电令张玉挺放弃富拉尔基防线，后撤到朱家坎第二道防线坚守。日军于 10 月 9 日进入富拉尔基城。

接着，东北民众救国军又与日军在腰库勒、朱家坎一带激战。

朱家坎位于富拉尔基以西，海拉尔以东，是苏炳文海满抗战的第二道防线。这时，日本新任关东军司令官武藤信义大将又陆续将几个旅团步兵、炮兵、飞行队调归第十四师团指挥，并从第八师团等处抽调兵力组成索伦支队，配合进攻海拉尔地区的主力第十四师团。敌人兵分两路准备发动进攻战：一路由第十四师团主攻甘南、扎兰屯直至海拉尔和满洲里；另一路由索伦支队从索伦奔阿尔山，企图切断抗日军经察哈尔向华北的退路。

10月下旬，救国军首先占领腰库勒、李家地房子、新安镇一带，与敌进行顽强战斗。日军最后动用第一线大队和飞行队，付出很大伤亡的代价，才将后库勒阵地攻破。救国军为了防止敌人用装甲车、火车追击，从博克图调来东北民众救国军以宁匡列为首的爆破队，负责破坏朱家坎阵地以东的铁路、桥梁，并在阵地前方两翼薄弱地点埋地雷，设置障碍物。但到了11月中旬，江河封冻时，给敌人装甲车、汽车过河以方便条件，敌步兵配合各兵种向我朱家坎阵地发起总攻，战斗十分激烈，步兵第四团团长钮玉庭、步兵一团中校团副孙庆骥均负重伤，官兵伤亡达600余人。虽由步兵四营营长常玉琳接任团长，但总部考虑敌军兵力数倍于我，兼有新式武器，如若再坚持抵抗，势必损失更重，遂决定后撤到碾子山第三道防线进行休整补充。

当抗日军于11月28日进入碾子山第三道防线时，尚未来得及休整，敌军500余人便于29日拂晓分乘装甲车、汽车由南道袭击扎兰屯我前方总司令部。另有敌骑兵千余人由甘南向南急进。救国军的形势更加危急。救国军一团、四团被敌人切断了与指挥部的联系，遭到分割包围，他们独自突围，从关门山进入索伦山，在原始森林中走了九天九夜才走出来。这支部队历经一个多月的时间，终于在1933年1月到达张家口，在那里和冯玉祥的察哈尔同盟军会合，继续抗击日本侵略。[7]

救国军警备扎兰屯的兵力不过一个营。为对付敌人突然来袭，守军首先占领有利山头，扼守重点地带竭力抵抗。敌6架飞机配合，低空扫射和投弹轰炸，步兵猛扑，我前方电话断绝，总部官兵伤亡数十人，战场指挥官下令部队向拉哈苏车站集结，总部派专车到拉哈苏迎接谢、金两参谋长，一并撤到博克图待命。日军平贺旅团于12月1日占领了碾子山，1933年1月2日进入扎兰屯。3日，日军第十四师团长松木直亮命令平贺旅团在扎兰屯负责警戒富拉尔基到兴安岭之间的铁路及其附近的治安；令服部支队从扎兰屯出发，向兴安岭快速追击救国军。

由于敌军切断了救国军向南方退却的通道，前方主力部队已不能回到海拉尔，救国军总部苏炳文处现有兵力只有学生连、卫队营及步兵第九团，共2000余人，已不能阻止敌人大举进攻。遂决意破坏博克图以南的铁桥和博克图山洞隧道，以便阻止敌人追击，并派第一营兵力破坏盘山路轨，布置地雷，并将装满石块的一列火车，隐蔽在山洞内。当敌人第503号装甲列车及修理列车进入博克图，正准备占领兴安岭隧道时，救国军将准备好的装有石块的列车由高处向下急放，敌人及早发觉，使装甲车免遭被炸毁的命运。乘敌人抢修铁路的机会，救国军安全撤回海拉尔。后来，苏炳文率余部军民4000余人退入苏联境内。后来，这些东北义勇军战士分批取道新疆回国，继续抗日斗争。

吉黑义勇军四路联攻齐齐哈尔

江桥抗战失败后，马占山率部退到省城齐齐哈尔。由于抗战形势的变化，日伪军集中优势兵力尾随追击，向齐齐哈尔推进，省城无险可守，马占山所部连续作战，已是疲惫不堪，急待休整，决意放弃齐齐哈尔省城。马占山率部北上，于1931年11月19日拂晓退出齐齐哈尔。从此之后，马占山部的抗日斗争进入了艰苦阶段。

1932年9月，马占山率部转战，到达龙门后，立即通电四方，揭露日伪军宣传他战死的假消息。10月初，传来苏炳文在海满起义的消息，马占山立即派人与其联络。很快，马占山在与民众救国军苏炳文部和黑省抗日救国军各部将领联络之后，制定了四路大军围攻齐齐哈尔的作战计划。计划规定：

东路，由朴炳珊部和邓文的第一军分别攻克泰安镇和安达站；西路，由苏炳文、张殿九部由中东路西线进攻，攻克富拉尔基；南路，由李海青第三军进攻昂昂溪；北路为主攻部队，由马占山亲自督率第四军徐海亭部进攻拉哈站，然后四路大军会合，攻克齐齐哈尔。

此外，还令第五军军长才洪猷部沿呼海路骚扰敌人，相机佯攻哈尔滨以为策应。总攻时间，定于10月20日。

10月上旬，各路抗日勇士先后向预定的作战地点进军。马占山亲率徐海亭军和两个骑兵旅开赴拉哈附近。

10月20日夜，月光惨淡，寒风刺骨。拉哈车站在遍地大雪中显得黑沉沉的，周围一片宁静。

拉哈是齐齐哈尔北部的一个重要据点。由日军以小泉联队所属的冈田、日向、石川三个大队2600余人组成的拉哈警备队重兵防守。其中，石川大队、机关枪中队、步炮小队防守拉哈站，其余兵力驻于拉哈街。

200米外日军岗楼上的哨兵鬼魂般游走的身影时隐时现。

"嗒嗒嗒！""嗒嗒嗒！"突然，一串串机枪子弹向义勇军打来，"啾啾啾"地钻进土里。为了防备义勇军的偷袭，也为了壮胆，日军时不时向岗楼外的田野里射击。

21日凌晨，一声清脆的枪声过后，岗楼上的日军哨兵应声而倒，北路大军进攻拉哈之战打响。

遭到进攻的日军乱作一团，有的穿衣却找不着鞋子，有的来不及戴钢盔，急忙拿起枪爬上阵地漫无目的地射击。毕竟日本关东军训练有素，短暂的忙乱过后，日军的射击声稠密起来，不时有义勇军士兵倒在地上。但义勇军将士杀敌心切，不顾一切向敌阵地猛攻，将敌包围在拉哈站。

日军急忙向上级打电话报告，不料电话里声音全无，原来，在战斗打响前，义勇军已将杨大屯以西的铁路、电话线破坏30华里，断绝了敌军的交通线与通信。

日军拼死抵抗，战斗十分激烈。见势不妙，日军数次派出特务、侦探，欲潜出包围圈向齐齐哈尔乞援，均被义勇军捕获。

激战至29日，抗日救国军将拉哈街内的日军大部歼灭，仅余少部分退入车站，与驻车站的日军会合，死守在车站的碉堡里拼命顽抗。抗日救国军这时已奋战8个昼夜，前线作战部队极度疲劳，且伤亡严重，连、营、团长阵亡10余人，战士伤亡400多名。指挥部遂命令前线撤出一部分军队休整补充，调预备队增援第一线。

31日，马占山命徐海亭部进攻拉哈车站，日军被压迫到车站的楼房和地窖内固守。抗日救国军由于缺乏重武器，每进至楼房附近都因遭敌人机枪的猛烈射击，在付出重大伤亡后退回，官兵们心急如焚。

此刻，马占山在大街上见有大车木轴，略似炮筒，急中生智，遂令工人将木轴锯成两半，中间凿成炮腔，再合起用铁皮包紧，后留火线孔，内装土制火药、破铁片、铁球等。以两炮排列，用绳向后牵引不使其移动，同时点火，每炮只能放两次。我军就用这种木制土炮将敌人楼房轰塌，毙敌甚多，残敌均退入地窖内顽抗。不久，抗日救国军轰塌敌楼，进入站台临近地窖，但因武器低劣始终不能攻克。指挥部遂决定用抽水机向地窖内注入煤油再放火焚烧。11月1日晨，当我军正向地窖灌注煤油时，突然，日军援军4000余人和伪军1个旅开到，向抗日军前线猛扑。指挥部见敌军甚众，我军已激战21个昼夜，过分疲劳，弹药消耗大部，遂令撤至平宽镇休整。

拉哈之役，义勇军官兵奋勇杀敌，抗日军毙敌600余人，其中有十数名尉官以上的军官。渴饮积雪，饿食马肉，冷燃马骨。许多战士身着单衣作战，子弹枪械更感缺乏，每一战斗都要付出重大牺牲，抗日军伤亡900余人，团长田俊峰、孟于君殉国，旅长张竞渡被俘后遇害。拉哈之役后期，抗日军处境日加艰难，不断失利。而日军援兵和给养不断运到前线。抗日救国军指挥部遂决定，部队撤退休整，由徐海亭率军退往油河。

西路大军苏炳文部与日军争夺富拉尔基的激烈战斗也在展开。

10月20日，东北民众救国军总指挥部根据围攻齐齐哈尔的统一作战计划，命令第一、第四、第六团全部开赴富拉尔基前线阵地。

21日晨，向富拉尔基发起进攻。第六团为右翼、第四团为左翼、第一团从正面，向富拉尔基发动进攻。敌人猝不及防，死伤惨重，向后溃逃。救国军遂占领黑水沟一带敌军阵地。22日夜，救国军又乘敌不备突然夜袭，千余官兵冲进敌阵，给敌以重大杀伤。第六团乘胜进抵黑岗子，与敌激战达3小时。23日晨，又将敌诱出阵地彻底消灭。

与此同时，进入富拉尔基市街的救国军与日军展开巷战。守城日军拼命抵抗，竭力死守。日军总指挥原加寿雄右腋中弹，受伤甚重，由斋藤实代理总指挥，斋藤实又腹部中弹，当场毙命，又由中岛花代替总指挥，不久也战死。最后，日军军官全部死伤，士兵死伤惨重。民众救国军遂克复富拉尔基。日军指挥部急由洮南调步、炮、骑兵增援富拉尔基一线，敌兵众多且武器精良。救国军总指挥部鉴于部队经过数天血战未得休整，人疲马乏，难以阻止敌之进攻，遂命令部队撤至距富拉尔基30华里的土尔赤哈一带布防。此时，驻守在齐齐哈尔的敌人四面被围，义勇军的小部队已到齐齐哈尔市郊。敌军极度恐慌，天天鸣炮壮胆。

10月24日午后，民众救国军1500余人再次向富拉尔基进攻，将守城敌军包围，敌急忙向其总指挥部乞援，来援日军乘救国军不备，突然从侧面袭来，双方遂在克曾克拉一带展开激战。

10月27日，东北民众救国军总司令部在扎兰屯召开军事会议，营级以上军官全部出席。经讨论决定，将兵力集中于扎兰屯以东，土尔赤哈为第一线、朱家坎（今为龙江）为第二线、碾子山（今为华安）为第三线，步步为营逐渐向前推进。会后，广大官兵全力投入收复齐齐哈尔的战斗。

兴安岭一带入冬后寒冷异常。战士们不畏严寒，冒着西北狂风，沿齐泌河上游、碾子山、朱家坎、腰库勒等地向富拉尔基推进。在朱家坎、腰库勒一带遇敌中山支队1000余人的阻击，广大官兵对敌展开猛烈进攻，敌军不支退向富拉尔基车站，凭借防御工事顽抗。救国军乘胜追击，战斗异常猛烈，昂昂溪一带都可听到炮声，10月31日，救国军又夺回富拉尔基。救国军的先头部队约500人奋勇前进至齐齐哈尔郊外，准备渡过嫩江攻占省城。敌军慌忙从齐齐哈尔西门外飞机场发炮猛轰。

松木直亮抽调步兵第五十联队等部，以冈原宽大佐为队长，组成冈原支队，向富拉尔基迅速集结兵力，并统一指挥富拉尔基支队，企图再占夺富拉尔基并消灭这一带的东北民众救国军。11月10日拂晓，日军冈原支队及黑省伪军一部，在飞机、装甲车的掩护下向富拉尔基、腰库勒一线救国军阵地进攻。救国军骑兵一团、步兵两个团及红枪会等武装英勇抵抗，痛击来犯之敌，冈原支队死伤70余人，该支队的轻机枪队在富拉尔基以西被全部歼灭。

11日晨6时，日军冈原支队会同伪军再次向富拉尔基、腰库勒等地反扑。敌先以大炮、飞机交互轰炸，势欲夷平救国军修筑的工事。接着，步兵在装甲车掩护下扑向前后库勒。此时救国军阵地多被炸毁，官兵冒着枪林弹雨坚守了4个昼夜，多次打退敌人进攻，自己也牺牲数百人，而敌仍增兵不已。加上弹药已耗光，不得已撤出阵地，前库勒一带遂被敌军占领。后库勒阵地上救国军杀伤大量敌人后，阵地也被突破。接着，富拉尔基再次失守。救国军司令部为减少损失，决定缩小正面防线，放弃第一线阵地，撤至朱家坎一带。为防敌人乘势进攻海满后方，总司令部还命令爆破队将朱家坎前方的铁路、桥梁彻底破坏，在阵地前面及两翼防守薄弱处设置障碍物，埋设地雷，以阻敌进攻。

东路大军右翼朴炳珊部攻克泰安，并在克山伏歼来援之敌，在泰安镇以西腰新屯与敌发生遭遇战，击溃日军步、骑、炮混编联队，连战连捷。

东路大军左翼邓文率部攻克安达，与来敌苦战。而后，沿中东路向齐齐哈尔挺进。

南路大军李海青率部进攻昂昂溪，与敌激战两昼夜，夺取昂昂溪车站。后来敌军重兵包围昂昂溪车站，李海青率部突出重围，身负重伤。

虽然各路大军奋勇杀敌，毙敌甚众。怎奈敌众我寡，敌强我弱，义勇军后继乏力，缺枪少弹，无衣无食，以区区数千之兵围攻齐齐哈尔，与精锐关东军苦战，战场主动权逐渐丧失，陷于不利境地，各部义勇军反攻齐齐哈尔的作战失利。至11月中旬拜泉抗战失利后，12月3日晚，马占山、苏炳文率余部3000人乘火车从满洲里退入苏联境内。

行前，苏炳文致电张学良，报告战事："……已弹尽粮绝，敌军节节而进，我军势难立足，为避免地方糜烂，减少人民损失，迫不得已，拟即饮痛退入苏联，丧师失地，负罪良涂。俟归国听候惩处……"12月4日晚，当民众救国军官兵所乘列车进入苏联境内时，苏炳文、张殿九、谢珂等将领沉痛致电全国各界："……早知地处边荒，兵单力微，难操必胜之券，徒以倭寇假借我民意，淆惑世界观听，不得不仗义声讨，以彰我东北真正民意。……本军仗义誓师，本不难背城借一，全师殉国。独念地方民众，受祸两月，饥溺已深，加以沿线外侨甚多，倘再抵抗，势将同归于尽，无补事实。为人道计，遂于江（三）日晚饮痛率所部官佐，士兵眷属，地方官吏，爱国志士，及不愿做亡国民者四千余人，已于支（四）日晚，退向苏联国境，拟即假道回国，另行工作，与寇周旋。一息尚好，此志不懈。"[8]1933年1月7日，苏炳文、马占山、张殿九、谢珂等联名通电全国，希望国民政府及全国各界"悉以抗日救国为目标"，"宁作自由之鬼，不为亡国之奴"，并再次表达抗战到底的决心。[9]

注　释

1. 解学诗主编 《抗日义勇军与抗日救亡运动》，社会科学文献出版社 2016 年版，第 15 页。

2. 温永录主编：《东北抗日义勇军史》（下），黑龙江人民出版社 1987 年版，第 682 页。

3. 温永录主编：《东北抗日义勇军史》（下），黑龙江人民出版社 1987 年版，第 686 页。

4. 温永录主编：《东北抗日义勇军史》（下），黑龙江人民出版社 1987 年版，第 691 页。

5. 《抗日苦战记》，《申报》1931 年 11 月 26 日。

6. 温永录主编 《东北抗日义勇军史》（下），黑龙江人民出版社 1987 年版，第 694 页。

7. 张华：《东北抗日义勇军》，北京时代华文书局 2016 年版，第 93 页。

8. 温永录主编：《东北抗日义勇军史》（下），黑龙江人民出版社 1987 年版，第 816 页。

9. 王明伟：《东北抗战史》，长春出版社 2016 年版，第 99 页。

到民众中去、到农村去、到义勇军中去

九一八事变后不久，中共中央和中共满洲省委及时发表宣言，作出决议，揭露日本侵略罪行，号召人民奋起反抗日本侵略者。中共满洲省委在领导与协助东北义勇军开展抗日斗争的同时，注重建立党直接领导的抗日武装，陆续派出优秀的干部、工人和青年学生，到民众中去、到农村中去、到义勇军去，开展夺枪斗争和兵运工作。经过一段时间的努力，在南满、东满、吉东和北满地区，先后建立了十几支中国共产党领导的抗日游击队，从此开启东北抗日斗争的历史新篇章。中国共产党领导的东北抗日武装，后经历了反日游击队、东北人民革命军、东北抗日联军、抗联路军等4个发展阶段，先后组建了11个军共3万余人。最后，在1942年8月，抗联3个路军合组为东北抗日联军教导旅，一直坚持到抗日战争的最后胜利。

14年的艰苦抗战，中国共产党领导的抗日武装成为东北抗战的中流砥柱。自诞生伊始，党领导的抗日武装始终高举抗日救国的旗帜，坚决贯彻党的抗日斗争纲领和路线方针政策，始终与人民群众紧密结合在一起，为了民族独立和解放，前仆后继，英勇不屈，付出巨大牺牲，给日本侵略者以沉重打击，不仅使其付出巨大的人力物力财力消耗，而且牵制其在东北的大批兵力不能入关南下，振奋了全民族抗战到底的决心，为东北人民的解放，为中国人民抗日战争和世界反法西斯战争的胜利作出了重要贡献。在东北抗日义勇军抗日斗争失败后，日寇采取大规模军事"讨伐""集团部落""经济封锁"等残酷手段，党领导的东北抗日武装以意志最坚决、纪律最严格、作战最英勇、与群众关系更密切的崭新风貌和过硬战斗力，驰骋在东北战场上，赢得广大人民群众的坚决拥护，获得各路抗日义勇武装的协同配合，从而在斗争中不断壮大，逐渐成为东北抗日武装斗争的核心力量。1948年1月1日，中共中央东北局曾专门作出决定，表彰东北抗日联军的历史功绩，称赞东北抗联的英勇斗争"是中国共产党光荣历史不可分的一部分"。1949年5月，中共中央给东北局的电文中再次指出抗联斗争是光荣的，"此种光荣历史应受到党的承认和尊重"。

14年的艰苦卓绝，铸就伟大的东北抗联精神。党领导的抗日武装集合了中华民族的忠诚儿女，尽管广大官兵民族、出身、经历各不相同，但当外敌入侵之时，都能拿起武器奔赴战场杀敌，誓为中华民族的解放事业血战到底。在与凶残的日寇长期斗争中，在与党中央失去联系、基本无后援、长期孤悬被敌分割包围等极端困难条件下，面对强大敌人和冰天雪地的恶劣自然条件，党领导的抗日武装与现代化装备的日寇展开殊死搏斗，用鲜血和生命创造了中国人民抗日战争暨世界反法西斯战争史上起始最早、持续时间最长、牺牲极为惨烈的光辉业绩，谱写了中华民族解放的抗日爱国诗篇，孕育和铸就了伟大的抗联精神。2016年5月25日，习近平总书记视察黑龙江省时，提出要弘扬东北抗联精神，指出：东北抗联精神与北大荒精神、大庆精神、铁人精神共同构成了激励几代人的精神财富。2023年9月7日，习近平总书记在主持召开新时代推进东北全面振兴座谈会上，再次强调要大力弘扬东北抗联精神、大庆精神、北大荒精神、铁人精神，指出这是推进东北全面振兴的精神支撑。东北抗联精神的内涵，概括起来就是：忠诚于党的坚定信念，勇赴国难的民族大义，血战到底的英雄气概。东北抗联精神，是历史的见证，是中华民族宝贵的精神财富，是中国共产党人精神谱系的重要组成部分，永远值得后人敬仰和传承。

14年的敢战善战，形成灵活机动、以攻为守的游击战术战法。14年间，党领导的东北抗日武装，在与日本侵略者的斗争中，不断总结反"讨伐"作战经验，提高自己的战术水平，在作战上形成了独具特色的"三大绝招""四快""四不打"等战术战法。"三大绝招"是半路伏击、远途奔袭、化装袭击;"四快"是快集中、快分散、快打、快走;"四不打"是情况不明不打、准备不好不打、没有获胜把握不打、硬仗不打。强调行动时尽可能避免与强敌正面作战,既要反对"冒险攻坚""盲目冲击",又要反对"蹲仓主义"畏缩不进;防止敌人以设伏、堵击、长追、围困等方式进攻我军,及时脱出敌人包围线,进行远距离游击。[1]这些因地制宜、灵活机动的游击战术战法,是对毛泽东"你打你的、我打我的"作战思想的精髓和游击战略战术的创造性运用,对党领导的抗日武装坚持长期斗争起到了重要作用。

注　释

1.《东北抗日联军史》编写组:《东北抗日联军史》下册,中共党史出版社 2015 年版,第1050 页。

第 六 章

风起磐石　东北人民革命军第一军稳坐南满

　　磐石县委"打狗"夺枪，磐石游击队成立——杨靖宇出山——四战四捷破"讨伐"——东北人民军第一军独立师成立——夜渡辉江，三打顽伪邵本良——杨靖宇当选中华苏维埃"二大"中央执委，东北人民革命军第一军成立——杨靖宇千里奔袭破"讨伐"

磐石县委"打狗"夺枪，磐石游击队成立

　　1932 年旧历除夕，东北军由双城一线溃退，哈尔滨被日军占领。人民在悲恸和严寒中度过了九一八后的第一个春节。

　　1932 年 11 月下旬，中共满洲省委决定，派省委特派员杨靖宇到南满吉海铁路沿线巡视工作。这一天，杨靖宇在中山公园（现兆麟公园）与省委派来的送行人员简单握手告别后，就登上了东进吉林的列车。

　　火车发出一阵阵低沉的吼声，艰难地喘息着开出了哈尔滨车站。

　　杨靖宇抬手抹去车窗上的水雾，默默地向这座他刚刚熟悉的城市告别，向他刚刚打开局面的地下工作告别。此时的杨靖宇刚刚就任满洲省委军委书记不久，即将奔赴南满巡视工作，组建革命武装与日寇展开殊死搏斗。肩负这一极其重要而神圣的使命，杨靖宇从此展开了他人生中最为壮丽的 8 年武装抗日岁月。

　　车窗外，铅云低压着破碎的山河。日寇铁蹄下的东北，到处是侵略者炮火留下的残垣断壁，田园荒芜。

望着那偶尔一闪而过的日本"膏药旗",杨靖宇眼里喷出阵阵怒火。和杨靖宇同行的有交通员老刘。他们扮作商人,杨靖宇身着黑棉袍、黑制服裤、黑棉鞋。火车第二天到了吉林市,他们下车到火车站附近一个小客栈住了下来,同中共吉林支部书记李维民接上了关系。这个支部归中共磐石中心县委领导,在满洲省委和磐石联系时起交通站作用。

次日,杨靖宇即乘火车南下,去找磐石游击队。途中屡经险难,最终与磐石中心县委接上了头,找到了游击队。这是后话,先搁下不表。

杨靖宇为何要远行磐石?那里发生了什么事?这里先作一交代。

磐石县城地处吉海铁路线上,位于吉林市以南,辉发江以北,是长白山西麓的一个重要城镇,是汉、朝民族杂居地区。磐石县的地面较广,地形复杂,境内多高山峻岭,密密的森林一望无际。其周围与双阳、永吉、桦甸、辉南、海龙、东丰、伊通接壤。

共产党在这里的影响力较大,1930 年就建立了中共磐石县委,之后又建立了共产主义青年团磐石县委员会和磐石农民协会、磐石反帝同盟等群众组织。磐石县委一建立起,就把领导全县的汉族、朝鲜族及旅居中国的朝鲜人民联合起来,进行反帝反军阀反封建地主和反土豪劣绅的斗争。九一八事变后,中共满洲省委鉴于国内外形势的急剧变化,便于 1931 年秋把磐石县委改为磐石中心县委,直属省委领导。县委所在地设在西玻璃河套,中心县委管辖地区包括磐石、双阳、伊通、东丰、海龙、辉南和桦甸等 7 个县,下设磐东、磐西、磐南、磐北等区委及吉海铁路支部。中心县委内设组织、宣传、职工、农民等 4 个部。1932 年 1 月,日本帝国主义在磐石建立了一个反动的亲日组织"保民会"。同年 2 月 1 日,日本驻吉林"总领事馆"又在磐石设立了警察分署,以镇压人民群众的抗日斗争。日本帝国主义者的侵略行径,激起了磐石人民的强烈反抗,在党的领导下,连续发动了"二九""四三""五七"等大规模反日斗争。这三次大规模的惩治汉奸走狗的斗争,扩大了党的政治影响,提高了党在群众中的威信,起到了动员、组织、宣传群众的作用，极大地提高了广大群众投身反日爱国斗争的热情。中共满洲省委很重视磐石人民的抗日斗争，先后派杨林、杨佐青、张敬国等到磐石巡视，参加领导工作。

"二九""四三""五七"反日暴动之后，为了保卫磐石县委机关，县委决定成立一支"打狗队"。当时，日本侵略者为制造民族矛盾，在朝鲜族中建有所谓"保民会"，其头目都是朝鲜族中的奸细，群众管他们叫日寇走狗。为使县委机关免遭这些走狗破坏，县委组织了一支由 7 人组成的小队伍，群众称为"打狗队"。队长是年轻的朝鲜族农民、共产党员李红光。

县委对"打狗队"寄予厚望，还专门开了一次扩大会议进行研究。会议决定：趁日寇还未占领磐石的时机，迅速扩大武装，在"打狗队"的基础上建立一支工农游击队。为了加强领导，省委派来指导工作的杨佐青担任这支武装的政治委员。会后，李红光、杨佐青便带着"打狗队"到磐东呼兰镇一带去发动群众，扩大队伍。那里的群众基础好，农民苦大仇深，恨透了日本鬼子、汉奸和土豪劣绅。仅半个来月时间，队伍就由 7 个人发展到 20 多人。

但"打狗队"的装备实在可怜。起初，只有 1 支打"掐豆子"的"铁公鸡"。后来，他们在抓汉奸打"走狗"的斗争中大力"扩充军备"，增加了 1 支"天门蹦子"、1 支"七星子"、1 支"小镜面"和 1 支"后门蹲"，还补充了"重武器"：2 颗手榴弹。但是，这远远改变不了人多枪少、枪差弹缺的现实。

于是，他们把眼光盯住了呼兰镇西南 20 多里的地主武装"大排队"。这支武装是九一八事变时，当地地主为了防范农民暴动组织起来的，有 20 多支好枪。队长是一个姓赵的地主，人称"赵保董"，外号"二阎王"，曾亲手残杀 3 名反日会员，而剩下的队员清一色是地主儿子、流氓地痞，整天吃喝嫖赌，祸害人民。

县委早就决心除掉这一害。

一天深夜，李红光、杨君武率领队员们出发了。事前他们已就地进行过仔细侦察，熟知敌人的活动规律。几个小时后，他们到了呼兰镇。

"大排队"的住处在镇外。"二阎王"正带着队员在屋里群赌，门口连个岗哨也没有。李红光带人悄悄地摸到"大排队"住的房子。

李红光一挥手，手持大刀梭镖的队员们将房子团团包围。一门俗称"二人抬"的土炮正对着门口架起来，里面满满地装填上了火药和铁沙。

李红光带着4名队员，扮成赌徒，大摇大摆地进了屋子。通屋南北炕上挤满了人。赌徒们正吆五喝六地吵嚷，根本没有发现来人。赵保董更是赌在兴头上，根本不知道自己已经死到临头。

李红光向墙上扫了一眼，20多支崭新锃亮的长短枪挂成一排。他暗暗向大家递了个暗号。游击队员们迅速抢占了四个大角。

"不准动！谁动打死谁！"李红光雷鸣般地大喝一声，其他游击队员也纷纷亮出了3支手枪和2枚手榴弹。

"大排队"员们一个个都像傻了一样，只是不停地发抖。

杨君武趁势指挥门外的游击队员们一拥而入，三下五除二将屋里的20多支长短枪全部缴获，赵保董也被捆了起来。

杨君武跳到炕上，代表中共磐石县委历数了赵保董认贼作父、杀害抗日群众的罪状。接着，杨君武大声喝道："将'二阎王'拉出去枪毙！"

李红光将赵保董拉到门外，一声枪响，往日作恶多端、独霸一方的"二阎王"去见了真阎王。杨君武又对"大排队"员们进行了抗日教育，然后集体释放。游击队员们扛着缴获的武器弹药凯旋。

第一次夺枪的胜利鼓舞了磐石县委。他们接着又打上了驻在磐石周围的伪军的主意。派孟杰民打进伊通营城子的"老七连"，朴翰宗打进"宋营"，尹平打进"三炮连"，组织伪军官兵哗变。不久，"老七连"的一个排被孟杰民说动，决定集体反正。可他们还信不过共产党，觉得共产党人少枪少，决定去投奔东边道唐聚五的义勇军。行前，他们还是给磐石留下了19支步枪和一些手榴弹。

这样，"打狗队"就有了50多人、50多支长短枪。5月底，县委在玻璃河套开大会，正式宣布党的抗日武装成立。这支由 7 人"打狗队"发展起来的队伍，对外称"满洲工农反日义勇军第一军第四纵队"，对内则称"磐石工农反日义勇军"（简称"磐石义勇军"），总队长张振国，政委杨君武。全队 30 余人，分 3 个小队。队员们佩戴上红袖章，擎起一面绣着镰刀锤头的红旗作为他们的队旗。磐石游击队成立时向群众发文告，文告上写道：磐石工农反日义勇军不将日本侵略者逐出东北，决不收兵！后来根据洲省委的提议，将磐石义勇军改编为中国红军第三十二军南满游击队，孟杰民为总队长，王兆兰为副总队长，初向臣为政委，李红光为参谋长，下分 3 个大队，各大队的干部也进行了调整与配齐。改编后南满游击队返回磐石。

从此，我党在东北建立的抗日武装诞生了。

虎虎生威的磐石抗日游击队，在磐石境内开辟了一块游击区：东至大泉眼、棺材砬子、石虎沟，西至甲黑、葫芦头沟、鸭子架，南至县城，北至取柴河。后来，他们又把游击区域扩大到伊通、桦甸、双阳、永吉等县。游击队在孟杰民、杨佐青、李红光领导下频频出击。6 月，在郭家店附近袭击了一支伪军骑兵队，俘敌 1 个班。7 月，又在大甲黑的西北沟打了一次伏击，打死打伤数十名敌人。

杨靖宇出山

磐石抗日游击队和抗日游击根据地诞生后，日伪军、反动地主武装一致向它进攻，山林队也视磐石抗日游击队为吞并对象，企图以武力收缴其枪械。进入 8 月以后，磐石抗日游击队在几方夹攻下遭受了挫折，游击队员与反日群众先后有 26 人牺牲。加上政委杨君武在 6 月间的战斗中负伤离队，总队长张振国赴哈尔滨汇报工作，杨林、杨佐青先后调走，游击队领导力量削弱。形势的急转直下，磐石中心县委和磐石抗日游击队政治上缺乏经验，策略不灵活。为保存力量，磐石中心县委一方面屡次要求满洲省委派巡视员前来指导工作，解决组织领导问题。另一方面曾三易旗号，甚至一度错误地把队伍并入报号"常占"的抗日山林队，由"常占"掌握军队指挥权。"常占"和汉奸地主、土匪武装秘密勾结，监视党团员，阴谋拆散磐石抗日游击队的力量。因此，游击队成立4个多月后，不仅抗日游击的局面没打开，还丢弃了光荣的旗帜，脱离了群众。磐石抗日游击队中的党团员发现了这些情况，于10月21日组织哗变，离开磐石到桦甸县蜜蜂顶子重编队伍。全队共120人，孟杰民任总队长、张振国任政委，下分4个大队，共120余人。此时，新整编的部队内部思想混乱，意见不统一，有人主张回磐石，有人主张去东满，众说纷纭，议而不决，只得暂留桦甸，等待满洲省委派人来解决问题。

有鉴于此，满洲省委决定派杨靖宇去磐石，"用最大的力量来解决磐石问题"[1]。把那里党和抗日游击队的工作引上正确轨道，并推动整个南满的抗日游击战争向高潮发展。满洲省委给中共中央的报告中明确说明了派杨靖宇去磐石的原因：'现在的问题，不是下级同志与战斗员的问题，而是如何改造这一领导机关，从县委到队伍中的领导者，来一个彻底的改造。省委为了指挥灵便（因为时常交通不通），为了使磐石的工作与海龙的工作、磐石的游击队与海龙九路军（注：系自发抗日武装唐聚五率领的辽宁民众自卫军的第九路军，由包景华领导。海龙县委领导的抗日武装加入了九路军。九路军在共产党的帮力下发展很快。）的工作结合起来，为了彻底改造两个地方党部的工作，加强省委的领导，派一个代表经常驻在那里指导工作。"[2] 显然，这个代表必须是由能够胜任这项艰巨工作的人来担任。满洲省委之所以选派杨靖宇去磐石，是考虑他政治上"表现得最坚决"，工作上"很艰苦、深入与努力"，"是省委候补委员"，是"能力很强"又"非常积极"的得力干部。[3]

且说杨靖宇到了吉林市后，听了李维民报告的有关磐石县委和磐石游击队的一些情况后，非常着急，在吉林只住了一宿，第二天就搭火车到烟筒山，依照"交通"交代的路线，到黑熊洞去找磐石游击队。此时，杨靖宇还不知道游击队已从"常占"山林队分离出去并且还与山林队结了仇，所以杨靖宇和交通员老刘到磐石后，便先去找"常占"山林队。几天后，他们终于在烟筒山附近找到了"常占"队。不料，听说杨靖宇要找游击队，"常占"山林队不由分说便将杨靖宇绑了起来去见头目穆荣山。穆荣山虽说混迹绿林，但对共产党真心抗日心里是十分清楚的，听说是共产党省委派来的人，穆荣山让人赶忙给杨靖宇松绑。杨靖宇以大局为重，趁势向穆荣山赔了不是，又顺水推舟向穆荣山讲了一通国难当头，要以民族利益为重的大道理。经过两人一番坦诚交谈，尽释前嫌，穆荣山把杨靖宇放走了。

杨靖宇继续向烟筒山车站方向走去。来到一处沟沟岔岔的地方，杨靖宇停下脚步擦汗张望。忽听三声梆子响，窜出一群汉子，逮住杨靖宇就搜身，翻出那张"哈尔滨大久保洋行采办"的名片，怀疑他是日本人派来的探子。这帮人就把他绑在拴马桩上，挥舞棍棒，往死里打他。

杨靖宇忍着剧痛，猛力大吼一声："住手！我不是日本探子，我是来找'常占'的。"汉子们被这声大吼镇住了。

原来杨靖宇遭遇的是吉林省有名的大土匪傅殿臣的山林队，报号"殿臣"，拥有 3000 人马，把杨靖宇抓起来毒打的是"殿臣"下属的"六国军"。"六国军"和"常占"都是胡子拉起来的队伍，都讲江湖义气，彼此关系不错。"六国军"把杨靖宇盘问了一通，给他松了绑，放他走了。

经受了两次捆绑、一顿毒打，杨靖宇浑身疼痛，衣服也撕烂了。他不知道游击队已经拉到桦甸县去了，一时无法探知他们的下落，只好返回吉林市。他来到吉林市支部书记李维民家里住了几天。

利用这个机会，杨靖宇和李维民研究了吉林市党的工作。在了解情况后，给满洲省委写了一份报告，汇报了路遇"常占""六国军"的情况和吉林市党的发展情况，建议将中共吉林市支部改为中共吉林市特别支部，直属满洲省委领导，请满洲省委派人巡视吉林市党的工作。李维民用密写方法将此报告抄清，去满洲省委汇报工作。满洲省委根据杨靖宇的意见，很快就成立中共吉林市特别支部，李维民任书记。这个特别支部按照杨靖宇的指示，经常给磐石抗日游击队提供情报，供给医药用品，动员工人、青年知识分子参军、支前，有力地配合了抗日武装斗争。

过了几天，磐石中心县委派人来接杨靖宇上山。

12月，雪似乎下得比往年勤些。吉林省桦甸县蜜蜂顶子，苍松翠柏上挂着一串串冰雪树挂，在阳光照射下晶莹剔透。白桦林高高大大，直插云天，一望无际。

听说省委特派员来了，总队长孟杰民、参谋长李红光等领导立即出来迎接。杨靖宇打了招呼，致了问候，便到帐篷里去看望战士。

晚上，磐石游击队举行了篝火晚会，欢迎杨靖宇的到来。大家围坐在篝火边，吃着喷香的鹿肉，喝着火爆的老白烧，乘着酒兴，队员们敲着饭盒茶缸，齐声唱着抗日歌曲。

接下来的日子里，杨靖宇分别同游击队领导和党团骨干交谈，了解情况，传达中共中央和满洲省委的指示，很快就统一了大家的思想，稳定了部队，并决定继续留在磐石建设根据地，进行抗日游击斗争。根据满洲省委指示，在杨靖宇的主持下，磐石游击队正式编为"中国工农红军第三十二军南满游击队"。下设一个教导队、三个游击大队。总队长由孟杰民担任，副总队长王兆兰，政治委员初向臣。随后，杨靖宇又离开磐石前往海龙巡视，主持重组了"中国工农红军第三十七军海龙游击队"，队长王仁斋、政委刘山春，共计80余人，其活动区域大致在通化、柳河、金川等地。从这时起，他正式使用杨靖宇这个代名。"靖宇"含有铲除变乱，平定天下之意。这个名字代表了他矢志抗日的坚强决心。

就在杨靖宇巡视海龙期间，磐石游击队总队长由于缺乏斗争经验被地主杀害。随后，磐石汉奸与伪军偷袭游击队，新任总队长王兆兰及政委初向臣等主要领导不幸牺牲。部队受挫，人数锐减，军心不稳。就在危难之际，杨靖宇重返磐石，再主大局，重新改组游击队，杨靖宇暂任政委。

四战四捷破"讨伐"

1933年的春节年关快要到了。这一年的年关前，东北大地没有了往年杀鸡宰猪、蒸年糕、蒸枣馍，贴窗花、写春联的欢乐祥和场面。日军侵占下的东北，兵马乱世，人心惶惶，人们都不敢轻易出门，也没有心思过年，生怕第二天一觉醒来就会灾祸临头。

就在年前的一天傍晚，满天扬雪，冷风阵阵吹来。

杨靖宇带领游击队到蛤蟆河子一带收拾了几股地主武装"会兵"，缴获了几十支长短枪，逮捕了5名为虎作伥的汉奸地主，没收了地主许多猪羊、米粟、白面、衣物。接着，又过了3天，在吉海铁路工人协助下，杨靖宇带领游击队又在老爷岭袭击了一辆日本鬼子的铁甲车，打死打伤鬼子官兵9人。两仗下来，日伪军唯恐磐石游击队要攻打磐石县城，连夜赶筑战壕，晚6点即关闭城门。几个漂亮仗一打，游击队的威信大为提高，部队士气也迅速复苏。日本鬼子气得暴跳如雷，发誓要发兵"围剿"游击队。

1933年1月29日，日军鳌条中佐率领投降日伪的土匪"东江好"（驻烟筒山）及伪满军毛作彬团（驻吉昌镇）共400余人于上午向南满游击队根据地玻璃河套进攻，敌军闯进玻璃河套后，大施淫威，枪杀了团省委巡视员刘过风，肆意拷打群众，奸淫妇女，抢掠财物，使玻璃河套惨遭浩劫。

1月30日上午，红军游击队行抵大坑时被日伪军包围。杨靖宇当即指挥游击队反击。游击队员一面反击，一面向毛团伪军和胡匪发动政治攻势，高呼"红军是穷人的队伍，你们不是穷人吗？自己人不打自己人！"

"劳苦兄弟联合起来，去攻打共同的敌人——日本帝国主义！"

听到喊话后，"东江好"的枪声开始稀落下来，毛团伪军也变得军心不稳。

"冲啊！"趁着伪军发愣之际，杨靖宇举着手枪一声大喊，200多名精悍的游击队员又如猛虎下山，轻而易举地夺下了日军与毛团背后的两个制高点，逼得鳖条前进不能，后退无路，只好一俯身钻进围墙下的一条壕沟里，被游击队交叉火力压得抬不起头。接着，杨靖宇抓住战机，命令李红光带领部分队员从正面直插毛团，毛团立刻乱了阵脚，士兵纷纷开溜，所剩无几，结果，鳖条领着十几名日军落了单，日军组成敢死队向山上冲，又被打得尸横洼地，七零八落，武运长久的膏药旗也倒了。见此情景，鳖条羞愧难当，挥刀自尽。当游击队在大坑与敌激战时，杨靖宇派出游击队一小部转至三棚砬子，包围了退到那里的敌人"东江好"。敌人毫无防备，被打得措手不及，死伤多人。最后，"东江好"力不能支，落荒而逃。游击队占领了三棚砬子。游击队在杨靖宇指挥下迅速打扫了战场，然后乘机经拐子坑向红石垃子撤出战斗。天亮时，游击队各部会合于玻璃河套大生菜。

此次战斗，游击队与由日寇鳖条中佐指挥的百余名日伪军激战了一整天，共毙、伤敌 20 多人，缴获了一批武器弹药。南满游击队牺牲 1 人，受伤 1 人，粉碎了敌人的第一次围攻，显示了游击队应有的战斗力。[4]

鳖条失败与剖腹自杀的消息一下子轰动了磐石城。日军发誓要消灭游击队。

一个月后，日伪军果然发动了第二次"讨伐"。再次负责指挥"讨伐"的日军军官，对"毛团"等胡匪武装在战斗中的表现大为不满。2 月 28 日，日军自己带着"毛团"和"东江好"余部，向转移到浅草沟的游击队发动了第二次进攻。

杨靖宇接到情报，决心狠"敲"一下这个小鬼子的嚣张气焰。为避敌锋芒，占据有利地势，杨靖宇指挥游击队战士有计划地退至山顶，早早地在浅草沟设下伏击圈，然后派李红光带一小队队员去诱敌。他们在敌人面前边打边撤，打打停停，停停打打，将日军指挥官撩拨得发起火来，带着两路胡匪发疯般地追过来，很快进了我军的伏击圈。

杨靖宇待敌人进入有效射程后，果断地命令全队："开火！"

四面埋伏的游击队员们众枪齐发，山沟里登时倒下了多具敌尸。"东江好"匪众见势不妙，"轰"的一声炸了营，四散逃命，"毛团"匪众也跟着四散。日军指挥官气得"哇哇"大叫，却制止不住，只好指挥剩下的几十个日军向游击队发起进攻，游击队依据有利地势，居高临下，向敌人展开猛烈射击，打退日军的多次冲锋。紧接着，杨靖宇不给日军任何喘息机会，率众游击队员从山顶冲杀日军，日军招架不住，指挥官只好带领剩下的日军跟着胡匪狼狈逃走。而后，杨靖宇和队员们带着战利品，转移到磐北的杨宝顶子隐蔽休息，并派人密切注意敌人动向。此次作战，共毙伤日伪军30余名。接连两次粉碎敌人的"讨伐"，使磐石地区广大人民群众欢欣鼓舞，扩大了游击队的影响。

3月底，日伪当局又调动日军守备队与伪军共700余人，携带大炮、迫击炮、机关枪等轻重武器，自磐石县城、小城子等地出发至玻璃河套，向游击队发动了第三次围攻。日军守备队按照步兵战术要则，先用大队轰击游击队阵地，然后，步兵紧接着发起冲锋。

在漫山遍野的炮火硝烟中，杨靖宇沉着冷静、不慌不忙指挥队员们，利用有利地形，向冲上前来的敌人瞄准射击。敌人在明处，游击队在暗处；敌人集中，游击队战线狭长。在游击队的准确射击下，敌人应声而倒。此战从下午1点钟打到天黑，敌人不能前进一步。战斗中，日军守备队长以下10多人被击毙，另有10人左右受伤。敌人见大势已去，不得不撤退。游击队无一人伤亡。**5**

4月底，敌人派出大股部队，从小城子出发，向游击队驻地萝卜地围攻。杨靖宇得知敌人来袭击的消息后，迅即指挥游击队转移至萝卜地附近的大泉眼地方设伏。

中午时分，正向萝卜地开进的敌军在大泉眼遭到了游击队的伏击，敌人惊魂未定，仓促架起迫击炮、机关枪向游击队阵地开火。

杨靖宇指挥游击队正面和敌人交战，同时又派出马队抄袭敌人背后，设下埋伏，准备敌人逃窜时予以堵击。

敌人见正面冲击无法得逞，又受到背面围攻，便急速集合夺路而逃。敌人溃逃时，又遭到事先埋伏好的游击队小股部队的伏击。

这次战斗共毙、伤敌军30多人，其中日本鬼子6人。游击队毫无损伤。

自杨靖宇挂任主要领导后，南满磐石游击队四战四捷，使磐石、伊通、海龙等地的广大群众倍受鼓舞，深感重见天日有望。一些义勇军、山林队开始主动靠近红军游击队。

赴磐石烟筒山围攻红军游击队的伪吉林警备第五旅步兵第十四团士气低落。该团迫击炮连在红军游击队胜利斗争的影响下，在共产党组织派入该连队内部的共产党员曹国安、宋铁岩、张瑞麟等策动下，反日情绪高涨。经过积极准备，于5月28日，即端午节之夜，举行起义。70名士兵在击毙反动连长后，携带迫击炮1门、炮弹近80发、步枪100余支、子弹2万发，参加了南满游击队，被编为游击队迫击炮大队。其后，伪军的这个团又有40多人陆续哗变，参加了南满游击队。

在杨靖宇领导下，南满游击队自1932年12月至1933年5月，共进行大小战斗60余次，给日伪以重大打击。南满游击队在战斗中成长壮大，队员发展到230人，武器增加了3倍。以红石砬子为中心的磐石抗日游击根据地发展到方圆百余里。磐石地方党组织得到恢复和发展，到1933年5月底，共产党员人数较之整顿前增加了3倍。地方群众抗日组织农民协会、反日会、妇女会、儿童团、赤卫队等普遍建立、发展起来。根据地人民热烈拥军支前，锄奸反特，保卫根据地。党领导下的南满抗日游击队已经稳坐南满，度过了夺枪初创时期，进入了一个蓬勃发展的新时期。

半年的武装斗争实践表明，杨靖宇"是非常难得的游击战争的领导者"，是南满游击队的主心骨。从此，他的名字和这支队伍的胜利前途紧密地连在一起。在他的领导下，战火中成长起来的游击队像一把磨亮的战剑，刀刃越来越锋利了，队伍也发展到230多人。

1933年3月，杨靖宇当选为中共满洲省委委员。省委因他在磐石党和军队工作中的重要作用，指示他暂不回省，继续代表省委全权领导南满地区党和抗日武装斗争。

此后，杨靖宇的名字开始频繁出现在关东军司令部和伪满军政部绝密文件中。据说，重病在身、垂垂将死的关东军司令官武藤信义第一次看到关于杨靖宇的秘密文件后，便目露凶光，沉思了好久，对身边的人说："这个的，小小的土匪的不是，大大的共匪头领的是！"

东北人民军第一军独立师成立

1933 年 1 月 3 日，日本侵略军侵占山海关，华北危急。1 月 17 日，中华苏维埃临时中央政府、工农红军革命军事委员会发表了著名的《愿在三条件下与全国各军队共同抗日宣言》。26 日，中共中央又发出了《给满洲各级党部及全体党员的信》。信中提出了在东北这一"特殊的环境"中，应采取结成全民族反日统一战线的策略方针。同年 5 月，中共满洲省委扩大会议决定接受中央这一指示，确定各地党组织和反日游击队当前的中心任务是：必须执行反日统一战线方针，巩固无产阶级的领导权，建立东北人民革命军与民选政府。根据满洲省委的统一布置，从 1933 年 9 月以后，各地党的组织分别取消了苏维埃和红军抗日游击队的名称，成立抗日人民政府和东北人民革命军，并注意开辟新的抗日游击区和建设游击根据地。

1933 年 6 月，杨靖宇从战场归来前往哈尔滨，参加满洲省委传达贯彻中共"一·二六"指示精神会议。杨靖宇在会上汇报了南满的情况。会议研究了南满抗日斗争的一系列问题，决定取消"中国工农红军第三十二军南满游击队"番号，建立东北人民革命军第一军第一独立师。满洲省委根据工作需要和磐石中心县委的一再请求，决定正式调杨靖宇到南满地区工作，领导那里的抗日武装斗争。

6 月底，南满大地春风遍吹，烂漫山花竞相开放，山川田野青翠欲滴。

杨靖宇此时回到了磐石。为贯彻中共"一·二六"指示和满洲省委决议，他奔走于磐石、伊通、海龙之间，积极扩大队伍，筹建东北人民革命军，争取和联合各种自发的抗日武装。

在磐石地区，除了杨靖宇领导的党的抗日游击队以外，还有一部分地方武装。其中有一支是旧吉林军的残兵败将，由姓赵的和姓马的两个人率领，叫赵旅和马旅，加在一起有200多人。这支队伍，遇到日本人的队伍要打，遇到杨靖宇的队伍也要打，没有明确的政治目标，只想一门心思扩充实力。

对于这支队伍，游击队的有些同志很恼火，觉得应该狠狠地教训教训他们。杨靖宇感到，这支队伍与死心塌地卖身投靠日寇的汉奸还是有区别的，根据当前的主要矛盾，应当区别对待，等待时机，耐心地做他们的工作，以观后效。他教育战士尽量避免跟他们发生冲突。

有一次在玻璃河套北板凳沟地方，赵、马两旅遭到日军与"靖安军"的重重包围。日军以重火力向赵旅和马旅的驻地进行轰击，战斗从早晨一直打到中午。赵、马两旅被压缩在沟中心的一个小屯子里。他们组织了几次冲锋，企图突围，都被压了回去，损失惨重。

此时，杨靖宇正率领两个分队驻守在玻璃河套。听到赵、马两旅被围的消息，心想：如果他们被歼，敌人的进攻锋芒必然集中到游击队身上。应该立即派兵去协助他们解围，这样做既可打击日寇，对赵、马两旅也是一次考察和教育。

救兵如救火。可是两个分队只有20多人，兵力太少，怎么能解除敌人的重兵包围呢？杨靖宇急忙把大家召集在一起共同研究救援办法。会后，游击队分四路向日军后路包抄。到了日军背后，四路兵又分散开来，在深山密林里用步枪、土炮，东一枪西一炮地瞄着日军射击。还有游击队员专门拿了一串串爆竹，这儿放几个，那儿响几下，只听得漫山遍野到处都是"乒乒乒乓"的声响，却不见人影，弄得日军闹不清有多少游击队，只得掉转枪口慌里慌张乱打一阵。

赵、马两旅知道了游击队前来救援的消息，士气大振，就开始向外突围。

日军腹背受敌，越发慌乱。看看天色渐晚，连忙仓皇逃窜。

战斗结束后，游击队与赵、马两旅会合。

赵旅长感激不尽地握着杨靖宇的手说："以前我打了你们，今天你救了我们，这回我算认识了真朋友。"

杨靖宇全力救抗日友军的消息不胫而走，另外一些山林队也来和南满游击队打交道，讲联合。为了把一切愿意抗日的力量组织起来，杨靖宇对当时一些缺乏斗争目标的武装力量，就像对赵、马两旅一样，进行了耐心的教育，还派了不少党员干部深入他们中间进行工作，并用游击队的模范行动影响他们。结果，有的主动参加了游击队，有的组成义勇军，保证与游击队一起并肩抗日。有些伪军经过游击队的工作，也纷纷摆脱日寇控制，参加到抗日的行列之中。

杨靖宇坚决落实中共"一·二六"指示，扩大了党的民族统一战线的影响。以后，"赵旅"、"马旅"和南满游击队还联合作战，驱逐了驻扎大兴门的伪军。7月中旬，杨靖宇又联合了包括"赵旅""马旅"在内的自发抗日武装共1000余人，向吉海铁路沿线的日伪军发动进攻。7月下旬，联合武装扩大到1600人，袭击了吉林七区的日伪军。8月，联合武装攻打呼兰镇，击毙了日军军官中岛和罪大恶极的民族败类高希甲。

1933年9月18日，九一八事变两周年的那一天，杨靖宇在磐石县玻璃河套主持召开了南满游击队领导干部联席会议，正式宣布成立东北人民革命军第一军独立师。

这一天，磐石县2000多群众喜气洋洋，聚集一堂召开大会，庆祝独立师成立，欢呼人民自己的军队诞生，热热闹闹开展了拥军募捐活动。

　　独立师以南满游击队为基础组成，全师 300 多人，编为 2 个团、1 个少年营和 1 个政治保安连。杨靖宇任师长兼政治委员，李红光任参谋长，宋铁岩任政治部主任；袁德胜和朴翰宗分别任第一团团长、政委，韩浩和曹国安分别任第三团团长、政委；政治保安连连长崔山好，政治委员程斌；少年营营长朴浩，政治委员金某。

　　全师实行三三制编制。即师下设团，每团下设 3 个连，每连下设 3 个排，每排下设 3 个班。连为基本作战单位。各级领导设有军事指挥员和政治工作干部。指战员绝大多数来自劳动人民，其中有党团员 160 人。

　　全师全部装备新式枪械：计有迫击炮 1 门、捷克式轻机关枪 1 挺，其余是三八式盒子、一三式盒子、奉天兵工厂枪、套筒子（德式）、连珠枪（俄式）、快大轮（捷克式）、七门里几（捷克式）、单打一等各种长短枪。步枪总数约 550 支，手枪约 150 支。每队枪多于人，有的队员持 2 支枪。每一名队员经常有子弹百余粒，有时达 200 粒。

　　杨靖宇在会上宣读了《东北人民革命军第一军独立师成立宣言》《东北人民革命军政纲》《东北人民革命军士兵优待条例》《告反日义勇军战士弟兄书》等重要文告。在这些文告里，杨靖宇代表全师官兵庄严宣告：东北人民革命军第一军独立师是"东北三千万民众的武装力量"，"誓与日本强盗及其走狗'满洲国'斗争到底"；"愿在下列条件之下与任何反日队伍结成反日作战同盟：（一）不投降，不卖国，反日到底；（二）允许民众言论、出版、集会、结社等自由；（三）允许民众武装起来，共同进行反日战争"。

　　这些文告，经过南满各县的党组织贴遍了广大城乡，极大地振奋了人民的抗日热情。

夜渡辉江，三打顽伪邵本良

　　东北人民革命军第一军独立师成立后，南满地区武装抗日的烈火越烧越旺。随着斗争形势的发展，以磐石为中心的抗日游击区成为日伪当局关注的地方。日本关东军叫嚣："杨靖宇执拗反日，造成皇军心腹大患，南满地区势必成为治安肃正重点。"

驻吉林省的日本关东军第十师团师团长广濑寿助接到命令后，亲自到磐石察看，制订作战计划，并电请增加兵力。

日本关东军司令部下令抽调奉境守备队、吉林南营日军2000人，奉天警备司令部所属伪满军8000人，吉林海龙等县伪满军2000人，计12000人，归第十师团序列或予以协助。敌人的意图很明显，那就是用大兵"围剿"的方式将上述地区的所有抗日武装一网打尽。

1933年10月初，广濑寿助率领万名日伪军对以磐石为中心方圆约200里地带进行大包围，一点点由外向内压缩，不让抗日军"漏网"。在包围圈内，日军二三百人为一队，数队并进，有炮兵和飞机相配合，对"重点目标"逐个实施攻击。间或再以日军骑兵大队向包围圈中心地带来回兜围；同时，出动飞机数架在游击区上空盘旋，投掷炸弹，以配合地面部队作战。

不仅如此，日伪军在游击区内施行白色恐怖政策，从政治、经济等方面封锁抗日武装，开始建立保甲制度，修筑警备道路。到处烧杀、血洗、搜山、抢掠，以种种威逼手段，妄图使群众与抗日军相对立。在游击区内，在每隔二三十里就建一处日军营垒。日伪军通过修筑公路、盘查行人、清查户口、布置侦察等方法"探知"抗日军和中共地下党组织、抗日群众组织活动情况。而后便以逮捕、屠杀、纵火等极其严酷手段加以镇压。在人民革命军第一军独立师活动的区域玻璃河套、拐子坑、伊通、磐北、磐东等地，日伪军的镇压则更是残酷。在拐子坑的日伪军将全村参加反日会的群众逮捕、监禁，党员全被杀害。在西昌子一带，日伪军屠杀200余人，其中一次竟屠杀40人之多。在其他各村屯，只要精神一点的农民就被怀疑是抗日军而被杀害，许多男女老少不得不远离家园四处逃命。南满大地上，一时腥风血雨，不见天日。东北人民革命军第一军独立师和各抗日义勇军，每天都在与日伪军浴血搏斗。

10月间，杨靖宇所率独立师司令部与保安连曾三次因遭敌人袭击而相互失散，后来才又重新集结在一起。独立师第三团曾两次受到日伪军进攻。一些义勇军在装备精良的日伪军进攻下遭到失败，一些部队自行解散。在此次日伪军疯狂的围攻中，磐石县的玻璃河套、拐子坑、磐东及伊通等地方的中共党组织和群众抗日组织，都不同程度地遭到破坏。朝鲜族党员活动更是异常困难。中共磐石县委本身也陷入极端困难的境地。有的县委委员牺牲了，有的去外地活动，个别经不起斗争考验的潜逃了，县委领导力量被削弱。县委机关不得不由玻璃河套移至磐北。

日伪军在用武力残酷进攻人民革命军和义勇军的同时，对非党抗日武装则施以军事镇压和诱降两套手法。在日军的压力下，抗日山林队"三江好"首先被诱降，等他们走出山林隐蔽地，向日军放下武器之后，日军突然变脸，用数挺机枪将其全体屠杀。日军并不十分相信参与"讨伐"行动的伪军，对他们严密监视。一旦怀疑哪支部队"不可靠"，就毫不犹豫地将其缴械。

杨靖宇以超乎常人的冷静迎接日寇的这次大"讨伐"。在数十倍于己的敌人面前，他率领独立师各部，联合其他抗日山林队，避实就虚，积极灵活地作战，到处寻机打击敌人。日寇集结重兵进攻玻璃河套，他就带部队去袭击进驻西吉昌子的敌人。发现日军已有了准备，他放弃原定计划，迅速转移到磐西，去攻击八棵树屯伪军营地。

面对敌人的凶残"讨伐"，杨靖宇感到不能再这样留守游击区，坐以待毙，被敌人耗尽独立师的力量。这天，在山林宿营地，杨靖宇召集干部开会，研究今后作战问题。他说："为了冲破日伪军的围攻并扩大人民革命军第一军独立师的实力，开辟新的游击区域，我的意见是独立师主力跨越辉发江，进入江南地区辉南、柳河、金川、通化一带开展游击活动；留部分人马继续在磐石游击区，即磐石、伊通、桦甸等地活动，开展对敌斗争。"说到这里，他环视了一下全体干部，然后又说："为了加强县委力量，我建议将团省委巡视员傅世昌调到县委工作，省委巡视员金伯阳随独立师活动，在部队内开展党的工作。"

听完杨靖宇的讲话后，大家一致赞同。李红光说："杨师长，你就下命令吧。"中共磐石县委的领导人也表示说："我完全赞成老杨的意见。"

杨靖宇见大家都以期待的目光注视着自己，他站了起来，说："我命令：独立师司令部率领保安连和第三团跨越辉发江，进入江南地区开展游击活动；第一团继续留在磐石地区开展对敌斗争。过江的部队，立即着手准备，10月27日出发。"

1933年10月27日，杨靖宇率部从玻璃河套附近的大小生财沟出发，当晚在磐石南部黑石镇附近涉越辉发江，挺进东边道。

东边道，是一个历史地理概念。1914年，北洋政府公布法令，将东北划为三个省，下设十个道，东边道是十道之一，隶属于奉天省管辖，包括20个县。日伪时期所说的东边道很不固定，一般是指辽宁、吉林的兴京（今新宾）、清原、宽甸、桓仁、临江（今珲江市）、通化、辑安（今集安）、长白、抚松、濛江（今靖宇）、海龙、辉南、柳河等县。

这天晚上，刺骨的西北风直往脖子里灌。天边挂着上弦月，投下一层淡淡的白光，使人觉得更加阴冷。

杨靖宇带领部队轻装疾进，来到辉发江边。由于刚刚落过一场大雪，江面冻上一层薄冰。没有桥，也没有船。杨靖宇走到岸边，仔细观察了河床的情况，水不太深，可以涉水过去，便集合部队进行动员："同志们，这江，咱们今晚一定得过去！"

说完，杨靖宇一纵身就跳到江里，李红光也跟着跳了下去。两个人一边走，一边用枪托敲打冰层，江面发出"嘎巴嘎巴"的响声。战士们一见师领导先下水，"噗噗通通"都往江里跳，不大工夫，全体指战员都过了江。到了岸上，大家冻得直哆嗦，杨靖宇便喊："千万别停，赶快跟我跑！"风一吹，战士身上起了声响，原来衣服结上冰了。就这样，部队胜利渡过辉发江，挺进到金川县（注：现已撤销，大部分划归辉南县）境内，跳出了 1.2 万名日伪军织成的重重"死亡之网"。

过江后独立师继续南下。杨靖宇一路上到处奔走，召开群众大会，宣传共产党的抗日主张，建立地方反日会，扩大队伍，处决汉奸卖国贼。在东边道各路义勇军被日寇"剿灭"之后，这支共产党抗日队伍的出现受到了群众的热烈欢迎，不少人为部队杀猪宰羊。在海龙境内，杨靖宇与王仁斋的海龙游击队和苏剑飞的南满游击营会合。按照省委指示，他将前者编入独立师序列，称"江南游击第一连"，留在柳河一带开展活动；出于建立抗日统一战线的考虑，让苏剑飞的南满游击营继续打非党抗日武装的旗号，留在海龙一带开辟游击区。又将独立师政治部主任宋铁岩派到这支队伍里任政治委员，加强政治思想工作。

但是，杨靖宇大张旗鼓地南进的目的并没有马上达到。一方面，独立师一团和少年营仍在磐石境内战斗；另一方面，日伪军还在大量围歼那里的非党抗日武装。因此，独立师跳出敌人的包围圈后，并没有很快将"讨伐"磐石地区的日伪军吸引过来，他也就无法按原计划重返磐石，捕捉战机，在打击敌人的同时保卫那里的根据地。但敌人没有马上追过来也给了他新的机会，杨靖宇审时度势，果断决定改变原计划，就地在柳河、通化间展开作战活动，先打敌伪重要据点三源浦，再打另一个重要据点孤山子，扫清这一地区的敌伪武装，开辟新的抗日游击区和根据地。

驻守三源浦一带的是伪军混成第六旅所部独立第三营。旅长邵本良出身绿林，干了 20 多年土匪，后摇身一变官至东北军上校团长。九一八事变后随原东边道镇守使于芷山投敌，是一个铁杆汉奸。因其生性凶残且死心效敌，日军对其青睐有加，被授予东边道"讨伐"司令，少将军衔。邵旅装备极好，"日人收他过去的杂枪，换上清一色的三八式步枪、黄呢军衣，不灵便的子弹带换了皮盒"❻，包括官兵的月薪几乎比肩溥仪卫队"护军"。

提起邵本良，南满人民没有一个不咬牙切齿："我要是说谎，出门碰上邵本良。"东边道的老百姓常拿这句话发誓。他诡计多端，比日本鬼子还狡猾。日本鬼子虽然枪好、炮多，有"武士道精神"，但打山地游击战不行。抗日游击队员们瞧了个机会狠狠地揍日本鬼子一顿，往原始大森林里一钻，日本人就找不着了。邵本良可不同，他是钻山林的老手。他的兵多是土匪出身，每人一把刀，一进林子就砍路标，怎么转也迷不了方向，终能找到路。冬天下了雪，游击队员跟日本鬼子打完仗，钻进林子，把雪地上的脚印一扫，鬼子就跟踪不上了。可是，这办法同样也迷不住邵本良，抗日军就是把脚印扫掉，他还会找上来。邵本良凭借装备精良，有日本人做后台，在东边道地区无恶不作，因其据有三源、凉水河子、孤山子等军事据点，并派有重兵防守，所以，从抗日人民革命独立师直到抗日联军第一军和他斗了3年多，才最后把他消灭掉。其他小股的义勇军都不敢轻易和邵本良开战。

杨靖宇刚刚过江，就碰上了一个狡猾的对手。

在伪军军官圈子里，邵本良被称为"智多星"。这不，听说杨靖宇的队伍过了辉发江，邵本良一点儿也不着急。相反，他还觉得他在日本主子跟前立功的机会到了。

邵本良火速逆着杨靖宇南下的方向派出了几名"探子"。"探子"将他们探听到的杨靖宇就要东取凉水河子的消息带回来告诉了邵本良。

邵本良这会儿正在宴请日本指导官英俊志雄吃早饭。他刚从三源浦出来，回到县城，稳坐军中帐，自以为高枕无忧，全然不知杨靖宇已率军到达柳河县境6天了。

"旅长！旅长！不好了！"这时情报探子冲进屋子大喊道："杨靖宇大兵开到了柳河县境，据……据说今晚就来攻。"

"好哇，这个杨什么真想在太岁头上动土啊？"邵本良生气地说。他命令传信兵火速回三源浦老窝："留九连和警察中队驻守，其他都调出来，支援凉水河子的弟兄们去。"

殊不知，自负的邵本良遇到了"打猎高手"，中了杨靖宇的声东击西
之计。

原来，杨靖宇跟李红光、曹国安一起商量如何打赢这场仗。柳河县凉水
河子、三源浦是邵本良的心腹之处，凉水河子相对薄弱。最后3人一致同意
兵分两路，一路奔柳河县凉水河子，一路开向三源浦。先打凉水河子，这样
邵本良一定会带兵出来援救，可乘机攻下三源浦。

第二天早上　独立师沿着蜿蜒的龙岗，开进了柳河县老鹰沟。到了第七
天，杨靖宇、李红光、曹国安带着300名战士向三源浦快速挺进。王仁斋带
着300名战士从海柳向柳河县凉水河子进发。

1933年12月10日，杨靖宇得知三源浦敌混成第六旅第七团大部都已
调出后，率领独立师200多人在晚6时许突然向三源浦发起进攻，镇内敌兵
乱成一团。经激战，敌军溃散，三源浦即被独立师占领。

战斗中，击毙了正在此地的日本驻通化领事馆总稽查及3名汉奸，俘虏
伪军20余名。捣毁伪满铁路工程局和当地伪警察署，焚烧伪满军营房10余
间，马厩多间，缴获棉被、冬装及其他军需物资，解决了部队冬季给养和群
众的食盐问题。

东北人民革命军第一军独立师占领三源浦镇后，沿街张贴许多抗日反满
标语、布告，并召开群众大会宣传共产党的政策，阐明人民革命军抗日救
国、收复失地、不当亡国奴的宗旨，受到群众拥护。

再说邵本良听到杨靖宇围攻凉水河子的消息后，飞身上马，亲带200多
骑兵朝离柳河县城百里的凉水河子奔去。他哪里知道，自己正中了杨靖宇的
"调狗离窝"之计。

疾驰了一个多小时，总算赶到了凉水河子老窝附近，迎面遇到了凉水河
子据点的守军中队长。那家伙滚下马来，上气不接下气地叫道："旅……旅
长，三源浦来电话，那里被杨靖宇包围了，快派兵！……"

邵本良气得直发抖，半天说不出一句话，急忙掉转马头，又朝着来时的

路奔回。经过近一个小时的飞奔，邵本良带着他的骑兵终于赶到了三源浦。一到地方，邵本良呆住了，满眼望见的是伪军的尸体，一地的断臂残肢，未灭的硝烟，熊熊燃烧的营房；听到的是伤员的呻吟声、痛苦的叫喊声……

此时，杨靖宇又带着队伍折回凉水河子和王仁斋会师。

那邵本良起初盛气凌人，不可一世，结果被杨靖宇牵着鼻子走，"人不下鞍，马不停蹄"，顾头不顾尾，两头没了命。等他明白过来，凉水河子、三源浦早已成了一片废墟。邵本良气得像死了亲爹一样，浑身直抖，差点晕过去。无奈之下，他只得再率200多疲惫不堪的骑兵返回柳河县城。

老窝被掏，凉水河子后勤基地被毁，他大丢脸面，急于报复。这天，邵本良的探子再次得知杨靖宇要二攻凉水河子，老谋深算的邵本良汲取了调虎离山的教训，只令凉水河子守敌坚守，并派部分兵力驰援守敌，自己坚守柳河县城坐镇指挥。

不料，兵不厌诈，杨靖宇再施声东击西之计，先在凉水河子城外虚晃一枪，又分兵佯攻柞木台子。弄得邵本良将信将疑，不知如何办才好，只得令各处守军加紧防范。

在邵本良犹豫不决之际，杨靖宇会合从海龙赶来的苏剑飞游击营，突然向东方急进，兵临东边道重镇八道江。

八道江是通化、临江、濛江、金川、柳河诸县的交通要冲，街长7华里，有伪军两个连防守，筑有大小炮台多座。1934年1月17日夜晚，杨靖宇和当地义勇军多部兵分三路向该镇发起攻击。伪军发现时，满街都是左臂缠着白毛巾的抗日军了。只是因为镇内炮台坚固，抗日军没有重武器，炮台内的敌人才没有被彻底消灭。天亮时，杨靖宇果断命令各部撤出，向西回师小荒沟。

这一仗尽管打得不甚理想，缴获也不多，但是我军进攻八道江使敌人受到了极大震撼。

八道江战斗后，邵本良仍咬着独立师不放，8天同独立师打了4仗。结果是什么也没捞着，又死伤五六十人。向来十分狂傲的邵本良被打得蔫头耷脑，悻悻地不得不承认："我就够鬼的了，红军的杨司令比我还鬼！" **7**

杨靖宇当选中华苏维埃"二大"中央执委，东北人民革命军第一军成立

东边道连环战之后，一则迫于日伪军的压力，二则因为与独立师联合作战有许多"便宜"，很短时间内，就有十几支抗日山林队从江北来到江南，聚集在杨靖宇周围。南满地区第一次真正出现了实现《一·二六指示信》中要求的建立党领导下的抗日统一战线的新形势。

1934年2月21日，独立师在濛江县三岔子附近城墙砬子（今属珲江市）召集附近17支部队参加抗日义勇军代表会议，在6天的会议上，所有人一致同意在南满成立一个新的"抗日军联合总指挥部"，参加这一抗日联合军的武装力量共5000余人，约占当时南满一带抗日部队的一半以上。这是第一个完全由中国共产党创建和领导、在广泛统一战线基础上建立的抗日领导机构。也正是从这天起，"东北抗日联军"这个英雄的名字在白山黑水间传播开来。

大会通过了杨靖宇起草的《成立宣言》。《成立宣言》承认"东北人民革命军第一军的斗争纲领即是联合军的斗争纲领"，还特别加上三条：一、参加联合指挥部的各队，如有勾结敌人及叛变等情，一经察觉，得由总指挥部下令解除其武装，军法从事；二、在各队游击区内，反日群众和反日工作人员不得任意进行工作，并给予保护；三、允许并帮助反日群众开展反日斗争。

会议决定除东北人民革命军第一军独立师外，其余抗日军分编为8个支队和一些直属游击连，分别由各队队头任支队长和连长，并划分了游击区域。会议投票选举杨靖宇为总指挥，隋长青（老长青）为副总指挥，参

谋长李红光，政治部主任宋铁岩，外交委员为赵思明（报号"赵参谋长"），其他队头则被选为参谋和委员。从这一天起，杨靖宇成了东边道地区众多抗日武装的"杨司令"，东边道的广大山林从此真正成了独立师的天下。第一军独立师在江南站稳了脚跟，事实上成为南满反日武装力量的骨干与核心，实现了中国共产党对于南满抗日部队的领导。此后，独立师四处袭击敌军，屡获胜利。1944 年，由日本人撰写的《满洲国治安小史》写道："满洲事变后，在磐石附近活动的中国共产党县委组织了武装游击队，并称为红军。到大同二年（1933 年）9 月，成为全满之首的东北人民革命军第一军，军长杨靖宇，南下侵入奉天省内之金川、柳河、清原各县。康德元年（1934 年）春，第一军杨靖宇则侵入兴京（今新宾）、本溪、清源等境，其势渐次扩大。"**8**

　　正当杨靖宇率部驰骋作战之际，1934 年 1 月，中华苏维埃第二次全国代表大会庄严召开，毛泽东作了开幕词、工作报告。会议期间，毛泽东还接见了满洲省委参会代表何成湘（时任满洲省委代书记），听取了关于东北抗日斗争的汇报。毛泽东还以"二苏大"主席身份向东北人民革命军义勇军发去慰问电。2 月 1 日，中华苏维埃"二大"选举产生了第二届中华苏维埃中央执行委员会，毛泽东再次当选执行委员会主席，杨靖宇以化名张贯一当选为委员，成为唯一担任中华苏维埃中央执委的东北抗日联军主要领导人。大会结束后，何成湘返回东北，传达了会议精神和杨靖宇当选中华苏维埃中央执委的消息，极大地振奋了东北人民的抗日斗志。**9**

　　为传达贯彻中华苏维埃"二大"精神和加强党的领导，1934 年 11 月，杨靖宇以省委代表身份，主持召开中共南满地区党的第一次代表大会，建立了中共南满临时特委组织，由李东光任特委书记，杨靖宇任特委常委，并于 11 月 7 日正式成立东北人民革命军第一军，杨靖宇任军长兼政治委员，下辖两个师和一个教导团。第一师师长兼政治委员李红光，辖第三、第五、第六团；第二师师长兼政治委员曹国安，辖第七、第八、第九团。第一师在临江、通化、柳河、兴京一带开展游击活动。第二师在濛江、金川、抚松、海龙、伊通、东丰等地开展游击活动。从东北人民革命军第一军独立师创建到第一军成立，再到 1934 年底，杨靖宇率部多次与日伪军正规军作战，仅独立师第一团作战就达 33 次以上，总共毙伤敌军 122 人、俘日军 1 人，缴获枪支弹药与战马军服甚多。杨靖宇领导下抗日武装队伍成为南满抗战的中流砥柱和雄兵劲旅。

1934 年冬，第一军军部在临江县以东的红土崖击溃伪满军一个骑兵连，并用缴获的枪支和马匹装备了教导团。在此期间，第一师师长李红光乘鸭绿江封冻之机，率领一支百余人的队伍，奇袭了日军侵占的朝鲜境内的界河城，缴获了日本警察 50 余支枪和大量弹药、军需物资。李红光借此机会向朝鲜人民宣讲中朝人民并肩战斗打击日军的道理，扩大了东北人民革命军的影响。第二天，李红光率第一师返回我国境内。

1935 年 3 月，杨靖宇率教导团和第一师西越过柳河至通化间的铁路，进至兴京（今新宾）、安东（今丹东）、桓仁一带开展游击活动，并将教导团编成骑兵教导团，利用骑兵的机动性到处袭击敌人，开辟了清原、新宾、桓仁等游击区。同年 5 月，日伪军对新宾、桓仁等地进行"讨伐"，形势恶化，杨靖宇即率部东返临江。第一师师长李红光在新宾县以东老岭与日伪军 200 余人遭遇　激战中，李红光不幸胸部负伤，抢救无效而光荣牺牲，年仅 26 岁。不久，代师长韩浩也在一次战斗中牺牲，第一师师长由程斌继任。

1935 年 2 月以前，在杨靖宇率部深入新宾、桓仁活动期间，第一军第二师在师长曹国安的率领下，主要活动在濛江一带，而后转战在抚松、桦甸境内，并与当地的其他抗日武装建立了共同指挥机关。3 月，部队袭击了日军驻守的桦甸境内采金的老金场和抚松县的万良镇。4 月以后，第二师转战于江北的磐石、双阳、伊通、西安（今辽源）、东丰、西丰、海龙、桦甸、抚松、濛江、永吉等广大地区，牵制了日伪军"讨伐"队的力量，掩护了军部和第一师的南进活动。

1935 年 6 月，人民革命军第一军根据中共南满特委的指示，仍以第二师在磐石一带坚持斗争，第一师向辑安开辟新区，军部率教导团（原骑兵教导团又改为步兵教导团）在第一、第二师活动区域内进行机动作战。部队先后取得了柳河县黑石头沟、黑瞎子沟等伏击战的胜利。

1935 年 9 月，第一军与东满第二军一部会师于濛江县那尔轰，南满与东满游击区取得了联系。这时，第一军兵力已达 2000 余人，另有地方武装 2000 人。抗日游击区由原来吉林省磐石等 8 个县境，扩展至辽宁省以金川、柳河、通化为中心的 20 余县范围：西及宽甸、本溪，威胁沈阳；南至辑安、临江，直达中朝边境。游击根据地内建有农民协会、反日会等各种抗日群众组织和自卫武装，中心区建立了基层抗日政权，还开展了一些经济工作。南满抗日游击区已经成为东北抗日武装斗争的重心之一。

杨靖宇千里奔袭破"讨伐"

随着东北人民革命军的迅速发展壮大，日本侵略者感到寝食不安。关东军制定了《东边道特别治安工作实施要纲》，从 9 月 1 日起，由奉天驻屯军司令官三毛少将统一指挥，本间浅野、川村、板津、胁板、岩永等日军支队在伪军配合下，开始对东边道的抗日军民进行"协力围剿"。

节令已是秋后，抗日军民可以利用的"青纱帐"消失了。随之来临的严冬，会给游击战士带来行动和生存的严重困难。敌人想在秋冬两季将抗日武装一举"扫荡净尽"。

1935 年秋，人民革命军第一军的后方基地河里根据地已成了敌人的重点"讨伐"地区。第一军司令部所在地临江板石沟周围，每一座村庄、每一条要道口都密密麻麻地驻满了日伪军。

杨靖宇面对的第一个问题是如何出山。

为突破敌人重围，重新掌握战争的主动，杨靖宇决定先给敌人一个"声东击西"。8 月中旬，杨靖宇率军部教导团 150 人开始行动。他不走大路，专走林间小路，穿山越岭，向西行进，进入柳河境内，寻找敌人包围圈的薄弱地点。20 日，杨靖宇突然率部向驻守柳河黑石头大道的伪军 300 余人发起了猛攻。我军指战员从山林中冲出，与敌人展开了一场气壮山河的白刃战，一次毙伤敌人 60 余名，俘虏 10 余名，缴枪 150 支、迫击炮 1 门，胜利突出重围。

柳河一战过后，杨靖宇早已料到敌人肯定会大兵云集柳河"围堵"我军，西进一段路后，突然掉头向东，重回出发地，寻找出山的机会。敌人发现杨靖宇在柳河"破'了他们的包围圈，大为惊慌，急令万余"讨伐"大军西移，给我军留下了一个"裂口"。杨靖宇再次悄悄出发，一路东南，穿越莽莽苍苍的长白山密林，大踏步行进数百公里，离开河里山区，进入通化、珲江境内，将敌人的"讨伐"大军全部甩在身后。

10 月中旬，杨靖宇开始实行他调动敌人、为河里根据地解围的计划。他将军部教导团一分为二，一部以急行军速度向东直插，进至位于中朝边境的辑安，突然攻克防御松懈的敌伪据点榆树林子，毙伤俘敌 20 多人，缴获步枪 25 支和一大批棉布，解决了部队的冬装。他自己率领少数部队西进桓仁，找到了失利的第一师部队，与其合兵一处。不久，东出辑安的部队按照他的命令，有意"暴露"第一军军部的番号，然后火速赶至桓仁，与第一师部队会合。然后，杨靖宇让部队休息，派出许多侦察员严密监视敌人的动静。

杨靖宇先是在柳河"突出"了重围，然后又突然出现在几百里外的辑安，让负责前线指挥大"讨伐"的伪第一军管区司令官于芷山一时如堕五里雾中。但于芷山毕竟是杨靖宇的老对手了，冷静下来后，他突然意识到这是杨靖宇的分兵骚扰之计，目的是要借此弄昏他的头脑。这两处出现的杨靖宇都可能不是真的杨靖宇，而只是杨靖宇派出的小部队，真的杨靖宇仍在日军的重围之中。他决心对这两处出现的"杨靖宇部队"置之不理，"以静制动"，看看杨靖宇"还会耍什么花招"。

于芷山的"老谋深算"让杨靖宇颇感意外，但他很快就发现了更大战机：为进行这次大"讨伐"，伪奉天军全部出动，整个辽南地区防御空虚。于芷山做梦也不会想到，杨靖宇敢于远离自己的根据地，向千里之外的辽南地区进行长途"游击"。然而，他想不到的事情正是杨靖宇要做的事情！杨靖宇当下决定：率部向敌人大后方长途出击！你打我的后方，我也打你的后方！

11月初的一天，纷纷扬扬的大雪把南满大地装点得如同粉妆玉砌。呵气成霜的寒冷提示着人们，1935年剩下的日子不多了。

11月下旬，杨靖宇率领军部教导团和第一师一部出发，一路专拣山路、险路、小路行进，昼夜兼程，大踏步地向南跃进了200公里，进入宽甸境内，很快就联系上了当地的一些抗日山林队，组成了一支500余人的队伍，于28日白天突然攻下了距河里已有千里之遥的宽甸县步达远街。该镇是进入辽东半岛的门户，距离敌伪统治的心脏城市之一的奉天也不过数百里，杨靖宇的突然出现，立即引起了整个南满震动。大连、奉天等地的日伪政权紧急询问奉天的于芷山，刚刚打下步达远街的是不是杨靖宇？如果真是杨靖宇，奉天军将采取何种措施？于芷山接到所有这些询问和报告，急得热汗直流，面呈菜色，急调驻防奉天的伪军前去"讨伐"。此时，他不能不相信这支千里南下的抗日军就是杨靖宇的部队了。**10**

这时，杨靖宇正站在步达远街头，向群众进行抗日宣传。他说：同胞们，我就是杨靖宇，共产党领导的东北人民革命军第一军就要分兵西进和南下，解放辽东半岛，光复沈阳！群众一片欢呼声。

开完群众抗日大会，杨靖宇率部"南下"，一路急行，给当地的汉奸造成了一种他真要南下辽东半岛的强烈迹象。汉奸们立马将事情报告给奉天和大连，于芷山和大连日军空前紧张起来。

杨靖宇南进了数十里，突然掉头进入山林，折向西北，两天一夜行进了

300 里，悄悄到达本溪城外。12 月底的一天深夜，第一军远征部队联合当地
的多支山林队对本溪郊外的日本碱厂发起了突袭。一时间，本溪城里城外枪
声响成一片。本溪是辽东重镇，与奉天近在咫尺，奉天的城防军已被于芷山
派往辽南，城中除了伪警察就再没有了别的兵力。于芷山再也"镇静"不下
去了，杨靖宇敢打本溪，就有可能出奇兵突袭奉天！他当即急令"讨伐"东
边道的敌军回师辽南、本溪、奉天各地，部署防御，不让杨靖宇再"有机可
乘"。至此，伪奉天、安东两省 1935 年度的秋季"大讨伐"再次以失败告终。
1936 年 1 月上旬，杨靖宇率部胜利返回河里根据地。

　　从 1935 年的 8 月到 12 月，不到 5 个月内，杨靖宇孤军南征，在敌人统
治严密的地区迂回行军两千多里，东至中朝边境，南到辽南，西到本溪，到
处开花，创造了东北抗日游击战争史上极为光辉的战例。

　　1935 年冬天，在磐西、西安、东丰一带坚持斗争的第二师也取得了很
多胜利。11 月 24 日夜，第二师一部和少年连由新任参谋长丁水龙带领，从
东丰大兴川茅草沟远道奔袭营城子伪军第十大团机枪连，将十余名守敌全部
活捉，打开枪械库，缴获重机枪 2 挺，步、手枪 17 支，子弹万余发，以及
许多军服。第二师另一部由第八团团长李永浩带领，转战桦甸、濛江、抚
松，牵制了数量众多的敌人，减轻了军部、第一师和第二师江南部队的压
力。第二师师长曹国安 8 月回到江北后，带回了军部协助组建的一个警卫
连，全师由过去的 100 多人扩充到 300 余人。1936 年 1 月，杨靖宇胜利返
回河里根据地时，第一军的部队在第一次独自应对了日伪军 1935 年秋季"大
讨伐"之后，全军总人数达到了创纪录的 1600 人。

　　1936 年 2 月到 4 月，是敌人"讨伐"失败后的短暂休整期。杨靖宇率
部队稍加休整，便向分散盘踞在我新老游击区内的敌人发起了一连串反攻。
其间作战 11 次，歼灭日伪军 440 余人。

　　杨靖宇再一次亲自对付他的老对手邵本良。

2月17日晨，杨靖宇率军部教导团300余人，突然袭击了邵本良设在通化县热水河子的伪团部，活捉伪副团长以下日伪军警人员60人，邵本良因当晚不在团部而侥幸逃脱。4月5日，杨靖宇率军部教导团和第一师一部400人，在中朝边境附近的辑安二道崴子设伏，经15分钟激战，歼灭伪奉天骑兵教导团一部，打死10余人，其中日本教官1名，俘虏50余人，缴长短枪60支，战马30余匹。日伪军一时调集千余人，由伪第一军管区参谋长满良、日本顾问武田坐飞机指挥，对我军实施跟踪包围。4月9日，杨靖宇率部在辑安头道阳岔展开突围战，歼敌50人。

突围后他战意尤浓，又于4月15日一天之内连续袭击辑安台上、花甸子两个伪警察所，消灭敌人数十名。敌人紧紧追来，杨靖宇南下复又西进，在通化、桓仁、本溪、兴京、宽甸的广大区域里，或进或退，牵着敌人团团打转。

4月30日，杨靖宇根据情报，集合军部教导团和第一师部队共500余人，在本溪梨树甸子沟一个叫夹硼子的地方设下伏兵，派出小部队装成伤兵的样子，引诱一路追来的邵本良两个营前来。邵本良再次中计，率1个营的伪军外加1个炮兵中队进了夹硼子沟。杨靖宇命令："开火！"日本顾问英俊先被击毙，伪军百余人被打死，邵本良脚部负重伤，再次侥幸逃脱。杨靖宇终于又一次摆脱敌人追击，回到了河里根据地。

杨靖宇虽然没有最后消灭邵本良本人，但是这个铁杆汉奸的下场仍然十分悲惨。邵本良根本没有想到，由于他与杨靖宇作战连战连败，日本人早就怀疑他与抗日军"勾结"。夹硼子之战后，邵本良到奉天养伤，日本宪兵大佐下山奉命来到医院，向日本医生下令将其毒死。这个民族败类就这样结束了可耻的一生。

在杨靖宇率队连击邵本良之际，第一军的其他部队也展开了战斗。一师部队还乘夜袭击了本溪火车站，击毙敌人十余名，缴获步枪十余支和大批军需物资。活动在辉发江南的第一军军部和第一师师部遥相呼应，积极开展游击活动。同年 2 月，第一军第二师曾与第二军第二团在桦甸会全栈和 200 名日军激战，歼敌 50 余名。

日寇三毛少将在 1935 年秋冬组织的"协力围剿"，没有把杨靖宇统率的人民革命军第一军削弱，更谈不上摧垮。相反，杨靖宇运用灵活机动的游击战术，成功地冲破了敌人的"围剿"。第一军同日伪军斗智斗勇的结果，是敌人屡次受挫，我军日益壮大。到 1935 年底，第一军不仅人员增加到 1600 多人，武器装备也明显改善：连发的机枪多了，还有了一些小火炮，百分之八十的战士挎上了新式盖子枪（日本三八式步枪）。

注　释

1. 陈瑞云、张留学、宋世章：《杨靖宇将军传》，河南人民出版社 1986 年版，第 56—57 页。

2. 陈瑞云、张留学、宋世章：《杨靖宇将军传》，河南人民出版社 1986 年版，第 56—57 页。

3. 陈瑞云、张留学、宋世章：《杨靖宇将军传》，河南人民出版社 1986 年版，第 56—57 页。

4. 赵俊清：《杨靖宇传》，黑龙江人民出版社 2004 年版，第 56 页。

5. 《杨靖宇传》编委会：《杨靖宇传》，当代中国出版社 2016 年版，第 83 页。

6. 中共吉林省委党史研究室、吉林省东北抗日联军研究基金会编：《韩光党史工作文集》，中央文献出版社 1997 年版，第 466 页。

7. 陈瑞云、张留学、宋世章：《杨靖宇将军传》，河南人民出版社 1986 年版，第 100 页。

8. 转引自《杨靖宇传》编委会：《杨靖宇传》，当代中国出版社 2016 年版，第 123 页。

9. 《杨靖宇传》编委会：《杨靖宇传》，当代中国出版社 2016 年版，第 125 页。

10. 朱秀海：《东北抗联征战纪实》，解放军文艺出版社 1995 年版，第 126 页。

第 七 章

屡历"讨伐" 人民革命军第二军东满转战

　　童长荣领导东满夺枪，游击队"四小龙"建立——破"讨伐"童长荣血洒东满，人民革命军第二军独立师组建——王德泰率部远征战安图，打出新游击区——"左祸"降临，魏拯民东满拨乱——西征传捷报，独立师组建为人民革命军第二军——第二、第五军会师组建西部派遣队——日伪再"讨伐"，东满抗日形势陷低潮

童长荣领导东满夺枪，游击队"四小龙"建立

　　就在杨靖宇在南满节节胜利之时，童长荣在东满领导夺枪的斗争也进入高潮。

　　东满地区，主要是指吉林省东边的延边地区。包括延吉、珲春、和龙、汪清等县（今吉林省延边地区），它位于美丽富饶的长白山区，东临苏联，南隔图们江与朝鲜相望，境内群峰竞峙，河川纵横，山清水秀，土肥物丰。

　　早在1928年东满地区就有我党的活动，到1931年，党员人数发展到1000多人。东满各族人民在中国共产党的领导下，革命斗争风起云涌。1931年秋，东满地区各县农民在中共东满特委领导下，开展了反对日本帝国主义及其走狗、争取实现"四六"或"三七"减租法的秋收斗争。特别是延吉县农民运动开展得最为激烈。当时敌人的《间岛日报》也不得不承认，延吉县农民参加反对剥削压迫的减租减息斗争总人数达万人以上。革命的群

众运动打击了敌人，教育了人民，群众认识到只有团结起来进行斗争，才能获得自身的解放。

九一八事变后，东满同整个东北地区一样，曾掀起民众抗日救国斗争的热潮。但是，由于蒋介石采取不抵抗政策，祖国东北大好河山迅速沦陷，东北民众陷入水深火热之中。

为了加强党的领导，广泛发动民众，掀起抗日救国斗争的新高潮，中共满洲省委遵照党中央的指示，号召全党要站在抗日斗争的最前线，组织民众抗日救国。满洲省委指派童长荣到斗争比较尖锐、环境比较艰苦的东满地区担任东满特委书记，领导东满人民开展抗日武装斗争。

童长荣，字灿华，1907 年 11 月出生于安徽省枞阳县一个贫民家庭。1925 年 7 月，童长荣东渡日本，考入东京帝国大学第一高等学校。赴日留学不久，即 1925 年下半年，光荣地加入了中国共产党，并成为中共东京特别支部负责人之一，领导留日学生和爱国华侨进行反帝爱国斗争。

1928 年秋，童长荣离日回国。当时，第一次国内革命战争已经失败，蒋介石血腥的白色恐怖笼罩全国，革命形势暂时转入低潮。童长荣按照党的指示，不避艰险，活动在上海、南京、江苏、浙江、安徽、河南等地，进行恢复组织、争取群众的工作，准备迎接革命新高潮的到来。据夏衍回忆，童长荣那时担任中共沪中区委书记，他有很好的文学修养，写过一些散文、短篇小说和诗歌，用笔名发表在太阳社等刊物上。后来他参加了"左联"的发起工作，由于他担负着党的秘密工作，所以没有列入发起人的名单。"左联"成立后不久，因为革命工作需要，他离开上海，奉党的调配，到河南工作，担任中共河南省委书记。

可以说，童长荣出身科班，秀才气质。然而，正是这样一个文人学士又是身患严重肺病之人，在国家山河破碎、民族生死存亡之际，为了革命事业的需要，毫不顾及个人的一切，坚决服从党的调遣，毅然决然地走上抗日最前线，投入新的战斗，成为中华民族的优秀儿女。

九一八事变后，特别是进入 1932 年以后，随着反日斗争形势的发展，东满地区已具备了党创建抗日武装的有利条件。既有较广泛的群众基础和一定数量的骨干，又有土地革命时期创建小型游击队的经验，而且还有人数较多的抗日义勇军作为同盟军与之配合。在这些有利条件下，中共满洲省委及在东满地区的各级党组织，在支持和援助抗日义勇军进行抗日武装斗争的同时，也着手创建党直接领导的人民抗日武装。1932 年初，中共中央出版的《红旗》报上发表了周恩来以"伍豪"为笔名写的文章《用民族革命战争来反对日本帝国主义》，提出要发动抗日游击战争。当时中共中央驻满洲省委代表兼满洲省委书记罗登贤认真贯彻这一精神，指示东北各地党组织创建在共产党直接领导下的红色抗日游击队。1932 年 2 月，中共满洲省委又在给东满特委的工作指示中提出："发动游击战争是东满目前的主要任务"，要求东满党组织要"在游击战争中和群众斗争中创立和发展真正的游击队组织"，不仅在数量上要扩大、发展，还要注意组织上的健全和成分的改善。为此，要建立"党对武装的坚强领导"，"夺取敌人武装"，"武装群众"，加强游击队政治、军事的教育工作。[1] 根据满洲省委的指示，东满特委于当年 4 月再一次向所属各县委提出建立抗日游击队的要求。当年 12 月中旬，中共东满特委在瓮声砬子（明月沟）召开有延、和、汪、珲各县委负责人参加的党团积极分子会议，也明确向东满各县党组织提出"建立反日武装队伍，开展游击斗争"的任务。[2]

1931 年 12 月，童长荣到东满后不久，便在延吉县拥声砬子（现在安图县明月沟山区）召开了东满各县党团员积极分子会议，参加的有 40 多人。会议开了 10 天，主要讨论如何在东满地区加强党的领导，发动和组织农民运动，运用各种形式，利用各种武器，武装民众，建立抗日游击队和抗日游击根据地等问题。这次会议使东满党团积极分子振奋了精神，坚定了信心，为我党在东满地区创建抗日武装，建立抗日游击根据地，掀起抗日救国斗争新高潮奠定了思想基础。

　　为了贯彻党的指示，进一步发动群众，童长荣和东满特委其他同志深入基层，在秋收斗争胜利的基础上，于 1932 年春开展了更大规模的反春荒斗争。革命斗争的烈火迅速燃遍东满各县。东满特委为了充分发动群众，激发群众的政治觉悟，在斗争中提出了"向地主借粮度荒""反对日军出兵东北""夺取敌人武器，开展武装斗争"等政治口号，把农民运动引向深入。经过这次斗争，人民群众进一步团结在党的周围，出现了民众自卫武装组织，为东满地区建立抗日游击队创造了有利条件。

　　童长荣虽然身患重病，但是为革命的大好形势所鼓舞，仍经常奔走在延吉、和龙、珲春、汪清等县，一方面深入发动群众，整建地方革命组织，另一方面着手组建党领导下的人民抗日武装队伍。在他卓有成效的领导下，当地"赤卫队""别动队""突击队"等半军事性的民众武装组织，在革命斗争中纷纷建立。

　　然而，要真正建立抗日游击队，单凭手里的棍棒和大刀长矛是对付不了装备着现代武器的敌人的。部队需要的枪和子弹从哪里来？童长荣和东满特委其他负责人深入各县，召开党团员和民众积极分子会议，贯彻拥声硿子会议精神，具体落实夺枪计划。

　　"同志们，我们过去一年多的时间里搞了不少的暴动，但为何总会失败呢？为什么诸多同志在斗争中牺牲了？"

　　"一个重要的原因就是敌人手里有枪，而我们赤手空拳和敌人搏斗，最多只有梭镖和大刀，这是绝对不行的！今后，无论是为了反对日本帝国主义的侵略，还是要'闹红'，打土豪分田地，没有枪都是不能取得成功的。"

　　"我建议，东满特委从今后必须认真对待这个问题，迅速开展夺枪运动，建立武装游击队，把我们的力量真正强大起来。"

　　童长荣一番掷地有声的话，获得了大家的积极拥护。大家觉得一个外表文静，甚至有些虚弱的秀才，真正干起大事来，看得准，下起决心来十分果断有力。大家在心里头暗暗地对这个在日本东京帝国大学喝过洋墨水的特委书记挑起了大拇指，觉得今后的斗争有了主心骨。[3]

于是，在东满五县（延吉、汪清、安图、珲春、和龙）党组织领导下的赤卫队、突击队、别动队的夺枪活动全面展开，抗日武装斗争的风雷开始在东满大地上隆隆滚动。

珲春县委首开夺枪、创建游击队的先声。

1932年1月，在中共珲春县委领导下成立了"军事准备委员会"，同时，在大荒沟的头道岭建立了一支别动队。队长姜锡焕，政委方铁山，队员15名，武器简陋，只有几支土枪和猎枪。为了改善武器装备，十余名队员化装成农民，闯进大荒沟公安局，缴枪十多支。不久，又与反日部队一起在头道沟附近袭击敌人运输汽车，缴获一批面粉、大米和其他物资。此后，他们便集中在山上对别动队员及赤卫队员、少先队员秘密进行军事训练。

同年3月，中共珲春县委又在烟筒砬子西沟成立了一支突击队，队长姜一武，队员20人。这支突击队成立后，为扩充队伍和夺取武器，积极开展打哨卡、袭击伪自卫团的斗争。先后共夺得武器多件。6月，以突击队为基础在烟筒砬子西沟建立了岭南游击队，队长姜一武，政委林青，有队员30余名。

同年7月，党团员在吉林王玉振国民救国军第十三团积极开展统战工作，得到救国军支援的14支步枪，以此为基础建立了一支武装。不久，这支武装与别动队合并，在大荒沟组成岭北游击队，队长姜锡焕，政委朴斗南，队员30余名。

岭南、岭北两支游击队成立后，积极开展对敌斗争。7月，袭击板石石头河子日人畜牧场，夺牛160头。8月，伏击"讨伐"烟筒砬子的日伪军，歼敌十余人。9月，与吉林国民救国军王玉振部之孔连长部联合攻打珲春县城。10月，袭击太阳村伪自卫团，缴枪17支。

同年10月，救国军领导人王玉振率队降日，该部第十三团连长孔宪琛则率部下16人携械加入珲春游击队。还有一些救国军士兵个别或小股加入游击队，从而扩大了游击队的力量。此外，游击队还在大荒沟的槟榔沟建立一所小型兵工厂，为游击队、赤卫队修理步枪、手枪，打制原始武器，制造土炸弹等。

1932 年 11 月，根据抗日斗争的需要，岭南、岭北两支抗日游击队合并为珲春县游击队，成立了两个游击大队：第一大队在大荒沟区，大队长孔宪琛，政委尹锡元，下设两个中队；第二大队在烟筒砬子区，大队长林青，政委崔斗星，下设两个中队。1933 年 2 月，吉林国民救国军吴义成部 60 人来到珲春县分水岭，准备过界去苏联，其中 30 余人不愿过界，辗转加入了珲春游击队。至此，珲春游击队拥有队员约 120 名、步枪 100 支。1933 年春，又成立了总队，总队长孔宪琛。

珲春抗日游击队主要由两部分人组成。这支队伍不仅人数较多，而且武器装备也较好，并有一定的作战经验，加上中共珲春县委对这支游击队加强了领导与政治教育工作，因此，它成了当时东满地区力量最强的一支共产党游击队。

与此同时，延吉县委也开始了成效显著的夺枪运动。

1932 年 2 月，延吉县依兰沟赤卫队以"借粮"为名，手持几杆土枪夜袭苇子沟地主孟家大院，夺取了 8 支长枪。这是延吉县委进行夺枪斗争的开始。3 月，这支队伍袭击春兴街巡政局，获枪 7 支。不久，他们又夹杂在大批"抢粮"的群众中间，突然一拥而上，强行解除了依兰沟伪自卫团和伪警察所的武装，得枪 11 支。4 月，县委掌握的另一支赤卫队即老头沟赤卫队，也在群众掩护下袭击当地伪警察署，缴枪 7 支。6 月，他们又突然冲进大马鹿一户亲日地主家的大套院里，缴枪 8 支。两支赤卫队用这些枪将自己武装起来，延吉县委第一次有了自己的枪杆子。此外，八道沟、三道湾、松林洞、烟集岗、局子街、花莲里等地的赤卫队、少先队也积极投入夺取武器的斗争。

县委不满足自己的收获，又把年轻的共产党员、党领导下的县反帝同盟组织部长王德泰叫来，派他打进山林队"长江好"，鼓动哗变，拉出一支队伍来。

王德泰，原籍山东，1908 年出生，小时候跟父母闯关东，读书不多，却志向远大，精明强悍。接受任务后，他换了一身破衣，进山投奔"长江好"，当了一名"匪众"。

一有空王德泰就一点点向"匪众"们灌输抗日思想。他慢慢地了解到，这些"匪众"大多是破了产、没有活路的农民，很多人是愿意抗日的。

几个月过去了，县委没得到王德泰的一点消息。年底，他却带着 20 多个决心抗日的"匪伴"，扛着 20 多杆好枪，来到了县委机关所在地依兰沟。[4]

在夺取武器的基础上，于 1932 年初夏，延吉县委分别建立了依兰沟区游击队和老头沟区游击队。依兰沟区游击队有队员 30 名，老头沟区游击队有队员 20 余名。两支游击队建立后，更加积极地开展抗日战斗。1932 年 6 月，偷袭依兰沟伪军营房；7 月，阻击小百草沟日军"讨伐队"，袭击桦尖子伪警察分署；8 月，联合反日部队袭击八道沟与铜佛寺，伏击瓮声砬子伪自卫团；9 月，袭击春兴街日军汽车，联合反日部队攻打九龙坪；等等。这些战斗都给敌人以几人、十几人乃至二十几人的杀伤，并缴获一些武器和其他物资。

除了夺取武器之外，延吉县的赤卫总队还根据斗争需要，于 1932 年夏在石人沟筹建了一所地下兵器修造厂，初冬时转移到王隅沟。这所小兵工厂虽然只有十余名技术工人，用手工操作，但却克服了重重困难，打制出一些刀、矛之类的原始武器，修理部分手枪和步枪，还试制出使敌人恐惧的"辣椒面炸弹"和威力较大的土炸弹"延吉炸弹"。这些武器在赤卫队、游击队夺取武装、扩大队伍的斗争中发挥了很好的作用。

但是，游击队在创建过程中并不是一帆风顺的。各地赤卫队、少先队在夺取武装斗争中时有伤亡出现，依兰沟、老头沟的游击队在斗争中都打过几次败仗。特别是 1932 年 9 月 7 日，30 多名游击队员在花莲里的柳亭村突遭日军守备队的围攻，有20余名队员牺牲，群众伤亡30余人。在县党委的领导下，游击队员们认真总结了经验教训，继续坚持战斗。当年秋冬，通过夜袭八道沟、阻击日伪军"讨伐"王隅沟等战斗，挫败了敌人，并使游击队获得新的发展，于当年冬正式成立延吉县游击队。1933年1月，花莲里的赤卫队30余人，为躲避敌人"讨伐"也来到依兰沟，编入延吉游击队。当月，延吉游击队扩大编制，正式成立了延吉县抗日游击大队，大队长朴东根，政委朴吉，有步枪60余支、手枪15支，其他土枪许多。队员130余名，大队下分3个中队，分别活动于烟集岗、八道沟、依兰沟、三道湾等地。成立后的延吉抗日游击队是东满各县游击队中人数最多、政治素质最好的一支人民抗日武装。党团员在游击队中占百分之八十以上，队员们英勇顽强的战斗精神较为突出。

眼见延吉县委夺枪运动搞得有声有色，汪清县委也不甘示弱，依靠突击队、赤卫队、少先队积极开展夺取武器、创建游击队的运动也很快见到成效。1932年初，中共东满特委派原延和中心县委军事部长金明均到汪清县委任军事部长。金明均到任后，与中共汪清县委的同志一起进行了创建党直接领导的抗日武装的准备工作。决定抽优秀的党团员和积极分子进行为期两个月的政治、军事训练。为了准备武器，汪清县委积极组织党团员开展夺枪斗争。同年2月，七八名赤工队员化装为救国军，闯进大坎子公安局，解除了伪警察武装，夺得枪械7支、子弹6袋。以此为基础于3月在小汪清成立了游击队，队长金哲，队员12名。同时，县委又派出李光等9名党团员骨干到王德林救国军吴义成部去参加战斗。吴义成把他们编为别动队，给他们一支手枪和一些麻尾手榴弹。不久，他们找到了过去朝鲜独立军埋起的5支手枪和一批子弹，武装了自己。

汪清游击队与汪清别动队成立后都十分活跃，经常袭击敌人，夺取武器，并密切配合、协同作战，获得了不少胜利。据统计，在同年四五月之后半年的时间内，先后与敌人作战达18次之多，除一两次失败外，其余都取得了胜利。1932年6月，别动队在牡丹池袭击敌人，夺得武器6件。7月，游击队袭击小马鹿沟伪军，俘敌5名，缴枪多支。之后，游击队与别动队一起伏击石岘伪自卫团，获得武器10余件。9月，游击队袭击大坎子警察分署，夺枪10余支。10月，别动队与游击队再次配合，在南蛤蟆塘伏击伪军1个排，毙伤敌20余名，缴枪13支。但是游击队长金哲在这次战斗中不幸牺牲。之后，游击队由继任队长李应万和政委金银植率领，继续与别动队相互配合，开展新的战斗。10月，袭击老松岭铁路警备队，俘敌多名。12月，在嘎呀河袭击伪军，毙伤敌人数十人。

1932年3月，年轻的朝鲜革命者金日成前往安图县明月沟建立抗日武装。4月，安图游击队成立。这支游击队后来与汪清游击队合并。11月，汪清别动队以及从宁安与安图转来的两支游击队与汪清游击队合并，多队合一正式编成大队。大队长梁成龙，下分3个中队。1933年初，汪清游击队有队员90余人，步枪、手枪80余支。在这支队伍中，工人与贫雇农出身的队员占绝大多数，而且领导骨干较强，并有一定的游击战争经验。因此，汪清游击队是一支战斗力较强的人民抗日武装。

和龙县委的抗日武装初则发展较慢，后则迅速壮大。

1932年3月，数名赤卫队员袭击了一家亲日地主，夺得步枪、手枪和土枪各1支。6月，一些赤卫队员与少先队员身穿孝服，以为故去的老人作祭日办理屠宰许可为由，闯进船口伪公安局，智取伪警察武器7件。7月，几名赤卫队员又偷袭白龙坪的海关，夺来手枪数支，海关服装多套，并在高石洞成立开山屯游击队（又名手枪队），队长蔡奎锡，正式队员7名。之后，又经过一些战斗，夺得枪械10余支，扩大了队伍，队员增至20余人。

在大砬子区，以赤卫队为基础，于1932年夏建立了一支游击队（又叫长枪队），队长金昌涉，人员逐步发展为20人，活动于金谷、龙岩、大砬子一带。当年秋，游击队在大砬子通往咸保路的路上伏击伪缉私队，击毙3人，得枪3支。不久，又在龙岩附近伏击6名伪自卫团，缴枪6支。同时，几名队员还在金谷村的鹰岩山的一个山洞里，办了一所小型兵工厂，为游击队修理枪械，制造一些土炸弹。

在平岗区，1932 年夏天以赤卫队为基础建立了一支游击队，队长金世，队员约 20 名，活跃于平岗、长仁江、头道沟一带，开展杀敌夺枪斗争。当年秋，他们先后到长仁江和头道沟袭击两家地主，夺得步枪、手枪与猎枪计 20 余支。随后，又在渔浪村伏击伪自卫团，杀伤敌军 20 余名。此外，在三道沟也有一支 10 余人的游击队，活动于牛腹洞、三道沟等地。

1932 年 12 月，按照县委指示，各区游击队陆续集中到渔浪村游击根据地，组成了和龙县游击中队，中队长金世（金亨杰）、政委金嫂（金炳洙），下分 2 个小队，队员约 40 人。在 12 月之前，和龙游击队的发展比较慢。但在成立游击中队后，由于加强了领导，加上游击队指战员的努力奋斗，游击队获得了较快的发展，到 1933 年春，队员增至 80 人，武器 50 余支，扩编为游击大队，大队长张承汉，副大队长金昌涉，下分 3 个小队，继续活动于平岗、三道沟、大碗子、开山屯等地。为了配合对敌斗争，游击队还成立了后勤部，并先后建起了被服厂、武器修理厂、炸弹制造厂、后方医院、大酱厂及粮食供应处等。至此，共产党领导下的东满抗日武装初具规模，一些叱咤风云的抗日英雄开始崭露头角。

有了枪，有了队伍，还要有能够保存和发展自己、消灭和驱逐敌人的战略基地——抗日游击根据地。面对日本的法西斯殖民统治和疯狂的军事"讨伐"，东满 4 县抗日游击队在开展游击战的同时，又投入到一项新的工作之中——开辟抗日游击根据地。重点选择那些敌人统治薄弱或军事政治势力尚未达到、群众斗争比较活跃、进可攻退可守的地区。自 1932 年冬至 1933 年春，相继开辟了 10 余块抗日游击根据地，主要有：延吉县依兰沟区的王隅沟、八道沟区的石人沟、老头沟区的苇子沟、瓮声碗子区的三道湾，汪清县二区的小汪清、五区的嘎呀河、一区的腰营沟，珲春县荒沟区的大荒沟、烟筒碗子区的烟筒碗子，和龙县平岗区的渔浪村、三道沟区的牛腹洞等。每个游击根据地的范围多在方圆六七十里到百余里之间，人口少则六七百人，多则一两千人，全部游击根据地人口约为两万人。**5**

破"讨伐"童长荣血洒东满，人民革命军第二军独立师组建

正当东满各抗日游击根据地即将建成的时候，日伪军对各游击根据地和游击区发动了 1932 年冬至 1933 年春的"讨伐"。数万名日军在"讨伐"东满——吉东地区的李杜吉林自卫军和王德林国民救国军的同时，也开始了对东满党领导下的抗日武装和根据地进行了长达一年之久的"大讨伐"。这次"讨伐"比日伪军对其他地区共产党抗日武装的"讨伐"进行得都早。日军先是出动飞机，对东满各县抗日游击队所在的村庄和山林狂轰滥炸，然后大举出动，实行杀光、烧光、抢光的"三光"政策。在日军长达一年多的"讨伐"中，一度声势浩大的李杜、王德林义勇军溃散了，数不清的"义勇军"、山林队、胡匪队伍被消灭了，只有东满特委领导下的几支抗日游击队没有溃灭，相反还在连绵恶战中巩固和壮大起来。无论如何困难，童长荣领导东满抗日军民反日斗争的决心至死不屈，作战之勇敢始终如一。敌人所到之处，都遇到游击区军民的英勇抵抗。东满党组织、游击队和群众经受住了艰苦斗争的考验，也付出了巨大牺牲。

在和龙县的渔浪村游击根据地，游击队在中队长金世和政委金嫂率领下，17 名战士奋不顾身阻击敌人，掩护广大群众和县委、区委机关转移，并击毙日伪"讨伐队"18 人。最后遭敌包围，9 名战士壮烈牺牲。

在延吉县三道湾，游击队 50 人利用有利地势伏击几倍于我的日伪军"讨伐队"，经过两天战斗，毙伤敌人数十名，打退了敌人的"讨伐"。

在汪清县小汪清的马村，日伪军大队人马分三路前来"讨伐"。汪清游击队与救国游击军分头阻击，经过三天战斗，杀伤敌人 200 余众，粉碎了敌人的进攻。

在珲春县梨树沟，抗日游击队20余人主动出击，事先埋伏在梨树沟船口，乘日军"讨伐队"过河之时袭击敌人，击毙骑马过河的敌军官等多人。

在一年多的时间里，抗日游击队同日伪战斗达60多次，东满各县游击队和游击区在战斗中得到了进一步的发展和壮大。到1933年底，东满各县游击队发展到900多人，武器装备也有很大改善。游击区域也发展到东满四县的广大农村和山区。这时，比较巩固的游击根据地有延吉县的湾湾沟、八道沟、老头沟、依兰沟，汪清县的荒沟、大小汪清、大甸子、嘎呀河，珲春县的荒沟、烟筒砬子，和龙县的渔浪区等。游击根据地的总人口约有2万。在1933年冬至1934年春反"讨伐"斗争中，东满四县抗日游击队还多次与其他抗日武装协同作战，相互关系也有明显改善，逐渐成为东满各种抗日武装的中坚力量，也为后来创建人民革命军第二军打下坚实基础。

童长荣继续领导东满的抗日游击战争直到1934年春天。艰苦的斗争生活损害了他的健康，1933年初，童长荣患上了严重的肺病，时常大量地咳血。即使这样，他也没有向满洲省委要求离开自己的战斗岗位。

1934年3月，童长荣拖着久病之躯，带领部分游击队员与日寇"讨伐队"在大小汪清的深山密林中，进行了多次战斗。

3月21日，童长荣带领五六十名战士和100多名自卫团员，在敌人"讨伐"中转移到汪清县十里坪一带。路上，遇一妇女生下孩子无布包裹，童长荣马上脱下衣服送给她把孩子包好。就在这一天，敌人拉网搜山。他们又转移到十里坪东南岔，不幸被敌人包围。由于敌众我寡，在奋战还击中，童长荣中弹负了重伤。一位朝鲜族同志将他背出来，但由于伤势过重，不久就牺牲了。年仅27岁。

童长荣牺牲后，战士们无不悲痛万分。他们看着敬爱的特委书记的遗体，久久不肯离开。战士们揩干了眼泪，决心为童长荣报仇雪恨。他们用树皮将烈士的遗体包裹起来，安葬在童长荣生前所在的密营附近。

1933 年 12 月 3 日，中共满洲省委致东满党团特委和游击队同志的指示信中，要求中共东满特委应号召广大工农群众积极参加游击队，并以汪清、延吉、珲春、和龙 4 县现有游击队为基础，建立人民革命军第二军第一独立师，"要把人民革命军造成东满一带反日武装中唯一的领导力量"。

根据中共中央"一·二六"指示精神和中共满洲省委提出的要求，中共东满特委于 1934 年 2 月间，在延吉县三道湾能芝营抗日游击根据地召开了特委和游击队负责干部会议。出席会议的有特委组织部负责人李相默、延吉县游击大队大队长朱镇、政委王德泰及其他县游击队的负责干部共 10 余人。

会议按照省委指示，决定首先合编各县游击队，正式建立东北人民革命军第二军第一独立师，成立师部。任命朱镇为师长，王德泰为政委。下辖 2 个团。由延吉游击队改编为第一团，和龙游击队改编为第一团。会议还决定侯机再由汪清、珲春两县游击队合编第二独立师。会议通过了由中共满洲省委于 1932 年 10 月 20 日修订的《东北人民革命军斗争纲领》。会后，由于条件的变化，拟建第二独立师的计划未能落实，只编就了一个独立师，延吉、和龙、汪清、珲春 4 县游击队先后改编为第一至第四团。1934 年夏，从第一、第三团中各抽调一个连为骨干组成了第二军独立团。第一团团长朴东根、政委崔学哲，第二团团长孟昭祥、政委金洛天，第三团团长赵春学、政委南昌益，第四团团长何德润、政委金铱，独立团团长刘长久、政委朱云光。兵力 900 余人。

王德泰率部远征战安图，打出新游击区

敌人 1933 年冬季"第一期讨伐"被我东满各县抗日游击队粉碎之后，经过短暂的准备，又于 1934 年 1 月发动了"第二期讨伐"。在这次"讨伐"中，敌人集中 6000 余兵力，把东满各县抗日游击队和受我党影响的其他抗日武装，以及延吉、汪清抗日游击根据地作为进攻的主要目标。敌人一路从延吉

县的依兰沟、八道沟和瓮声砬子方面向石人沟、三道湾游击根据地进犯。另一路从夹皮沟、汪清、磨盘山向汪清东部游击根据地进犯。敌人仅在延吉县三个区就动用了日伪军 3000 余人,"围剿"延吉游击队和游击根据地。

由于敌人的"讨伐"日益频繁,"集团部落"的建设也步步加紧,抗日游击根据地不断遭到敌人破坏,面积日渐缩小,致使第二军独立师各团在老游击区日感困难和被动。为改变这种局面,1934 年 2 月 10 日,中共满洲省委给东满特委的信中指出:"采取积极进攻的策略,不能老是困守于一地以待来敌。"1934 年 1 月 3 日,东满特委给延吉县委的信中指出:"关于游击队的活动范围不应该限制在自己的根据地内,而应该拿敌人的区域作活动范围,采取积极进攻的策略。""在敌人集中包围我们的时候,我们应该分散开来,绕到敌人后防空虚之处大规模的活动。"独立师领导坚决执行了中共满洲省委和东满特委关于分兵离开老区、进入外线作战的指示,迅速完成了分兵作战的部署:各团在统一部署和指挥下,分兵向敌人统治薄弱的地区挺进,开辟新的游击区。除一团留在老区牵制敌人外,第二、第三、第四团分别向西北的安图、额穆,北方的宁安进军,进行战略转移,开辟新区,寻找新的立足点,建立新根据地。同时,与杨靖宇的人民革命军第一军和周保中的绥宁反日同盟军沟通联系,协同作战。

1934 年 4 月的一天,冬雪未尽,大地渐绿。

暮色苍茫中,山路上开出了一支支队伍,虽然这支队伍着装不齐,扛的枪也五花八门,但从人们脸上看到的却是一种急于求战杀敌的高昂士气。这支队伍便是向安图进军的人民革命军第二军独立师的官兵们。以安图游击区为中心的第二军第一、第二团,在师政委王德泰的直接领导与指挥下进行远征。

走在队伍最前面的师政委王德泰,这时闪出队伍,站在路旁看着身边不断走过的第二团官兵,脸上的凝重之色也渐渐生发出来。

"是啊，马上就会离开独立师赖以生存的老根据地了，突然间没有了后方，没有了依靠，要带领这些延吉县的子弟兵远征他乡，与装备精良的日寇厮杀，开辟新的游击根据地，绝不是一件容易的事情。况且，现在是东满党和抗日武装生死存亡的时刻，能不能在安图打开局面，直接关系到党和东满抗日武装还能否在东满存在。"

想到这些，26 岁的师政委王德泰感到了身上的担子格外沉重！

安图，位于东满西北部，长白山脉中部高峰牡丹岭东麓，哈巴尔岭南沿，英额岭西侧，群山辐辏，森林密布，人烟稀少，敌伪在这里的防御力量也相对薄弱。王德泰率领这支百余人的游击队进入安图林区，犹如小小鱼群游进了茫茫大海。

1935 年 5 月 2 日，第二军独立师第一团主力部队在敦化县哈尔巴岭附近打了一次漂亮的截击火车的战斗。参加这次战斗的有第二军独立师第一团第五连 30 余人，还有"平日军""天良军""明山好""王连长"等部抗日军 170 余人，共计 200 余人。5 月 1 日夜间，各部队秘密来到哈尔巴岭与大石头车站之间，选定铁路转弯处，在路轨两侧几十米的地方设下伏兵。部队刚刚埋伏好，敌人的验道车就从眼前开了过去。随后，突击队的战士迅速跃上路轨，拔掉道钉，挪动道轨，然后又飞快地返回原地，埋伏起来。5 月 2 日凌晨 2 时 40 分左右，从朝鲜清津直达长春的列车风驰电掣般驶来。接着，一声巨响，机车猛然跌下路轨，连接机车的几节车厢也相继颠覆与脱轨，车内接连传出日伪人员的惊叫声。这时，抗日军发起猛烈攻击，子弹像雨点一样透过玻璃窗射进车内，列车尾部的护车日军企图抵抗，但在抗日军的猛击下，一个接一个地倒了下去。经过 1 个小时的战斗，毙敌 30 余人，其余敌军弃车而逃。抗日军登车队飞身上车搜查，逮捕了日伪军政人员 13 名，其中包括一名高级军官和一名满铁重要职员，缴获了大量军用物资与钱款。这次战斗给敌人以沉重打击，敌人曾针对此事进行报道，不得不承认这是一次"稀有的大事件"，是"京图线通车以来发生的最大惨事"[6]。哈尔巴岭颠覆列车战斗之后，第一团远征队继续沿着长图铁路西进。日伪急调大批军队追赶，妄图歼灭第一团远征队。第一团远征队则与敌人兜圈子，伺机歼敌。

新的辉煌与新的艰难都在前面等着独立师的官兵们！

"嗒哒！嗒哒！嗒哒！"一阵急促的马蹄声由远而近，直来到王德泰面前戛然而止。

"报告政委，安图的车厂子快要到了！"侦察员纵身从马上跳下报告道。

"据我们的人说，车厂子地区一直没有游击队活动过，所以敌人十分麻痹。"侦察员继续报告道。

经过研究，王德泰当即决定对车厂子发起突然袭击。此时，根据地图比对，部队离车厂子大约还有180华里，于是，他命令部队昼夜兼程。

1934年4月30日夜，第二军第二团突然出现在车厂子外围，径直发起猛攻。一阵枪声、手榴弹爆炸声和喊杀声过后，毫无防备的守敌在惊慌失措之中纷纷弃械而逃，第二团只用一个小时就拿下了这个敌据点，缴获了20多支枪和一批军用物资。王德泰在这里召开大会，宣传抗日，发动群众，没收汉奸财产，组织反日会和农民自卫队，很快将车厂子变成了又一块"红区"。全队士气大振。[7]

安图县城西北方的大甸子是敌人的又一处重要据点，距离县城较远，周围群山环抱，地势十分险要，有利于开辟游击区。王德泰决心把它夺过来，作为安图新游击根据地的中心。

5月2日拂晓，他率领二团绕过安图县城，突然兵临大甸子，将它四面包围。大甸子驻守着一个连的守敌，工事又坚固。经过一天激战，我军仍未将其攻克。王德泰见强攻不能奏效，下令停止进攻，一边动起了脑筋。

经过实地观察，王德泰看到，大甸子东西南北四门，只有南门门前有路通向山区，而道路两旁山高林密，正适合打伏击。而其他三门地势平坦，利敌逃窜，不利我作战。于是，王德泰决定采取"围三缺一"的战术，加紧围攻东西北三门，陷敌于惊慌之中，而只留小部分战士围堵南门，给敌人造成一种错觉，以为南门地势险要，游击队可以少用兵力防守，利于守敌冲破南门向外逃窜。如是，我将对突围之敌在途中予以歼灭。

为了迷惑敌人，王德泰第二天一方面命令部队虚张声势，加紧围攻东西北三门；另一方面将一个排调到后方山里，围着一座山头团团转，给敌人造成一种我军正在增兵的假象，目的是使大甸子里的守敌更加惊慌，更急于突围。同时，自己亲率两个连埋伏在南门外道旁的矮林中。

果然，第二天拂晓，敌人偷偷打开南门，拼死向县城方向突围。南门的第二团战士假装抵挡不住，向矮林中跑去。敌人一见第二团战士抵挡不住，更是加快了从南门突围的脚步。脱离了牢固的城防设施，敌人就等于自寻死路。

"政委，敌人要跑！"战士们向他报告。

"打呀！"王德泰走上阵地，操起一挺机枪向离开了南门的敌人猛烈射击。敌人不明就里，惊慌之中死伤30余人，其余落荒而逃，我军乘势占领了大甸子，将敌人留下的所有军用物资全部缴获。

安图县城的敌人很快集中了一支500余人的队伍，杀气腾腾地奔向大甸子。王德泰留下二十几人虚张声势，牵制敌人，率二团主力一路奔向西南，穿山越岭，进入桦甸。在这里，他遇上了两支与杨靖宇建立过联合作战关系的山林队。

"我们是二军，杨靖宇是一军，他是我们的老大哥。你们是一军的友军，自然就是我们二军的友军。咱们联合起来打一仗如何？"王德泰邀请他们说。两支山林队的首领欣然同意。

6月初的一天深夜，三支队伍共200多人穿越重重山林，一路向东，远道奔袭安图南部的大蒲柴河。

大蒲柴河是东满与南满的连接点，位于茫茫长白山深处，镇子很大却十分孤立。

三支抗日军拂晓时到达后，按计划先由两支山林队在东、南二门发起佯攻。守敌猝不及防，慌忙爬起来应战，又急调西、北二门的伪军支援。王德泰此时已率第二团悄悄涉过西门外的壕沟，搭人梯爬上寨墙，打开寨门，全队一举突入，齐声喊杀。正在东、南二门应战的伪军一听镇内喊杀之声，再无战意，狼狈而逃。三支抗日军进了镇子，缴枪20多支，还缴获了一个伪军军需仓库。当天，王德泰用了整整一天时间，将分到的战利品全部转运进山，隐蔽起来。大蒲柴河攻击战的胜利为第二军独立师坚持长期斗争打下了基础。[8]

由于大蒲柴河的地理位置比大甸子重要得多，王德泰在这里的出现立即在周围各县敌人内部引起震动。为防止东满我军与南满的杨靖宇"合为一股"，安图、桦甸、敦化三县敌人马上行动起来，重新占领了大蒲柴河，又在三县南部各重要据点增派兵力，加强防守，一时间闹得草木皆兵。

但是，安图县敌人的机动兵力有限，敌人将大批兵力派驻安图南部的大蒲柴河地区，安图西北的大甸子再次成了一个孤立少援的据点。

7月中旬，经过短暂休整，王德泰决定再杀个回马枪，约上和他一起攻打过大蒲柴河的两支山林队，二次兵临大甸子，将它团团围困起来。王德泰指挥部队严密封锁包围了大甸子镇，切断敌人同外界的一切联系。指战员们发扬了吃苦耐劳、大无畏的革命精神，克服了夏季的毒日暴晒、风吹雨淋、蚊虫叮咬等各种困难，连续围困了11个昼夜，敌人弹尽粮绝，军心动摇，被迫弃城而逃，三支抗日军趁机猛打，200多敌人死伤大半，其余四散奔逃，第二军又胜利攻占该镇。

入城后，我写严守革命纪律，大张旗鼓地没收敌伪财产，发动群众，对群众利益秋毫无犯，因而受到各阶层群众的热烈欢迎，群众自动送米面酒肉慰劳抗日将士。在群众的支持下，我军据守该镇达一个多月。

王德泰率领第二团在安图周边一系列战斗的胜利，使得安图守敌紧急向东满日军指挥部请求增援。8月初，500余名日伪军进入安图，意在重新夺回大甸子，王德泰接到情报，也将新成立的独立团从延吉调到安图，放弃大甸子，准备率第二军二次南下，去攻打大蒲柴河东南的敌据点大沙河镇。

王德泰的行动很快为敌人所获悉。安图南部的日伪军高度紧张起来。王德泰发现敌人已有防备，决定继续南下，给敌人造成一种他真要前往南满与杨靖宇"合为一股"的迹象。王德泰连续在桦甸的山林里走了好几天，然后突然隐蔽起来。敌人找不到这支队伍的下落，神经松懈下来，以为这支抗日军已离开东满，到了南满。王德泰这时已经联络了四五支山林队，一天夜晚突然出现在大沙河镇外围，出其不意地发起突袭，一举毙伤守敌30多人，俘虏70余人，缴枪百余支，取得了西征安图后的又一场大胜。

8月中旬，安图守敌800名伪军和伪警察向大甸子大举"讨伐"。王德泰在回师途中听到这一消息，立即喜上眉梢。

"政委，怎么啦?"战士们问他。

"我们的机会到了! 敌人倾巢而出攻击大甸子，安图县城十分空虚。我们去打他的安图县城!"

说打就打。全队加上一起行动的四支山林队连夜出发，急急奔向安图。战士们听说是去掏敌人的老窝，个个精神抖擞。第二天下午4点左右，我军到达安图城外。王德泰先派几个人化装成日本兵，突然缴了守在城门口的伪军的械，然后全体突入城内，向日军兵营和伪军兵营分头发起了进攻。留在城中的20多个日本兵很快被击毙和击伤，30多名伪军毫无防备，被我军四面包围，只好投降，其中一部分当场反正参加了第二军独立师。控制全城后，我军召开群众大会，没收日伪财产，收缴军用品，4个小时后才撤出城外，迅速遁入山林，分头撤退。刚刚"收复"了大甸子的日伪军闻听王德泰打进了安图县城，急忙掉头回城，但这时抗日军已不见踪影，只有日伪军的两座兵营仍在燃烧。❾

从1934年4月到8月，王德泰率领第二军独立师一部，与当地抗日军联合，运用新的机动灵活的游击战术，在安图境内连战连捷，迅速完成了对车厂子、大甸子、太平沟一带偏远山林地区的控制，打出了一片面积比过去的东满四县游击区加起来还要大的新游击区，在这里发动群众，建立反日会、农民协会等群众抗日团体，开展抗日活动。东满党和军队转危为安。

当王德泰率领独立师二团远征安图作战之际，独立师第三、第四团主力部队在汪清、宁安、东宁等地积极开展游击活动。5月7日，第三团一部联合救国军史忠恒部解除了在汪清境内活动的伪壮丁团马贵林部武装，得枪23支，其中第三团分得21支。与此同时，第四团再次联合史忠恒一个连，在东宁二道沟口与伪军激战，毙敌30余人，俘虏百余人，缴获迫击炮1门、重机枪1挺、步枪60余支。6月26日，第三、第四团部分主力与绥宁反日同盟军和救国军史忠恒、孔司令、蔡司令、李三侠等部共600余人，联合进攻汪清大甸子镇（今罗子沟镇）。因敌人早有准备，凭工事据守，经7昼夜的战斗，我军攻入该镇一角和伪警察所，予敌以很大打击。这时，敌人援兵将至，我联合部队主动撤出战斗。从此，第二军独立师第三、第四团经常与绥宁反日同盟军在汪清、宁安边界地区联合行动。

第二军第一团主力仍在原游击区坚持游击活动。4月初，该团一部30余人袭击了汪清县百草沟新安村伪自卫团，缴枪20余支，并烧毁其营房。5月9日，第一团一部联合抗日山林队袭击了正在三道湾修筑"集团部落"的伪军，迫使16名伪军投降，缴枪11支，并摧毁了该部落。接着，这一部队又进攻八道沟金矿和土门子等地。9月19日，第一团的第二、第三连近百人袭击了老头沟镇。

总之，第二军独立师编成后，积极开展反日战斗。从反击敌人发动的1934年春季"讨伐"始，独立师各团联合其他抗日武装，在根据地和游击区广大人民群众的大力支持下，积极开展游击战，或伏击敌人小股部队，或袭击敌人据守的小城镇和"集团部落"，歼灭了一批敌军。据日伪统计称：1934年4月至10月间，抗日武装出没次数103次，人数3537名，其中抗日义勇军50次，2187名；第二军独立师53次，1350名。通过上述这些战斗，有力地打破了敌人的"第二期讨伐",第二军独立师也经受了战火的锻炼和考验。

"左祸"降临,魏拯民东满拨乱

天一天天地凉了下来,秋去冬来,1934年的冬天就要来到。

伴随着冬天的到来,"左祸"再次降临到东满,使得东满人民革命军第二军的英勇战斗换来的抗日游击战新局面几乎被断送。

就在东满独立师各部处于敌伪"讨伐"的危急时刻,1934年冬,共青团满洲省委特派员来到东满地区,带来了中共满洲省委的指示信,贯彻党中央在五中全会后给满洲省委的指示信中的"左"倾错误主张,使这一时期东满的工作再次偏离了正确轨道,造成了严重的危害。

这次"左"的降临,还得从1934年7月说起。

1934年7月,中共临时中央在江西瑞金召开六届五中全会,将王明"左"倾冒险主义路线推向极端。由于"左"倾路线占据了党的指导思想,中央苏区红军在第五次反"围剿"中失利,中央机关和中央红军8.6万人向西突围,被迫开始了长征。受"左"倾错误路线的影响,特别是为了贯彻中共六届五中全会的指示精神,中共满洲省委和东满特委在东满指导抗日统一战线上面重犯了关门主义的错误,把仍在坚持抗日的山林队部看成是"胡子",因而主张把东满的所有的山林队和"救国军的劣部"完全缴械,并提出了收缴枪支的三项条件:(1)在山林里光吃老百姓的饭,不出来打仗的缴;(2)向老百姓开捐绑票的缴;(3)不加入人民革命军和反日义勇军的缴。

在这种错误主张下,人民革命军第二军独立师一部收缴了山林队和救国军访友、国良、王营长、双胜、长江、长顺、忠良、关营长、中国等部的枪械,严重地破坏了我党、我军与部分救国军、山林队之间已经建立起来的合作关系,甚至紧张到一些山林队、救国军联合起来与我军发生武装冲突的程度,使党的抗日统一战线方针和已取得的成绩遭到严重破坏,独立师提出的建立东满地区抗日联合军总指挥部的倡议迟迟不能实现。与此同时，日本帝国主义又趁隙提出"专打人民革命军，不打山林队"的口号，挑拨山林队与我党、我军的关系。

不仅如此，过去，东满党在反"民生团"斗争中就曾犯过"左"的错误，在贯彻党中央"一·二六"指示中没能得到完全纠正。这次由于"左"倾错误的重新抬头，竟使反"民生团"斗争的错误继续发展。

1934 年 9 月，由日本帝国主义一手策划，在东满地区成立了反动的"鲜民援助协会"（以下简称"助协会"）。这个反动组织趁革命队伍内部犯了反"民生团"错误之机，采取"或（派人）挺身潜入党内进行挑拨，或造成假象，使对方产生错觉，误信有民生团潜入党内"的手法，"目的在于搅乱共产党内部"。结果，对反"民生团"的错误起了推波助澜的作用，使之愈演愈烈，后果十分严重。反"民生团"的错误一直延续到 1935 年，前后历时两年多。这场斗争，给东满工作造成了极其严重的后果，大批干部或骨干分子被逮捕、撤职、杀害或被迫逃亡，使许多地方党组织工作陷入停滞不能继续的状态和无党领导的状态，军队中无新的干部人员代替。同时，由于抓"民生团分子"是在朝鲜族干部、党团员中进行的，严重地挫伤了广大朝鲜族干部、群众的抗日积极性，影响了革命队伍内部的民族团结。总之，由于反"民生团"的错误，严重地削弱了东满的党和军队的战斗力，影响了东满地区抗日斗争事业的开展。

另外，由于敌人连续不断的"讨伐"和严酷的经济封锁，东满各县抗日游击根据地的面积急剧缩小，许多地方党团组织和抗日群众团体遭到严重破坏，群众大批惨遭屠杀，粮食奇缺，经济生活陷入困境，这就更加深了东满地区抗日斗争形势的严重程度。

敌人的"讨伐"、封锁和党内的"左"倾错误，使东满党的组织和人民革命军第二军独立师陷入严重困境。中共满洲省委巡视员吴平（杨松）对此已有觉察。他于 1935 年 2 月 10 日以中共满洲省委吉东巡视员名义给东满特委写信，对东满特委在反日统一战线工作和反"民生团"斗争中所犯的严重错误提出了尖锐的批评，并就贯彻反日统一战线方针和反"民生团"斗争政策提出了具体意见。中共满洲省委及吉东巡视员的来信，为纠正东满特委执行的"左"倾错误政策，进一步发展东满的抗日斗争指明了正确方向。

为了帮助东满迅速纠正错误，摆脱困境，推动抗日斗争的进一步发展，1934年末，中共满洲省委派巡视员魏拯民（中共哈尔滨市委原书记）急赴东满了解情况，指导工作。

魏拯民，原名关有维，1909年2月生于山西屯留县王村一个农民家庭，九一八事变后受党的派遣来东北工作，先后担任中共哈尔滨道外区委书记和市委书记。与杨靖宇、童长荣、周保中等人一样，魏拯民也是一位能够独立开辟根据地的革命家。而且，他还是一位读过军校的革命家。

魏拯民等一行于1934年12月到达汪清县抗日游击根据地。他在党和军队的基层组织中作了认真细致的调查工作，了解了东满地区在统一战线工作和反"民生团"斗争中"左"倾错误的具体情况。

12月末，魏拯民到达东满党团特委和二军独立师师部所在地——延吉县三道湾抗日游击根据地张芝营。在营地里，魏拯民举办了东满党政军领导干部学习班。他向参加学习的干部解释了党的统一战线政策和中共满洲省委关于反"民生团"问题的指示精神。通过学习，领导干部加深了对党的统一战线政策的理解，这就为纠正"左"倾错误、总结经验教训、改进工作奠定了思想基础。与此同时，魏拯民参加了召开特委扩大会议的筹备工作。

1935年1月，中共东满特委委员、组织部长李相默和第二军独立师师长朱镇因"民生团嫌疑"被逮捕监禁。中旬，李相默逃走。2月初，朱镇也潜逃、叛变。为避免遭受敌人的袭击，2月上旬，东满特委和人民革命军第二军独立师师部等向汪清县大荒崴游击根据地转移。

鉴于童长荣牺牲、朱镇叛变后的严峻形势，魏拯民请求省委让他留在东满工作。满洲省委迅速同意了他的要求。

　　1935 年 2 月底至 3 月 3 日，在汪清县南蛤蟆塘大荒崴召开了东满党团特委第一次联席扩大会议。会议由魏拯民、李学忠、周树东主持，参加者有王德泰、王中山、曹亚范、王润成等 20 余人。会议主要议题是根据中共满洲省委 2 月 1 日指示精神，检讨过去一年来执行党中央和省委的路线、方针、政策的成绩和错误，总结经验教训，针对东满党、团组织状况和敌人的残酷进攻，决定党、团和军队的工作方向和紧急任务；改组党、团特委领导机构。在此基础上，会议通过了《关于执行中央政治路线与敌人斗争情况及今后的任务》的决议。根据省委授权，魏拯民大刀阔斧地改组了东满特委，使纠正"左"倾错误有了坚实的组织保证。在会议上，魏拯民就任东满特委委员、书记，李学忠等 6 人成为新一届特委委员。

　　会后，魏拯民着手整顿部队。1935 年 3 月 21 日，他在汪清腰营沟和王德泰共同主持了独立师联席会议，研究独立师的军事、政治、统一战线工作，对独立师今后的战略方向和斗争策略等一系列重大问题迅速作出了决定：在尽量坚持原有根据地的同时，独立师主力应继续兵分两路：一路北上绥宁地区，开辟绥芬大甸子根据地；一路西进，恢复安图车厂子根据地，并以此地为依托，分别向西方的敦化、桦甸和北方的东宁、穆棱方向展开行动，争取与南满的第一军、哈东的第三军、绥宁的反日同盟军第五军打通联系，将东北抗日游击区连成一片，避免再次陷入孤军奋战的苦境。

　　在这次会议上，通过了《人民革命军政治工作条例》，加强党对军队的领导；决定尽快与东满地区所有非党抗日武装建立起一个抗日联合军总指挥部，配合作战，此前要将从别人那里缴的枪全部送还，还要赔礼道歉。会上，魏拯民还以东满特委的名义对师团领导干部做了调整：王德泰改任独立师师长，李学忠任政治部主任。

　　5 月中旬，魏拯民结束了在东满的工作，经珲春入苏，赴莫斯科参加共产国际第七次代表大会。在此期间，他前往莫斯科向中共驻共产国际代表团汇报了东满地区党的工作和抗日斗争情况，听取了代表团传达共产国际第七次代表大会的精神和对东北及东满工作的指示。魏拯民虽然只在东满工作了短短 4 个月，却为这一地区党和军队的生存、发展作出了巨大贡献。东满地区的抗日武装斗争就要出现新的高潮。魏拯民时年 26 岁。

西征传捷报，独立师组建为人民革命军第二军

1934 年 9 月，日伪最高当局又一次开始了对东北四个重点地区的"大讨伐"。这四个地区是：通化、东满、哈东、绥宁，总兵力达 3 万余人，为期 4 个月，也就是第三期"大讨伐"。

为粉碎敌人冬季第三期"大讨伐"，在敌人疯狂进攻面前，为了保存实力，更有效地打击敌人，腰营沟会议之后，王德泰便根据会议确定的方针，部署各团兵分数路，向西、北两个方向作战略出击，分兵远征，以便打破敌人的"讨伐"。第二军独立师的部队分别从延吉县撤离了王隅沟、四方台、八道沟、三道湾等地，部队大部分转移到安图县车厂子一带；另一部向宁安县南湖头等地转移；和龙县部队从渔浪村游击根据地撤出，转移到安图县车厂子；汪清县部队撤出了大小汪清，向腰营沟、大甸子等地转移；珲春县部队也从大荒沟、烟筒砬子游击根据地撤出，转移到汪清县金苍、大甸子一带。

第二军独立师各部实行战略转移，变被动为主动，行军作战更加机动灵活，因而在反"讨伐"作战中屡屡取得胜利。

1935 年 4 月中旬，独立师第四团首先传来喜讯：第四团副团长侯国忠率领部队从珲春县向汪清县转移途中，得知刚刚进驻大荒沟的伪军一连军心动摇，士兵厌战。侯国忠指挥第四团包围了大荒沟伪军驻地。在我军重兵压境和政治攻势下，该伪军连连长带领全连士兵 82 人携枪 85 支反正，参加我军抗日。经过整顿和教育，重新编成 3 个连，珲春第四团扩大为 7 个连。

紧接着，4 月底，第一团主力由安图车厂子山林里的临时驻地出发，西

征敦化、额穆、蛟河、舒兰，开辟新区，试图与哈东地区赵尚志领导的东北人民革命军第三军打通联系。

第一团尚未出发，安图境内就出现了战机。一个营的伪军去延吉运送给养归来，要经过一道山谷，我军正好在此设伏。王德泰指示第一团和第二团合兵一处，为敌人布好了"口袋阵"。中午，敌人一点戒备也没有，松松散散地进了山谷。埋伏在两侧山腰里的指战员们一阵猛烈射击，冲下山来，与敌人展开了肉搏。2个伪军连长当即被击毙，50多名伪军或死或伤，余众掉头就逃。我军获得大胜，缴获军需物资甚多。

受到胜利鼓舞的一团稍事休息，又斗志高昂地踏上了征途。5月1日，第一团进至哈尔巴岭和大石头车站之间的山林里。团长安凤学见地形有利，决定在这里颠覆敌人的列车。他把任务交给了第五连。第五连联系活跃在当地的"平日军""天良军"两支义勇军，夜间一起拆毁了一段路轨，然后埋伏在两侧，做好了袭击敌人列车的战斗准备。

次日清晨，一列客车高速驶来，"轰隆"一声，冲出铁轨，翻倒在地。五连指战员和义勇军部队冲了上去，将30多名押车敌兵全部消灭，10余个乘车的日伪军政人员被活捉，一大批战利品被缴获。

审问俘虏后，他们才知道自己颠覆的是从朝鲜会宁开往长春的202次"国际列车"，车上不仅有日本人和朝鲜人，还有不少西方国家的记者。等附近的日伪军闻讯赶来时，三支抗日军早走得无影无踪。这场战斗对日伪在国际上粉饰伪满洲国的形象造成了沉重打击。长春的敌伪报刊哀叹，"202次'国际列车'的被颠覆"，是"京图线开车以来发生的最大惨事"。

颠覆日伪"国际列车"之后，第一团主力部队继续西进。敌人急忙调集部队追赶，妄图围歼我军。第一团决定牵着敌人走，以便选择有利时机和地势消灭这股敌人。

5月12日，第一团来到敦化县沙河掌一带。当地日军发现第一团跟踪后，生怕再闹出一个新的列车颠覆事件，便紧紧尾追上来。为在这里站住脚跟，安凤学在沙河掌附近选择一处地方设下伏兵，专等日军吉良"讨伐队"来到。这路日军在山里转来转去，最后还是转进了一团的伏击圈，安凤学一声令下，全团一起开火，50名日军被打死打伤，其余慌忙逃走，再也不敢紧紧追击。

几天之后，第一团又在额穆县青沟子同日军"讨伐队"100余人遭遇。起初，敌人企图利用占据优势的地形将我军包围歼灭。一团识破敌人的部署，用一部分兵力沉着应战，在正面牵制；同时，派一部分兵力迂回到敌背后，对敌发起突然攻击。敌人在我军前后夹击下，死伤数十名，其余溃逃。经过沙河掌和青沟子两次战斗，第一团终于摆脱了敌人的追击。

在独立师第一团西征捷报频传之际，又传来了人民革命军第二军正式组建的好消息。

原来，人民革命军第二军独立师自组成以来，在反"讨伐"战争中经受了战火的考验，到1935年3月，全师人数已经发展到1000余人。在腰营沟会议后，独立师的师团两级干部进行了调整。为了进一步加强这支队伍的领导机构，中共东满特委和第二军独立师师部根据满洲省委关于正式成立东北人民革命军第二军的要求与形成统一的领导和指挥机关的指示，于1935年5月30日发表了《东北人民革命军第二军军部正式成立宣言》，宣布东北人民革命军第二军正式成立。王德泰任军长，东满特委书记魏拯民兼任政委，李学忠任政治部主任，刘汉兴任参谋长。军部下辖4个团和1个警卫连、1个教导队、1个游击大队，共1200人，各种枪械900余支。第二军全体指战员在《宣言》中表示"誓愿牺牲一切，奋不顾身与日满匪人作最后的战争，担负和完成抗日救国的伟大任务"。

同时，第二军政治部发表了《告民众书》和《告各反日部队书》。在《告民众书》中，号召广大群众和人民革命军等抗日武装联合起来，开展各种形式的反日斗争，打倒日本帝国主义。人民革命军第二军的组建，极大地鼓舞了原独立师官兵的战斗精神与士气。此后，第二军官兵们更加英勇地驰骋在远征的斗争中。

第一团西征之后，第二团随即跟上，踏上与杨靖宇第一军会师的征程。

1935 年 8 月间，根据中共东满特委和第二军党委研究决定，由军政治部主任李学忠率领第二团第二、第三连共 150 余人组成西征队，从安图车厂子抗日游击根据地出发，经抚松向濛江地区西征。这次进军南满的目的是：与杨靖宇军长领导的东北人民革命军第一军取得联系，实现两军联合作战，将东满和南满的游击区连成一片，建立吉辽两省边区地带的游击根据地；商讨筹备东北人民代表大会，建立人民政府和东北反日联合军总司令部等重大事宜。

西征队一路上历尽艰辛，于 8 月底到达第一军活动的游击区，先与第一军第二师第八团之一部胜利会师。

西征队到达南满后，受到第一军和游击根据地群众的热烈欢迎。9 月 3 日，濛江县那尔轰反日会举行了盛大的两军会晤及军民联合欢迎大会。参会的有一军司令部直属教导团、第二师第八团，第二军西征队，反日会会员和当地群众，共 1000 多人。第一军军长杨靖宇、政治部主任宋铁岩，第二师师长曹国安，第二军政治部主任李学忠等到会联欢。

会上，先由李学忠报告了东满革命形势和第二军发展状况。

杨靖宇也发表讲话，他指出："我人民革命军向以抗日救国为天职，四年来与日匪血战，屡获胜利。今后得与东满二军接头，更为光荣，因我两军战士均奋勇冲锋方有今日两军之会晤。此后，我东满、南满游击区打成一片，一、二、三、四、五、六军与各抗日军，共同组织东北抗日联军，更能集中力量统一领导，顺利地打击日匪。"

在联欢会上，两军分别演出了文艺节目。一军的战士们演出了由杨靖宇亲自编写的一段表演唱。第二军西征队的战士们表演了苏联红军舞。两军战士还举行了军事比赛和军事演习，主要项目为投弹、打靶。

两支兄弟部队还订立了为期一年的竞赛条约，主要条文是：（一）为全部换成敌人的三八式步枪而斗争；（二）把两军完全变成能征战必取胜的铁军；（三）互相提供作战经验。

9月17日，游击根据地同心乡的群众自动捐款制作锦旗两面，上书"欢迎西征"和"敬祝胜利"，分别赠予第二军西征队和第一军。9月18日，东北反日南满总会通电，热烈欢迎二军西征队。电文中写道："你们英勇地冲破敌人的阵地，安抵游击区域，我们代表全南满反日人民热烈欢迎你们。我们坚决地相信，只有人民革命政治上领导和军事上指挥，反日民族革命战争才能争取最后的胜利。所以，我们热烈地希望你们与南满战线紧密联合，以东南满战线打成一片后，更广泛地号召极大多数抗日武装和反日同胞，共同进行更英勇的反日战争，扩大巩固革命根据地，实行东北人民革命政府正式的成立，早日收复失地。"

在此期间，第一、第二军领导干部举行了联席会议。双方相互介绍了本军和活动地区的抗日斗争情况，交流了斗争经验，并就两军联合作战，开辟以安图县城为中心的辽吉边区游击根据地和建立全东北抗日政府以及抗日联军总司令部等问题交换了意见，并作出相应的决议。

东北人民革命军第一、第二军那尔轰会师及举行的两军领导人联席会议，具有重要的意义。从政治上，提高了中国共产党及其领导的东北人民革命军在东南满广大群众中的威望，使广大群众看到了抗日救国斗争胜利的希望，激发了群众的抗日热情，推动东南满游击区抗日救国斗争的新发展。在军事上，打破了敌人对东满抗日游击区的分割包围。实现了两军之间的联系，为后来两军在游击战争中紧密配合，协同作战，把东满与南满两大游击区连成一片以及组成第一路军奠定了良好的基础。同时，也为实现第一、第二军与活动在吉东和北满地区的第三、第四、第五、第六军及其他抗日武装取得联系创造了有利条件。1935年11月，第二军西征队胜利完成任务之后，离开濛江，胜利回到东满安图抗日游击根据地。

第二、第五军会师组建西部派遣队

在第一、第二团的西征后，第三、第四团也开始向绥宁地区进军，捷报
频传。

人民革命军第二军成立后，根据全军的战略部署，第三、第四团准备北
上吉东的东宁、宁安。其任务是扩大游击区，与吉东游击区连成一片，并和
在吉东活动的人民革命军第四、第五军取得联系，协同作战。

大荒崴会议之后，第三团政委金日成率全团连续在汪清境内英勇作战，
毙敌数十名，缴获了一批作战物资，为北上绥宁做好了准备。6 月初，第二
军参谋长刘汉兴率第三团和第四团北进，与周保中的东北反日联合军第五军
打通联系，建立绥芬大甸子根据地，完成魏拯民将东满游击区与吉东游击区
连接起来的战略构想。

紧邻汪清、珲春两县的东宁县老黑山一带，是东满、吉东抗日武装经常
活动地区，也是第二军粮食给养的重要供给基地。敌人为了阻止抗日武装在
这一带的活动，断绝我抗日武装的粮食来源，特别是阻断我军北上，敌人专
门在连接汪清、珲春、东宁的老黑山派驻伪靖安军一个连。这支伪军在这里
横行霸道，欺压百姓，"追剿"抗日义勇军，反动气焰十分嚣张。

金日成和第四团团长侯国忠决定拔掉这颗"钉子"。于是，两团各抽一
部在金日成、侯国忠等率领下，在 6 月间从汪清县大甸子出发进军老黑山。
在我军到达老黑山附近时，老百姓纷纷向我军战士控诉伪靖安军的罪行，要
求我军消灭这股敌人。

一天傍晚，金日成、侯国忠 2 个人亲自去侦察，发现这股敌人尚未和我
军发生过战斗，轻视我军，于是两人当场决定打伏击战。经过实地侦察，第
三、第四团选择离老黑山西方 20 余里的头道沟作为伏击战场。

金日成率主力部队分别埋伏在沟膛子南北两侧的山坡上，侯国忠带一
支小部队到伪靖安军驻地附近的屯子里活动，担任诱敌出巢的任务。敌人

得知有抗日武装在驻地附近活动，便倾巢出动，紧紧地跟着小部队的脚印追来。

侯国忠且战且行，一直把敌人全部引进我军伏击圈。当敌人闯进我军伏击圈后，负责战场指挥的金日成一声枪响，就把伪连长从马上打了下来。第三、第四团组成交叉火力网，一阵猛打，顿时，敌人乱了阵脚，像瞎了眼的苍蝇到处乱撞，死的死、伤的伤，侥幸没死的都龟缩在沟底成了俘虏。这场伏击战仅仅用半个小时就胜利结束了，共毙伤俘敌人100余名，缴获迫击炮1门、重机枪1挺、轻机枪1挺、步枪100余支、战马8匹及一批弹药、军需品，为我军北上绥宁打通了道路。

老黑山战斗之后，第三、第四团回返汪清县。两团在汪清县大甸子稍事休整并做进军宁安的准备工作。在原游击区留下了第三团第一、第二、第三连，第四团第四连等三分之一的兵力坚持斗争，其余部队由刘汉兴、金日成、侯国忠率领，于6月下旬挥师北上去宁安。一路上，部队翻过西北岭、老爷岭等高山峻岭，穿越茂密的森林，克服了无数的困难，7月间，胜利地到达宁安县城东20多公里的老青沟山东屯。不久，敌人探知这一情报，便从牡丹江市、宁安县城和东京城等地调来800多人，向山东屯扑来，妄图乘我第三、第四团立足未稳，与第五军尚未取得联系之机，进行"聚歼"。

我军已得知敌人出动的消息，随即在屯子外面占领阵地，迎击敌人。这场战斗，从中午一直打到晚上，金日成和侯国忠几次率队反冲击，敌人死伤惨重，因害怕夜间我军再次偷袭，不得不退走，我军之围得解。周保中闻讯，急令东北反日联合军第五军一部前来接应，两军胜利会师，向镜泊湖南湖头地区转移。

8月初，第二军和第五军举行会议，庆祝两军会师，并制定了联合作战的方案。由于日军已加强了在中苏边境地区绥芬河的兵力部署，第二军东下绥芬开辟新区已不现实，两军领导人决定：第二军第三、第四团各抽1个连加入第五军第一、第二、第四团组成的西部派遣队，由第五军副军长柴世荣、第一师师长李荆璞和金日成率领，向敌人防御相对薄弱的额穆进军；第二军参谋长刘汉兴、第四团团长侯国忠率第二军第三、第四团的另外3个连留在宁安，与厍保中的第五军军部一起活动；第四团政委王润成率第四团的3个连回师汪清、珲春，领导老根据地的部队坚持斗争。至此，第二军部队已完成打通与南满、吉东地区我军的联系，将东满游击区与上述两大块游击区连接起来的战略计划，不但为自己也为活跃在上述地区的各军开拓了更广阔的作战空间。

第二、第五军西部派遣队成立后，共有200余人，预定西征的计划是先进军敌人的兵力配置和防守都比较薄弱的额穆、敦化一带，然后再根据情况决定下步活动方向。

1935年9月，日军发动秋季"讨伐"。西部派遣队进入额穆之后，即与日伪军多次发生战斗。11月3日，西部派遣队在额穆县青沟子附近全歼一小队日军，缴获轻机枪1挺和长短枪10支。11月5日，在额穆东北部的老头口附近，同敌"松井讨伐队"的一个小队及伪自卫团发生战斗，击毙日军中村军曹以下9名，伤其2名，伪自卫团全部被打伤。12月初，西部派遣队来到敦化官地一带活动，再次分兵，决定由第二军第三团第四连、第四团第二连会同第五军第一师第一团第一连、第三团共100余人组成分遣队，向西南黄泥河、蛟河一带发展，袭击吉敦铁路，扩大我军的政治影响。其余的则在额穆、敦化地区开展游击战争。

从1935年11月至1936年1月底的两个多月时间，西部派遣队转战于额穆、敦化地区，进行了一系列战斗，冲破了敌人的"讨伐"，歼灭了一批敌人的有生力量，打击了这个地区的日伪统治。同时，在这一地区广大群众中进行了抗日救国的宣传和组织工作，扩大了第二、第五两军的政治影响，鼓舞了群众的抗日热情，成百上千的青壮年要求参军抗日，壮大了部队的力量。

日伪再"讨伐",东满抗日形势陷低潮

第二、第五两军在东满的连续胜利,已使伪满洲国的所谓"京畿重地"吉林、长春受到直接威胁,交通大动脉——长图路也时常被切断,日寇"经营"东北的整体战略受到了严重损害。在这种情况下,关东军司令官植田谦吉认定东满我军已成了伪满洲国的"心腹大患",必须不惜一切代价,尽快完成对这一地区的"治安肃正"。

1935 年 8 月 30 日,日本关东军司令部制定了关于《昭和十年关东军秋季治安肃正对满洲国方面协力之要望》,把对抗日武装的"讨伐"重点放在伪滨江、吉林、间岛、奉天、安东等五省。为执行这一计划,日伪当局从长春、热河一带调大批部队到东满、绥宁地区。9 月中旬开始了这一地区的秋季大"讨伐"。

为粉碎敌人这次"讨伐",王德泰命令第二军各团分散进入山林,避敌锋芒,伺机破敌。9 月中旬,第一团主力离开安图根据地,转入敦化西部的威虎岭原始林区,与一直英勇战斗在敦化境内的第五连会合。10 月,李学忠率第二团由南满回到安图,王德泰随即也命令这支队伍西进威虎岭,与第一团一起活动。其后,这支部队曾袭击敦化沙河沿二道河子,进攻安图县两江口,摧毁敦化三道河子、四道河子"集团部落"。1936 年 2 月,第二团南下桦甸,与第一军第二师一部同日军 200 余人激战,毙伤敌人 50 多名。所有这些战斗,大量消灭了敌人,也为自己夺得了粮食、弹药和冬装。

第一、第二团主力主动撤离安图之后,安图游击区和根据地相继被敌人占领。11 月间,日伪军 800 人开始了对第二军最后一块根据地——安图县奶头山抗日根据地发起大规模攻击。

奶头山是第二军军部所在地,只有两个连和一些后勤人员。王德泰带领这支百余人的队伍,利用熟悉的地形,连续与敌人奋战 7 昼夜,毙敌 200 余人,将敌人的第一次进攻打退,我军伤亡 40 人。1936 年 1 月,千余名日伪

军再次对奶头山根据地发起进攻。敌人先用重炮向我军阵地猛攻，然后发起集团冲锋，一段一段地将我军逼上山顶。在冰天雪地之中，王德泰再次率众顽强战斗，终因敌众我寡，不得不从这最后一块根据地退出，向西南方长白山腹地的抚松转移。

这年冬天，留守老区的各团部队也进入了最艰难的时期。10 月，第四团政委王润成率一连最后退出珲春根据地，进入东宁。1936 年 1 月，由于敌人在东满地区重点进行的"集团部落"建设基本完成，第四团另一部无法在汪清老区生存，王润成只好带他们一路转战，向宁安第五军所在地区退却。

至此，第二军在东满延吉、和龙、汪清、珲春四县老区的根据地全部丧失。

没有了根据地，第二军各部仍积极战斗，打击敌人有生力量。

第一团和第二团撤出安图后，去了西方的敦化和桦甸山区，并展开了一系列战斗。1936 年 1 月 19 日，第一团一部进攻安图县两江口，与伪警察交战，一举毙伤俘敌 26 名。1 月 30 日，该部又袭击了驻安图县大酱缸的伪军第七旅第八团的一个排，毙敌 8 名，击伤敌排长以下 13 名。1 月 20 日，第一团另一部 130 余人袭击了敦化县三道河子、四道河子的"集团部落"。2 月，第二团同第一军第二师各一部共 250 人，在桦甸县会全栈同日军 200 人发生战斗，毙伤敌人 50 多人。由于第二军第一、第二团灵活机动的游击战，使日伪军一再损兵折将，终于挫败了日伪在东满地区发动的 1935 年秋冬季"讨伐"。

这时，第二军第三、第四团主力在北方的宁安、穆棱与第五军并肩战斗。

就这样，1936 年初，根据地完全丧失，第二军整个部队被一分为三，东满的抗日武装斗争再入低潮。这次低潮的到来完全是由战场上敌我力量过分悬殊造成的。即使是在低潮之中，第二军所属的每一支部队也没有因粮弹两缺、冰天雪地、斗争环境极端艰难而受到严重削弱。第二军主力还在，任何一支部队都没有向日寇和越来越困难的环境屈服。

注　释

1.《满洲省委对东满科委的工作指示》（1932 年 2 月 20 日），见中共黑龙江省委党史研究室存：《中共东北地下党和东北抗日联军文件汇集》第 14 集，第 5 页。

2. 霍辽原编著：《东北抗日联军第二军》（第二版），黑龙江人民出版社 2005 年版，第 26 页。

3. 朱秀海：《东北抗联征战纪实》，解放军出版社 2001 年版，第 49 页。

4. 朱秀海：《东北抗联征战纪实》，解放军出版社 2001 年版，第 51 页。

5. 霍辽原编著：《东北抗日联军第二军》（第二版），黑龙江人民出版社 2005 年版，第 31 页。

6. 霍辽原编著：《东北抗日联军第二军》（第二版），黑龙江人民出版社 2005 年版，第 94 页。

7. 朱秀海：《东北抗联征战纪实》，解放军出版社 2001 年版，第 139 页。

8. 朱秀海：《东北抗联征战纪实》，解放军出版社 2001 年版，第 140 页。

9. 朱秀海：《东北抗联征战纪实》，解放军出版社 2001 年版，第 142 页。

第 八 章

擅打恶仗　人民革命军第三军威震哈东

张甲洲、赵尚志联手打出红军江北独立师旗帜——受"左害"，张
甲洲、赵尚志蒙冤离队——张寿篯（李兆麟）巡视传达新精神，赵尚志
拉起珠河反日游击队——木炮打宾县，激战三岔河，珠河反日游击队
两战成名——东北反日游击队哈东支队攻陷五常堡，智取四道河子——
破"讨伐"，赵尚志肖田地突围——赵尚志三喜临门，兵移下江再破"讨
伐"——赵一曼激战春秋岭，陷图圄以身殉国——第三军西征汤原，实
现大扩编——奇袭老钱柜，张寿篯（李兆麟）打仗与后方建营一肩挑

张甲洲、赵尚志联手打出红军江北独立师旗帜

北满系指哈尔滨以北、松花江中下游广大区域。这里山峦起伏，森林茂
密，辽阔的松嫩平原河流纵横，土地肥沃。北满地区的中心城市哈尔滨及中
东铁路沿线是东北地区党组织活动开展得最早的地区。1931 年底，中共满
洲省委机关由沈阳迁到哈尔滨。此后，哈尔滨成为东北地区抗日斗争的领导
中心。在中共满洲省委的直接领导下，各地党组织纷纷组织起反日救国会、
互济会、反帝大同盟等群众团体，进行反日爱国宣传，发动募捐，动员群
众，以人力、物力支援各地的抗日武装斗争。在群众斗争的基础上，中共满
洲省委不仅加强了对各地抗日义勇军的工作，同时还为创建共产党直接领导
的抗日武装做了大量艰苦的工作。

日本帝国主义的侵略激起全国人民极大愤怒，广大爱国学生纷纷投入到

抗击日本侵略者的洪流中。1932 年春，原北平清华大学学生、中共党员张甲洲，联络在北平的东北籍学生回家乡组织反日武装。1932 年 5 月，张甲洲与张文藻、张清林、郑炳文、于九公（于天放）、夏尚志等人化装成商人来到哈尔滨，很快与中共满洲省委取得联系。省委指示他们要开展武装斗争，并将人员做了分工，张甲洲、张文藻、张清林和郑炳文等去巴彦组织反日武装，于九公回家乡呼兰开展工作，夏尚志另有任务留在哈尔滨。

张甲洲，化名张进思。1907 年 5 月 21 日出生在黑龙江省巴彦县镇东乡繁荣村张家油坊屯的一个地主大户人家，家境殷实，从小天资聪慧。1923 年，以全省第一名的优异成绩考入省立齐齐哈尔第一中学。入学后不久，便因为领导学生游行示威和支援工人罢工，被开除学籍。1926 年，考入齐齐哈尔甲种工业学校，入学半年被选为黑龙江省学生会主席。不久，因为反政府、闹学潮又被逮捕入狱，后在全省师生的援救下获释出狱。张甲洲愤然南下来到北平。在北平这座古都，他迎来了人生两大喜事：一是加入了中国共产党。1930 年 8 月 5 日，张甲洲在用香烟盒画的镰刀斧头的旗帜下庄严宣誓，从此开始他为党奋斗终生的短暂而光辉的革命人生。二是考入清华大学政治系，成为有知识有文化的革命青年。其间，他先后任中共北平市委宣传部部长和代理书记等职。

张甲洲回到家乡巴彦后，立即投入到组建反日武装的工作中。他利用各种社会关系，通过联系县保卫团团总王家善，中学校长孔庆尧，镇东村和洼兴村自卫团团长侯振邦、陈维新、米秀峰等，在半个多月的时间里，很快就组织起一支 200 人的反日队伍。1932 年 5 月 16 日，在巴彦县北七马架召开反日武装成立大会，成立巴彦反日义勇军，张甲洲任总指挥，王家善任副总指挥，孔庆尧任参谋长，张文藻任文书兼交通员。张清林和郑炳文负责政治工作。队伍下设两个中队，有 100 余人。反日义勇军成立伊始，便遭到地方反动势力的极端仇视。他们诬陷游击队为"红匪"，采取各种手段挑拨队伍领导者之间的关系，调集地主武装进行围攻，致使这支队伍刚一建立内部就出现分裂，王家善、孔庆尧等人离队而去，队伍减员一半。为了挽救这支队伍，张甲洲将队伍报号"平洋"，联合当地的山林队"绿林好"，坚持进行反日斗争。

中共满洲省委非常重视这支抗日武装，于6月初陆续派省委军委书记赵尚志和共产党员夏尚志等人协助张甲洲工作。

赵尚志，1908年出生于辽宁朝阳县一个以教书和务农为生的家庭。父亲是前清秀才，教过私塾，1917年初，因其父参与打死几个作恶官兵，家里被官兵洗劫一空，房屋也被烧毁，后因家乡难以存身流落到哈尔滨。赵尚志幼时随父亲读过三年私塾，11岁便走上社会，为了生活，他不得不走出家门寻职谋生，做过佣人、杂役、信差，当过学徒，受尽了中俄老板和社会上黑恶势力的欺凌，在少年时代便养成了倔强和富有暴烈反抗精神的性格。

16岁那年，家境因得到赴苏联做工的哥哥接济而好转，赵尚志便再去求学。只经过半年补习，他便于1925年2月考入了哈尔滨许公工业学校。在校期间，在中共哈尔滨特别支部书记吴丽石和负责青年工作的彭守朴的影响和带领下，赵尚志积极组织学生参加五卅爱国运动，在斗争中受到革命斗争的锻炼和考验。这年夏天，经彭守朴介绍，年仅17岁的赵尚志秘密加入了中国共产党。经中共哈尔滨特别支部的安排前往广州。1925年底，他进入黄埔第五期入伍生队，成为共产党组织的青年军人联合会的积极分子，与"孙文主义学会"的反动学生经常展开斗争，并以观点激进、敢打敢斗闻名。翌年春，蒋介石抛出"整理党务案"，对共产党员的排斥和迫害步步加深，1926年5月赵尚志毅然退出黄埔军校，按照党的指示回到哈尔滨从事党的工作。赵尚志回到东北后，在中共哈尔滨市委、长春支部等地负责学生和青年运动，于1927年春被奉系军阀逮捕，虽然一度获释，不久又在公开讲演后被捕。在狱中，他受到酷刑拷打，却只是怒骂敌人，对党的秘密只字不露。1931年九一八事变后，在党中央和满洲省委的积极营救下，赵尚志和其他同志于当年底一道被释出狱，奔向了抗日战场。

　　赵尚志(化名李育才）到巴彦后，发现"平洋"这支队伍不是在依靠工农、发动群众斗争的基础上建立起来的，虽然人数有几百人，但其中"绿林好"土匪的势力很大，部队很不巩固。便与张甲洲共同研究了面临的形势和游击队的发展。张甲洲接受了赵尚志的建议，对部队进行了整编，建立东北工农义勇军江北骑兵独立师，由张甲洲任师长，赵尚志任参谋长，下辖3个大队及模范队（后称"少年连"）。第一大队队长张清林，第二大队队长夏尚志，第三大队队长呼青山，赵尚志兼任模范队队长。此外，还成立了教导队、宣传队，为加强党对部队的领导，队内秘密成立了党的干事会。巴彦抗日游击队成立后，张甲洲接受了赵尚志提出的整顿部队、抓紧训练的建议，利用战斗间隙，对游击队进行整顿与训练。为了从敌人手中夺取武器，歼灭敌人的有生力量，张甲洲和赵尚志决定首先攻打龙泉镇。龙泉镇有伪警察署、伪自卫团共百余人的武装，镇内有围墙和炮台，防卫力量较强。攻打龙泉镇的战斗取得胜利后，巴彦反日游击队名声大振，许多农民及当地小股武装纷纷投奔。部队经过几个月的战斗洗礼，政治军事素质都有了提高，张甲洲和赵尚志决定联合义勇军、山林队等抗日队伍攻打巴彦县城。

　　一天深夜，地下党员武斌踏着露水送来情报：巴彦城内有一个日军小队，还豢养了一个伪军大队、一个警察队和一个商团。除日军外，守敌主力是营编制的伪军大队，其头目沈大黑瞎子就是叫嚣要抓张甲洲的那个铁杆汉奸。

　　8月30日，巴彦反日游击队和原马占山抗日救国军余部才鸿献团（简称"才团"）、山林队"绿林好"分别从南、东南、东北三面攻进巴彦县城。具体方案：部队分三路运动到城边，以鸡叫第一声为号，同时进攻。

　　掌灯时分，张甲洲司令和赵尚志政委到第一线布置队伍。半夜时，侯振邦参谋长带着"前指"来到城西南马家店屯。

　　天将拂晓，随着一声鸡鸣，顿时枪声大作，"滴滴答……"嘹亮的冲锋号在古城外吹响，战士们高举着标有"巴彦抗日游击队"的大旗"呼啦啦"

地向前猛冲。冲到了城墙下，经过一番激战，潮水般的人流顺着云梯攀缘而上翻入城内。

巷战激烈展开。张甲洲率第一大队压向日军兵营。鬼子被劈头盖脸的枪弹逼到一栋大官房里，拼死抵抗。张甲洲命令贴身警卫员张兴背一大兜子手榴弹偷偷爬上房脊。张兴小心地揭下三片青灰瓦，脚下面透了亮。屋内鬼子兵正向外射击，对房顶开天窗丁点儿未发觉。张兴右手抓起三颗手榴弹顺窟窿一丢，"轰！"里面顿时一阵鬼哭狼嚎，"轰！"又是一顿手榴弹闷雷般炸响，鬼子一下子消停了。张兴敏捷地跳入院内，打开大门，战士们端着刺刀冲进去，干净利落地收拾完了残敌。

那边，赵尚志指挥的第二大队也遇到了伪军的顽强抵抗，张甲洲率队增援来到，这下自卫团更无斗志，接着，屋里面用刺刀挑出一件白衬衣："别打了，别打了，我们投降！"

巴彦打下来了！第一场大仗胜利了！伪县长程绍廉逃出城外时被俘。部队进城后，立即下令严守群众纪律，不许骚扰、抢夺城内居民财物，派出战士开展宣传工作，撒传单、贴标语、组织演讲团，揭露日军的罪行和南京国民政府的不抵抗政策，号召群众起来抗日，并打开伪县公署粮仓，赈济贫民。镇内青壮年纷纷要求参加抗日队伍，巴彦反日游击队迅速发展扩大。

中秋节前后，游击队接到群众情报，称呼（兰）海（伦）路康金井车站敌人防务空虚。康金井车站是呼（兰）海（伦）路上的一个车站。张甲洲和赵尚志当即决定长途奔袭康金井车站。他们挑选了100名精明强干的战士，组成一支轻骑队。夜暗时分，游击队出其不意，迅猛冲击，将车站伪警护队打得狼狈逃窜，使呼海路沿线敌人为之震惊。此后，反日游击队赴西集厂一带活动，又陆续收编了一些山林队，队伍扩大到700余人，编成第一、第二、第三、第四、第五、第六队及少年队、教导队和洋炮队。队里建立了党的干事会，设有书记和组织、宣传干事。还建立了士兵委员会和反日同盟会等组织。

1932 年 10 月，中共满洲省委派巡视员吴福海到巴彦反日游击队，传达贯彻省委关于执行"北方会议"决议精神和省委指示。其主要内容是：（1）将东北工农义勇军江北骑兵独立师改编为中国工农红军第三十六军江北独立师。（2）成立军事委员会，张甲洲为司令，赵尚志为第一政委，吴福海为第二政委，两人都是省委代表。（3）执行土地革命政策，实行打土豪、分田地。此后根据"北方会议"决议和省委指示，巴彦反日游击队即打起红军的旗号，在北满地区的呼兰、绥化、兰西、安达等地进行活动。红军第三十六军江北独立师为开辟新的游击斗争区域，解决枪支和部队御寒物资筹集的问题，做好冬季斗争的准备。

冬天到了，寒风阵阵，让人不禁发抖。

10 月 29 日这天，红军江北骑兵独立师官兵在风雪中前进，准备攻打东兴设治局（东兴正式设县之前为设治局）。

上午 10 时，独立师官兵一齐开火，打得东兴城头尘土翻飞、烟雾迷眼。由于独立师采取声东击西的战术，城里的四五百名军警毫无防备，仓促应战。

"轰隆！"西城门随着一声巨响被炸开。里面的伪军警不知外边来了多少人马，拔腿就跑，一窝蜂似的顺东城门逃向东山里。游击队半个小时就占领了全城，着实出人意料。

占领东兴后的第二天，敌人便开始疯狂反扑。

东兴县城背靠大青山，自古兵匪一家。伪军、警察、官吏逃聚到山里，又纠集了大批亲日的土匪，咬牙切齿发誓要"血洗东兴"。第二天中午，仨一伙俩一串的"小贩子""皮货商""车脚行"窜入城内街巷。寻摸好地势，众敌掏出手枪、步枪、机枪，"砰砰砰！""叭叭叭！"突然向游击队开火。

从中午到半夜，鏖战持续 10 多个小时，东兴城内弹火纷飞、血流成河。

天擦黑时，近千名伪军、警察、土匪涌入城中，敌我双方在城内展开了拉锯战，独立师战士都打红了眼。入夜，敌人组织敢死队杀向独立师司令部，出击两次都被打退。经过激战，张甲洲带领官兵成功冲出敌人的包围，向城外撤退。

那边，赵尚志率领战士在夜幕中悄悄翻出城西墙。刚出去没多久，就被前门的敌人发现了，于是敌人将注意力都放在追击赵尚志身上。追敌在城西正尾击赵尚志，忽听背后枪声大作，原来张甲洲率领的游击队追了上来，从身后攻击敌人。结果，敌人受前后夹击，眨眼间倒下了十几个，剩下的四散逃命去了，游击队终于化险为夷，全部安全撤出东兴城。攻打东兴城，是独立师打的第一个硬仗。激战中，部队伤亡很大。赵尚志左眼负伤，夏尚志左腿负伤，30余名战士牺牲，但战斗中成长起来的独立师声威大振，哈东涌起了抗日新高潮。11月末，游击队将士举红旗、跨战马，浩浩荡荡地从巴彦北部根据地出发进行远征，驰骋于松嫩平原，转战于呼兰、兰西、青冈、肇东、安达、明水、林甸、依安、拜泉、通北、绥化、庆安、铁力一带，对人民群众广泛进行抗日宣传、鼓动，播撒抗日火种。游击队节节胜利、所向无敌。见此情形 张甲洲激奋地宣告：要组建万人队伍，创建十大游击区。

受"左害"，张甲洲、赵尚志蒙冤离队

然而，天有不测风云。正当张甲洲、赵尚志这两位意气风发、斗志昂扬的年轻指挥员，带队伍屡创胜绩的时候，"左"倾路线的寒流向他们袭来。

1932年，王明操纵的党中央在上海召开"北方会议"。中共中央北方五省会议无视东北已遍地日军的现实，无理指责罗登贤搞"满洲特殊化"，要求不折不扣实行二地革命政策，提出"打土豪、分田地""进行土地革命""武装保护苏联"的口号，并要求巴彦抗日游击队攻打哈尔滨、沈阳、长春、齐齐哈尔。随后调离罗的工作，派李实代理满洲省委书记。12月，省委为贯彻"北方会议"精神，把巴彦抗日游击队改编为"中国工农红军第三十六军"，

张甲洲任军长，从莫斯科派回的吴福海任政委，赵尚志任参谋长。从此，部队执行王明极左路线，不再讲抗日民族统一战线。原先，一提打日本，富人家的粮食、衣物都支援游击队，"打土豪、分田地"后反目成仇，地主及武装与日伪军联合"剿匪"，部队四面楚歌，每况愈下。除夕之夜，张甲洲、赵尚志等16名师以上干部怀着沉重的心情回到哈尔滨向满洲省委汇报。此后，赵尚志留在哈尔滨疗伤，张甲洲回到队伍。不久，在省委指示下，游击队内还搞了"发动反张甲洲斗争"，并指责赵尚志"忠实地执行土匪式的地主武装路线"。在队内矛盾冲突、外有强敌围攻的情况下，1933年初，巴彦游击队终于瓦解，张甲洲也无奈地回到了哈尔滨。

滞留哈市期间，赵尚志、张甲洲又与省委领导发生激烈争论，莫斯科派来的省委领导指责他们执行"满洲特殊化""富农路线和军事投机军官路线"造成队伍失败。对此，张、赵一再据理力争。几天后，省委冷若冰霜地宣布决定："开除张甲洲、赵尚志党籍！"这是他们第一次蒙受不白之冤。不公正的处分不曾使两颗精忠报国之心消沉、泯灭。后来，张甲洲、赵尚志含冤离队，两人互道珍重后也分了手。

1933年7月，张甲洲只身一人乘船东去，重新操起了老本行——从事地下工作。他化名张进思，设法打入富锦县中学，仅用3个月就学会了日语，考上了二等翻译，深得日本参事官横山安启的赏识，很快当上了校长，接着把于天放等战友也调来任教。以后的日子里，他又与抗联一军、六军、七军、十一军相继取得联系，为他们提供情报、枪支和电台，并策动伪警察署长李景荫率部起义。

张甲洲虽很隐蔽，但"来历不明，履历不清"，在富锦又有蛛丝马迹，引起了敌人的警觉。一天下午，日本宪兵队长广野突然盘问他，他咬紧牙关拒不承认自己是张甲洲。敌人的企图很明显，张甲洲决定立即撤出返回部队。中共北满省委决定让张甲洲回抗联部队去任职。

1937年8月28日早晨，张甲洲率于天放（新中国成立后任黑龙江省副省长）等同志带着暗中筹集的 400 多套衣服、100 支枪、30000 发子弹、一台收音机、一本地图离开了富锦城，奔赴抗联独立师祁致中部。独立师副官薛华及参谋长李景荫等去富锦县接应他们。不料，途中遭伪军袭击，张甲洲小腹中弹，血流如注，止也止不住。

醒来时，张甲洲慢慢睁开眼睛，环视了一下战友们，说了句："抗日到底！"便闭上了眼睛，年仅 30 岁，壮志未酬。噩耗传来，准备接应的独立师将士悲痛万分，抚棺长泣……后来，于天放等人参加了抗联独立师。

1983 年 1 月，一封饱含深情的亲笔信从中南海飞来，时任中共中央政治局委员胡乔木仍未忘记老领导、老同学、老战友："张甲洲是我在清华时的同学，当时他是党员，我是团员。为人非常正直，对党十分忠实，很有能力和魄力，对我教育很深，至今仍极为怀念。"**1**

张寿筏（李兆麟）巡视传达新精神，赵尚志拉起珠河反日游击队

现在，回过头来再说说赵尚志蒙冤离队后的情况。

失去党籍的赵尚志心情极为郁闷沉重。他在给一位朋友的信中写道："风打麦波千层涨，雁送征人一段愁，披靡无术，被屏逐于千里之外……"**2**没事的时候，赵尚志就到冰封的松花江边散步，边走边深思。来自江北的刺骨寒风让他逐渐冷静了下来。尽管自己坚决认为独立师的溃败不是自己的责任，尽管自己坚持满洲省委开除他的党籍是错误的。但不管是谁的错误，独立师总是在自己手上溃散了，他总是没有完成省委交给他的任务。他辜负了党对他的信任。在哪里跌倒，就要在哪里爬起来。赵尚志决心再下北满，重新拉起一支抗日队伍！此后，赵尚志隐姓埋名离开哈尔滨，一个人去投奔活动在哈东宾县、珠河一带的孙朝阳义勇队，做了一名马夫。

1933 年 7 月间，中共珠河中心县委对赵尚志的问题又进行了专门的研究。县委领导们肯定了他的革命积极性，并对中共满洲省委因巴彦独立师的

失败而开除他的党籍提出了疑义，建议省委恢复赵的党籍。与此同时，中共珠河中心县委书记关化新同志派崔钟鸣和侯启刚到孙部找到了赵尚志，把县委的这一决定正式通知给他。来人还告诉赵尚志，现在孙朝阳队内的李启东、李根植、姜熙善等都是党员，并为他们接上了关系。此后，赵尚志和李启东在珠河中心县委的领导下，同心协力在队内向士兵开展反日救国的宣传工作，使孙朝阳的反日义勇军部队有了迅速的发展。

7月，宾县之敌倾巢而出，寻找抗日军作战。赵尚志向孙朝阳建议：联络九江、四海、战胜等山林队，一起攻打宾县。8月11日，朝阳队、九江队、四海队、战胜队组成联合军，赵尚志任前敌总指挥，带一门木炮，突然包围了宾县县城，从四门发起了猛攻。守敌四门紧闭，爬上城头顽抗。赵尚志让人把木炮在东门外架起来，对准城门轰击。几声炮响过后，城门被轰开了半边。联合军一拥而入，将残敌消灭。义勇军占据了伪县公署，烧毁了伪公安局、税捐局，枪毙了伪公安局长，逮捕了十余名日本兵和汉奸走狗，缴获了许多武器和军需品。此战在周边地区产生很大影响，一时间，各义勇军、山林队纷纷来投奔朝阳队，孙朝阳部扩大到700余人，成为哈东地区一支重要的反日力量。

宾县失守让当地日伪军恼羞成怒，他们集结了上千兵力，下决心"剿灭"朝阳队。驻哈尔滨的日本特务机关也派出奸细，打进朝阳队做分化瓦解工作。

孙朝阳的部队进攻宾县县城后，没有采纳赵尚志速攻速撤、不可久占的建议，而是留恋城镇，以致遭到敌军的进攻和日机的轰炸，部队损失惨重。这时，孙朝阳的抗战信心受挫，最后决定把部队撤到苇沙岭大锅盔的深山老林中去。

可就在他们进山不久，敌人派来的奸细找到孙朝阳，自称是关内抗日义勇军后援会派来的。来人走后，孙朝阳发生了动摇，对赵尚志等人的身份产生了怀疑，与其堂兄"容易"及"宝胜"等密谋除掉赵尚志、李启东等人。

　　不料隔墙有耳。他们的密谋被一名叫王德全的战士听到。王德全本是巴彦游击队的一名队员，说起来也是赵的老部下了。他听到这些话后，马上找到了赵尚志，将这一切告诉他。赵尚志听后感到事态严重，便立马把队内的几个党员找到一起，决定立即离开。当晚，王德全趁孙朝阳熟睡之机，到孙的屋内将一挺轻机枪背了出来。之后，赵尚志、李启东、李根植、姜熙善、王德全、姜甘昌、金吕满、朴德山等8人带着1挺机关枪和11支大小枪离开了大锅盔山，前往中共珠河中心县委所在地——六道河子。

　　中共珠河中心县委和满洲省委得知赵尚志他们已从孙部哗变出来的消息后十分重视。县委给他们派去了朱新阳、李福林等同志，并为他们送去了一些枪支、做冬装用的棉布和棉花，使他们感到了党的温暖；虽然满洲省委不同意恢复赵尚志的党籍，但对这支队伍还是十分关注的。为此，专门派出了省军委负责人张寿筏以省委巡视员的身份前往珠河，为他们带去了党中央的指示精神。

　　这位张寿筏就是今人皆知的李兆麟将军。辽宁省辽阳小荣官屯人，幼丧父为佣农，而少负大志。工余辄孜孜苦读，后得亲友资助，离家入北平私立中国大学，在校期间开始投身抗日救亡运动。1930年加入中国共产主义青年团，1931年转为中共党员。九一八事变后，奉命返乡组织义勇军，参与指挥苏景阳领导的东北义勇军第二十四路军对奉天飞机场的袭击。1933年6月奉天特委遭敌破坏，他来到哈尔滨，不久后接任省委军委书记。

　　张寿筏来到哈东，加强了北满地区的领导力量。他来到珠河找到赵尚志和中心县委的同志后做的第一件事就是向他们传达了中共中央"一·二六"指示并和他们在一起进行了学习讨论。大家对中共中央"一·二六"指示的到来感到由衷的高兴。当然，最高兴的还是被省委以右倾名义开除党籍的赵尚志了。在这一指示精神鼓舞下，中共珠河县委及赵尚志与张寿筏等同志一起，对如何建立我们党自己的抗日武装问题进行了细致的讨论，作出了以下五项重要决定：

1.成立"珠河东北反日游击队"，赵尚志为队长；

2.在游击队内建立党团组织，李福林为党支部书记、李启东为组织委员、朱新阳为宣传委员、李根植为青年团小组组长；

3.为加强和保持党对游击队的领导，建立起与县委和省委经常接头的地点，并要求省委经常派巡视员到游击队检查指导工作；

4.加强统一战线工作，建立与其他反日义勇军（特别是孙朝阳部）的通信联系，与其订立反日作战协议；

5.游击队的活动范围暂定在石头河、板子房、黑龙宫一带，待队伍扩大后再向延寿、方正、五常、双城一带发展。

1933 年 10 月 10 日，秋日的阳光照耀着珠河一带的山川大地。

在珠河铁道南的三股流（今尚志市三阳乡），这个小小的山村里呈现出一片欢腾的景象。

珠河东北反日游击队在珠河县（今尚志县）三股流正式宣告成立。虽然这支队伍只有 13 个人、13 条枪，但成立大会却开得有板有眼。哈尔滨反日总会的代表、珠河中心县委和农民自卫队的代表都参加了这次大会，热烈庆贺游击队诞生。队长赵尚志在大会上发表了游击队成立宣言，宣布珠河东北反日游击队执行磐石人民革命军的斗争纲领及庆祝南满人民革命军第一军成立的贺电。

最后，赵尚志带领全体游击队员鸣枪宣誓："我珠河东北反日游击队全体战士，为收复东北失地，夺取祖国自由，哪怕枪林弹雨，万死不辞，赴汤蹈火，千辛不避，誓必武装东北 3000 万同胞，驱逐日寇海陆空军滚出神洲，为中华民族的独立解放奋斗到底。"

从此就有了后来北满最具战斗力的抗联第三军。

珠河东北反日游击队一成立，便显示出了共产党领导的队伍的特色来。游击队成立初期，在铁路南三股流一带活动，每到一地，必召集群众宣传抗日救国，并帮助群众推磨、汲水，晚上就睡在群众家地下，纪律严明，很受群众欢迎。虽然人数少，但游击队一直在加紧武装斗争的准备。

10 月下旬的一天夜晚，秋雨连绵，天黑得伸手不见五指。赵尚志率珠河游击队第一次出击，目标是中东路南的三股流大排队。

三股流一带距珠河县城较远，群众基础很好，县委决定以这里为中心，建立珠河的第一块根据地。但是，这支地主大排队的存在，影响了县委计划的实现。

"那就先把它打掉！"赵尚志下了决心。

加上张寿篯，全队也只有 14 个人。但除了朱新阳等几个新手，其他人都是打过仗的老兵。要消灭一个没有多少防备的地主大排队还是有把握的。何况事先他们已做了周密侦察。

他们天黑后从六道河子出发，急行 80 里，拂晓时分到达了三股流。

前面就是大排队驻地，院子里黑乎乎的，大排队队员们睡觉的屋里亮着一盏值夜的灯。院门外晃动着一个哨兵的影子。

赵尚志示意全队在墙角停下，一个人径直朝哨兵走过去。在哨兵还没来得及做出反应之前，赵尚志用枪顶住了他的脑袋。

"别动！动一下就打死你！"哨兵哆嗦起来，一声也不敢吭了。

李福林等人带着队伍冲过来，神不知鬼不觉地进了院子，"咣当"一声踢开了屋门。

"不许动！谁动打死谁！"

大排队队员们被惊醒了。一个个目瞪口呆，回不过来神。战士们眼疾手快，趁势将枪架上的枪全部缴获。

接着，赵尚志捉一个大排队队员带路，直奔土豪王福山庄园而去。众游击队员迅速闯进屋内，将来不及起身的王福山按住，绑了个结结实实。

天大亮后，赵尚志召开群众大会，吓得魂不附体的大排队队员们个个衣衫不整地站在院里。一声枪响，恶霸王福山一命呜呼！

接着，赵尚志对大排队队员宣布："三股流大排队解散！我本想将你们统统枪毙，可是算了，给你们一次自新的机会，下次再让我在这种场合碰上，你们的小命就甭要了！滚吧！"[3]

大排队队员们被赶走了，这里成了游击队和县委的新驻地。1933年冬天，以珠河三股流为中心的反日根据地初步形成。珠河中心县委和珠河游击队把这块根据地作为开展各项反日活动和进行游击战争的后方基地，得到了珠河地区广大人民群众的热烈拥护和大力支援。

珠河是中东铁路线哈东段上的重镇，距哈尔滨不过百十公里，双城离哈尔滨更近，简直就在哈市近郊。珠河游击队的出现和频繁出击，很快在哈尔滨和哈东五县（珠河、双城、阿城、延寿、宾县）的敌人中间引起了强烈震动。

1933年12月初，珠河游击队在队长赵尚志率领下攻打罗家店（原属尚志市三阳公社一带）西沟时，敌人从乌吉密调来40多名日伪军，向游击队进攻。战斗中，王德全的那挺捷克式轻机枪点射打得很老练，令敌不敢轻易出击。打了一阵子，赵尚志下令撤退，退得有条不紊。敌人感到这支十几个人的队伍不大好惹，没敢追。不幸的是，在后来的战斗中，游击队创始人之一、机枪连连长王德全英勇牺牲了。

不久，珠河游击队在火烧沟开会，又遭珠河日军指导官所率100多人的日伪军的袭击。这回地形有利，赵尚志指挥大家顽强阻击，经过6个小时的激战，歼敌大队长以下20余人，游击队只有两名队员负伤。敌余部溃不成军，狼狈逃窜。火烧沟一战，使中东路（哈尔）滨绥（芬河）线一带群众和各色武装对赵尚志和珠河游击队刮目相看，队伍迅速发展壮大。

在中东铁路南取得了一连串胜利之后，根据满洲省委"积极开展游击运动""扩大游击区域"的指示，1934年1月26日，赵尚志率30余名少年队战士越过中东路，在铁道北开展游击活动。首先缴了宋家店大排队的武装，得枪17支。随后又缴了几个警察局（所）的武装，3月间攻占了中东铁路道北军事要地秋皮囤。

木炮打宾县，激战三岔河，珠河反日游击队两战成名

珠河游击队在军事上取得了一系列胜利，影响日益扩大，1934 年夏，珠河游击区已扩展到宾县、延寿、五常、双城等县的一些地区。队伍迅速发展到 130 人，队内编成五个分队，还有骑兵队、机关枪队、少年先锋队。赵尚志也因其勇猛凶狠、机智顽强的战斗作风威震哈东。

然而，赵尚志作为游击队长，并不满足于已有的战斗成果，他总觉得这些战斗都是小打小闹，还不是真正意义的大战硬仗，珠河游击队还需要经历更为艰苦的实战磨砺，还要扩展更大的游击空间。

赵尚志是这样想的，更是这样做的。

1934 年 3 月中旬的一个夜晚，赵尚志、张寿篯率领游击队员 50 多人，义勇军"黄炮"队伍 100 多人，向宾州进发。城内的党组织早已按游击队约定的时间做好了准备。当游击队到达城下时，城内敌人已经发觉，日军守备队、伪警察骑兵队、伪山林警察队等早已在城上固守，并有伪大排队、商团武装配合。由于城墙坚固，护城河又宽又深，游击队没有重型武器，攻城不下，便不战而归。

回到驻地后，赵尚志发动游击队认真总结了没有大炮摧毁不了敌人城防工事、打不进宾州城的教训。这时，赵尚志想起当年在孙朝阳攻打宾县时曾使用过去流传下来的一门清末民初的铸铁炮。经过研究，大家决定自己动手造炮，给敌人来个"土炮破宾州"。

在赵尚志的启发下，游击队员开始想办法造土炮，战士们在杨家烧锅弄来一根有碗口粗、7 尺长的铁管子，利用古代火炮的原理，设计了一门土炮，能装 10 来斤火药和 30 来斤碎伴铁及秤砣。他们在铁管子外面镶上柳木，用铁丝一道道地缠上，配上炮架，再把炮涂上黑色，让人分辨不出是土炮还是钢炮。

做好了攻城准备之后，5 月 14 日，赵尚志率领游击队和部分反日山林

队共计1000余人向宾州城开进。夜里两点半，队伍兵临宾州城下。然后，分东、西、南三面包围了宾州城。根据地形，赵尚志确定正南面为主攻方向，因此把自制的木炮对准南门架起来。

游击队来到城下，守敌早已发现，但并不慌张，因为他们知道游击队没炮轰不开城门，上次这伙人不就是被城墙挡在了城外嘛。于是，伪军一边不停地向城外无目标地射击，一边轻蔑地向游击队员喊话："赵匪们听着，你们有本事就上来攻城吧！"

游击队战士又喊道："伪军弟兄们快投降吧！不投降就用炮轰城了。"

一名伪军长官听到此话，大声冲游击队喊道："匪儿们，别吹了！大日本皇军有炮，国军（指满洲国伪军）也有炮，你们有吗？"

面对敌人的狂妄叫阵，赵尚志并没有被激怒，仍然没有下令攻城，令游击队战士严阵以待，只待夜晚战机来临。夜里3点多钟，土炮的射击准备工作已经就绪。

赵尚志一声令下，守炮战士点火放炮，一声巨响，只见火光一闪，一条长长的火龙飞向敌阵。第一炮击中南城门的炮楼，接着又一声巨响，城墙被轰塌一角。游击队、突击队和少年连的战士趁势冒着浓烟冲进城门缺口，城东、城西两处的部队也随即发起了进攻。城里的日本守备队、伪军乱成一团，纷纷投降，宾县终于被赵尚志的"土炮"给轰塌了！

此战，游击队共缴获300多支长短枪和大批弹药、物资。事后，宾县自卫团一部也投奔游击队。

打下宾县，赵尚志感觉不过瘾，决定寻找机会再痛打敌人一次。

1934年5月下旬，赵尚志、张寿篯率领珠河反日游击队，并联合黄炮、铁军、朱万金、北来、白龙、于九江、串山好、占山好、老来好等义勇军山林队400余人，带着2挺机枪，从元宝河（位于宾县境内）出发，来到三岔河一带。

　　三岔河，是一个方圆不大的小乡镇，位于宾州镇东 15 公里处，一座座炮楼高耸的大院套，显示着主人的气派和富足。这里除了"三门王家"、"三门李家"、"三门高家"、"三门柴家"、"三门薛家"和"田家油坊"等几家有粮、有钱、有枪的大地主，还有以李靖远和石海山为首的 100 余人的保安队。

　　这天，赵尚志带领珠河反日联合军来到离三岔河不远的九千五（位于宾县境内）附近，给三岔河保安队的李靖远队长写信，希望和保安队联合抗日。李靖远见信后，表示要参加联合军。第二天，赵尚志带领珠河反日联合军，举着鲜红的战旗，很快来到三岔河。保安队李队长出来迎接，把赵尚志和张寿篯请到屋里。赵尚志、张寿篯向保安队队长李靖远宣传了党的抗日救国的方针政策和游击队铁的纪律。经过会谈，将保安队收编为珠河反日联合军第四中队，并委任李靖远为司令部的副官。

　　由于进驻三岔河比较顺利，游击队便在这里开展了半个多月的游击活动。不料有汉奸偷偷地向伪县公署和日军报了信。第二天中午时分，600 多敌人从宾县、珠河和哈尔滨分头赶来，其中近一半为日军。正午，敌人来到三岔河。敌人兵分多路，向高家方向摆下攻势，妄图分进合击，一举消灭珠河反日游击队。

　　赵尚志正在"三门柴家"召开游击队干部会议。突然，从高家西南方向传来枪声。

　　赵尚志、张寿篯面对突如其来的情况，快速冷静地作出迎战部署：将司令部由"三门薛家"撤到"三门李家"，又将一中队设在"三门王家"，二、三中队驻守在"三门高家"。这三个大院围墙一丈多高，各墙角都设有炮台。

　　很快，敌人凭借人多、武器装备精良蜂拥而上，三岔河的枪声响成一锅粥，一柱柱烟尘在爆炸声中腾空而起，气浪灼人。

　　战局十分危急。赵尚志当机立断，带领骑兵队飞速抢占了易守难攻的"三门王家"的中间大院。敌人随后包抄过来。自打宾州后，日伪当局就将赵尚志的队伍视为心腹大患，这回终于逮住机会，岂能不下狠手。只见日军发疯似的向"三门王家"冲了过来。

游击队机枪射手吕虎章在炮楼和围墙上来回移动着猛烈地向敌军射击。机枪呼啸，敌人一个接一个地应声倒下。打到天黑了，敌人仍然攻不下游击队占领的中院。

夜半时分，赵尚志一声令下，官兵们雄狮猛虎般冲了出来，手中的步枪、机枪、匣子枪一起吼叫着。这是一种将生死置之度外的冲杀。张寿篯正好带人赶到接应，"九江队"一部也赶来助战。两下夹击，敌人阵脚乱了。三路人马在夜色中奋力冲突，从"三门王家"院中冲杀出来，又撤到"三门高家"。赵尚志又连夜布置，在"三门高家"西岗挖了一条4里多长的战壕。

第二天，太阳刚出山时，一群日军督促着伪军向游击队方向冲来。

当日伪军进入游击队火力射程时，赵尚志一声令下，顿时，游击队机枪、步枪响成一片。敌人无处藏身，一连几次冲锋都被打了回去。赵尚志见势立即向敌发起反冲击。敌人带着残部，狼狈逃窜，我军迅速撤到草沟进行休整。

三岔河之战，在敌众我寡、被敌人重兵包围的情况下，经过两天一夜的浴血奋战，敌人丢下几十具尸体（其中日军占一半），而珠河反日游击队只牺牲2人、伤3人，充分表明了珠河反日游击队是一支能打硬仗的部队。

三岔河之战，是抗联第三军战史上最初的硬仗恶仗，也是抗联早期少见的硬仗恶仗。这一仗，对赵尚志和珠河游击队战斗作风影响极大，后来抗联第三军以能打硬仗恶仗著称与三岔河之战的锻炼紧密相关。

三岔河之战对敌人的震动很大。此后，敌人对珠河反日游击队闻风丧胆，并在哈尔滨登报悬赏一万元捉拿赵尚志。而珠河东北反日游击队就是凭借打硬仗、打大仗、打胜仗的本事，使得珠河地区数十个反日山林队和义勇军纷纷向游击队靠拢，或是接受改编，或者同意与游击队联合作战。于此，珠河地区抗日统一战线的建立初具条件。

东北反日游击队哈东支队攻陷五常堡，智取四道河子

1934年6月28日，在珠河铁道南柳树河子（今尚志市乌吉密南沟）召开了党团扩大会议，会议上讨论通过了改编义勇军、山林队的原则和计划。第二天召开了包括被改编队伍在内的指战员大会，宣布和通过了改编的决定，当即宣告东北反日游击哈东支队（以下简称"哈东支队"）正式编成。下设司令部，司令为赵尚志，政委张寿篯，参谋长梁佐术。全支队共编成3个总队，每个总队下分3个大队，每个大队又分3个中队。第一总队长由赵尚志兼任，总队副王甲三，政委由张寿篯兼任；第二总队长黄英（即黄炮），总队副由梁佐术兼任，政委马宏力；第三总队长曹德生，总队副李靖远，政委祁晓梦（即韩光）。此外，还有骑兵队、教导队和少年队。全支队共计有3个总队、9个大队、27个中队、450余人，且人枪相等。这其中有9个中队共180多人是党直接领导的基本队伍。

哈东支队建立后，司令部根据人员增多，队伍扩大，集中活动不便的情况，决定分成三部分开展游击活动。赵尚志、张寿篯率领第一总队和第二总队在宾县一带开展游击活动，创立新的反日游击区；马宏力率领第二总队部分队伍活动于中东铁路道南游击区，并联络各义勇军向双城、五常、舒兰、威虎岭、大锅盔一带活动，巩固和扩大道南反日游击区；曹德生、祁晓梦率领第三总队活动于铁道北，向珠河东北移动，开辟延寿、方正一带新的反日游击区。

哈东支队编成后，联合军的队伍虽然扩大了，但是，队伍成员的质量却发生了很大的变化。不仅将在这一带活动的许多反日义勇军和山林队编了进来，而且把当地一部分地主大排队也编进哈东支队。改编之后，又未能及时派去政工人员对他们进行政治教育，提高广大官兵的政治觉悟。尤其是没有发动士兵，建立起士兵委员会或士兵代表会等群众性的组织，也没有在上层建立起政治部，使很多编进队内的义勇军和山林队依然保持着原有的组织和

领导成分。正因如此，联合军在以后的作战中出师不利，一些反日山林队如黄炮、压东洋、九江、铁军等队伍，或临阵脱逃，或倒戈反击，或暗中保存实力，不为我用。

1934 年 7 月中旬，在铁道南活动的第二总队与考凤林、压东洋、爱民等义勇军的队伍联合攻打五常县城。压东洋、爱民等队未执行作战计划，临阵逃脱。黄炮、铁军得知第二总队攻打五常县城失利的消息后有些惊慌。随之又听见在铁道北活动的第三总队缴了于九江后方游击队的武装的消息，便产生了脱离联合军的想法。

赵尚志率领的第一总队，由于基本队伍人数不多，战斗力不强，在宾县乾松顶子之战中也未能获得胜利。这时，黄炮擅自率队逃回黑龙宫，铁军队也脱离联合军的队伍去投奔九江队。

针对这一连串的失利，赵尚志认为要想打击敌人的反动气焰，扭转和制止在山林队、义勇军中脱队叛逃的逆流，从而摆脱被动逆境，重新打开局面，就必须在军事上取得新的胜利。否则，任你说破天也没有用。

赵尚志和哈东支队的其他领导决定要尽快打几个胜仗，来给抗日队伍和群众提一提气。

9 月份，赵尚志决定要干个大的——打五常堡。

五常堡是距五常县城 30 华里的一个重镇，属五常县大镇，又富过县城，商家大户特别多。这种镇子的一个显著特点是城高壕深，小镇的四周是很高的城墙，墙外是深壕，墙内是东西、南北各有 3 里地的正方形街市，城墙的四角上和里面的一些重要路口都有炮台。有钱人重视武装，舍得投入。不然，胡子打进来，洗劫一次一些大户就会破产。镇内除了驻有警察队、商团、大排队 200 多人外，还有一些备用枪支。一旦有事，里面的人都能执枪上阵。据说 40 多年间没有任何武装能够打进五常堡。1932 年，曾有两千多义勇军来袭，结果白白伤亡许多人。**4**

五常堡里的人听说赵尚志和张寿篯带队向五常方向开过来后，并没太害怕。他们大大咧咧地说："事变那年，姚旅等自卫军都没攻进，小小游击队敢进五常堡？找死！"

1934 年中秋节前的一个夜晚，一场大战即将到来。

哈东支队集中了包括义勇军、山林队在内的 300 余人的队伍，在支队司令赵尚志、政委张寿篯的指挥下渡过大泥河，直奔五常堡。

来到五常堡后，赵尚志迅速派兵 100 余人设在拉滨线上，以堵截从哈尔滨方面来的日军增援部队，其余 200 多人按照原定计划，迅速从四面把五常堡包围起来。

在漆黑的暗夜中，嘹亮的军号声划破了五常堡内外的寂静。号音未落，游击队员开始攻城。敌人居高临下，密集的枪弹飞了过来。一时间，压得攻城战士抬不起头来。

这时，从北面攻城的第一大队第二中队的战士，有 16 人在赵尚志带领下，首先从西北角冲进城内，接连攻占 3 个炮台，打到十字街。按照"以火光为令"的规定，他们把徐家粉房的秫秸垛点着，火光照亮了漆黑的夜空，各路攻城大军见到火光，有如猛虎出山，从四面八方迅速攻入城内。还在顽抗的剩余敌人见城池已破，搞不清到底有多少游击队员已攻入城中，于是心中慌乱，无力抵抗，纷纷出城逃跑。

战斗进行了 4 个小时，夜半，防守坚固的五常堡被我联合军攻克。

在五常堡攻击战中，赵尚志以 300 余人攻击敌人 500 人驻守的重镇，缴获步枪约 90 支，抓了 30 名汉奸、走狗和恶霸地主。没收一家敌伪的当铺、一个商号的财物，得了许多布匹、胶鞋和面粉等物资，解决了部队冬装与供给。在攻城中我军姚万春大队长牺牲，另外还有一名战士负伤。

哈东支队政治部宣传队在城镇内张贴了很多反日标语，散发了告群众书和传单，黎明前迅速撤出五常堡，直奔牛河。当我军胜利地渡过河后，敌援军才进驻五常堡，未敢前来追击。

从五常堡撤出来后，哈东支队来到了敌人设在四道河子的据点。赵尚志决定"搂草打兔子",把它也收拾了。但这次他却不想硬打了,而是智取!

赵尚志找来游击队骑兵队长,耳提面命一番,骑兵队长笑呵呵地离开了。

四道河子城门前的一条路上,来回流动的哨兵看见远处路面上烟尘腾起,一队骑兵向城堡飞驰而来。

哨兵急忙拉开枪栓,惊慌地喊话:"停下!快停下!再不停下可要开枪了!"

"你们是干什么的?哪部分的?"

来者故意慌慌张张地答道:"我们是五常堡的,刚才和赵尚志的部队在五常堡打起来了,没干过他们,只好先撤到你们这儿。赶快向你们的包队长报告,就说国军(指满洲国伪军)来了!"

城上的大排队队员一见来者身穿伪军军服,衣衫不整,骑在马上,回头不时张望身后有无追兵,神情惊慌,便信以为真,赶紧向头头报告。

四道河子大排队包队长一听五常堡的国军来了,迅速集合队伍,打开寨门,到场院列队迎接。赵尚志率队进入场院,站在大排队前面"训话"说:"老子在前边拼命,你们这帮人拿个鸟枪装门面唬人有屁用!来人,给我把他们的枪缴了!"赵尚志趁机下令缴了大排队的武器。

五常堡战斗与智取四道河子的胜利,不仅解决了支队冬季的军需物资,更重要的是打击了敌人的嚣张气焰,扭转了九江、黄炮等反日义勇军和山林队中所出现的动摇情绪和脱离联合军的叛逃逆流,扩大了我党和哈东支队的政治影响,使珠河根据地得到了巩固,反日游击区的范围也比原来扩大了。

破"讨伐",赵尚志肖田地突围

赵尚志率队从五常县撤出后,先是日夜兼程向五常东北山区疾进,将从五常县开出"追剿"的敌人诱进山林后,赵尚志突然掉头向哈尔滨西北方向进军，直扑双城、阿城间的八家子，9 月 25 日攻下梨树沟。此地离哈尔滨不过几十公里，日军第十师团急忙从哈尔滨调兵前来阻截，又令被甩在五常东南山区的日伪军回师双城。10 月初，赵尚志见日伪军已聚集在双城、阿城，再次掉头向东，重返五常，在小山子、方贤沟、威虎岭一带连克伪军，攻击日本移民村，势如破竹。

赵尚志的空前活跃令日伪当局十分难堪。日伪军为扑灭哈东一带反日武装，从 1934 年秋开始，就着手部署冬季“大讨伐”，哈东游击区同磐石、延吉、绥宁一起，被关东军司令部列为冬季“大讨伐”的重点地区。为此，敌人进行了长期准备。首先，向珠河地区增派兵力，从哈尔滨抽调日本守备队，又从各地区抽调伪军邓团、王团、屠旅、李营等，约有 2000 日伪军。他们在珠河游击区周围的大小城镇和交通要道上的村落分别增设驻扎点，采取分段包围的手段，企图一举歼灭我军。为分化反日武装，进一步对山林队和义勇军进行诱降，日伪提出“专打赵尚志，不打山林队”的口号。敌人所到之处，烧杀抢夺，收买利用汉奸残害群众，整个哈东顿时一片腥风血雨。

满洲省委紧急指示珠河县委和哈东支队奋起迎敌。按照县委的安排，赵尚志率领哈东支队避敌锋芒，转入外线作战，以坚决迅猛的行动，搞乱敌人的讨伐。他首先兵临珠河、苇河交界处的一面坡大青川，击退了保卫日本军用农场的九江队，烧毁了日本稻田公司种子两千石。然后兵分三路，到处出击，使敌人无法判断我军主力在哪里。

赵尚志自己亲率一路经威虎岭北上，向延寿和方正方向出击。部队刚出发，就被日伪军千余人合围在威虎岭、方贤沟一带。赵尚志率一、三大队和义勇军山林队一部在山里与敌人周旋了一个星期，突然在暗夜掩护下从合围圈的缝隙里跳出，越过中东路，进入道北。日伪军以为他还在山中，加紧封锁了一个星期，见没有动静，才派兵进山搜查。这时赵尚志早已到了延寿、方正之间的中和镇，留下刘海涛带七大队就地活动，自己率司令部和一、三大队迅速西移，一路向日伪零星据点连续发起袭击，烧毁宋家店、黑龙宫伪军营房，处死一名为虎作伥的伪甲长，将延寿七保大排队缴械，然后迅速越过中东路南下。

1934 年 11 月 25 日，赵尚志率领一、三、七大队共 200 多人回师道南。夜过排鬼山，被宿营在肖田地的日军望月部队和伪军邓云章团 800 余人发现。敌人迅速展开，将我军团团包围。赵尚志下令部队占领阵地，投入战斗。日伪军仗着人多，又有炮火和重机枪掩护，轮番向我军发起冲锋。我军坚守阵地，英勇顽强，击退敌人数次轮番进攻。在激烈的战斗中，支队司令部青年科长宋阶平及 2 名队员牺牲；赵尚志左肘被流弹所伤，最后因流血过多而昏倒。大队长刘海涛在危急时刻接替了他的指挥，指挥部队趁夜冲出重围，返回路南根据地。这场血战从早上 9 时一直打到下午 4 时，日伪军伤亡 120 余人，白俄警察伤亡 20 余人，我仅伤亡 3 人。

突围时，全队团团围定赵尚志，奋勇拼杀。各队之间交替掩护，逐次后退，井然有序，毫不慌张，显示出了部队很高的战术素养与作战能力。

日军官望月对游击队作战之英勇，退却时纪律之严整、行动之敏捷，且能巧妙地越过他布置的"堵击队"更是惊奇，称这是"德国式联军的退却"。望月不相信这只是一支共产党游击队，他的结论是："此战必有名将指挥。"

肖田地之战对日伪讨伐队彻底消灭哈东支队的信心是个沉重打击。其后，敌人立即调动大批"讨伐"队进行追击，而我军将部队化整为零，分成小股，乘机袭击敌人据点，然后迅速转移，致使敌人来袭时首尾不能相顾，常常扑空。就这样，一直周旋到 12 月底，日伪军无奈之下只好相继撤退，敌人的冬季"大讨伐"以失败告终。

1935 年春节未过，3000 多名日伪军对哈东游击区又开始了新一番"讨伐"。为摧毁我以珠河秋皮囤、侯林乡为中心的道北根据地，敌人在这一地区每一座重要村镇都派驻重兵，摆出一种长期坚守的架势，又派出机动部队对赵尚志率领的我军主力实施跟踪追击。

赵尚志针对敌人处处设防、兵力分散的特点，再次分为数路，快速游动，捕捉战机，狠狠打击敌人。2月9日，赵尚志率司令部直属队突然出现在五常，以迅雷不及掩耳之势连克方城岗和小山子敌据点，摧毁当地数处大排队防所。敌机动部队听说赵尚志到了道南，赶忙跟过来，赵尚志却又突然越过中东路，北上宾县，3小时内连缴三道街、包家岗、四道河子亲日大排队的武装，接着又围缴了驻财神庙的亲日大排队"占北平"，共得枪80余支。之后，他率部一路横扫，缴花矽子沟大排队的枪，火烧鞭草沟、姜家崴子伪警察所，在距离延寿县城仅8里的地方大摇大摆渡过蚂蚁河，深入到敌重兵防御的马鞍山、金坑一带活动，使当地伪政权惊恐万状。一个月的"讨伐"过后，敌人损兵折将，一无所获，又一直找不到赵尚志的踪影，只好鸣金收兵，大张旗鼓的春季"大讨伐"再次以失败告终。日军第十师团长岩越接到"讨伐"失败的报告，只说了一句话："小小的满洲国，大大的赵尚志！"

赵尚志三喜临门，兵移下江再破"讨伐"

1935年1月，对赵尚志来说，是个喜庆的月份，他三喜临门。

一喜是游击区迅速扩大。随着哈东支队进一步的节节胜利，珠河反日游击区也得了迅速发展和扩大。到1934年底，反日游击区的范围比珠河游击队成立初期扩大了3倍。从原来的珠河三股流一带发展和扩大到周围5个县的范围，即珠河的四、五区，延寿的三、五区，宾县的二、三、四、七、八区，五常的三、五区，双城的五、九区和方正的北部地区。这片区域东西长200余里，南北长350余里。此外，哈东支队还在三股流设立了兵工厂、被服厂、医院和印刷厂。

二喜是人民革命军第三军成立。1935年1月28日，在珠河道南根据地中心三股流群众欢庆胜利的锣鼓声中，根据满洲省委指示，哈东支队正式改编为东北人民革命军第三军。第三军暂编为1个师3个团，外加军部保安营和少年连。军长兼第一师师长赵尚志，政治部主任冯仲云。

234

第三军发表了成立宣言，向全东北和全中国人民表示，东北人民革命军第三军只有一个任务，那就是"将日本强盗赶出中国，推翻傀儡政权'满洲国'，建立中国人的独立自由的民众政权"。东北人民革命军第三军是继第一、二军之后，又一支党直接领导的重要抗日武装力量。第三军的成立，不仅标志着哈东支队又有了新的发展，也表明由中国共产党领导的抗日武装正在东北大地（南满、东满、吉东、北满等地）不断成长、壮大，党领导的人民抗日军队已在东北抗日游击战争中成为中坚力量。

三喜是在哈东游击区扩大、三军成立的同时，以杨光华为代理书记的新满洲省委作出决议，承认省委因巴彦游击队的失败而于1933年春开除赵尚志的党籍，"是当时省委执行'左'倾机会主义路线的结果"。赵尚志因为"在民族革命战争中能继续艰苦工作，与日本帝国主义斗争，具有坚决勇敢精神"，决定正式恢复赵尚志党籍。

珠河是中东路滨（哈尔滨）绥（绥芬河）线上的重要城镇，在政治上、军事上都处于十分重要的地位。我党领导的哈东反日游击战争，从1935年1月东北人民革命军第三军建立以后不断地取得胜利，珠河游击区也日益扩大。在十几个县的周围，摧毁了日伪统治的许多重要的军事据点，冲破了敌人的数次"讨伐"，推动了哈东一带反日民族革命运动不断地向前发展。第三军已成为哈东反日武装斗争的主要力量，直接威胁着敌伪在北满统治的中心城市哈尔滨。

从1935年以后，敌人策划的"讨伐"与以往不同：过去的"讨伐"，在时间上最多一个月，这次"讨伐"是一次接着一次，春季"讨伐"失败之后，紧接着发动夏季"讨伐"。这次"讨伐"以大批日军为主，把进攻的主要目标和重点放在对付我军和珠河反日游击区和根据地上。

为了消灭哈东抗日武装，日军在夏季"讨伐"前，就开始在珠河游击区周围普遍地建立"集团部落"，并在一些重要的据点驻扎日本武装移民，包围和压缩我军活动的区域。日伪统治机关于同年夏天在哈尔滨召开滨江等北部6省警务指导官和宾（县）、五（常）、双（城）、阿（城）、珠（河）、延（寿）等6县的参事官会议，策划和部署毁灭哈东反日游击区与珠河根据地的活动计划。

最后，伪滨江省警务厅又在帽儿山设立了指挥夏季"讨伐"的双（城）、阿（城）、珠（河）、宾（县）、五（常）、延（寿）六县办事处，特派日军大佐野崎为办事处主任，统一调动和指挥六县内一切日伪军的兵力。

日本侵略者在上述一切工作准备就绪之后，便以六县办事处为中枢，调动了滨绥铁路沿线日军各守备队、第四军管区所属伪军和警察大队，以及上述六县的伪县长和由日本参事官为头目的"地方治安工作班"等约3000多人，从7月21日起，以日军及警察队为主力首先对我珠河铁道南三股流为中心的根据地进行反复的"扫荡"和烧杀。珠河中心县委在1935年8月11日关于敌人烧杀游击根据地的情况向省委的报告中说："敌人这次对我游击区所采取的焚烧政策的规模是很大的，敌人铁蹄所到之处，一片烟云火海。我路南游击区除距铁道线十余里地之地方未被焚烧外，几乎三分之二以上的地区已成一片焦土。"日本侵略军这次进攻根据地的气焰十分嚣张，事先声称要"毁灭赵尚志的根据地"。强令群众必须从路南根据地迁出，"否则一律屠杀"。

珠河中心县委对于敌人这次对珠河根据地进攻虽然事先得到一些情报，但没有料到敌人会进行这样长期的、反复的"扫荡"和残酷的烧杀，因此缺乏准备，没有及时地领导群众进行斗争。"结果根据地和百姓生活遭严重破坏"**5**。

敌人对路南游击区和根据地疯狂地进行焚烧和屠杀之后，没过多久，又对珠河铁道北的反日区和根据地进行烧杀。珠河中心县委9月10日对这次烧杀的情况报告说："大青川、老黑顶子、对面山、石灰窑、马才沟、前后四方桥、秋皮囤等地，先后均被烧毁，沿山一带几乎没有人家，敌人驻扎重兵把守。路北游击区经过这次烧杀，除大亮珠河平原一带外，已建立起来的反日区，被毁的也有三分之二以上。"[6]

敌人在大肆烧杀的同时，还强迫群众搬到指定地点，并成大屯，筑起高墙，修上炮台，把群众置于敌人武装人员监视之下，割断群众与反日军的联系。敌人为迅速"围剿"我抗日部队，还强迫群众修筑以帽儿山为中心的六县公路，安装电话等。这些贯通各个角落的警备路和通讯网，再加上将原有的铁路、公路网联结起来，形成了近代化的军事交通运输线和情报通讯网。在敌人严密封锁和控制之下，东北人民革命军第三军在这里的活动更加困难。

经过敌人反复"扫荡"和烧杀之后，珠河根据地几乎全部被毁，反日群众的领导人和党团员遭到屠杀和逮捕，革命的力量受到严重的打击和挫折。在这个紧急关头，珠河中心县委于 9 月 10 日在铁道南召开了执委会议。会上在全面研究哈东地区形势的基础上，认为在珠河根据地大部被烧毁、群众被撵进大屯的情况下，集中大部队在这里继续进行活动极为困难，于是作出了主力部队开始转移，开辟下江新的游击区的决定。第三军根据珠河中心县委执委会议的决定，由军长赵尚志率领主力部队向延寿、方正、依兰、勃利、通河、汤原一带转移，到松花江下游地区开辟新的游击区域。

为适应新的斗争形势的需要，第三军在原来 3 个团的基础上，又组建了第四、五、六团。经过扩编之后，第三军队伍不但得到了充实与扩大，而且后来发展很快，到年底共有基本队伍 750 余人。党团员约占全军 60% 以上。

1935 年 10 月，赵尚志率领第三军司令部、少年连和扩编后的第四、五两团共 500 余人，从珠河铁道南根据地出发，向下江进发。将第二团留在铁道北，将第三团留在铁道南，继续在珠河根据地坚持活动，牵制敌人，配合第三军主力部队向下江地区转移。在随后的几个月时间里，第二、三这两个团与前来进攻的敌人进行了顽强的斗争，付出了很大的代价。极富传奇色彩的著名巾帼英雄赵一曼，就是在这段时间殉国的。

赵一曼激战春秋岭，陷囹圄以身殉国

赵一曼，原名李坤泰，1905年出生于四川省宜宾县白杨嘴村一个中等地主家庭。1924年在学校读书时秘密加入共青团，因家庭反对她投身革命而毅然与封建家庭决裂，从此踏上了革命道路。1926年党组织保送她到武汉军事政治学校学习，不久又被选送到苏联东方大学学习，回国后曾在上海党中央机关做秘密工作。

赵一曼是一个了不起的美丽女子。为了革命、为了祖国她可以做出常人难以想象的决定。在苏联留学期间，她与革命同志陈达邦结为终身伴侣。后党派她回国参加工作，那时正值新婚不久，但她不讲任何条件，含泪告别爱人，回国参加工作。九一八事变后，党派她到东北工作。临行前，她将儿子送到了武汉陈达邦的哥哥家里，然后又硬着心肠，含着泪离开了向她扑过来的儿子，毅然转身走出家门去了东北。

就是这样一个身材纤细、面容秀丽的女子，在以后的抗日斗争中成为东北乃至全国最著名的抗日英雄之一。

1934年春，赵一曼来到珠河中心县委，担任县委委员。此后，她便以县委特派员身份在抗日游击区展开工作。

在游击区工作期间，赵一曼坚毅果敢、平易近人，很快赢得了大家的信任和尊重。抗联老战士梁铭回忆说："那是1935年2月，当时我刚满13岁。旧历腊月二十九的中午，一支抗联队伍开进了我的家乡——珠河县刘家村，只见一位20多岁身背长筒猎枪、步态轻盈的女同志走在前面。她身穿一件没吊面的羊皮袄，敞着怀，里面穿着深灰色的棉衣，系着腰带，头戴一顶黑色狗皮帽子，齐耳短发露在外面，黑里透红的脸上一双大眼睛格外有神。……在最初的日子里，人们不知道她叫什么名字，都叫她女长官，还说她和赵尚志司令是亲兄妹（老百姓说赵一曼是赵尚志的亲妹妹，固然是不了解情况，但这两个人倒可以说是'师兄妹'——赵尚志是黄埔军校五期学员，赵一曼是黄埔军校武汉分校六期学员）。她知道以后便在大会上解释说：乡亲们，请大家不要叫我'女长官'，我们抗日同志都是为了打日本鬼子从四面八方到一起的，没有什么长官，全是同志，大家就叫我一曼好了。"

虽然赵一曼在这里让大家管她叫"一曼"，但是人们并不经常管她叫"一曼"，因为她身材纤细，大家总是亲切地以"瘦李"呼之。

长期的革命斗争实践使赵一曼成了一名意志坚定、经验丰富、作风泼辣的职业革命家。在游击区，她不仅是一位发动群众、组织群众、支援抗日军队的后方工作干部，也是一位英勇善战的军事指挥员。1933 年 4 月间，赵一曼曾受满洲省委的派遣，到海伦巡视工作。她就曾领导当地游击队 200 余人在一次战斗中击溃伪自卫团 500 余人，伪团总也被当场击毙。此战，赵一曼的军事指挥才能已崭露头角。后来，要不是因执行"北方会议"精神导致了海伦游击队失败，枪法精准、坚定干练的赵一曼，很有可能比赵尚志更早地在北满"打"出一块红色根据地来。

后来，还有一次，第三军第三团在侯林乡活动，突然被两个团的伪军包围，战斗十分激烈。敌人的进攻多次被击退但仍在不断增援，并且调来了迫击炮和重机枪。第三团不敌，决定从敌兵力薄弱的北部突围。清晨 3 时左右，敌人背后突然响起枪声，赵一曼率农民自卫连冲了上来。敌猝不及防，仓皇逃离。第三团立即追击，俘虏敌一批伤兵，还缴获不少武器弹药。伪《哈尔滨日报》和《大北新报》曾刊登报道，惊呼："匪共女头领赵一曼，红枪白马猖狂于哈东地区。"

1935 年秋，第三军司令部率主力部队转移之后不久，日伪军向铁道北根据地又突然地发动了入冬以来规模最大的一次进攻，继续"围剿"和屠杀尚在根据地进行活动的我第二团与没有搬出的居民。在强敌迫近的时候，赵一曼以柔弱的身躯，担起了中共珠河铁道北区委书记和第三军第二团政委的重任。

1935 年 11 月 15 日，赵一曼和团长王惠同及第二团 50 余人，在五区春秋岭遭到 300 余名日伪军的重重包围。第二团全体指战员虽然经过一天多英勇顽强的奋战，击毙日伪军 30 多人，但是敌众我寡，形势依然十分危险。黎明时分，赵一曼和二团的战士们仍被敌人包围在一个山沟里。随后，在整整一天的时间里，他们都没有突围的机会。

天黑下来以后，赵一曼向团长王惠同说："现在机会到了，你带领部队和伤员突围吧，我带一班掩护。"

王团长说："这怎么行？你是女的，你先走，我掩护！"

赵一曼却说："什么男的女的，快！你是团长，有责任把部队带出去！"

于是，王团长带着部队在赵一曼等人的掩护下，艰难地突围出去了。而赵一曼等在完成掩护任务后撤出时她大腿部被击成贯通伤，她只好带着其他 3 名同志在珠河县侯林乡小西北沟的一个农民家里养伤，想等伤势轻一些后再去找部队。

但是，就在她住下后没几天，敌人探得了此消息。22 日上午，敌第三区"讨伐队"队长张福兴亲自带着全副武装的伪军前来抓捕。在与伪军的搏斗中，赵一曼左腕又中一枪，腿骨也被打断，昏迷后被俘。

张福兴抓到赵一曼后，便把她送到了珠河县伪警察首席指导官远间重大郎那里。远间重大郎根据伪滨江省警务厅特务科外事段长大野泰治的指示，又马上将赵一曼送到了珠河县城。

到了珠河县城以后，敌人便开始审讯赵一曼，但得到的回答却是她对日本侵略者罪行的控诉。残忍的大野泰治便命伪军紧握赵一曼的伤口，疼得她多次昏死过去。

为了搞清楚赵一曼的身份，大野泰治连夜拷问了在押的 20 多个人。当知道赵一曼的真实身份后，感到不能让她死了，并安排医生对她进行"不发生生命危险的治疗"。

几天后，赵一曼被送到伪滨江省警务厅。在伪警务厅，赵一曼面对敌人软硬兼施的审问，回答只有三个字："不知道!"直到她大腿上的枪伤化脓后，才又被送进了哈尔滨市立第一医院禁闭起来。

自从进了医院，赵一曼就意识到，敌人还不想很快杀害她，现在既然进了医院，身体就有好起来的可能，就不应该坐以待毙，要想办法逃出去。

但是，要想从医院里逃出去，可不是件容易的事，因为一直有一个伪警察在她身边看着她。但赵一曼并没有因此而退缩，她把突破口就选在了看管她的伪警察董宪勋的身上。办法就是给他讲道理、启发他的爱国心。

精诚所至，金石为开。经过一段时间的工作，董宪勋开始同情他的这个看管对象了。应赵一曼的要求，他偷偷地拿来了笔和纸。有了笔和纸，赵一曼便开始了力所能及的写作。她把她在沈阳看到的日军暴行、中国人民被屠杀的惨状以及她对祖国的热爱等，都用通俗易懂的小说体写了出来。她写得非常感人，以至于每一个读者都会与之产生强烈的共鸣。作为这些作品的第一读者的董宪勋，他最先受到了感染，他对赵一曼的态度也从原来的同情变成了佩服，进而愿意服从于她了。就这样，在敌人的魔窟里，赵一曼有了第一个"同党"。

不久，赵一曼又用同样的办法把经常为她换药的护士韩勇义——一个人如其名的好姑娘争取了过来。在这两个人的帮助下，赵一曼制订了一个周密的逃走计划。她把逃走后的去向定为宾县三区，即赵尚志率领抗联三军经常活动的地方。按照赵一曼的安排，董宪勋负责筹办物资，韩勇义负责筹集经费。

到6月份时，董宪勋探听到警察将要换防的消息，便加快了准备工作。不久，一切都准备就绪了：一顶用来抬赵一曼的小轿、60元钱（韩勇义卖掉两个金戒指和两件大衣的钱）、必要的医疗器械。另外，还有一个名叫董广政的同行者。

经过研究，赵一曼决定在6月28日晚上行动。

6月28日晚9时，韩勇义先到了赵一曼所在的第三病室，董宪勋则雇了一辆白俄司机开的汽车将事先做好的小轿拉到南岗文庙的后面，然后又和董广政一起来到医院，将赵一曼抬到汽车上，回到文庙后再下车上轿奔阿城方向疾去。

小轿很快便到了董宪勋在乡下的一个叔叔家。在那里，董宪勋急速处置了小轿，然后又雇了一辆马车，将赵一曼抬上车后由董、韩二人相随，奔向游击区。

6月29日上午7时，伪南岗警察署接到医院关于赵一曼等逃走的报告后，立即派人进行追捕。经过调查前一天进出医院的所有人和车辆，又打听到了北五道街坐小轿的地方，很快判断出了赵一曼等的去向。

6月30日早5时，伪骑兵在阿城县李家屯追上了赵一曼。

在对赵一曼用尽了酷刑仍未能获得任何情报之后，敌人彻底绝望了。8月1日，他们把赵一曼押上了开往珠河的火车。在这生命的最后时刻，赵一曼想到了他幼小的儿子。她向敌人要来纸笔，留下了给儿子的遗言：

宁儿：

母亲对于你没有能尽到教育的责任，实在是遗憾的事情。

母亲因为坚决地做了反满抗日的斗争，今天已经到了牺牲的前夕了！

母亲和你在生前是永远没有再见的机会了。希望你，宁儿啊！赶快成人，来安慰你地下的母亲！我最亲爱的孩子啊！母亲不用千言万语来教育你，就用实际来教育你。

在你长大成人之后，希望你不要忘记你的母亲是为国而牺牲的！

一九三六年八月二日

你的母亲赵一曼于车中

1936年8月2日，赵一曼，这位从天府之国走来的奇女，在珠河县小北门将自己的一腔热血洒在了那片黑土地上。牺牲前，赵一曼高呼："打倒日本帝国主义！""中国共产党万岁！"视死如归，从容就义，以生命践行一个中国共产党员为民族独立解放和伟大复兴而奋斗的初心本色！

这一年，美丽的赵一曼年仅 31 岁。

赵一曼的遗书既是写给自己未成年的孩子，也是写给中华民族后世的孩子的。那充满亲情与爱心的文字，使每一个有良知的中国人的心日日夜夜地被灼痛着：在当年那个国破家亡、民族灭种之际，一个纤细弱小的女子，一个至死不能忘记育儿之责的母亲，极具象征意义地承担起了历史给这个民族带来的苦难与考验。

赵一曼没有死。她美丽传奇的一生，已化作中华民族不屈不挠、自强不息的精神象征。

赵一曼不会死。她用柔弱瘦小的身躯，在中国人民的心里铸起一座抗日爱国的丰碑。

赵一曼是永恒的星辰，划破了抗日战场黑暗的夜空，赵一曼是一团永恒的活火，鼓舞着每个同残暴的日寇做殊死搏斗的抗日将士的心。

赵一曼一生的华彩篇章给这个民族带来了必胜的信心和希望。

第三军西征汤原，实现大扩编

就在赵一曼与敌人激战春秋岭时，赵尚志率第三军司令部及第一、四团经过一路战斗，于 1935 年 11 月间到达了勃利县境内，与在此活动的李延禄率领的第四军胜利会师。第三、四两军遂于 11 月间在勃利的西青山召开联席会议，讨论今后各部的活动方向等重大问题。经过研究决定，第三军军部在大罗勒密一带会合李延禄领导的第四军和李华堂、谢文东领导的部队，一同向松花江北岸移动。

1935 年 12 月 12 日夜里，各部按照预定的计划和布置，一同跨越已经

封冻的松花江，缴了通河县二道河子警察大队 60 余名伪警察的武装，解决
了冬装等给养。此后，赵尚志率领第三军主力部队，于 12 月中旬北上，到
达汤原县境内，和夏云杰领导的汤原游击总队会合，在这里共同着手进行建
立后方根据地的各项工作。

为响应《八一宣言》关于组织国防政府、建立抗日联军的号召，东北人
民革命军第三军与东北抗日同盟军第四军、汤原抗日游击总队以及谢文东、
李华堂、祁明山领导的抗日部队，于 1936 年 1 月 26 日，在汤原县吉兴沟举
行了东北反日联合军军政扩大会议。出席这次会议的有赵尚志、李延禄、夏
云杰、张寿篯、谢文东、李华堂、冯治纲等。会上传达和讨论了《八一宣言》，
经过协商，于 1 月 28 日通过了关于组织东北反日联合临时政府，成立东北反
日联合军总司令部的决议。最后推选赵尚志为总司令，张寿篯为总政治部主
任，李华堂为副总司令。有关此次会议的具体情况将在下章进行详述。

汤原会议结束之后，李华堂、谢文东等队伍与第三军各自独立地进行活
动。第四军返回原来的地区，在延寿、方正一带进行活动。

满洲省委早在 1935 年 11 月已将珠河中心县委组织部长老白（白江绪）
以省委特派员名义派到汤原，帮助汤原县委工作，同时建立汤原游击队内部
的党委会和基层的党组织。这次，第三军司令部率领的主力部队与汤原游击
总队会合，特别是在吉兴沟会议的过程中，在第三军司令部帮助之下，将
汤原抗日游击总队编为东北人民革命军第六军，于 1936 年 1 月 30 日发表宣
言，宣告正式成立。夏云杰任军长，第三军派张寿篯到第六军担任代理政治
部主任。

第三、六军兵合一处，即将开展新的斗争之际，赵尚志却陷入了深深的
思考之中。

1935 年以后，日军的反复"讨伐"，哈东游击区和珠河根据地的丧失，
在移兵汤原县之前的两次东征牡丹江下游的失败，都迫使赵尚志重新思考第

三军 1936 年的战略方向。吉兴沟会议之后，赵尚志发现由于各路抗日军聚集下江，这里不但成了最容易被日寇实行战略包围的地区，还是极易造成抗日军之间摩擦和冲突的多发地区。

眼下，第三军和第六军要想不被日寇实行战略包围，就应当早日冲出下江，向新的战略方向进军。赵尚志随后做了两件事情：一、组织第三、第六军后方留守处，任命张寿篯为主任，以第六军部队和第三军一团为主力，建立和巩固以汤原汤旺河为中心的小兴安岭根据地，使其能够经受住未来更残酷战争的压力；二、他自己率领第三军司令部直属部队和第五、第六两团，自汤原汤旺河一带出发，向通河、木兰、巴彦、东兴、铁力、海伦等地远征。这样，一是可以建立、巩固和扩大汤旺河一带的后方根据地，与松花江南岸珠河、延寿、方正一带活动的第三军第一、二、三团相呼应，二是能够配合在依兰、勃利、桦川一带活动的第四团开展斗争。

1936 年 4 月初，在将有关开辟与建立汤旺河后方根据地的工作部署就绪之后，赵尚志率领第三军司令部直属部队和第五、六两团共 300 余人，从汤旺河沟里出发远征。这是第三军历史上的第一次西征作战。

西征部队出发后，首先攻占了舒乐河街。

舒乐河街是汤旺河通往通河、巴彦、木兰方向去的军事要地。街里驻有 200 余名伪军、30 余名日军、100 余名伪警察。

赵尚志做好了攻占舒乐河街的部署。为顺利攻占此地，他选派了 70 名手枪队员，化装潜入街内各公共场所，约定中午 12 时发起攻击。

中午 12 时，军长一声令下，大部队立刻发起总攻，里应外合，一举攻破了舒乐河街。俘日军 20 余名，伪军 80 余名，缴获步枪 100 余支，拔掉了敌人在江北的这个重要军事据点。

西征第一仗打得舒服又快乐。西征部队继续前进，又打了一场伏击战。

5 月的一天，骄阳似火，山花烂漫。这天，西征部队在通河县洼大张附近一个大院套打尖，哨兵报告县城方向开来几辆汽车。赵尚志判断是日本鬼子，立即指挥部队进入阵地。

前面两辆车上果然全是鬼子，钢盔黄衣、神情警觉，后面是200多名伪军。鬼子来到大套院前百来米停下，未敢贸然进入。赵尚志一声"打"，官兵们机枪步枪一齐开火，打得日军鬼哭狼嚎、四散逃窜。有个日本军官在后面挥舞指挥刀，赵尚志指给少年连机枪手张样：看到了吧？把这小子干掉！张样是个神枪手，一个点射，鬼子军官应声栽倒了。敌人没了指挥，马上陷入混乱，赵尚志立即命令两侧部队出击，接着正面也向敌人冲压下去。伪军先跑，阵势顿时大乱，鬼子也掉头逃窜。这一仗打得十分痛快，第三军的官兵缴了不少武器弹药。**7**

赵尚志率队继续西进，到达八浪河谷，又歼灭了伪军一个连和一个警察队，击毙了日本参事官以下一批日伪军。

1936年夏，第三军西进部队一路穿越小兴安岭的茂密森林，顺利到达木兰县境内，这里是巴彦游击队战斗过的地方。赵尚志决定以蒙古山为基地，东向通河，西向巴彦的一些山区开展游击活动，破坏敌人新归并的"集团部落"。

在蒙古山，赵尚志率队又打了一场硬仗。

蒙古山，原名蒙古尔山，是木兰西部群山中较大的一座山峰。蒙古山四周坐落着棺材砬子、簸箕山、大黑山、骆驼山、水葫芦岭、骆驼砬子及尖山子等大大小小的山峰。海拔都在400米至600米。这里群山连绵，山高林密，地势险要，是开展游击战争的绝好地区，自然也就成为赵尚志眼中开展游击战的绝好之地。赵尚志决定留下一个连在这里开辟游击区。然后，在庆安、铁力一带发动群众，壮大抗日力量，狠狠打击敌人。

1936年7月的一天，第三军军长、北满抗联总司令赵尚志等人率领抗日联军第三军（注：1936年2月始东北人民革命军陆续改编为东北抗日联军）部分兵力驻扎在木兰附近的东兴，离宿营地不远就是蒙古山。当时，赵尚志正在召集连以上干部开会，研究如何开辟新区问题。

突然，侦察员气喘吁吁跑进来说："报告军长，敌人把我们包围了！"

赵尚志镇定地说："不要慌，说说详细情况。"

侦察员擦了擦汗说："大约有300多日本鬼子和200多伪军，从南面、东南面、北面和东北面把我们围上了。"

听到报告后，赵尚志命令道："情况紧急，一连担任阻击，掩护部队从北面突围！"

第一连连长兼指导员韩玉书是个有勇有谋善打仗的人，他下令全连迅速抢占制高点。当我军跑上山顶时，日伪军也赶到了山脚下的开阔地，日本鬼子指挥官跳下大洋马，指挥日伪军展开梯次队形，向山上发起进攻。日伪军一边向山上开枪，一边怪叫着往上爬。

这时，韩连长命令战士："沉住气，等敌人爬上半山腰再开火！"我军战士隐蔽在大树和岩石后边，枪口瞄准敌人。敌人爬近了，连眉目都看清楚了。这时，韩连长高喊一声"打！"步枪、机枪一齐开火，手榴弹一个接一个在敌群中开了花，敌人留下一具具尸体，连滚带爬地退下山去。敌人第一次进攻被打退了。

败下去的敌人，用迫击炮、掷弹筒向山上猛轰，炸得树断石飞，烟尘滚滚，但对我军威胁不大，全连无一人伤亡。

狂轰滥炸后，敌人又向我军发起第二次攻击。这次敌人胆子小多了，爬几步就趴下打一阵枪，再向上爬几步，再趴下打。我军又是一通机枪扫射，压得敌人抬不起头来。

敌人指挥官见从正面攻不上来，又调集部分日伪军绕到侧面向上攻。韩连长立即命令七八名战士占领有利地形，居高临下，给敌人以迎头痛击。抗联战士弹无虚发，枪枪毙敌，敌人进行了四次进攻都被打退了。

这时，赵尚志赶来增援第一连。他让战士们一边向山下冲，一边喊："伪军弟兄们，我们是赵尚志的部队，不想死的快让开！"伪军们大部分是被抓来的穷人，本来就不愿意为日本鬼子卖命，一听到赵尚志的名字更是心惊胆战。听到喊声，纷纷向两边让开，嘴里喊着："杀呀！""打呀！"实际是朝天上放空枪。就这样，赵尚志率队无一伤亡地冲出了重围，巧妙地甩掉了敌人，安全地转移出去，与大部队胜利会合。

此战之后，赵尚志骁勇善战的名声再次传满木兰地区，第三军借势在巴彦、木兰、通河一带破坏敌人新建立的"集团部落"，缴了一些保甲的警察和大排的武装。烧毁了一些敌人据点的兵营和炮台，收编了化民、大东来、一抹黑、长山等多支在这一地区活动的义勇军小部队，赵尚志率领的第三军第五、六团得到很大发展，分别扩编为第五、六师，巴彦、木兰、通河一带已成为新的反日游击区。

与此同时，第三军的第一、第二、第三、第四团与赵尚志率领的西征部队遥相呼应，在松花江南岸积极展开活动。尔后，第一团扩编为第一师，活动在通河、依兰、延寿、方正等地。

1936年春，从铁道北五区春秋岭突出重围的第二团在休整恢复后，由关化新率领自珠河铁道南返回铁道北及宾县一带活动，受到当地许多义勇军的欢迎。第二团曾率义勇军攻打延寿伪警察队，进行截击敌人汽车等多次战斗，取得了许多胜利。随后，第二团在宾县五区活动，打开了反动地主王家大院，得到了当地群众的援助。同时，在七区积极发动群众，建立了农民会组织。第二团重新活跃在铁道北和宾县之后，队伍有了极大发展。

第二团根据第三军司令部的指示编成第二师，师长为吴兴才，政治部主任关化新，继续在哈东宾县一带坚持游击活动。

活动在珠河、五常老游击区的第三团，于1935年冬根据第三军司令部的指示改编为第三师。第二年春，第三师联合义勇军雅臣部和创江南等山林队成立道南指挥部，团结战斗，共同对敌。第三师在高丽营子与敌人展开激战，创江南从20里地之外前来支援。不久，第三师又在拉拉屯、五道岗、十八层甸子等战斗中取得胜利。随后，又联合道南、道北反日义勇军1400

余人，包围痛击了五常县小山子附近的敌人，并一度远征至拉滨线以西的榆树县境内活动。

1936年初，在勃利、富锦一带活动的第四团，在反"讨伐"斗争中改编为第四师，师长郝贵林、政治部主任金策，全师3个团。而后，第四师根据第三军司令部关于开辟新的游击区、扩大队伍及与第五军东征部队、饶河游击队打通联络的指示，由勃利九龙沟向依兰、桦川及勃利、密山毗连地区伸展。同年1月，第四师曾攻袭七台河煤矿，以后在罗圈河一带活动。3月，第四师与第四军部队共同攻打了石头河子金矿之后，第四师在七台河、保安屯、小五站、十二甲一带活动。在此期间，勃利、依兰、密山等地的许多反日山林队主动与我军联合，使第四师队伍有了很大发展。5月17日，在勃利保安屯与敌人"讨伐队"激战，击毙伪警察小队长、日本指导官各1名，并缴获了敌人许多文件。5月下旬，第四师进军密山。6月，第四师派人对驻密山哈达河的伪军二十六团进行策反工作，争取了数名伪军士兵。不久，第四师里应外合，兵分三路攻入哈达河街，占领伪军团部，活捉了伪团长，缴获步枪150余支、子弹10余箱及诸多衣物。战斗结束后，有40多名伪军士兵自愿参加第四师。这时，由于增加了武器和兵员，第四师遂增编了第四、八两团，全师发展到600余人。6月下旬，该师除留60余名队员继续在勃利、密山一带活动外，其余部队在师长郝贵林率领下，与第四军部队进行东征，到宝清、富锦一带活动。

奇袭老钱柜，张寿篯（李兆麟）打仗与后方建营一肩挑

在赵尚志率队西征之际，张寿篯（李兆麟）领导东北人民革命军第三、六两军的留守部队热火朝天地开展了建立汤旺河后方军事根据地的工作。

人民革命军第六军成立后，到第六军代理政治部主任职的张寿篯，虽然说很年轻，但他早已是一名老抗日了。他那宽广的前额，就给人一种聪明睿

智之感，似乎他那大于常人的脑袋里总装着取之不尽的锦囊妙策。果然，他
到第六军指挥的第一仗，就显示了他那过人的军事天才。

根据赵尚志的命令，张寿篯首先组织了第三、第六军后方留守处。张寿
篯以联军总政治部主任，第三、第六军后方留守处主任，政治军事学校教育
长的名义留在汤旺河，统一领导建立汤旺河后方根据地的各项工作。

然而，要想建立起稳固的后方根据地，必须先稳固地控制住汤旺河沟里
地区。正是此地盘踞着以于四炮为首的伪满山林警察大队。这支武装在日本
森山指导官等 7 名鬼子的直接操纵下，盘踞在老钱柜。他们一方面四处抓劳
工、征牲口，拚命为日本砍伐木材，另一方面任意盘剥、压榨当地老百姓。
加之他手下的人枪法好，地形熟，还经常偷袭我抗日军民，给我方造成了很
大损失，使根据地受到极大威胁。所以，这对第三、第六军建立根据地是极
为不利的。因此，首先必须消灭于四炮这股顽敌。

奇袭老钱柜的三场战斗，是张寿篯独自指挥的以少胜多和速战速决的成
功战例。

老钱柜位于小兴安岭中腹部的汤原（现黑龙江省伊春市红星区），是建
立于 1931 年的俄式建筑，原是伐木场为工人开支、放粮的地方，故称"老
钱柜"。到 1934 年，为伪满山林警察大队所用，日军入侵汤原之后，为掠夺
小兴安岭的森林资源，在此建立了伪汤原县森林警察大队，派日军森山等 7
名指导官及百余名森林警察驻扎，成为日伪据点。

再说赵尚志率远征部队返回汤原途中，曾写信给留守汤旺河建立后方根
据地的张寿篯等领导人，要他们立即组织部队拔掉于四炮的山林警察队，以
便将汤旺河一带完全控制在我军手中。

张寿篯接信后顿感压力很大。为何？

原来，赵尚志率三军主力部队 300 余人西征，东北抗联第六军大部队也
被夏云杰军长带云打鹤岗。作为第三、第六两军的主要领导，张寿篯留在汤

旺河后方，肩负起保卫根据地、解除前方后顾之忧的重任。当时，张寿篯和留守的第六军第二团团长戴鸿宾手头只有 20 余人。如何在主力部队不在的情况下，以少胜多去啃"老钱柜"这块硬骨头？

张寿篯经过反复思考，制订了"奔袭智取"的作战方案。决定调汤原县洼区青年游击连参加战斗。洼区区委书记李凤林接到命令后迅速带七八十人赶到，与张寿篯手边的二十几个人组成了百余人的突击队，准备长途奔袭，拔掉于四炮的据点。战士们听说要打于四炮，个个精神振奋，纷纷请战杀敌。

1936 年 3 月 17 日，雪后一个阴沉的下午。张寿篯带领 100 余名精兵组成了奔袭队，乘马爬犁由浩良河村出发，顺着冬天结冰的河道（东北人叫冰趟子），直奔伪山林警察大队的首道卡子——岔巴气。

于四炮是只狡猾的狐狸，他在通往本家大队所在地老钱柜的路上设了不少卡子，要端他的老窝，必须先拔掉这些卡子。

当夜，挑选出来的官兵冒着零下 30 多度的严寒急行军，来到了汤旺河西岸于四炮据点的第一道卡子——岔巴气。只见哨卡屋内亮着灯光。张寿篯把手一挥，几个战士飞快冲进屋内，乌黑的枪口对准了屋内两个家伙的心口，吓得他俩直打哆嗦。经过讯问，了解到河北岸由伪警察中队长黄毛所率的 40 余人据守。于是，奔袭队又向河北岸扑去。

此时，西北风刮得正烈，让人连一步都难以迈开，但风声也掩盖了奔袭队的脚步声。直到奔袭队到了眼前，敌哨兵还没察觉。

一战士从背后扑向哨兵，就像勒死狗一样将其解决了。队伍包围了整个大院，张寿篯带了几个战士直奔黄毛的住屋。黄毛与两个副中队长正躺在炕上，对着烟灯吞云吐雾。"不许动，缴枪不杀！"一个霹雳般的喝令声把他们震得一愣。

黄毛顺手抓起烟灯，"呼"的一声甩了过来，就势在炕上一滚，取下了挂在墙上的匣子枪。眼疾手快的张寿篯甩手一枪，打落了烟灯，一个箭步跳上炕，用枪顶住了黄毛的脑袋，大声喝道："要不要命？举起手来！"几个曾威风一时的汉奸小头目乖乖地举起了双手,其余伪警察的枪械也顺利地被缴。**8**

拿下了岔巴气,奔袭队又连夜急行军直奔另一个伪警据点南岔而去。张寿篯从老百姓那里借来了十多张马爬犁,战士们换上了伪警察的服装,押上黄毛等人,人称"雪上飞"的马爬犁队沿着汤旺河的河床,像离弦之箭向前疾进。

不一会儿,迎面驶来一张马爬犁,原是五炮手下的一名巡逻兵,待他弄清楚对面队的是抗日军时,已被几名战士制服了。他交代后面五炮领着人马上就到。这个五炮名叫宋喜斌,是于四炮的拜把子兄弟老五,当时枪法好的都乐以"炮"相称。他是猎户出身,枪法极准,因排行第五,便称"五炮"。于四炮委他为岔巴气、南岔外围哨卡的总负责人,实际上是伪山林警察大队的副大队长。这个五炮的突然出现,引起了张寿篯等人的极大关注。

张寿篯想了一下,与戴鸿宾等人一碰头,相机制订了一条应急之策。

马爬犁继续大张旗鼓地向前飞奔,一袋烟工夫,果然迎面出现一张马爬犁,在几百米的地方停住了,只听到一个尖嗓门朝这边喊道:"干什么的?你们是什么人?"同时一阵拉枪栓的声音,形势十分紧张。

这时,戴鸿宾用枪捅了捅黄毛,黄毛便立即喊道:"老五吗?我是押送山下的送粮队来的。"

黄毛的喊话使宋喜斌相信了是自己人,他们一伙人便短枪归匣,长枪上肩,大大咧咧地月鞭驶着爬犁过来了。谁想到两边爬犁刚一接触,这边猛地掏出家伙冲上去,把五炮的爬犁围住了。就在五炮不知所措、略一愣神的刹那间,他与几个伪警的枪就被下了。张寿篯对宋喜斌晓以民族大义,并以利害相陈,已投降的黄毛也在边上帮腔,五炮听了也觉得给鬼子卖命不值得,便爽快地同意带人去南岔做说服伪警察缴械的工作。很快,南岔据点未费一枪一弹便拿下了。

3月20日晚9时,张寿篯率队奔驰几百里,来到老钱柜,利用宋喜斌和黄毛等人的关系,又轻易缴下老钱柜伪警察的械,缴获长短枪十几支、轻机枪 1 挺。于四炮正在汤原县城给他的傻儿子举办婚事。这支伪警察大队都听从五炮宋喜斌命令，因此，缴械也进行得非常顺利。❾

老钱柜的一座小山上是日本指导官森山的巢穴，周围有 20 多人负责警戒。张寿篯率部队悄悄地摸上小山，伏在树丛中观察动静。

机智灵活的李凤林，巧妙地躲过了哨兵，突然出现在森山的面前，这个家伙还躺在炕上抽着大烟呢！李凤林疾眼一扫，见手枪挂在炕墙上，便飞步上炕摘了下来。狗急跳墙的森山，忽地蹿起来。拦腰抱住李凤林，使上了柔道术。刚 20 岁出头的李凤林，黑铁塔似的个头，力气也大，他回手抱住鬼子的头，就势猛地一摔，森山正好落在了烧得通红的火炉上，烧得鬼子嗷嗷乱叫。李凤林抬手给了他一枪，打发他回日本老家去了。

枪声一响，外面的战士们立即投入战斗，一阵激烈的枪声过后，六七个鬼子、30 多个伪警察死的死、降的降，战斗很快胜利结束了。

奇袭老钱柜战斗的胜利，使张寿篯与新建立的第六军声威大震。我军用两天两夜的时间，奔驰 200 余里地，夺取 5 个敌人营地，击毙 7 名日军，俘虏伪军 100 多人，缴获长短枪 100 多支，子弹上万发，还有大量粮食和其他物资。另外，还缴得了一部电台。后来抗联还以这部电台办起了第一所电讯学校，传送林海雪原中的电波。

奇袭老钱柜战斗的胜利，消除了我军的心腹之患，使汤原形势为之一变，汤旺河完全处在东北抗日联军的控制下，小兴安岭遂成为松江下游抗日游击运动高潮中最重要的根据地之一。不久，中共北满省委也搬进了汤旺河沟，第三、第六军在汤旺河一带建立了许多密营，在沟里还建立了小型兵工厂、被服厂、仓库和医院，这里成了第三、第六两军进行休整和训练部队的后方。

需要指出的是，森林警察大队长于四炮（即于祯），于 1936 年 4 月 23日在汤原吉兴沟反正，带着女儿于桂珍和 100 多名余部参加了东北抗日联军。他们一直在艰难困苦中坚持对日寇战斗。五炮宋喜斌于 1937 年、于祯于 1939 年相继在东北抗联英勇斗争中献出宝贵生命。**10**

北满抗联总政治部为了培养和提高干部，在沟里建立了一所东北抗日联军政治军事学校和一所电讯学校。政治军事学校的校长由第三军军长赵尚志亲自担任，张寿篯任第一任教育长，书记长是张文廉，政治教员有雷炎、张文廉（兼）和于侁合，军事教员有王玉升、张德。电讯学校的校长是于保合，该校为抗联培养了电讯人才。这个学校在巴兰河开办 3 个月后，为了学校的安全和对学员进行政治军事教育，决定与汤旺河政治军事学校合并。学校在汤旺河沟里连续办了 3 期，学员们来到这所学校里练习爬山、渡河、射击等军事科目，学习文化，上政治课，学马列主义，提高政治思想觉悟，坚定抗日救国的决心。这所学校在短短一年多时间里，为北满抗日联军培养和训练了许多军政干部。第三、第六、第九、第十一军的团级领导干部和地方主要负责人的大部分，都在政治军事学校里参加过学习和训练。

第三军西征部队在松花江北岸广大地区燃起的抗日烽火，与在江南开展珠、延、方游击活动的第一、第二、第三团相呼应。敌人对我军的这一胜利大为震惊。同年秋，敌人从哈尔滨、佳木斯抽调重兵集结于滨北线一带，妄图消灭赵尚志率领的西征部队。我军采取机动灵活的战略战术，避开与敌人大部队的正面作战，改变了原定向庆城、海伦一带继续西进的计划，第三军主力决定向铁力、海伦进行西征。这次西征为以后成立的抗联第二路军的西征打下了基础。

由于赵尚志卓越的指挥才能和细致的组织工作，第三军在战斗中取得了重大胜利。经半年英勇斗争，第三军不断成长壮大。从 1936 年 4 月第三军军长赵尚志率队西征以来，前后仅仅半年多的时间，全军有很大的发展，继第一师之后又建立起第二、第三、第四、第五、第六师，共 6000 余人，其中基干队伍 1500 人，活跃在北满 20 余县。赵尚志的战略设想得到了实现：一是有了汤旺河沟里这个稳固的后方根据地，二是第三军力量扩大，扩编成了 6 个师。整个北满抗日斗争呈现出了新的大好形势，即使在全东北范围内，第三军的迅速发展，也是其他任何一支抗日武装不能相比的。

注　释

1.《胡乔木给巴彦县委办公室的复信》（1983 年 1 月 18 日，存巴彦县档案馆），载中共党史人物研究会编：《中共党史人物传》第 83 卷，中国人民大学出版社 2017 年版，第 202 页。

2. 中共党史人物研究会编：《中共党史人物传》第 10 卷，中国人民大学出版社 2017 年版，第 172 页。

3. 朱秀海：《东北抗联征战纪实》，解放军文艺出版社 1995 年版，第 62 页。

4. 张正隆：《雪冷血热》，湖北长江出版集团、长江文艺出版社 2011 年版，第 194 页。

5. 东北抗日联军史编写组：《东北抗日联军史》（上），中共党史出版社 2015 年版，第 393 页。

6. 东北抗日联军史编写组：《东北抗日联军史》（上），中共党史出版社 2015 年版，第 393 页。

7. 张正隆：《雪冷血热》，湖北长江出版集团、长江文艺出版社 2011 年版，第 213 页。

8. 东北烈士纪念馆编，顾为民：《抗日英雄李兆麟》，辽宁人民出版社 1959 年版，第 16—17 页。

9. 东北烈士纪念馆编，顾为民：《抗日英雄李兆麟》，辽宁人民出版社 1959 年版，第 16—17 页。

10. 参见东北抗联李兆麟将军夫人金伯文回忆录之"关于夺袭老钱柜"一节。

第 九 章

胸有万兵　东北抗日同盟军第四军吉东巧打妙战

共产党员李延禄献策救国军，补卫团连克三县——镜泊湖连环设伏战，李延禄四打天野旅团——日军进犯吉东，补充团孤军血战磨刀石，和尚屯扩军——团山子一天两捷，八道河子突袭日军——兵移汪清激战马家大屯，日共党员伊田助男送来 10 万发子弹——李延禄东京城接应伪军哗变，一路巧打奔密山——北上密山屡受挫，李延禄出关寻党——吴平巡视吉东，东北抗日同盟军第四军组建——响应《八一宣言》，大罗勒密沟第三、第四两军用战斗庆祝会师——夜渡松花江，北满三支抗日队伍齐聚汤原——用胜利为军长李延禄饯行

共产党员李延禄献策救国军，补卫团连克三县

九一八事变后，原东北边防军副司令长官兼吉林省主席熙洽于 11 月投降日本。延吉吉林省防军第十三旅第六十三团第三营王德林营长率部在延吉小城子举旗抗日。"老三营"的抗日义举，受到东满各界爱国人士的热烈响应和支持，延吉、汪清、和龙、珲春和所属各地的警察队、保卫队爱国官兵纷纷来投奔三营；第十三旅所属第二十九团一名连长，带着 212 名枪械弹药十足的士兵来参加三营抗日，部队很快由原先的 500 人增加至 1271 人。[1] 王德林在延吉小城子正式建立中国国民救国军，王德林任总司令，孔宪荣任副总司令，吴义成任前方总指挥。

王德林，原籍山东，早年流落东北，混迹绿林，活动于东满、绥宁一

带，后被延吉道九营统领孟福德收编为骑兵三营。以后，吉林军虽经多次改编，但三营建制一直未变，因此群众称其为"老三营"。营长王德林富有爱国心，曾积极支持东满人民保护路权的反日斗争。九一八事变后，他痛感民族沦亡之辱，对熙洽、吉兴之辈的投降媚外更为痛恨，但又感自己势孤力薄，不敢轻动。

1931 年 11 月，日本"敦图线"铁路测量队人员企图闯入驻延吉的东北军原第十三混成旅第七团三营的防地——瓮声硝子（又名"明月沟"）。日人不听警告，值班班长史忠恒下令击毙两名日人，余者鼠窜而逃。日伪当局得讯，反而将三营调往吉林驻防，声言提升第三营营长王德林为团长。第三营奉命移动，由敦化上火车之后，全体下级官兵闻知将去吉林，顿然变色，忿不受命。王德林在全营官兵抗日要求和敦促之下，拒绝西上，把队伍拉到汪清县境的小城子兵营去，开始酝酿抗日。**2**

1932 年 2 月 8 日，中共满洲省委十分重视东满绥宁地区的工作。特别是救国军兴起之后，为加强对该地区群众反日斗争和义勇军工作的领导，一面调整党的地方组织，加强领导力量；一面派出许多优秀党员和干部，到各起义部队中去工作。

1932 年 2 月底，一名和王德林私交甚好的共产党员来到了救国军总部。这个年轻人就是后来的吉东抗联名将李延禄。

李延禄是王德林的老部下，号庆宾，1895 年生于延吉，12 岁当银楼学徒。16 岁那年，时任延吉边防督办的吴禄祯常到银楼办银票，很赏识当学徒的李延禄，推荐他进入常备军随营学校学习两年。1914 年常备军入关，李延禄未能入编，遂进入吉林实习工厂再当工徒，后因参加反袁运动而被工厂开除。此后，他投军吉林延吉巡防营，当了一名列兵。由于李延禄在随营学校打下了军事基础，很快被提升为排长、连营司务长。1920 年，巡防营编入吉林省防军第十三旅，他成为王德林骑兵第三营的连长。李延禄为人磊落仗义，敢作敢为，又精通军事谋略，与王德林成了莫逆之交。不久，为帮助一名朝鲜革命者逃脱追捕，李延禄被迫离队。1930 年秋，李延禄回到家乡后，在盐务缉私连当连长，暗中偷取枪弹军服以资助中共延吉县委组建的游击小组活动，因事泄被当局通缉，被迫离开王德林部。1931 年 7 月，中共延吉县委批准李延禄加入中国共产党。

王德林举旗亢日后，想起李延禄，派人到处寻找，要招来委以重任。延吉县委经过讨论，决定派李延禄、孟泾清两人进入救国军，帮助王德林抗日，建立和发展党直接控制下的部队。李延禄受命赶往王德林部。

李延禄的出现，让王德林大为欢喜。

接下来，王德林又向李延禄吐露了一件难办之事："庆宾，李杜给了我一万元军饷，要把我的队伍收编为他自卫军的一个团，你说我该怎么办？"

原来，王德林此时兵强马壮，势头正旺，欲独树一帜，岂肯附就于人。但李杜的自卫军兵力雄厚，装备精良，占据着北满、吉东大片地区，况且李杜又是王德林的老长官，王德林听命也不是，不听命也不行，两下里都很为难。

听罢此言，机智的李延禄轻松一笑道："此事并不难办，收下李将军的一万元，再为他编一个团就是了。"

王德林听了连声叫好，对李延禄跷起了大拇指，说道："就知道你有办法，所以请你出山，从今天起，你就是我救国军总部的参谋长了！另外，庆宾呀，这个新编团你还得出面呀，再兼团长吧！"[3]

随后，李延禄从各地前来投军的爱国青年中挑选了 400 余名组成 3 个连（后发展为营），抽调老三营中有进步思想的班长史忠恒、李凤山及随李延禄一起来的共产党员左征、朴重根分别任连长、副连长。在此基础上，成立了东北抗日自卫军补充团，直属救国军总部领导。不久，宁安中心县委派孟泾清、金大伦、贺剑平等先后到救国军工作。他们在补充团成立了秘密的党支部，孟泾清任支部书记，陆续吸收史忠恒、李凤山、李延平为党员。补充团从组建之日起就成为共产党直接掌握了的抗日队伍。这就是我党用秘密形式所直接领导的一支抗日武装。

1932年2月15日，王德林救国军攻打敦化，李延禄率补充团首次参战。

敦化城内驻有日军一个中队和伪警察、伪保卫团300多人。救国军以老三营和补充团为主力，攻克敦化，击毙日伪军50余人并破坏了敦化车站。2月24日和28日又连克额穆、蛟河两城。

连续三战，救国军补充团共缴获机枪28挺、长短枪1600余支，驻额穆伪警备旅的2个排哗变，参加了救国军。2月25日，宁安保卫总队长刘万魁率部起义，参加了救国军。枪多人多，补充团兵强马壮，士气昂扬。史忠恒连配备匣枪，李凤山连一水的韩林春式步枪，朴根重连是一色三八式步枪。随后，王德林率救国军总部迁至宁安五河林，补充团驻南湖头一带。

镜泊湖连环设伏战，李延禄四打天野旅团

日军占领东满后便迫不及待地着手修建吉会铁路（敦化至图们段），这是日军自朝鲜向我吉东、北满补给兵员、物资的重要线路。王德林起事后，不断破坏并威胁着吉会路修筑工程，使敌人十分恼怒。日本关东军司令官本庄繁下令给独立守备队司令森连中将，要他迅速恢复吉敦路的"治安"。1932年2月17日，森连派出独立守备队清水支队沿吉敦线"清剿"。结果，在救国军和其他抗日武装打击下，落了个损兵折将，日方伤亡115人。森连不得不抽调防守四洮路部队和驻郑家屯的守备第六大队开往敦化。3月17日，以第六大队长上田中佐为首编成上田支队，拟在敦化至宁安一线与救国军主力较量。同时，3月初，根据本庄繁命令，关东军第二师团长多门二郎派天野第十五旅团由哈尔滨沿中东铁路东进，于3月4日占领海林，6日占领宁安。上田支队企图与宁安之天野第十五旅团配合行动，在宁安境内消灭救国军。两股日军合在一起，号称"万人大军"，企图南北合围救国军。

宁安失守后，原绥宁镇守史、吉林省防军第二十一旅旅长赵芷香背弃抗

日盟约投降，其部下张振邦、郭英奎两个团及旅部警卫连起义，参加了自卫军。

因为坚决抗日，救国军得到老百姓支持，源源不断送来紧急情报，有的是群众连夜送来的鸡毛信，有的用火烧掉一块信角，以表示"火急"，告诉我们：日寇关东军天野少将已集中了数千日本关东军和辎重团，从吉林抵达敦化县城了。有的说：日本人带着骑兵和野炮队浩浩荡荡，光军用卡车就有40 多辆，正在追击我军。还有的说：敦化县城内一片混乱，居民都在纷纷向四乡逃避。

1932 年 3 月 12 日，王德林在宁安五河林棺材脸子村召开军事会议，百里远近驻扎的抗日救国军各团指挥员都赶来参加会议。面对日军如此强大的兵力，会上，救国军内部对战与不战发生了严重分歧。以孔宪荣为主的救国军"老三营"系统的上层人物闻风失色，主张抛掉抗日救国的旗号，各人干各人的，愿当土匪的就去"抱山头"，愿打日本的就打救国军的旗号。由共产党秘密领导的补充团却坚决主张高举抗日救国的旗帜，利用我们所熟悉的山川、地势，对敌进行游击战。最终，在李延禄坚定说服下，王德林下定了打日本鬼子的决心。

说干就干！此时，敦化方面敌情频频传来，李延禄主动请缨，让补充团承担阻击由敦化北犯之敌的任务。王德林十分感动，不仅同意了李延禄的请求，而且把老三营所有库存的手榴弹用 20 辆马车往返运载都调给了补充团，以加强其火力。因为他知道补充团的战士们，所有的子弹加起来平均每人超不过 30 粒。

3 月初，补充团离开敦化县境，到达宁安县镜泊湖地区。李延禄带领一班人研究了地势后，选择了"墙缝"这条狭路构筑工事，作为打埋伏的阵地。镜泊湖西岸"墙缝"一带山崖蜿蜒五里，岩石林立，光秃秃的没有一点树木和野草。山崖下就紧邻镜泊湖，靠近山根有条由敦化通往宁安的通商古道。这里也是日军入侵宁安的必经之路。这里绝对是个打伏击的绝佳地形。补充团居高临下倚石而掩，不用打枪，光扔手榴弹就能让日军步步难进；相反，日军仰面上攻，战术动作和进攻队形都会被高低起伏到处都是的山石所分割与阻碍，除非用重炮持续轰平山石，否则单靠步兵机枪、步枪火力很难占据上风。

大战在即，李延禄仿佛胸有成竹，除了选准有利地形，他更看准日军的两个弱点：一是地势不熟，二是骄狂无备。

一天晚上，李延禄在补充团召开了军官会议和各连、排、班长、战士代表联席会议，大家一致认为，镜泊湖一带地势优越，就是光用手榴弹，也能把日本人给打垮了，不能失去在这里消灭敌人的大好时机。如果我们补充团不在这里消灭敌人，王德林率领的抗日救国军很可能趋于分崩、瓦解。

1932 年 3 月 18 日，救国军进入镜泊湖南头地区的阵地。根据作战部署，补充团为主攻部队，埋伏在"墙缝"狭道左侧的崇山坚石之中；姚振山团卫队连连长带全连潜伏于狭道出口；王德林率领一个营从敌左侧绕袭敌之后路；独立营营长戴凤龄带兵两连，伏于石塘附近从右翼支援补充团；令二营八连连长卓景福带全连伏于滴达嘴子一带，从左翼支援补充团以形成瓮中捉鳖之势；同时，令炮兵营景瑞山部在小山嘴子设炮兵阵地，掩护各路军队出击。部队按部署先后都进入了伏击阵地，700 名勇士就依恃这些大块的岩石作掩护，三五成伙地潜伏扼守。只要是有大块卧牛石，或是巨大的马头石的地方，背后就有黑洞洞的枪口瞄准路上。

身临前线阵地指挥的李延禄，望着"墙缝"一带的地形，心里隐隐地生出一丝担忧。因为山崖对面是牡丹江上源的支流，河对岸远山山脚下也有一条大道，日寇要走那条道，需要绕远需要渡江。如果敌寇从瓦房店渡江绕道走，那么补充团在"墙缝"打伏击的计划就会彻底落空。因此，在没有获得敌寇大军从瓦房店直接奔"墙缝"的情报，李延禄的心情并不能完全安定下来。

然而，李延禄担心的事并没有发生。一位镜泊湖的爱国猎人用他的宝贵生命消解了李延禄心中的担忧。

　　3 月 18 日拂晓，敌小川松本大尉带领的日伪军，以伪军曲团李营为先头部队，经官地句石塘开进。这时，镜泊湖山区的爱国志士陈文起假装为日伪军带路，将敌人引诱到伏击地区。陈文起是个猎人，大半生都在镜泊湖一带的山里打猎，是一个百发百中的老炮（东北人对猎户的尊称）。听说救国军要打日寇，这个极富爱国心的猎户也想在战斗中露一手他的好枪法，顺便也想缴获一两支枪，改善一下自己的装备。不想，日军极为狡猾，也在夜里行军，突然开进瓦房店，把不期而遇的陈文起捉住了。

　　3 月 20 日凌晨，陈文起将日伪军连同后面的辎重队全部引进了"墙缝"伏击阵地。

　　李延禄从指挥所的山头上望出去，山崖入口处的大道上依然是寂无人影，日寇那种特有的军鞋拖沓声隐隐传来。渐渐地，远方传来日寇隆隆的车声和马匹嘶鸣声。

　　李延禄从望远镜里看见日军那红肩章、刺刀和扛枪的臂膀所组成的行列。埋伏在沿途的救国军将士怀着紧张而急切的心情，严阵以待，静候着日军大队的到来。

　　当日伪军行进到滴达嘴子，预先埋伏在那里的救国军卓景福连按既定计划全部放过。当陈文起将日伪军全部引入"墙缝"一带的救国军补充团伏击区内时，李延禄命令开火，连长史忠恒打响了伏击战的第一枪。

　　手榴弹沿着 5 里长的狭路纷纷下落，到处是爆炸声、日军凌乱奔跑的脚步声和惨叫声。接着，700 名救国军官兵一跃而起，向猝不及防的敌人猛烈射击。顿时，枪炮声、喊杀声震撼山谷，骄狂无备的日伪军此时如丧家之犬，东撞西窜，慌作一团。在山崖入口处的开阔地上，敌寇同样尸体狼藉，血迹斑斑。日本军帽和倒下的马匹以及枪支到处都是。

　　这时候，补充团占据着绝对的优势，只要在这些岩石的空隙有日本小股部队冲锋，企图向崖上攀登，我们的手榴弹就纷纷向那里集中投去，因之，敌兵尸体和伤员积压成堆。

激战 2 小时，日军发起 4 次冲锋，但均被补充团战士击退。战斗到下午 2 时，日军终因损失惨重，士气低落，停止了进攻。伪军曲部李营首先举白旗投降，接着，其余伪军或降或逃，溃不成军。小川指挥残余日军迅速后退，救国军马桂林连奉命勇猛追击；预先埋伏的救国军戴凤龄、卓景福两部又于途中夹击，小川被击毙。这时，日军铃木旅团长已得到前方败讯，他传令伪军曲宝市团长在官地附近收集残部，准备反扑。因驻守在西山岭的戴凤龄营已撤出战斗，李延禄也率部撤离了战场。

这次"墙缝"伏击战，补充团大胜，军威大震。毙敌小川大尉以下 70 余人，缴获大批枪支弹药和辎重。此外，还有一大堆遭焚的枪支残件，这些枪支残件经过修理后全部用来装备新成立的救国军补充第二团。清点下来，救国军阵亡连长以下军官 3 名，士兵 4 名，负伤 9 名。

再说猎户陈文起把敌人引进伏击圈之后，枪声一响，他便乘敌混乱不备之机闪到一块巨大的卧石后面，准备参加战斗。正当他跳出隐蔽地点去拾日军抛下的武器时，不幸被前面败退下来的一股日军俘获。后来日军将他押到孤间房，吊在一家房梁上拷打。他全身负伤一百余处，仍是骂不绝口。残暴的敌人将他的胸膛挑开，陈文起壮烈牺牲。

日军天野部队在南湖头的"墙缝"战役受挫后，率其余部离开南湖头，绕道向宁安方向败退。

李延禄和作战参谋李延平、连长史忠恒两人商量后，一致决定穷追敌寇，决定在敌人的前头再次截住敌人，予敌以打击。

那么，在哪里能够截住天野呢？李延禄和李延平等人又开始了算计。

经过分析，他们料定天野在地势险要的"墙缝"处吃了大亏，要退向宁安县城，绝不再敢走镜泊湖边的"墙缝"中的古道，只能绕过镜泊湖，再过松乙沟向宁安退去。松乙沟这里虽不如"墙缝"险要，但因群山环绕，中间是一葫芦式的峡谷，遍地草木丛生。它没有林立的山峰、悬崖和岩石，却是一个适施火攻的好地方。只要划根火柴，像当年诸葛亮火烧葫芦峪似的，就会把天野全部残兵败将火葬在那里。

李延禄当机立断，决定在松乙沟再次伏击天野。

事不宜迟，兵贵神速，李延禄带领部队稍事休息后，便立即命令史忠恒在队伍里挑选熟悉松乙沟地形的战士做向导，由补充一团营长崔永贤和作战参谋李延平两人指挥，这两人率领500名勇士，每人增拨5枚手榴弹，并另发一盒火柴，在松乙沟的前后路口堆上树枝干柴，静候日军的到来。

3天后，松乙沟火烧天野部队的战斗打响了！

再说初战受挫的天野部队果然离开南湖头，绕过镜泊湖，绕道松乙沟，经东京城向宁安方向退去。天野部队一路上如惊弓之鸟，不敢贸然前进，时走时停，极为惊慌，本是两天可以到达的路程，他们却走了3天才进入松乙沟。

天野心中暗喜，终于绕过了那些令日军吃过苦头的林立的山峰、悬崖、巨岩，他长长地出了一口气。

在草木丛生的松乙沟，补充团的500名勇士已露宿了两天，怀着急切的心情"盼望"着他们的到来。

战士们等了3天，终于把敌人给盼来了。

当天野所率领的队伍全部进沟后，李延平一声信号枪响，四围就纵起火来。南风又猛，一时乌烟弥漫，双方胡乱地隔着烟雾射击。补充团的500名勇士在南北两个堵塞口之外阻击。

风大火急，松乙沟已经全部在乌黑的烟云笼罩之下，5里外的村庄都看到冲天的浓烟。烟雾中日寇人喊马嘶，乱成一团，他们匍匐倒卧，躲避火焰扑来。

敌酋天野少将开始时命令突围回窜，但回窜时迎面遇到扑来烈火，又急忙命令掉过头来往前冲，最终侥幸逃出火沟。这次战斗，我军几乎不费一枪一弹就烧死烧伤日军数十人，缴获战利品甚多。

敌寇天野率领那 400 名残兵逃到宁安城，军容极为狼狈。据宁安县人民委员会 1959 年 3 月所作的抗日史料调查《关家小铺战斗简况》所记：天野率领的 400 人部队开到宁安县城之后，驻所营前就用装沙土的麻袋搭起堡垒和战堑来，可见内心还极紧张。每天排着大队，抱着太阳旗，夜出西门，晨进东门，故作增援声势，迷惑群众。

3 月 23 日拂晓，天野率天野旅团及其驮炮的马匹从宁安县城出发，向海林县城退去。路经关家小铺时，又遭到救国军的第三次伏击。

关家小铺是高岭子、宁安至海林站必经的公路，南距宁安 30 余里，北至海林站 20 余里。东西两山相夹，山崖陡立。两山中各有沟壑，形成左右两翼，是掩护部队的好屏障。

救国军便选择了这个地方阻击天野旅团残部。参加关家小铺伏击战的部队，是从驻防绥芬河的第二十一旅张振邦第六六〇团各营中临时选拔出来的，以张宪廷的第八连为骨干和从五虎林调来了两个连的兵力，此外第九连也参加了战斗，共 500 余人，组成了两个战斗队。第八连连长张宪廷，是东北讲武堂毕业的年轻爱国军官，他指挥的第八连全连埋伏在主力阵地窝狼圈；第九连与补充连埋伏在东西两座山头上；从五虎林调来的两个连驻在沙虎，均做好了一切战斗准备。

日寇在走出宁安县城之后，均换上了伪军的灰布军装，想以此迷惑抗日救国军。6 时许，日军及二三十辆辎重车从沟口外公路上进入抗日军伏击圈内。

伏击战打响后，日军突然发觉又中埋伏，于是疯狂地向张宪廷连据守的窝狼圈进攻。由于敌人是有计划、有掩护的撤退，并占据了有利地势，加上其装备精良，敌我双方态势已发生变化。激战从早晨开始，一直打到午后 2 时。这时西山葡萄沟一带已完全被日军占领，救国军虽接连打退敌人三次冲锋，但伤亡很重。张宪廷在身负重伤后，仍旧组织起 28 人上起刺刀与敌进行肉搏。

就在这千钧一发之际，日军西山阵地后面突然响起了救国军的冲锋号。原来救国军的补充团已从五虎林方向赶来，于是在敌人占领的西山顶上展开激战，大刀队冲入敌群，一阵猛杀猛砍，日军抱头鼠窜，日军不得不边打边退、向海林车站方向溃去。

关家小铺战斗击毙日军 20 余名，并取得了最后的胜利。但救国军在不利的条件下作战，武器装备处于明显劣势，自身伤亡人数高出日军伤亡数字 4 倍之多。

日军退去后，李延禄立即赶到海林车站，秘密联络了我党领导下的铁路游击队，在高岭一带的盘山道处设下埋伏，并拔掉铁轨上的道钉，拆断铁轨，截住了这股逃往哈尔滨的日军军车。

26 日，天野所乘列车行至高岭子转弯处，铁路工人游击队立即以集中的火力向敌人军车进行猛烈射击，顿时日军车翻人亡，损失惨重。

救国军发动的镜泊湖连环战役轰动一时！救国军前后经过 14 天的时间、4 次大的战斗，获得了"墙缝"伏击战、松乙沟火烧日军、关家小铺阻击战、高岭伏击战等一系列战斗的胜利，连续挫败骄横不可一世的日军天野旅团进攻，缴获许多枪支弹药，给日寇对吉东地区大规模"围剿"以沉重打击，鼓舞了吉东地区抗日人民的斗志，大批伪警备队和各县伪官员也纷纷反正，参加抗日队伍。至此，吉林国民救国军日益壮大，成为一支有 1.5 万人以上的抗日队伍。

共产党员李延禄领导的补充团是作战的主力，功不可没。李延禄的名字在吉东大地也越来越响。在以后的战斗中，只要听说是李延禄的部队来了，许多日军胆战心惊，伪军则纷纷缴械。

日军进犯吉东，补充团孤军血战磨刀石，和尚屯扩军

吉东地区有大段边界与苏联接壤，土地肥沃，战略地位十分重要。日本

侵略者对此地觊觎已久，日军一直在积极准备进攻吉东。但一则这里驻守着李杜、王德林等抗日武装五六万人，无法轻易攫取；二则把战火烧到中苏边界须十分谨慎。最根本的原因是自 1932 年 4 月马占山东山再起后，冯占海直逼吉林，海拉尔的苏炳文、辽南的唐聚五、辽西的郑桂林等各支抗日义勇军亦此伏彼起，迫使日伪军四处应战，牵制了大量兵力，无力进犯吉东，所以一直到 1932 年底，吉东的大部分地区日军都尚未涉足。**4**

为了进攻吉东地区，日军采取了军事打击与收买诱降、挑拨离间等政治瓦解阴谋并举手段。就这样，李杜自卫军、王德林救国军、丁超护路军三支抗日部队之间出现摩擦内讧，吉东地区形势迅速恶化，日军在加紧诱降丁超时，准备武力进攻吉东地区，消灭该地区的抗日力量。

1932 年 12 月，日军在挫败马占山、苏炳文等义勇军部队之后，对吉东的进犯已是"急不可待"了。

12 月 24 日，新任关东军司令官武藤信义下令以广濑第十师团为主力"扫荡"吉东地区。武藤抽调了沈阳第十四混成旅团的步兵主力和一个炮兵中队、第六师团的一个步兵大队、第十四师团的一个炮兵中队、关东军汽车队和第一战车队及关东军野战病院，均派往哈尔滨，归广濑师团长指挥。此外，还令关东军飞行队长调侦察机、轰炸机各一个中队，做好在牡丹江附近机场起飞作战准备。

在日军大举进攻吉东地区时，李延禄再次主动请缨，要求率领补充团赴前方阻击敌人。12 月下旬，王德林批准了李延禄的计划，并将救国军第十七团、救国军总部卫队营交由李延禄统一指挥。

1932 年 12 月 26 日，李延禄命补充第一团和第二团第三营 500 人、第十七团 500 人、总部卫队营 170 人在兴源镇集结,28 日从伊林上车抵磨刀石。李延禄、孟泾清、张建东等均随队行动。

磨刀石位于牡丹江东 40 华里处，在铁岭河与穆棱站之间，地势险要，中东铁路从这里开始进入老爷岭，在高山夹峙间盘山而上，是个易守难攻的隘口。由于敌人已经占领了铁岭河，磨刀石就成了抗击日军东进的最前沿。

李延禄率部进入此地后，选择车站西面的山口作为阻击阵地。李延禄将史忠恒及其所率第一团第三营200余人部署在道南山头上，余部部署于道北山头西侧，对迎面来犯之敌形成火力封锁网，指挥部设在道北山头的东侧，同时还拆除了磨刀石以西的部分铁轨。

12月31日，日军第十师团长广濑将原驻一面坡、宁安、包河之元部第八旅团主力和配属的关东军装甲车队、重炮队、飞行支队组成元部支队，在也河集结；又命以驻佳木斯之饭塚第六十三联队为主，组成饭塚支队向宝清进犯，与南线行动相呼应。

1933年1月1日晨，日军元部支队以第八旅团第三十九联队一部为主力，配属重炮、装甲车队近2000人，向磨刀石我军阵地发起了总攻。

战斗打响后，日军的一排排炮弹在救国军阵地上爆炸，掀起了巨石，削平了树木。随即，日军在飞机助阵、装甲车开路之下，向我阵地发动了冲锋。

救国军占据了有利地形，战士们勇敢与敌人拼搏，一次又一次地挫败了敌人的进攻，一上午打退敌人4次冲锋，消灭敌两个小队。

敌人退却了，但奇怪的是，整个下午却按兵不动。

原来日军在发起攻击前，于12月31日晨派出一支部队绕过磨刀石侧面迂回穿插，袭击并占领了磨刀石以东的代马沟，当地自卫军第二十一旅某营溃逃。敌人利用缴获的装甲列车掉头西来，使补充团后方尤其是指挥部后背完全暴露在敌人火力之下。此时正面敌人再次发动攻击，我部队腹背受敌，形势危急。

李延禄一面下令接应铁路南之史忠恒营返回道北与大部队会合，一面组织指挥部人员轻装突围。史忠恒营在越过铁道时，遭敌机枪封锁，伤亡很大，但他们仍投入了接应指挥部人员的突围战斗。史忠恒亲率10余名战士，用刺刀、手榴弹杀开一条血路，将李延禄等指挥部人员接应出来，并掩护他们安全撤退到磨刀石车站背后完达山的山岭之间。此次战斗打死打伤日军百余人，我方也牺牲官兵 40 余名，突围时还损失军马 30 匹和马上所驮全部物资。李延禄集合清点部队后，连夜向五河林转移。

后来，李延禄才知道，他在磨刀石车站英勇阻击日军的时候，救国军的大部都已向后撤离，李延禄部成了孤军。李延禄孤军奋战的消息，通过地下党的电台发往国外，由路透社转到塔斯社转发了，巴黎的《救国时报》也予以转载，在国际上产生了很大的政治影响。

1933 年 1 月 1 日晚，李延禄率补充团及救国军第十七团突围撤离磨刀石后，于 1 月 2 日到达五河林。李延禄召开党支部会议研究后决定，按绥宁中心县委指示，立即改编部队，成立抗日游击总队。由李延禄任总队长，孟泾清任政治委员，张建东任参谋长。部队成立 4 个团：以补充第二团第三营为基础组成第一团，团长杨太和；以补充第一团第二营为基础组成第二团，团长李凤山；以补充第一团第三营为基础组成第三团，团长史忠恒；以第十七团为基础组成第四团，团长邹凤翔（原一面坡伪军，后投降救国军）。

正在部队改编之际，由于汉奸告密，日军夜晚突然包围了五河林，李延禄立即命令各部分别突围，约定次日到柞木台子集合。由于夜晚分散行军，加上地理不熟，人员散失不少，第四团团长邹凤翔率全团逃走。次日到柞木台子集合的只有杨太和第一团、李凤山第二团、史忠恒第三团和总队部警卫人员共计 300 余人。鉴于这种情况，游击总队党支部决定由杨太和率第一团去密山，依靠第一团原有的群众基础开展活动，发展队伍；总队部率第二、三团返回宁安寻找县委领导。

1933 年 1 月 8 日，李延禄、孟泾清、张建东率第二、三团的 200 余人悄悄越过中东路南返，9 日到达宁安西南的和尚屯。几天之后，宁安共青团县委书记李光林找到和尚屯，和李延禄、孟泾清等接上了关系。

根据宁安县委的决定，李延禄率领的抗日游击总队改编为东北抗日游击军。同时，把宁安地区继续抗日的原救国军余部王毓峰所率的一个步兵营、冯守臣所率的一个骑兵营收编在内，部队编为 3 个团、2 个独立营和一个游击支队。司令李延禄、政治委员孟泾清、参谋长张建东、副参谋长刘汉兴（后改名陈龙，陈龙是原自卫军第二旅第三团团长，1933 年 1 月参加救国游击军，后任抗联第二军参谋长，新中国成立后任公安部副部长）、第一团团长杨太和、第二团团长王毓峰、第三团团长史忠恒，步兵营长李凤山、骑兵营长冯守臣，游击支队长李延平，总人数达 800 人。此外，宁安中心县委于 1932 年春组织的北满工农义勇军正式编入救国游击军游击支队。至此，党直接领导下的东北抗日救国游击军正式诞生，与过去的补充团相比，不仅人数上增加了，而且部队素质也有了很大变化，全体官兵更加信心百倍地投入新的反日游击战斗。

1933 年 1 月 15 日，日军占领吉东各县后，第十师团长广濑下令将元部第八旅团改编为东部警备队，队部设在下城子，下设宁安守备队、东宁守备队、穆棱守备队和穆棱站守备队、直辖队等。此外，还抽调步兵第二十七联队第一大队为基干，组成了密山守备队归元部指挥，警备队总计约一个多旅团兵力。由于吉东地区广阔，敌各守备队只能占据几个较大的城镇。刚拼凑起来的伪军、伪警和地方保安队数量虽然不少，但死心塌地为日军卖命的人并不多。李延禄率领救国游击军利用敌人弱点，活跃于敌后，取得多次战斗的胜利。

团山子一天两捷，八道河子突袭日军

1933 年春节刚过，在吉东的雪野中，李延禄率救国游击军离开和尚屯，前往宁安东南的团山子屯进行整训。

团山子在宁安县城东南约 60 华里，地处半山区，是个有百余户人家的大屯子，分南北两个屯，屯东是连绵的山头，距北屯七八里的山腰间有一小屯，屯名八棵树。

李延禄率部队到达团山子的第二天就接到情报：日军以凤岛部队为主力，加上伪警备第十旅共 800 余人及宁安保安队和伪警察约 300 余人，已在宁安县城集结，一两天内即将出动"讨伐"。

李延禄召开作战会议分析敌情，敌众我寡，武器弹药不足，不能和敌人硬拼。要打就先打凤岛大佐直接带领的伪警备大队 300 余人，而对第十旅马海山的警备团采取政治攻势，以集中力量打击日军。

马海山外号"马球子"，他的部下都是一些山沟里的炮手出身，枪打得准且不说，对宁安一带山势地形又熟悉。在镜泊湖连环战役中，"马球子"曾经率领他的炮手队在东京城拦路，把从东兴镇出发去接应天野少将的日本地方警备队打垮了，以后才为敌人所收买，委为警备团团长。因此，这股伪军颇有战斗力。

据此，在总部的作战会议上决定，以王毓峰团为主力，摆在南边那溜矮岭上；史忠恒团和冯守臣骑兵营为左右两翼，史忠恒团在东山脚下的那道河套里隐蔽，冯营在西面马鞍山柞木林子里潜伏。沟口外，又安排两处伏兵，直待敌伪部队大溃退时出来截击。

1933 年 2 月 10 日清晨，敌军沿大道进入团山子，命伪军伪警左右掩护日军进攻。

2 月 16 日拂晓，日、伪军分作三路向团山子进攻。马海山伪警备团从马鞍山方面作为侧翼进攻。伪宁安警察队从东山的山顶上也作为侧翼掩护。日寇凤岛大佐部队从正面的公路上进攻。

马海山伪警备团从马鞍山一侧、宁安伪警察大队从东山一侧先后开始进攻了。

史忠恒高呼："中国人不打中国人，再往前走就对不住你啦！"

伪警察队长闻声就迅捷地跳上马背，是进是退犹豫不决。

史忠恒手起枪响，打中了他所骑的那匹马的腿。伪警察队长立即惶惶然高叫着："不要打了！不要打了！"就丢掉倒下的马匹，掉头往回跑了。剩下的伪警察见状一哄而退，这一路的敌情便基本解除了。

担任右路进攻的马海山的伪警备团，在马鞍山上一和冯守臣的骑兵营接战就很顽固，表现了死心为日本效忠的气势。敌我两边相互开火，越打越激烈，柞木林子里到处听得见机关枪的响声。马海山的伪军不仅枪打得准，武器装备又精良，慢慢地，形势对骑兵营越来越不利。

眼看着骑兵营有点吃不住劲了，营长冯守臣打算向李延禄请求撤退。这时发生了一个戏剧性的场面。

"马球子团"的一个兵顺着一条雨裂沟爬上山来，对冯守臣说："你们别退，我们的机枪子弹快打完了，一打完就要撤了！"说完又爬下山去。

过了一会儿，"马球子团"的机枪果然不响了。冯守臣命令骑兵上马，向山下发起反冲锋。失去机枪掩护的敌人哪里是骑兵的对手，慌忙四散而逃。

右路之敌也被我击退了。骑兵营撵走了这路敌人后，乘势与左翼的史忠恒团从两侧向正面进攻的日军发起了包抄攻击。

此时，日军正面进攻的情势又如何呢？

日酋凤岛这时率领日军对游击军正面阵地发起了攻击。他先命令炮兵轰击，然后重机枪掩护，下令日本兵冲锋，日军呈散兵形匍匐前行，向山坡上爬。

担任正面歼敌任务的第二团战士们不慌不乱地沉着射击。为了节省子弹，看到敌人三五成群聚成一团时，机枪才"嘎嘎嘎"地响了起来，不少敌人当场毙命。

日军见一时攻不上来，便用重机枪和掷弹筒猛烈扫射和轰击第二团阵地，子弹"啾啾"地打在土里，压得战士们抬不起头来。借助火力优势，日寇再次强攻，竟然很快推进到团山子李延禄的指挥部附近。

这时，团长王毓峰伏在战士身边瞭望，发现在敌寇进攻的部队中有戴金色肩章的指挥官。王毓峰组织了一批射手，专门瞄准军官射击，一连打倒3

名日本军官，顿时日军像没了主心骨一样，再次败退下去。

突然，刚刚败退下去的日军身后响起了激烈的枪声。原来击退了右路之敌"马球子团"后，冯守臣的骑兵营与左翼的史忠恒团乘势从两侧向正面进攻的日军发起包抄攻击。

日军突然被抄了后路，顿时大乱。凤岛大佐忙命机枪手掩护全队掉头突围。

敌寇凤岛部队一溃退，冯守臣便带骑兵营追杀过去，在沟口外两侧埋伏的骑兵又突然拦截，打得敌人狼狈逃窜。

这一仗打死打伤日军指挥官以下十几人，我方无一伤亡。团山子群众纷纷杀鸡宰羊庆祝我军旗开得胜。抗日游击军之所以未能全部消灭凤岛部队，主要是由于子弹缺乏，在最后追击中，多数战士都提着空枪追赶。

凤岛一直退到一个叫八棵树的村子里，埋锅做饭，派汽车回城拉子弹，准备再与游击军"决战"。

村里的群众迅速赶到团山子，将情况报告李延禄。游击军大胜之后，子弹已剩下不多，但士气很旺，各团纷纷请战。

当天夜晚，李延禄兵分三队，向八棵树实施奔袭包抄。

前锋车振声连首先到达村外。尖刀班长见月光之下一名身穿黄大衣的日军军官站在村外向东西两山瞭望，便举起枪来，"砰"地就是一枪。这一枪虽然提前暴露了我军企图，被击毙的却是日酋凤岛本人。村里的敌人一听枪响，慌成一团，游击军趁势发起进攻，"马球子团"和伪警察大队顾不上日军先行逃命而去，日军失去了指挥官，也只好向宁安拼死突围而去。

团山子一战之后，部队隐蔽在团山子进行整训的企图已暴露，为防敌报复，李延禄迅速率部转移到一个叫八道河子的山村里休整。

不料，部队刚驻下没两天，就接到侦察员情报说：村子里一个叫金笑来的汉奸暗中给坐镇宁安的敌寇伊田少将通风报信，伊田正集结兵力准备偷袭八道河子的游击军。这次进攻的主力是日军部队，约有四五百人，携有大炮

6门，日军带队指挥官叫治田大佐。

李延禄命令部队迅速做好战斗准备。根据八道河子的地形，李延禄命令第二团王毓峰、第三团史忠恒两支部队，分别在八道河子沟口东西两山潜伏，把守住沟口，只等敌伪进攻部队从沟口进来一半的时候，两边夹击，拦腰截断，从上往下打，使敌伪部队首尾不能相顾，分段就地歼灭。另外，派李凤山营在八道河子屯前沿，利用河崖、林丛，构成正面阻击阵地；冯守臣骑兵营为机动联络部队，隐蔽在林子里；总部直属的警卫保安连，作为后备部队。

部署妥当后天已大明。敌伪的前锋已到达沟口，距我第一道侦察哨不过8里路。

枪一打响，敌伪部队就直扑左右两山，形成对山头的争夺战。敌寇主力的机枪火力很猛。

左翼的史忠恒团长在指挥阻击的时候身受轻伤。当他正坐在石头上解绑腿包扎伤口的时候，敌寇纷纷投来手榴弹，有两颗直投到史忠恒跟前，头一颗被他一脚踢开，第二颗未及抬脚就爆炸了。史忠恒团长腰、腿部3处又负了伤。他一时兴起，手持短枪，大呼冲锋，第三团官兵闻声跃起，悍然冲下山坡。敌寇前锋部队顿时动摇，仓皇撤退。我军和敌寇的争夺山头战胜利了。

敌寇治田部队又组织了第二次进攻。当时，敌寇发现了我右翼第二团王毓峰部阵地枪声渐稀，猜出第二团可能断了弹药，便集中兵力猛攻，终于占了右面的山头。

接着，日军又转向左翼史团。史团手榴弹和子弹也打光了。敌寇尽管开始伤亡很大，佀火力仍然很猛，终于占领了左右两山。同时，有一小股敌寇竟偷偷摸到八道河子屯前，在李凤山营的阻击阵地上冲出一条缺口。

李延禄此时还留在指挥部里，村子口发现了敌人，警卫员孙贤就以两支匣子枪阻击，掩护李延禄撤退。孙贤同志双手都能打枪，而且打得很准，敌寇小股部队就被阻击在屯口一所孤立的茅屋背后。指挥部脱险后，李延禄迅速收拢部队退入后山，准备再战。

这时，山下八道河子屯里已经升起乌黑的三五股浓烟。原来敌人占领了八道河子后，一进村子便兽性大发，杀害无辜群众6人，烧毁全屯房屋和实施了抢掠。听到山下村子里传来群众的惨叫声，战士们心里都燃起了怒火，又加上逃出的农民齐来求援，战士们人人自愿参加敢死队。

见此情景，李延禄简单地和孟泾清政委商量了一下，就决定临时编成一支突击队，并从骑兵营和李凤山营里收集了一些子弹发给突击队战士，但就是这样，每人也不过三五发。带着满腔怒火，突击队员们勇猛出击。

这次袭击，果然大出敌寇预料之外。日伪军正在屯子里四处放火、焚掠，根本没想到游击军会返回来突然进攻，因此未及部署就溃逃了。突击队员所追击的目标，主要是穿黄军衣的日本人，敌酋治田大佐惊慌中夺路而逃，未到河崖就被我英勇的突击队乱刀刺死。有些伪军四处乱窜，碰到屯子里杀红了眼的农户，也在大棒子底下丧了命。

此次突袭，游击军当场毙伤敌寇十几人，缴获了大量的武器、弹药，还有山炮。突击队在追击敌寇当中，受伤6人，一个班长因为追击治田大佐而牺牲。

八道河子战斗过后，救国游击军的影响进一步扩大，当地青年纷纷要求参军杀敌，附近一带的抗日山林队也前来联络，愿与救国游击军协同作战。

兵移汪清激战马家大屯，日共党员伊田助男送来10万发子弹

1933年3月中旬，取得宁安八道河子战斗胜利后不久，李延禄接到东满特委的通知，要他率部去特委所在地汪清马家大屯，参加扩大的军政干部会议，传达"一·二六"指示信的精神。

王德林救国军溃散后，一直在找党的李延禄非常高兴，当即让参谋长张建东率一个营留守四道河子游击区，自己率游击军第二、第三团和骑兵营共500余人，翻越绵延在长白山脉中北段的老爷岭向汪清进发。这个月的下旬，游击军到达汪清嘎呀河区的马家大屯，受到根据地人民的热情欢迎。马家大屯的妇女会、自卫队、儿童团等群众组织都十分活跃，妇女会员们主动为战士们洗衣、缝补，还赠送了手帕等物品；儿童团员们站岗放哨、唱歌宣传；自卫队员为部队送粮送菜，根据地人民的抗日热情使救国游击军官兵们为之振奋。救国游击军在此处还和李光领导的救国军别动队（1932年初，东满党派十余名党员以反日会名义投救国军，被编为别动队。由李光率领活动于汪清一带，后与汪清游击队合并）、汪清游击队会合，这两支部队的政治工作和组织纪律性都给了救国游击军很好的影响。

救国游击军来到马家大屯的当天晚上，吉东局在村里召开了军民联欢大会，会场上燃烧起了一堆堆照明的篝火。身有重病的吉东局书记童长荣在大会上讲了话，对李延禄率领的救国游击军英勇战绩给予了很高的评价，极大地鼓舞了游击军的士气和抗日必胜的信心。

中共吉东局的军政扩大会议还没有正式开始，李延禄就接到侦察员的报告：3月下旬，敌人抽调延吉、和龙、珲春、汪清4县兵力，对汪清苏区欲进行一次大规模"清剿"。

消息传来，言东局党委书记童长荣主持召开了临时军事会议，最后决定打好这一仗，为言东军政扩大会议的开幕献礼。准备打仗的决定一传达，救国游击军官兵人人摩拳擦掌，决心狠狠地教训一下来犯之敌。

李延禄一身征尘未落，又开始布置战斗。他带人察看了地形，派遣与游击军一起来到东满的李光率别动队负责把守腰岭子沟口，派史忠恒率第三团一部把守托盘沟，派汪清游击队守卫大肚川沟，自己和政委孟泾清率300人守卫大荒沟，另外留下200人作为机动部队，准备随时向各路口增援。至此，通往马家大屯的所有路口都被我伏兵封锁。各部出发之前，吉东局又给补充了1.5万发子弹。

游击军在当地群众奋勇参战的鼓舞下，壮志倍增，杀敌心切。

1933 年 3 月 30 日拂晓，日军少将旅团长龟冈村一率讨伐队千余人，分四路向马家大屯进攻。

李延禄早早派人在各路阻击的关口上选择有树木掩护的高地，布置下机枪交叉火力网，专等敌人上来送死。

史忠恒部在托盘沟率先打响战斗。接着，其他三道沟口也响起了枪声。

开始时敌人相当麻痹，大摇大摆地接近路口，以为这个山村里只有一些胡匪而已。当敌人进入有效射程后，游击军的机枪猛烈射击，敌人突然遭到袭击，各路行军队形大乱，慌忙向后逃窜。

进攻托盘沟的日酋龟冈遭了埋伏，又听说各路兵马纷纷败退，气得"哇哇"大叫。这个一脑门子"武士道"精神的军国主义分子重新收拢部队，再次向我军阻击阵地发起攻击。战斗持续到天黑，日军的数次进攻都被打退，最终无奈撤兵，伪军伪警也趁机撤走。这次战斗缴获敌人长短枪 250 余支、迫击炮 4 门，子弹军需品一批。**5**

日伪军退走后，马家大屯的抗日军民出山来清理战场。在一片林子深处，他们发现了一个日本人。这是一名年轻的日本士兵，已经自杀身亡。在林子更深处，人们又发现了一辆装满子弹、发动机被损坏的卡车。死者身旁的石头上还有一张写满日文的纸。史忠恒团的战士们将这张纸交给李延禄，李延禄送给童长荣翻译，发现是一名日本共产党员写给中国共产党游击队的遗书，童长荣动情地读道：

亲爱的中国游击队同志们：

　　我看到你（们）分撒在山沟里的宣传品，知道你们是共产党的游击队。你们是爱国者，也是国际主义者。

　　我很想和你们会面，同去打倒共同的敌人，但我被法西斯野兽们包围着，走投无路。我决心自杀了。我把我运来的十万发子弹赠送给贵军。它藏在北面的松林里。请你们瞄准日本法西斯军射击。我虽身死，但革命精神长存。

祝神圣的共产主义事业早日成功！

关东军间岛日本辎重队

共产党员　伊田助男

一九三三年五月三十日

马家大屯的抗日军民以埋葬革命烈士的隆重礼节，埋葬了这位国际主义战士。伊田助男舍生取义时留下的信和他送来的 10 万发子弹，对于处在严酷环境中的东满抗日军民是一个极大的鼓舞和帮助。伊田下葬时，马家大屯的汉族与朝鲜族两族村民让孩子们为他戴孝，许多人流下了眼泪。东满特委和满洲省委不失时机地在国内外宣传了伊田助男的事迹，对于瓦解日军起到了很好的作用。

马家大屯战斗结束后，1933 年 4 月 3 日，中共吉东局军政联席会议正式开幕，会上传达了"一·二六"指示信精神。会议对今后军事工作也作了新的安排：从救国军中抽调史忠恒团 700 余人留在东满"苏区"，留在吉东局作为另外建军的基础；李延禄带领剩下的 700 余人北上密山，开辟新游击区；留守宁安的张建东营移交从安图返回宁安的周保中领导；一直与李延禄同生死、共患难的游击军政委孟泾清被调到地方工作。李延禄虽对这些决定有异议，但还是表示了服从。

第二天，李延禄带军部和其余部队翻越老爷岭，进入宁安，向密山进发。

李延禄东京城接应伪军哗变，一路巧打奔密山

李延禄率队返回宁安后，将部队带到宁安县马莲河进行短暂休整。

不久，就接到东京城地下党送出的情报说，救国游击军几次作战获胜的消息在东京城传开后，引起伪军很大波动，加上城内反日会的秘密争取工作，几名下级军官私下酝酿组织两个连哗变，要求救国游击军派出部队接应。

东京城是宁安第一大镇，地处宁安县城至敦化的公路线上，日军正在修筑的图宁铁路也经过这里。城内驻有宁安伪第二保安大队300人，以原投敌的救国军马海山部为主，吸收散兵游勇组成，队长马海山。

李延禄获此情报后，派副参谋长刘汉兴联合东京城附近的几支反日山林队一起行动，由刘汉兴任指挥。

5月8日，各路部队近千人包围了东京城。事先刘汉兴运用汪清作战经验，要求各部多用政治口号瓦解敌人，不见日军不开枪；进城后不得骚扰普通商家和百姓。因此，各路部队抵近东京城后"中国人不打中国人，大家一同过来打日本！"等喊话声此起彼伏。

城里的伪军也不开枪，悄悄躲在工事里听宣传。

伪警备队长马海山见大势已去，自己化装逃走，驻东京城的30余名日军更加心惊胆战，也相继逃离东京城。于是，伪军放下武器，欢迎抗日部队进城。伪军连长王虎廷、田大梁子兄弟率两个连伪军宣布起义，参加救国游击军。另一部分伪军拉出去另立山头，敌人苦心经营的第二保安大队成立起来刚一个多月便全部瓦解了。我入城部队还缴获了敌人的大批物资、弹药。

5月13日，李延禄率救国游击军一部到东京城附近的马莲河一带活动，在上马莲河小学召开群众大会，宣传抗日游击斗争的胜利消息。

上午8时许，当李延禄正在作报告之时，突然马莲河外围响起了枪声。不一会儿，枪声渐稀，游击军警戒部队的战士跑来向李延禄报告：刚才有约70余名的日军企图进犯我马莲河，已被我外围的警戒部队击退，丢下100多辆辎重给养车。看样子，敌人好像并不知道马莲河有我军主力，带着大批给养冒冒失失地误闯马莲河村。

李延禄闻听消息后心头一震，心想这 70 多个日本鬼子一般不会带这么多的辎重给养车来偷袭我们，一定是为后继的大部队打尖的。

于是，李延禄急令全军迅速进入战斗警戒，考虑到参加大会群众的安全，李延禄决定不与敌人在村里周旋，下令部队从西沟撤退上山。

正在部队向山上转移时，马莲河抗日救国会妇女主任急匆匆地跑到李延禄面前，气喘吁吁地说道："李军长，日军是从头道河子过来的，黑压压一片，没有一个二鬼子，全是黄乎乎的日本鬼子！"

"噢，对了，我跑出村子时，屯子里的日本兵正往四周拉电线。"这位妇女主任又补充了一个极其重要的情报。

原来，由于李延禄率领游击军在汪清和宁安境内连续战斗获胜，加之前不久东京城伪军大批哗变，使得驻吉林日军第二师团长多门二郎中将深感蒙羞，决意进行报复性"讨伐"，进行一次彻底的"围剿"。多门暗暗派兵进军吉东，从老爷岭、杨胖子沟和鹿道分两路跟踪下来，伊田旅团从宁安横道河子及孟家屯两路并进，形成"分进合击、铁壁包围"的阵势。在马莲河外围和游击军警戒部队交手的正是多门师团的侦察队，纯属试探性质，他们还不知道已经接近了游击军主力部队。

听了妇女主任的报告后，李延禄感觉事态严重。在东北战场上与日军恶战多年，也不知打了多少次遭遇战，但与这样大规模的日军打遭遇战，李延禄还是头一次碰到，他明白：游击军已到了生死关头，成败在此一战。

李延禄当即和大家迅速判断了敌情：此次日寇的进犯，是从杨木林子一路跟踪而来的，兵力规模相当大。此外，日军在杨木林子拉电话线，说明杨木林子村可能是敌寇的指挥部所在地。

李延禄接着分析道："敌人兵力雄厚，有备而来，气势汹汹，我只能智取；敌人冒失闯入马莲河村，说明其地形不熟，耳目不灵，对我军情况不明，我可以智取！"

李延禄的一番深入分析，让大家心里增强了打好这一仗的信心。

据此，李延禄迅速作出了战斗部署：派李凤山营第六连连长、共产党员车振声带着小股部队，分作三路顺着电话线打敌寇指挥部，只要打乱敌人指挥部，就算是完成夜袭任务。

另外，李延禄又安排了几支小部队，在杨木林子周围有敌人驻防的村庄分头打枪，以造成敌人的混乱，引起敌寇内部的误会，使其自相残杀。第二团王毓峰部及冯守臣骑兵营准备拂晓听候调遣。和游击军联络的柴世荣部与平南阳、李荆璞部等仍分据各山头，监视敌人行动。

这天晚上，车振声率部向杨木林子进发。当车振声连长率领部队潜入杨木林子西山和北山头时，就听见村头有水声"哗啦啦"响，人声嘈杂。日本兵脱光了衣服正在河套里洗澡，果然是骄而无备。

车振声连长在北山头留下一排人，命令他们以屯后的枪声为号。屯后枪响，就集中火力向下面那些在河套里洗澡的敌军扫射。

行经杨木林子屯后，他又留下一排人潜伏下来。

车振声连长带领战士们进村子，沿着村子上空伸展的电话线，悄然无声地摸到了敌寇指挥部所在的民房。大门外有哨岗，待悄无声息地解决掉哨兵后，车振声连长带领战士们逐个钻进院子里去，枪口堵住门窗，"打！"战士们猛烈开火，屋内的日军全部被击毙，又击毁了敌人指挥部联络用的电报、电话设备。

听到村内枪响，埋伏在村外西、北两山头的两个排立即向屯子里开火，掩护车振声连长带突击排撤离。

一时间，村子四周的枪声像鞭炮一样响起来。没有了指挥部，村里的日军像无头苍蝇一样，到处传来敌寇惊呼、奔跑的声音。日军弄不清偷袭的游击军在哪里，也不知道有多少游击军来偷袭，怯于地势不熟，日军不敢出屯子追击，只能以大炮、机枪向四周外围枪声响处仓促、盲目地轰击。不料，这就引起外村日军的误会，同样以猛烈的炮火回击，一直打到天亮。

车振声连长率领突击排乘乱从屯子的夹道墙缺口处跳出来，安然撤出。

据以后村民报告统计，敌寇相互攻击死了不少人。拂晓，敌寇还在清查伤亡的官兵，并禁止居民出屋，各村街口都有戒严的哨兵。

当夜，李延禄率部向镜泊湖北湖头的元宝山转移，跳出了日军的包围。

1933年6月初，李延禄在和尚屯接到中共满洲省委巡视员李广林所传达的指示，立即挥兵北上密山，开辟新的抗日根据地。

这时候，在杨木林子吃了苦头的敌人多门师团已经追踪到和尚屯来了。为了转移敌寇的目标，李延禄下令部队掉头西北，向密山相反的方向开进以迷惑敌人，企图把追踪的敌寇多门师团引进通向亚布力的原始森林万丈沟去。

一路上，李延禄命令部队急行军，并沿途向行人散布要去万丈沟的消息，快走进亚布力的万丈沟口时，李延禄命令部队就地休息，埋锅做饭，大造声势，伪装要开进万丈沟的样子，半夜1点过后，李延禄命令部队从沟口附近又绕道回到宁安县。

在万丈沟口附近打尖的时候，游击军的一个班集体掉队，不料却在沟口和敌人的追击部队遭遇了。敌寇约30人坐在军用卡车上。这一班人就伏在沟口外的山沟地的垄沟间，瞄准卡车上的敌寇开枪了。

敌人看见是我们的小部队，欺负他们人数少，就都跳下车来，要捉活的。他们哪里会知道，游击军这十几名战士虽然穿戴破烂，却个个是久经战斗的老游击队员，而且还都是宁安地区有名的猎户出身，枪打得准。结果，日本兵刚跳下车，有的还没转过身，枪声一响，就栽倒在地上了。几乎同时，又响了一排子枪，一下倒了五六个日本兵，而且都是一枪毙命的，连哼叫一声都来不及。见势不妙，日军大卡车立刻掉头跑掉了，连日本兵的尸首都顾不上收拢。

这一班人不但缴到了精良的三八步枪，还缴获了日本兵的军大衣和军用水壶、烟草之类的东西。打了胜仗的这班战士们又是笑又是唱，简直像过年似的。这个班对山道很熟，当晚就赶上部队了。

日寇多门师团和伊田旅团派出的"讨伐"部队，经过万丈沟口这一小遭遇战，果真以为李延禄率队遁入了万丈沟，于是大军向万丈沟开去，李延禄终于把敌人诱进了深山老林之中，伊田旅团却被困在沟里一个月，靠飞机空投食品才被解救出来。李延禄已经离开了宁安县几天后，日军还在镜泊湖一带的山区搜索呢！

6月中旬，李延禄率部北上来到了密山县，新的战斗又即将开始。

北上密山屡受挫，李延禄出关寻党

几乎从进入密山的第一天起，游击军和李延禄本人就开始遭遇一连串挫折。

1933年6月下旬，李延禄、张文偕、张奎率救国游击军王毓峰团、冯守臣骑兵营及军部共约400人到达密山县境，在黄窝集山区与杨太和所率救国游击军第一团会合。

密山位于绥宁和下江的连接地带，东、南两面紧靠苏联，是伪"满洲国"的所谓"国防"重点地区，面积有6万平方公里。日伪当局认为，密山毗邻苏联，由于地理关系，居民多有亲苏倾向，当地的共产党宣传反满抗日、组织反日斗争的活动很活跃，因此，他们认为密山是其统治吉东的大患。因此，李延禄来到这样一个地区就要去开辟游击根据地，其困难可想而知。

这时，密山一带原有的许多支反日武装在敌人收买镇压相结合策略下，已瓦解溃散一部分，仍在坚持抗日的队伍，面对给养、弹药匮乏等困难，也束手无策。救国游击军在宁安、汪清的胜利消息早就传到了密山。因此，李延禄率救国游击军主力开到密山，使这些反日山林队受到鼓舞，许多山林队队头慕名前来拜访。

6月末，由救国游击军出面召集的密山南部反日山林队联席会议在半截河东南的郝家屯召开。出席会议的有密山境内的十余个山林队队头。会上，李延禄、张文偕分别向大家宣传了党的抗日救国的方针政策，介绍了救国游击军在宁安的作战情况，大家一致议定了三条共同守则：（1）坚持抗日到底，不投降、不叛变；（2）保护抗日游击区贫苦农民的利益；（3）打进城镇向敌人夺取武器和给养。

第一挫，郝家屯战斗失利。各反日武装首脑在郝家屯集会的消息很快被敌人侦悉，就在会议结束次日，各队刚刚离去时，日军驻半截河部队队长箕浦率 30 名日军及伪警备第四旅驻半截河宫团，包围并袭击了郝家屯救国游击军军部。军部政治保安连连长张永富、副连长戴启发率领战士奋力阻击，掩护军部人员突围。王毓峰团闻讯赶来接应时，部分战士误入敌阵遭到伤亡。这次战斗虽打死敌人十余人，但我方张永富连长、戴启发副连长等 30 人牺牲，部队的士气受到一次沉重打击。

郝家屯战斗失利，部队情绪产生了较大波动，战士中的"思乡"情绪也随之抬头，认为战斗失利、战友牺牲全是密山人地生疏造成的，要求回到宁安去打游击。正当此时，密山县委由于追究战斗指挥责任，造成意见分歧，刚打完一场恶仗的副参谋长刘汉兴受到县委严厉批评，一气之下离开了军部。

第二挫，游击军冬装粮草均无着落，官兵归乡心切。进入 9 月份，天气一天天地凉了，冬季将至。游击军的战士们大都是宁安人，他们怀念家乡，怀念过去在宁安天天打胜仗的日子，部队开始有了开小差的现象，部队士气陷入从未有过的低潮。

为解决冬季装备给养，救国游击军各部决定联合攻打平阳镇。

平阳镇是密山第一大镇，有居民 1.3 万多人，是全县商业中心和交通枢纽。敌人在此驻有骑兵第四旅旅部和直属部队，还有一支日军守备队和一个宪兵分队，防守十分严密。

李延禄和我地下党内应胡志敏联系后，制订了一个里应外合的计划。事先，胡志敏已将镇内地形、火力配备情况画图送出。临近行动时，镇内又送出情报说，日军近日有增兵迹象。此时李延禄已将各部集结于郝家屯、二人班一带，接到敌情变化通知后，决定暂缓行动，等候确切消息。

不料，由于部队集中时间长，走漏了消息，驻半截河伪军组织当地自卫团同时袭击了郝家屯和二人班。李延禄指挥部队击退了敌人，但已编入人民抗日革命军的原自卫军李秀峰营500人在作战中私自退入苏境，后被苏方解除武装遣散。这一变故，使人民抗日革命军联合攻打平阳镇的计划再次搁浅。

此次郝家屯再次被围与失利，使部队士气更加低沉。冬装粮草仍然没有解决，官兵中南返宁安的呼声又高涨起来，各部陆续出现战士自动离队回宁安的情况。为稳定部队，第二团团长王毓峰等认为，只有返回宁安，部队才能稳定。经军部同意，王毓峰团、冯守臣营返回宁安，原军副参谋长刘汉兴也随同返宁安。王、冯二部300人离开密山后，留在密山的抗日游击军基本队伍只剩下军部政治保安连和杨太和第一团共不足百人。后来，王毓峰带第二团参加了周保中的部队，刘汉兴则由吉东局分配到东满工作，人民革命军第二军成立时，刘汉兴出任了参谋长。

第三挫，李延禄本人两受党内责难。1933年4月3日，中共吉东局军政联席会议正式开幕，会上传达了"一·二六"指示精神。由于当时交通困难，中共满洲省委5月间作出的关于接受中央"一·二六"指示的决议尚未传达到吉东各地党组织，"左"倾关门主义思想尚未克服。"李延禄同志过去在王德林救国军中的工作应当否定。那种做法是与国民党上层分子勾结，与'一·二六'指示精神不符，是右倾。"在联席会议上，一脑门子"左"倾思想的人如是说。此为李延禄首受责难。

郝家屯再次被围与失利，密山县委和远在他方的满洲省委中"左"的人士看到李延禄部队大量减员后，都认为部队工作"塌台"了，并且认为塌台的根本原因是勾结国民党上层的右倾机会主义路线所造成。此为李延禄二受责难。

面对自己带出来的部队连受挫折，个人遭上级误解，又失去了得力助手，李延禄的处境十分困难。但是，他没有气馁，他想到自己是共产党员，一定要带领全队党、团员，把开辟密山抗日游击区的斗争坚持下去。

这年9月中旬，李延禄得到情报：密山县城驻军伪骑兵第四旅陶团已开赴饶河一带，城内兵力空虚。李延禄决定组织一次联合行动，攻打密山县城。密山县城平阳镇东偏北约100华里的地方有公路相通，途经半截河。李延禄决定联合几支山林队佯攻半截河，引诱密山县城敌人来援。待敌人中计后，即合兵一处，长途奔袭百余里，一举攻入密山城，缴获步枪130多支，子弹万余发，连同一批布匹、棉花、胶鞋、粮食，解决了部队越冬的问题。至此，游击军才度过危机，在密山境内站住了脚。

1933年冬天，李延禄率部转移到密山南部黄窝集一带深山里休整过冬。11月，由于密山县委派来的人同时调离了游击军，当时的斗争环境十分残酷，至此，李延禄和游击军与中共密山县委失去了联系。为解决在统一战线等一系列重大问题上与密山县委的分歧，也为自己过去在王德林救国军中的工作是否算"上层勾结"讨个"说法"，李延禄将部队交给一团团长杨太和，化装出山，先去哈尔滨寻找满洲省委，未果。李延禄又毅然冒死出关，到上海寻找党中央，准备就东北抗日游击战争中的一系列政策和策略问题请求指示。

1934年3月到达上海后，李延禄没有在上海找到党中央。此时，临时中央已撤至江西苏区，他只见到了中央留守上海的最后一批人员，未能得到什么实质性帮助。同年7月，李延禄乘船到了天津，乘上一艘苏联客轮，经大连抵达海参崴，徒步穿越中苏边境，回到了密山境内，回到了自己的队伍里。

吴平巡视吉东，东北抗日同盟军第四军组建

就在李延禄重返密山，准备在逆境中重振雄风之际，一个叫吴平的人来

到了密山，帮助李延禄与游击军走出了困境。

1934年9月，中共驻共产国际代表团派吴平（即杨松）以中共满洲省委巡视员身份到吉东地区巡视，前来检查吉东地区落实"一·二六"指示信精神的情况。

李延禄后来回忆："吴平同志三十岁左右，戴着眼镜，穿着件长袍，布底鞋，完全是一个小学教员的打扮。举止潇洒，神态文静，眉目却显得英俊，有种感人的豪气。"**6**

吴平先后召开了中共密山县委、穆棱县工委和宁安县委扩大会议，传达贯彻中共代表团关于满洲工作的意见。中共代表团认为"在磐石、珠河、吉东等地，和其他反日队伍建立共同的总司令部不是上层勾结而是上层联合战线……吉东正因为没有这样做而犯了'左'倾关门主义，破坏统一战线，所以队伍未能发展"。为贯彻这一指示，9月中旬，在密山哈达河沟根据地，吴平主持召开了中共密山县委扩大会议。

李延禄十分振奋，一年多来积压在心头的乌云一朝散尽。过去的工作得到了党的承认，所谓"与上层勾结"的指责也都立即消失，这一切使李延禄更加信心百倍。在吴平的帮助下，李延禄积极联合、团结密山、勃利、依兰、方正一带的大、小股反日武装一起开展抗日游击战，取得许多胜利，部队自身也得到较大发展。李延禄还利用李杜在依兰、方正一带的影响和社会关系，在方正县大罗勒密的陈家亮子、前五家子一带开辟了第四军的后方根据地。1935年8月，上海中华民族武装自卫会派记者王克道到东北采访，由李杜介绍来到第四军军部。王克道对李延禄在敌人腹地开辟的这块"红区"赞叹不已，拍了许多照片，留下了珍贵的资料。**7**

接着，吴平做了两件大事，为后来的东北抗联第四军的发展打下基础。

第一件大事，决定将密山县委创建的游击队与李延禄所率救国游击军合并，联合其他反日部队，组成东北抗日同盟军第四军，与宁安成立的东北反日联合军第五军，南满、东满、哈东的东北人民革命军的第一、二、三军相呼应。军长李延禄，政治部主任何忠国，参谋长胡伦。军以下暂设1个师2个团又1个独立营，军直机关编为四大处、一个卫队连。全军实有人数231人。四军编成的同时，各级党团组织、战士反日会也在部队内部建立起来，这支从救国军中走出来的部队就此完成了全面改造。会议还决定将县委副书记以下6名主要干部充实到第四军工作，并在第四军内成立党的委员会，李延禄被选为党委委员。

第二件大事，1935年1月，他以吉东特委书记的名义指示李延禄，不要困守密山境内旳一小块根据地，第四军应向西、北、南三个方向发展自己的游击区；军部则应前往群众基础好、活动范围大的方正大罗勒密一带，建立根据地，与活动在那一带的谢文东民众救国军、李华堂自卫军支队结成统一战线，共同打击日本人，壮大自己的队伍。自1933年6月初在汪清马家大屯接受任务后，李延禄的行动一直受困于"进入密山开辟新区"这一党内指示的约束。吴平的新指示无疑又将战略主动权还给了第四军。

吴平虽然到东北工作只有短短的一年，但他在吉东的作为和贡献是全方位的，对于纠正吉东党的"左"倾关门主义起了决定性的作用。他1938年2月回到延安，改名杨松，作为中宣部第一副部长兼秘书长，是延安时期我党思想理论、新闻宣传战线的主要领导人之一，是毛泽东思想、延安精神形成的参与者和见证人。1942年11月13日，吴平因肺病去世，年仅35岁。毛泽东亲笔写下挽词："杨松同志办事认真、有责任心，我们应当记住他、学习他。" **❽**

直到多年之后，李延禄仍对吴平满怀感激之情。他认为，吴平这一时期对第四军的贡献，一点也不亚于第二年夏天魏拯民对东满党和第二军所作的贡献。吴平一来，直接妨碍第四军生存、发展的障碍完全清除，一个面貌一新的第四军出现了，新的战略方向和斗争策略也被确立起来。

1935年4月以后，第四军与各非党抗日武装的关系已经理顺，反日统一战线建立起来。第四军迎来大发展。1935年5月，吉东特委决定将张文偕、崔庸健领导的饶河游击队编为第四军第四团。6月，第四军收编了方正反日山林队"老来红"和"海龙",分别编为独立第二旅和第五旅。7月,李延禄又先后收编了依兰抗日义勇军"自来好"部、勃利抗日山林队"海乐子"部,分别编为第四军第五团、第六团。9月,活跃在宝清、密山、勃利、虎林一带的抗日山林队"北侠"被收编为第四军第七团。1935年9月,第四军已编有军部、7个团、2个独立旅和1个卫队连,总人数达2000余人,活动范围西至依兰、方正,东至乌苏里江,第四军声威遍下江。

响应《八一宣言》,大罗勒密沟第三、第四两军用战斗庆祝会师

1935年日本帝国主义制造了华北事变,"停止内战、一致抗日"的呼声愈加高涨。

1935年8月1日,中国苏维埃政府和中国共产党中央发表了《为抗日救国告全体同胞书》(即《八一宣言》)。《八一宣言》号召全国各族人民"大家起来!冲破日寇蒋贼的万重压迫,勇敢地与苏维埃抗日政府和东北各地抗日政府一起,组织全中国统一的国防政府;与红军和东北人民革命军及各种反日义勇军一块,组织全中国统一的抗日联军"。

1935年秋,《八一宣言》文本经由海参崴转到吉东特委,然后分送各地。抗日同盟军第四军军部收到文件后,立即通知在勃利的第一、二、三团负责人到大罗勒密,参加军部贯彻《八一宣言》精神的干部会议。

1935年秋,人民革命军第三军主力向东转移,第三军第一团在团长刘海涛、政委张寿篯带领下,与李华堂部一起到方正县大罗勒密沟里与李延禄会面。李延禄闻报,亲自赶往三家子屯,与驻扎在这里的三支部队领导人会面,大家分外高兴。当晚,三支部队在一起举行了盛大的联欢会,李延禄、刘海涛等决定再打一个胜仗来庆祝第三军和第四军的会师。

1935年9月7日,李延禄率第四军卫队连、刘海涛率第三军第一团和李华堂部共200人,出现在松花江沿的洼洪。我军分两队包围洼洪后发起进

攻，不到一小时全歼守敌伪军关团 1 个排和大排队，缴枪 30 余支。消灭敌
人这个据点后，大罗勒密以南以东、牡丹江以西全部变成了抗日军民的天
下。首战告捷使部队士气更高昂。各部领导人决心再打一个大胜仗，攻克南
刁翎。

刁翎分为南刁翎和北刁翎，位于依兰、方正、勃利这个正三角的中心，
是两座日伪军重兵设防的城镇据点。南刁翎镇内驻守着两部分伪军，一部
分是铁杆汉奸于廷舟的伪保安总队，另一部分是伪警备旅的段营。后者装
备精良，但受北刁翎伪军影响，对抗日军抱有一定程度的同情，段营长甚
至想带一部分兵哗变过来参加抗日。只有伪保安总队是顽固的亲日队伍。
由于李延禄的工作，驻防北刁翎的伪军已与第四军建立了"内红外白"的
关系。李延禄想到如果能够扫除南刁翎这个敌据点，各队不仅可以解决冬
装和给养，还能以南北刁翎为中心，为聚集此地的抗日军建立起一块相对
稳定的根据地。

说干就干，李延禄率部进入了备战期。第四军第二团在张奎团长带领下
到达大罗勒密，谢文东亦率队同时到达。

就在这时，中共刁翎区委书记"胡"同志来到第四军司令部。李延禄定
睛一看，不是别人，竟是 1933 年春在东满分手的孟泾清！两位情同骨肉的
老战友当即拥抱在一起。

孟泾清告诉李延禄："南刁翎的伪警备营段营长最近对日怀有不满情绪，
战时可能为我所用。另外，林口驻有一个大队的日军骑兵。我军若打下南刁
翎，林口之敌很可能来援，应有准备。还有，林口之敌若来援，后方必然空
虚，我军可乘机攻取，打一个连环战。"

李延禄听后大喜，随即作出了作战部署：第三军第一团攻西门，第四军
第二团攻东门，李华堂支队攻南门，留下北门供敌人逃窜，不让其留在镇内
做"困兽之斗"；第四军第五团担任林口方面警戒，准备阻击可能由林口来
援的敌军；谢文东部为预备队，驻扎东南山顶。各部迅速做好了战斗准备。

9 月 16 日拂晓，连环战打响。

三支攻击部队同时投入战斗。刘海涛、张寿篯率第三军第一团、张奎率第四军第二团、李华堂率自卫军支队，在机枪掩护下，迅速接近城墙，准备搭起人梯强攻。镇内的于廷舟伪保安队在日本指导官监督下，匆忙爬上城头，拼死抵抗，又从城内向城外我军隐蔽处发炮，有几所房屋中弹起火。屯兵东南山的谢文东以为进攻失利，先带着他的人溜走了。这时第三军第一团和第四军第二团冒死发起攻击，登上了东西二门城头，进入镇内与敌激战，连续击毙伪军 60 多人。于廷舟与日本指导官见势不妙，仓皇逃走。

南刁翎进攻战胜利结束，缴敌枪支 100 余支，俘敌 20 余人，伪警备营段营长率 100 多名士兵反正。

南刁翎的失守惊动了四方。

当天晚上，驻防土城子的第四军第五团团长李天柱向李延禄报告："林口日军已向南刁翎出动，由于秋雨连绵，柴河暴涨，日寇将骑兵变成步兵，马匹全部留在林口。军长是不是需要马？"

李延禄与张寿篯、刘海涛商议，决定在刁翎留下一个营牵制日军，同时命令李天柱从土城子出动向刁翎靠拢，从后面扰乱来援的日军，使敌分不清我军力在哪儿。第四军第一团和第四军两个连由张寿篯、刘海涛统一指挥，立即出发，以急行军速度奔袭林口，去抄敌人的老窝。

张寿篯、刘海涛没有迟疑，很快率队上路，一夜急行军 120 里，第二天早上到达林口。刘海涛一声喊，全队向日军兵营冲去。这时才发现他们攻取的是一座空营，除了战马，一些马草和马料，其他物品一无所获。按照原定计划，队伍立即带着这些马向方正大罗勒密根据地转移。过柴河时马匹被水冲散一半，结果只将剩下的 100 多匹带到了目的地。此时李延禄也带着第四军第二团从南刁翎安全撤回，刁翎、林口连环战结束。

在九一八第四个周年纪念日，第三、四两军用战斗庆祝会师！

刁翎、林口作战获胜之后，李延禄率第四军军部及第二团返回依兰五道河子。1935 年 10 月上旬，第四军在五道河子召开了团以上干部会议，学习、讨论《八一宣言》精神，着重研究了打破敌人秋、冬季"大讨伐"的具体措施。第一师代理师长兼第一团团长杨太和和政委李守中率队到五道河子赴会途中，在勃利缸窑沟与敌人突然遭遇。在形势对我极不利情况下，杨太和在掩护部队转移的激战中壮烈牺牲，政委李守中率队赶到五道河子参加会议。

杨太和，1904 年生于吉林市一个农民家庭。九一八事变后，他怀着强烈的爱国热情投身抗日斗争，参加救国军，1932 年入党。他作战勇敢，每战都身先士卒，最终成为抗日同盟军第四军第一师师长。他抗日意志坚决，敌人曾迫使他妻子带刚满周岁的女儿到部队劝降，被他严词拒绝；他还动员了两个弟弟、一个妹夫参加抗日队伍。

李延禄闻听噩耗，为又失去了一个并肩战斗的战友而悲痛。

夜渡松花江，北满三支抗日队伍齐聚汤原

1935 年的冬天又悄然而至了，山雪厚积，天寒地冻。伴随着严寒的到来，日寇的"冬季讨伐"也即将到来。新任关东军司令南次郎对日本天皇夸下海口：要在 3 个月内消灭北满、吉东（包括下江）的所有共产党抗日武装。敌酋南次郎的计划是：在哈东，继续动用 6 县日伪军和伪警察，对留守老区的第三军的第二、第三团和其他抗日义勇军、山林队实施反复"讨伐"，"彻底肃清"；关东军驻北满和下江的主力，加上当地伪军和伪警察，共 1 万多人，在中东路牡丹江至绥芬河段排成一字长蛇阵，由南向北压迫集中于方正、依兰、勃利地区的第三、第四军部队及其他抗日武装，将他们赶至尚未封冻的松花江南岸作背水之战，聚而歼之。这个狠毒的计划从 9 月份开始实施，牡丹江两岸的战斗开始频繁起来。

　　1935 年 11 月中旬，赵尚志率人民革命军第三军司令部，自勃利西到达牡丹江西五道河子一带，与第四军第一团会合。李延禄对赵尚志的英勇善战慕名已久，亲自前往拜会，两人一见如故。

　　当天，在第四军军部里召开了两军联席会议。此时，中共中央的《八一宣言》已由勃利县委转到第四军军部，而第三军自离开珠河后一直未能与上级组织联系上。赵尚志在李延禄处阅读了《八一宣言》，十分振奋，两人当即就当前如何打破敌人的重兵讨伐进行了研究，并决定下一步到松花江北去会合汤原游击队，共同开创北满地区联合抗日的新局面。

　　很快，我地下侦察员送来情报：方正县及勃利一带，日本关东军都驻满了，正在附近的山区进行搜索。大战迫在眉睫！

　　敌情的严重和方正、勃利地区局面的恶化，让赵尚志、李延禄感到情况危险。必须尽快避开敌人锋芒，转兵他处，再作打算。于是，赵尚志与李延禄商定，将第三军第四团和第四军第一团的两个连留在江南坚持斗争，牵制敌军；其余部队由他们共同率领，向江北前进。

　　12 月上旬，两军部队开始北移，赵尚志做前锋，李延禄当后卫。

　　此时下江地区早已滴水成冰，气温下降到零下三四十摄氏度。两军部队大多仍没穿上棉衣，人缺口粮，马缺草料。几天的行军过后，他们终于到达松花江边，却发觉中流仍没有完全封冻。

　　大批日伪军已紧逼上来，驻满牡丹江边大小屯子。为防止我军北渡，敌人在江岸一线部署了大批兵力，所有船只全被控制在北岸，我军徘徊数日，找不到一只船。两军只能在沙河柳茅子林丛中潜伏夜宿，其中艰难可想而知。

　　最后，联军侦察员从当地群众口中得知，猪蹄河方面是一个冷风口，每年都比其他的江面封冻得早。于是，赵尚志、李延禄决定夜晚偷渡。

　　当夜，部队冒着刺骨的寒风，向十里之外的猪蹄河出发。果然，猪蹄河的江心，在早晚时间都结冰，但冰很薄。深夜，两军在松花江中流搭设木板桥，堆积柴草，浇水冻冰，成功地渡过了尚未完全冰封的大江，全部人马到达了江北的通河县境内。

过江之后，两军部队仍面临着缺粮少衣的境地，战士们在寒风中身着单衣，只有站岗放哨的人才能轮得一张围腰的狍子皮。

> 铁岭绝岩，林木丛生，暴雨狂风，荒原水畔战鸣。围火齐团结，普照满天红……
>
> 起来呀，果敢，冲锋，逐日寇，复东北，天破晓，光芒万丈红……
>
> ……

树林里，战士不能点火取暖，但低沉的游击歌声可以点燃心中抗日烈火！"这是三军政治部主任张寿篯（李兆麟）作的歌词"[9]。30多年后，李延禄在回忆录中仍然清晰地记着这一幕：夜寒中，丛林深，与赵尚志抵肩而坐，听官兵低唱的情景。

这时，李延禄在当地建立的"内红外白"关系又起了作用。他派人找到一个姓雷的保董给部队弄粮食时，意外地了解到：牡丹江沿江伪军刚刚下发了新棉衣，还有一批棉衣被运进了通河县二道河子伪警备队大院。

赵尚志、李延禄听后大喜过望，决定搞掉二道河子据点，夺取棉衣、粮食、马料，再寻机北上汤原。

二道河子位于牡丹江西，是座很大的屯子。敌营坚固，筑有炮台，戒备森严，若是强攻，我军肯定会遭受很大伤亡，还有可能引来附近的日军。为确保一战成功，赵尚志、李延禄决定利用雷保董与兵营里伪军的关系，实施偷袭。

当天夜晚，两军出战官兵由雷保董带路，摸黑来到二道河子敌兵营大门前，让雷保董上前喊门。

守门的伪军一听是经常来送粮送菜的雷保董，没有犯疑就开了大门。埋伏在暗处的我军指战员一拥而入，三下五除二，将熟睡中的伪军全部缴械，日本指导官正要举枪射击，被战士击毙。战斗结束后，两军共缴获捷克式马枪、轻机枪百余支，子弹上万发，新旧棉军装数百套。

有了棉衣、给养和弹药，两军一路北上，于1936年1月初到达汤原太平川附近，与汤原游击总队刘铁石小分队相遇。夏云杰闻讯，立即带大队来见。三支共产党领导的抗日军在太平川根据地会师，大家异常兴奋，战士们忍不住载歌载舞，自发地庆祝了一番。

当天，赵尚志、李延禄、夏云杰聚在一起开会，决定在汤原建立新的抗日根据地。三支部队要联合行动打好会师后的第一仗，筹集资金和给养，为新的根据地奠基。目标选择在汤原境内的黑金沙金矿。

1月中旬的一天夜里，赵尚志和李延禄率领部队突袭金矿，将一连伪军缴了械，又联手消灭了伪护矿队，共缴获步枪200多支、轻机枪2挺、子弹3万余发。除用于遣散伪军官兵外，还缴获黄金60两。第三、第四军自离开珠河、方正的根据地之后，第一次宽裕一些了。

赵尚志、李延禄将缴获的所有枪支都送给夏云杰，用于扩大汤原游击总队的力量，准备将其改编为人民革命军第六军。

用胜利为军长李延禄饯行

1936年2月下旬，李延禄接到中共勃利县委书记李成林要他速返勃利的通知，于是立即带部分警卫连和一团东返，于3月初到达桃山（今七台河市）。李成林向李延禄传达了中共代表团调他去莫斯科的通知，并决定在他离职期间，由刚从莫斯科学习归来的李延平代理第四军军长职务。同时，根据上级指示，东北抗日同盟军第四军改称东北抗日联军第四军（简称"抗联四军"），军长仍由李延禄担任。

李延平是他的胞弟，当年虽在镜泊湖连环战中立下过战功，后来又在苏联喝过"洋墨水",但他这个当哥哥的深知,弟弟毕竟年轻,能否领导好这支主要由绥战部队组成的抗日队伍,还是个未知数。临行之前,他和李延平长时间地谈话,对李延平千叮咛万嘱咐,做了许多交代,仍觉言不尽意。

第四军在移交,进行点编。这是对李延禄率领的第四军的一次检阅!

除留在通河的地方警卫团,留在汤原的警卫团,以及金策、赵尚志各带去第二团两个连的人之外,在点编中,抗联四军仍有 1500 人左右的武装。

老军长李延禄就要离开大家,离开一手创建的第四军,多年来朝夕相处的战友和部下们想给老军长李延禄送行,但在深山密林里,实在是找不出什么像样的礼物来送别李延禄。

正当大家为此事绞尽脑汁的时候,第三军第四师在郝贵林、金策率领下,在罗圈河与第四军会合。得知李延禄要暂时调离第四军,大家决定两军联合攻打石头河子金矿局,为李延禄饯行,并公推李延禄为总指挥。

1936 年 3 月 3 日凌晨,两军共 300 余人发动了猛烈进攻。日伪矿警队退守一隅顽抗,被我军火力封锁住无法活动。我大部队迅速攻入街市,烧了伪矿警队驻地,缴获粮食及其他物资一批,两小时后我军胜利撤出。

1936 年 4 月 1 日,带着对故土、对亲人、对战友的依依惜别情,李延禄由李延平护送到中共密山县委,密山县委派人护送他过境,经由海参崴赴莫斯科。

1936 年 4 月下旬,李延禄到达莫斯科中共代表团驻地。经过一段时间的总结工作和学习、休养后,代表团决定派他回国,到国民党的心脏南京和上海去开展工作。后于 1938 年 11 月底返回革命圣地——延安。1938 年 12 月,中共中央领导人毛泽东、朱德分别接见了李延禄,听取了他关于东北抗日联军和三年统战工作的汇报。随后,中共中央决定成立一个东北工作委员会,专门研究和开展东北工作、培训东北干部,为收复东北做好准备。1939 年 1 月,东北工作委员会正式成立(简称"东工委"),王明任主任(未到职),

李延禄任副主任。东工委在抗日军政大学内办了一个东北干部队，即抗大四期第二大队第四队，有学员 100 余人。1945 年，中共第七次全国代表大会召开，李延禄被选为正式代表，出席了这次具有重大历史意义的会议。**10**

1945 年 8 月，日本无条件投降的消息传来，年过半百的李延禄禁不住热泪横流。十余年梦寐以求的一天终于到来了！他立即准备行装，待命启程回东北。9 月 3 日，李延禄和中央派往东北的第一批干部共 380 余人离开延安。1945 年 11 月 17 日，李延禄一行到达佳木斯，当天便组成了中共合江省工作委员会，4 天后正式宣布成立合江省政府。李延禄任中共省工委委员、省政府主席。此后，李延禄便全力投入到合江地区的建政剿匪、反奸清算、恢复经济、生产支前等一系列艰苦复杂的斗争，直至新中国成立。

注　释

1. 龚惠、马彦文编著：《东北抗日联军第四军》，黑龙江人民出版社 1986 年版，第 10 页。

2. 骆宾基：《李延禄将军的回忆》，山西人民出版社 2022 年版，第 1 页。

3. 骆宾基：《李延禄将军的回忆》，山西人民出版社 2022 年版，第 4 页。

4. 龚惠、马彦文：《东北抗日联军第四军》，黑龙江人民出版社 1986 年版，第 22 页。

5. 龚惠、马彦文：《东北抗日联军第四军》，黑龙江人民出版社 1986 年版，第 38 页。

6. 骆宾基：《李延禄将军的回忆》，山西人民出版社 2022 年版，第 217 页。

7. 中共党史人物研究会编：《中共党史人物传》第 43 卷，中国人民大学出版社 2017 年版，第 173 页。

8. 刘杰、李雁主编：《湖北重要革命文物史迹选粹》，科学出版社 2020 年版，第 39 页。

9. 李延禄口述，骆宾基整理：《过去的年代》，黑龙江人民出版社 1979 年版，第 339 页。此为李延禄个人回忆录中的说法，本书第 15 章有相关内容，特此说明。

10. 中共党史人物研究会编：《中共党史人物传》第 43 卷，中国人民大学出版社 2017 年版，第 181 页。

第 十 章

恶战连绵　东北反日联合军第五军铸劲旅

留苏归国入东北，周保中辗转打入义勇军——周保中两打宁安——
王德林救国军溃入苏联，周保中创建绥宁反日同盟军——周保中打出宁
安游击区——分兵游击，周保中破敌连续三"伐"——东北反日联合军
第五军成立，连战连捷——避敌围歼，第五军东部派遣队穆棱立足——
第五军西部派遣队额穆三战三捷——留守宁安，周保中密林艰难周旋

留苏归国入东北，周保中辗转打入义勇军

1932 年 2 月的一天，哈尔滨，北风卷着大雪，俄式建筑上插着刺眼的
膏药旗。头顶钢盔、枪上插着刺刀的日军士兵耀武扬威、横冲直撞。

一个看起来商人模样的年轻人，匆匆走进马家沟小戎街（现为南岗区光
芒街）。只见他走进街口的一家文具店，让店员拿出几支钢笔来挑选，眼光
不经意地暗暗望向不远处的一幢俄式小楼。观察片刻感到一切正常后，这位
年轻人便径直推门而入，走进小楼。

"你好！周保中同志。"

屋内两人正等候来人。其中一位身着绸子大褂长衫看起来像教书先生的
人，走向前来，边握手边向年轻人问好。

原来，这看起来像教书先生的人，是刚刚从奉天城来到哈尔滨的新任中
共满洲省委书记罗登贤。

这位叫周保中的年轻人，也是一路辗转，由莫斯科到北平，由北平到上

海，由上海经天津至奉天，刚刚来到冰城。

周保中，原名奚李元，字绍黄，白族。1902 年 2 月 7 日生于云南省大理县湾桥村。幼年时，他家境贫寒，不得不辍学从军，刚满 15 岁的周保中就参加了"靖国护法"战争。经过 3 年多战火洗礼，1923 年春，周保中又进云南讲武堂学习了 3 年军事。1926 年 4 月，周保中来到广东，参加了国民革命军第六军。从此，周保中随北伐军转战湖南、湖北、江西、江苏等地。在打吴佩孚、攻孙传芳的历次激战中，他不顾个人安危，带领战士们冲锋陷阵，立下了赫赫战功，周保中所率部队声威大震，成为第六军中公认的骁勇善战的指挥员。这期间，他南征北战，目睹了广大人民在帝国主义和封建军阀的压迫下饥寒交迫的悲惨生活，也目睹了滇桂军阀借"靖国护法"之名行争权夺利之实的丑恶嘴脸。社会现实推动他去思考和探求革命的真理。

1927 年 4 月 12 日，蒋介石撕下伪装举起屠刀，对共产党人和进步人士进行血腥镇压。在共产党人被大批屠杀、不坚定分子纷纷动摇脱党、中国革命处于低潮时期的时候，1927 年 7 月周保中申请加入了中国共产党。大革命失败后，周保中根据中共中央长江局的指示，继续在国民革命军第六军进行党的秘密工作。1927 年 12 月，周保中已升到第六军第十八师副师长，率两个团驻防醴陵。翌年 2 月，在组织全师起义时，由于叛徒出卖，周保中同志被反动当局通缉。

1928 年底，党中央派他到莫斯科国际列宁学院学习。1931 年，九一八事变后回国。到上海后，伍豪（周恩来）给周保中介绍当前国内抗日救亡形势，告诉党派他到东北参加对东北抗日战争的领导工作。听了周恩来对形势和任务的精辟分析，方向更加明确。

他说："日军既然打来，我们这一代人就奉陪到底好了！"周保中干脆的回答，使周恩来感到欣慰。

周保中欣然接受任务。分别之际，周保中感慨而又高兴地说道："伍豪同志，送我出国的是你，迎我回来的还是你，现在又把我送出去的还是你!"**2**

从此,周保中踏上东北大地,展开他一生中最艰苦最有意义的抗日峥嵘岁月。

再回到哈尔滨,中共满洲省委机关秘密驻地。

"周保中同志,中央现在任命你为中共满洲省委委员和省委军委书记!"

罗登贤接着说道:"满洲省委当前最重要的任务,就是到日本侵略者尚未到达的薄弱地区,组织发动抗日游击战争,关键是要拉起党领导的抗日队伍!"

"今后你要设法打进一支抗日队伍中去,把这个队伍改造好,成为党的队伍!"**3**

1932 年 5 月的一天,宁安花脸沟,一个操着南蛮子口音的"日本探子",被几个吉林抗日自卫军士兵抓住。层层上报后,这个"日本探子"被送到铁岭河自卫军中路剿总指挥邢占海面前。

这个"日本探子",就是周保中。

此时,前线很吃紧,吉林自卫军中路副总指挥邢占清正在召开作战会。听闻捉到一个"日本探子",众将领都非常高兴,便来了个集体审讯。

"南蛮子"一进门,便行了一个标准的军礼,大家都有些惊愕。

这时,在场一位少校军官问道:"你是日本特务吗?"

"不是,我是从关里来此抗日的。""南蛮子"坚定地回答道。

"既然来抗日,那又为何不参加抗日队伍呢?"少校军官接着问道。

"我是上海抗日救国会援马(指马占山)团的,马占山投了日本人,我算受了骗。看到你们的通电和告民众书,谁真打日本真救国,我就参加谁的队伍。""南蛮子"对答如流道。

听罢,邢占清不由得打量这个"日本探子"一番,觉得他气宇轩昂,仪表不俗,不是个几常之辈。

在看过送上的押送"日本探子"的呈文后，邢占清说道："既然是想抗日，对眼下吉东的形势，说说你的抗日良策吧！"**4**

"南蛮子"胸有成竹，滔滔不绝，先讲了三点救国方略：一是大敌当前，各路抗日军必须团结起来，联合作战，不可各据一方，相互掣肘，让日寇各个击败；二是动员武装民众，一致抗日，使兵民不分，让侵略者处处受敌，寸步难行；三是整顿军纪，改善民众生活，使后方巩固，人民乐于效命。

一屋子人听得有点震惊。周保中喘了一口气，继续讲了五条治军良策："一是，吉林自卫军不易与日军长久隔江（牡丹江）对峙，应主动出奇兵击敌后方，破其交通，断其粮道，夺其给养，与正面我军成夹击之势，迫敌不战自退；二是，清除不纯分子，巩固内部，防止敌特离间之计；三是，在城市和农村广泛建立救国会，动员群众，使我军有源源不断之兵，且有源源不断之饷；四是，以牡丹江地区建立根据地，制造枪支弹药，设立被服厂，野战医院，做长期作战计；五是，搞好抗日财政，武器弹药和军用物资尽量从敌人手中夺取，减轻人民负担，先得人心，后得天下。"**5**

整整两个小时，"南蛮子"滔滔不绝、有理有据的阐述，让在场的自卫军将领们感到十分震惊。确信这个"南蛮子"不是日本探子，而是有胆识的爱国人士，或许就是共产党员也说不定。

邢占清将军命人给"南蛮子"松绑，又为他摆酒压惊，方才的阶下囚，一变成了座上宾。周保中留在自卫军左路总指挥部宣传部作指导工作，周保中打进自卫军的愿望终于实现。

自卫军上上下下虽然很钦佩周保中的胆识和才能，表示愿受教益，赞成周保中提出的彻底的抗日救国方策。但一些自卫军领导又把周保中的话视为空谈，而且他们猜到周保中可能是共产党派来的，所以，自卫军一开始就没给周保中安排重要职务，只让他搞宣传工作。

搞宣传就搞宣传，这也没啥，都是为了打鬼子！周保中暗暗给自己打气。他积极组织开展宣传工作，很快扭转了它的宣传方向，把过去的消极抗

战（如"不能积极抗日""只能消极保守""张学良不抵抗是迫不得已"等）
和反共（"必须首先清除共匪""日本鬼子是共产党招来的"等）的宣传，转
变为实行统一战线共同对敌和彻底抗日救国的宣传。这样一来，就引起了某
些自卫军领导的不满，更证明了他们原来对周保中的猜测。于是，他们在7
月份将左路总指挥部宣传部解散。

周保中"下岗"了。周保中据理同他们讲道理："不彻底抗日为什么叫
自卫军？"

他们则说："保存自己的实力尚恐不能，哪有力量打日本，日本子不打
我们，我们不打他，这就叫做自卫。"这些人过去有的是蒋派的人，有的是
国民党改组派，有的既是改组派又是蒋介石派，其中有的人是很反动的。

周保中考虑很难改变这些人的立场，让他们转向真正抗日很难，如果
再在这里待下去不但工作困难，而且有危险。于是，周保中果断地离开自
卫军。

1932年7月，经李延禄、孟泾清介绍，周保中到王德林救国军工作。
王德林对周保中的才干早有耳闻，当下与周保中一见如故，任命他为救国军
总参议，在自己身边运筹大事。不久后，李杜自卫军、王德林救国军和丁超
的护路军成立抗日联合军，李杜任总司令，王德林力保周保中做了联合军的
总参谋长。周保中又一次实现了打入义勇军中的愿望和计划。

李杜在依兰失守后，部队因作战失利，士气低落，且自卫军与救国军间
矛盾越来越大，甚至于发生火并，因此，双方很难再组织起大规模的联手反
攻，于是李杜自卫军一路东退，经勃利县转入鸡西县梨树镇，进行休整。

此时，王德林救国军的处境也开始恶化，压力骤然增大。王德林整天对
救国军向何处去忧心忡忡，却一时也拿不出好的办法来。身担联合军总参谋
长的周保中首先替救国军做了战略上的全盘筹划。

他向王德林进言道："司令，我们当前的紧要之处首先要大力经营绥宁

地区。"

周保中指着军用地图接着说道："司令，请看，咱们包括宁安、东宁、绥芬河在内的整个绥宁地区位于长白山中段，山高林密，老爷岭绵延其间，西有镜泊湖原始林区，东是中苏边境，北靠中东路，南接东满六县，若兵出西南，过敦化可直下南满，西出吉林、长春；兵出西北，可直下舒兰、五常、珠河，威逼哈尔滨；若大军北上，过中东路可直进三江沃野，控制牡丹江流域和整个下江地区；若径直南下，东满六县则尽在掌握之中。所谓进可攻，退可守，万一失利，还可东退苏境，咱救国军应将其作为根本来经营。当今之计，便是迅速扫除宁安境内的敌伪势力，站稳脚跟，然后乘势向四周发展。"

王德林听后，眼前一亮，紧皱的眉头为之一展。

接着，周保中向王德林主动提出："在下周某不才，愿上前线亲自带一支部队作战。"

周保中到吴义成救国军前方总指挥部之后，组织救国军对日军进行了一系列的战斗。他亲自指挥攻克了宁安东京城和安图县城，并破坏吉（林）会（宁）路，不断打击敌人；9月初又和安图、桦甸的抗日武装联合攻下敦化县城。而后又转入宁安，10月份两次攻打宁安县城。周保中在救国军前方总指挥部所指挥战斗的胜利，不仅给日本侵略者以打击，更主要的是振奋了民心，鼓舞了士气，扩大了救国军的影响。

周保中初显身手，就打了一个漂亮的连环战，令王德林再次对周保中刮目相看。他决定任命周保中为救国军前方指挥部参谋长。周保中一跃成为救国军最重要的军事领导人之一。

周保中两打宁安

1932 年 7 月，王德林将总指挥部移至中苏边境的东宁县，令前方总指挥吴义成寻机夺回宁安，巩固内部抗日区。吴义成召集会议研究作战方案，并任命周保中为攻打宁安县城的军事总指挥。

宁安，位于吉东重镇牡丹江南方不到 50 公里处，是日寇统治吉东及兴凯湖以南中苏边境的中心据点之一。日军在这里驻兵 300 余人，伪军 600 多人，加起来将近千人。东京城被攻克之后，敌人意识到下一步救国军必会北取宁安，因此，加强了警戒和情报搜集工作。驻守牡丹江的日军也接到命令，随时准备出动，向宁安增援。

1932 年 10 月 10 日，周保中带队攻打宁安城。他组织了救国军 1000 多人，地方抗日游击队、西北山 "八大队" 1000 余人，共有 2000 余兵力。部队在夜幕掩护下，悄悄进入宁安城东南附近的树林里。面前的牡丹江在夜色中缓缓流过。江对岸是没有遮拦的开阔地，易守难攻。

午夜 11 时，夜色更浓，风声更紧。宁安城北关城头上的哨兵斜背着大枪来回走动。

周保中下达了渡牡丹江攻城的命令。初冬时节，江水冰凉刺骨，但抗日勇士们仍然紧握武器，无声地向江水里走去。谁知刚刚渡过牡丹江中心，就被敌人发现了，一时枪声大作，机枪、步枪子弹像冰雹似的向江南打来，不时还有几发迫击炮弹落在水里，溅起一股股白色水柱。

周保中见了，连忙命令一个排，由（宁安县委的）老金引路，从省第四中学下面 100 米的柳林里上岸，插向敌人背后，同时命令机枪掩护红枪会的人渡江。老金对敌人在街道上的火力部署很熟悉，他领着这个排避开敌人火力，从几户住家的后院插进东街，直向市中心冲去，同敌人展开了激烈的战斗。这一高招引起了敌人的惊慌，把主要力量都用来堵截老金带领的这个排，从而使救国军队伍大部分较顺利地攻进了宁安县城。攻城部队进城后，用火烧了敌人的军火库，弹药的爆炸声惊天动地，这正是全歼守敌的大好时机。不料，号称西北山 "八大队" 的红枪会武装，攻进城后开始抢劫并到处乱跑，没有按计划打击敌人。败退出城的日伪军又向城内反扑，此时牡丹江日军开始大举来援。天快亮了,战斗还处在胶着状态。周保中认为,时间拖长了对我军不利,便命令救国军带着战利品迅速出城。

这时,一发子弹击中了周保中左腿,弹头夹在两块腿骨之间,鲜血直流。周保中紧咬牙关,一声不吭,坚持指挥作战,直到部队安全撤出城外,与敌人脱离接触。周保中在城外一片林子里坐下来,他才感到左腿再也不能支持了,让人喊来"军医",命令他将自己腿骨间的弹头"拿掉"。

"军医"原来是个新手,根本不会做手术,何况也没有麻醉药和手术刀。看见周保中那条血肉模糊的腿,他自己先就哆嗦起来。

周保中让人找来一把锋利的刺刀,高声对他说:"来吧,没事儿!当年关云长刮骨疗毒,今天你不过帮我挖一个小小的弹头。不要怕,动手!"

说罢,周保中点着烟斗转过脸去。

"军医"哆哆嗦嗦接过刀,在他腿上生生割开一条两寸多长的口子才将弹头剜出来,并把伤口烂肉刮掉。周保中一声不吭,只是把烟斗抽得"滋滋"作响,宽大的前额上黄豆粒般大的汗珠直往下淌。周保中身边的战士有的用双手蒙住眼睛看也不敢看。战士们从此对周保中佩服得五体投地。

周保中在养伤期间,仍一直筹划如何再次攻打宁安县城。他反复思索上次进城后军纪不严、指挥不灵导致作战失利的教训,整顿了救国军各部,重新调整攻城部队,强调统一指挥,加强了战前侦察和战场纪律教育,仔细制定了更详细周密的作战计划。这一仗,周保中还用上了骑兵和炮兵,虽然救国军当时只有两门炮。

10月27日深夜1点,我军开始对宁安城发起进攻。周保中命令炮兵开炮,猛轰敌人的城防工事,同时让骑兵上马,待炮兵将城墙轰出一个缺口,便策马冲进城去,不给守城的日伪军留下投入战斗的时间。

"开炮!"两门炮同时怒吼起来。十几发炮弹落下去,东南角的城墙被炸了个缺口。

"骑兵出击！"没等硝烟散去，救国军的骑兵便从城墙缺口处冲进城中。步兵随后跟进，在城内地下党的帮助下，经 3 小时激战，将千余名日伪军全部歼灭。

在上述一系列战斗中，周保中不仅指挥有方、坚决勇敢、冲锋在前、退却在后，表现出高度的军事才能和指挥艺术。而且，他还关怀士兵，联系群众，很快得到救国军中将士和当地抗日群众的拥护，"周大麻子"成了广大官兵心中最可信赖的战场指挥员，使我党在救国军和群众中的政治影响进一步扩大。同时，周保中还在前方总指挥部建立了秘密的党支部，在士兵中发展了一批党、团员。通过他们积极广泛的抗日救国宣传工作，很短时间内，在宁安、穆棱、绥芬河一带的义勇军中就建立起好几个党支部和反日会等革命组织。当义勇军中上层领导人撤退入苏、个别领导人投降时，这些支部和群众组织在反对投降、保存队伍方面起了很大的作用。**6**

王德林救国军溃入苏联，周保中创建绥宁反日同盟军

1933 年 1 月，在日寇大举"讨伐"之下，王德林、孔宪荣退往苏联。退前，曾命前方司令吴义成代理救国军总指挥。此时，主帅已走，剩余的部队也士气低落，军心不稳，代理救国军总指挥吴义成也一度产生动摇，想率余部退入苏联。

此时，在宁安县境内，救国军余部尚有大小 40 余股，拥众四五千人。他们潜伏深山，大多坚持抗日宗旨，其中著名的有姚振山、高俊凤（孔宪荣夫人）、柴世荣、傅显明、裴振东、王朗峰、张雨亭、于学堂以及山林队"育山""双山""金龙""金山""金好""双快""三侠""老双胜"等部。但是，这些武装本来就是以松散的形式会聚在一起的，王德林退入苏联后群龙无首，形同一盘散沙。

当时在宁安的东南山活动着的工农义务队抗日最坚决。工农义务队原是

李荆璞、于洪仁领导的一支农民抗日武装——平南洋总队。1933 年初，改名为东北工农反日义务总队，简称工农义务队。5 月，中共绥宁中心县委派进去张建东等 4 名党员，并吸收李荆璞等入党，队内建立了党支部（于洪仁为书记），确立了党对工农义务队的领导。

为了继续开展抗日救国斗争，宁安、延吉、东宁等地党组织在满洲省委领导下，派出过大批优秀的党、团员深入到各队中，进行艰苦细致的思想工作，鼓励各支反日武装坚定抗日的信念，联合起来把抗日斗争进行到底。

对于一度动摇的吴义成，周保中进行了耐心开导与劝说，通过周保中卓有成效的工作，吴义成表示愿意同中国共产党合作，决心抗日到底，收集旧部，重整救国军，将分散活动在宁安、敦化、额穆等地的旧部编成第四路军，分别以姚振山、柴世荣等人任路军司令，自己和周保中率主力部队开进宁安县境的南湖头，准备在吉东地区与敌激战。

1933 年 4 月 9 日，吴义成袭击延吉县的小城子镇。吴义成在胜利鼓舞下热情又起，当年 6 月，在周保中的辅佐下，又出兵攻打了安图县城。

1933 年末，日伪军向大甸子“围剿”。此刻，周保中率一部外出补充给养，吴义成率队辗转阻击，众寡不敌，部队损失惨重，最后只剩下百余人，便拉队转进老黑山，收容残部和山林队，准备相机再起。次年春，这支队伍又发展到五六百人，分成三个支队分别活动在南湖头、敦化、汪清、抚松、安图等山区。1937 年，孔宪荣、吴义成先后进入苏境转回内地，救国军余部有的溃散，有的投降，还有的接受共产党的领导，投身到抗日联军的行列。

1934 年 2 月 1 日，中共满洲省委根据中共中央“一·二六”指示精神，为继续克服“左”倾关门主义的影响加强反日民族统一战线工作，建立党在各种反日队伍中的领导权，又给吉东全体同志发出了指示信。信中指示要以周保中领导的部队为中心联合一切反日队伍。3 月 8 日，中共满洲省委吉东局召开了扩大会议，作出了接受省委指示的决议案。

　　鉴于救国军已无力支撑抗日局面，中共吉东局指示周保中退出救国军，创建我党领导的工农武装，担负起领导全东北人民继续抗战的神圣使命。1933年冬，周保中奉命率两个连进入宁安，整编了救国军残部柴世荣、王毓峰、傅显明、王汝起等部，宁安工农义务队也率队来投周保中。

　　1934年2月16日，在宁安平日坡，由周保中出面召开各部队代表会议，会期3天。会议决定了一致抗日纲领。以辽吉边区军第一、三连和宁安工农义务队为基础，吸收柴世荣、王毓峰、傅显明、王汝起、裴振东各部及八道河子自卫队参加，在宁安东南乡组成了"宁安东南乡救国军第一游击区同盟军办事处"，简称反日同盟军。周保中任办事处主任兼军事委员会主席。后改称反日同盟军联合办事处，并设立军事委员会、经济委员会和总政治部，周保中兼任军委会主席。从此，绥宁地区新的抗日局面出现了，标志着这一地区中国共产党直接领导的抗日部队的正式诞生。

周保中打出宁安游击区

　　绥宁反日同盟军组成伊始，力量还十分弱小，部队主要活动在宁安县各地，与日伪军的"讨伐队"及反动的地主武装进行斗争。为了开展游击活动，解决给养等问题，1934年3月初，同盟军军事委员会召开了第一次会议，决定进攻新官地。

　　3月20日晚，周保中、李荆璞分率同盟军直属部队和工农义务队共60余人，直扑宁安新官地的伪军据点。根据我宁安地下党的情报说，新官地驻守着一个排的伪军，加一个伪壮丁团，总人数超过百人。战斗打响前，周保中认为反日同盟军只有60人，实力对比不利于我，要打下新官地，只有利用夜晚发起突袭，攻其不备，才有可能取胜。周保中据此制订了"偷袭伪军、吓跑壮丁团"的战斗方案。

　　半夜时分，天黑得伸手不见五指。同盟军的两支分队到了新官地外围，迅速按计划展开。一切安排停当，周保中立即指挥突击队向伪军据点发起了猛烈攻击。

伪军据点设在一栋四合院内，院落很大，围墙较高，门楼上站在哨兵，巡视院墙四周。推开两扇黑色大门，便是东西厢房与正堂，这里分别驻着伪军的一个排，排长住在正堂之内。

周保中手挥一枪，院门口的伪军哨兵立刻倒在一旁。

"同志们，投手榴弹！"他向潜至敌防所前的突击队员喊道。一阵手榴弹炸响声后，两扇大门便被炸开了，周保中一跃而起，高喊"冲锋！"向院内猛冲进去。院内的敌人在睡梦中突然被惊醒，乱作一团，不分东西南北，战士们迅速冲到屋内，大声喝道："不许动，谁动打死谁！"众伪军被迫举手投降。周保中迅速控制住了这边据点里的伪军。这一仗下来，周保中收缴了新官地的伪军 30 余人的武装，解散了壮丁团，缴枪 70 多支，大部分徒手队员都背上了枪。4 月初，同盟军军事委员会召开了第二次会议，讨论进一步开展游击活动和分配从新官地缴来的武器等问题。由于叛徒告密，此时，日伪军已向同盟军密营平日坡发起进攻。

原来，随着绥宁反日同盟军力量日渐壮大，他们向群众积极宣传抗日救国的道理，深得这一地区百姓的拥戴，在绥宁地区掀起了抗日高潮。这一切使宁安地区的日伪军大为惊慌。他们派出密探，四处侦察，寻找我军隐蔽处。

1934 年 4 月 6 日一大早，数百名日伪军突然包围了平日坡同盟军办事处密营。敌人来势猛，动作迅速，开始向密营发射炮弹，只见炮弹像长了眼似的一发发地落在了同盟军的营房上，把营房与工事炸得稀里哗啦。此外，敌人用轻重机枪封锁住防过二道卡子的同盟军阵地，使同盟军遭受很大伤亡，眼看着二道卡子就要守不住了。在前线指挥的李荆璞命防守部队撤退到三道卡子房继续进行防御。这时，周保中发现敌人火力强大，有备而来，同盟军力量弱小，不能和敌硬拼，于是下令撤出平日坡抗日密营，转移到三道河子附近的团山。

在团山山坡上，看着远处同盟军辛辛苦苦建立起来的密营浓烟滚滚，火光冲天，和日本鬼子拼了半天的李荆璞心情悲痛，连连叹息。

周保中并不讲话，拿着望远镜观察团山附近的地形，他看到团山一带有壕沟可以隐藏部队，山下有一条大车路横穿而过，这是一个理想的伏击之地。

此时，通讯员上来报告："敌人跟着追出来了，现在在屯子里吃饭，一会儿就开始行动。"随即，周保中命令李荆璞在三道河子南边的团山沟口设了伏兵。

第二天早上，刚刚攻下平日坡的敌人自觉已把"红匪"打败，得意扬扬地返回驻地。途经三道河子时，日军守备队和伪警察队等 80 余人毫无防备，全部进沟。我军便居高临下猛烈开火，当下毙敌 7 名，跟在后面的伪军吓得拔腿就逃。李荆璞这才稍解心头之恨。

4 月下旬，周保中、李荆璞率队再次出击，连续收缴光棍屯、大荒地、上马莲河等处的大排队武装，解散伪壮丁团，扩展游击区。5 月 7 日又进攻了卧龙屯，将该处警察署缴械解散，得步枪 20 支，手枪 1 支，并捕获了警察署长。

卧龙屯战斗之后，宁安县委书记李范五到密营与周保中商定，派李荆璞率工农义务队远征石头河子（在今尚志县境）。

6 月，李荆璞、于洪仁率队在夜间偷入石头河子丰站附近，在伪军内我共产党员、共青团员帮助下进入敌营，一弹未发即将伪军一个连全部缴械。当夜把伪军全连官兵带到山上，经过我军工作，有二三十人参加我军，其余放回。同时，同盟军所部自卫队、王毓峰团和四季好队进攻了小城子，焚烧了电报局和四家反动分子的房子。此后，又进攻了宁安与延吉之间的八城子街，缴了东京城等处农村的伪军武装，均获胜利，我方除牺牲 1 人外别无损失。

在此期间，由于党的反日联合工作的加强，及同盟军在战斗中的发展和胜利，党的政治影响在宁安地区不断扩大，很多义勇军部队和反日山林队逐渐靠近我党，拥护我党提出的共同抗日的政治主张，积极配合反日同盟军进行反日游击战争。1934年5月至6月期间，张祥队在庙岭截击了日本军用汽车，打死20多名日军，得步枪20余支，机枪2挺，手枪2支，还获得很多伪币。这是给日寇的一次严重打击。此外，还有南湖头的陈旅和西北山的双山、青山进攻南湖头日本兵营；东南山的队伍解除了石头河子等处的反动地主武装，还进攻过东宁老黑山等地。经过这些积极的斗争，在宁安游击区及其附近的敌人6处据点被同盟军部队拔除4处，另有一个为我地下党员控制。宁安境内，同盟军办事处领导下的宁安游击区初步形成。

分兵游击，周保中破敌连续三"伐"

绥宁地区是王德林救国军的根据地，东临苏联，是日寇在全东北"治安"和"国防"的四大战略重地之一。抗日军的卷土重来，马上引起了敌人的极大"忧虑"。5月，以牡丹江为中心的日伪军再次集结了数千兵力，对宁安山林地区展开血腥"讨伐"。这个月中旬，宁安县委领导的宁安反日游击队在唐头沟被日军包围，26名队员或牺牲或失踪，只剩4人归来。同盟军其他各部也在战斗中遭到了不小的损失。

为保存实力，周保中果断决定全军一分为三：李荆璞、王毓峰率部组成西北派遣队，转移到宁安西北山，扰乱敌人后方；柴世荣部、傅显明团、工农义务队一部组成东满派遣队，由他亲自率领，南下东满，寻找第二军独立师一起活动；原抗日游击军政委孟泾清带一支小队伍负责留守，以隐蔽为主。

6月15日，三部人马分头出发。20日，周保中率东满派遣队到达汪清大甸子附近。为将敌人调出宁安根据地，他联合抗日游击军史忠恒部和第二军第四团，对大甸子进行了长达7天的围攻。宁安的敌人发现周保中到了东

满，竟不来追击，而是提前结束了"讨伐"行动。周保中"调虎离山"的计
谋虽未完全奏效，却使我宁安游击区遭受的压力大为减轻。

7月间，敌"讨伐"大军退走后，李荆璞、王毓峰率西北派遣队，联
合宁安西北山的抗日山林队，频繁出击，连缴六道河子等地伪自卫团、大
排队的械，缴枪50多支；又在地下党协助下策动石头河子伪军1个连哗变，
其中40多人加入我军。8月初，被敌人打得只剩下4个人的宁安游击队重
新恢复建制，队长马连山，指导员陈翰章，全队60人，枪械整齐，很快成
了同盟军的一支骨干部队。8月中旬，宁安游击区内敌情缓解，东满、西
北派遣队相继回师休整，依然不算强大的同盟军战胜了敌人的第一次"大
讨伐"。

转眼间秋天到了。

放眼望去，满山遍野的鲜花仍然绽放，大地渐渐褪去绿色。秋风吹来，
秋的金黄与夏的熟绿相映成趣。

敌人于1934年四五月间发动的春季"大讨伐"，不但没有消灭周保中领
导的反日同盟军部队，反而使同盟军所属部队发展壮大，愈战愈强起来。

1934年9月，在同盟军回师宁安不到半个月时，大批日伪军约3万人
对通化地区、哈东地区、东满地区和绥宁地区的秋季"大讨伐"拉开了序幕。

这次"大讨伐"，日寇对以宁安为中心的绥宁地区采取的策略是：在军
事上把兵力分开，一部分驻在城市和各交通要道，称为守备队；一部分专门
进攻我反日同盟军和其他反日队伍，并从长春调来最反动的伪靖安军1个
团。在经济上实行封锁政策，强迫山区农民搬家，烧毁农民房屋，实行归屯
并户，制造无人区，实行10家连坐法，以断绝我同盟军与人民的联系。并
进行欺骗宣传，在宁安提出"专打平南洋和游击队，收降山林队"的口号，
以破坏各种反日队伍的联合斗争。但是，在日寇的两次"大讨伐"中，反日
同盟军由于经过了整顿，清除了内患，加强了领导与集中指挥，灵活地运用

了游击战术，在人民群众积极支援下，开展游击战争。由于敌人兵力超过我同盟军数倍乃至数十倍，且有新的武器装备，并采取了军事、政治、经济上的各种毒辣手段，这使宁安游击区的形势急剧恶化。

这时，敌人首先集中兵力围攻宁安二区一带我军游击区，反日同盟军主力宁安游击队和刚刚恢复的宁安工农义务队为避敌锋芒，迅速转移至县境南部的三区进行游击活动。在此期间，战斗频繁，平均每四五天打一次仗。中秋节时在团山子与百余日军作战，打死日军8人，伤10人，我方无损失。以后日军又向同盟军根据地八道河子进攻。在敌人以优势兵力向我军包围进攻时，游击队则化整为零，转入敌后进行活动，并选其薄弱之处给予打击。因此，在日寇的秋季"大讨伐"中，我同盟军基干部队，尤其是宁安游击队没受任何损失。

继秋季"大讨伐"之后，日军又在1934年11月到1935年1月间，向我同盟军各反日队伍进行了冬季"大讨伐"。由于秋季"大讨伐"中日军为主力，遭受很大损失，这次是由靖安军担任主力，以熟悉当地地形的伪军警为配合力量，企图以"以游击战对游击战"，日军则驻在城市里。敌伪军以宁安东南山（二区）和西南山（三区）为主要目标，实行分割包围与游击战相结合的战术，并多次诱我与其作阵地战，以便发挥火力上的优势。

周保中审时度势，识破敌诡计，仍采取游击战术，到处伏击或突袭敌人。随后，他向各指挥员面授机宜，要求在游击战中痛歼伪军。

1934年12月初的一天，宁安伪警察大队长马志超率领百余人的伪军和伪警察，向东南山区我军密营而来。马志超自恃枪法精准，对地形又熟悉，伪军武器精良，因此，并不把同盟军看在眼里。周保中决心给这一路敌人一点颜色看看。他命令陈翰章率宁安游击队60多人在岔沟设伏，准备打一下马志超。

中午时分，马志超骑着高头大马率队向岔沟走来。敌人越来越近，枪法同样十分精准的陈翰章告诉队员们，以他的枪声为号，发起战斗。随后，陈翰章趴在阵地上，稳稳地端着一支步枪，枪的准星与缺口牢牢地把骑在马上的马志超套住。

"啪"一声枪响，马志超翻身落马，一只脚卡在了马镫里。接着宁安游击队一起猛烈开火，马志超的坐骑受到惊吓，长嘶一声便拖着马志超的死尸狂奔起来，剩余的伪军被打得晕头转向，又见马拖走了指挥官，无心恋战，掉头往回跑，我军追击十余里，伪军一路上丢盔卸甲，狼狈不已，队员们又乘势打死十几个伪军。这次战斗，游击队缴获甚丰，甚至还意外地缴获到了平时极难搞到的机枪备补枪管和弹匣等，之后兴高采烈地回到了密营。

此时，敌人己知道我主力转移东南山，便也集中兵力于此。因此，我军立即又转移到西南山。敌人费了几天的工夫才又查明同盟军的大致动向，便一路跟踪追击而来。

周保中决定趁敌人长途而来十分懈怠之际，再打它个伏击战。

他把李荆璞找来，要他带工农义务队在猴石设伏，狠狠打击伪靖安军。为一次将敌人打怕，周保中从各部调集了所有机枪，全部交给李荆璞。李荆璞带着这些机枪，早早地赶到猴石山头上埋伏起来。根据地形，李荆璞把5挺机枪一分为三，分别放在阵地一线的左中右三处，左面两挺、中间两挺、右面一挺，想给敌人来个斩头断腰堵尾。

伪靖安军的一个连来了。先头排边走边四处张望，走走停停，速度缓慢。李荆璞耐心地等着战机，直到一个连的伪军全部进入了伏击圈。

"开火！"5挺机枪同时打响，子弹刮风般地飞向敌人。一个连的伪靖安军被截成3段。趁敌人慌作一团的时候，剩下的持步枪的队员也打起了排枪，准确地向敌人单个"点名"。在左面两挺机枪的猛烈扫射下，走在前面的伪军尖兵排几乎全部毙命，剩下的伪军掉头就跑，又被我中、右两道火力拦阻射击，伤亡惨重，最后冒死突出了伏击圈。李荆璞率队一追就是20里，打得敌人魂飞魄散。岔沟战斗之后，伪靖安军的士气基本瓦解。

我军的顽强和胜利震惊了日寇。于是，日伪军又以更大的兵力向我同盟军进攻。1935 年 1 月 17 日，日军将前方司令部从宁安县城移到东京城，日军司令官亲临东京城指挥。敌人调集日军百余人，靖安军 1 个团，还有地方武装队、警察队等共约 2000 人，并有飞机配合，妄图围歼我军。

根据同盟军的实力，周保中认为，如果集中兵力与敌人进行正面作战，必然遭受很大损失。我军应选择敌人薄弱环节，冲破包围圈，主力转移，开辟新的游击区。据此，周保中决定主力部队暂时离开游击根据地，分别向宁安西北山与东部发展，形成掎角之势，相互声援并牵制敌人兵力，使敌人不能集中于一地达到围歼我军之目的。

经过开会研究，周保中将同盟军联合部队分为 4 个部分进行游击作战：一部分为工农义务队和人民革命军第二军第五连，到宁安以东去活动；第二部分为宁安游击队，到西北山去活动；第三部分为王毓峰团和张祥队，回南湖头去活动；第四部分即人民革命军第二军第四连，返回东满。

周保中率领同盟军一部与人民革命军第二军第五连一起向东满开进。在汪清的崔通大甸子，战斗了两天一夜，后因敌人大量援兵赶到，我军主动撤出。在退却时，周保中腹部受伤，肠子流出体外。他当即用手将肠子塞回肚里，仍然沉着地指挥战斗。战斗结束后，周保中用草药敷上，用绑腿缠好，继续坚持行军和指挥作战。他的实际行动使同志们深受教育，大家同仇敌忾，奋力杀敌。周保中率部回到宁安。

我东进部队过天桥岭后，因临近春节，稍加滞留。敌伪便迅速调集 700 余人的兵力包围了天桥岭、平日坡一带，妄图一举围歼我军。但柴世荣率领我军顽强迎敌，6 天内与敌发生 7 次战斗，毙敌 16 名，我无一损伤。终于到达东满汪清，并参加了东北人民革命军独立师一部攻击小三岔口的战斗，是役歼敌十余人。之后，部队返回宁安。

在游击区军民密切配合下，同盟军部队胜利地粉碎了日伪军的秋冬季两次"大讨伐"。在反"讨伐"斗争中，同盟军在敌人强大兵力集中进攻之下，仍然保存了实力，提高了战斗力，而且给敌人以沉重打击。打死打伤日伪军150多人，其中击毙日军连长、靖安军连长各1人。

日军前线指挥官气得七窍生烟，勃然怒骂："周大麻子的，决战的不敢，真正军人的不是，土匪的是！"

东北反日联合军第五军成立，连战连捷

1934年6月，中共满洲省委吉东局因遭破坏，被撤销后成立了中共吉东特委，吴平任特委书记。为进一步贯彻执行中央"一·二六"指示精神，中共吉东特委书记吴平到达宁安，传达了在中共驻共产国际代表团在东北建立广泛的反日统一战线武装部队的精神，对于绥宁反日同盟军的工作给予充分肯定。为使绥宁地区的反日部队成为我党直接领导下统一编制、统一指挥的抗日武装力量，由中共吉东特委、宁安县委和绥宁反日同盟军党委共同决定，将绥宁反日同盟军改编为东北反日联合军第五军，并于1935年2月10日发表了《绥宁反日同盟军改编为东北反日联合军第五军成立宣言》，同时组成了军部和党委会。20日，《救国时报》刊登了这个宣言。同时，中共绥宁反日同盟军党委在同盟军各部队中广泛地宣传解释党的抗日统一战线方针和同盟军改编的具体计划。

经过广泛酝酿协商之后，东北反日联合军第五军，于1935年1月至3月期间，先后编成了2个师7个团19个连（其中一个警卫连），每个师3个团，共936人、920支步枪、7挺轻机枪。第一、第四团为基干队，第二团为准基干队，其他4个团为非基干队。队员中的70%为农民，20%为工人，其他为学生、士兵等。朝鲜族占20%，党团员约占30%。周保中任军长，柴世荣任副军长，胡仁任政治部主任，张健东任参谋长。第一师师长李荆璞、政治部主任关书范，第二师师长傅显明、副师长姜振荣、政治部主任李光林、参谋长陈翰章。另设警卫连。此外，第七团（团长于戴江）、独立营（营

长李春山）直属军部统率，根据地设在八道河子。

绥宁反日同盟军原本主要是由救国军的各个残余部队联合而成立的，是一种松散的武装抗日同盟。但是，这支抗日武装部队的主要领导人周保中等却是共产党员，并且它的骨干部队又都是在共产党直接领导下的宁安游击队和宁安工农义务队。通过吉东和宁安党的组织及周保中等同志的艰苦工作，这支部队虽几经曲折，最后终于被改造成为由中国共产党直接领导的统一编制的东北人民革命军即东北反日联合军的基本队伍之一。这支队伍是从旧军队转变为人民抗日部队的典型之一。

1935 年 2 月，北风呼呼地刮着，高山、峡谷被积雪覆盖着。

东北反日联合军第五军成立后，连续奋战，屡获胜利。

第五军第一师师长李荆璞带着该师第一团一部自东满汪清归来，经过二道河子。这是一条好几里长的干沟，沟两旁森林茂密，白杨和桦树枝梢开始出现了紫蓝的颜色。风一吹过，树枝上不时飘下点点残雪，落在正行军的战士们脸上、脖颈里，顿时就和汗水化在一起。官兵们敞着衣领，不时揩揩汗水，快步往前走着。

此前，周保中派遣师长李荆璞率第一师第一团之第一、第二连去西北山活动。李荆璞在陡沟子附近袭击伪军白俄部队，又与日军守备队接火，皆获胜利。将西北山第八大队溃散时埋藏的枪支取回，计有机枪 1 挺、匣枪 8 支、步枪 50 余支，这一路回来，李荆璞枪多弹足，自然神情带着几分高兴与得意劲。

前面行军队伍骚动了一下，随即一个行迹可疑的人被带到他的跟前。

李荆璞吓唬他说："咱早知道你是红袖头（指伪满靖安军，他们军服袖口有红道）派来的，不说崩了你！"旁边的战士立刻用枪指着他的脑壳。

这家伙吓得浑身打颤，承认自己是日伪军派出的探子。

李荆璞详细询问了情况后，心里想，日本鬼子派他来侦察抗日队伍的情况，我们为什么不将计就计干他们一家伙呢？想好了主意，就对探子说："放你回去，给日本人报告，说打日本的平南洋就在东北岔子沟。人数二十来人，只准少说，不准多说。"

"是，是!"探子连忙回答。

日本人根据这个探子的报告，出动了200余名日军和靖安军前往追击。李荆璞与前去接应的该团另一部共同在二道河子沟里石门子设伏3天。他把兵力部署在险要之地石门子。石门子前有一条弯沟地带，这条弯沟是东西走向，两边小山上布满乱石，中间只有一条道路。

这天拂晓，日伪军200余人进入了伏击地带。等到日伪军一进入口袋，第一师师长李荆璞一声令下，指战员们猛烈开火，敌人毫无防备，中弹倒地者甚多，余下的逃到河沿处，又暴露在我侧面机枪火力之下。残敌惊慌失措，向南部一小高地窜去，哪知那里也有伏兵，又遭痛击。敌人龟缩在乱石中负隅顽抗，这时山上伏兵四起，"中国人不打中国人"的口号声此起彼伏。伪军惊呆了，纷纷就地举手投降。这一仗日伪军被打死打伤40多人，宫藤中尉负重伤，田中曹长被击毙，我方缴获了轻机枪2挺、步枪20余支、手枪2支、子弹2000余发及许多军用物资，俘虏了十几个靖安军。接着，一师在花石门子、庙蛤、岔沟、长岭等地又连续痛歼敌军。

李荆璞一行兴高采烈地向周保中报告了石门子战斗情况，周保中听了也很高兴，这是抗日游击战斗以少胜多的一个好战例。周保中严肃地嘱咐着李荆璞，别让胜利冲昏了头脑。要认真总结好这次战斗经验，以利打好今后的仗。

此后，李荆璞率领第一师各团四处袭击敌人，连连获胜，部队士气高涨。狼窝、关门嘴子附近之激战，苇子沟、横道河子、卧龙屯、宫地南沟和江北二站西沟的战斗，均在此时积极展开。在宁安敦化公路与镜泊湖道亦给予敌军以很大打击。

与第一师的连战连捷相比，第二师同样毫不逊色。

1935 年 4 月初，反日联合军第五军第二师在东满汪清整编后，在柴世荣、胡仁率领下返回宁安。他们来不及洗去征尘就投入了战斗，也接连获得胜利。5 月 2 日至 4 日，第四团连续袭击宁安二道河子马厂伪国道局和石头河子车站，共歼日寇守备队 20 余人，缴轻机枪 1 挺、步枪 20 余支。

1935 年 1 月到 4 月，第五军与敌军发生战斗达 30 余次，终于粉碎了敌人的冬季"大讨伐"。在频繁的战斗中，由于我军战斗英勇和优待俘虏政策的影响，靖安军再不愿与我第五军部队作战，并有打死日本长官和哗变事件发生。1935 年 2 月，在缸窑沟伪军 12 人哗变，当场击毙日本排长和伪军班长各 1 名，携轻机枪 1 挺、步枪 20 余支离开伪军。3 月，我第一团第一、第二连在二道河子与伪军作战获胜返回时，在拐弯子曾接应伪靖安军第一团第四连的起义，但因事泄，仅该连班长吴铁刚、白义江 2 人携械参加我军。4 月初，在我军接应下，驻卢家屯伪军一个班长枪毙了一名日本营副来投。这些哗变引起敌人不安，伪靖安军第一团的第一、第四连及迫击炮连有被解除武装者、有受监督者，最后竟不得不将全团调回原驻地辽宁。

避敌围歼，第五军东部派遣队穆棱立足

东北反日联合军第五军经半年多的战斗，获得了许多胜利，部队得到进一步发展壮大，并开辟了新的游击区。但是，第五军队伍全部集中在宁安县境狭小区域，距离敌人统治的中心城市牡丹江很近，中东铁路、图宁铁路交叉其间。敌人视此地为重要统治地区，长期集中于这一带的日伪军和伪警察武装共约 3000 之众。

为避免孤军作战被敌包围聚歼的危险，进一步扩大活动区域以及分别与南满的第一军、东满的第二军取得联系，与哈东的第三军、密山的第四军配合作战，根据中共吉东特委的提议与宁安县委的指示，第五军军部于 1935 年 5 月 15 日召集第一、第二师干部会议。会议决定了分兵作战方针，即除

军部与一部分队伍留守宁安外，将主力部队编成东、西2支派遣部队，一支由宁安东出穆棱，联络李延禄第四军；一支由宁安向西活动，以苇河和中东路沿线为目标，兼及西南敦化、额穆地区。

5月28日夜晚，第五军政治部主任胡仁率东北反日联合军第五军东部派遣队开始东进。这支部队由第一师第一团第二连、第二师第四团第一连和军部警卫连组成。其任务是争取与正在向西、南两个方向做战略展开的第四军取得联系，协同作战。他们一路越宁安、穆棱边界，跨中东铁路，经柳毛河子、羊碰子、上下雷峰岐、清沙河口、白石砬子，向东北转战到穆棱河流域并深入勃利县的大小杨木背、龙爪沟，以后又转至勃、穆边界之小穆棱河、土顶子等地。7月7日，与中共穆棱县委取得联系，在地方党组织积极支援下，广泛开展游击活动。

这天，胡仁王率部继续北上，途经林口清沙河镇时，在山头上突然发现日军小股部队由远处向我而来。

与敌不期而遇，胡仁心头一惊，难道是敌人发现我军的行踪了吗？胡仁继续观察着，望远镜中他看到此支日军百余人的队伍呈行军状态，日本兵扛枪在肩，而不是端枪准备冲锋的战斗状态，这是一支正在行军的日军，可能是在自己防区和驻地附近的缘故，日本兵行军有说有笑，毫无防备，想不到他们眼皮子底下会突然冒出来一支远道而来的抗日队伍。

胡仁看到这里，认为我军占据有利地形，这是一个打伏击的好时机。

胡仁果断命令部队沿着山坡隐蔽起来，枪口都指向山坡下的土路。敌人越来越近了。

全队居高临下，突然射击，走在前头的五六名日军当场倒地。日军受此突然袭击，先是十分慌张，后发现我军火力不强，很快便组织起火力来。日军的两挺歪把子机枪一起向山上扫射，压得战士们抬不起头来。

"撤!"胡仁说。队伍一下子退入树木里，不见了踪影。日军紧咬不放，胡仁率队在林子里转了一天，敌人被甩掉了。夜里，他们来到了一座山坡上向下望去，看到一个镇子。

胡仁派人下山打探情况，顺便看能否搞到粮食。很快侦察的战士回来报告：下面还是清沙河镇，镇里有小队日军防守。据镇子上的人讲，今天下午日军兵营里抬回来了十来具尸体，看样子是刚刚打完仗。

原来是胡仁率队在山林里转迷了路，转来转去又回到了清沙河镇，而且又碰上了刚交过手的日军小股部队。

"送上门来的，不打白不打！打！"胡仁定下了二打日军小队的决心。

借着朦胧的夜色，部队悄无声息地下了山，摸到了日本小队的驻地前，在一条干沟里隐蔽观望。

日军小队的驻地外边架着一圈铁丝网，门口有两个日本兵在站岗，一个固定，一个四处游荡。

胡仁让两个战士一前一后顺着干沟爬向兵营，一跃而起，结果了两个日本哨兵。紧接着，胡仁率队猛冲进大门。

门里的日本兵正在喝酒，来不及抵抗，便被战士们几枪撂倒在地。里间有个日本兵架起了机枪向外扫射，一个战士趁扫射的间隙投了一颗手榴弹，机枪便哑了。很快战士们将小队的日军全部歼灭，缴获了枪弹、十几袋洋面，还有最急需的一百多套日军皮大衣。

有吃有穿，战士们连夜撤出，继续北上。9月2日，终于在勃利马鞍山与第四军第三团会师，并联合打击敌军。9月29日，东部派遣队和第三军第四团共同作战，在林口马路沟截击日军军车，但因遭敌伏击，我一名战士牺牲，截车未果。在我军退去时，给予追击的日军以重大杀伤，击毙日军7名，重伤4名后，安全撤离战斗。

东部派遣队在穆棱一带根据党的反日统一战线政策，向一些山林队广泛宣传党的抗日救国政策，许多山林队都愿随同作战，曾与"徐司令""明山""天福""访友""小金山""九彪"等在杨木背举行代表会议。10月，将"天

福""访友"改编为第五军第八团。同时,"小金山"带领部下参加第五军警
卫连,"小金山"被任命为连长。此时,第五军东部派遣队,已从刚出发时
的 70 余名,发展至 140 余人,扩大了一倍。

10 月间,东部派遣队和新编第八团在亮子河被伪军警察大队 200 余人
包围。经过战斗,我军将前来围攻的伪警察队打得落荒而逃,吓得伪警察
大队长从此不敢出战。

由于我军积极活动,敌人从 10 月开始调集大批日伪军警,对这一地区
的抗日武装进行了频繁的"讨伐",针对这种情况,东部派遣队一小部分队
伍留守中东路西建设密营。为转移敌人目标,大部分队伍派往下城子、九站
至穆棱铁路以东地区活动。

东北反日联合军第五军东部派遣队在穆棱、林口、勃利三县开辟新游击
区的过程中,扩大了中国共产党和由它所领导的抗日部队的政治影响。由于
东部派遣队既能杀敌制胜,又有严明的群众纪律,因此,所到之处受到群众
的热烈拥护。群众说:"这是官兵,不是胡子!"大家都积极主动地为我军送
饭送肉、报告敌情。同时,部队经受了战斗的考验,并在战斗中发展了自己
的队伍,基本队伍从出发时的 70 人增加到 90 多人,加上新编的第八团,共
计 140 多人,增加了一倍多。此外,东部派遣队的作战,还分散了敌人兵
力,减轻了对宁安留守部队的压力,并为后来的第五军与第二军部分队伍的
继续北征开辟了前进的基地。

第五军西部派遣队额穆三战三捷

东北反日联合军第五军西部派遣队于 1935 年 7 月由第一师第一团第一、
第三连第二团全部和第二师第四团第二、第三连组成。以后,金日成率第二
军第三团第四连和第四团第二连、青年义勇军也前来加入西部派遣队,整个
西部派遣队共 200 人。8 月初,西部派遣队由柴世荣副军长、李荆璞师长、

关书范主任带领，渡过镜泊湖向额穆进发。部队的活动计划是首先向额穆、敦化、官地进军，以后视情况发展决定是否越老爷岭西去五常。9月16日，西部派遣队第二团在关书范、王毓峰带领下，在靠山屯伏击一队伪军骑兵，毙伤敌连长、连副以下十余人，余敌仓皇逃跑，我军夺得数匹战马。11月3日，柴世荣率西部派遣队百余人在额穆青沟子附近与一小队日军"讨伐队"遭遇，经过战士们的奋力冲杀，将该伙日军全部击毙，缴获了全部武器弹药。在进行青沟子战斗时，附近本有一部伪军，但因我军高喊"中国人不打中国人，我们专打日本兵"的口号，伪军对被围之日军未加支援。事后伪军私下相传：红军真勇敢，专打日本鬼子，这才是真正救国的，我们不能打红军。11月5日，西部派遣队在额穆老头沟附近又与日军松井"讨伐队"交战，敌11人被歼。

由于西部旅遣队战斗勇敢，当地的伪军十分佩服。伪军士兵都说：红军真是正式军队，你看作战无论怎样激烈，他们的队形始终不乱。当第五军的士兵到街里去买东西的时候，伪军看见也不管，有时抓去后问明是第五军战士，马上放回。此外，西部旅遣队执行群众纪律好，颇得当地群众拥护，因此经过几次战斗后，群众每天都有人自动前来参加第五军，部队兵员日有增加。如第五军第一团第一排正式扩编为一个连，第二团亦由一个连扩编为两个连。第二军第四团第二连原来全部由朝鲜族战士组成，现已有一半成员是汉族战士。西部派遣队由原来的200余人增加到250余名。

12月6日，西部派遣队决定由李荆璞金日成、陈翰章等带第五军第一团第一连和军部派来的第三团与第二军两个连共百余人向西南发展，前进至黄泥河、威虎岭以及敦化附近，以便与第二军西进部队取得联系，并联络当地几部抗日山林队；由关书范带第五军第一、第四两团各一部和军部派来的第七团一部共80余人，向西北山海浪河进发，以便与第三军取得联络；第二团两个连留守额穆与宁安的军部保持联系。

西部派遣队这一再次分兵行动的目的在于相互牵制敌军力量，动摇敌人在这一带的统治。

分兵后的西部派遣队在李荆璞、金日成、陈翰章的领导下打了一系列漂亮的攻击战。

12月7日下午4时，李荆璞、金日成、陈翰章率第二军主力第十一、第十二两团及第五军第一师第一、第二、第三团等兵力统一行动，准备袭取官地，打击通沟岗子的敌军。

参战部队由二道沟方面秘密运动，绕过官地赶到通沟岗子以北，潜伏在大沙河沿岸柳丛中。午前6时，我第二军第十团、第五军第三团逼至敌官地街东口和北口防所，我攻击部队用集束手榴弹猛炸防所，并施以火力打击。两个防所的自卫团除被打死者以外，都向我军缴枪投降。在小街中心，日寇教官3人率伪军一个中队据守抵抗。激战不久，西防所亦为我军攻破，伪警察队一个排也缴枪投降，其余敌人在中队部顽抗。激战一小时，日寇教官被打死，敌人停止抵抗，我军完全占领官地街。此次战斗打死日寇3人，伪警察队及自卫团22人，伤15人，其余150人全部被俘虏。

我军占领中队部以后，李荆璞、金日成、陈翰章决定一鼓作气，再拿下附近的通沟岗子敌据点。他们让被俘的伪警官用电话向通沟岗子的日寇说："'共产军'袭击官地被击退，仍有继续进攻的模样，请求火速增援。"通沟岗子驻有日寇小杯部200人，闻讯后，慌慌张张全部出动，午前7时向官地大道前进。

来敌在通沟岗子东北面遭到我伏兵猛烈的袭击。敌人一部就地抵抗，大部企图退回通沟岗子村边反击。但通沟岗子小街已为我第二军第九团完全占领，从南面集中火力袭击敌人。敌人陷入包围圈中。激战至午前9时30分，战斗胜利结束，除漏网逃脱的寇兵十余人以外，全被我军歼灭。此役计缴获三八式步枪160余支、杂色枪50余支、轻机枪9挺、重机枪1挺、迫击炮4门，通沟岗子自卫团40余人全部投诚。西部派遣队取得了出师以来的重大胜利。我军在官地、通沟岗子连驻3天，召开群众大会，打开敌人仓库，把粮食物资分给群众，并发动群众清除走狗，布置了地下抗日救国组织工作。

12月17日，驻过敦化县的日军联队部得知官地、通沟岗子失守后，立即派出一个大队约700人，以伪警察大队300人为前驱，经黑石屯向通沟岗子、官地进犯。同时延吉明月沟日寇已越过哈尔巴岭西向大石头、沙河沿、大桥铁路线增兵封锁，以防我军闯过铁道。

日军寻我军决战未果，只好以3个中队约500余人兵力及伪满教导队、警察大队魏部（绰号蒙左）300余人，防守官地及通沟岗子。另一个日寇中队约150人及额穆伪警察大队的一个中队100余人驻黑石屯镇。该警察大队约400人驻守额穆索，组成敦化东北和西北的联络网，互相策应，但不敢远出。

此时，留守宁安的周保中一直关注着东、西两派遣部队的战斗。当周保中接到前线柴世荣的报告的当面敌情后，他认为战机再次来临。因为敌人虽然重兵防守各个据点，但整体上处于被动挨打状态，利于我游击队各个歼灭。周保中随即指示柴世荣等部继续展开游击作战。

1936年1月5日，李荆璞、金日成、陈翰章率第二军第四师第四团，第四师第十一团，第五军第一师第二、第三两团共千余人的主力部队，在南湖头江西岸——马家屯附近秘密集结。李荆璞、金日成、陈翰章命令第二军第四师第十二团、第五军第一师第一团约600人的兵力，于1936年1月4日自二道梁子方面向官地以东沙河沿佯动，吸引官地、通沟岗子敌人。敌人果然中计，误以为我军主力将向铁道移动，拟在铁道线夹击我军。

1月6日傍晚，我第二、第五两军主力4个团沿牡丹江西岸强行军。1月7日黎明前绕至距黑石屯西街口三里之土岗潜伏，按事先侦察清楚的敌情部署进攻：第二军两个团担任攻击西南面，第五军第二团担任东北面，第五军第三团为预备队，控制黑石屯东牡丹江岸，准备阻击官地和通沟岗子方面的援军。

午前 6 时，致西防所发现我军行动，向我首先射击，我军西南进攻部队
即展开勇猛进攻。西防守所伪警察队不敢抵抗，当即缴枪投降。我进攻部队
直逼日寇防守所，该敌利用房屋设置街垒，在屋内挖枪眼、堆沙包顽固抵
抗。我进攻部队将敌人截为东西两段加以压缩，并占据屋顶及控制街口，用
猛烈火力及手榴弹逐段扫荡前进。激战至午前 10 时，日军 150 人完全被我
歼灭，伪警察大队及自卫团 200 人除死伤 20 余人外，全部投降。

当黑石屯镇被攻击时，我第二、第五两军南进部队正展开对沙河沿、二
道梁子各防所及大石头车站的破坏活动，攻克沙河沿小街。因此，通沟岗子
及官地的日寇不敢出援，仅仅派出伪警察队 200 多人向黑石屯试探前进。但
经我江岸部队迎头痛击，战斗半小时，敌人即狼狈逃归官地。西部派遣队再
次取得辉煌战绩。

1 月 8 日午前 11 时，我军撤离黑石屯镇，估计官地、通沟岗子敌人不
敢出动，乘额穆索（老县城）守备伪军动摇，决心攻打额穆索。

1 月 9 日午前 5 时，我第二、第五两军主力前进至额穆索附近，首先沿
河岸北面将城西和城南包围。突击部队沿通往黑石屯镇、官地的大道向城东
防所攻击前进。伪军关大队长率警察大队 200 余人死守顽抗，但城西南面防
所已被我河岸攻击部队突破。我迅速向街东敌大队部压缩，激战 2 小时，敌
人支持不住，伪军关大队长率一个中队 90 余人狼狈南逃。午前 8 时战斗结
束，我军将额穆索完全占领。

此役计打死日寇指导官 1 人，教官 2 人，宪兵 6 人，击毙击伤伪军官兵
50 余人。俘虏伪警察大队人员 270 人、伪警察 40 人、自卫团 60 人。夺获
敌人的各种枪支 330 余支、重机 2 挺、轻机 5 挺。解放了在监狱内被关押的
"人犯"百余名。没收了敌人遗留下的不少物资，除部队带走外，其余一概
分发给地方群众。西部派遣队第三次取得辉煌战绩。

西部派遣队在敦化地区的连续胜利震惊了日寇，大批日军"讨伐队"从
东满和宁安调过来，对我军进行大规模"讨伐"。1936 年 2 月，敌人在绥

宁地区进行的冬季"大讨伐"结束，周保中命令我军离开敦化，回师宁安。2月28日，这支部队突然出现在宁安东南山，将伪吉林警备旅第二十七团一个连干净利索地缴了械。至此，西征结束，我军大胜。

1935年冬天，第二、第五两军西征部队在额穆、敦化境内的战斗和胜利，是两军历史上的重要篇章。它们不仅使参加西征的部队度过了一个极困难的时期，战胜了敌人的军事封锁和经济封锁，还帮助了东满和绥宁地区我军的反"讨伐"斗争，迫使敌人不得不提前结束在宁安和东满各地的"讨伐"行动。1935年11月到1936年1月底，两个半月时间，我第二、第五两军联合部队除上述连续作战击毙寇军约400人、伪军约百人，俘虏伪军约600余人以外，其他与敌人接触战斗十余次，共击毙寇军250人、伪军50人，俘虏伪军自卫团200余人，使敌有生力量受到重大损失。同时开展了这一地区广大群众中的抗日救国宣传和组织工作，鼓舞了人心，提高了我军士气，总结了战斗经验。部队接受了上百个优秀农民参军，壮大了抗日武装力量。

留守宁安，周保中密林艰难周旋

就在周保中指挥东西两支派遣队出征的同时，留守宁安的周保中同样也在山林中与"讨伐"的日伪军迂回作战，度过了他抗日生涯中一个极困难的冬天。

东北反日联合军第五军留守宁安的部队由第一、第三团各一部，第四团第三、第五两连组成，第四团第六连活动在西北山。人民革命军第二军第三团第五连和第四团第三、第五两连，也在第二、第五军联合指挥部统一领导下，共同打击敌人。

1935年7月，我第二军第三、第四两团一部，在第四团团长侯国忠、政委王润成和第三团团长方振声带领下，在东宁县老黑山消灭了当地靖安军一个连后，率部向周保中的留守部队靠拢，然后，准备转移到牡丹江以东的密山、虎林一带进行活动。两军在宁安县南马场以东的一片大森林里会合。

这时，这两部分部队加在一起共有 500 多人，部队这样集中，吃粮一时成了大问题。因此，周保中令人到附近的几个大村落，通过我地方干部和两面政权的伪屯长筹集粮食。可是，在筹粮返回山里的路上，驮粮的马驮子队被跟踪的敌特发觉。为防止发生意外，小心谨慎的周保中在途中的南马场大漫岗上宿了营，同时放出了警戒哨。

翌日晨，从牡丹江和宁安方向陆续来了一些日本关东军，开始时人数很少，从中午到晚上逐渐增多，约有 300 人，看样子是七拼八凑的，不像是一个建制单位。但跟进的伪满军骑兵团和步兵团兵力倒不少。他们小心翼翼地向我们压了过来。周保中军长沉着地部署兵力，指挥部队埋伏在南马场附近一条长达 20 多华里的大岗上的丛林中，准备迎击敌人。

此时庄稼长得还不高，也藏不住人，对敌人摆开的阵势，周保中从望远镜中都看得清清楚楚。敌人兵分三路，企图包围第五军留守部队。日寇在中间，伪满军骑兵团在西侧，步兵团在东侧，横向各相距一华里左右，还有些地方自卫团、森林警察队等，跟在日伪军后面助威。

日寇吸取多次失败的教训，加上光秃秃的沟边地形对他们也不利，因此，敌人没敢成集团一个劲地往上冲。开始，日寇先往上冲，但又不敢猛劲冲，因此，未等他们进到沟，就被战士打了回去。

后来，日寇又令伪满军往上冲。但这部分伪满军战斗力不强，看日寇不敢上前，更是动作迟疑。而日寇又唯恐伪满军一溃逃自己遭围歼。所以，从早晨六七点钟到下午 3 点来钟，日伪军始终都未冲上来，之后便全部撤退了。这时，有的二部要带领部队去追击敌人，被周保中制止了，他说："敌人撤退是假，妄图麻痹我们，引我们下岗是真，我们若追击出去就可能上当，离开这居高临下的岗上丛林地形，对我们攻守都不利，所以我们不能轻易追击。"

果然，"撤退"之举是敌人的一计。过了一个来小时，恼羞成怒的敌人看此计不成，便重新集结更多的兵力（主要是伪满军有1500多人），在黄昏前又向周保中部发动了进攻。

面对密密麻麻往上冲的敌人，周保中从容指挥，战士们依靠有利地形和构筑的简单工事，一次次地把敌人打退。在战斗间隙，周保中军长又亲自安排调整火力配置，他将迫击炮和重机枪都隐蔽在背后林中制高点上，并规定在敌人距自己前沿阵地300米左右时再开枪开炮，要不失时机地拦击敌人，切割其退路，轰击其后方。

敌人再次发起了新的冲锋。由于敌骑兵打头阵，跟进的步兵大面积分散前进，我重机枪和迫击炮都不便发挥火力优势。当敌人冲到距我方阵地只有200来米时，我们的轻机枪首先横扫过去，敌人顿时倒下一大片，两侧伪满军有的趴在地上不敢上前，有的当即掉头向后逃。我军各级指挥员在阵地上指挥神枪手（多是原狩猎炮手），用少量的子弹，稳、准、狠地打击着敌人。敌人又一次被我军打下去了。

夜幕渐渐降临，敌人乘机虚张声势，狂喊乱叫："冲啊，冲啊……"可是并不敢前进半步。

入夜，敌我双方在此都无处藏身，周保中布置了后卫观察哨后，便带领部队撤离了阵地。后来，敌人见天黑占不到什么便宜，就向正北方向撤退了。

经过这一整天的战斗，日伪军伤亡惨重，被我打死打伤数十人。虽然他们多次往上冲，但一次也未能接近我军阵地。在周保中军长的亲自指挥下，第五军留守部队取得了这场阻击日伪军大规模进犯的胜利，而且自己没有大的伤亡。

人民革命军第二军第三、第四两团的指战员，在与第五军共同活动的这一周多的时间里，看到周保中军长作战时观察细致，对敌情判断准确，指挥沉着果断，克敌制胜，深受鼓舞。周保中军长作风朴实，艰苦朴素，平易近人，对他们教育也很深，后来很多人一提起当年在周保中指挥下作战都深感自豪。

因为周保中率领部队在宁安打了这一仗，行踪已被敌人发觉，同时又获得情报，敌人即将展开秋、冬季"大讨伐"，周保中军长和第二军第三、第四两团的领导反复研究商议，认为宁安南马场和汪清、珲春、延吉三角地带局面都已打开，第三、第四两团部队此时返回珲春、汪清方向活动比较有利。而周保中率第五军留守人员继续在宁安县的密林中同敌人周旋作战，以策应第五军东、西两队远征作战。

1935 年 11 月，日伪军对绥宁地区的"重点大讨伐"再度开始，留守部队被迫分散活动。在陈翰章带第二、第五两军部分部队西去额穆之后，经常与周保中一起活动的只剩下军部十几个人和一个不足 30 人的教导连。周保中率领的留守部队始终处于危险状态，大批日伪军整个冬天一直到处追击这支小队伍。第五军第五、第六两团接连遭受严重损失，12 月底，第二师政治部主任李光林英勇牺牲。周保中在极其危险的环境下，沉着镇静，以"游"为主，带着敌人不停地兜圈子，策应和掩护东西两支派遣队，坚守宁安游击区。

1935 年冬天，敌人已在宁安地区完成了"集团部落"计划，周保中和他的小部队只能生活在冰天雪地的密林里。严寒、缺衣少粮、野菜充饥是周保中的正常生活，而一连数日在密林里与敌周旋，昼夜不眠防敌袭击，则是周保中留守生活中的家常便饭。环境愈是艰难，周保中的信念愈是坚定，只要在宁安密林中多坚持一天，就可以减轻战斗在其他地方的抗日兄弟部队的压力，也能策应东西两支派遣部队的远征作战。

从 1934 年 11 月到 1936 年初的一年多的时间里，东北反日联合军第五军虽几经曲折，久经恶战，但由于吉东党组织和周保中等人的艰苦工作，终于转危为安。第五军游击区已扩大到整个绥宁地区各地，基干队伍在游击活动中得到了大发展，团结了许多反日山林队共同作战，极大地提高了反日联合军的声望，第五军成为中国共产党领导下的东北地区抗日部队中的重要武装力量之一。

此后，在敦化和额穆地区活动的第五军部队返回宁安，与留守宁安的军部齐集镜泊湖南湖头一带。1936 年 1 月，第五军经过再次整顿之后，共有 2 个师、7 个团、21 个连，630 余人、630 支步枪、7 挺机枪。虽然总人数略有减少，但队伍的素质大大提高，基干队伍由 300 多人上升到 500 多人，从而为准备迎接新的战斗打下了良好的基础。

注　释

1. 赵素芬：《周保中将军传》，解放军出版社 1988 年版，第 174 页。

2. 赵素芬：《周保中将军传》，解放军出版社 1988 年版，第 175 页。

3. 赵素芬：《周保中将军传》，解放军出版社 1988 年版，第 179 页。

4. 赵素芬：《周保中将军传》，解放军出版社 1988 年版，第 197 页。

5. 朱秀海：《东北抗联征战纪实》，解放军文艺出版社 2001 年版，第 78 页。

6. 刘文新编著：《东北抗日联军第五军》，黑龙江人民出版社 2005 年版，第 20 页。

7. 朱秀海：《东北抗联征战纪实》，解放军文艺出版社 2001 年版，第 187 页。

第 十 一 章

燎原之势　东北人民革命军再添新军

汤原县委被敌集体活埋，夏云杰重建汤原反日游击队——汤原反日游击总队成立，夏云杰一夜三拔敌据点——东北人民革命军第六军建立，夏云杰三打鹤岗满载而归——崔石泉单枪拉起饶河特务队，攻打虎林县城——虎林脱险，饶河民众反日游击大队越战越强——夜袭与伏击，李学福破敌有道——东北人民革命军第四军第四团（东北抗联第七军前身）成立，新兴洞血战突围——开辟同江游击新区，抗联第七军成立在即——历坎坷，汪雅臣南山里举起抗日义旗——跟着共产党抗日到底，汪雅臣率队改编为东北人民革命军第八军

汤原县委被敌集体活埋，夏云杰重建汤原反日游击队

汤原，位于三江平原的西翼，下江两大重镇依兰和佳木斯之间，背靠绵延千里的小兴安岭，附近有黑金河、葛金河、乌拉嘎河等金矿和鹤岗、双鸭山等多座煤矿，是进行抗日游击战争的有利地带。这里的抗日游击战争十分活跃，群众的抗日情绪很高。三五个汉奸特务根本不敢跨出据点半步。日军天天叫唤：三江已成为共产乐土！汤原的地皮红透了三尺！不光是乡村大都被共产党控制着，就连汤原县里和有数的几个据点，都有共产党的内线。城里的敌人一翘尾巴，党领导下的抗日队伍就知道它往哪儿飞。

然而，抗日大好局面的取得，还要从汤原县委屡经挫折，组建抗日武装的不懈努力说起来。

　　1930 年中共汤原县委建立，1931 年改为汤原中心县委，领导附近的依兰、通河、富锦、佳木斯等地党的基层组织。1932 年 4 月间，日军向松花江下游的通河、汤原、佳木斯等地发动进攻，到处烧毁村庄，杀戮群众，激起了当地民众的义愤。大刀会、红枪会等各种形式的抗日武装纷纷而起。1932 年秋冬以来，吉林自卫军系统的各抗日队伍出现失利瓦解之势，许多士兵脱离原队伍，几十人、几百人聚集一起，报起绿林字号，形成大小几十股抗日武装。但这些队伍大多缺乏明确政治目标，组织涣散，各自为战。

　　在这种形势之下，汤原党组织提出一个迫切的战斗任务，就是必须建立在党直接领导下的抗日武装。中共汤原中心县委首先在满洲省委巡视员冯仲云的帮助指导下，加紧发展党的组织，培养和吸收一批先进工农分子入党。到 1932 年夏秋之际已建立 6 个区委、两个特支，拥有党员 208 人，为游击队的建立培养了骨干力量。经过一段时间的艰苦努力，1932 年 10 月，在汤原城北半截河子村成立了一支抗日队伍，命名为"红军三十三军汤原游击中队"。中队长李福臣，参谋长李仁根。中队下设 3 个小队，戴鸿宾、颜庆林、孙盘铁分别担任小队长。游击中队建立时，汤原一带形势很紧张，日军第十四师团占领和控制了松花江下游沿江各城镇，同时由于游击中队打起红军旗号，群众对这支队伍的性质还缺乏认识和了解，因此游击中队活动十分困难。

　　游击中队成立的第二天，到康家大房子缴了地主 5 支枪。以后又准备到都鲁河金矿夺枪，因敌人早有防备不得不改变行动计划。

　　汤原中心县委为了夺枪，又开始打起了策动伪军哗变以组建游击队的主意，没料想此路也走得不顺。驻鹤岗伪军的一个迫击炮排内有一个叫杨上士的，是秘密的抗日救国会成员，汤原中心县委派人与他约定，于 1932 年 11 月 2 日半夜拉出一部分士兵哗变。计划哗变的当天，计划泄露，杨上士被杀害，策动伪军哗变又告失败。

　　此后，根据满洲省委指示，汤原中心县委又派党员王永江到另一支伪军中工作，秘密成立了哈东义勇军，不久该队领导人孙仁率队投降，争取伪军工作再次受挫。

汤原中心县委在失败面前并不灰心，而是重新想办法弄枪。

1933年1月间，利用党团员和部分进步群众捐款买了10余支枪，以戴鸿宾等原游击队员为基础，吸收一部分反日会员共60余人，在鹤立北七号屯重建了反日游击队。县委任命张福林为队长、王永江为党代表、李仁根为参谋长、戴鸿宾等仍为小队长。为便于联合其他抗日武装共同行动，对内称反日游击队，对外报号"仁合"队。游击队成立后，先后吸收一些小股抗日武装，人数较多的是于九江和老来好两队。于九江旧军人出身，恶习不改，屡犯纪律，引起民愤。游击队没有在这两个队里进行细致的分化和说服教育工作便处死了于九江。老来好当时虽极不满，但未敢公开反对，却暗中寻机复仇。1932年6月，老来好串通几个于九江的部下把党代表王永江杀害，然后将其所部及于九江队拉出逃跑。游击队又遭到失败。

汤原中心县委两次创建游击队、两次策动伪军哗变均遭失败，其根本原因在于缺乏斗争经验，指导思想不够明确。对于旧军队和土匪拉起的抗日队伍缺乏正确的争取改造方法。汤原中心县委认真总结了经验教训，为以后创建抗日武装提供了借鉴。

1933年春，中共汤原中心县委传达学习中共中央"一·二六"指示后，根据中共满洲省委指示精神，加强了对山林队、义勇军的争取工作。6月，先后派戴鸿宾、颜庆林等到义勇军中开展工作，迅速促成了汤原地区义勇军的联合。8月初，依据县委的部署，联合十几支义勇军和山林队建立了东北民众义勇军，共1500余人。东北民众义勇军成立后，抗日反满热情很高，未经汤原中心县委同意就作出了进攻汤原县城的决定。8月14日发动了攻城战斗，虽然部分义勇军冲进了县城，但结果还是遭受了挫折。其根本原因是刚刚建立的这支民众义勇军缺少党的核心领导。一系列挫折和教训促使汤原中心县委下决心重建党直接领导的抗日武装。

1933年10月的一天，县委13名委员中的12名又一次开会，研究重建游击队的问题。一队日寇突然将草屋团团包围，屋里的人全部被捕。日寇对他们滥施酷刑，要他们说出党组织的秘密。12 名共产党员任凭敌人折磨，没有一人开口。凶残的敌人无计可施，将他们全部活埋。汤原中心县委委员中活下来的，只剩下团委书记夏云杰一人。全县党员减少了三分之二，全县的抗日斗争一度陷于低潮。

夏云杰从外地赶回来时战友们已经牺牲。义愤填膺的他冒雪来到烈士们殉难的地方，默默伫立，誓言为同志们报仇。

夏云杰，山东省沂水县人，生于 1903 年，家境贫寒，只读 4 年私塾便辍学参加劳动。1926 年 3 月，因当地军阀混战和连年灾荒，他背井离乡，携妻带女逃荒到黑龙江省汤原县，先在县城借高利贷做了一年小生意，后被迫迁到太平川落户，以耕地为业，农闲季节到黑金河金矿做临时工。

1931 年九一八事变后，中共汤原中心县委根据中共满洲省委的指示精神，在以汤原为中心的下江（松花江下游）地区开展了声势浩大的抗日宣传活动。这年春节期间，夏云杰在黑金河金矿做工时，听了汉朝两民族爱国青年宣传队的反日救国宣传，深受启发和教育，激起了强烈的爱国热情，并逐渐与地下党员有了接触。

1932 年 9 月，夏云杰被中共汤原中心县委吸收到积极分子培训班学习。在党的教育下，他的政治觉悟迅速提高。经中共满洲省委巡视员冯仲云介绍，1932 年 11 月夏云杰加入中国共产党。夏云杰在中共汤原中心县委的领导下，参加了上述的所有夺枪组建抗日游击队的斗争。夏云杰不知疲倦地四处奔走，为部队筹集枪支弹药和粮款。

中心县委遭受严重损失，夏云杰是县委的唯一幸存者。面对严峻形势，夏云杰只身一人勇敢地担起了在汤原大地上领导抗日的重任。他通过秘密串联的方法，很快与汤原各地党组织恢复了联系，重新建立了县委。汤原中心县委领导的抗日武装遭受到 4 次严重挫折，使夏云杰深刻认识到，没有一支党直接领导的抗日武装队伍作骨干，各支义勇军的联合就很难巩固和发展。

在他的号召下，全县的共产党员和爱国青年继续为创建党直接领导的汤原民众反日游击队而斗争。曾一度为躲避白色恐怖而在野外地洞里待命的徒手游击队员，都集中起来准备夺取敌人的武器装备自己。

这时，夏云杰与战友们仍然面临着人多枪少的困难。只有夺枪，从头再来。

说干就干。夏云杰与战友们一起研究从鹤岗东黄花岗自卫团手中夺取武器武装自己的巧妙办法。

1933年11月末的一天，夏云杰先派团县委书记于永顺通过亲戚关系打入敌营内部进行了全面侦察。第二天，夏云杰又派徐振江（绰号镐头）和于永顺各自暗带一支手枪，以向黄花岗自卫团做饭的老兵买鸦片为借口，再次进入自卫团的营房，那帮团丁都围上来买烟土。

两人进入营房后，出敌不意突然掏出手枪，大声喝道："都站着别动，谁动打死谁！"本来急于过大烟瘾的伪团丁们一下子被惊呆了，半天回不过神来。

听到营房内的动静，在院外隐蔽的夏云杰带领20余名游击队员迅速闯入院内。就这样，缴获了敌人14支长枪和2支短枪。这次缴械的成功，使夏云杰和身边的战友们初尝甜头，大家一下子增强了胜利的信心。同年底，经县委研究，派戴鸿宾、宋赢洲为游击队正副队长，张兴德为政治部主任，李仁根为参谋长，队员有30余人，正式宣告了汤原反日游击队的成立。

汤原反日游击队成立后，夏云杰一面带领游击队到格节河木营办训练班，提高游击队员的军事政治素质，一面寻找战机再次夺枪，扩大游击队武装。

1934年1月，汤原日本守备队、汤原警察队联合袭击格节河木营，妄图把汤原反日游击队扼杀在摇篮里。游击队根据夏云杰的指示，避开敌人进攻的锋芒，充分利用有利地形和森林隐蔽，乘机转入敌后，进攻敌薄弱环节。

1934年2月5日上午，戴鸿宾率领6名化装成农民的游击队员，进入了鸭蛋河街。此时，鸭蛋河区委书记李凤林和他的舅父宋殿双按照与游击队事前商量好的计谋，假装甥舅闹纠纷，脸上淌着划破的鲜血，吵吵嚷嚷地厮打着，声称要到"衙门"去讲理。戴鸿宾等以劝架为名紧紧跟随，簇拥着看热闹的人群进入伪自卫团的院内，乘伪自卫团不备，将其14支枪全部缴获。伪自卫团团长高魁一被这突如其来的场面吓得目瞪口呆，只好乖乖地举手投降。

缴完伪自卫团的枪后，夏云杰听说一会儿还有一些反动地主前来开会，当即又占领了伪自卫团大院的炮台，在各紧要处设了伏兵，最后敞开大门，静候敌人的到来。

不一会儿，前来开会的李荣、杨广太、黄永发等13名反动地主来到院前，看见团部门前有哨兵站岗，一切如常，就一点没有戒备地走进院里。

"缴枪不杀！"众地主一看四周院墙上持枪而立的游击队员，没一个敢反抗的，乖乖就擒。战后，游击健儿们胜利返回汤原中心县委所在地——七马架屯。

敌人闻讯，派出伪军第三十八团骑兵连前来追击。由于夏云杰和游击队对敌人的跟踪早有预料，提前做了迎击敌人的准备，决定乘机在七马架屯设伏，一路追来的伪军骑兵遭到迎头痛击，余部仓皇逃回萝北县鸭蛋河街，汤原游击队则无一伤亡。

至此，汤原反日游击队结束了人多枪少的局面，游击队员的士气更为高昂。

为进一步扩大政治影响，与敌伪争夺农村阵地，汤原中心县委决定在太平川一带建立抗日游击根据地。夏云杰亲自率领队伍，深入太平川平原进行活动，实施了一系列袭击。

太平川位于汤原北部，太平川依山傍水，地势平坦。这里群众基础比较好，是游击队经常活动的地区之一。为打开新局面，瓦解地主武装，创建太平川抗日游击根据地，1934年6月15日晚，夏云杰率队袭击了太平川伪警察署，从三面包围了敌人驻所。战斗突然打响，毫无戒备的敌人，被打得晕头转向。30 分钟后，游击队灵活地撤出太平川，并在西太平川召开群众大会，宣传党的抗日政策。

6 月 19 日，游击队员在黑金河工人中开展了抗日救国宣传活动并镇压了一名日本特务。这些活动，受到了汤原人民的热烈拥护和赞扬。

6 月 21 日，夏云杰率队攻打太平川西大岗反动地主盘踞的"连环寨"。他们先克黑金河通向太平川的要道姜家屯，后破格节河（现名格金河）通向太平川的二道岗。在进攻二道岗的战斗中，夏云杰头部负伤，仍坚持指挥战斗。全体队员奋勇作战，一鼓作气攻下了自卫团坚守的炮台，缴获长枪十余支。这次战斗的胜利，为建立太平川游击根据地奠定了基础。汤原反日游击队在平原活动月余，作战能力有了长足进步，经受住了考验，密切了群众关系。1934 年 7 月，满洲省委赞扬他们是"下江反日反满的唯一中心力量"。

夏云杰与汤原游击队的一系列战斗胜利，打击了敌人的反动气焰，极大地鼓舞了民众的亢日信心，也对伪军和伪自卫团产生了心理震撼。

太平川的伪自卫团团长张传福，身在曹营但心在汉，每次奉命"进剿"游击队时，都是故放"朋友枪"应付了事，跟游击队常有来往联系。太平川警察署署长有个姓宋的民族败类，悄悄向上头汇报了张传福"通匪"。于是，当晚，张传福与游击队队长戴鸿宾在一个伪甲长（救国会员）家里进行了秘密商议，他决心率部分人员哗变，让游击队在鸡叫之前攻打警察署作为接应。三更过后，张传福带了 30 多个游击队员，趁夜摸到伪警察署，取下了他们挂在墙上的 20 多支枪，待伪警察们从酣睡中惊醒时，只有目瞪口呆的份了。在游击队接应下，起义人员顺利撤出。张部起义后，被编为汤原游击队的一个中队，张传福任中队长。

次日，日伪纠出动了数百人和伪军屠旅第三十八团前来追击，夏云杰率领游击队在葫芦脖子利用有利地形设伏，毙伤日伪军十几人，日伪不得不败退收兵。

汤原反日游击总队成立，夏云杰一夜三拔敌据点

1934 年 8 月，中共满洲省委调夏云杰到哈尔滨参加短期训练班学习。学习结束后，省委正式任命夏云杰为汤原反日游击总队政治委员。10 月，夏云杰从哈尔滨回到汤原，及时传达了《省委给政治委员及全体同志的信》，宣布汤原反日游击队改名为汤原反日游击总队，戴鸿宾为总队长，李仁根为参谋长，下辖 4 个队，全体队员 150 余名。同时，根据《东北人民革命军及赤色游击队暂行条例草案》规定，把游击队置于党的绝对领导之下，确定政治委员为游击队党代表，一切军政命令须由政治委员、总队长、参谋长共同研究决定，最后由政治委员签字生效。全体游击队员一致拥护省委的指示和决定。

随后，夏云杰和戴鸿宾分别率领游击队积极开展游击战，把反日游击区从太平川扩展到亮子河、黑金河、仙马沟、格节河一带。在当地，夏云杰走屯进户，积极发动群众参军参战，通过"认屯亲"的方式，带出了很多青年村民走上抗日道路。如汤原县二区三甲屯中有户谢姓村民，一家三兄弟在夏云杰的直接动员下，都参加了汤原反日游击总队，都加入中国共产党。老大谢克富是个货郎走街串巷，夏云杰便安排他当了游击队交通员，最后成长为抗联第六军和北满党组织的最核心的秘密交通员。老二谢克俭、老三谢友才跟着夏云杰四处转战。老二谢克俭先后担任过抗联第六军第一师和第四师的团长，1937 年在依兰反"讨伐"作战中，为掩护战友而壮烈牺牲。老三谢友才在抗联第六军第四师第十四团当过指导员和连长，抗战胜利后又加入东北民主联军，参加过剿匪和一打四平等战斗。新中国成立后，谢友才担任过汤原县区长和区委副书记。1960 年，谢友才光荣地参加了全国民兵代表大会，受到毛泽东、周恩来等党和国家领导人的亲切接见，并被大会赠予一支五六式半自动步枪以示奖励。谢家三兄弟参军抗战之路，就是夏云杰重视和卓有成效开展群众工作的众多典型之一，这也是游击总队和后来的第六军

发展得很快的重要原因之一。

同时，夏云杰按照抗日民族统一战线政策，加强对各义勇军的争取、教育、团结工作。游击队与各义勇军密切合作，协同作战，沉重地打击了日伪军、警。至此，太平川的抗日斗争呈现出前所未有的新局面，从格节河至石场沟几乎摧毁了敌人的全部据点，群众的抗日情绪空前高涨。到1934年底，汤原反日游击总队已发展到400余人，成为震撼松花江下游的一支抗日劲旅。

1934年秋，汤原反日游击总队的建立和积极活动，引起了敌人的重视。同年冬，除日军外，又调动伪军屠旅和伪警察队500余名兵力，围攻汤原游击根据地，并布置全县伪自卫团把守各边沟口，狂妄叫喊"三个月内必打北大山"，企图一举消灭汤原反日游击总队。

敌情严重，夏云杰不敢懈怠，连夜与大家开会研究作战行动。

为打破敌人的围攻，夏云杰决定将游击总队转移至萝北，在凤翔镇、家亮子一带活动，既避开敌锋，又威胁萝北县城，迫使敌军撤退。

游击总队进入萝北县境后，在五间房遭到伪军屠旅第三十八团骑兵连的截击。游击总队当即迎战，击毙伪连长等，并以一部兵力迂回敌后，敌军队伍顿时大乱，仓皇撤退。游击队又转战至原县东部洼大岗和松花江对岸火龙沟一带活动。由于汤原反日游击总队采取机动灵活的游击战术，同日伪军进行了大小十余次战斗，挫败了敌人的嚣张气焰，一些伪军警察部队不敢与游击队接战。结果敌人的冬季"讨伐"宣告破产。

1934年12月4日，夏云杰在反"讨伐"战斗中负伤，离队治疗。1935年6月，夏云杰伤愈归队。此前，满洲省委提出了"汤原发展游击队一倍，建立人民革命军的基础，扩大游击运动，建立赤色游击区域"的计划。为此，夏云杰并不满足眼前游击队顺利发展的好形势，而想到将要来临的艰苦斗争。他认为，建立根据地是与游击队的生存和发展息息相关的大事，没有根据地就不能在敌后长期坚持游击战争。因此，他决定以南满磐石和北满珠河根据地为榜样，全力创建汤原抗日根据地。

1935 年 7 月，夏云杰、戴鸿宾和原汤原游击队老队长老杨率领汤原反日游击总队再次进入太平川。经过 1934 年汤原游击队在太平川的游击战，党和游击队在当地群众中有较高的威望。来到太平川后，夏云杰认为，创建游击根据地的条件已经成熟，但首先必须拔掉这个区域内的太平川伪警察署、耿家小铺、耿家围子、乔玉柱屯几个敌人据点。

于是，夏云杰太平川一夜三拔敌据点的佳话在当地传开了。

战前，夏云杰想到 1934 年 5 月初进攻太平川伪警察署战斗失利的教训，认为不能硬打，只能智取。

9 月 4 日深夜，游击总队在夏云杰、戴鸿宾率领下，乘打入伪警察署的一名救国会员值岗之机，里应外合，迅速冲进伪警察署院内，缴下炮台武装，直闯伪警察宿舍，将酣睡的伪警察署署长和伪警察共 30 余名全部俘虏，并缴获枪械 30 余支和大量子弹。

拂晓，游击总队迅速换上伪警察服装，兵分两路分别由俘虏当向导，一个游击中队直奔反动地主乔玉柱的大院，缴了自卫团的武器。一路游击中队直扑反动地主耿于修的大院。两路人马大摇大摆走在路上，到了目标后，大声地敲响了两家地主的大门。

两家地主院门口的团丁见是一队"县警察"来了，想也不想地就开了门，不料"县警察"一下子冲进来，缴了自己的枪，然后冲进屋内，将主人绑了起来。直至此时，地主乔玉柱、耿于修和众团丁才明白"县警察"原来是汤原反日游击总队的队员们。

天亮后，夏云杰召集群众大会，代表游击队宣布了太平川反动政权已经覆灭，爱国群众已成为太平川的主人。将其全部浮财分给了太平川贫苦农民，并罚其巨款充作游击队的抗日经费。游击总队胜利返回根据地。汤原反日游击总队以灵活巧妙的战术，一夜之间连拔太平川 3 个顽固据点的战斗故事，便在汤原爱国人民当中传为佳话。

汤原反日游击总队在太平川赢得的胜利，引起了盘踞在汤原县城的日军守备队的极端仇视。敌人拼凑了"武装工作班"，宣布大平川为"匪区"，扬言要实行烧光、杀光、抢光的野蛮政策，还逼迫游击队员家属召回子弟，砍死了孔庆余屯的抗日积极分子杨发示众。

面对着敌人的残酷屠杀，夏云杰领导太平川人民建立了抗日救国会，由爱国人士王德全担任抗日救国会会长，领导肃反队、农民自卫队、妇女救国会、儿童团等群众组织，保卫人民政治权利，支援抗日游击战争，使太平川成为汤原第一块抗日游击根据地。以后，夏云杰把创建太平川根据地的经验推广到全县，使格节河、洼大岗等地区都先后建立了抗日救国会组织。由于有了根据地人民的支援，游击队要枪有枪、要人有人、要粮有粮，大大推进了汤原抗日游击战争的开展。

东北人民革命军第六军建立，夏云杰三打鹤岗满载而归

1935年12月中旬，东北人民革命军第三军军长赵尚志、第四军军长李延禄各率主力部队，从珠河、方正游击根据地出发，历尽艰辛，长途跋涉，冲破了敌人的联合"大讨伐"，到达汤原抗日游击根据地，与夏云杰率领的汤原反日游击总队胜利会师。赵尚志、李延禄、夏云杰一致表示，要以党中央《八一宣言》精神为指针，两军一队团结一致，坚决冲破日本关东军司令官南次郎策划的"大围剿"。

为了壮大我党直接领导的抗日武装力量，赵尚志与李延禄一致同意帮助汤原反日游击总队扩编为东北人民革命军第六军。在夏云杰的建议下，赵尚志、李延禄率部攻打了亮子河金矿，说服伪连长交出机枪2挺、步枪100余支，所得枪支全部装备了汤原反日游击总队。

1936年1月30日，汤原反日游击总队在汤原县温家屯宣布改编为东北人民革命军第六军，夏云杰任军长，张寿篯代政治部主任。军部下辖4个

团：第一团团长王秀芝，第二团团长戴鸿宾，第三团团长冯治纲（兼），第四团团长张传福，另设保安连。部队发展到千余人。

东北人民革命军第六军发表了成立宣言：东北人民革命军第六军全体指战员"为东北民族解放而战！为恢复东北失地而战！为实现东北各民族彻底解放而战！"东北人民革命军第六军的成立，标志着松花江下游地区抗日游击战争进入了新的发展时期。积极领导第六军全体指战员，以汤原为抗日根据地，出没于小兴安岭的密林河川，驰骋于辽阔的三江平原，到处打击日本侵略者，有力地推动着下江抗日斗争激流滚滚向前。

1936年3月，刚刚接替南次郎担任日本关东军司令官的植四谦吉疯狂地推行"以军事讨伐为主"的方针。1936年4月，关东军第九师团开始向牡丹江以西之方正、依兰和松花江以北之通河、汤原抗日游击区进行重兵"讨伐"。

人民革命军第三、第六两军合兵一处后，根据1月召开的东北民众反日联合军军政扩大联席会议的决定，两军主力开始离开汤原向外发展。

1936年3月，赵尚志率第三军西征。

张寿篯率第三、第六两军留守部队留守汤旺河创建根据地。张寿篯调任第六军政治部主任后，于1936年3月奇袭岔巴气和老钱柜，首战扬名，奠定了建立汤旺河抗日密营的基础。有关奇袭岔巴气和老钱柜的战斗前已有表述，在此不提。

1936年3月间，夏云杰率领第六军第一、第二、第三团到格节河一带活动，为汤、萝、绥抗日游击区连成一片创造了有利条件。

夏云杰率领部队避开敌人进攻的锋芒，离开了汤原抗日游击根据地，进入小兴安岭东部的黑金河、格节河、亮子河。我军充分发挥吃苦耐劳、善于露营、熟悉地形的长处，牵着敌人的鼻子跑，拖得敌人精疲力竭，疾病频发，士气十分低落。最后，敌人只好宣告"讨伐"失败而退缩原防。

这时，夏云杰为在鹤岗一带开辟新的抗日区域，在汤原中心县委的密切配合下三打鹤岗，给敌人以沉重打击。

1936 年 4 月 13 日，乍暖还寒。夏云杰在距鹤岗 25 公里的铁路沿线集结了 250 人的队伍，进行了一次试探性的进攻，敌人恐慌不安，宣布戒严，加强了防守。但是我军并未入城，日伪军虚惊一场。

4 月 22 日，夏云杰乘敌人松懈麻痹之机，率领 300 余人的队伍第二次进军鹤岗，不料因向导引错路线失去战机，未能按预定时间发动攻势，仍从原路迅速返回汤原抗日游击区。

5 月 25 日，夏云杰又亲自部署兵力，开始第三次攻打鹤岗。他命令冯治纲、张传福两位团长分别在莲江口、汤原通往鹤岗的途中埋伏，以备战斗打响时阻击敌人派出的增援部队。同时，派人通知鹤岗附近的乡镇秘密武装，要他们夜间鸣枪牵制敌人。部署完毕，夏云杰便率领 700 余人的队伍往鹤岗进发了。

当太阳西坠时，天空下起了蒙蒙细雨，四周一片寂静。部队悄悄来到鹤岗北山石灰窑潜伏下来。按照作战计划，部队分成三路行动，一路攻打煤矿事务所，一路攻打日本骑兵队和矿警一队，一路攻打矿警二队。

夏云杰先派遣第六军手枪队随同鹤岗煤矿的下班工人潜入城里，隐蔽在抗日救国会会员家中。

晚上 9 时，哨卡上的岗哨开始换岗，哨卡上的探照灯突然转换了方向。

短枪组同志看到后便犹如猛虎下山一般，以迅雷不及掩耳之势冲进哨卡消灭了几个敌人。

接着，夏云杰、冯治纲各率一支队伍向城内预定据点发起进攻。与此同时，我军与矿山内的抗日救国会的会员们取得了联系，切断了矿区内所有的电话线路与电网，城市顿时一片漆黑。城内敌人发觉情况不妙，惊恐地吹起哨子，霎时间，枪声、喊声响成一片，乱成一团。

冯治纲率领 300 名战士炸毁了吊桥、仓库，封锁了日本守备队骑兵中队和矿山警备一队。

夏云杰率领另一支 300 余人的队伍直捣煤矿事务所，在抗日救国会员姬国珍、张维山等人的配合下，顺利地解除了矿警二队的全副武装，并击毙了日本官吏山口为市、桥日德次和警察队队长赵永富。

整个战斗一直持续到次日拂晓，抗联第六军大获全胜。这次战斗缴获了 30 余支步枪、1 挺机枪和 6500 发子弹以及大量军用物资。夏云杰向解除了武装的矿山警察宣传了我党的抗日政策，号召他们走抗日救国的道路，当场有 26 名矿警报名参加第六军。

袭击鹤岗的战斗使日伪军政要员大为震惊，叹服我军的袭击战术，"不仅解决经济问题，而且对日满势力是一个积极的挑战和破坏"，承认这个战术"能够获得全东北游击队及全体民众的拥护"，并"具有一定的政治远见"。[1] 可见，第六军成立后所运用的袭击战术发挥了相当的威力，使敌人坐卧不宁、胆战心惊！

6 月末，夏云杰为了适应下江迅速发展的革命形势，将原有 4 个团扩编为 8 个团，并确定以团为作战单位独立活动。这时，全军总兵力已达 1200 余人。夏云杰与张寿篯、侯启刚等北满军政领导人在汤旺河沟里集会，研究反对敌人实行"集团部落"的对策，决定领导群众在"集团部落"内进行秘密斗争的同时，用武力惩处忠实于敌人的伪军警。会后，夏云杰率领军部保安连和第七团到依兰、桦川境内，配合地方党组织打击野蛮推行"集团部落"的日、伪官吏，得到了爱国群众的称赞。

9 月 18 日，夏云杰出席了在帽儿山（今伊春境内）召开的珠河、汤原中心县委和第三、第六军党委联席会议（简称"珠汤联席会"），并在会议上发言。会上，他被选为中共北满临时省委委员。会后，他率领抗联第六军积极地贯彻珠汤联席会议所通过的各项决议，为粉碎日本关东军司令部蓄意策划的 3 年消灭东北一切抗日武装的阴谋，展开了英勇不屈的斗争。

1936 年 10 月，日本关东军《三年治安肃正计划》的第二期"大讨伐"

进入后半期，特调伪"满洲国"第三军管区齐齐哈尔骑兵团为主力，以汤原日本守备队为后盾，汉奸廉成平为首的伪汤原治安队的两个连充当急先锋，向汤原反日根据地展开疯狂进攻。

夏云杰及时召开了第六军党委会议，分析了敌我斗争形势，决定保存我军实力，避开敌人正面进攻，以一部留在汤原牵制敌人，主力部队冲破敌人包围，秘密进入防守薄弱的敌后开辟新游击区。

会后，夏云杰率第六军第二、第三团东渡松花江，又开辟了集贤、桦川游击区。同年 11 月，夏云杰又率部西返汤原黑金河，筹备给养和装备，稍后在北上远征佛山（嘉荫）的过程中，遭伪汤原县治安队的伏击，夏云杰在战斗中身负重伤，血流如注，坚持了 6 天，于 11 月 26 日为国捐躯，时年 33 岁。

夏云杰在伤重临危之际，再三嘱咐身边的战友、爱人和女儿，要团结一致，在中共北满临时省委的领导下，把抗日民族解放事业进行到底！他牺牲后，第六军军长一职由戴鸿宾担任，继续战斗在汤原大地上。

夏云杰同志在祖国民族危机之秋投身革命，是抗联第六军和汤原游击根据地创始人之一，经受了抗日烈火的考验，为抗日救国的伟大斗争建树了功勋。他那高尚的爱国主义精神，坚贞不屈的革命意志，大无畏的英雄气质，给松花江下游地区的人民和抗联第六军指战员树立了崇高的英雄形象！

崔石泉单枪拉起饶河特务队，攻打虎林县城

东北抗日联军第七军的前身是东北人民革命军第四军第四团，后来又扩编为第四军第二师。其创始人之一的崔石泉（崔庸健），后来成为朝鲜的副首相。

在第二次世界大战的东方战场上，亚洲各国人民反对日本法西斯的民族解放斗争，是世界反法西斯战争的重要部分。长达 14 年之久的东北抗战，从始至终都有着朝鲜人民的支持参加，长白山密林之中，图们江、鸭绿江两

岸形成了中朝两国人民共同的抗战根据地，金日成和崔庸健等朝鲜党、国家及人民军的缔造者们，都先是作为中共党员征战在东北抗日战场上，你帮助我，我支持你，中朝人民之间存在的用鲜血凝成的战斗情谊是世界反法西斯战争的光彩篇章。

回到崔石泉与饶河游击队的战斗故事。

黑龙江省的最东端，与苏联隔乌苏里江相望，有一个名叫饶河的偏僻县城。它南临虎林，西接宝清、富锦，北靠同江、抚远，西南部为完达山脉，地势西南高东北低。全县多半属于未开发的山林地带，对开展游击战十分有利。

九一八事变后，中共饶河中心县委根据中共满洲省委的指示，结合饶河地区反日斗争的有利形势，依靠人民群众，积极创建我党直接领导的抗日武装即饶河游击队。

在饶河，当时中共饶河县委负责人，名叫崔石泉。他仅凭一支手枪，成立了一支英勇善战的饶河工农兵反日游击队。其后于1935年扩大改编为人民革命第四军第四团，1936年11月间，又在此基础上成立了东北抗联第七军。

崔石泉，又名崔庸健，1900年6月出生于朝鲜平安北道龙川郡。1925年加入中国共产党，1927年参加了广州起义，1928年到东北工作，先后在通河、勃利、汤原、宝清、饶河等地从事革命活动。他在通河等地组织游击队失败之后，于1929年来到宝清县小城子，同饶河中心县委朴文彬等一起，在虎头、饶河地区积极开展革命活动。

1932年夏，日军尚未占领饶河县，这里的局势相对平稳。但饶河中心县委未雨绸缪，为创建游击队，在宝清县小城子沟里秘密创办了军政讲习所，训练了由虎林、饶河、宝清、抚远等县党组织选送的30多名男女青年，这些青年都是由各地党组织和反日会选送的，具备爱国思想、政治上可靠且经过斗争考验。1933年5月，饶河中心县委又在三义屯创办了军政训练班，培训70多个青年。由于崔石泉早年曾做过黄埔军官学校第五期第六区队长，他就顺理成章地成为讲习所和训练班的总负责人。崔石泉把黄埔经验搬了过来，大大地提高了参训学员的军政素质，这些人后来相继成了各县游击队的骨干。

1932年10月，中共饶河中心县委根据虎饶地区的反日斗争形势，决定创建抗日武装。根据中心县委的决定，由崔石泉、金文亨带上仅有的一支手枪，组织了特务队。特务队由崔石泉、金文亨、金东天、崔龙锡、许成在、朴英根6名党员组成。特务队的首要任务是设法夺取枪支，扩大队伍。特务队在有武装斗争经验的崔石泉领导下，以饶河为中心，在虎林、抚远等地积极开展活动，从民团、商团以及警察手中夺取武器，并用获得一支枪就发展一名队员的办法，逐步扩大了队伍。经过5个多月的艰苦斗争，从当初的6个人发展到40多人。

特务队根据中心县委的指示，于1933年4月21日在饶河大叶子沟改编为饶河农工义勇军。饶河农工义勇军队长崔石泉，政治部主任金文亨。下辖3个小队：第一小队队长崔石峰，第二小队队长许成在，第三小队队长蔡一勋。这支队伍经过战火的考验与锤炼，后来发展成为东北抗日联军第七军。饶河农工义勇军在党的领导下响亮地提出"有人出人，有钱出钱，有枪出枪，共同抗日"的口号，积极宣传抗日救国的伟大意义，爱护群众，保护群众利益，革命纪律严明，所到之处深受广大群众的拥护和支持，它的美名在虎饶地区人民群众中广为流传。

1933年5月，高禹山领导的东北国民救国军占领饶河后，立即打开监狱，释放主张抗日的爱国群众。自从救国军占领饶河后，救国军成为该地的主要武装力量。在这种情况下，人少力薄的饶河农工义勇军如果不能妥善处理与救国军的关系，甚至与它敌对，那么不仅难以保存自己，而且枪支、弹药等军需物资和给养也都不易得到解决。中心县委在分析这些客观情况的基础上，最后果断作出饶河农工义勇军和东北国民救国军联合抗战的决策。

救国军第一旅参谋长王惠卿（山东泰安人，大学生。参加过1927年大革命，原来是中共党员。第一次国共合作破裂之后逃至虎林避难）是个对反日救国极为热心的人。王惠卿在救国军里由于才华出众，文武双全，深受高禹山和孙宝鼎的欣赏和器重，尤其是救国军第一旅旅长孙宝鼎对他言听计从。这一偶然的情况，对促成饶河农工义勇军和救国军的联合抗战起到了极为重要的作用。

饶河农工义勇军通过饶河反日总会与王惠卿取得联系后，双方经过协商决定饶河农工义勇军在保持独立性的原则下，同救国军联合共同抗日，在部队编制上编入救国军第一旅。于是，1933 年 6 月下旬，饶河农工义勇军改编为东北国民救国军第一旅特务营。全队共 100 余人，营长金文亨，参谋长崔石泉，政治员朴振宇。下辖 3 个连、1 个手枪小队；第一连连长金龙化，第二连连长朴英根、副连长许资善（1929 年从山东逃荒到东北，是单身在饶河第四区扛过 3 年大活的贫苦青年。后改名张福才，曾任解放军南京炮校校长，后离休）。

1933 年冬天，由于敌人的经济封锁和救国军内部出现贪污军费等原因，部队换上冬装有了很大困难。为了解决这些困难，金文亨和崔石泉率 70 多名队员，于 12 月 7 日袭击了盘踞在虎林县城附近的于保董大排队。经过战斗全歼敌人，缴获 70 多支步枪和粮食、衣物等物资。特务营把战利品运回驻地，与救国军分享，得到救国军士兵们的拥护，解决了一些困难。可是这些物资远远解决不了当时的困难，特务营和救国军准备联合起来攻打虎林县城（虎头）。

双方共同研究决定，由特务营部分队员和救国军第一旅第一营的部分士兵共百余人组成先头部队，任务是攻克伪军第十四团阎成珠团部；特务营第三连在许成在、崔龙锡率领下，攻克日本参事官代理川田佐一郎驻地；特务营第一、第二两连攻克县城北部敌人碉堡；另派一些救国军部队到县城西南部埋伏，切断敌人退路；其余大部分救国军担任后续部队，随后增援。

当时在虎头驻有千余名敌人，武器精良，筑有防御工事。

1934年1月28日拂晓，攻城战斗打响。

近百名特务营指战员和1500多名救国军向虎头发动攻势。经过半个多小时激战，特务营营长金文亨亲率第三连率先攻占了日本参事官驻地，缴获重机枪5挺和不少步枪。同时，先头部队也占领了伪军团部。参谋长崔石泉率特务营第一、第二两连也夺取了县城北部敌碉堡，打死打伤不少敌人。

由于我方攻势猛，敌人只有往县城西南逃窜。但逃窜的敌人又被我方伏击，走投无路的敌人被迫爬到县城西南的小山包，占领了这个制高点。敌人惊魂稍定，便组织反扑。

此后战势逆转，特务营由主动转为被动，救国军后续部队目睹此景，不听指挥，畏缩不前。联合部队在既不能守住县城，又不能消灭敌人的情况下撤出战斗。特务营第一、第二连迅速撤离，第三连因失去联络未接到撤退命令，仍留在城里孤军作战。在激烈的战斗中，第三连指战员除了2人受伤而转移外，连长许成在以下25名同志全部壮烈牺牲，全营减员至60余人。

在这次战斗中，救国军和特务营共打死打伤敌200多人。特务营营长金文亨（原名金昌义，1903年1月生于吉林省珲春，原籍是朝鲜咸镜北道明川郡。1932年4月加入中国共产党。在这次战斗中受重伤后送到苏联医治）和第二连连长朴英根受重伤，救国军230多人阵亡，40多人被敌人逮捕、杀害。此役，特务营虽然遭受重大损失，但激烈的战斗却检验了我军的战斗力，锻炼了每个战士，吸取了有益的经验教训。特务营英勇善战的战斗作风在救国军和当地人民群众中留下了深刻的印象。

虎林脱险，饶河民众反日游击大队越战越强

1932年8月，武藤信义接替本庄繁出任日本关东军司令官。不到一年的光景，这位新司令官又于1933年7月28日死去。1933年8月22日，菱刈隆接任关东军司令官。日本侵略者尚未把魔爪伸到原吉林省东北部边境线

上的所有区域。自同年秋到次年初，菱刈隆向吉林省东北部边境地区发起了两次"讨伐"。虎饶地区成为敌人第二次"讨伐"的重点地区之一。

1934年的冬天，雪下得特别大，一场接一场地下着，很快，平地上就积雪过膝。

特务营在联合攻打虎头后，同救国军第一旅撤回到虎林马鞍山地区。此刻，在日军大举进犯虎饶地区前夕，救国军正处于四分五裂的崩溃边缘。

这天下午，雪仍然纷纷扬扬地下着，地上的雪积得很厚。

忽然，特务营哨兵看见救国军第一旅参谋长王惠卿亲自来到特务营驻地，急忙向崔石泉报告。很快，崔石泉等特务营的领导出来相迎。

进了屋，大家寒暄过后，王惠卿面色沉重地说道："我们救国军的几个头头正准备入苏境，绕道苏联进关，救国军中有些人正在策划缴你们的械，拿你们作为投敌的见面礼，望你们急速离开此地，脱离险境。"说完，王惠卿急匆匆地离开了。

至此，特务营同救国军联合抗战已不能继续下去。特务营主要领导崔石泉、朴振宇、崔石峰、许资善、金东天等根据王惠卿的急告，当机立断率队转移。特务营的官兵们冒寒风踏积雪，艰难行军，向目前日军尚未占领的饶河第三、第四区转移。在那里，我军群众基础较好，地理条件较熟悉。大家怀着为民族解放事业同日本侵略者血战到底的坚强决心，离开虎林踏上了独立开展抗战的艰苦征途。我军指战员避开敌人的武装卡子，经过一夜一天的急行军，终于脱离危险转移到饶河大岱河。50多人组成的虎饶地区抗日武装力量终于保存下来。

1934年初，前来"讨伐"的日军进犯饶河后，只控制了一部分地区，这为我军整顿队伍，伺机击敌，在客观上造成了一定的有利条件。1934年2月3日，特务营在大岱河召开党的会议，认真总结了前一段工作经验和教训，讨论部队改编和今后任务等问题。会议决定将特务营改称为饶河民众反日游击大队（以下简称"游击队"），大队长李学福，参谋长崔石泉，政治员朴振宇。下辖2个中队和1个手枪队，第一中队队长崔石峰，第二中队队长许资善，手枪队队长金东天。

正当反日游击大队孤立无助之际，中共满洲省委吉东局派人与部队取得联系，给饶河中心县委和游击队领导人传达了"一·二六"指示。中心县委为了传达贯彻"一·二六"指示，立即召开了第一次县委扩大会议。会议上大家认真讨论指示信精神，并进行对照检查，总结了过去的工作。根据这个精神，大家认为必须建立游击根据地，广泛地发动各阶层人民群众参加抗日的工作，争取各种抗日武装力量共同抗日。今后，游击队要积极开展工作，扩大队伍，在日伪军手里夺取枪支和给养，壮大自己。很快，饶河民众反日游击大队在反"讨伐"作战中，越战越强，建立起了以暴马顶子为中心的游击根据地。

反日游击大队（前身为特务营）虎林脱险后，转入饶河，经过整顿后力量不断壮大，威胁了日伪政权和汉奸武装。饶河伪军和地方汉奸武装扬言，要在大雪封山之际消灭游击队。

面对敌人的阴谋，中共满洲省委吉东局和饶河中心县委要求游击队要设法避敌"讨伐"，保存有生力量。游击队按照上级指示，避开与敌正面交手，以免陷入被动，遭受损失。在敌人第二期"讨伐"时，游击队在敌我力量悬殊的情况下，主要采取翻山越岭、纵横穿梭的游击战术，时而转圈子、时而捉迷藏，甩掉尾追之敌，灵活地活动于敌人力量较弱的大叶子沟、花位子、四合顶子、西风沟等山区，以便待到春暖花开、树叶茂密之时，再积极开展游击活动，建立游击根据地。同时，游击队也要抓住有利的机会，利用地形，伏击敌人，打击敌人的嚣张气焰。

1934年2月25日，反日游击大队在十八垧地伏击敌追兵。

十八垧地是饶河大岱河附近的一个小山沟，住有几户人家。这里的地形犹如圈椅。东北两面是大山，西面是较矮的山岗，只有一条南北向的道路通向住户人家，路两边和住家附近是一片烟田平地。在积雪过膝的情况下，敌人只有通过此路才能进犯十八垧地。

这天，200多名伪军乘坐20多套马爬犁进犯十八垧地时，崔石泉率领游击队早已在北山腰筑好一条几百米长的雪壕待敌。

上午9点多钟，敌人进到屯外三四百米处下爬犁，徒步走进屯里。屯里静悄悄的，稀稀落落分布的几户人家家门紧闭。

敌人见此情景，断定屯里没有游击队。边走边吵吵嚷嚷地说："妈的！他们游击队又跑了，房子周围不见人。我们又白来了……" **2**

崔石泉示意战士们保持沉默，静候敌人进入火力圈。

敌人越来越近，没有一丁点战斗戒备。

离屯一百多米远，只听枪声大作，游击队集中火力猛烈袭击敌群，当场毙敌十余人。敌人遭受突袭，顿时惊慌失措，一片混乱。有的就地卧倒，有的转身就往回跑，被伪军连长又逼着向屯里进攻。无奈游击队地形有利，而伪军则只能经过屯外的大路向游击队进攻，大路地形平坦，一览无余，毫无遮挡，加上伪军士兵贪生怕死并不真心猛攻，两个多小时的战斗后，余敌无可奈何地拖着20多具尸首仓皇逃走。此战，我军以少胜多，毫无伤亡。战斗结束后，游击队员精神抖擞、斗志昂扬地迅速转移。

冬去春来，1934年饶河一带大地转暖。开展游击战争的好季节又来临了。反日游击大队为了扩大游击区，建立游击根据地，在饶河又先后拔掉了两个反动民团武装，不仅给游击队开展游击活动创造了有利条件，更加鼓舞了群众的抗日斗争情绪，而且使其他汉奸、土匪也不敢在此地为非作歹。为加强游击大队的领导，1934年5月，张文偕根据吉东局的指示，来到饶河中心县委和游击大队的驻地大叶子沟。按上级指示，张文偕任游击大队队长，崔石泉任政治部主任，朴振宇任政治委员，李学福任军需长，第一连连长金龙化，第二连连长许资善，手枪队队长金东天。此时，游击队已发展到

90余人。张文偕来到游击队以后，游击队加强了领导力量，积极开展抗日武装统一战线工作，在很短的时间内联合了救国军残部和山林队等100多人的武装，有力地推动了游击根据地的建立工作。

日军侵占饶河以后，为了准备长期抗战，有力地打击日本侵略者，饶河中心县委决定，以敌人力量薄弱、地势险要、易于防守的暴马顶子为中心，建立游击根据地。从此，这个敌人企图用以控制我军游击活动的"山中要塞"，反而成为我游击根据地的中心，周围控制着50余华里的范围。饶河中心县委机关也从大叶子沟迁到暴马顶子。

以暴马顶子为中心的游击根据地建立起来之后，游击队一方面在根据地帮助地方党积极发展反日会等群众组织，除掉汉奸走狗，不断巩固根据地；另一方面努力扩大游击区，转战于小南河、大叶子沟、四合顶子、小西山等地，并远征到抚远，打击走狗队，缴获武器，扩大队伍。1934年7月初，游击队在张文偕率领下，攻打抚远别里己小街，击败60多名守敌，缴获17支步枪和棉布等一些物资，没收了走狗财产，鼓舞了当地群众的抗日斗争。

由于游击大队抗日坚定，英勇善战，屡屡打败伪军等武装，建立了根据地，壮大了队伍。同时游击队根据中央"一·二六"指示精神，坚持独立自主的原则，不断地派人到各抗日部队，争取他们共同抗日，收到了良好效果。从1934年六七月起，游动在虎饶地区的四五百人的大小抗日部队相继靠拢游击队。

1934年7月15日，张文偕在义顺号召集了游击队和各抗日部队参加的联席会议。在联席会上，大家共同商定了四条协议：第一，互不侵犯，团结一致，共同对敌，誓师抗日救国；第二，没收敌人及其走狗的财产，战利品按部队人数统一分配；第三，不准抢占群众的东西，损害群众利益，破坏群众的抗日活动；第四，如有投敌行为，随时缴械。

联席会议后，张文偕和崔石泉率游击队和收编队转战到虎林。到虎林后，张文偕和崔石泉等决定分三路攻打三人班。

7月20日，张文偕和崔石泉率100多名游击队员，冒着大雨，沿着山间小路隐蔽行军，从炮手营到了三人班附近的会合地点。由于其余两路收编队未能按时到会合地点，不能按原计划立即组织攻打，游击队只好在三人班北山宿营。然而，由于后来赶到的收编队行军不够隐蔽而被敌人发觉。次日，我游击队刚吃完早饭，便被大批敌军包围，双方展开了五六个小时激战，给敌以重创。但在敌众我寡的情况下，为了避免遭受重大损失，张文偕决定组织突围转移。在突围中，张文偕主动留在后边，掩护部队突围，不幸中弹牺牲。崔石泉率部高喊"为张大队长报仇"的口号，群情激愤，终于一鼓作气冲出了包围圈，从而使我军未受更大的损失。

张文偕，山东省掖县人，生于1907年。他在大革命高潮中接受了革命思想，积极参加反帝反封建的伟大斗争，不久加入中国共产党。1933年6月回国后，被党组织派到李延禄领导的抗日救国游击军担任政委。11月，他到富锦抗日武装队（武术队）工作了一段时间，后到饶河担任饶河民众反日游击大队队长。张文偕的牺牲，是饶河民众反日游击大队的一大损失。他为中华民族的解放事业而出生入死，忠心耿耿，表现了一个共产党员应有的高贵品质。

张文偕的牺牲，使游击队员万分悲痛。大家怀着对敌人的无比仇恨，争先恐后提出请战书，要为张义偕报仇雪恨。崔石泉、李学福带领队伍出征，接连攻打几个敌人据点，震慑了敌人。通过这些实战锻炼，游击队越战越强，收编队也得到了锻炼。此后，安邦、防贤等抗日部队被改编为游击队第三连，成为基本队，游击队扩充到200余人。活动于虎饶地区的原救国军鲁祥红枪队等其他大小抗日部队，受抗日浪潮影响，逐渐投靠了游击队，使虎饶地区的抗日武装部队以游击队为核心联合起来，扩大了抗日武装统一战线。但是九龙、德胜等个别队伍畏惧敌人，企图投敌。为防后患，游击队和其他抗日部队按照协议及时缴了他们的枪械，进一步巩固了抗日武装统一战线。

夜袭与伏击，李学福破敌有道

张文偕牺牲后，为了及时加强对游击队的领导，饶河中心县委决定由李学福继任游击大队长。

李学福，原名李学万，别名李葆满，朝鲜族，1902 年 2 月生于吉林省延吉县山菜沟老虎山屯，1915 年全家迁居到饶河县三义屯。他家境贫寒，少年时代读过几年书，父母病故后辍学在家种地。他为人正直，办事公道，乐于助人，赢得了屯里人的信任，被推举为三义屯屯长。在党的教育下，李学福的阶级觉悟逐步提高，利用当屯长的身份为开展饶河地区革命活动做了许多工作，受到党的称赞。1933 年秋，李学福加入了中国共产党。1933 年 8 月，饶河县反日会遭到敌人破坏，李学福等 20 余名共产党员和反日会员被捕入狱，被绑赴刑场。押送他们的伪军中有一名同情革命的士兵是李学福的朋友，帮助李学福在途中逃跑。当天夜里，李学福在反日群众帮助下，找到饶河反日游击队驻地，从此开始了他在饶河游击队的军事斗争生涯。

转眼间，1934 年入冬后的第一场雪飘落下来。

入冬后，敌人为了加强虎饶地区的"治安"，调动大量兵力和军用物资，准备趁冰雪封山之际"围剿"我游击根据地，妄图消灭我军。针对敌人行将开始的新的一轮"讨伐"，游击大队在李学福领导下，一方面号召群众建立侦探网、交通网，准备必需的给养；另一方面把部队化整为零，分散隐蔽活动，避免集中目标。

一天，几个狩猎的群众冒雪来到饶河四区大东沟游击队驻地送给养。李学福出来迎接与送别，看到老百姓身背粮食，脚踩飞雪板，一路飞驰而来，又一路飞驰而去，消失在茫茫雪原时，李学福眼睛一亮，想到当地猎户可以乘飞雪板快速追赶猎物，我们游击队员也可以乘飞雪板来回飞奔地打击日本鬼子呀。想到这里，李学福把自己的想法同崔石泉等人说了，大家都直叫好，一致同意在游击队内成立滑雪队。

心动不如行动。多年战斗锻炼出来的李学福容不得半点耽搁，饶河四区大东沟里，一支由年轻力壮的游击队员组成的滑雪队建立起来。

没有现成的滑雪板，战士们就白手起家。照着老百姓支援的几副飞雪板，开动脑筋，自己动手制作。经过不断研究，战士们终于把起初做出来的飞雪板改进成为滑雪板。

有了装备，大家就开始了紧张的训练。李学福专门请了几个常年在山里狩猎的飞雪板高手来到队里教队员苦练滑雪技术。刚开始的时候，战士们穿上滑雪板，两只脚就不听使唤了，有的还没有迈步就先摔起筋斗来，有的刚用滑雪橇向后一撑，脚下的两个板子就向前分了岔，仰面朝天的，碰上树茬的，两人"撞车"滚到半山腰去的，各色各样的姿势都有。但是，战士们毫不叫苦，跌倒爬起，坚持苦练，经过一个多月的勤学苦练，战士们终于在雪地上自由飞行了。当他们熟练掌握滑雪技巧之后，真如猛虎插上了翅膀。说声出发，一溜烟就出去了十来里地。[3] 后来，滑雪队员一夜能奔驰 200 里山路，经常袭击敌人据点，散发传单，还深入前沿喊话，做瓦解伪军的工作。

李学福看在眼里，喜在心头，他决心在即将开始的冬季反"讨伐"作战中，出其不意地使用好这支"撒手锏"部队。

1934 年 11 月，日伪军的"大讨伐"开始了。

根据我地下情报人员的情报，此次"讨伐"敌人采取以伪军为主力，少部分日军在后增援，以暴马顶子为目标，几路分兵直入会合作战，然后按原路返回的战术，企图摧毁我游击根据地，消灭我军有生力量。为了保卫游击根据地，李学福、金东天、李斗文、杨官俊率队分别把守暴马顶子、大叶子沟、十八垧地、大佳河等地，待敌阻击。

这天，敌人气势汹汹地前来进犯。

敌强我弱，敌人来犯时，李学福并没有死守暴马顶子，与众敌硬拼。而是率 70 余名队员在暴马顶子先虚顶了一阵，给敌人以杀伤后，无一伤亡地迅速撤出暴马顶子阵地，消失在密林深处。尔后，用奇袭战术给日伪军以不断的袭扰打击。

大叶子沟处，金东天带 60 多名队员，夜袭、扰乱敌人，使敌人不得安宁，又无法摸到我军。

李斗文率 30 余名队员在十八垧地截击来犯之敌，全歼 25 名敌人，缴获 25 支步枪和其他军需品。杨官俊带 30 余名队员在大佳河处截击敌人，缴获了 10 余支步枪后，迅速撤出战场。

就这样，敌人虽然用一个半月的时间，气势汹汹地"讨伐"游击队，可是除了占领暴马顶子，迫使活动在乌苏里江岸的 30 多名防贤山林队（被改编为饶河民众反日游击队第三连）队员过界入苏外，毫无所得。

冬季"讨伐"的第一轮战斗就这样结束了。

敌人不甘心自己的失败。又于 1935 年 1 月 15 日从佳木斯等地调来几百名日军步兵和骑兵，继续"讨伐"我军。

游击大队及时得到敌人调动兵力的情报，李学福把分散作战的游击队集中到大旺碰子一带，在敌人必经之路上选择有利地势进行埋伏。同时，派几十名滑雪队员选择地形险峻、积雪较深、不易被敌人发现的地方待机，准备奇袭。

1935 年 1 月 29 日，敌人果然向我军埋伏的地方进犯。李学福派几名队员边打边退，诱敌深入。当敌人进入我军埋伏圈内时，游击队在李学福和崔石泉的指挥下，发起了猛烈攻击。

此刻，李学福认为时机已到，该是使用"撒手锏"的时候了。

一声令下，滑雪队犹如迅鸟飞出，勇猛冲锋，左砍右射，杀得敌人蒙头转向，乱作一团，游击队趁机发起全面攻势。战斗持续了一天。为了避免消耗力量，李学福当即退出战斗。此役，我军毙伤敌人数十人，缴获 50 余支步枪，游击大队伤亡 6 人。此外，在战斗中被我军打散的敌人在深山雪地里冻死、冻伤者亦甚多。后来的抗联第七军指战员高唱《四季游击歌》，称颂滑雪队员英勇杀敌的形象。

大旺碹子伏击战结束后，2月10日，李学福乘胜率队夜袭暴马顶子，经3个小时的肉搏战，击毙伪连长以下10余名，其余伪军全部缴械，我军缴获了很多军用物资，收复了以暴马顶子为中心的游击根据地。

在反"讨伐"作战中，由于李学福采取"敌军集中，我军分散，扰乱敌人；敌军分散，我军集中，歼灭小股敌人"的战术，率领饶河反日游击大队在暴马顶子、大叶子沟、大佳河、十八垧地、关门嘴子等地，与敌人进行了为期三个多月的斗争，取得了不少的胜利。

至此，敌人冬季"讨伐"以失败而告终。游击队不但收复了根据地，而且部队人数增加到250余人，战斗力也增强了。以暴马顶子为中心建立起来的游击根据地，范围虽不大，但它为我军坚持抗战起了很重要作用。游击队还想方设法储备给养，建立缝衣队，帮助地方党组织积极发展反日会组织，创造坚持抗战的各种条件，推动了抗日斗争。从1935年春起，游击队把游击活动从山里推向山外，推向完达山南麓平原，推向山城，进一步扩大了游击区。

东北人民革命军第四军第四团
（东北抗联第七军前身）成立，新兴洞血战突围

1935年9月18日，为纪念东北沦陷4周年，饶河民众反日游击大队在四合顶子召开大会。在会上，饶河民众反日游击大队正式改编为东北人民革命军第四军第四团，并以此名义发表了成立宣言。

宣言指出：游击队在广大人民群众的帮助下，不惜牺牲，英勇战斗，从枪械简陋、力量单薄的队伍发展为强大的抗日武装，今将本游击队改编为东北人民革命军第四军第四团。为把3500万父老同胞从血海里救出，第四团

将加倍努力，去夺取新的胜利。会上，第四团会上全体指战员斗志昂扬，一致表示为收复东北失地而抗战到底。

东北人民革命军第四军第四团团长李学福，副团长朴振宇，参谋长崔石泉，政治部主任李斗文，副主任崔石峰，委员李跃东、刘总成，党委书记吴福林，秘书长崔荣华，军需部部长玄荣学，外交特派员姜尚平。第四团下辖 4 个战斗连，1 个保安连，总兵力 250 余人（收编队除外），汉族和朝鲜族人员比例几乎相等。第一连长金龙化、政治指导员崔石峰、第二连长王宗昌、政治指导员于化南，第三连长张文清、政治指导员张某，第四连长王青山、政治指导员刘总成，保安连长崔勇进。

中共吉东特委指示第四团，除 1 个连留在虎饶地区外，其余 3 个连兵分两路，一路向日军统治较薄弱的抚远一带挺进，另一路向宝清地区挺进。但是，由于日军秋季"讨伐"已开始，形势发生变化，第四团未能按这个指示行动，仍留在虎饶地区与日伪军展开游击战。

为击退日伪军秋季"讨伐"，李学福、朴振宇、崔石泉、李斗文、吴福林等率 150 多人向抚远挺进。9 月 20 日，部队到达小南河、小西山，攻打驻该地的大排队，缴获了 20 多支枪和一些粮食。部队把粮食分给当地群众后继续前进，到北山时，得知驻团山子日军将路过此地。我军立即在北山挖好战壕，等待时机截击敌人。但由于日军改乘船沿乌苏里江赴哈尔滨，我军获悉后马上从北山转移到新兴洞截敌船只。这时，我军行踪已被敌人探知，在暗中布置了围歼我军计划。

新兴洞位于离乌苏里江十华里、距团山子八九十里、离西林子三十余里的地方，分为前后屯，居住四五十户朝鲜族农民。

9 月 26 日上午 10 点多钟，我军到达新兴洞北屯西北小岗上休息，北屯的群众正忙于为我军做午饭时，突然 30 多名伪军先遣队抵近我军。我军当即准备围歼，敌人见势不妙，边打边退。

战斗开始后不久，80 多名日军乘三艘汽船到了离新兴洞七八里处的新屯农场。日军下船后，抓住群众老赵头带路向新兴洞急进。

李学福、崔石泉等人得到敌情后，迅速沿北屯西北小岗一带部署战斗。

北屯西北小岗长满柞树，南北长三里，东西宽一里，岗西头有一块坟地。根据地形，李学福命令第一连在岗西北，第二、第三、第四连顺次往岗东南方向进入阵地。

战斗打响后，枪弹富足的日军首先集中3挺重机枪的火力，向我第一连阵地猛射，子弹犹如暴风雨般打来，战士们被日军火力压得无法抬头。日军乘势蜂拥般地猛扑过来，妄图占领制高点。

一见敌人开始冲击，李学福大声喊道："打！"

我军利用有利地形猛烈还击。一连几次打退了日军的冲锋。敌人退至岗下草甸子。

无可奈何的敌人妄图迂回攻打我军，往岗东南方向转移。早已在那里待敌的第四连战士们，在崔石泉的指挥下，利用制高点和岗下坟地痛击敌人。

进退两难的敌人，靠优良装备向李学福部的正面再次发起了进攻。第四团战士居高临下，猛烈反击，迫使敌人在塔头墩子下不敢露头。经两个多小时的激战，敌人开始溃散。但是敌重机枪仍然喷吐着串串火蛇，对我威胁极大。见此情景，李学福让人敲掉它，一声枪响，敌人一挺重机枪便成了哑巴。我第四团排长赵清和等3人想趁日军溃退之际夺取敌机枪，不幸中弹牺牲。

正当这时候，伪军第三十五团300多人赶到战场，从我军西北方向一拥而上，开始溃散的日军也反扑过来，战况急剧逆转。

我军在敌人南北夹击下，腹背受敌。李学福镇定自若地指挥部队战斗，副团长朴振宇为了指挥战斗，到坡底柞树林子中观察敌情时不幸中弹牺牲。

政治部主任李斗文为了争取伪军，不顾个人安危，到阵地前向伪军喊话："伪军兄弟们，我们是抗日军队，我们专打鬼子"，"伪军兄弟们！中国人不打中国人！"**4**

伪军士兵吁到宣传后，知道遇上"老相识"，便枪口朝天放起来。但是，一颗炮弹落在李斗文身边爆炸，他不幸牺牲。第四连副连长李国章和战士李红根等也在激战中相继牺牲。

战斗持续到天黑，李学福和崔石泉率部队乘黑安全突围，敌人也因天黑不敢追击。第四连连长王成山带 5 名战士退到新兴洞南边小树林子。敌人一时不知我军虚实，不敢贸然驻扎新兴洞。日军离开新兴洞时，兽性大发，放火焚烧民房，拖着尸体逃走了。

在这次战斗中，我军击毙日军 12 人、打伤 17 人，打死伪军 4 人、打伤 6 人，取得了胜利。第四团优秀指战员朝鲜族朴振宇、李斗文等 16 名同志壮烈牺牲，吴福林等 10 名同志受伤。新兴洞群众怀着极大的爱国热情，在战斗中积极帮助我军护送伤员，战后又收拾战场，亲手掩埋我军牺牲人员的尸体，回到了暴马顶子。

李学福和崔石泉率部队从新兴洞撤回暴马顶子后，悲壮的气氛弥漫了整个游击根据地。饶河中心县委书记立即召集党的会议和军事会议，认真总结了这次战斗的经验教训，整顿了队区，任崔石峰为团政治部主任。接着举行庄严肃穆的追悼会，悼念死难烈士，号召全体指战员为烈士报仇，为驱逐日本侵略者更加勇猛地战斗下去。新兴洞战斗后，第四团领导的抗日武装力量日益壮大，为使第四团成为与敌人展开长期殊死斗争的一支强大的武装奠定了良好的基础。

1935 年 11 月、12 月，日伪军集结 3000 余人向以暴马顶子、大叶子沟为中心的游击根据地进行冬季"大讨伐"。

敌我力量悬殊。李学福让崔石泉率第四团主力部队脱离敌人"讨伐"中心区，转移到外线虎林活动，避开敌人主力，抓住有利战机，消灭小股敌人。李学福自己则率部分队伍留在内线饶河县境内进行游击活动，牵制敌人，保护游击根据地。时而声东击西，时而集中兵力消灭敌人。1936 年 3 月，李学福率百余名队员夜袭了大别拉坑伪军驻地，缴了 27 名伪军的枪械。

敌人虽然进行了长达两个多月的"大讨伐",但是天天疲于奔命,劳师无绩,收效甚微,最后不得不撤出。一伪军士兵说:"看不见一个人,打谁呀?"日伪军官对群众喧嚷说:"没有一个胡子了,都消灭了!"其实,没看见是真的,都消灭是自欺欺人。在第四团避实就虚、出敌不意袭扰敌人的战术面前,日伪军冬季"大讨伐"就此宣告破产。

1936年3月20日,根据上级指示,在暴马顶子小东沟将饶河中心县委改为下江特委,下设饶河、虎林两个县委,将活动区域定为饶河、虎林、抚远、同江、富锦、绥滨、宝清等县。

25日,根据上级指示,在下江特委的领导下,东北人民革命军第四军四团在关门嘴子改编为东北人民革命军第四军第二师。郑鲁岩任师长,李学福任副师长,崔石泉任参谋长,崔荣华任政治部主任,高远明任军需处处长。第二师下辖1个团即第四团,李学福兼任团长,姜尚平任副团长。第二师成立不久,将收编队改编为第五团,邹其昌任团长,两个团共500余人。

开辟同江游击新区,抗联第七军成立在即

1936年春,敌人在虎饶地区加紧实施坚壁清野、归屯并户政策。为了巩固法西斯统治,敌人准备用3000多兵力常年"讨伐"我军。下江特委面临新的形势,根据上级指示,制订了这年的游击活动计划。为了保存我军有生力量,决定分散活动,扩大游击区,开辟同江、富锦、宝清、密山等新游击区。

同江和富锦是平原地带,与饶河交界处是一片水草地。夏秋季节,水草茂盛,草根交错成网状。沼泽地里隔三五里就有一块小树林子,林外被齐腰深的茅草包围,林里有几家居民,以种罂粟谋生。这种地理环境不利于敌人大部队和机械化部队进攻,却是我军开展游击战的好地方。

在部队分头行动之前,为了防止敌人突袭我游击根据地,我军首先采用

声东击西、避实就虚的方针，有意放出我军不日集中重兵攻打团山子的风声，搞得敌人心惊，急忙集中大批兵力严守团山子街。第二师趁机分兵三路攻打了另外三处敌人据点。4 月 8 日，李学福率 150 多名战士攻打大别拉坑；崔石泉率 100 多名战士攻打驻关门嘴子伪军第三十一团三连；崔荣华率 100 多名战士攻打小佳河。我军分别消灭了大别拉坑和关门嘴子的敌人，缴获 40 多支步枪，并击溃驻小佳河的 50 多个敌人。

战斗结束后，第二师按原定计划分别开展游击活动。崔石泉和姜尚平率 250 多名队员到同江、富锦地区开辟新游击区；李学福率部分队伍留在饶河地区开展游击活动，郑鲁岩率部分队伍到虎林、宝清、密山方面开展游击活动。

1936 年 6 月 15 日，崔石泉带 150 名战士在同江头道林子与 360 多个日伪军和大排队遭遇，战斗从早 9 点打到晚 6 点。在敌众我寡的情况下，我军一边猛打日军，一边向伪军发动政治攻势。战士们齐声高喊："中国人不打中国人！我们专打日本鬼子！"我军英勇战斗，政治攻势强大，伪军深受影响，转而消极应战，有的当场哗变过来，有的偷着给我军送子弹，有的密告日军指挥官的位置。经过一天的顽强战斗，我军击毙日伪军 50 余人，击毁轻重机枪 3 挺。我军伤亡 24 人。

我军的英勇战斗鼓舞了同江、富锦一带群众的抗日情绪，推动了这一地区人民群众的抗日活动。不到两个月的时间，有 60 多名群众自愿加入我军，群众还给我军募捐了四万多元抗日经费。由于时间短促，当时我军未来得及在群众中建立反日会等群众组织。

李学福率部分队伍在饶河活动期间，不仅积极开展游击战，而且创造条件办训练班，培养军事干部，加强了部队的领导力量。3 月，李学福在大别拉坑召集保山兔、东胜、好胜兄、中山兄、天君兄、张海胜、永远、庄稼人等抗日部队和山林队的队头会议，研究部队编制问题。经过讨论，决定在第四团时期的独立营基础上，把这些部队编为 3 个团，划入第二师。这样第二师又扩设了第六、第七、第八团，由王凤林、贾瑞福、君子人分别任团长。在我军主力开辟新游击区的斗争中，这些部队在我军统一领导下，在虎林、饶河地区坚持抗战。

李学福为了加强对他们的领导，在小别拉坑密营里办了军事训练班，从我军基本队里选拔出来的40多名优秀队员参加训练。这些队员从4月起受训3个多月后，被派到这些部队担任团副、连长、指导员等职务。由于采取了这些措施，加强了部队的领导力量，严明了组织纪律，增强了战斗力。

在此期间，郑鲁岩率部分队伍到虎林一带，先后在黑嘴子、倒木河、大黄山等地与日伪军多次交战，共歼敌100多名，缴获30多支步枪，毁坏敌轻重机枪3挺，我军伤亡17人。

1936年冬天，根据形势的变化，为了安排新的斗争，崔石泉和郑鲁岩分别率领部队返回以暴马顶子、大叶子沟为中心的游击根据地。此后，虎饶地区的抗日斗争仍然如火如荼地向前发展着，战斗在这块土地上的中华热血儿郎，已为今后成立东北抗日联军第七军奠定了基础。

历坎坷，汪雅臣南山里举起抗日义旗

1936年初，东北人民革命军第八军的光荣番号，被授予了汪雅臣率领的双龙队。军长是共产党员汪雅臣。

汪雅臣，别名双龙，曾用名王景龙，原籍山东省，1911年生。他兄弟两个，汪雅臣排行第二，父亲和母亲都是忠厚朴实的农民。汪雅臣幼年丧父，跟随母亲、哥哥在原吉林省五常县冲河（今属黑龙江省管辖）度过了苦难的童年。他仅念过一年私塾，因家贫而辍学，给地主放猪种地。由于不堪忍受地主的奴役，15岁那年离开家乡，只身到苇河县（今属黑龙江省尚志县境）当伐木工人。1928年，他又返回五常县冲河另谋生路。1929年春，汪雅臣被东北军第二十六旅第三十四团掳去当了兵。

1931 年九一八事变爆发后，日军占领吉林，驻守吉林的东北军第二十六旅投降了日本侵略者。日本帝国主义的法西斯暴行，激发了汪雅臣强烈的爱国义愤。他不甘心当亡国奴，于是，他约了几个具有爱国思想的士兵携枪逃离第三十四团，回到五常县东南部的牤牛河一带山区，准备举旗抗日。从此投身于抗日洪流。

这时，被已变为伪军的东北军第二十六旅第三十四团打散的双胜山林队，又重新在五常聚集，并且改名为保胜队。汪雅臣对这个"胡子队"的人员成分比较了解，知道里面绝大部分人都是穷苦劳动人民出身，由于生活所迫，不得已才上"梁山"。汪雅臣便和几个士兵商量，投奔了保胜队，汪雅臣被任命为保胜队的"炮头"，掌管军事。

虽然汪雅臣投身于山林队，但是他的思想比过去发生很大的变化。因为在吉林沦陷时，他亲眼看到日军的法西斯暴行，看到中国人民沦为亡国奴惨遭屠杀的悲惨情景，这些血的事实激起了汪雅臣强烈的爱国义愤。因此，汪雅臣三番五次地劝保胜应该枪口对外，专打日本鬼子。但是，保胜一点也听不进去汪雅臣的劝说，多年的土匪生涯，使得他心中想得最多的是金钱与美女。

汪雅臣见他匪性难改，就暗地做好分道扬镳的准备。同时，汪雅臣自己经常带领人马袭击日军。天长日久，主动跟随汪雅臣打击日本侵略者的弟兄越来越多。在汪雅臣的带领和教育下，他们的思想觉悟逐渐提高，认识到只有抗日救国，才是唯一的出路。

1932 年冬天的一个晚上，汪雅臣带领弟兄们出发准备袭击日军据点。途经一个村庄，有村中群众追来哭诉道：头目保胜又在村中抢劫老百姓。汪雅臣听后非常气愤，弟兄们纷纷要求枪毙保胜。汪雅臣毅然进村，处决了这个恶习不改的祸首。之后，汪雅臣对大家说："弟兄们，今后我们要专门打日本鬼子，拯救我们的祖国和民族。弟兄们愿意干的就留下，不愿干的就回家。"5 经过汪雅臣的说服动员，30 多名弟兄全部留下，纷纷表示愿意跟随汪雅臣抗日到底。从此，汪雅臣在五常南山里一带竖起了抗日的旗帜。因为他原来表字双龙，所以这支反日队伍就称为双龙队，汪雅臣被推举为队长。他率领双龙队在五常南山密林经常与日军守备队及森林警察队作战，开展抗日游击战争。当地人民拥护汪雅臣的义举，纷纷来归，双龙队很快发展到60人。

汪雅臣奋战数月，深感势薄力单，迫切希望各种抗日队伍联合起来，互相支援，共同打日本。1933年春，驻守五常山河屯的伪军刘营长带领400多人哗变，驻到南山里九十五顶子山西莲花座。汪雅臣曾向他提出"联合起来共同打日本"的建议。刘营长只想发展个人势力，割据一方，而无抗日之心，并企图吞并双龙队等小股抗日队伍。汪雅臣为避免同刘营长发生武力冲突，连夜由九十五顶子山出发，到朱家上口，投奔宋德林领导的抗日队伍。

宋德林，原名宋传廉，其部是五常县影响较大、人数较多的一支反日山林队。汪雅臣对宋德林倾诉了爱国抱负，要求联合抗日。双方经过协商，按照"准编不准调"的原则，双龙队改编为宋德林的第四支队，汪雅臣就任支队长，这样，双龙队一方面可以配合宋德林作战，另一方面汪雅臣仍然保持着对双龙队的独立指挥权。

双龙队被改编为第四支队后，首先攻打了金马川的日军守备队。同年8月，又袭击了向阳山和沙河子伪军自卫团。汪雅臣身先士卒，机智勇敢地率领队伍冲入屯内，经过激战，打死打伤伪军40余人，活捉了沈青山、靖天向两个伪军团长，缴获了大量轻重武器和军需物资。在这次战斗中，汪雅臣右臂负伤。此后，在短短几个月的时间里，汪雅臣率领着第四支队连续攻打了金马川、向阳山、沙河子、山河屯、冲河等敌人重要据点20余处，队伍迅速发展壮大，至1933年底，仅四支队已达到200余人。

1934年1月26日，中共珠河中心县委委员、珠河反日游击队队长赵尚志在珠河县境召开了哈东地区抗日义勇军、反日山林队首领会议。会上，宣布了珠河游击队愿在坚决抗日到底不投降、遵守纪律不扰民、武装群众联合作战等三个条件下，与各抗日义勇军、反日山林队共同抗日的通令，并成立了哈东反日联合军总司令部。

汪雅臣听到这个消息，很受启发和鼓舞。在两年多反日游击战的实践中，他痛感分散的抗日武装只有联合起来共同抗战，才能够彻底打败日本侵略者。同年 2 月，汪雅臣约集五常县一带的反日山林队首领和附近群众 700 多人，在尖山子老爷教庙前召开了联合抗日大会。

大会开始后，汪雅臣首先讲了话："单丝不成线，孤树不成林。要想实现抗日救国，各个抗日武装必须联合起来。"他号召大家说："赵尚志在珠河已经干起来了，我们也要联合起来，共同打日本鬼子。"参加大会的各山林队首领，都纷纷表示同意他的意见。汪雅臣宣布各抗日队伍联合成立反满抗日救国义勇军，大家一致推举汪雅臣为反满抗日救国义勇军的首领。从此，他们紧密配合，协同作战，控制了拉滨铁路之中、南段，英勇打击敌人。

跟着共产党抗日到底，汪雅臣率队
改编为东北人民革命军第八军

1934 年到 1935 年，日本侵略者对五常南山里抗日游击区，实行了灭绝人性的"烧光、杀光、抢光"政策。当地的抗日义勇军和反日山林队，有的在凶恶的敌人面前屈服投降，有的溃散瓦解，坚持继续抗日的仅占少数。

1934 年春，汪雅臣率领部队在珠河县黑龙宫和赵尚志领导的珠河抗日游击队取得了联系。5 月初，又与赵尚志部在五区小街会面。当时，中共珠河中心县委为贯彻党的"一·二六"指示精神，积极争取和帮助汪雅臣，赵尚志派交通员肖逸民经常往来于两个部队之间。

1935 年春，宋德林在五常县拉林台同日军作战。由于宋德林不懂得游击战术，同日军订战表，约定在五常县拉林台摆开阵势要一决胜负，结果吃亏上当，被日军打败，队伍基本溃散。汪雅臣领导第四支队集合宋德林残部，到张家湾找共产党，结果，找到了中共珠河中心县委。县委领导人冯仲云、韩光、朱新阳等热情地欢迎汪雅臣。汪雅臣向县委汇报了五常县南山里一带军民的抗日斗争情况，表示坚决接受中国共产党的领导，跟着共产党抗日到底。

中共珠河中心县委对于汪雅臣部队的抗日活动早有详细的了解。县委同志一致认为汪雅臣的部队成分较好，抗日积极。县委领导人听了汪雅臣的要求，非常高兴，向汪雅臣介绍了东北人民抗日斗争的形势，人民革命军的组织状况与纪律以及改编的三项原则。汪雅臣表示完全接受三项原则，保证严格遵守组织纪律。县委决定将汪雅臣部编入东北人民革命军第三军，并派侯启刚去汪雅臣部任政治部主任。

根据当时抗日斗争形势发展的要求，县委认为，宋德林的反日山林队虽然已被日本侵略军打垮。但是，南山里抗日游击根据地不能丢失，南山里的抗日群众需要有人去发动，南山里溃散的抗日义勇军需要有人去收编。为了钳制敌人，巩固和扩大抗日游击根据地，县委决定让汪雅臣继续回到五常南山里一带山区，任务是重整旗鼓，收编余部，扩大队伍，继续坚持抗日游击战争。

1934 年夏天，汪雅臣欣然接受县委的调派，立即回到五常南山里一带山区，发动群众，开展活动，工作颇有起色，很快在五常九十五顶子山地区重新打开了局面，开辟了哈东地区的另一块根据地。这位忠贞不贰的抗日英雄一直记得珠河县委书记冯仲云对他的要求：在五常根据地长期坚持下去，与赵尚志的队伍互为支撑，互相配合，将抗日游击战争进行到底！

1935 年末，日伪军完成了对珠河根据地的"讨伐"，赵尚志第三军主力被迫退出哈东游击区。由于消息闭塞，直到次年年初汪雅臣才听说第三军不利，急忙亲率双龙队由五常东南山区到达五常北部山区高丽营子，同第三军第三师（由第三军第三团扩编而成）主力部队会合后，试图配合第三军击退日寇的"讨伐"。

在中东路南的大泥河森林中，汪雅臣与冯仲云领导的珠河县委会合，方知赵尚志已退往松花江北的汤原。汪雅臣这时仍要求第三军收编自己的队伍，使双龙队真正成为共产党的部队。汪雅臣在第三军最困难的时刻要求参加共产党的队伍，让冯仲云十分感动。

1936年初，珠河县委经过认真讨论，在尖山子决定正式接收汪雅臣加入中国共产党，将汪雅臣的部队正式改编为东北人民革命军第八军，汪雅臣被任命为军长，侯启刚任政治部主任，王维宇任参谋长。

第八军成立那天，召开了全体大会，举行了军民联欢会，县委主要负责人冯仲云、朱新阳、韩光等和第八军军长汪雅臣先后在会上讲了话，成立大会上宣读了《东北人民革命军第八军成立宣言》。

在会上，汪雅臣非常激动地在党旗面前宣了誓，接受了改编。他向冯仲云表示："现在我已是党的人了，我的队伍也是党的队伍，以后无论生死，我都要追随共产党抗日到底！党要我在五常九十五顶子山长期坚持，我就一定守住哈东的最后一块抗日根据地！"

改编后的东北人民革命军第八军共有人员800余人，设有5个团（其中一个为迫击炮团），团以下设连、排、班。第八军军部还设有一个直属保安连，100多人，配备2挺机枪。经过改编后，部队的编制体制比较完备，战斗力大大增强。

第八军成立后，根据县委的指示，继续长期坚持五常九十五顶子山根据地，重新投入了更艰苦的战斗。

汪雅臣入党后，胸怀大局，与兄弟部队同心协力，配合作战。敌人在南山里疯狂地实行"归屯并户"，群众的房屋被焚烧净尽。汪雅臣又积极配合活动在那里的第三军第三团的一部分队伍，同敌人进行斗争。

1936年夏天，汪雅臣率第八军主力来到五常县桦皮场，发现千余名日伪军正在这里宿营。当即分兵数路，乘夜暗悄然摸进敌宿营地，以枪声为号，一起开火。战士们或端着刺刀，或挥舞着大刀片，奋勇杀进敌营。汪雅臣双手擎枪，如同猛虎出山，冲杀在前。敌营大乱，伪军四散奔逃，一队日军就地顽抗，被汪军长率队杀退，第八军缴获枪支弹药及军用品无数。没等日伪军重新集合起来向我军反扑，第八军已经迅速打扫战场，遁入山林。

天亮后，敌人派出数路人马，四处搜寻，汪雅臣隐蔽不出。等到天黑，奔走了一天的日伪军一无所获，疲惫不堪地扎营休息。汪雅臣却在夜里再次突袭敌营。随着一声呼哨，各部同时从山上向敌营杀入，很快将敌人切成几段，首尾不能相顾。伪军们听说"双龙"又来了，吓得魂飞魄散，纷纷扔下枪来投降。只剩下一部日军与我肉搏。汪雅臣杀得性起，竟手擎一柄铡刀，冲进战阵，砍瓜切菜一般，杀得日军四散奔逃。战士们见状，士气大振，一齐冲杀，将这队日军消灭得一个不剩。这时在另一条山谷里宿营的日军听见枪声，急忙来援。汪雅臣扫清余敌，带队退入山林，大踏步地转移到九十五顶子山密营休整。桦皮场一战，日伪军共死伤100多人，双龙汪雅臣再次扬名哈东。

日伪军吃了大亏，为报复汪雅臣，从夏到冬，大举出动"讨伐"九十五顶子山。汪雅臣避敌锋芒，率部南下，转移到舒兰境内朱旗一带活动。

一天，地下情报员报告：有500多名日军和800多名伪军（指邓旅）前来"讨伐"。汪雅臣觉得这是一个杀敌的好机会。汪雅臣马上集合队伍在朱旗上口子设下了卡子。敌人过来了，汪雅臣决定只打日军。等日军"讨伐队"进入卡子内时就开了火。机枪手向日军猛烈扫射。日军陷在狭窄的山谷里，左突右冲，死伤惨重。后面的伪军听见枪声，赶忙来援。

汪雅臣派人赶到伪军前面喊话："我们是汪雅臣的部队！""中国人不要打中国人！"伪军们暗里十分佩服"双龙"，听了喊话，停下来不再前进。这场阻击战打得十分激烈，日军多次反攻，都被我军击退。战斗结束时，被击毙在山沟里的日军竟有上百人。朱旗口伏击战，与赵尚志的"冰趟子"伏击战一样，是东北人民革命军专打日军最成功的伏击战战例之一。

　　汪雅臣在这次战斗中腿部负了伤。打扫战场后，缴获大量枪支弹药。战后附近居民纷纷要求参加东北人民革命军第八军，进一步扩大了队伍。部队回到九十五顶子山老爷庙抗日游击根据地进行休整。

　　不久，汪雅臣再战再捷，一展八军雄风。

　　1936年秋天，汪雅臣率领部队来到五常县西关街。

　　在离西关街不远的地方有个小土山，方圆有几垧地那么大。一天上午，日军"讨伐队"500多人从西关街走出。汪雅臣急忙组织200多名战士，由山脚下一直往山顶上冲，以便引敌上山。其余的队伍兵分两路，在山脚下设下了埋伏。当日军"讨伐队"突然发现第八军队伍上山时，就直奔过来，想将我军包围吃掉。日军"讨伐队"一边跑一边往山上打枪。

　　这时，八军的官兵们已经抢占了山头，然后居高往下瞄准敌人。同时，埋伏在山脚下的战士已经截断了敌人的退路。汪雅臣军长一声令下，几挺机枪同时开了火，敌军在上下夹击下，被打死多人后狼狈逃离。第八军不到半小时就结束了战斗，缴获数十支步枪和小炮1门。第八军在五常、舒兰等地的英勇战斗，有力地配合了北满和吉东地区我军的斗争，部队也在战斗中逐步成长壮大，为后来改编为东北抗日联军第十军奠定了坚实基础。

注　释

　　1. 赵亮、孙雅坤：《东北抗日联军第六军》，黑龙江人民出版社1988年版，第53页。

　　2. 中国人民解放军历史资料丛书编审委员会编：《东北抗日联军·大事记·回忆史料·参考资料》，白山出版社2011年版，第235页。

　　3. 元仁山：《东北抗日联军第七军》，黑龙江人民出版社1987年版，第39页。

　　4. 元仁山：《东北抗日联军第七军》，黑龙江人民出版社1987年版，第54页。

　　5. 叶忠辉、李云桥、温野等著：《东北抗日联军第八——十一军》，黑龙江人民出版社2005年版，第188页。

鼎盛、孤悬、危机、西征

"抗日联军"这一光荣番号，是党领导的东北抗日武装在抗日斗争实践中创造出来的。从党领导的角度看，建立抗日联军这一主张，是由中共吉东特委于 1935 年 5 月正式提出的，主张取消原来东北各种各色的抗日队伍名义，以实现统一指挥、统一编制和统一作战。

　　东北抗日联军的光荣历程，大体上可以用鼎盛、孤悬、危机、西征这四个词来概括。

　　步入鼎盛。从 1931 年九一八事变到 1936 年，党领导的东北抗日武装从无到有、从小到大、从各自为战到局部联合作战，谱写了游击队、人民革命军、抗日联军的英雄三部曲。经过努力与奋斗，1936 年初到 1937 年 7 月前后，党领导的东北抗日武装先后组建为东北抗日联军的 11 个军，总兵力 3 万余人。东北抗日联军的建立，标志着党领导的东北抗日游击战争开始进入高潮，党领导的东北抗日武装发展步入鼎盛，更加彰显党及其领导的抗日武装是东北抗战的中流砥柱。正是东北抗联不屈不挠的斗争，扰乱日本侵略者后方，牵制日寇入关，配合全国抗战，成为世界反法西斯战争的序曲篇章。

　　孤悬无援。因种种原因，东北党组织长期失去党中央的领导指挥。在冰天雪地中，面对穷凶极恶的日本侵略者，听不到党的声音，得不到党的指导，对于由二三十岁年轻人组成的党组织，以及由他们指挥的年轻部队来说，犹如久旱望云霓，春苗盼甘霖。

　　第一次失联。1933 年春，中共中央在上海设派出机关——上海中央执行局，代表中共中央领导国民党统治区域党的工作，中共满洲省委受上海中央执行局领导并同时和中共中央保持联系。1934年6月前后，上海中央执行局遭到破坏，中共满洲省委与上海中央执行局的联系中断。

第二次失联。1934年10月，中共中央、中革军委率中央苏区红军主力进行二万五千里艰难长征，东北党组织失去中共中央的战略指挥，直到1945年东北光复才恢复与党中央的组织联系。

第三次失联。1935年1月中共满洲省委被中共驻共产国际代表团撤销之后，一直没有在东北设立中央局或中央代表，使东北各地党组织和抗日联军失去了统一的领导机关，并一度造成组织关系的混乱。后来根据斗争需要，东北党组织先后建立中共北满临时省委、中共南满省委和中共吉东省委，但东北抗日游击运动自此失去党的集中统一领导，抗联各路军长期处于组织分割和独立作战的状态。为恢复与中共中央的联系，取得党中央的直接领导，抗联各路军和各省委的主要领导人都曾多次写信给党中央，报告东北抗日斗争的情况和遇到的问题，请示中央给予指示。并先后过界到苏联，寻找中共驻共产国际代表团在远东的交通机关，或请求苏联方面协助打通同中共中央关系。但由于种种原因，均未能达到目的。

危机袭来。中国共产党领导的东北抗日游击战争迅猛发展以及抗日民族统一战线的不断扩大，对日本帝国主义在中国东北的殖民统治构成严重威胁。日寇不得不转变既往单纯运用军事手段之策略，把军事"讨伐"、政治诱降、经济封锁、思想改造等手段综合运用，以求标本兼治，最大限度地消灭中国共产党领导的东北抗日武装。经过长期准备和精心谋划，日军关东军司令部制定的1936年4月至1939年3月的《满洲国治安肃正计划》即"三年治安肃正计划"正式出台，妄图在三年内彻底肃清中共东北党组织及其领导的抗日武装。东北抗日斗争形势日趋严峻。

军事"讨伐"就是消灭。日寇集中兵力，对党领导的东北抗日武装和抗日游击根据地进行频繁军事"讨伐"。据日军关东军参谋部统计：1936年仅日军发动的"讨伐"作战就达1890余次[1]。针对东北抗联灵活机动特点，日寇部队实行高度分散部署，以其分散对我分散；专门组建特设游击队，以其游击对我游击；日寇作战上的新变化，使抗联部队的走打吃住藏等面临针对性、有效性越来越大的反制。保存自己与消灭敌人，对抗联来说哪一个都是难题。

政治诱降就是收买。九一八事变以后，日本侵略者深谙收买此道。用官用钱用装备斤优待甚至用威胁等种种手段收买汉奸，诱降抗日不坚定分子。不能不说，这种收买手段确实收到不小的效果。曾和东北抗联一起战斗过的吉林救世军王荫武部、抗联第八军军长谢文东部和第九军军长李华堂部等叛变投敌。杨靖宇、赵尚志、汪雅臣、李延平等抗联主要领导和不少高级将领以及很多官兵的牺牲，与他们身边的警卫员、得力助手、战友的投日叛变直接有关。

经济封锁就是困死。日寇在东北大规模推行"集团部落"和建立"无人区"，对抗日根据地民众实行凶残的"三光"（烧光、杀光、抢光）政策，制造很多惨案。大批民房被焚毁、耕地被破坏、群众被驱逐被屠杀，许多人无家可归，到处流浪乞讨。[2]老百姓没饭吃、没行动自由，如何能支援抗联队伍？日寇切断抗日武装与群众方方面面的联系，使抗联失去生存和发展的基础。

思想改造就是奴化。日本侵略者宣传奴化思想，删除中国历史内容，强制日语教育和遥拜日本天皇，贩卖"王道乐土""大东亚共荣圈""日满一体"等精神鸦片，以致当时很多的东北年轻人，只知道"大日本帝国"和"满洲国"而不知有中国，东北光复后才知道自己原来是中国人。除此之外，日本侵略者大力发展军警特组织，强化法西斯殖民统治，推行保甲连坐制度。发动"大检举""大逮捕""清乡"，镇压中共党团组织及反日团体，严禁反日特别是共产主义思想。让人自认为奴、甘愿为奴、主动为奴。残酷高压统治下的奴化教育，使东北老百姓被强制认同侵略有理、抗日死罪的观念，老百姓对于抗日、对于支援抗联不敢想，也想不了。

面对日寇即将展开的残酷凶恶的"大讨伐"，长期孤悬关外无援的东北党组织和抗联，对未来抗日斗争形势保持了清醒："我军就局部来说，某些地方受到细微的损失，若从各军整个情形来看，仍在相当发展巩固状态中；同时，新的艰苦与困难，自然是较前加多。"**3**

西征转战。进入 1936 年以后，东北抗联各军先后聚集到伪三江省地区（即三河平原地区），有被敌聚而歼之的危险。在日寇推行保甲连坐、"集团部落"、"坚壁清野"的封锁下，东北抗联大军云集，粮食给养以及武器弹药补给等越来越困难。为了跳出日寇的包围，为了寻找党中央和关内红军，进行艰难的西征转战。

东北抗联第一路军于 1936 年 5 月后开始向辽西热河方向西征，两次未果；抗联第二路军为贯通与南满抗联及热河的联系，以达成与关外抗战一体呼应，于 1938 年 5 月从根据地出发，展开先南下后西进的远征，未果。东北抗联第三路军于 1938 年 6 月起，分三批从根据地穿越小兴安岭向海伦地区远征，以开辟黑龙江松嫩平原抗日新区，至 1938 年 12 月全部到达预定地区。1940 年，东北抗日联军历经艰苦卓绝的斗争后，大部退入苏联境内，进入野外整训的新阶段。

一路鏖战、一路赤雪、一路义无反顾地走来。东北抗日联军决心为中华祖国的独立、民族的解放而尽力，南起长白山鸭绿江畔，北到小兴安山麓，东到乌苏里江西岸，西至辽河的广大地区内，到处都有抗联健儿纵横驰骋的战斗身影，山川河流雪原密林里流淌着他们的赤子热血，刺入肌骨的寒风与阵阵来袭的饥饿锻造着他们的钢铁意志和昂扬乐观。

危机来临，东北抗日联军将士们来不及掸去身上的血霜征尘，咬紧牙关，怀着光明、肩着使命、顶着黑暗，一路孤助负重，光荣坚定地走向战斗的明天！

注　释

1. 朱姝璇、岳思平编著：《东北抗日联军史》，解放军出版社 2014 年版，第 159 页。
2. 朱姝璇、岳思平编著：《东北抗日联军史》，解放军出版社 2014 年版，第 159 页。
3. 常好礼：《东北抗日路军发展史略》，吉林大学出版社 1993 年版，第 11 页。

第 十 二 章
步入鼎盛　东北抗日联军十大联军成军

　　魏拯民归国，抗日联军第五军率先成军——莲花泡血战 42 名烈士杀敌殉国——大盘道第五军伏歼日寇，中共吉东省委成立——抗联第二军安图建立，分兵进军长白山——魏拯民、杨靖宇河里定大计，中共南满省委与抗联第一路军成立——抗联第四军成立，东征宝清——抗联第三、第六军成立，中共北满临时省委成立——"十大联军十万人"——依兰围城打援，抗联五个军空前的大联战

魏拯民归国，抗日联军第五军率先成军

　　1936 年 2 月 5 日，中共东满特委书记、第二军政委魏拯民，从苏联重返东北战场。他的到来，把吉东和南满的抗日斗争联成一体，实现党领导的抗日武装的大联合。

　　魏拯民归国肩负着多种使命：将共产国际"七大"的文件和中共代表团的指示带回东北，代表中共代表团向东北党组织传达关于撤销中共满洲省委、在南满东满吉东松江四地组建四个省委、组建东北抗日联军的最新精神。途经密山时，魏拯民先向吉东特委进行了传达，并委托后者向北满党组织传达。之后，他便一路向南进入宁安。

　　这天，魏拯民由宁安县委书记张中华陪同，来到宁安南湖头，与周保中会晤，并召开了会议。参加会议的有周保中、金日成、陈翰章等同志。魏拯民传达了共产国际"七大"会议通过的决议精神，研究了今后进一步贯彻党

的抗日民族统一战线方针和筹建东北抗日联军的问题。

这次会议之后，东北反日联合军第五军于2月下旬在宁安三道河子召开会议，将反日联合军第五军改编为东北抗日联军第五军。抗联第五军军长周保中，副军长柴世荣，政治部主任胡仁，参谋长张建东。该军下辖2个师：第一师师长李荆璞，副师长姜振荣，政治部主任关书范，参谋长王毓峰，下辖第一、第二、第三团；第二师师长傅显明，政治部主任刘曙华，参谋长陈翰章，下辖第四、第五、第六团。此外还有军部直属警卫营、教导队、妇女团，全军700余人。

1936年2月，东北抗日联军第五军率先在东北成军，从而标志着全东北的抗日武装斗争进入了一个新的时期——抗联时代。这表明，东北抗日武装斗争步入鼎盛时期。

抗联第五军成立后，根据第二、第五两军党委特别会议确定的军事行动计划，分批向中东铁路东段道北地区转移。

根据这一军事行动计划，我先遣部队第五军第二师第四、第五两团在师长傅显明率领下，到穆棱县以后分别继续向前移动。3月间，傅显明率一部分队伍向密山县前进时，因地理和群众关系不熟，在密山县黄泥河子被敌人包围，在战斗中，师长傅显明和数名战士牺牲。

傅显明，满族，黑龙江省双城县人，从小参加农业劳动，16岁当杂役工人，1927年在旧军队当兵。九一八事变后，在宁安组织抗日武装，后参加救国军。救国军溃散后，他报字"占中华"坚持抗日。1934年加入绥宁反日同盟军，1935年任反日联合军第五军第二师师长，同年加入中国共产党。5年间，傅显明在民族解放的战场上，在敌人的重重包围之下，毫不畏惧地与日伪军进行顽强的战斗，战胜了无数的严重困难，出色地完成了党交给他的一切任务。最后为中华民族的解放事业洒尽了鲜血，献出了宝贵的生命。傅显明牺牲时36岁。

傅显明牺牲以后，由王光宇继任师长，刘曙华任政治部主任，继续前进。4 月，在穆棱八面通与 20 多人的"讨伐队"交战；5 月 19 日，在穆棱袭击敌一防所扑空，在撤走途中遭敌袭击发生战斗，毙伤敌 9 人，我方牺牲 3 人、伤 12 人。5 月 20 日，在穆棱北方袭击敌人混合列车获胜，击毙日军 17 人。5 月 25 日，在三道河子袭击颠覆敌火车一列，击毙日军少佐、上尉等 6 人。6 月，在刁翎与百余名日军交战。

先遣队出发以后，第五军第二师留在宁安南部的部队，于 3 月间，将伪军一个连缴械，得步枪 180 余支，轻机枪 2 挺。随后也开始向道北转移。4 月间，在中东路南侧袭击了牡丹江东段敌人的军用列车，毙敌 40 余人，得战马 90 匹。

在此前后，根据中共吉东特委和第五军军部的指示，按照新的军事行动计划，1935 年底担负第五军西部派遣队主力的第一师在完成西征任务后，全部要从额穆县向镜泊湖一带转移。1935 年冬天，第五军第一师开始从额穆向宁安返回。1936 年 2 月中旬，转移至宁安县镜泊湖一带。

莲花泡血战 42 名烈士杀敌殉国

1936 年 2 月 20 日（旧历春节），第一师各团正在距东京城三十余里的吊水楼西北地区休整。第一师的干部和战士多半是这一地区的农民子弟，群众欢迎自己的子弟兵，杀猪宰羊款待胜利归来之师。白天战士们串亲戚访朋友，夜晚开军民联欢会，唱歌跳舞尽情欢乐。

这时，虽然师部已得到情报，东京城日军有出城"讨伐"的消息，但因自额穆胜利归来，李荆璞等师领导产生了轻敌思想，他们认为大雪封山，估计东京城敌人不敢轻易出动，如果敌人来犯，就利用莲花泡错综复杂的地形就地消灭敌人。随后，第一师师长李荆璞命令第一师部队以莲花泡北部为中心，在东北对东京城方向布置警戒；第一团对沙兰站布置警戒，师部宣传队和第二团驻莲花泡北面。

作出这一切安排后，年轻的李荆璞等师领导也融入了欢庆的气氛之中了。

实际上，李荆璞率领第一师返回宁安并在莲花泡休整的消息被日伪军侦探到了。

2 月 27 日，驻东京城日军守备队和伪军第二十七团三营乘夜间出动，向莲花泡前进。另有伪军骑兵第三十三团自东京城上马莲河出发，向吊水楼周围聚拢，准备掐断我北湖头交通联络。中途，日军又派伪军第二十七团三营转向花脸沟方向进行布防，防我军从此处转移，打算全歼第一师部队。

2 月 28 日拂晓，日军先头部队进至莲花泡东石横子屯我第三团警戒哨前面后，立即展开攻击，第一师仓促应战。

第一师师长李荆璞命令第三团团长王汝起全团进入阵地迎击。莲花泡血战就此拉开帷幕。

敌军攻势甚猛，激战 2 小时，我师部及第一团驻地亦被敌人围攻。此时师长命令第一团就地抵抗，第二团全部自右侧反击。激战至下午 2 时，我第一、第三两团大半被包围，第二团反击屡告挫折，战斗陷于不利状态。

突然间，第一师官兵发现敌人射出炮弹爆炸后，烟雾弥漫，看不见人。不一会儿，战士均感头昏脑胀，神经麻痹，而敌人则都戴上防毒面具向我军步步逼近。

原来日军公然违背国际公约，对抗联战士进行毒气攻击。李荆璞断定敌人使用化学毒气，我进行战斗不能持久，乃下令第二团第二、第四两连掩护。各团用火力猛烈冲击后迅速分路撤退。

待我军撤出战场后，掩护部队撤退的第二团第四连马连长带领的 19 名战士陷于敌人包围圈中，并都处于半昏迷状态，马连长命令战士停止射击，潜伏在灌木丛中。

敌人以为战斗结束，日军指挥官林田中佐耀武扬威地指挥日兵搜索战场。这时，马连长突然以手枪连击数响将该中佐击毙。又经激战，其余战士也都打出他们最后一颗子弹射击敌人，马连长及全体战士全部壮烈牺牲。

这次战斗击毙日军中佐以下官兵 70 余人，伤 20 余人。但我军损失较大，牺牲 78 名，负伤 45 名，损失步枪 60 支，轻机枪 3 挺，消耗弹药甚多。

敌寇深恨我军猛烈抵抗，他们肆意毁坏我牺牲战士的尸体，以发泄其兽性。在我地方抗日救国会备棺收尸时，只埋葬了 42 名烈士。所以，以后就传为莲花泡防御战之四十二烈士 **1**。

抗联同志们为了纪念这次壮烈牺牲的烈士，写了一首词《莲花泡战斗》，悲壮地悼念他们：

……

二月二十八，追恨志无涯。

血溅青石，尸陈遍野，白骨沉黄沙。

慷慨奋捐生，同志四十又二名。

浩气贯长虹，壮烈长铭齐行，永震敌胆惊。

回首江山易，强奴肆纵横。

新仇旧恨何时了？

墟芜千里遍地起悲声。

当周保中闻讯赶到莲花泡时，看到的只有 42 名战士的遗体。

满脸硝烟和灰尘的李荆璞，拎着手枪，立正站在周保中面前，师政治部主任关书范垂头搭脑地缩在一边，他已经疲乏得站不起身来了。

周保中听完李荆璞的报告后，鼻孔里喘着粗气，严厉地问："你们为什么一直把队伍驻在莲花泡？"

李荆璞回答："西征前后打了两个月的仗，战士们都打光脚，我们在那里等军鞋。"

周保中生气地说："莲花泡离东京城那么近，你们却在那里住了两天三夜，鞋子找不到为什么不把主力撤出来，你们太麻痹喽！" **2**

李荆璞低下头不出声了。他感到很沉痛。多年后，他在自传《长向雄风》一书中写道：莲花泡战斗，是我们这支部队有史以来损失最大的一次败仗。战斗结束后，我和关书范马上去军部"负荆请罪"。

当天晚上，周保中召集了干部会，讨论了莲花泡战斗的经验教训。当他听到日军在花脸沟进行血腥屠杀的罪行后，早已痛苦交加的周保中被震怒了。随即，周保中命令第一师和尚在宁安的第五军全体官兵，暂时停止军部下发的各种行动命令，一致向日军讨还血债。从 3 月到 5 月，第五军各部向日军不断发动袭击。3 月 20 日，李荆璞率领第一师突袭新官地，一次就击毙日军 20 余人。5 月初，周保中接到报告，第五军已击毙 150 名日军，一命抵一命，给莲花泡烈士和花脸沟的被害群众报了仇。

大盘道第五军伏歼日寇，中共吉东省委成立

莲花泡战斗后第五军的一系列主动攻击行动使日军警觉起来，敌人对中东铁路道南的统治越来越紧，第五军军部原定的军事行动计划，特别是绕道西进五常等地的计划不能完全现实。所以，继第二师先遣部队之后，第一师主力也向道北转移；第三、第六、第七团为留守部队，同军部及其直属的警卫营和第一、第二教导队暂时活动在宁安各地。

第一、第二师部队在向中东铁路道北转移的过程中，在穆棱、勃利、密山、宁安、林口等各地取得了许多新的胜利。计缴获步枪 200 余支，轻机枪 4 挺及大批弹药等；补充了许多新队员，在图佳铁路沿线给敌人以不断的打击，使队伍恢复了战斗力，得到了进一步的巩固。

为了策应和掩护第一、第二师主力部队向道北转移的行动，周保中、柴世荣率第五军军部及其直属部队和道南留守部队第五军第三、第六两团及第二军第二师部队，以宁安为中心，在宁安、东宁、额穆、敦化等地大力开展游击活动。1936 年 2 月间，军部教导队破坏了安宁卧龙屯"集团部落"，袭

击了该地伪警察署和自卫团，缴获步枪 20 余支。同时，留守部队将马莲河自卫团缴械，获得步枪 40 余支，3 月 4 日，第二、第五两军联合部队，将驻宁安三道河子伪军第二十七团三连解除武装，缴获轻机枪 2 挺、步枪 53 支、手枪 3 支、子弹 1.1 万余发、服装 173 套。5 月间，第五军留守部队配合陈翰章率领的第二军第二师，在宁安烟筒沟伏击了伪森林警察队，缴获轻机枪 1 挺、步枪 28 支。6 月，王效明率部队又在宁安三道河子解除了伪军 1 个连的武装，缴获步枪 100 余支、轻机枪 2 挺、子弹 4 万余发。

1936 年初夏，日本侵略者对绥宁地区的"讨伐"更加频繁。从 5 月到 7 月，对第五军军部所在地连续发动了 9 次进攻。在这种情况下，军部于 8 月初决定也向中东路东段道北转移。之后，周保中率领第五军军部及教导队从宁安西区出发东移。

转移中，军部队伍在代马沟水平站附近小砬子处设伏袭击日伪军军用列车。周保中命令张中华指挥战斗。

9 月 12 日，张中华和第二军第二师第四团侯国忠团长率两军部队共 120 余人，联合部分反日山林队，事先将铁道扒好虚放在原地路基上，队伍埋伏于小砬子火车道两侧。载运 300 多名日伪军和战马与物资的敌军用列车行至铁道破坏处，机车脱轨停车时，张中华和侯国忠率我伏兵马上出击，以猛烈的火力压制敌人的行动。霎时间，敌军大乱，伪军在我军"中国人不打中国人"口号的震慑和感召下，大部分或慑服于地，或四散逃跑，只有小部分伪军随日军抵抗，战斗自晚 9 时开始至晚 12 时。经三个小时激战，共击毙日伪军官兵 90 余人、击伤 30 余人，缴获部分枪支弹药和军用物资而撤出战场。

此次战斗后，第五军军部继续行进在东移途中。

为统筹军事行动，部队在行进途中于 9 月 24 日在宁安泉眼头召开了抗联第二、第五两军干部会议。会议决定：周保中率第五军军部及教导队第一、第二两队北进，同该军第一、第二师主力部队会合；第二军第三、第六两团、警卫营第二连和第二军第二师为道南留守部队，联合各部反日义勇军坚持绥宁老区的游击战争；在宁安地区建立第五军军部留守处，领导道南留守部队；将宁安县委和东满地区各县委合组为道南特委，特委书记张中华，兼任第五军宁安留守处主任，统一领导中东路东段道南绥宁地区及额穆、敦化、汪清、珲春、延吉各地党的组织和抗日斗争。泉眼头会议后，第五军与第二军各部按计划展开行动。

这样，1937年初，抗联第五军除道南留守部队外，军部直属部队和第一、第二师主力，先后集结在牡丹江下游依兰东部地区。经过几个月的活动，到1937年二三月间，在牡丹江、依东地区除建立了一些后方基地和医院、裁缝所、印刷所等后方机关外。这期间，部队又有了很大的发展，健全了编制，调整与任命了各级指挥员。军下设师、团、连，连下为排、班，班由10人至12人组成。这时，军长周保中、副军长柴世荣，政治部主任宋一夫，副官长冯丕让，军部经理处军需主任罗振华，军部秘书长赵永新。第一师代理师长关书范，副师长王毓峰，第一团团长曲玉山，第二团团长张学忠、政委陶净非，第三团团长孙洪昌。第二师师长王光宇，副师长王汝起，参谋长王效明，第四团政委严志，第五团团长关庆福、政委王克仁。妇女团团长梁××。军部直属队队长李春山，第一教导队队长武清林，第二教导队队长姜信泰。

为了加强军队的政治思想工作，改组并进一步健全了各级党的组织。以连党支部为核心，支部委员会定期召开会议，检查工作，布置任务，遇有特殊情况或战斗任务时，召开临时会议，任务完成进行检查总结。支部的日常工作是对群众进行宣传教育，在军队内部开展思想政治工作，培养积极分子，吸收新党员。支部还经常组织读文件、学文化、教唱歌等活动。军队每到一地除召开群众大会进行讲话宣传外，党员和战士要到群众中去宣传抗日救国，帮助群众干活。因此，出现了军爱民、民拥军的良好军民关系。

为了解决军需供应、经济来源，除靠打击敌人，缴取军需物资及群众自愿支援外，还采取了征收土地税、木材税、车马税及反日特捐等办法补充部队的活动经费及军需供应，使全军指战员能够按规定发到一定数量的津贴，改善了部队的生活。

很快，第五军在中东路道北开辟的新游击区站住了脚跟，在周保中的指挥下开始主动出击，以保卫游击根据地。

1937年1月间，驻后刁翎街的日军步兵300余人，准备向林口撤走，勒令当地居民出爬犁（雪橇）200余张。消息经地方抗日救国会秘密报送第五军。这时，周保中已于元旦那天偕同中共代表联络员于化南去方正，与中共北满临时省委和第三军领导机关联系工作。以后周保中又去九军指导工作，五军军部工作由副军长柴世荣主持。

柴世荣对各方面情报进行综合研究，认为后刁翎街驻日军700余名，约一半兵力向林口移动，若用爬犁只拉人至多有七八十张就够用了，而日军要征调200张以上，必定还要输送军用物资，其行动势必缓慢。于是，柴世荣决定指挥部队伏击。

战机来临，柴世荣迅速调兵遣将。他调动第五军第二师第五团全部、军部警卫营、青年义勇军和妇女团的兵力，共800余人投入战斗。

1月27日夜晚，第五军参战部队自徐家屯附近秘密移动，28日凌晨到达大盘道山上。

柴世荣将第五团及警卫营在大道两旁柳条通和山坡上布下伏击阵地，军部和青年义勇军、妇女团控制在大盘道北面蛤蟆塘山顶，隐蔽待敌。

这时，天下大雪，冰雪覆盖着大地，刺骨的寒风吹得抗联战士们睁不开眼，但大家都静悄悄地潜伏在用冰雪筑成的掩体后面，一动不动地待敌。从上午7时到中午，还不见敌人的踪影，战士们有点不耐烦了，有的埋怨说："白来挨冻，哪来的敌人呢！"

柴世荣传令："忍着点，鱼儿一定会上钩的。我们一旦发现敌人，听我指挥，猛打猛冲！"

待至中午 12 时 30 分，敌人开始从北方出现。

冰天雪地中的战士立刻振作起来，全神贯注地盯着远方的公路。一会儿，敌人的尖兵 20 多人坐着八九张爬犁，弯弯曲曲地向盘道上移动着，敌人同样冻得缩手缩脚的，也顾不得警戒搜索了。

尖兵过后，日军大队的爬犁一张接着一张地拥挤前进，不久就进了埋伏圈内。

午后 1 时，柴世荣率先打响第一枪，接着我步枪、机枪和迫击炮弹像雨点一般射向敌人，刹那间，日军被打得人跌马倒，爬犁翻滚，许多日本兵还不知道发生什么事就被打死了，剩下的日军有的在公路上乱窜，有的就地卧倒盲目射击。

这时，柴世荣一声令下："上刺刀，冲呀！"第五团官兵"哗"地站起身，端起枪来向日军发起冲锋。我青年义勇军和妇女团的战士们也像小老虎一样投入了聚歼敌人的战斗。只见战场上刺刀寒光闪闪，在战士们的厮杀声中不时传来日军毙命的惨叫声，日军被下山猛虎般的抗联战士冲得七零八落，形不成集团作战，只好三五一伙地与蜂拥而至的抗联战士拼杀。3

激战到下午 4 时，战斗胜利结束。进入伏击圈的日军全被消灭，抗联第五军取得转移道北以来的重大胜利。

这次战斗狠狠地打击了敌人，鼓舞了当地的群众，也武装了自己的队伍。战场上缴获全部武器和其他物资，皮大衣、军毛毯、钢盔、弹药和粮食等。当晚我军打扫战场后，在大盘道村中宿营，当地群众欢天喜地迎接凯旋之师。第二天黎明前，我军全部向大顶子方向转移。

大盘道战斗胜利之后，驻在刁翎的 200 余日军和伪军 1 个营再不敢出扰，尤其是伪军更害怕我军进攻，整天处于动摇恐惧之中。

抗联第五军副军长柴世荣分析了这一情况之后，决心趁机扩大战果，一举歼灭前刁翎的伪军，紧接着就部署了夜袭前刁翎的战斗。

2月1日傍晚，我第五军第四、第五两团、警卫营和青年义勇军，从徐家屯附近出发，强行军30里到达刁翎西山。按照计划，第四团和第五团的2个连攻打防所伪军，警卫营和青年义勇军截击后刁翎出援敌军。计划夜间11时发起攻击，至多在3小时必须解决战斗。

前刁翎伪军第二十六团第一营有4个连，分驻三处：营部和第一连驻北面张家大院，第二、第三连驻西防所，第四连驻东防所。

晚上11时30分，我第四团杜团长亲自率领突击队从屯子北面沿大道隐蔽前进。他们按在伪自卫团里做地下工作同志事先送出的"口令"及伪营部和第一连的确切位置，直奔村里。

敌人哨兵发觉问："口令？"并喊："站住！干什么的？"

我突击队员应声道："过三江。"乘敌哨兵不备，冷不丁地俘虏了两个哨兵。

接着，进至营部大院前门，用事先准备好的梯子，搭到墙上跳入院内将大门打开，扑向院子四角的炮台，伪守军来不及抵抗全被缴了械。这时，我进攻部队完全包围整个院子，向伪营长住所及兵舍打了几排枪，扔了几个手榴弹，敌营长从梦中惊醒，指挥伪军从屋内往外打枪，妄图抵抗，我军集中火力猛烈射击，伪军营长以下十几名伪军当场被打死在炕上，其余伪军全向我军举手投降。

与此同时，第五团第六、第七两连一枪不放地将东大院的伪军全部缴械。

西防所前后两个院套两个连的伪军在日军宪兵小队逼迫下据守院套，拼死抵抗。但前院套被我第四、第五连攻破，俘虏了伪军第二连全部。

此刻，后院套的伪军第一连的抵抗松懈下来，我军乘势冲入后院套，向日军宪兵队据守的屋子发起攻击，战士们一边向屋内投掷手榴弹，一边向屋里投放火把，不一会儿屋子便燃起大火，日军被呛得待不住，决意向外猛冲，刚一出门，便被我猛烈的火力击毙。激战到2月2日凌晨，西后院的战斗才结束。这次战斗打死日军教官5名，宪兵16名；打死伪军营长1名、连长2名、排长3名、士兵20余名，伤10余人，伪军一营全被俘虏缴械。我方第五团第六连指挥员以下6名战士负伤。抗联第五军再次取得重大战果，声名大震。

前刁翎的老百姓得知敌人已被完全消灭后，男女老幼纷纷出来列队欢迎我军。我军满载缴获的武器、弹药、粮食、军需物资进街，给群众散发了传单、讲了话，把日伪军从民众那里搜刮的过春节的猪羊鸡鹅、面粉、大米都发还给群众，同时对伪军俘虏作了宣传教育后全部释放。

凌晨4时，我军向乌斯浑河东岸转移。虽然大雪纷降，气温严寒，却掩不住战士们愉快欢乐的心情，战士们唱着胜利的凯歌，迈着整齐的步伐前进，用胜利来庆贺即将到来的新春。

刁翎后岗的日寇等到天明才勉强凑集到一块。日寇100多人在后，伪军300多人在前，一步一步地小心翼翼地来到前刁翎战地收殓尸体，同时对老百姓大发淫威，追查"是谁通匪"。

此后，第五军第二师又先后与敌作战。2月22日，在小盘道与几十余名日伪军遭遇，毙伤敌人22名，我亦牺牲2人、负伤3人。同月26日，在大通沟，第五军第一师和第二军、第三军各一部，与敌伪军300余名发生遭遇战，歼敌30余名。

第五军在道北新游击区开展活动后，根据形势的发展，1937年3月10日，吉东党组织在依兰县四道河子（现为林口县）张家大房山召开了扩大会议，在先后成立的下江特委、道北特委和道南特委等三个特委的基础上，成立了中共吉东省委。书记宋一夫，委员周保中、王光宇、王润成、刘曙华、关书范、陈翰章、张中华等。会议决定在四道河子设立省委秘书处，秘书处处长姚新一，工作人员有金润浩等人。

中共吉东省委的建立，使吉东地区建立了坚强的党的一元化领导核心。

从此，包括松花江右岸、乌苏里江左岸、牡丹江流域和中东铁路东段道南、道北整个吉东地区 20 余县广大游击区内，地方党组织和人民革命军第四、第五、第七、第八、第十军及王荫武的救世军、姚振山的义勇军中党的组织，都在吉东省委的领导范围之内，极大地促进了吉东地区的抗日武装斗争。

省委会议以后，第五军的发展策略是坚持刁翎游击根据地，开辟依兰、富锦、宝清、同江游击区。第五军又重新部署了军事行动计划：军部和第一师以刁翎为根据地，以勃利、依兰、方正为活动中心进出中东铁路沿线，向老游击区宁安活动，开展绥宁旧区的工作；以第二师第四、第五团为主力继续开展松花江下游依兰、桦甸、富锦、宝清、同江地区的活动，打通与第四、第七军的联系，并在富、宝、依东地区分别建后方基地；为保持与第三、第六军和独立师的联系，保持与地方组织和群众联系，为管理密营和筹备给养设置了土龙山后方基地留守处，第五团团长关庆福任留守处主任。

1937 年 5 月，天气一天天地热起来了，第五军在频繁的战斗中送走了嫩绿如新的春天，又将迎来繁花似锦的夏天。

1937 年春夏之际，按照新的作战部署，抗联第五军军部及直属队、第一师、第二师及道南留守部队，在各自的活动区域积极开展游击作战，不断打击敌人，袭扰敌人。

3 月 27 日，军部第一教导队、第一团一部和第二军、第三军各一部，在方正小罗勒密我稽查分处遭到六七十个敌人的攻击，当即被我杀伤 11 名，我军仅负伤 1 名。

4 月 5 日，第一教导队与第一、第四两团一部在刁翎徐家屯宿营时，遭日伪军 70 余人袭击，经 5 小时抵抗，敌始退却，打死敌人 7 名、伤 9 名，我亦牺牲 2 人、伤 4 人。

4 月 12 日，第五军军部参加保卫第九军军部洼洪的战斗。6 月末，教导队在军部直接领导下，由伪军中的爱国士兵做内应，将三道通江东伪军赫团张营留守部队包围，全部缴械，得步枪 80 支、迫击炮 1 门、轻机枪 1 挺、手枪 1 支、炮弹 60 发、子弹 1.5 万发。

在此期间，道南留守部队在留守处主任张中华指挥下，开展了积极的游击活动，屡与敌人接触，不断打击、干扰敌人。

第二师于 5 月间离开刁翎地区到达依东地区，在来才河一带活动。5 月 7 日，在王光宇师长率领下在土龙山袭击敌人的运输车队。5 月 22 日，第二师第一部在刁翎苦战一日，击毙日军近 20 人、伤其 10 人。6 月初，第二师第四、第五团的 3 个连及第八军、独立师各一部 200 人进攻五道岗敌人未果，退至李红眼东山，与追击的 150 名日本守备队发生激烈战斗。敌人利用飞机配合发动几次冲锋，但都被我军击退。敌人午后 2 时退走。7 月初，该部从依东经过桦川、富锦到达宝清与第四军军部会师。到宝清的第二天早晨，有 200 多伪警察队来袭，被我军逼到王福岗防所内不敢出来。当时驻扎在宝清县城的日本军 1 个中队和伪军第三十团未敢和我军正面交锋，而在我军出动时必经的大孤山设了埋伏。可是我军早已料到敌人这一招，巧妙避开了。

经过多次战斗，1937 年 7 月前，第五军部队人数已达到 3000 余人，同时，开辟了依兰、勃利、富锦、宝清等游击区，吉东抗日武装斗争又迎来了一个新的高潮。

抗联第二军安图建立，分兵进军长白山

再说归国后传达共产国际"七大"决议精神的魏拯民，在与周保中宁安会晤后，于 1936 年 2 月 9 日动身西去，在额穆县境内与王德泰、李学忠等同志会师，并一起接见了第二、第五军西部派遣队的指战员。

魏拯民、王德泰、李学忠等在额穆县会师后一起南下，于 3 月初到达安图县游击区。3 月上旬，在安图县迷魂阵召开了第二军领导干部会议。出席

会议的有魏拯民、王德泰、李学忠、周树东、安凤学等军、师、团级干部。会议研究了将第二军改编为东北抗日联军问题和分兵分区作战问题。会议根据中共中央《八一宣言》中提出的组织抗日联军的号召和《统一军队建制宣言》的要求，以及魏拯民同周保中宁安会晤的意见，决定将东北人民革命军第二军改编为东北抗日联军第二军。

东北抗日联军第二军下辖3个师：第一师由延吉第一团和吸收一部分反日山林队编成；第二师由汪清第三团、珲春第四团和吸收原救国军史忠恒部编成；第三师由和龙第二团和已收编的抗日义勇军6个中队编成。

抗联第二军内部按照党的建军原则，从军部、师部都建立党委，政委兼任党委书记。全军共计7个团加1个军部教导团、1个少年营，总兵力仍达2000余人。第二军军党委由9人组成（军政委、军长、军政治主任、3个师的师长和政委），军党委书记由魏拯民担任。

抗联第二军编成后，各师即按第二、第五军党委特别会议确定的战略方针展开行动。第二军同南满第一军、吉东第五军密切配合，协同作战，开辟更广大的游击区。第二军的总的任务是留守拖住敌人，远征西出，转移到长白山地区，开辟新的根据地。

具体分工如下：第一、第三师在王德泰、魏拯民的直接指挥下，向安图、抚松、桦甸、濛江、临江、长白等县进军，与第一军彼此呼应，配合作战，发展长白山抗日游击区。其中，第一师在安图尽可能恢复旧的游击区，拖住敌人，掩护第三师的行动，尔后向抚松、濛江跃进，第三师由金日成、曹亚范率领，不与敌纠缠，由安图东南直插抚松，开辟长白山根据地。第二师由王润成、陈翰章等带领，与第五军共同活动，扩大宁安、东宁、额穆一带抗日游击区。

随后，各师分兵行动，展开了一系列战斗。

第一师决定打安图。要打安图，首先得扫清外围障碍。王德泰、魏拯民等决定先指挥第一师主力向西挺进，寻找战机。

1936年4月初，第一师进入敦化、桦甸两县境内活动，准备攻打大蒲柴河镇。

大蒲柴河是桦甸县东部地区的重镇，敌人在这里设有据点，派兵驻守，控制安图、敦化、桦甸3县交界处的大片地区，以阻碍我军的活动。攻打大蒲柴河镇，既可消灭该镇守敌，又可调动盘踞在敦化县城的敌人赶来增援，对其进行伏击，取得更大的战果。

根据这一分析，王德泰、魏拯民等决定采取围城打援再攻城的战法，先派少数部队佯攻大蒲柴河镇守敌，同时，把主力埋伏在敦化县至大蒲柴河之间敌人必经之路上的寒葱岭，准备迎战敦化援敌。

4月6日，佯攻大蒲柴河镇的战斗打响。敦化城守敌得知消息后，于4月7日派出日军500余人和伪警察大队250余人，急急忙忙地向大蒲柴河增援。

4月8日上午9时，敌尖兵六七十人进至寒葱沟口进行搜索。由于我军隐蔽得十分巧妙，尽管敌人像鹰犬一样东钻西窜，也没发现我军伏兵的踪迹。于是，敌人大队人马便沿着崎岖山路向寒葱沟山顶前进。中午，敌人已完全闯进我伏击圈。

这时，王德泰一声令下，战士们纷纷引爆我军埋设的地雷，地雷接二连三地开了花，炸得敌人血肉横飞。接着战士们猛烈射击，敌人死伤惨重，剩下的残兵败将且战且退，向马号方向狼狈逃去。

王德泰命令第一师乘胜奔袭大蒲柴河镇。

10日清晨5时，主攻部队直逼大蒲柴河镇东口，迅速地攻下伪防所。另一路直捣敌人八街西北防所。敌伪大队长带两个中队沿富尔河上游逃遁，又被我伏击部队突然袭击，溃不成军。

第一师入城后，纪律严明，对群众利益秋毫无犯，因而镇内秩序井然，生活照常。群众纷纷走上街头，提壶携浆慰劳战士们。我军召开了群众大会，宣传我党的抗日主张和政策，极大地鼓舞了群众的反日热情。

大蒲柴河战斗后，我第一师主力挥军迅速南下，转入抚松、濛江一带开展游击活动。与此同时，第一师还分出一部分队伍在敦化境内袭击敌人。4月6日，在双鸭子伏击了伪威虎岭森林警察队和森林事务所人员，击毙4人、伤4人、缴步枪4支。同月9日，又在三道沟同日军威虎岭守备队发生战斗。同日，在攻打板庙子战斗中击毙日军17名。

在第一师的掩护下，金日成、曹亚范率领第三师，按军部部署从安图县出发，一路西出南下直趋抚松，路上不可避免地与敌发生激战。

4月，第三师主力袭击漫江，几乎全歼了守敌。5月，第三师到达东岗附近，袭击了抚松县东岗屯伪军兵营，拔除了敌人据点，伪军死伤惨重，缴获一批战利品。同月，第三师第七团同伪骑兵30多人在小汤河附近发生战斗，毙伤敌20余人、缴步枪16支、匣枪2支。

在此期间，王德泰军长等来到东岗，召开了军、师级干部会议。会议中心议题是研究第二军第一、第三师下一步的行动计划。会议决定两师在抚松、安图、长白、临江等县境内活动，开辟以长白山为中心的新游击区。鉴于抚松、安图境内有许多支抗日义勇军小部队活动，会议决定加强对他们的统一战线工作，争取他们参加我军。为此，第三师扩编第九、第十两团，任命马德全为第九团团长，徐魁武为第十团团长。

小汤河战斗后不久，群众向我军提供了驻防西岗屯"集团部落"的伪军情报。第二军第三师第七团先派一支小部队化装成农民，在群众掩护下进入西岗屯，突然袭击伪军营房。40多名伪军未来得及反抗就成了俘虏，此战共缴枪40余支。随后大部队进入西岗屯，受到群众的热烈欢迎。我军召开了群众大会，宣传党的抗日政策，号召群众参加抗日活动。当即有40多名青壮年报名参加了第三师。

6月初，第三师主力进入临江县。

6月6日，第三师一部100余人智取了西南岔敌人据点。这天上午，几

名战士化装成农民，缴了站岗的伪警察的枪。随后战士们掏出手枪迅速冲进
伪警察分所，两名伪警察企图摸枪反抗，当即被我军击毙，其余16名警察
和自卫团员慌作一团，乖乖地举手投降。这次战斗仅用了十几分钟，缴枪
18支，并摧毁了伪警察分所。

第二军第一、第三师于1936年上半年进入敦化、桦甸、抚松、临江、
长白等县广大地区后，积极开展游击活动，进行了大小数十次战斗，不仅消
灭了大批敌人，夺取了敌人的新式武器，武装了自己，同时由于我军活动区
域的扩大，对日伪军战斗的胜利，群众工作的开展，使党的抗日政策日益深
入人心，在我军所到地区的广大群众中掀起了支援抗日联军的热潮，许多抗
日义勇军主动向我军靠近，拥护我党提出的共同抗日的政治主张。有的要求
我军将其收编为抗日联军。因此，第二军在进入这个地区短短两个月时间，
就得到较快的发展，第二军的战斗力得到进一步加强，声威更加扩大。

在原有抗日游击根据地丧失之后，为了支持长期的、残酷的游击战争，
第一、第三师在频繁的战斗间隙抓紧进行根据地建设。第一、第三师在安
图县奶头山和新开辟的游击区临江县的西南岔，抚松县的东岗、西岗和漫
江，以及长白县的黑瞎子沟、红山头等深山密林里，建立了大小数十处密
营。其中黑瞎子沟密营最大，它位于白头山东南约90华里的红山头山脉的
西端。在密营中，设有营房、粮仓、通讯处、修械所、裁缝队、医院等机构
和设施。这些密营虽然条件差，设备简陋；但是对坚持游击战争的抗日联军
来说，它可以使部队得到基本的军需供给，可以使部队得到战斗之后的隐蔽
和休整，伤病员得到安身医治。因此，密营是东北抗日联军失去抗日游击根
据地之后赖以生存、发展和坚持斗争的基地和依托，是坚持和扩大长白山区
的抗日游击战争的重要保障。

安图迷魂阵会议后，第二军第二师继续在绥宁地区和第五军配合作战。
这期间，第二师仍分成两部分：一部分由代理师长陈翰章率领第四团（第二、
第三连不在内）和第六团与第五军一部组成中东路活动部队，在穆棱地区

中东铁路沿线开展游击活动；第五团团长方振声率领第五团一部和第四团第二、第三连在额穆、汪清地区活动。这两部分部队同第五军一起，进行了一系列胜利的战斗，支撑了吉东地区和东满北部地区的抗日游击战争。

魏拯民、杨靖宇河里定大计，
中共南满省委与抗联第一路军成立

第二军主力第一、第三师西出与南下行动，完成了魏拯民归国后对第二军今后发展战略的构想的一半。剩下的就是与抗联第一军相互协同，并肩战斗，把第二军新开辟的长白山根据地与第一军的南满根据地连为一体。

1936 年 2 月以后，正当第五、第二两军按照两军党委特别会议确定的"五军向下江道北地区转移、二军向长白山腹地转移"的方针展开行动后，杨靖宇率领的人民革命军第一军也正在酝酿着西征。

为了向中共南满特委和东北人民革命军第一军传达贯彻共产国际第七次代表大会精神和中共驻共产国际代表团关于以游击区建立省委的指示，研究第一、第二军建立集中统一的指挥中心，进一步促进东南满地区抗日游击战争高潮问题。魏拯民、王德泰率领抗联第二军第一、第三师，从东满转战到南满地区之后，魏拯民自己又率领第二军 1 个连共 60 余人，从抚松地区出发冲破敌人封锁线，于 1936 年 6 月到达金川县河里地区的会家沟，和杨靖宇第一军军部胜利会师。这是东满和南满党组织，第一、第二军的主要领导人的第一次会见。战友相会，异常兴奋，两军指战员受到极大鼓舞。

魏拯民的到来，使孤军奋战的杨靖宇分外高兴。自 1934 年 4 月满洲省委遭敌破坏以来，南满党和第一军以及杨靖宇本人，就再也没能和新省委以及吉东—海参崴—莫斯科这条新渠道取得过联系。杨靖宇急切地需要听到党的声音。

鉴于魏拯民带来的"中央指示"事关重大，1936 年 7 月上旬在会家沟，

杨靖宇主持召开了南满党第二次代表大会，魏拯民应邀出席了这次大会。会议分析了目前国际、国内形势，检查了南满党的工作，确定了今后战斗任务。在这次会议上，根据《东北抗日联军统一军队建制宣言》，正式宣布东北人民革命军第一军改编为东北抗日联军第一军。杨靖宇任军长兼政委、宋铁岩任政治部主任、安光勋任参谋长。军部下辖教导团和 3 个师。第一师师长兼政委程斌，政治部主任胡国臣，师下辖 1 个团、1 个少年营、1 个警卫连。第二师师长兼政委曹国安，参谋长李希敏，师下辖 3 个团和 1 个少年营。第三师师长王仁斋，政委周建华，参谋长杨俊恒，政治部主任柳万熙，师下辖 2 个团；教导团团长许国有、政委安昌勋、政治部主任黄海峰。此外，后方机关还有 1 个游击大队，全军共 3000 多人。

南满党第二次代表大会之后，紧接着，由魏拯民和杨靖宇共同主持召开了东南满党的特委和第一、第二军主要领导干部联席会议，即"河里会议"。

为了迎接全国抗日斗争高潮的到来和适应东北抗日游击战争形势发展的需要，又鉴于抗联第一、第二军主力部队业已胜利会师，经常相互配合作战，活动区域已连成一片的事实，会议决定将抗日联军第一、第二军合编为东北抗日联军第一路军，建立统一的军事指挥机关——总司令部。杨靖宇任第一路军总司令，王德泰任副总司令，魏拯民任政治委员。抗联第一路军下辖抗联第一、第二军，全军共 6 个师。第一军辖第一、第二、第三师；第二军原第一、第二、第三师改称第四、第五、第六师。

会议还决定将东满和南满的党组织合并组成中共南满省委。省委书记魏拯民，委员有杨靖宇、王德泰、李学忠、李东光、孙英治、曹亚范、周树东、陈翰章、韩仁和、王润成、全光等。

会议还研究确定抗联第一路军游击活动的方针和任务，划分了各师的活动区域。第一军军部率第一、第三、第四师三个师远征辽西热河地区，打通与关里的通道，同党中央和红军取得联系，同时扩大游击区域，在更大的区域里发动群众，开展抗日活动。

决定第二军军部率第六师深入南满原第一军的游击区和第一军第二师配合，在坚持老区的同时，开辟长白山游击根据地，以此来牵制敌人兵力，策应西征，并为坚持长期抗日游击战争打下基础。

第二军第五师仍留在东满和绥宁地区，与抗联第五军配合，任务是一方面坚持原东满游击区的斗争，不失群众的期望；另一方面保持第一路军、南满省委与第三、第五两军和吉东、北满省委的交通联系，使东满、南满、吉东、北满的抗日游击战争形成一个整体。

河里会议是在全国抗日救亡运动和东北抗日游击战争出现新高潮的形势下召开的一次重要会议。通过这次会议，使南满地区抗日斗争有了党的统一领导核心，在中共南满省委和第一路军总司令部的统一领导、统一指挥和全面安排下，抗联第一、第二两军更加紧密地团结在一起，为推进东南满地区的抗日游击战争的发展，开创全东北抗日斗争的大好局面，做了组织上、思想上的准备。从此，魏拯民经常和杨靖宇领导的第一军纵横驰骋并肩战斗，取得一个又一个的胜利，沉重地打击了日本帝国主义在这一地区的殖民统治，使东南满出现了抗日游击战争的新高潮。

抗联第四军成立，东征宝清

1936年3月上旬，李延禄率第四军由汤原返回方正大罗勒密后方密营。3月15日，李延禄率军部警卫连及第一团一部，前往勃利大青沟参加由勃利县委召集的会议。同时参加会议的还有第三军第四师师长郝贵林、政治部主任金策。会上，勃利县委书记李成林传达了中共驻共产国际代表团的指示，决定将东北抗日同盟军第四军正式改编为东北抗日联军第四军。

第四军由李延禄任军长，黄玉清任政治部主任，胡伦任参谋长，下辖3个师。第一师师长李延禄（兼）；第二师师长郑鲁岩，副师长李学福，参谋长崔石泉；第三师师长李天柱，政治部主任邓化南。同时，因李延禄将赴苏汇报工作，决定由李延平代理第四军军长职务，会上还决定第三军第四师与第四军一起，向东部宝清等地远征。

大青沟会议之后，第三、第四两军联合部队由李延禄指挥，于 3 月 5 日采取夜袭战术攻打了石头河子金矿，打死敌人 60 多人，缴获各种武器 70 余支，子弹 1 万余发，军马 100 多匹。随之李延平率小股部队护送李延禄至密山赴苏联。以后，中共驻共产国际代表团派李延禄进关内工作。

同年 4 月，敌人调集千余名兵力，开始在勃利、林口一带对抗联部队展开春季"大讨伐"。

李延平率军部及第一团一部共 40 余人，按勃利大青沟会议精神进行东征准备工作。当队伍行至勃利大四站时，与日军"讨伐队"遭遇，因敌众我寡，第一团政治部主任李守中、原第三师政治部主任邓化南在战斗中牺牲，代军长李延平受伤，部队返回第四军第七团密营休整。同年 5 月，李延平伤愈，带领军部直属部队和第七团向宝清、富锦等县进军。5 月 20 日，在小八浪与第三军第四师会合后，组成 350 人的联合部队同向宝清远征。7 月 15 日，远征队到达宝清兰花顶子。此后，两军联合部队在宝清七区广泛开展抗日宣传，攻袭当地反动地主大排队武装，征收反日特捐，使这一地区的抗日斗争不断深入发展。

同年 8 月 20 日，第三军第四师由富锦向虎（林）、饶（河）两地开进，第四军部队继续活动在宝清、富锦一带。李延平率队在宝清、富锦交界的七星河沿岸、李金囤子、杨营围子、下道口和三道岗一带积极开展游击活动。与此同时，在富锦县收编了刘振国、唐青山、"九洲"、"中央"、"老来好"等数支抗日山林队，成立了第四军第四师。其间，部队在数量上获得迅速发展，在质量上有很大提高。

同年 11 月，在中共下江特委决定第四军第二师扩编为抗联第七军后，第四军对所属部队进行了新的整编。

整编后第四军各师的建制是：第一师师长李延平（兼）、政治部主任黄玉清（兼），下辖 3 个团，全师 500 人；第二师由原第三师改编而成，师长李天柱、政治部主任曲成山，全师 350 人；第三师由原第三师第七团扩编而成，师长宫显庭，全师 350 人；第四师师长刘振国、政治部主任朴德山，全师 400人。此外，还有第一、第二、第三游击团（皆为收编队）。全军共 2000 余人。

1936 年初冬，第四军第一师一团在军政治部主任黄玉清率领下，在勃利、密山一带积极活动，曾攻破密山县的四人班。不久，第四师截击伪军保护的 30 多张运送木材的马爬犁，缴获 50 多匹马，击毙伪军数人。同年冬季，为了提高部队的军事政治素质，第四军部队在宝清大叶子沟密营举行了为期一个月的军政训练。在政治训练方面，着重学习了关于民族解放斗争、统一战线及无产阶级革命的理论；在军事训练方面，以连排为单位学习了射击、刺杀，利用地形地物，并结合实际战斗，总结作战经验；在文化学习方面，由司令部秘书彭施鲁讲解算术，教识字、唱歌，开展读报活动。经过冬训，取得很大成绩，提高了指战员的政治思想觉悟和抗日必胜的信心及军事技能，增强了战斗力。

1937 年 1 月，为了反对敌人春季"大讨伐"，第四军军部对全军的军事活动作出了新的部署，确定以宝清为中心，开展游击活动。第一师在勃利、密山、依兰等县活动；第二师在富锦、桦川两县活动；第三师在勃利、富锦、宝清等县活动；第四师在富锦、同江等县活动；第一、第二游击团在勃利活动；第三游击团在富锦活动。司令部经常活动在宝清，以保持与各师的密切联系，加强对各师的领导和指挥。此后，第四军各部队在各自活动区域，根据军部的战斗部署，不断开展游击活动，打击敌人。

1 月间，第一师第一团袭击了勃利县保安自卫团，缴枪 19 支，并在勃利青龙山与日军发生激战，击毙日军 5 人、伤 4 人。3 月 5 日，第四军军部直属部队在政治部主任黄玉清率领下，化装成日军"讨伐队"，巧妙地缴取了方家大院反动地主的武装，没收了他家的部分财产。二三月间，第三师师长李天柱率队袭击了富锦县石虎山自卫团，缴获步枪 31 支、手枪 2 支。4

月 1 日，第一师第一、第三团与游击团袭击了勃利县一个敌人防所，缴枪 3 支，俘虏 12 人。

自 1936 年 5 月第四军部队远征宝清后，到 1937 年 7 月，在一年多时间里，第四军与第三军第四师在宝清、富锦等地积极开展游击战争，摧毁伪警察局所，袭击敌人"讨伐队"，截击敌人运输车辆，攻打反动地主大院，开辟了宝清、富锦游击区。并在李金围子、杨营围子、大叶子沟等地建立了密营和游击根据地，使宝清、富锦地区的抗日斗争出现了新的局面。

抗联第三、第六军成立，中共北满临时省委成立

前文讲到，1936 年 3 月，赵尚志率领第三军第五、第六团、少年连和保安营自汤原西征后，在不到半年的时间里，与第六军紧密配合，建立和巩固了汤旺河沟里后方根据地，开辟了巴（彦）、木（兰）、通（河）新游击区；坚持在松花江南老游击区的第三军部队亦积极开展游击活动，取得一系列胜利。这期间，第三军部队得到很大发展。在原 6 个团的基础上扩编为 6 个师，活跃在北满 20 多个县，使松花江南北两岸的抗日游击区连成一片。

在这种新的形势下，为了进一步扩大抗日统一战线，发展党所领导的抗日部队，进一步加强各种抗日武装力量的联合，根据《八一宣言》精神和《东北抗日联军统一军队建制宣言》的要求，1936 年 8 月 1 日，东北人民革命军第三军改编为东北抗日联军第三军。

改编通告宣布：决定于本年 8 月 1 日起，将原东北人民革命军第三军改编为抗日联军第三军，收编各队，联络各军，消灭此疆彼界，各树一帜，尔东我西，各行其志。以发扬光大我抗日旗帜，以团结与巩固我反满之武装。

抗联第三军成立时，下辖 6 个师。抗联第三军成立后，司令部又将在巴（彦）、木（兰）、通（河）收编的于九江、考凤林部队改编为第七、第八师，以后，又成立了第九师。1937 年 7 月，又建立了第十师。此时抗联第

三军的建制是：军长赵尚志、政治部主任张寿篯。司令部直接领导政治保安师和少年连。第一师师长常有钧、政治部主任李熙山；第二师师长吴兴才、政治部主任关化新；第三师师长王玉生、政治部主任吴景才；第四师师长郝贵林、政治部主任金策；第五师师长景水安、政治部主任蔡近葵；第六师师长张光迪、政治部主任兰志渊；第七师师长赵尚志（兼）、副师长于海云（九江）；第八师师长考凤林；第九师师长李振远、政治部主任雷炎；第十师师长高士魁。抗联第三军总兵力共6000人，其中基干队伍1500人，在多年的战斗中，抗联第三军成为东北抗联武装中的劲旅。

抗联第三军的10个师大体上分布在3个地区进行活动。第三军司令部直接率领的第五、第六、第七、第八、第九师活动在松花江北岸的汤原、通河、巴彦、木兰、东兴、铁力、庆城、海伦、萝北佛山等县；第一、第二、第三师活动在松花江南岸的宾县、延寿、珠河、方正、苇河（今并入尚志县）、五常等县；第四、第十师活动在依兰、萝北、绥滨、桦川、宝清、富锦、勃利等县。

为了进一步扩大游击区，打击敌人，人民革命军第六军军长夏云杰于1936年5月22日率第六军第一、第二、第三团共500余人，袭击了兴山镇（今鹤岗）。我军通过抗日救国会会员做内应，分两路进袭。一路由冯治纲率领炸毁了矿山东南的吊桥，封锁了日本守备队骑兵连和伪警察队；一路由夏云杰率领直捣煤矿事务所。战斗中，解除了矿山伪警察队武装，击毙日本官吏山口为市、桥田德次和伪矿警队大队长赵永富。被解除武装的伪矿警队员经教育后有26人参加第六军。次日凌晨，第六军部队携带着缴获的枪支弹药，胜利地返回汤旺河后方根据地。

东北人民革命军第六军经半年来的英勇战斗，队伍有了很大发展，由原来的4个团扩编为7个团。1936年9月，中共汤原县和第六军党委根据《八一宣言》精神和《东北抗日联军统一军队建制宣言》，将东北人民革命军第六军改编为东北抗日联军第六军。

抗联第六军编制是：军长夏云杰，代政治部主任张寿篯，参谋长冯治纲，秘书长黄吟秋。军部下辖 7 个团和 1 个保安连。第一团团长刘俊峰、政治部主任李云峰；第二团团长王秀芝、政治部主任关树勋；第三团团长张传福、政治部主任徐文彬；第四团团长戴鸿宾、政治部主任马德山；第五团团长郭复东、政治部主任周云峰；第六团团长黄名新、政治部主任尹喜长；第七团团长王居选、政治部主任吴玉光；留守团团长耿殿君。全军共有 500 人。第六军主要活动在汤原、萝北、依兰、郴川、富锦、宝清等松花江下游各县。

抗联第六军的编成，标志着下江地区的抗日斗争发展到一个新的阶段。在党的全民族抗日统一战线政策的号召下，汤原、萝北等地的许多不同形式的抗日武装纷纷团结在抗联第六军周围，开展更加广泛的抗日游击战争。

为了加强党对北满地区抗联部队和游击区、根据地各项工作的统一领导，1936 年 9 月 18 日，中共珠河中心县委、汤原中心县委及抗联第三、第六军党委召开联席会议（简称"珠汤联席会议"），决定成立中共北满临时省委。会议选举赵尚志、张寿篯、冯仲云、金策、张兰生、李熙山、夏云杰、魏长魁、朱新阳等 15 人为执行委员会委员。赵尚志被选为执委会主席，冯仲云被选为省委书记。会议决定撤销原珠河中心县委与汤原中心县委，另设中共哈东、下江与上江特委。会议还确定了发展抗联第三、第六军和扩大抗日根据地的任务。

"十大联军十万人"

前文讲到，1935 年 9 月，饶河游击队被编为东北抗日同盟军第四军第四团，团长李学福，参谋长崔石泉，政治部主任李文斗。第二年春，又扩编为第四军第二师，郑鲁岩任师长，李学福任副师长，崔石泉仍为参谋长。同年 11 月，中共北满省委决定以第四军第二师为基础，组建东北抗日联军第七军，刚从苏联回国的陈荣久担任军长，崔石泉任参谋长，下辖 3 个师，计 700 余人。

抗联第七军军长陈荣久，宁安人，少年当过长工。"九一八"前曾在东北军第二十一混成旅骑兵营当兵，后在救国军中任连长职，1933 年 2 月率全连参加李延禄的救国游击军，因他英勇顽强，冲锋陷阵，不怕牺牲，人都称他为"魁武将军"，不久便成为一名中共党员。1934 年春，李延禄赴上海向中共中央汇报第七军工作情况，便由陈荣久代理第四军政委之职，主持全军军政工作，深受全军将士的爱戴。同年秋，被党组织派往苏联东方大学学习，1936 年秋回国被派到饶河组建第七军。

第七军成立后，日伪军在 1937 年春节又开始了"大讨伐"，妄图一举消灭这支刚发展起来的抗日队伍。陈荣久决定把部队化整为零进行分散的游击斗争。3 月，陈荣久所率的 150 多人在饶河的小南河附近，被敌人侦出行踪而遭到 300 多日伪军包围，尽管部队英勇作战，毙伤了日伪军 60 余人，冲出了敌人的包围，但陈荣久军长在掩护部队突围时身负重伤，壮烈牺牲，时年 34 岁。其后，第七军军长由崔石泉代理军长，继续在饶、虎、同、富等县与敌人战斗，经几个月的艰苦奋战，粉碎了敌人的"大讨伐"，并将部队扩展到 2000 多人。

继东北抗联第一至第七军成立后，1936 年夏至 1937 年秋之间，一些有抗日要求又与中共保持统战关系的抗日武装，也先后加入了东北抗联的序列。他们分别是：

第八军，1934 年 3 月，依兰县土龙山农民反日暴动后以谢文东、景振卿为首组成民众救国军。同年 10 月民众救国军失败，余部在东北人民军第三军帮助下重整队伍。1936 年 9 月，在抗联第三军直接指导下，改编成东北抗日联军第八军，军长谢文东（后叛变），政治部主任刘曙华，副军长滕松柏（后叛变），参谋长于光世。部队由原来的 4 个团扩编成 2 个师，后来又扩编成 6 个师，约 2000 人。该军编成后，在依兰、方正、延寿、勃利等地开展游击活动，配合于上述地区的抗联各军作战。

第九军，1932 年 8 月，原吉林自卫军李杜部营长李华堂在自卫军失败后，于小土城子收编地方武装组成"中国自卫军吉林混成旅第二支队"。1934 年末，该支队在反日伪军"讨伐"中受到重大损失，仅剩 60 余人。后在人民革命军第三军的帮助下，重新整编了队伍。1937 年 1 月，正式改编为东北抗日联军第九军。军长李华堂（后叛变），参谋长李向阳，所属部队编成 3 个师，8 个团，共 800 余人。开始在汤原汤旺沟里一带活动，后由于日伪军的压迫而移到松花江南岸，转战于依兰、方正、勃利等地。

第八、第九军这两支部队成分复杂，中共吉东省委与北满临时省委曾派去不少政治工作人员协助教育与改造，并派刘曙华、李熙山分任两军的政治部主任。李华堂部队改编前曾在 1936 年 4 月乘虚攻入依兰县城。1937 年 5 月，抗联第八军配合第三军等部，袭击伪汤原县公署，并多次破袭牡佳铁路，断敌交通。第八、第九军亦曾分别发展至 1000 余人与 800 余人不等。从总体来看，党在这两支部队中的领导力量较为薄弱，有的军只是形式和名称上的改变，并没有对他们的领导层及部队思想作实质性的改造，因此在后来艰难局势之下，谢文东、李华堂、齐云禄、白云峰等相继率部投敌，在历史进程中走向了反面。

第十军，该军的前身是原东北人民革命军第八军。1936 年冬改编为东北抗联第十军，军长汪雅臣，政治部主任王维宇，副军长齐云禄（后叛变），下辖 10 个团，1000 余人。在军长汪雅臣率领下，继续活动在五常、舒兰山区，成为抗联部队楔入拉滨路侧的一根钉子。

第十一军，1933 年 6 月在依兰县驼腰岭金矿起义，工人组成了反日山林队"明山"队，队长祁致中。1936 年 5 月，在抗联第三军的帮助下，"明山"队正式改编为东北抗日联军独立师，由祁致中任师长。1937 年 10 月，东北抗日联军第十军在富锦正式编成，军长祁致中，政治部主任金正国，参谋长白云峰（后投敌）。下辖 1 个师、3 个旅、9 个团，1500 余人。主要活动于依兰、棒川、富锦、集贤一带。

1937 年上半年，在中国共产党领导下，东北抗日联军已经由小到大，号称"十大联军"，兵力达 2 万余人，成为全国抗日战场上一支不可忽视的抗日武装力量。抗联 11 个军的组成，使东北抗战自义勇军失败之后又走向了一个高潮，把东北抗日游击战争推向了最鼎盛时期。东北抗联人数最多时曾发展到四五万人，游击区域扩展到东北 70 余县，已成为中国不可忽视的抗日武装力量，日本侵略者也无奈地悲叹东北抗日联军已成为"满洲国"的"治安之癌"。

在东北的黑土地上，曾经流传一首民谣：

十大联军十万人，救国抗日一条心。

步炮联合除倭寇，铁骑纵横扫妖云。

但愿民族获解放，白山黑水庆升平。

依兰围城打援，抗联五个军空前的大联战

1937 年 2 月末 3 月初，在牡丹江下游方正、依兰、勃利、富锦一带活动的抗联第三、第四、第五、第八、第九等军为协同对日作战，粉碎敌人拟在松花江下游聚歼东北抗日联军的阴谋，并适当划分各军筹集给养的区域，曾在洼洪的抗联第九军军部召开东北抗日联军会议。此次会议商定了各军联合围攻依兰县城问题。决定抗联第三、第四、第五、第八、第九军等五军约 800 名兵力联合进攻依兰县城。

为统一指挥这次战斗，设立了总指挥部，总指挥周保中，副总指挥李华堂。由于距发动进攻的时间尚有些时日，洼洪会议一结束，周保中就日夜兼程赶回四道河子，以便参加 3 月 10 日的吉东省委成立大会。吉东省委大会结束后，周保中作为总指挥，又立即赶往洼沟里的第九军密营，和李华堂一

起商定围攻依兰城的战斗部署。

依兰县城地处松花江下游，是松花江和牡丹江汇合处，素有"东北重镇，遐迩通衢"之称。当时依兰县城又是日伪军事物资的集结地。

1937年3月，日寇在依兰、勃利地区的冬季"大讨伐"已接近尾声。寇军在这个地区的2个师团和1个混成旅团，已向牡丹江和佳木斯两地撤退。驻扎在依兰县坫的日军有150人，伪军一个营约500人，其余有警察队100余人。敌军经过4个月的长期"讨伐"之后，甚感疲惫松懈。据县城地下党和抗日救国会送出来的情报称：伪"满"军对日寇所给予的待遇极感不满，关系不和，士气低落。同时，"讨伐"期间，在依兰县城与勃利县城中间地区的双河镇"驻有1个日寇步兵大队约700人和1个骑兵联队，骑兵联队的主力已向佳木斯撤收，而步兵大队是否常驻该镇尚在犹豫中。"

接到情报后，总指挥周保中和副总指挥李华堂在牡丹江西岸西风沟，彻夜长思。经分析研究全盘情况，周、李两人认为"敌分我合，敌退我进"的时机已到来，并且很快解冻开江，转入游击活动的好季节。于是决定集中牡丹江两岸联军联合行动，采用围城打援的战术袭击依兰县城，同时诱双河镇寇军出援，以便于半途伏击将其消灭。

3月10日，各军开始进入战前的准备工作。

3月17日，周保中到达马家大屯南沟，设立总指挥部。并以总指挥的名义命令各军隐蔽集结于指定的集合地点，开始封锁消息。

18日，周保中总指挥部下达作战任务，指示：联军一部分兵力向依兰东南团山子倭肯河东方面佯攻，另一部分兵力于当日夜间强行军，再从倭肯河东岸向依兰南面急速隐蔽移动，预定在新卡伦至小河沿中间地段，利用复杂地形埋设伏兵，伏击由双河镇北进增援依兰县城的敌人，准备给敌人以歼灭性的打击。

3月19日天开始下雪。雪花飞扬，北风飓烈，满天卷起雪烟雾。

天黑以后，各部队按作战命令向攻击目标分进。此时，气温虽然下降，但恰是我部队移动的天然帐子，地上新雪掩盖了行军过后的踪迹。

半夜 12 时，我第三、第四军由牡丹江东岸小山嘴子进至依兰县城东北部，沿倭肯河岸占领攻击准备阵地。主力部队于夜 11 时 30 分到了依兰县城关西南和西北边缘，进入阵地。

3 月 20 日凌晨 1 时 30 分，攻击开始。

首先，第九军用炮向城内轰击，命中日军东门外大营，炸死、炸伤日军多人。

第五军攻城部队在炮火掩护下，勇猛前进，突破西城，进入街内。一部向伪军旅部发起攻击，一部直奔日本留守队驻地。

第八军攻城部队 120 余人在军参谋长于光世指挥下，从城西北角顺利突入城内北大街，用火力封锁敌人的西北炮台，然后向伪县银行、县公署进攻。在银行附近消灭了日军警备人员后，破坏了伪县银行，击毙日人指导官。

第三、第四军攻城部队绕过城东南，占领城东倭肯河岸阵地，给从城内仓皇逃出的日军以迎头痛击，使其龟缩城内。

第九军攻城部队攻打南门南大营日军驻地。由于敌军死守城门，南大营敌兵较多，火力凶猛，未能攻入。

经过 5 个多小时后，战至上午 6 时，城区大部分为联军占领。于是，抗联战士们在城内散发传单，召集民众宣传抗日救国，收集军用物资。

因南大营日军顽抗，久战不利，攻城部队根据指挥部决定全部撤退，转为支援伏击日军援兵战斗。在主力部队撤出城后，围攻东城火磨的第三、第四军部队未按计划向倭肯河东岸撤走，又转向城南苏合屯，为日军装甲部队和骑兵队所追击，略受损失。

此刻，联军第五、第九军迅速撤到牡丹江西岸马家大屯一带，利用复杂地形，隐蔽埋伏。其余步、骑兵为掩护主力部队，佯装散乱撤走，诱使敌人出击。

依兰战斗打响后，驻双河镇日军闻讯马上派 200 余日伪军出援。

20 日清晨 3 时，抗联第五、第八军，由王光宇率领在敌必经之地新卡伦西北小河沿附近公路旁设下伏兵，等着敌人援兵到来。

下午 2 时，联军伏兵隐蔽沉着，放过敌尖兵约 50 余人通过伏击圈，敌后续部队成双行蜂拥行进，闯入伏兵圈内。这时，第五、第八军一齐出动，以密集火力向敌人猛烈射击。敌仓皇应战，混乱成一团。两小时后战斗结束，敌伤 100 多人，除 30 余骑兵逃回依兰城外，其余全部被歼被俘。

依兰围城打援，虽然没有取得完全攻占依兰的胜利，但在伏击敌军援兵的战斗中却取得了显著战绩。前后共计毙伤日军 300 余名，缴获步枪 320 支、轻机枪 13 挺、迫击炮 10 门、子弹 2 万余发及其他军用物资。联军只有 9 人牺牲，71 人负伤。

依兰围城打援的战斗在军事作战上是极其成功的。它充分显示了东北抗日联军不仅在数量上发展了，而且在军事素质和协同作战方面也有了很大提高。同时，此次战斗震惊中外，在政治上有很大影响，破坏了敌人春季"大讨伐"的部署，鼓舞了城乡广大群众的抗日热情，扩大了抗日联军的政治影响和声望，同时也显示了我军团结一致、联合作战的威力。1937 年 4 月 5 日，巴黎《救国时报》报道："依兰战斗，消灭了大量日伪军，破坏了日伪军的城防建筑和银行，焚烧了西火磨。这不仅扩大了抗日联军的政治影响，提高了这一地区人民群众抗日斗争的积极性，更重要的是打乱了日军春季'大讨伐'的部署。"

注 释

1. 刘文新编著：《东北抗日联军第五军》，黑龙江人民出版社 2005 年版，第 72 页。

2. 中国人民解放军历史资料丛书编审委员会编：《东北抗日联军·大事记·回忆史料·参考资料》，白山出版社 2011 年版，第 217 页。

3. 刘文新编著：《东北抗日联军第五军》，黑龙江人民出版社 2005 年版，第 79 页。

第 十 三 章

西征先锋　抗联第一路军存亡之际

蒋介石要与日本"增进邦交"，全民族抗战爆发——危机袭来："三年治安肃正计划"出笼——抗联第一路军首次西征受阻，东返摩天岭打伏击——再度西征功败垂成，抗联第一军精锐皆失——痛击日寇水出守备队，贡献最后一滴血绊住敌人——攻打抚松，抗联第二军掩护第一军西征——王德泰留守抚松诱敌，掩护第二军转战长白山区——危机加深：第一路军五名将领牺牲——存亡之际：魏拯民撑大局，转战长白山区

蒋介石要与日本"增进邦交"，全民族抗战爆发

1935 年 1 月，日本帝国主义在九一八事变侵占东北后，又再度策动"华北事变"，使得平津危机，华北危急，中华民族危急！

就在当月，日本外相广田弘毅提出"协和外交"对华新政策，表示对华要"和睦亲善、增进邦交"，但在"亲善"外衣下掩盖着侵略和杀机。

和中国共产党坚决抗日的主张相反，国民党蒋介石政府一面组织重兵"围剿"长征中的中国工农红军，一面继续推行媚日外交。5 月上旬，中日两国公使同时升级为大使，演出了一场"增进邦交"的闹剧。在日本的要挟下，6 月以后，国民党蒋介石政府代表与日本签订了《何梅协定》和《秦土协定》，使日本侵略者攫取了我国冀、察两省的大部主权。

1937 年 7 月 7 日夜，驻丰台日军于北平西南卢沟桥附近进行军事演习，诡称一名士兵失踪，要求进入中国军队驻地宛平城搜索。在其无理要求遭到

拒绝后即炮轰宛平县城，向中国驻军发起进攻。驻守卢沟桥附近的国民党第二十九军第三一七师第一一〇旅广大爱国官兵，在旅长何基沣指挥下奋起抗击。这就是震惊中外的卢沟桥事变。以此为标志，中国全民族抗战爆发。

日本帝国主义者肆无忌惮的侵略，激起了中国人民的无比愤怒。七七事变爆发的第二天，中共中央即发布了《中国共产党为日军进攻卢沟桥通电》，指出"平津危急！华北危急！中华民族危急！只有全民族实行抗战，才是我们的出路！"号召"全中国同胞、政府与军队团结起来，筑成民族统一战线的坚固的长城，抵抗日寇的侵掠！国共两党亲密合作抵抗日寇的新进攻！驱逐日寇出中国！"

9日，中国工农红军将领致电蒋介石和第二十九军并通电全国，要求实行全国总动员，策励第二十九军为保卫平津而战；同时请缨杀敌，与日寇决一死战。

15日，中共中央向国民政府提交了中国共产党为公布国共合作共同抗日的宣言，重申共产党和红军愿在争取中华民族的独立与解放、实行民主政治、改善人民生活等三项总目标下，取消推翻国民党政权的暴动政策，撤销苏维埃政府，红军改编为国民革命军并待命出征。17日，由周恩来、秦邦宪、林伯渠等组成的中共代表团，在庐山再次同国民党代表蒋介石、邵力子、张冲等举行会谈。中共代表提议以中共提交的宣言内容作为两党合作的政治基础，尽速发动全国的抗战。

在中国共产党的积极推动下，国民党中央通讯社于9月22日正式发表了《中国共产党为公布国共合作宣言》，9月23日，蒋介石发表了《对中国共产党宣言的谈话》，公开承认了共产党合法地位和两党合作的必要性。至此，以国共合作为基础的抗日民族统一战线正式形成，从而使中国开始出现了全民族抗战的新局面。

全民族抗战的爆发，全民族抗战局面的形成，给东北人民抗日斗争以巨大的鼓舞，使东北人民进一步看清了民族解放的前途，极大地增强了抗日斗争的胜利信心。同时，对东北的抗日游击战争发生了很大的影响，使其战略任务发生了重要变化。日本帝国主义向中国的大举进攻，把东北作为它的重要后方基地，关内变成了抗日战争的主要战场，东北的抗日游击战争已成为全民族抗战的一个组成部分。正如毛泽东在《抗日游击战争的战略问题》一文中所说："东三省的游击战争，在全国抗战未起以前当然不发生配合问题，但在抗战起来以后，配合的意义就明显地表现出来了。那里的游击队多打死一个敌兵，多消耗一个敌弹，多钳制一个敌兵使之不能入关南下，就算对整个抗战增加了一分力量。至其给予整个敌军敌国以精神上的不利影响，给予整个我军和人民以精神上的良好影响，也是显而易见的。"[1]

在全民族抗战形势的鼓舞下，东北人民掀起了新的抗日斗争高潮。东北各地党组织、抗联各军向广大东北人民发出抗日救国号召，积极领导了东北抗日军民的对敌斗争。

同年7月25日，东北抗日联军第一路军总司令部发出《为响应中日大战告东北同胞书》。8月20日，又发出《东北抗日联军第一路军总司令部布告》，揭露了日本帝国主义侵吞中国的野心，号召东北工农商学各界群众"在全国总动员之下，凡系中国人皆应抛弃旧仇宿怨，亲密联合，响应中日大战，暴动起来，打倒日本帝国主义，推翻傀儡政府'满洲国'，为独立、自由、幸福之中国而奋斗"。[2]

8月25日，中共吉东省委以东北抗日救国总会名义发布了《关于抗日救国宣战运动的紧急通知》，通知揭露了日本侵略者在东北实行残酷殖民统治的罪恶行径，及其扩大侵略、妄图吞并中国的野心，分析了七七事变后全民族抗战的新形势，提出了东北抗日军民的斗争任务：动员群众以一切财力、物力、人力援助抗日联军，号召伪军哗变，反正救国，集结抗日部队破坏敌人铁路交通、粮栈仓库，坚持神圣正义的抗日战争，动摇敌人后方，与内地对日作战相呼应，争取抗战最后胜利。[3]

9月18日，北满抗联总司令部也发出通知，指出"中日战争现已全面展开，举国一致，以抗战驱逐敌人，争取民族解放的时机已经到来。因此，中国同胞必须迅速崛起，救国光复东北，以赢求民族解放和国土完整"。通知号召北满人民为配合全国抗战，积极行动起来，反对敌人的强迫劳役和征发粮食，破坏敌人兵站、仓库和交通，反对"归屯"和建立"集团部落"，积极参加抗日队伍，袭击、消灭日本侵略军。[4]

在全国抗战的鼓舞下，东南满、吉东、北满抗日游击区的人民群众激发起更高的抗日救国热忱，热烈响应我党我军的抗日救国号召，秘密组织抗日救国会，积极支援抗日联军。仅据北满的汤原、依兰、桦川、富锦4县统计，抗日救国会和分会共发展到103个。在抗日救国会的组织下，广大爱国群众积极帮助抗日部队筹集给养、征收抗日救国捐款、运送物资、侦察敌情、充当向导、护理伤员。同时，一些地方还组织起群众武装，如游击连、青年救国军等。在依兰、佳木斯、富锦各地市民中有许多知识分子、学生参加抗日联军，使抗联部队迅速扩大，加强了对敌斗争的力量。

1937年8月，中共北满临时省委在从桦川县火龙沟向依兰县境转移途中，于20日至24日召开了军政联席会议。为配合全国抗战，在松花江下游地区迅速掀起新的抗日斗争浪潮，会议决定在九一八国耻日组织下江爱国群众举行抗日反满大暴动。此后，在9月18日后的几天时间里，在党的领导下，汤原县人民群众举行暴动，割断电线，砍倒电线杆，摧毁桥梁，极大地震慑了日伪军。驻守在汤原县格区丁家粉房的日本守备小队龟缩在据点里不敢出动，于20日夜狼狈化装逃走。汤原县人民抗日反满大暴动沉重地打击了日伪统治者，体现了广大东北人民不甘做亡国奴的反抗精神，掀起了松花江下游地区抗日斗争新高潮。

在全国抗战的影响及我党我军的号召下，许多地方伪军发生动摇，一些具有民族意识的伪军官兵积极反正哗变，投入抗日联军。1937年7月12日，宁安县三道河子伪森林警察队大队长李文彬在抗联第五军所派地下工作人员策动下，率所部150人倒戈哗变。当场击毙日本指导官津村昌、日本教官加藤直秋等 8 人，焚毁了森警队防所及附属设施，携带轻机枪 4 挺，步枪 146 支，匣枪 10 支，子弹 3 万余发和全部辎重参加抗联第五军。7 月 15 日，起义官兵被编为抗联第五军警卫旅。此后，又有一些伪军警哗变，继三道河子森林警察队反正之后，驻依兰伪军第三十八团机枪连等 118 名士兵于 8 月 21 日携迫击炮 1 门、重机枪 1 挺、轻机枪 4 挺、步枪 100 余支举行起义，参加了抗联第六军，编为第一师第六团。9 月 10 日伪军第二十九团在牡丹江东小河沿附近反正，加入抗联第八军。此外，驻守在依兰、桦川、富锦、宝清一带的伪军第二十二、第二十四、第二十六、第三十、第三十五团及依兰第二、第三区学兵教导队，皆处于动摇状态之中。伪军官兵的不断动摇和反正哗变，引起日伪统治者极大恐慌。为防止伪军起义，日伪当局不得不采取监视、缴械甚至遣散等办法严加控制和防范。

1936 年东北抗日联军成立以来，特别是 1937 年 7 月全民族抗战爆发之后，东北抗联各军在辽、吉、黑广阔原野上展开了大规模游击活动，打击日伪军"讨伐队"，破坏敌人交通与通讯，袭击日伪军事据点，消灭敌人大批有生力量。据不完全统计，从 1936 年 1 月至 1937 年 12 月，抗日联军共毙伤俘日伪军 7380 人，其中毙伤日军近 3000 人。东北抗日联军的英勇斗争沉重地打击了敌人，严重地威胁了敌人后方的安全，牵制了 10 余万日军兵力，有力地配合和支援了全国抗战。

危机袭来："三年治安肃正计划"出笼

从 1937 年卢沟桥事变之后，日本侵略军一直推进到武汉，其力量使用达到顶点。随着战线的延长，兵力不负使用。敌后游击战争的发展，严重威胁着它的占领区。从 1938 年 10 月起，日军便停止了对国民党正面战场的进攻，回过头来集中进攻中国共产党领导的解放区战场和敌后抗日武装力量，以便巩固后方。

　　东北是日本帝国主义推行大陆政策的重要基地和全面侵华战争的后方。东北抗日联军的发展壮大以及抗日游击战争的蓬勃开展，牵制了它的兵力，严重阻碍了它侵略计划的实行。为消除后顾之忧，日本侵略者从 1938 年后不断向东北增兵，由 1937 年的 4 个师团增至 8 个师团，兵力由 1934 年的 30 万增加到 1938 年的 50 万，1939 年日军在东北的兵力已达 70 万之众，到 1941 年号称百万。为消灭东北抗日联军，日本关东军在东北各地调重兵加以"讨伐"。"讨伐"规模越来越大，手段也越来越残酷。由于东北地区无正面战场，东北战场又与关内战场隔绝，只有 3 万余人的抗联队伍处在孤军奋战境地。在日伪军的分割包围之下，抗联已不能形成统一的整体，无法彼此配合作战。

　　按照日本侵略者的本意，他们原来并不打算投入更多的日军去"讨伐"东北抗日联军，而是尽可能地使日军处于集中状态，将伪"满"军队广泛分驻于各要地以便在日军的威慑作用下，由伪"满洲国"的各行政机关独立担负维持治安任务。但实际上"只有约一半地区，稍微接近这一理想境地，其余的约一半，还相距很远。在这些地区，不得不把日军广泛分散布置于各地，来亲自充当治安肃正的中枢"[5]。也就是说，日伪政权"治安肃正"政策的实行，必须依靠日军大量兵力参加才能解决问题。

　　为了消灭东北抗日游击战场上的主力军——东北抗日联军，日军是不惜血本的。日伪当局对东北抗联的"治安肃正"政策前后分为三期。第一期"治安肃正"工作是从伪"满洲国"成立到 1933 年 10 月，主要用以"讨伐"东北各地的抗日义勇军。从 1933 年 10 月至 1936 年 10 月为第二期"治安肃正"工作。第二期治安肃正的主要对象，就是"以反满抗日为主要目标的抗日联合军"。1936 年夏季，日伪军的"讨伐"重点地区是东边道（今辽宁东沟、凤城、由岩、庄河、桓仁、本溪、抚顺、新宾、清原及今吉林省的通化、柳河、海龙、安图、辉南、临江、长白、集安、抚松、东丰等县地区）北部。从 1936 年 10 月至 1939 年 10 月为第三期"治安肃正"工作。日伪当局调集

10万兵力，对活跃在东南满和松花江下游地区的东北抗日联军进行疯狂"大讨伐"。同前两期"治安肃正"相比，第三期"治安肃正"兵力增加，时间延长，其手段也更野蛮、更残酷。

在日伪军连续三期的"治安肃正"计划的实施中，关东军司令部1936年度作战计划又同时规定，在日伪军大举"治标"（军事进攻）的同时，各地日军守备队、宪兵、伪警察和自卫团需要加紧"治本"，即在没有完成"集团部落"建设的地区迅速完成；在已经完成的地区实行种种新措施，实现所谓彻底的"匪民分离"。

为此，日伪决定实行"集团部落"政策，即在指定地点建立集中的居民点，归屯并户，割断抗日联军与人民群众的密切联系，断绝其供给。这一政策从1933年在东南满地区开始实行，1934年全面推开，1935年扩展到奉天、安东等省，到1936年在今黑龙江省广大地区则普遍推行，而黑龙江省境内是抗日联军的主要活动地区。日伪派出所谓"治安工作班"，配合"讨伐队"强行把游击区外的群众赶出去，迁到指定大屯，然后把原来的村庄一律焚毁，拒绝迁走的尽皆杀害。

"集团部落"一般建在平原地带。部落区纵横各200米左右，四周高筑墙，四角设炮楼。部落中心设有伪警察派出所或村公所。对屯中百姓严格限制出入。凡出入者要登记挂号。如发现有反满抗日，如以粮食、服装、医药等资助抗日联军者，便施以严刑，直至处死，并累牵亲人，连坐邻里。农民耕地也要在部落最近处，不得离得太远。禁止种植可供直接食用的土豆、玉米和豆类等作物，以防抗联食用。秋收时事先查清作物地亩，要颗粒归仓，防止农民把粮食供给抗联。一切日用品实行配给制。"集团部落"是变相的集中营，同时具有一定的防卫能力。

从1936年日伪制定为期三年的第三期"治安肃正"计划后，强化了法西斯统治，在吉东北满地区加紧建立"集团部落"。1936年共建立5261个，1937年建立4922个，到1958年共建立12565个。"集团部落"布满了抗联活动的广大地区。抗日联军同人民群众的联系被割断，给抗联给养、宿营、兵员补充诸方面带来极大困难，抗联战士经常受到严寒与饥饿的威胁。抗联的军事行动往往以"实现粮食继续得到补充为任务"[6]。抗联第二路军总指挥周保中在日记中回忆说："今日[7]给养已告断绝。十数日来因给养缺乏，仅食菜粥，本部人员及警卫队人员均在半饥状态中，对身体健康及必要时强烈行动上颇有妨害。"[8]四天后（即1939年6月21日），周保中在日记中再次写道："疲劳奔驰，日食不充……唯一办法只有在敌人监护下之交通建筑或采伐林木、采金各场所工棚中袭取，以求粮食获得较为现实可靠。"[9]因此，部队为解决衣食问题必须经过激烈战斗，以生命和鲜血为代价来换取。这样，抗联失去了赖以生存的条件，加上敌人长期反复地进攻，抗联相继丧失了东北72个县范围的游击区。1938年后，抗联各部队不得不转移到深山密林中建立密营，继续坚守艰苦的游击战争。

此时，东北抗日联军虽然还处在上升和发展时期，但他们已经明显感到所面临的强大敌人和困难处境。七七事变后，地处伪三江省松花江下游地区聚集了东北抗日联军的第三、第四、第五、第六、第七、第八、第九、第十、第十一各军，虽然这里的抗日斗争异常活跃，但大好形势下隐藏着危机，极易被日伪军"聚而歼之"。因此，东北抗日联军已日益感到脱离险区、实行外线作战的必要性。

早在1936年2月，红军兵分两路渡过黄河，欲经山西、绥远，准备直接与日本侵略者作战。红军东征进展顺利，取得了重大军事胜利，推动了华北及全国的抗战，特别是在东北引起巨大反响。东北抗日联军各部积极行动起来，准备以相应行动策应红军东征抗日，这是东北抗日联军日后组织西征的主要动机。

东北抗日联军组织西征的目的，大致可以概括为如下几点：其一，开辟和发展新的抗日游击区，或恢复原有的抗日游击区。其二，打通被敌分割的东北抗日联军各军和各个抗日游击区之间的联系。其三，努力改变东北抗日联军孤悬敌后、艰苦奋斗的局面。据此，东北抗日联军第一路军于 1936 年 6 月、第二路军于 1938 年春、第三路军于 1938 年夏先后率部西征，从此踏上了艰难征程，东北抗日联军的斗争也由此逐渐由盛而落，步入艰苦卓绝的斗争时期。

抗联第一路军首次西征受阻，东返摩天岭打伏击

在全东北的抗联军队中，抗联第一路军是率先担负起西征任务的。而第一路军的西征又先始于 1936 年 6 月的第一军。

那么，杨靖宇为什么率先组织西征呢？

自 1934 年 10 月，中共中央领导红军开始长征以及负责白区工作的上海中央局遭到破坏后，东北党组织与党中央便失掉了联系。东北党组织及其工作便由中共驻共产国际代表团负责领导。由于驻共产国际代表团远在莫斯科，与东北党组织的联系时断时续，严重地削弱了党对东北地区抗日斗争的统一领导。在这种情况下，南满地区党组织、东北抗日联军第一路军已与上级党组织失去了很长时间的联系，只能由自己独立地开展抗日游击战争，在摸索中前进。为了寻求党中央对东北抗日游击战争的领导，及时听取党中央的指示，杨靖宇早就决心打开与关内联系的通道，拟派人进关与党中央、红军取得联系。但 1936 年上半年以前还没有这样的条件。1935 年 10 月，党中央领导红一方面军长征刚到达陕北，南满距陕北远隔千山万水，加之正在开展反对敌人部署的 1935 年秋冬"大讨伐"，打开关内联系通道的意图，难以成行。

1936 年 2 月，党中央决定组织"中国人民红军抗日先锋军"，东渡黄河、进入山西，并发表《东征宣言》，准备东进绥远，与日军直接作战。红军北上抗日与东征山西的消息极大鼓舞了抗联官兵，大家对尽快打通与党中央和中央红军的直接联系的愿望更强烈，同时也为东北党组织、杨靖宇等抗日联

军领导人试图打通与党中央及关内抗日军队的联系创造了一定条件。

这期间，杨靖宇认为，组织部队向辽西、热河远征，有希望向进行东征的红军靠近，打开与关内联系的通道，如有可能，也可由西征部队将关内抗日军队引入东北，参加抗日游击战争。这对于直接取得党中央对东北抗日武装斗争的领导，对于实现改变东北抗日联军孤军作战的局面，意义是十分重大的。

此外，杨靖宇认为，也有必要把南满游击战争推进到辽西一带，开辟新的抗日根据地。自九一八事变后，辽西一带曾有大规模抗日义勇军活动，自1933年初大规模义勇军活动遭到失败后，南满党领导的抗日武装，红军游击队、东北人民革命军、抗日联军基本活动在辽、吉东部地区。辽西地区尚无党领导的抗日联军活动，若能动员部分兵力将抗日游击战争推向辽西，唤起那里的人民的抗日热忱，开展起英勇的抗日斗争，对于促进东北抗日游击战争全面发展也是十分有意义的。

从军事角度看，杨靖宇的西征计划是富于想象力的。假若计划实现，第一军四面受敌的处境就会改变，就能在较有利的条件下，创造更辉煌的、足以动摇日伪在东北的统治的战绩。

况且，此时抗联第一路军特别是第一军兵强马壮，新设一个师，军部扩大五倍，第一师扩大二倍，第二师扩大一倍，战斗力大大提高，轻重机枪增加了六倍，火炮增加了三倍，步枪的四分之三都是日造三八式；扩大了游击区，在新游击区的十五个县内，发动、武装了群众。东北抗联第一军已成为南满最坚强的队伍和中心领导力量。

杨靖宇组织西征的外部压力，还在于敌人的"东边道独立大讨伐"即将开始。

1936年4月，杨靖宇率一军军直部队和第一师在兴京夹砬子最后击败邵本良时，日伪"满洲国三年治安肃正计划"第一年度计划已开始实施。敌人第一年度的进攻重点又有两个，即东边道北部地区和下江。其作战分工是：关东军主力及伪"满洲国"军一部重点"讨伐"下江地区的依兰、方正、勃利；从伪"满洲国"军全部8万军队中抽调2.7万余人的机动部队（几乎是能够抽调的全部机动部队，计有9个旅的番号、伪靖安军3个团及各种支援部队），由伪"满洲国"军政部最高顾问佐佐木到一少将指挥，重点"讨伐"东边道北部地区。因此次"讨伐"全由伪"满"军进行，日伪当局称其为"东边道独立大讨伐"。4月到7月，参加"东边道独立大讨伐"的各部伪军相继到达南满，对抗联第一军的重兵包围之势逐渐形成。南满抗日游击区面临着空前的危机形势。

进入6月，第一军面对的敌情越来越严重，2.7万日伪军的合围圈就要形成。河里会议后，杨靖宇在率军部转战东边道，冲破敌人"大讨伐"的同时，便组织部队挥师西征。

6月中旬，杨靖宇命令部队开始西征。第一军第一师随即开始在本溪赛马集、南营房、梨树甸子一带征集粮秣，准备出征。

23日，第一师在本溪、凤城交界的和尚帽子山里召开团以上干部会议，军政治部主任宋铁岩代表杨靖宇，正式传达军长关于第一师西征的命令，西征部队由第一军第一师师部、保卫连、第三团、少年营约400人组成，领导人员为第一军政治部主任宋铁岩、第一师师长程斌、参谋长李敏焕。

具体计划是第一师主力（第三团和少年营）从和尚帽子山出发，向西南插入辽阳地区，越过南满铁路和辽河，直奔辽西、热河；第四、第六团在侧翼配合，掩护第三团和少年营向西挺进。第一军第二师为掩护第一师西征，迅速向长白山挺进，吸引敌军；杨靖宇亲自率领军部主力返回辑安、宽甸一带，广泛开展游击活动，以迷惑和绊住敌人，掩护第一师西征。

第一师全体指战员经过动员后，斗志更加高昂，个个摩拳擦掌，团、营、连、排、班纷纷向上级表决心，请求艰巨的任务。

6月28日，军政治部主任宋铁岩、第一师师长程斌和参谋长李敏焕率领部队由本溪和尚帽子山区根据地的上石棚附近出发，经沙窝沟、大东沟到达草河口，当天夜间迅速占领草河口站，与守敌激战半小时后，主动撤走。

30日，在矿洞沟附近再次与敌遭遇，发生激战。7月1日，在草河口附近，从连山关与下马塘之间，神速地穿越过安奉（今沈丹）铁路，到达朝天坝。尔后，昼伏夜行，翻越本溪与辽阳交界的摩天岭，进入辽阳境内。

途中，军政治部主任宋铁岩肺病发作，咯血不止，身体缩成一团，已不能走路。在大家的一致劝说下，宋铁岩由数名少年营战士护送返回本溪和尚帽子后方休养。后来，他在突围中壮烈牺牲。

7月2日早6点左右，第一师部队刚刚做好了饭，就受到敌人的袭击，部队立即退向昆岭的制高点。午后1点左右，哨兵又报告，陈家堡子有敌情。

原来，当抗联第一军第一师官兵跨越安奉铁路时，敌人就发现了部队的行动意图，立即从沈阳、辽阳、海域等地调集了大批兵力，对西征部队进行堵截追击。

7月3日凌晨1点，第一师部队集合，继续行军。到达大树沟准备吃午饭，第二排哨兵发现敌人包抄过来，程斌和李敏焕立即组织部队且战且走。于是，第一师进入小长岭宿营。

7月4日，西行进入岫岩北部山区，经铜矿沟，晚间到达坟茔沟（今属石庙子镇石棉村）宿营。

7月5日，向西北方向进发，经赵家岭重入辽阳界内的小蛮子峪、翁家堡子。在这里窃听敌人的电话得知，敌军正向这里扑来。第一师遂向南折进，越过棒子岭再入岫岩境内，到达姚家街和生铁沟（今均属三家子镇许家村）宿营。

西征部队在岫岩境内，自生铁沟、姚家街分两路向西南方向前进，在陆家堡子（今属牧牛乡大木古峪村）后岗会合后，击退追击的日军，进至大映沟、狸狐沟（今均属大房身乡太阳村）。

西征部队所到之处来不及做群众工作，缺乏群众基础，只能终日在深山密林之中昼伏夜行，生活条件异常艰苦，野菜、树皮也填不饱肚子，甚至遭受不明真相的群众的搜捕。在此险恶环境下，程斌的决心开始动摇，部队行进速度减慢。敌此时已发觉这支部队兵力相当强，鉴于去年冬天杨靖宇千里迂回出击势如破竹的教训，急忙从奉天、辽阳、海城调来大批兵力，对我军形成了三面合围，西征部队行动的突然性至此完全消失。

情况危险！第一师决定中止西征行动东返。经研究决定，西征部队兵分三路：师部和保卫连由程斌和李敏焕带领，第三团由政治部主任李铁秀带领，少年营由营长王德才带领分开活动，陆续回师本溪根据地。

第一师一分为三，各部于7月上旬分途行动。

少年营由此西进抵弟兄山（今属偏岭镇三间房村），由此再西进进入海城、营口一带，与追堵的日伪军激战后，少年营第一连沿山路南进，抵靠近营口县境的瓦沟、夹皮沟（今属哈达碑瓦沟村、头道沟村）。在这里同日军交战后，摆脱了敌军，向南进入庄河县龙潭沟（今龙潭乡梨酒沟村一带）。

第一师师长程斌和参谋长李敏焕率领师部、保卫连回师本溪。日伪军顺着第一师部队的脚印，在后边紧追不放。

一天，来到岫岩境内的陆家堡子。见地形有利，程斌和李敏焕便组织部队在此打个伏击战，回去好向军长汇报。

命令下去，第一师指战员情绪大振，出其不意打了追敌一个伏击战。但是，打了一次痛快的伏击战却贻误了回师的时间，给敌人调动兵力合围第一师提供了机会。

随后，一连数日，日伪军在后面穷追不舍。第一师部队连续几天没有得到休息，队伍十分疲惫。程斌见部队累成这个样子，阴沉的脸变得沮丧了，不住口地唠叨："这下完了，这下完了……"

李敏焕也十分焦急，但是他想，越是困难的时候领导干部越要作出好样

子，更何况西征的人员并没有受到多大的损失，只要振作起来，难关是可以
闯过去的。他思来想去，决定率领保卫连断后，掩护师长程斌先回师本溪和
尚帽子山根据地。

说着，他就带领保卫连占领了回师道路两边的制高点，掩护程斌率师部
回师。

7 月 15 日，上午 10 点多，李敏焕带部队走到辽阳与本溪交界的摩天岭
山巅，突然发现山下有日军开来。即命令部队转向右侧的对面炕山梁，隐
蔽于山坡上的树丛中。对面炕山梁自摩天岭主峰腰部突兀探出，长 70 多米，
宽不过 5 米，上边稍平坦些，顶端横躺竖卧着几块大石头。

11 点多，日军爬上了对面炕山梁，他们是驻连山关的守备第二中队，
奉命前来堵截抗联第一师西征部队，到了山上没见到抗联的影子，以为抗联
还没到。中队长今田命令日本兵原地休息，吃午饭。日本兵便习惯地把枪架
在一起，各自打开饭盒，狼吞虎咽般吃了起来。

饭前，日军今田大尉还有点不放心，独自来到山梁一块大石头上，用望
远镜向远方瞭望。没承想，突然一声枪响，今田一声大叫，便应声倒地。

李敏焕一声令下："打！"保卫连战士的子弹如暴风骤雨般地射向日兵，
打得日兵手足无措，有的嘴里还嚼着饭便蹬腿而亡。

仅 10 分钟，今田大尉以下 30 余名日兵全部毙命。这次干净利落、战果
显著，"摩天岭大捷"在东北人民中立起口碑。

摩天岭大捷后，李敏焕让保卫连的战士迅速打扫战场。日军装备好，
有步枪、有机枪，还有小炮，战士们见到有这么大的缴获，心里都乐滋
滋的。

很快，数百名日伪军包围上来了。

这天午后，李敏焕见四面都有日伪军，心想白天不可能突围出去，只
能坚持到天黑。于是，他向保卫连连长说："你带领一些人占领后面的山头，

我带领一些人占领这个山头，形成犄角之势，利用有利地形进行抵抗，坚持到天黑再分路突围。"

李敏焕和保卫连连长指挥部队刚占领有利地形，日伪军就冲上来了。一开始战斗就十分激烈。李敏焕指挥部队打退了日伪军一次次进攻。

午后4点钟，日伪军又发起了一次更大规模的进攻，保卫连一名机枪射手中弹牺牲。日伪军乘机张牙舞爪地扑到保卫连阵地前。李敏焕见情况紧急，就亲自抱起机枪向敌人横扫过去，敌人溃退了。而李敏焕却被山下敌人的枪弹击中牺牲，鲜血染红了脚下的土地，年仅23岁。

李敏焕，别名韩敏焕，1913年出生于朝鲜咸镜北道，幼年迁居吉林延边。1929年，任共青团清原县县委书记，1930年加入中国共产党。1932年，李敏焕在吉林通化柳河县组建农民自卫队，后发展为著名的抗联第一军少年营，李敏焕任政委。李敏焕以坚定的革命意志和出色的指挥才能，成为东北抗联最年轻的师级指挥员之一。2015年，李敏焕被列入民政部第二批著名抗日英烈名录。

这时，后面山头上，也只剩下了保卫连连长和两名战士，他们想突围，但是子弹已经打光，而且天还没有黑下来，这便意味着突围就要当俘虏，抗日英雄怎么能当小日本的俘虏呢！

连长说完就把步枪的枪托往石头上一磕，两截了。两名战士效仿连长的做法，也把枪摔碎。他们在高呼"打倒日本帝国主义"的口号声中跳下了悬崖。……

再说，程斌率第一师司令部和保安连边退边与敌激战，毙敌数十名，自己也损失惨重。危难之中，当地一位抗日群众指引他们从一条小路跳出了敌人包围，辗转东去，回到兴京游击区。不久，第三团和少年营也相继返回。

第一次西征失败，400人的部队损失大半，第一军战斗力最强的第一师元气大伤。此次西征未能达到预期目的。

8月，刚刚与魏拯民在河里举行完河里会议后，杨靖宇率军部来到宽甸四平街堡子与第一师师部会合，听取了第一师师长程斌关于第一师西征经过汇报。

杨靖宇认为，此次西征虽未能沟通与党中央和关内抗日武装的联系，但扩大了抗联的政治影响，锻炼了干部和战士，摩天岭一战更是打出了军威。

在第一军干部、战士大会上，杨靖宇鼓励同志们说："摩天岭战斗取得了重大胜利，给日寇很大打击。"杨靖宇又号召大家吸取经验教训，他说："西征失败主要原因是步兵行动迟缓，目标明显，易于暴露；行军季节在夏季，天热雨多，行军多有不便所致。"

在讲话中，他眼含热泪带领干部、战士为在摩天岭战斗中光荣牺牲的李敏焕参谋长等烈士默哀三分钟。

李敏焕，生于朝鲜咸镜北贫苦家庭，幼年随家入迁吉林延吉，1930年加入中国共产党，任中共清原县委委员兼共青团县委书记。2015年被列入民政部第二批著名抗日英烈名录。

会后，杨靖宇指示第一师师长程斌带部队好好休养生息，并给第一师补充了一些战士，使第一师得以重新整编，令其准备再战。

一天夜里，阴雨连绵，夜色深沉。杨靖宇躺在帐篷里久久不能入睡。这次西征中涌现出许多可歌可泣的事迹，留下了感人的历史篇章。其中第一师少年营的小战友，多数是十几岁的娃娃。他们为了保卫家乡、国土，赶走日本帝国主义侵略者，为了替遇难的父老兄弟姐妹报仇雪恨，踊跃参加了西征。他们当中的多数人在西征途中献出了年轻的生命。他们的牺牲令人痛心，又令人钦佩。杨靖宇满怀激情，挥笔写下《西征胜利歌》[10]：

> 红旗招展枪刀闪烁我军向西征，
> 大军浩荡人人英勇日匪心胆惊。
> 纪律严明到处宣传群众俱欢迎，

创造新区号召人民为祖国战争。

中国红军已到热河眼看到奉天，

西征大军夹攻日匪赶快来会面。

日匪国内党派横争革命风潮展，

对美对俄四面楚歌日匪死不远。

紧握枪刀向前猛进同志齐踊跃，

歼灭日匪今日全队我军战斗好。

摩天高岭一场大战惊碎敌人胆，

盔甲枪弹缴获无数齐奏凯歌还。

同志们快来高高举起胜利的红旗，

拼着热血誓必打倒日本帝国主义。

铁骑纵横满洲境内已有十大军，

万众蜂起勇敢杀敌祖国收复矣。

再度西征功败垂成，抗联第一军精锐皆失

杨靖宇在整顿好第一师后，率军部回到了宽甸、桓仁游击区。从地下交通员那里得知了敌人 1936 年秋至 1937 年春的全部"讨伐"计划，立即命令部队进入反"讨伐"的备战阶段。令第一师休整待机扩编，第三师做好西征准备，各部配合西征开展活动并修建"密营"，筹集冬季给养。

杨靖宇是一个矢志不渝的人。他在领导部队反"讨伐"的备战中，心中始终不能忘怀的就是再次西征，打通关内外联系。虽然第一次西征失利，部队遭受了损失，但他并未为此而感到心灰意冷，相反，他认为西征的战略动机与战略方向都是正确的，缺乏的也许就是一些运气。当前，敌人的"东边道独立大讨伐"即将开始，如果敌人向我扑来，后方肯定会空虚，这对第一军再次组织西征来说正是一个绝好的机会。

1936年11月，杨靖宇率军部及教导团2个连由天桥沟密营出发，来到桓仁外三堡，与第三师部队会合。在此地，杨靖宇召集有军部领导同志和第三师负责同志参加的会议，与会者有第一军参谋长安光勋、秘书长韩仁和、军医处处长徐哲，军需处处长胡国臣、第三师师长王仁斋、政委周建华、参谋长杨俊恒。会议决定利用敌人集中兵力在东边道地区开展"大讨伐"之机，组织第三师进行第二次西征，跨越南满铁路和辽河，挺进热河，以与关内红军取得联系。

在这次由杨靖宇主持的会议上，大家认真总结了第一次西征的经验教训，决定把第三师的部队改编成骑兵，在冬季利用江河封冻之际，由第三师骑兵队伍进行西征，快速突向铁岭、法库一线，乘敌不备越过辽河，一直冲到热河与关内红军取得联系，进而找到党中央，使东北的抗日游击战争能与关内的抗日斗争紧密结合起来。

接受军部授予的西征任务后，师长王仁斋和政委周建华率领第三师积极进行西征准备，发动群众，筹集马匹，抓紧训练，调查情况，了解路线。

负责全师训练工作的杨俊恒参谋长，披星戴月为部队选良马备马鞍，紧接着就投入了紧张的训练工作。训练场上，他魁梧的身躯整天在马背上翻上滚下，一遍又一遍地给同志们做示范动作，帮助指战员学习骑马的要领，对每一位同志的准备和骑术，他都要了解并仔细查看一遍。从晨曦微明到夜幕降临，训练场上战马嘶鸣。十余天过去了，一支400多人的骑兵队伍终于装备完毕。

11月下旬一个月明星稀的晚上，一阵集合号吹过，400多人的马队集合起来，师长王仁斋、政委周建华、参谋长杨俊恒、政治部主任柳万熙也跃上战马，率领西征部队从桓仁外三堡出发，跃马横戈，挥师西进。一路上昼伏夜行，进展很迅速。

然而敌人还是知道了这一行动，一路上不断地封锁。

初冬，天幕低垂，鹅毛大雪漫天飞舞，西北风呜呜叫着，吹得早已变成了光秃秃的树枝沙沙作响，极目远望白茫茫一片，天气格外寒冷。

已经几天了，1000多名狡猾凶恶的日本鬼子和汉奸紧跟在第三师西征部队后面，咬住不放。战马嘶鸣，尘土飞扬。师部领导决定，教训一顿身后的恶狼。

当第三师骑兵部队来到一个地势较高的山坡边时，杨俊恒调转坐骑，怒目圆睁，手挥战刀，大喊一声："冲啊！"率先扬刀冲入敌群。

第三师众骑兵健儿人人争先，个个英勇，与敌人展开了一场肉搏战。一时间，枪声大作，刀光闪闪，匹匹战马腾着片片雪花，犹如山中的雪崩，投向万恶的小鬼子。刚才还不可一世的敌人突然遭此打击惊慌失措，弃枪四处逃命。

一番猛冲过后，第三师西征部队指战员则返身继续西征，将敌人甩在了身后。

历经一个月左右，第三师抵达法库县三面船石佛寺辽河东岸。

不料这年冬季气候反常，气温偏高，12月下旬的深冬却风雨交加，辽河不仅没有封冻，反而河水上涨，水面增宽，奔流不止。各渡口已有敌人重兵把守，渡船也被敌人控制起来。

第三师西征官兵心急如焚，他们怎么也不会想到，自己一路血战冲到了辽河边上，却被暖冬挡在河边，英雄们只能望天长叹，伤痛在怀。

在第三师于辽河岸边滞留期间，敌人听说部队中有姓杨的当指挥（第三师参谋长杨俊恒与杨靖宇体貌相似，又同姓），误以为是杨靖宇亲自率队西征，便慌忙调动大批日伪军对第三师西征部队前阻后追。

在这异常危急的情况下，师部召开了紧急会议，决定夺取敌人的船只，强渡辽河。接着，全师集中优势武器和兵力，选择敌人的薄弱环节，准备渡河。可惜这里的辽河两岸皆为平原，不便隐蔽。

第三师刚有行动就被敌人发觉，从对岸飞来如蜂般的子弹，同时河这岸的敌兵也闻声而动，纷纷扑来。在腹背受敌的处境下，第三师领导指挥部队与敌人兜圈子，走走打打，频繁作战。

由于连续行军、作战，不得休整，人马疲惫，掉队、伤病员越来越多，队伍大量减员。加之带路向导相继牺牲，敌追击部队迫近，第三师西征部队处境十分不利。1937 年春，第三师西征部队返归清原、兴京、西丰抗日游击区。此时，人员已损失过半，仅剩百余人。

两次西征的失利，对于杨靖宇和抗联第一军的打击是极其沉重的。为了这两次西征成功，杨靖宇几乎遣尽了第一军的精锐之师。然而两次西征的失利，使誉满东北的第一军骨干队伍丧失殆尽，杨靖宇和第一军余部在短期内已无力为打破敌人的"东边道独立大讨伐"而采取新的行动，面对 2.7 万多名日伪军的逼近，杨靖宇和抗联第一军从此过早地步入了艰难时期。

两次西征，是杨靖宇和抗联第一军，为打通关内外抗联与红军战略联系的主动出击，虽然均遭失利，但杨靖宇的军事战略眼光无疑是正确而深远的。

作为一名卓越的军事家和游击战争专家，杨靖宇清楚地看到，自 1934 年 4 月满洲省委被撤销以后，南满党和第一军就与上级党失去了所有联系，一直处在孤军苦战的境地里。虽然几年来自己率领第一军取得了许多胜利，但从本质上说，它们还只是些战术上的胜利，不是战略上的胜利。从战略的角度看，随着南满地区各路义勇军的被歼灭，第一军的处境不是改善了而是大大恶化了。第一军在战略上的回旋余地很小：西面和南面是敌人严密统治的奉天、本溪和辽东半岛，北面是伪"满洲国"的心脏长春和交通命脉长图线，东面是朝鲜，虽有长白山之险，但敌人的重兵包围和东北的气候却使这仅有的优势打了折扣。处在如此包围之中，第一军是没有前途的，它只有在战略上得到支援才能生存、战斗下去，直至胜利。当然，第一军也可以向东北方的安图、宁安方向及南方的辽东半岛突围，但向东北发展只会给抗联第二、第五军带来更沉重的敌情压力，向南发展的终点是大海，两个方向都不能使第一军的战略处境获得改善。杨靖宇只能向西，穿过敌人统治严密的抚顺、奉天、辽阳，朝热河发展，争取同红军东征部队打通联系，建立起东北的新的战场态势。**"**

恰好此时，杨靖宇通过缴获的敌伪报刊了解到：中央红军已到达陕北，并开始东征抗日，先头部队锋芒直指伪"满洲国"的西南"国境"热河。这条消息给予他的影响是巨大的。热河与南满并不遥远，如果红军真能抵达热河作战，第一军就可与之互为掎角之势，从西南—东北两个方向对承德、锦州、奉天之敌形成战略夹击，那样，不但第一军能够获得急需的战略支援，整个伪"满洲国"南部，甚至整个东北战场的"棋局"就都"活"了。那时就不是敌人包围我们，而是我军对其实施战略上以及战术上的南北东西大夹击。即使中央红军东征到达不了热河，只要第一军努力西征至热河，同样也可以打通关内外战略联系。

两次西征失利，主要在于主客观条件都不够成熟。

从主观上说，以大部队远征方式打通与关内红军、党中央的联系代价很大。人马众多，必引起敌人注意，遭到敌人的围追堵截。一般来说，这种与关内红军、党中央取得联系的工作应是极端秘密隐蔽的工作，只能采取派出少数人化装进关或许尚有可能。

从客观上说，在当时的历史条件，总的敌我力量对比是敌强我弱，途中频频遭到敌人前堵后追、左右夹击和四面围攻。第一军西征部队在前进中处于被动状态，虽曾进行过摩天岭那样的胜利战斗，但不能从根本上改变敌我双方力量基本态势。

另外，远征西进之地缺乏群众基础。因部队在一个地方往往是一走就过，西征部队对这些地方人生地不熟，群众不了解西征部队，斗争得不到群众支持。如第一师西征时，由于敌人的反动宣传，西部地区许多村屯的群众被敌人逼迫组成棒子队，搜寻隐蔽在高粱地里的远征战士。至于给养更是严重缺乏。在敌人严密统治下，抗联部队也难于从群众手里搞到能供给远征部队使用的粮秣。群众不能迅速得到发动，自然也不可能开辟出新的游击区。

此外，地理、天时条件对远征部队皆不利。从地理条件看，两次西征都穿越辽河平原地带，且接近敌人在南满统治的中心区域沈阳地区。这对于习惯于山区作战的第一军战士来说无疑是一个很大的困难。第二军战士缺乏平原行军作战经验，加之敌人统治中心区域敌兵多而强，封锁严且密，这就难免不遭受较大损失。从天时说，本来冬季行军可以跨越坚冰封冻的辽河，顺利到达辽西地区。但天公不依人愿，时令已是冬寒，但气温偏高，天还降雨，为历年所未有，使远征部队有了一个不可逾越的障碍。

总之，抗联第一军的两次西征因上述主客观原因，未能达到预期目的，部队的力量也因此受到削弱。但这两次西征其积极意义还是重大的。西征部队在途中宣传中国共产党的抗日主张，辽阳等地群众欣喜相传"东山里的红军打过来了"。扩大了共产党、抗联部队在辽河流域的影响；西征部队在冲破敌军堵截中消灭了一批敌人的有生力量，取得了摩天岭战斗等重大胜利，打击了日伪统治者；西征部队勇于冲进敌人统治严密地区，再一次显示了抗联第一军指战员为寻求与党中央、关内红军联系，争取上级领导的英勇无畏的革命精神。同时，第二次西征在某种程度上转移了敌人的视线，减轻了老游击区的压力，这对于第一军其他部队冲破敌人的"东边道独立大讨伐"是有力的配合。尽管西征以失败告终，但西征不失为英雄壮举。

1937年下半年之后，东北党组织与上级组织联系完全断绝。在这种情况下，杨靖宇更加意识到自己肩负的担子之重。为了从事党的抗日救国事业，他以百折不挠的精神，依据共产党一贯的抗日救国的方针、政策，领导广大抗日军民独立自主地坚持着艰苦的抗日。

两次西征失利后，抗联第一军步入了艰难时期。事后，杨靖宇以对党的事业负责的精神总结经验教训。1937年6月。他主持召开了抗联第一军党部扩大会议，通过了《抗联一军党部扩大会议决议案》、《政治决议案》、《抗日军工作决议》和《指示信》等。其中，除一般工作总结、部署外，还对两次西征作了总结。

痛击日寇水出守备队，贡献最后一滴血绊住敌人

1937 年 7 月 7 日，全民族抗日战争爆发。25 日，杨靖宇领导的东北抗联和第一军发表《为响应中日大战告东北同胞书》，号召东北同胞本着"天下兴亡，匹夫有责"之原则，立即崛起，为"恢复中国人之东北"而战。

杨靖宇非常清楚东北抗战和关内抗战的相互关系，向全军指战员讲道："我军处于日寇侵略华北的后方基地，又是内地抗战的前哨和先锋，每一个忠诚的共产党员、共青团员、爱国志士，必须贡献最后一滴血来绊住敌人，打击和消灭敌人，长期苦斗下去，胜利一定属于伟大的中国人民"。**12**

经过 1936 年冬季和 1937 年春季的休整训练，抗联第一路军的军事素质和政治素质得到进一步提高，军民关系进一步加强。广大指战员正以充沛的精力准备新的战斗。为了配合关内全民族抗战，振奋部队士气，杨靖宇和南满省委决定在东南满地区采取主动袭扰的策略，使日军抽身不易，死死拖住其后腿。他们连续发动袭击，打出了一系列漂亮仗。其中一仗尤其精彩：诱敌来援，痛击日军水出守备队。

1937 年 10 月 31 日，宽甸的双山子和四平街一带，日军水出守备队驻地。

为消灭这股敌人，杨靖宇设法引蛇出洞。他把主力部队埋伏在小佛爷沟的山头上和道路两旁。派小部队切断敌人从四平街通往本溪、桓仁等地的电话线，只留下通往双山子一条线。

凌晨 2 点，部队分兵三路佯攻四平街，迫使四平街之敌向双山子求援，诱双山子敌军出动，敌人果然中计。

佯攻四平街战斗一打响，四平街之敌日军陆岛队慌忙呼救。驻双山子的日军守备队接到呼救电话，即由水出佐吉大队长率领 30 多名日军，分乘 3

辆汽车驶向四平街增援。

"敌人出动了",战士高兴地小声地说,全神贯注地盯着敌人的汽车灯光,灯光越来越近,越来越亮。

头一辆车刚上沟口的木桥,只听杨靖宇一声令下:"打!"

顿时,我机关枪步枪一齐向敌人汽车猛烈射击,头车被密集的火力打瘫痪在桥上,后面的汽车也只好停在路边挨打。我战士们杀声如雷,如猛虎一般端着雪亮的刺刀冲向敌人,同日寇展开肉搏战。

头辆车上正好坐着日军守备队大队长水出少佐,他急忙跳下车来,挥舞着东洋刀四处乱砍。我们的战士们急了,端着刺刀向他刺去,结果三把刺刀同时把这个双手沾满中国人民鲜血的狗强盗"钉"在桥柱上。水出一死,敌人失去指挥,乱了阵脚,四处乱窜,被全部歼灭。

这时,佯攻四平街的抗联部队已撤离阵地。四平街日军陆岛队于是出援水出队。不料,半路被抗联截击,陆岛小队长以下数人被击毙。

这一仗,日寇水出、陆岛相继丧命,使驻守东边道一带的日伪军倍感惊恐,抗日军民深受鼓舞。杨靖宇指挥战士们打扫完战场,运走了汽车上的弹药和其他物品,烧掉了汽车,迎着东方的曙光安全撤离战场。

攻打抚松,抗联第二军掩护第一军西征

1936年7月上旬河里会议之后,根据作战分工,魏拯民、王德泰率抗联第二军主力1500余人,联合义勇军600余人,在抚松县西北部的清江甸子、大苇沙河一带集结,准备攻打抚松县城,最大限度地吸引敌人兵力进入长白山,掩护第一军西征。

抚松位于长白山腹地、松花江最上游的支流头道江右岸,是日伪在通化东北地区的主要支撑点。城内驻有日军300人,伪军1个营,还有一支数量可观的伪警察队。抚松守敌人自恃兵多粮足,装备精良,城防坚固,气焰嚣

张，成为第二军在抚松、临江、长白三县开辟长白山根据地的主要障碍。如果此战成功，不仅策应了第一军西征，还将拔除日伪在抚、临、长地区的一个重要军事据点。

魏拯民、王德泰将主攻任务交给了金日成、曹亚范率领的第六师。金日成又联合了义勇军九战、万顺、万军、李司令部，总兵力 2000 余人，提前做好了攻城准备。

1936 年 8 月 17 日凌晨 3 时，以第二军第六师为主力的多路抗日军突然包围抚松，发起猛攻。

第六师一马当先，很快占领了城东南制高点东山炮台和小南门外一带。这时，如乘胜前进，连续作战，我军就能一举攻进城里。但不知何故，我军事前安排在城里的内应没有打开城门，守敌凭借坚固工事，以猛烈火力阻击我攻城部队，使缺少重武器的我军不能前进。其他各路义勇军见此情景作战不够坚定，也没能攻下其他两门，见战局不利，便率先撤出战斗，退入山林。

敌人于是集中兵力，出城向第六师占据的东山炮台和小南门反扑过来。金日成、曹亚范率第六师部队坚守阵地，一次次发起反冲击，将敌人数次反攻击退，数十名日本兵被击毙在阵地前沿。守敌知道今天遇上了强敌，赶忙退回城内，紧闭城门，龟缩到坚固的城墙工事内顽抗，等待援兵。

金日成见势再度率第六师发起攻城战斗。战斗一直激烈地进行了两天，终因我军无炮，在城墙上打不开缺口，成胶着状态。魏拯民、王德泰见破城无望，敌大批援军将至，果断命令第六师摧毁东山炮台，撤出战斗，并在撤出途中击溃了前来追击的敌军。

抚松之战虽没有达到预定目的，但是给敌军以一定杀伤，打击了敌军的嚣张气焰，更为重要的是，第二军一战而调动敌人、策应第一军西征的目的实现。但是由于抚松之战我军兵力之多，攻势之盛，都极大地震撼了敌人。伪"满洲国"军政部最高顾问佐佐木到一和东边道日军司令三毛少将重新调整部署，调集大批兵力，向抚松压来。

根据情况变化，金日成、曹亚范率第六师火速离开抚松，向东南方的长白县转移，建设新根据地。9月初，第六师进入紧靠中朝边境的长白县境内，连续在大德水、小德水、半截沟、二道岗袭击敌人，打击敌伪势力，派出工作队前往偏僻山村发动群众，组织抗日会，除原有根据地外，又相继建立了漫江、十九道沟、二十道沟游击根据地，为第六师在这里坚持长期斗争打下了基础。

王德泰留守抚松诱敌，掩护第二军转战长白山区

在第六师进军长白山区的同时，魏拯民、王德泰率第二军军部和第四师坚持在抚松境内诱敌，将敌人引向西北的安图，掩护第六师挺进长白地区。此时第二军军部和第四师正在抚松境内承担着巨大压力。

1936年8月末，第二军政治部主任李学忠视察抚松东岗大碱厂密营地下兵工厂，遭一队日军突袭。为保卫兵工厂，他带领密营全体战士、工人与敌激战，不幸中弹牺牲，年仅26岁。

李学忠，山东人，九一八事变后入党并被派往苏联学习。他是抗联第二军困难时期的重要领导人、第一路军的奠基者之一。李学忠的牺牲，是第二军这年冬天遭受的第一个重大打击。

眼看大批日为军正汇集抚松，王德泰、魏拯民率军部和第四师按原定计划向安图转移，他们忽东忽西，打打走走，走走打打，巧妙地调动敌人，与敌人周旋。

9月初，第四师先遣队200人进入安图。随即在四道白河地区与伪军"讨伐队"200人相遇，激战半日，打死打伤敌军20余人。这一仗惊动了安图和全东满的日伪军。

10月10日，第四师主力刚刚转移到安图南的东清沟，立即与伪军第七旅第二团交火。安凤学、周树东兵分两路从左右两翼发起突击，击毙日军上

校石川隆吉和中校河村以下数十名，余众溃散。

第四师的战斗力震惊了日酋佐佐木到一。他认定现在出现在安图的抗联正是不久前攻打抚松的那支抗日军的主力，当即下令聚集在抚松的大批日伪军向安图方向移动，与安图日伪军对我形成重重包围之势。

此时引敌北上的目的已经达到，魏拯民与王德泰分手南下濛江，代表杨靖宇领导第一军第二师，从敌人背后发起攻击，以策应第四师向东南方抚、长、临根据地突围。

魏拯民走后，王德泰率军部和第四师回头南下，准备甩掉那股紧跟不舍的敌人，进入抚松、长白、临江的深山密林。但这股日军十分难缠，我军走到哪里，它就跟到哪里。王德泰当下决定：率队在抚松、临江、澄江的林海雪原里与敌周旋，领着它转圈子，既不让它打到我军，也不让它中途停下来歇着，最后看看究竟谁能"拖死"谁。

寒风凛冽，积雪没膝，冷气冻裂肌肤。这是一场高度情绪化的毅力与意志的较量。我军官兵常常几天吃不上一点东西，只能以草根树皮充饥。1000多名日军也跟着被"拖"进了长白山原始林区，很快被大批冻伤。敌人缺乏防冻经验，宿营时用热水烫脚，许多人因此伤情加重，不得不截肢。

10月末，这批日军终于以伤病达三分之二为理由向上司报告，不能再战，要求撤回原驻地。日军撤退后，从意志上拖垮日军的王德泰也率军部和第四师主力向东进入临江。此地的伪军2个连听到风声，慌忙抢占我军山抚松进入临江的咽喉要地太阳岔。

太阳岔是我军在抚松、临江一带活动的必经之地。敌人在此驻守，成了我军活动的绊脚石。

11月初，王德泰率领军部、第四师第一团、第二团第三连，突然将太阳岔团团包围，发起猛烈攻击和有力的政治攻势，伪军被迫投降。此役，第二军共缴获机枪2挺，步枪100余支和大批军需用品，摧毁了敌兵营。第二军军部和第四师胜利进入临江。

太阳岔战斗后，王德泰又率领第四师主力、第六师一部来到抚松县小汤河一带活动。

1936年11月下旬，抗联第一路军副总司令、第二军军长王德泰在小汤河村召开会议，部署下一步的作战计划。会议进行期间，敌人侦察到了消息，从抚松、濛江两县三地集中了600余名骑兵，利用夜暗对我发起了突袭。我军也得知敌人来袭的情报，正要转移，但晚了一步，被迫就地展开，与敌激战。

敌人依仗兵力多，火力猛，抢占了村外高地阎王鼻子山头制高点，向我军防守的小汤河南山进攻。为确保突围成功，王德泰命令一个连从小汤河西面的草爬子沟悄悄迂回到敌人背后，发起反突击。敌人受此打击，进攻线崩溃，边战边逃，留下60余具尸体。

战斗结束时，一颗子弹飞来，击中了正在指挥我军追击的王德泰，军长王德泰当即牺牲。

1936年冬天，王德泰率领第二军军部和第四师在长白山林海雪原中与日寇艰苦奋战，是第二军历史上最艰难最精彩的篇章之一。第二军的苦战，将日伪军的注意力长久地吸引到了长白山深处，使两次西征失败后的第一军能够顺利遁入深山隐蔽休整，度过了建军以来最严重的一次危机。

王德泰牺牲时年仅28岁，以勇猛善战著称，被誉为"东满一只虎"。王德泰是东北抗日联军重要将领。1907年5月，生于辽宁盖县（今营口大石桥市）一个贫苦农民家庭。1926年到吉林延边谋生，其间目睹日寇暴行。1931年九一八事变后加入中国共产党，任延吉县反帝同盟组织部部长。1932年受党派遣去争取山林队，从此投身于党领导的东北抗日战争之中，为中华民族的独立与解放流尽最后一滴血！

王德泰牺牲时连一张照片也没有留下，但他留下了自己的英名和战斗故事。王德泰的牺牲不但是第二军的重大损失，也是东北抗联第一路军和杨靖宇、魏拯民的重大损失，这使第一路军的危机进一步加深。

危机加深：第一路军五名将领牺牲

王德泰牺牲后，魏拯民不得不亲自兼任第一路军副总司令，用主要精力带领第二军作战，原由他主要负责的南满省委的工作和第一路军的政治工作，因之受到削弱。

王德泰率部与日军激战长白山之际，第一军第二师在魏拯民、曹国安率领下，离开磐石、辉南老区，向东转移到抚松长白境内，与第二军第四、第六师一起牵制敌军。王德泰牺牲后，魏拯民立即率领第二、第四、第六师，再次向临江县转移。

1936 年 12 月 8 日，第二师师长曹国安率领部队，身穿当地群众送来的白大衣，在长白县十三道沟的雪地里伏击一支由伪靖安军派出的"游击讨伐队"，毙敌数十名。12 月 21 日，被激怒的伪靖安军及临江县伪治安队共1000 余人追来，我军在江边大道设伏，伪军败阵，伤亡惨重。战斗中，曹国安中弹牺牲，终年 37 岁。

曹国安，原名于德俊，1900 年 12 月出生于吉林永吉县。1919 年考入吉林省立第一师范学校，后辗转至北平毓文学院求学。受五四运动影响，接受马列主义思想。1931 年加入中国共产党，1932 年受党派遣返回东北，从事兵运工作和武装起义，参与创建东北人民革命军第一军，是东北抗联第一军的重要将领。2014 年被民政部列入第一批著名抗日英烈名录。

曹国安的牺牲，是杨靖宇受到的又一次沉重打击。1937 年初，第一路军总司令部决定调第六师政委曹亚范继任第二师师长。

12 月间，第四师第一团、第二团第三连和第二师一部，在临江八道沟伐木场与敌"讨伐队"交火，毙伤敌数十名，缴获轻机枪 2 挺，步枪数十支。

同月，第二军第五师师长史忠恒，在图佳铁路老松岭战斗中负伤牺牲，终年 38 岁。

史忠恒，吉林永吉人，出身贫苦，无论是在王德林的救国军、李延禄的游击军，还是在第二军第五师的旗帜下，都是一名骁勇善战的虎将。他牺牲后，第五师参谋长陈翰章接替了他的职务，继续在绥宁地区坚持斗争。

1937年农历正月初一，日伪军"讨伐队"袭击了第一军本溪、凤城之间的和尚帽子山密营，身患重病的第一军政治部主任宋铁岩突围时牺牲，年仅28岁。

宋铁岩是曹国安的外甥，1933年春与曹国安一起领导磐西烟筒山伪军十四团迫击炮连哗变，加入南满游击队，一直是杨靖宇身边最得力的助手之一，他的牺牲对一军和杨靖宇以及第一路军来说，是李红光牺牲后又一次重大的损失。

从1936年11月到1937年初，在短短不到三个月时间里，东北抗联第一路军先后有一名军长、一名军政治部主任、三名师长在与日寇作战中英勇牺牲。可见，东北抗联战斗之频繁激烈！

存亡之际：魏拯民撑大局，转战长白山区

1937年初，日军探知第六师在长白山黑瞎子沟设密营，随即出动"讨伐队"500余人进行偷袭。当时，第六师主力在外活动，该密营只有留守的20余名战士。他们发现敌人后，立即埋伏在密营附近有利地形上。当敌人自以为偷袭得逞时，战士们突然开火，打得敌人死伤数十名，最终因摸不清我军虚实而狼狈回窜。

敌人在临江、长白县内连续损兵折将之后，急忙调集兵力，大批日伪军密集于抚松、临江、长白，排成多层阵势，由西向东压来，妄图将第二军和第一军第二师压迫到长白县中朝边境一个狭小地带聚而歼之。我军洞察了敌人这一阴谋，除留下一部分主力仍在长白、临江县坚持斗争、吸引敌人，其余部队迅速挥师去抚松县，跳出了敌人包围圈。紧急赶回第二军军部的魏拯民立即指挥各师留下小部队坚持根据地斗争，主力迅速向抚松、濛江转移，

跳出了敌人的包围。

1937 年初，关东军司令植田谦吉对这一年度"东边道独立大讨伐"效果很不满意，决定将其与下一年度的春季"大讨伐"连接起来。

面对敌人接踵而来的"大讨伐"，第二军在魏拯民的领导下与敌周旋，又打了一系列漂亮的战斗，给敌以沉重打击。

1937 年 1 月，第四师政委周树东指挥第一团的 3 个连、第二团第三连和师部警卫连，在抚松县松花江两岸小夹皮沟口伏击伪靖安军 1 个连，除俘虏 20 余人和逃跑 1 人外，其余全部被击毙，缴获机枪 2 挺，掷弹筒 1 个，步枪近百支。

2 月 22 日，第六师主力 200 余人在抚松县城甫 15 公里处与伪靖安军清野连激战，结果击毙敌连长清野中尉以下 23 名，击伤 11 名。在我军撤出战斗转移途中，又与伪靖安军工藤连遭遇，战斗中击毙敌连长工藤中尉以下多人。

2 月 25 日，第四师一部在抚松县漫江沟里伏击了伪军 1 个连，俘虏 20 余人，其余全被击毙。

与此同时，留在长白县的第二军部分部队也积极寻找战机消灭敌人。第六师一部于 2 月 14 日和 20 日，先后在长白县红头山和桃泉里同敌"讨伐队"发生战斗，歼灭一批敌人。与此同时，第四师一部攻破了南岗木场，缴获大批白面、大米和 300 余头牛。战斗结束后，指挥员们带着战利品返回长白县与第六师会合休整，准备欢度元宵节。

敌人得知南岗木场被袭的消息后，立即派出 2 个连伪军在营长带领下寻踪跟来。伪军刚刚出动，群众就向我军报告了这个情报。2 月 26 日第四、第六师在鲤明水山沟伏击了这股敌人。战斗结束后，180 余名敌人除营长带30 名残兵逃脱外，其余均被击毙或俘虏。缴获轻机枪 3 挺，长短枪 130 余支。鲤明水战斗胜利后，两师指战员共庆胜利，欢度了元宵佳节。

3 月间，第六师第七、第八团先后两次袭击了临江县六道沟。共毙伪军

90 余人，俘虏日本兵 1 人，缴步枪近百支，棉布 50 余匹，胶鞋 200 余双。

根据形势向着有利于第二军的方向发展，3 月 29 日，魏拯民召集第一军第二师、第二军第四与第六师领导干部，在抚松县杨木顶子密营举行会议，总结了 1936 年秋季以来反"讨伐"斗争的经验教训，研究了我军 1937 年上半年的活动方向问题。根据斗争形势和敌我态势，会议决定采取分兵游击、冲破敌人的包围圈的作战方针：第二师由临江逐渐转向长白；第四师北上安图、和龙，分散敌人兵力，再转回长白根据地；第六师由抚松直奔长白山，回援留守部队，坚守和扩大长白山根据地。

会后，第四师再次引敌北上。他们走的路线正是去年冬天王德泰军长率领他们走过的那条路线。4 月初，第四师进入安图，截击敌运输车队，解决了部队的给养。

4 月 24 日，安图县伪治安队长李道善率队赶来袭击第四师。敌人企图利用有利地势围歼我军。我军识破了敌人的企图，一部分战士正面牵制敌人，另 2 个连战士迅速利用树林的掩护绕到敌人侧后，抢占高地，形成对敌人的两面夹击，机枪子弹、手榴弹像雨点似地射向敌人。经过数小时的激战，敌人死的死，伤的伤，仅剩下少数人侥幸逃了命。是役，毙伤敌人 100 余人。双手沾满亢联和群众鲜血、恶贯满盈的李道善也被击毙。

但在这场战斗中，以骁勇善战闻名全军的第四师政委周树东牺牲，年仅 19 岁。

周树东山东平度人。13 岁加入共青团，15 岁任第二军第一团政委兼共青团东满特委书记，19 岁任第二军第一师政委。在东北抗联的战斗行列中，他是牺牲时年龄最小的一员虎将。

大沙河之战后，第二师经和龙回师长白，经过多次战斗，转到长白山东侧向长白县前进。魏拯民开始亲自带领这支队伍。1937 年 6 月，魏拯民率第二军军部和第四师 100 余人，袭击了临江县庙岭伪军据点。

敌人为配合 1936 年秋冬季"讨伐"，于 1937 年初在通往抚松、临江、长白等县的交通要道庙岭设了据点，并派伪军混成第四旅第二营驻扎，成为我军在这一地区活动的一个障碍。

魏拯民决定拔掉这个据点。他先派两个精明强干的战士，利用给伪军修筑营房的当地老乡的关系，打入据点当上了伪军。这两名战士利用"交朋友""拜把子"的方式，经过一个多月的努力，争取了该营特务长等十余名爱国官兵。

在攻取据点条件成熟后，6月的一天夜间，魏拯民指挥第四师一部，利用打入敌营的我军两名战士和争取过来的伪军做内应，经过短暂的战斗，将该营营长以下伪军全部缴械。共缴获迫击炮1门、重机枪1挺、轻机枪3挺、步枪百余支和大批弹药、给养，并彻底摧毁了该据点。这场战斗是第二军1937年间取得的重大胜利之一。

杨木顶子会议后，金日成率第六师回师长白。6月初，第六师一部越过鸭绿江，突袭朝鲜境内的普天堡镇，毙敌40名，俘敌20名，缴获机、步枪20余支和大批军用品，还向居民发放了大批宣传品。第六师撤回长白后，驻朝日军第十九旅团气急败坏地越过边境，前来"围剿"。

再说魏拯民率第一军第四师经过近一个月的艰苦行军回到长白县，与第二军第二、第四、第六师会合。

6月30日，我军以第四师为主力，第二、第六师配合，共500余人在十三道沟间峰山设下伏兵。越境追击第六师的驻朝日军第十九旅团初入东北战场，尚不知道抗联部队的厉害，气焰十分嚣张。其前军刚刚进入间峰山，我500抗日健儿便枪弹齐发，杀声蔽野，日寇死的死，伤的伤，后队慌忙急退，检点兵员，已死伤百余。此战之后，日军第十九旅团不敢再小觑东北抗日联军。我军在取得毙伤敌五六十人的战果之后，主动撤出战斗，甩掉了这股敌人。

从1936年秋冬至1937年春，第二军第四、第六师和第一军第二师密切配合，转战长白山区，在广大群众的支援下，经过大小上百次的战斗，歼灭了大批日伪军,给敌以沉重打击。此时,"东边道独立大讨伐"已持续了一年半,2.7 万余名日伪军被我拖得筋疲力尽,无心再战,佐佐木到一不得不停止"讨伐"行动,敌人围歼我军的企图终于成为泡影。

1936 年春到 1937 年夏,随着许多著名将领相继战死,第一路军进入存亡险难之秋。

与此同时,"九一八"后一直活跃在东边道地区的最后一批抗日义勇军、山林队也相继溃灭。1937 年 3 月 26 日,东北义勇军失败后,仍坚持在东边道地区抗日不止的辽宁民众自卫军第十九路军司令、著名的抗日英雄王凤阁,在通化六道沟南岔一条山沟(现名王凤阁沟)与 2000 多名日伪军激战数日,身负重伤,和妻子迟凤英、儿子及最后几名战士被俘。4 月 6 日,王凤阁一家三口被杀害于通化城东北玉皇山下柳条沟刑场。与此同时,曾与杨靖宇联合作战的许多义勇军山林队首领也兵败身亡,其中有"老长青"的参谋长、"保中华"、"九占"、"九江"、"青山"、"黑虎"、"双山"、"仁义"、"金龙"等;而"老长青"、赵明恩、北来好、双胜相继兵败降敌。东边道地区一度风起云涌的抗日武装,至此基本被一一消灭,杨靖宇和魏拯民领导的抗联第一路军真正成了"孤军"。

而且,由于两次西征的失败,这支孤军短时期内已不能再行西征,从战略上改变自己的处境,于是,第一路军此后的战斗,都只具有了一种明知不可为而为,坚持战斗直至最后的悲壮意义。这种情况在全国战场上都是极为罕见的。

注　释

1.《毛泽东选集》第二卷,人民出版社 1991 年版,第 416 页。
2.《东北抗日联军史》编写组:《东北抗日联军史》(下),中共党史出版社 2015 年版,第

638 页。

3. 《东北抗日联军史》编写组：《东北抗日联军史》（下），中共党史出版社 2015 年版，第639 页。

4. 《东北抗日联军史》编写组：《东北抗日联军史》（下），中共党史出版社 2015 年版，第640 页。

5. 《东北抗日联军史料》编写组：《东北抗日联军史料》（下），中共党史资料出版社 1987 年版，第 839 页。

6. 周保中：《东北抗日游击日记》，人民出版社 1991 年版，第 370 页。

7. 指 1939 年 6 月 17 日。

8. 周保中：《东北抗日游击日记》，人民出版社 1991 年版，第 365—366 页。

9. 周保中：《东北抗日游击日记》，人民出版社 1991 年版，第 369 页。

10. 陈瑞云、张留学、宋世章：《杨靖宇将军传》，河南人民出版社 1985 年版，第 113 页。

11. 朱秀海：《东北抗联征战纪实》，解放军出版社 2001 年版，第 297 页。

12. 陈瑞云、张留学、宋世章：《杨靖宇将军传》，河南人民出版社 1985 年版，第 128 页。

第 十 四 章

南进西出　抗联第二路军的西征苦斗

五道岗痛歼日军黑石骑兵队，周保中用胜利向未来的第二路军献礼——大战在即，周保中整顿抗联第二路军——三江"特别大讨伐"开始，周保中部署第二路军西征——南下集结受阻，第二路军直接西进——一路苦战，西征部队两次分兵与损失——林口乌斯浑河"八女投江"，第二路军西征受挫——"十二烈士山"前敌胆寒，第二路军留守部队与敌周旋——抗联第七军小佳河上伏击毙日酋

五道岗痛歼日军黑石骑兵队，
周保中用胜利向未来的第二路军献礼

1937 年七七事变后，抗联第四、第五、第七、第八、第九军各军在中共吉东省委的领导下，为扰乱敌人后方，消耗敌人的军事力量，主动出击协同作战，对敌人展开积极进攻。下江地区抗日斗争形势高涨。

7 月，第五军和第二军第一部各一部在依兰县三道河子北全歼伪自卫团 50 余人，缴获步枪 40 余支、轻机枪 2 挺。

8 月，第四、第五、第六军互相配合，经常以夺取武器弹药及军需品为目标，攻袭敌人防所，取得了许多胜利。炮轰凉山泉子伪警察团，诱歼驻宝清之敌，在大孤山、小青山、二道山子等地多次击退敌人进攻，捣毁了敌人据点，缴获步枪百余支、轻机枪 3 挺，并击溃出援之敌。8 月中旬，第五军第一师第二团在牡丹江五河林半拉砬子设下埋伏，击毙日俄伪军 20 名，伤

8 名。以后，该部向绥宁西老爷岭方向进展，不断袭击敌人兵站，破坏交通运输。8 月 15 日，该部在林口向阳站西山设伏再次颠覆敌人军车一列。

同月，第八军独立师主力在桦川以东孟家岗伏击伪军押运黄金的一个连。经半小时激战，毙敌 10 余人，余敌全部被生俘，缴获步枪百余支，黄金数百两。

8 月末，第五军第二师与刚刚来到宝清的第五军警卫旅奔赴富锦县境活动，曾在兴隆镇南与伪军三十团"讨伐队"遭遇，激战两小时。

9 月初，第七军主力 500 余人，在饶河县小米河包围伪军 200 余人，经一天激战，全歼该敌。

9 月 20 日，第五军第二师与第五军警卫旅又在富锦孟家烧锅与敌激战，因卫兵警戒疏忽，我军住所被 200 余名日伪军包围，经激烈战斗，突破敌围。战斗中，敌人死伤 10 余名。我军的英勇斗争，受到当地群众的称赞，扩大了抗日联军的政治影响。许多群众自愿为第五军部队捐助经费或马匹，并称赞我军是"神武救国救民之师"。

此外，第三军某团在汤原唐得川作战，第六军第五师在绥宾同仁春之敌伏击战，第四、第五军各一部在土龙山的突围战均获胜利。

在上述战斗中，周保中直接指挥的五道岗痛歼日军黑石骑兵队战斗尤为精彩。

1937 年 7 月中旬，周保中率领第五军警卫旅离开牡丹江岸，向依兰东部伸展。7 月末，周保中率领警卫旅从三道通渡过乌斯浑河，经大哈塘、邢小铺，跨过七虎力、八虎力河，到达依东榆树泡一带。在此期间，周保中分别与活动在这一带的抗联第八军、第三军第五师、独立师第一旅等部队会合。

8 月 2 日，第五军第二师师长王光宇率队由宝清来依东，向周保中汇报"下江远征队"活动情况。随后，周保中指挥部队在依东与敌人进行战斗。

8 月 14 日始，驻守在依东孟家岗的日军骑兵部队在来财河一带频频出扰。为了打击这股敌人，周保中指挥警卫旅在十大户与日军激战一天，毙敌官兵20余人。战斗中第二团政委赵永新等4人牺牲。

8月21日，日军黑石部队600余名骑兵自孟家岗再次出动寻扰。周保中指挥第五军警卫旅、第八军第三师及独立师骑兵部队共400余人，在五道岗设下伏兵，准备歼击这支日军。战斗中，由第八军和独立师骑兵部队担任诱敌任务，第五军警卫旅部队占据五道岗南北高地，负责截击日军。

上午10时，敌骑兵先头部队被诱入埋伏圈。接着，敌骑兵主力也暴露在伏兵阵地面前。这时，隐蔽待命的警卫旅战士在3里长的阵地上突然向敌人发起猛烈进攻，敌骑兵顿时秩序大乱，一下子被截成二段。这时，敌一部在道南高地附近负隅顽抗，大部向我军左侧阵地猛冲，企图抄袭我侧翼，但敌人的数次冲锋皆被击退。我诱敌部队亦乘势反击敌先头部队，将敌人压缩到岗南大道两侧。午后3时，我军全线发起冲锋，激战中，敌骑兵200余人拼命突围，向太平镇逃去。下午4时，战斗结束。

这次战斗共击毙日军300余人，伤50余人，打死战马200余匹，夺获四四式马枪220支，轻机枪10挺，全鞍马50匹，另有钢盔、马刀、弹药等战利品甚多。我军牺牲指战员22人，负伤11人。[1]五道岗截击战使敌人惊心丧胆，孟家岗日军部队半个多月不敢再外出骚扰。这次战斗是给即将成立的抗联第二路军一个最好的献礼。

1937年一年之内，第五军和其他各军在吉东的一系列大小战斗中，共消灭敌人千余人，打死打伤日伪军大佐以下数百名，缴获枪支弹药和服装、马匹、军需品甚多。其中，第五军的武器装备非常整齐，以连为单位均为一色枪，并配有1至3挺机枪，师有掷弹筒或步兵炮、钢炮、迫击炮和重机枪。由于游击战争的胜利，大大鼓舞了广大群众抗战胜利的信心。这一年每次战斗之后和平时都有诸多农民参加抗联部队，也有伪军警哗变投奔抗日队伍。所以，第五军人数有了很大的发展，全军约有3000人，各师、团人员都成倍增长。

大战在即，周保中整顿抗联第二路军

1937 年 9 月，周保中由依东返回牡丹江左岸四道河子后方密营，为了正确估计当时的斗争形势，统一对吉东地区抗日斗争的领导，于 9 月 29 日主持召开了中共吉东省委常委工作会议。

会议分析了全民族抗战爆发后东北抗日游击战争的形势和面临的任务，指出：七七事变后，东北抗日游击运动不仅是为了反对日本帝国主义对东北的殖民统治，而且是为了牵制和打击敌人，配合全国抗战。为了更有效地完成牵制、打击日本侵略军，配合全国抗战的战略任务，必须加强对吉东地区抗日部队的集中统一领导，建立统一的军事指挥机关。

会议根据以前上级党组织指示精神决定继东北抗日联军第一路军之后，组建东北抗日联军第二路军，并组成总指挥部。抗联第二路军以第四、第五、第七军为骨干，包括抗联第八、第十军和东北义勇军姚振山、救世军王荫武部。1937 年 10 月 10 日，抗联第二路军筹备委员会成立并发表了通告。通告宣布周保中任第二路军总指挥部总指挥。

大战来临，必须把部队整顿好建设好。

中共吉东省委四道河子会议之后，日伪军集合 2000 余兵力，由牡丹江、林口、依兰、方正向三道通、四道河子第五军根据地和密营袭来。为避敌锋芒，保存实力，周保中决定，新任抗联第五军军长柴世荣率第五军第一师在牡丹江沿岸相机开展游击活动。周保中自己率部分队伍东进前往下江地区，对抗联第四、第五、第七军进行整顿，以适应新形势下对敌斗争的需要。

10 月中旬，周保中率领精干卫队从莲花泡西岸渡过牡丹江，穿越图佳铁路向依东进发。11 月，第五军第一师五团第二连与第二军第五师一部在刁翎西北楞一带与日军骑兵部队激战 5 小时，毙敌 17 名，伤敌 9 名。这时，周保中到达宝清县第五军第二师和警卫旅的前方指挥所。在这里，周保中检查了第五军在下江地区活动的部队的工作。

11月21日，召开了第五军第二师及警卫旅干部会议。

会上他分析了当前的形势，传达了省委四道河子工作会议精神，指出了今后的任务。会议决定将第五军警卫旅改编为第五军第三师。同时，对第五军干部进行了部分的补充和调整，军长柴世荣、政治部主任宋一夫、副官长罗振华；第一师师长关书范、政委严志、副官长刘汝勤，下辖第一、第二、第三团；第二师师长宋一夫（兼）、副师长张镇华、政治部主任季青、副官长尹长青，下辖第四、第五两个团；第三师由李文彬任师长，王效明任政治部主任，下辖第八、第九两个团。

11月29日，周保中在对第五军进行整顿后，携同师长王光宇奔赴第四军军部，按省委决定，对第四军进行整顿。

第四军自1936年3月军长李延禄进关之后，由李延平代理军长。由于军部领导力量薄弱，部队发展比较缓慢。在残酷的对敌斗争中，部队受到一定损失。第四军第二、第三师在攻打富锦县国强街基（太平镇）战斗中，第二师师长李天柱英勇牺牲，该师第三团被打散、第五团损失大半。在此期间，第四师部队也受到损伤。原收编的三个游击团相继失散。因此，第四军战斗力大为削弱。

根据实际情况，周保中与李延平、王光宇共同讨论研究了第四军的整顿方案，确定李延平为第四军军长，黄玉清仍为第四军政治部主任。为加强军部领导力量，调原第五军第二师师长王光宇任第四军副军长。同时，将第四军4个师整编为2个师。整编后，第一师师长张相武、政治部主任黄玉清（兼），下辖第一、第二团。第二师师长宫显庭（后由第五军第一师参谋长王毓峰担任）、政治部主任曲成山，下辖第四、第五、第六团。12月初，经过整顿的第四军重新焕发出生机与活力，部队由宝清根据地向西发展。

1937年12月15日，在整顿好第四军后，周保中又马不停蹄地赶赴在虎林、饶河一带活动的抗联第七军。在七七事变后的斗争中，该军队伍有了新的发展。到1937年底，全军已发展到1500人。第七军在虎、饶一带不断与敌人展开英勇战斗，得到群众的拥护和支持，使活动经费和越冬服装得到了保障。但是，第七军内部领导干部之间还存在一些妨碍团结的问题，迫切需要中共吉东省委帮助解决。

12 月 31 日至 1938 年 1 月 5 日，周保中以吉东省委代表身份主持召开了中共下江特委扩大会议。会上经过认真讨论，改组了下江特委，整顿了抗联第七军。会议确定了下江特委和第七军党委受吉东省委领导。新任下江特委书记未到任之前，组织下江特委临时工作委员会，工委主席张文清，选举崔石泉、李学福等 7 人为第七军党委会委员，崔石泉为书记，李学福任第七军军长（在李学福养病期间由崔石泉代理），郑鲁岩任政治部主任。同时对各师、团的领导干部也作了必要的调整。中共吉东省委派王汝起为第一师师长，邹其昌为第二师师长，景乐亭为第三师师长。

会议对加强党的领导和政治思想工作、1938 年第七军活动计划、针对反日山林队的政策和军民关系等问题也进行了讨论，作出了相应的决议。这次会议对第七军的巩固、发展起到了重要作用。会后，第二军各师南出宝清，北上抚远，又取得了一系列胜利。

周保中在整顿第四、第五、第七军的同时，鉴于刚哗变不久参加第八军部队的原伪军第二十九团在师长赫奎武的率领下又叛变投敌的情况，曾写信给第八军领导人谢文东，提出了整顿部队的意见，但由于其暗中阻挠，对于第八军的整顿没有进行，这也是第八军最终投敌的原因之一。

抗联第四、第五、第七军经过整顿后，加强了党的领导和政治思想工作，提高了组织性、纪律性，增强了战斗力。在 1937 年冬季反"讨伐"斗争中，第四、第五、第七军部队积极主动向敌人展开了进攻。同年冬，第四军副军长王光宇率第四、第五军联合部队百余人在宝清活动时，遭到数百名日军骑兵"讨伐队"包围。在王光宇指挥下沉着应战，第四、第五军联合部队奋力突围，毙伤日军 40 多名，同年 12 月，王光宇又率第四军及第五军第二师一部共 100 余人，攻袭了郴川县聚宝山伪警察署。在内部人员策应下，顺利解除伪警察署全部武装,缴获轻机枪1挺,大小枪30余支。一些伪警人员在我党抗日救国政策感召下,自愿反正参加了抗联部队。12月12日,第五军与第七军骑兵共400名联合作战,袭击宝清七星河镇。歼灭伪军1个连,击袭日本指导官和教官各1人,另毙伤日军30余人,缴获步枪200余支,轻重机枪5挺和其他许多军用物资,取得了1937年冬反"讨伐"斗争的又一个胜利。

三江"特别大讨伐"开始,周保中部署第二路军西征

1937年底,日本侵略者军事"讨伐"的重点由南满转向北满的"伪三江省"地区,围攻活动在这个地区内的抗联各军。伪三江省地处松花江下游,七七事变后,这一地区的抗日斗争异常活跃,东北抗联第三、第四、第五、第六、第七、第八、第九、第十一军等8个军,先后聚集于这一地区开展抗日游击活动,形成了数块抗日游击区,建立了许多后方基地和秘密营地。松花江下游地区广大群众的抗日情绪非常高涨,党的地下组织和群众反日会组织也有很大发展。在抗日斗争新高潮的影响下,部分伪军先后哗变,投向抗日联军。抗日斗争形势的发展严重威胁着敌人在伪三江省的统治,日本侵略者哀叹"三江省已变为共党乐土"。

日本关东军司令部为了"围歼"活跃在伪三江省的抗日部队,特地制定了一个大规模的"讨伐"计划,并调任第一军管区司令于深澂为第四军管区司令兼伪三江省省长,组成了一个以于深澂为总司令、北部大佐为顾问、朱榕为前敌总指挥的"讨伐军司令部"。"讨伐军"以日军为主,出动关东军第四师团和伪军混成第十六、第二十三、第二十七、第二十八旅,伪靖安军4个团和伪兴安军支队参战。1938年夏,又增派日军第八师团一部以加强主力。同时还动员大批日本宪兵、特务、伪警察、自卫团参加"讨伐",总兵力达5万人。敌人采取分割包围,"篦梳式进剿",肃清一地、巩固一地的手

段向抗联部队进攻，妄图将抗联各部驱于一隅，"聚而歼之"。

敌人还积极推行"经济封锁""集团部落"政策，大力修筑警备道路，架设警备电线，并派出宪兵特务、"协合会三江省特别工作部"、"田中工作队"到处侦察、搜集抗联情报，进行欺骗宣传，搞所谓怀柔、说服活动，以配合军事"讨伐"。从1938年起，东北的抗日斗争形势开始急转直下。

抗联第二路军从1938年初就开始进行了英勇的反"讨伐"斗争，虽然取得了一些胜利，但由于日伪军的疯狂进攻和严密封锁，抗联部队处于越来越困难的境地。为了冲破敌人日益加紧的军事"讨伐"，粉碎敌人企图将活动在松花江下游地区的抗联部队"聚而歼之"的阴谋，打通与活动在东南满抗联第一路军和挺进到热河的八路军的联系，中共吉东省委决定第二路军第四军和第五军一部向西部的五常、舒兰一带进行远征，开辟新的游击区。

西征是抗联第二路军的一次大的战略转移，是粉碎敌人"讨伐"的实际行动。从当时的具体情况来看，西征是必要的，也是适时的，是经过长期观察和分析形势得出的必然结论。抗联第二路军西征，很大程度上是在周保中富有前瞻性的思考下得以实施的。

周保中就西征问题先后有过三次提议。

第一次提出西征是在1936年冬天。周保中从道南进入道北，经过3个月的实际考察后，在一次吉东党的会议上，他第一次提出"道北形势是敌人'为渊驱鱼'，不出两年时间，即可应验，必须警惕，不能上当，因此，现在思想上必须准备离开这里"[2]。

第二次提出西征问题是在1937年6月末到7月初北满临时省委执委扩大会议上。周保中说：吉东省委现在着手准备以第四、第五军为主力向西远征。两路分兵，一路由宝清集结，超过老爷岭，经勃利进入中东铁路道南，相机在东宁、绥芬大甸子等地作一些机动活动，以夺取给养为目的，然后向西伸展，越西老爷岭，进入桦甸、抚松地区，与第一路军打通联系。另一路在牡丹江下游的刁翎地带集结，越过牡丹江，跨过西老爷岭，在中东铁路的一面坡出现，予敌以突然袭击，夺取给养后，即进入五常县境，与第十军汪雅臣部队取得联系。然后，他建议北满临时省委以第三、第六军为主力，组成松嫩平原的远征军，摆脱松花江下游西岸的羁绊，向热河方向发展，这是一个大有发展前途的战略转移。北满临时省委执委扩大会议采纳了这个意见，并作出决定由赵尚志负责，立即组织实施。

第三次提出西征问题是在 1937 年冬，周保中来到宝清县整顿第四、第五军时说："要从现在起，在思想上有所准备，1938 年的头等大事是夏、春之际第四、五军的西征！……"[3]这次讨论西征问题，就是要讨论把西征计划如何付诸实施了！

1938 年 4 月，在桦川、富锦、宝清、勃利等地活动的第四军第一、第二师及第五军第二师积极作远征准备。5 月 2 日，第四、第五军领导干部在宝清召开会议。会议根据中共吉东省委确定的西征方针，制定了具体的行动计划。这个计划规定，整个西征部队由第四军第一师及第二师一部，第五军第一、第二师及第二军第五师部队为骨干，联合第八军及救世军王荫武部组成。远征军分步兵、骑兵两路，共计 700 余人。

根据远征作战计划，第一阶段为远征部队集结与南进阶段。参加远征的抗联第四、第五、第八军各部队要从松花江下游地区赴牡丹江下游的刁翎地区集结，与在此活动的第五军第一师部队会合。然后南进越过中东路牡绥线，到绥宁地区与第二军第五师部队相会合，建立宁安、东宁根据地。第二阶段也就是西出阶段。要求以绥宁地区为依托，越过老爷岭，向西部五常、舒兰等县伸展，以恢复哈东旧游击区，并打通与东南满抗日部队联系特别是抗联第一路军的联系，并视情打通与关内八路军的联系。会议要求第四、第五军领导干部必须"以坚强斗争的最大决心，贯彻行动计划"。

这个行动计划，实际上就是执行周保中第二次提议西征问题的基本方案。

南下集结受阻，第二路军直接西进

第二路军西征计划制定后，1938 年 5 月中旬，第四军第一、第二师和第五军第二师部队集中后，开始向西移动。由于集结兵力的行动是在敌人的封锁线内进行的，因此，过程中不断遭到敌人的阻击。

5 月下旬，第四军第一师行进到富锦县国强街基时，与敌人遭遇。经激战，我军虽毙敌 7 人，缴获许多弹药，并突出敌围，但第一师师长张相武在战斗中牺牲，此战使部队失去了一位重要指挥员。

张相武，1913 年出生，出生地不详，一说为吉林，一说为山东莱州府。原为东北军下级军官，1935 年在密山率所部伪军一个排起义，加入李延禄领导的东北反日同盟军第四军，同年加入中国共产党。2015 年被民政部列入第二批著名抗日英烈名录。

张相武牺牲后，由曲成山继任师长。第四军第一、第二师与第五军在由宝清、富锦等地向牡丹江下游刁翎地区移动途中，为征集给养、攻袭敌防所和"集团部落"，在勃利青龙山、大小五站、偏脸子以及林口附近大小杨木背等地多次与敌人交战。直到 6 月下旬，才克服重重困难到达远征集结地牡丹江下游刁翎地区，与第五军军部及第一师会合。

鉴于南下过程中一路被敌围击，会师后，两军领导马上开会研究下一步行动。

6 月 29 日，第四、第五军领导人李延平、王光宇、柴世荣、宋一夫、关书范在第五军后方基地莲花泡召开了联席会议，又具体研究了西征行动计划。

远征部队从开始集结就遭到敌人阻击而受到相当损失。这时，大家想起不久前第二军第五师师长陈翰章的敌情通报：敌人在中东路牡绥段沿线防守、封锁严密，不易通过。有鉴于此，会议改变了第二路军总部关于远征先南进后西征、进出中东路而入舒兰县的原定计划，决定集中兵力西进。同时，鉴于敌人对依兰、方正地区"围剿"日甚，以及敌人兵分三路在飞机配合下不断进攻莲花泡后方基地，决定不再继续等待抗联第八军前来会合，第四、第五军部队立即进行西征。

此次会议确定，整个参加西征的第四、第五军部队按三部分混合编组。以第五军第一师100人为一部，作为先遣队，由关书范负责；以第四军第一师和第五军第二师260人为一部，由李延平、宋一夫负责；以第四军第二师、第五军教导团及救世军270人为一部，由柴世荣、王光宇负责。三部分共约680人，统一由吉东省委书记、第五军政治部主任宋一夫担负军事政治领导责任。会议还决定，远征先遣队第五军第一师于7月1日出发，而后远征大部队即进攻敌人据点三道通，以解决远征给养。

莲花泡会议后，部队即按会议决定开始行动。从此，改变南下路线的第二路军步入了西征阶段。

7月1日先遣队出发。

7月2日，远征大部队从莲花泡北上袭击了牡丹江岸三道通，经过激战突破敌人防线，并夺取部分给养。是时，牡丹江沿岸敌情紧张，中东路南北联络被隔断。在这种情况下，远征部队不能继续期待第二军第五师协同行动，于是远征部队经四道河子西进，穿过300多里荒无人烟的高山密林地带，经过艰苦行军，越过老爷岭，于7月8日逼进苇河县楼山镇，隐蔽在楼山镇西北40余里的山林中。

一路苦战，西征部队两次分兵与损失

楼山镇是日本侵略者掠夺东北森林资源的一个重要木材采伐地，设有日本关东军投资经营的木材采伐组织。镇内有伐木工人和商业市民600余户，是苇河县东北部一个较大集镇，该地的森林铁路通向中东路亚布力站。经侦察得知，这里驻有日本关东军木材采伐机关，1个守备市镇的伪军中队，另有1支守备森林铁路的白俄兵中队，还有部分伪警察、自卫团武装。在市街外围及营房附近设有炮台、地堡、暗沟等防御工事。

当时敌人对远征部队的到来毫无察觉，远征部队制订了突袭楼山镇的战斗计划，将部队分成奋勇队、没收队、收容队等三个大队，并做好了进攻的准备。

7月12日拂晓，远征部队出其不意地对敌发起猛攻，顺利地占领了楼山镇。这次战斗，俘虏敌军中队长以下40余人，击毙敌兵多人，缴获轻机枪2挺、步枪百余支，子弹4万余发，粮食、军需品甚多，焚毁了敌人在该地的官署及附近的防御建筑物、铁道桥梁、通讯设备等。撤退前，召开群众大会，进行抗日救国宣传，激发了广大群众的抗日热情。

楼山镇战斗是当时这一带最大的军事行动，它打击了敌人嚣张气焰，鼓舞了哈东地区广大人民群众的抗日热情，也使敌人大为震惊。我军撤出战斗的第二天，敌人从中东路沿线的延寿、方正等地调来大批援兵对远征部队进行追击堵截。

在这种情况下，远征部队开始了第一次分兵活动：第五军军长柴世荣率第五军教导团、第一师第二团及救世军王荫武部210人返回刁翎地区后方基地；关书范率第五军第一师110人南下，准备经过横道河子、老爷岭与第二军第五师会合再行西进；李延平、宋一夫率领第四军第一、第二师和第五军第二师360人继续西进，奔赴五常。

随后，李延平、宋一夫率领部队进入哈东地区。

这一地区原是抗联第三军的游击根据地，1936年遭到破坏，敌人在这里建立起"集团部落"，实行严密统治。因此，远征部队难以得到群众的支援。李延平、宋一夫所率部队原计划经苇河、珠河进入五常县境，与抗联第十军取得联系。但因地理不熟，误入延寿县境，途中多次与敌兵遭遇。

7月末，部队渡过蚂蜒河再入苇河县境。在这里，与关书范所率第五军第一师巧遇。原来，第五军第一师从楼山镇向横道河子进发后迷失了方向，进入苇河县境。从这之后，第五军第一师与第四军、第五军第二师部队一起活动，准备跨越中东路突入五常。

行军途中，因给养极端缺乏，军马或被宰食充饥，或因缺乏草料而倒毙，结果一些骑兵变成步兵，战士们因长途行军极度疲惫，战斗力受到很大影响。在此期间，远征部队为了解决给养的困难，袭击了珠河县元宝镇附近的"集团部落"，得到部分物资，但此战第四、第五军牺牲十余人。

7 月 29 日，部队在一面坡附近遭到敌人追击，退至该镇南面的山地密林中。在这内无给养、外有追兵的关键时刻，肩负远征军事政治领导责任的宋一夫对抗战前途悲观失望，心生动摇，于 7 月 30 日借巡岗查哨之机与随从副官携款叛逃（宋一夫叛逃后，投向日伪怀抱，充当伪滨江省警务厅警佐，专作破坏地下党组织及群众抗日组织的特务活动。东北解放后，于 1946 年在哈尔滨被人民政府逮捕处死）。宋一夫的叛逃，影响了干部和战士的情绪，引起了一些动摇逃跑的事件发生。但是，李延平、王光宇等指挥员仍然坚定地执行西征计划，率领部队继续向五常进发。

8 月初，远征部队为破坏敌人铁路，在苇河小五站与敌人发生战斗，引起敌人对西征行动的更大注意。

8 月 4 日，敌人纠集大批日伪军及白俄兵混编成"讨伐大队"，在苇河南沟追击远征部队。远征军被迫与敌人进行战斗，打死打伤敌兵 40 多人，我方未受损伤。这次战斗后，敌人从哈尔滨等地调来日军主力 500 人和装备精良的伪军 2500 多人，会同当地日军守备队，在六七架飞机侦察配合下，围追堵截远征部队。这时，远征军处境更加艰险，缺粮断炊，仅能以野菜、野果、草根、树皮充饥。干部、战士的衣服鞋子早已破烂不堪，许多人赤足行进在荆棘丛生的山林中。

8 月 10 日后　远征部队连续袭击珠河县一面坡附近"集团部落"和苇河县沙河子、九里地等火车站与"集团部落"，得到一些给养补充。8 月中旬，远征部队进入五常县冲河一带山区。这时，敌人不但派重兵严密封锁，而且不断派遣小股部队进行追袭。

　　在多次战斗中，远征部队伤亡很大，部分队员掉队失散，部队受到了十分严重的损失。为了缩小目标，摆脱敌人，8月下旬，第四、第五军远征部队决定第二次分兵，在冲河分兵活动。

　　由于作战牺牲、饿毙和逃亡，队伍减员很大。给养发生极大困难，战士连续十几天吃不到粮食，仅靠野菜、野果难以充饥。在整个西征过程中，第四军主力队员损耗达三分之二以上。这时第四军远征部队只剩下百余人，这就是当年李延禄创建的威震东北的抗联第四军的全部家底了。第五军的离去，使第四军的兵力更加单薄，重新发觉我军踪迹的日伪军很快围了上来。第四军每天都要打仗，他们在李延平、王光宇率领下，摆脱前堵后追的敌人后，隐蔽在小山子附近的密林中，欲与抗联第十军打通联系，坚持在五常开展游击活动。

　　此时，抗联第十军处境也很困难。当抗联第十军得知第二路军总指挥部派来的西征部队袭击楼山镇的消息时，军长汪雅臣曾率部北上，准备去苇河接应第四、第五军远征部队。但第十军部队行进到小山子时，不料遭到敌人阻击，战斗中汪雅臣身负重伤，第十军只得撤回五常九十五顶子山后方基地。随后，敌人的封锁更加严密，第十军被围困在深山密林里，无法出山活动。因此，第四军远征部队欲与抗联第十军会合，在五常开展游击活动的计划未能实现。

　　9月下旬，第四军远征部队急速向五常的拉林河前进，紧紧跟在第四军后面的敌人察觉出第四军渡河南下西出意图，在第四军必经之路前头设下埋伏，第四军果然遭到敌人包围。枪声一响，李延平、王光宇明白中了埋伏，立即指挥部队突围，但因我军弹药早已耗尽，许多战士只能拿着空枪与敌拼命。最终，部队被冲散，60余人被俘，第四军第一师师长曲成山叛变投敌。李延平、王光宇拼死突出重围，收拾余众十几人向山林中遁去。

　　11月20日，李延平、王光宇与7名队员在一面坡南沟错草顶子宿营时，由于队内3名队员密谋叛变，向李、王两位军长开枪射击，李延平胸部受伤,以身殉职,王光宇臂部受伤,脱险后带 4 名队员继续战斗。同年底,王光宇在九十五顶子山与一队日军的遭遇战中壮烈牺牲。至此,第四军远征部队全部损失。在东北抗联史上,第四军是这一时期斗争与牺牲最惨烈的一个军。

李延平,李延禄的弟弟。1903 年出生,吉林延吉人。1931 年九一八事变爆发后,李延平决心投奔革命队伍。1932 年 1 月,他在黑龙江省宁安县找到了在国民救国军任参谋长的二哥李延禄,入伍后担任了抗日救国军补充团副官和作战参谋。1932 年 3 月中旬,李延平参加了在南湖头"墙缝"伏击天野少将率领的一部分日军的战斗,因作战英勇顽强,所以抗日救国军的领导把追歼天野及残兵败将的重任交给了他。他机智灵活,用"火攻"战术又消灭了许多敌人。1932 年 6 月,李延平光荣地加入了中国共产党。1936 年 3 月间,李延平接任抗联第四军军长职务,在李延平的领导下,部队迅速发展壮大,1937 年 1 月,根据上级指示,将部队编成 4 个师、10 个团,共 2000 多人。

李延平作为抗联第四军军长竟惨死于叛徒之手,令人悲愤,令人叹息。

王光宇,原名王明堂,1911 年出生于吉林德惠县。少年时就读于德惠县立中学,后转入哈尔滨省立第一中学。九一八事变后投笔从戎,后赴宁安工农义务队从事政治工作,1933 年加入中国共产党。2014 年被民政部列入第一批著名抗日英烈名录。

林口乌斯浑河"八女投江",第二路军西征受挫

再说第五军远征部队于 8 月下旬在冲河与第四军分兵活动后,袭击了大青川、冲河山林地带敌人的木营。随后向舒兰前进,夜间过牤牛河时与敌遭遇,战斗中,第五军第一、第二师失掉联系。第二师政治部主任陶净非率第二师余部冲破敌人包围,由五常东去宁安,与第二军第五师会合一起转战额穆、敦化一带,同敌人进行着英勇的斗争。

与此同时，第五军第一师师长关书范率领第一师 110 余人向远征出发地刁翎地区折返，以寻找第五军军部。9 月初，第五军第一师部队在头道河子渡过牡丹江，11 月初到达刁翎第五军后方基地。因敌人不停追击，第五军第一师活动困难，遂决定返回牡丹江，第四、第五军两军之妇女团合为一团，亦随第一师东返。途中，在林口县乌斯浑河渡口与敌人发生激烈战斗。"八女投江"的英雄事迹就是在这次战斗中发生的。

这天夜里，部队露宿在林口县境三家子北部乌斯浑河沿岸的柞木岗山下。当天，由于大雨滂沱、河水暴涨，渡船又都被日伪军毁掉，部队无法渡河，准备于第二天拂晓由附近渡口过河，到依兰喀上喀密营寻找第五军军部。

柞木岗是牡丹江与其支流乌斯浑河的分水岭。这里有渡河道口（哨口），若水浅时，人马都能涉水而过，周围几十里杳无人烟，比较僻静，是抗联的秘密交通线。

时值深秋时节，关外已是寒风刺骨。由于经常潜行于人迹罕至的原始森林中，敌机空中盘旋侦察，加上汉奸告密，第五军第一师与妇女团行军途中经常发生遭遇战，大多又是猝不及防的恶仗。几个月的攀山穿林，长途远征，战士们的衣服已破烂不堪，无法抵御寒风的袭击。部队明确规定不准有烟火以防敌人偷袭。随队的女兵个个志坚如钢，奋勇机智，乐观自强，拼杀征战几千里，除战死以外，很少有掉队的。男同志都敬佩地称她们是抗日联军的花木兰。

虽然不能点火取暖，但战士们围坐在一起。有的擦枪修械，有的哼唱新编的抗日歌曲。一曲又终，一曲又起，人人都忘记了艰辛和苦累。

第五军妇女团经过远征途中多次激烈的战斗，从 30 余人锐减为 8 名女战士。她们是：指导员冷云、班长杨贵珍、胡秀芝、被服厂厂长安顺福、战士郭桂碧、黄佳清、王惠民、李凤善。13 岁的小姑娘王惠民能歌善舞，她给大家表演了几个节目后，便依偎在冷云身旁，缠着冷云再继续给她讲杨门女将的故事。

　　不料，就在暗夜中，日本密探葛海禄（原是李华堂抗日救国军的副官，后叛变投日）像幽灵一样在第一师露营地周围窥探。这个铁杆汉奸密报日本守备队之后，日军立即纠集 1000 余人连夜赶到，潜伏在抗联队伍的周围，伺机攻击。

　　黎明，第一师队伍整装待发。当时的乌斯浑河正涨大水，原有的河床自然加宽，河水潺流滚滚，岸边浪花飞溅，想要找到原来的渡道口已经是很难的了。为了防止发生意外，关书范命令会凫水的金石峰参谋带着 8 名女同志先行渡河。他们来到了河边，金参谋下水试探深浅，并游到了对岸。

　　8 名女战士正待过河。听见身后的宿营地枪声大作，敌人从后面打上来，部队遭到突如其来的袭击。

　　尚未渡河的第一师部队立即投入到突围恶战中。部队一边还击一边向柞木岗山里撤退，而 8 名女战士被敌密集火力隔在岸边，与大部队失去联系。

　　前面是滔滔的江水，后面是敌人的追兵。隐蔽在柳条后面的冷云指导员见敌人还在尾追向西撤退的抗联队伍，便毅然命令："同志们，快向敌人开火，把他们引过来，让大家突围。"**4**8 位女战士虽然人单力薄，使的是轻武器，而且弹药也不足，但她们都是经过严酷斗争考验的战士，都是坚强的革命战士。她们在敌人疯狂冲击时毫不怯懦动摇，而是冷静、沉着地朝敌人射击。

　　突围部队见状，速派曲成山团长率队向敌发起反冲锋，想杀开一条血路，将 8 名女战士接应出来。然而，敌人凭着人多势众，又占据制高点，反冲锋的队伍不但未能成功，反而伤亡加重。

　　冷云意识到如果部队恋战下去就有全军覆灭的可能。于是，女战士们大声喊道："同志们不要管我们，快冲出去！保住手中枪，就能抗战到底！"**5**

　　这时，整个第一师若与敌人硬拼下去，大部队有再遭包围而全军覆没的危险。为了继续抗日，为了革命事业，指挥员忍痛下令队伍向西山柞木岗的密林里撤去。

此时，敌人见背后受到袭击，又见抗联军大部队已撤回山里，便调转枪口向河边扑来。他们想凭人多势众，由远而近，步步紧逼，活捉我妇女团的同志。但敌人的主意打错了。

敌人发起了冲击，冷云和女兵同志们的子弹打光了，手榴弹也只剩下了3颗。

此时，正面、两侧都是敌人，背后又是急流激荡的乌斯浑河。眼下就只有两条路了：战死或被俘。

冷云望着大家，大家看着冷云。

冷云终于下了最后的决心："同志们！咱们是共产党员、抗联战士，宁死也不当俘虏！现在咱们弹尽粮绝了，只有蹚水过河，能过去，就找到军部继续抗日，战斗到底；过不去，宁肯死在河里！为祖国的解放事业而战死是我们的最大光荣！"**6**

"指导员说得对！咱们宁肯站着死，也不跪着生！"**7**大家坚定地回答。

"同志们，跳江！"随着冷云一声庄严的命令，大家毫不犹豫地跳了下去。

突然，一颗子弹飞来正打中王惠民的胸部，殷红的血从她左胸涌出。

当冷云上前抱王惠民时，又飞来一颗子弹击中冷云的左腕。

郭桂琴急忙扶住冷云，安顺福赶上去用双手抱住王惠民。这时臂膀受伤的胡班长也追上来和安顺福一起架着13岁的王惠民。8名女战士宁死不屈，你拉着我，我扶着她，毅然决然步入浪花翻滚的乌斯浑河。

河水涌着波涛，冲击着两岸，愤怒地咆哮着。越来越深的河水已经淹没了她们的身体，越来越大的浪潮已经冲尽了她们的全身力气。

"挺住！能看得出江对面的轮廓了，咬咬牙挺过去就是胜利！"冷云不时地提醒着大家。

这时，敌人抢占了山坡上的烟筒砬子山。架起机枪向她们扫射。愚蠢凶残的敌人此时才恍然醒悟：抵抗他们的竟是8名抗联女兵。

于是，日军幻想用活命和金钱引诱她们，便在河边大声喊叫："回来，上河岸来！金钱大大地有，生命的保障！"[8]回答敌人的只有女战士们的怒骂和乌斯浑河水汹涌奔流的嘲笑。

见此，毫无人性的日军更加歇斯底里："打！统统地打死！"罪恶的子弹，一串串向她们射出。

女战士们忽而倒在浪花中，忽而又挺立在激流中……就这样，8名弱小的身躯被吞没在奔腾的乌斯浑河水中……

抗联女战士投江殉国的壮烈场面强烈震撼了凶残的日寇。目睹这一切的日寇指挥官沮丧地说："中国的女人这样的顽固，死了的不怕，中国的灭亡不了哇！"[9]

"八女投江"的英雄事迹鼓舞着广大抗联战士为中华民族的解放而英勇杀敌，抗战到底。没有过河的第一师战士们含着眼泪告别了8名女战士，继续与群敌周旋，最终返回了第五军密营根据地。

就这样，抗联第二路军的西征历时5个多月，最终遭受严重挫折。西征使第二路军完全失去了第四军，第五军的3个师失去2个，这意味着第二路军主力大部损失。在下江地区的处境更加恶化。

西征的失败丕造成了一部分部队和领导者的动摇。周保中和整个二路军又到了一个生死关头。只有第五军第二师政治部主任陶净非率领的远征部队部分兵力战胜种种艰难，辗转于五常、额穆、敦化、宁安等各县，继续与敌人周旋斗争，在与第一路军第二军第五师陈翰章取得联系后，在沙河沿林子的密营里度过了这个最艰难的1938年的冬天。

1939年初，陶净非率部南下安图，在敦化大蒲柴河地区与第一路军副总指挥魏拯民相遇，从此与第一路军一起战斗。1940年春，这支部队只剩下20余人。为摆脱日寇重兵"讨伐"，魏拯民指示陶净非率部再次远征五常，寻找第十军和第二路军西征部队（他们并不知道第四军西征部队已全军覆没）。20多天后，陶净非又带这支队伍回到了五常，连续攻击倭站、木帮、冲河镇等敌据点，队伍扩展到130多人，了解到五常境内没有第二路军西征部队在活动后，便重新带部队回敦化，而且再没有找到第一路军的部队。

在多次与敌激战后，部队被打散，陶净非回到宁安，与陈翰章一起活动，两支队伍加起来还有 60 余人。直至 1940 年末，陶净非历时一年半，身经百战，九死一生，终于回到林口第五军军部。此时，参与西征的第五军第二师只剩下了 3 个人：他和另外两名战士肖卫年、王林臣。其余人员除个别叛逃外，全部壮烈牺牲。

抗联第二路军西征行动虽然失败了，但是这次军事行动的意义在于，打乱了敌人重点"围剿"松花江下游地区抗日部队的计划，分散和牵制了敌人的兵力。攻袭了许多敌人据点、"集团部落"，破坏了敌人军事设施，西征部队所到之处狠狠地打击了敌人，使敌伪本已相对稳定了殖民秩序的统治中心地区重新掀起了抗日波澜。同时，西征部队所到之处向广大群众宣传抗日救国道理，使在敌人重压之下的人民群众又一次看到了光复祖国的希望。西征部队的艰苦卓绝、英勇奋斗的事迹和"八女投江"等可歌可泣的壮烈行动，体现了中国人民不甘屈服的高度爱国主义精神，极大地激励和鼓舞着东北革命人民和广大抗联战士的斗争意志。

抗联第五军西征部队之所以能够在强大敌人包围追击之下坚持西征的艰苦斗争，这和第五军注重政治思想工作有直接关系，部队还有一整套政治工作制度作保证。第五军参加西征的队员绝大多数是 20 岁上下的青年人，但他们在艰苦的斗争环境中意志坚强、打仗勇敢，这和周保中注重部队政治思想建设密切相关。尤其是陶净非率领的第五军第二师，一直坚持达到西征与第一路军取得联系的目的，坚持战斗近 3 年之久，始终没有被敌人消灭。陶净非不但是一位军事领导者，更是一位杰出的政治工作干部。他不但教育干部、战士，而且处处以身作则，以自己的实际行动教育着大家为民族解放事业而英勇奋斗。

陶净非，1912 年生于吉林省德惠县。九一八事变后投身抗日斗争，

1932年加入中国共青团并转为中共党员，被派往义勇军从事宣传工作。1933年加入宁安工逐义务队，1935年任东北抗联第五军第一师连指导员，参与穆棱、林口等20多次战斗，1937年冬任第五军政治部主任。1942年5月21日，陶净非在五常县老爷岭遭伪森林警察队包围，为掩护战士突围而壮烈牺牲，年仅31岁。他带领部队在极端困难中坚持战斗3年之久，充分证明，他是对党忠诚可靠的军事领导者与杰出的政工干部。

1938年春，抗联第二路军除第四、第五军主力进行西征外，在吉东地区坚持活动的所属部队还有第四军留守处、第五军第三师及第七、第八军等部队。西征部队出发以后，为保卫后方基地和密营，策应第四、第五军主力部队的西征，打破敌人的"大讨伐"，第二路军总指挥部在周保中亲自率领下，指挥第四军留守部队和第五、第七军下江部队与强敌苦战周旋，转战于宝清、富锦、虎林、饶河等地，不断破坏敌人的铁路修筑工程和"集团部落"，打击了日伪军，与敌展开了激烈的斗争。

第四、第五军远征部队开始集结后，根据总指挥部的指示，抗联第四军留守人员成立了富（锦）宝（清）留守处，留守处主任由第四军第二师第四团政治部主任彭施鲁担任。留守处人员共40人，组成一个骑兵连。留守处的任务是在富锦、宝清等地坚持游击活动，保卫第四军密营，为第二路军总指挥部提供给养，保护后方伤病人员。

在反"讨伐"斗争中，富宝留守处骑兵连队员曾发展到60人，并在宝清县大叶子沟、李金围子建立了游击区。由于这支部队的保护，第四军密营中的伤员和家属得到较妥善的安置。同年8月，留守处在购买、征发物品十分困难的情况下，为第二路军总指挥部准备了棉军衣70套，皮大衣50件，解决了部队的部分冬装问题。10月，第四军富宝留守处工作结束，彭施鲁调任第七军第一师政治部主任，骑兵连队员有十几个人编入第五军第三师，其余队员调入第二路军总指挥部工作。

"十二烈士山"前敌胆寒，第二路军留守部队与敌周旋

从 1938 年春开始，我东北抗日游击战争进入了最艰苦的时期。抗联第二路军总指挥部后方机关同第五军第三师部队的根据地，是在完达山脉的密山、宝清、勃利 3 县交界处的兰棒山区。

抗联第五军第三师根据第二路军总指挥部的命令，一直在原地坚持开展反"讨伐"斗争。1938 年 3 月 17 日，敌人派出大批日伪军及伪兴安军分路进攻富锦、宝清七星砬子一带的第三、第四、第五、第六、第八、第九军相连的密营。

为了加强进攻，日军专门调来了伪兴安军。该军是日本侵略者在伪兴安省专门训练的一支骑兵部队。这支伪军部队大都由蒙古地区招募而来，善于骑射，凶狠残暴，所到之处，烧杀抢掠无恶不作。每个士兵装备着马枪、马刀、手枪、套马索，马上、马下技艺相当娴熟。冬季作战时，除了骑马，还携带着滑雪板，到处滑走。1937 年底，日伪当局为加强围歼抗联部队的军事力量，将伪兴安军 3 个团调到富锦、宝清一带。这伙敌人在烧毁了第三军第四师、第十一军和第八军密营的头道卡子后，开始向第五军的密营进攻。

1938 年 3 月 18 日，200 名日伪军和 100 多名伪兴安军骑兵向宝清西沟与宝石河子之间的尖山子第五军密营逼近。

为了拖住敌人，防止敌人破坏联军密营，第五军第三师第八团第一连16 名战士（其中总部交通员 2 名）在连长李海峰、指导员班路遗带领下，在头道卡子附近的小孤山与敌人发生了激烈战斗。这个连人人都是久经战阵的神枪手，连长李海峰更是神枪手中的神枪手。

小孤山是石灰窑沟里谷地上突然隆起的一座小山，这座小山是一个天然的易守难攻的阵地。第一连战士们迅速攀上山，面对敌人来攻方向，靠着岩石树木筑起"雪垒"，战士们都进入了阵地。大家心里明白："敌人比我方多数十倍，已四面来攻，决一死战的时刻到了！"

战斗打响后，敌人将小孤山四面包围并以迫击炮、手榴弹重火力攻击。敌人的机枪吐着火舌，把小孤山的岩石打得直冒白烟。

我第一连战士不畏强敌，居高临下，沉着应战。山坡上留下了十几具敌人的尸体。敌人的嚣张气焰就被打下去了。我小孤山阵地岿然不动，勇士们无一伤亡。

不料一颗炮弹突然飞来，连长李海峰的双腿被炸伤。于是，他命令两名战士抬着他，敌人从哪里上来，就把他抬到哪里，用机枪向敌人准确射击。敌人虽接连不断向上冲锋，但一次也没有冲上来。激战时敌我双方只隔一壁石砬子，敌人的手榴弹投过来未及爆炸，又被战士们甩回去，打得敌人血肉横飞，尸体遍地。就这样，战斗持续了一天之久，战士打退敌人数次疯狂进攻。

日伪军强攻不下，便在东山上用迫击炮向小孤山更加猛烈地轰击。

临近傍晚，第一连战士弹药消耗净尽，李连长命令两名总部交通员和另外两名受伤战士转移，同时让身边的战士将枪支摔碎，把零件抛到山崖下。当敌人再次冲上来时，李连长等面对敌人挺身痛骂，至死不屈。天黑我方援军赶到，敌人怕夜战吃亏，急忙逃走。这次战斗击毙日军 27 人，伪兴安军 20 余人，击伤日伪军 16 人。连长李海峰、指导员班路遗等 12 名战士壮烈殉国。

翌日，第五军第三师援军在第二路军总部参谋处长王效明指挥下，在大顶子山北麓截击了这股敌人，为十二烈士报仇雪恨。

第二天上午，从小孤山退下来的敌军一个个垂头丧气，人疲马乏，狼狈不堪地往宝清城走。前面既无尖兵，后面也无掩护，以为"太平无事"了。

上午 9 时，敌军前拥后挤一经过大顶子以北五里左右的深谷转弯处，侧面两边山头突然出现我军伏兵，响起了爆竹般的枪声，子弹像雨点一样飞向敌群。敌失魂落魄，胆战心惊，队伍越发散乱了，顾不得组织抵抗，便拼命地夺路逃跑，敌官兵的尸首和武器抛弃满地。

　　这场伏击战，日寇军骑兵死 30 余人，"兴安军"死 30 余人，负伤 20 余人。我军清理了战场，获得了不少武器弹药、军马、军刀、钢盔、铁甲、滑雪板、套马索等。部队从容地向小孤山转移。王参谋处长、李师长等到达山顶阵地，检查了战绩，升起红旗。部队在山周围警戒线上起立，低沉而庄严地唱起挽歌，向英雄的十二烈士追悼致敬。

　　周保中次日接到报告，顿时热泪盈眶，亲自赶往小孤山主持追悼会，指示将十二烈士的遗体隆重安葬在山顶峭壁之上，并追认李海峰等为中共党员，决定将小孤山命名为"十二烈士山"，以纪念在这块土地上与日本侵略者英勇战斗流尽最后一滴血的烈士们，第五军在"烈士山"英雄们安息的地方立了木桩，木桩上刻着十二烈士的英名，他们是李海峰、班路遗、朱雨亭、魏希林、陈凤山、李芳邻、夏魁武、王仁志、张全富、杨德才、李才、王发。周保中请第五军第二师政治部主任季青写了一篇《宝清烈士山十二烈士苦战记》，印发抗联各军。在这篇激昂慷慨、情真意切、感人肺腑的文章后面，周保中又附上了自己的一首纪念诗：

　　　　兰棒山顶云雾垂，宝石河边雪花飞。
　　　　寇贼凶焰犹未尽，十二烈士陷重围。
　　　　神枪纵横扫射处，倭奴蒙狗血肉堆。
　　　　竟日凄战惊天地，胆壮气豪动鬼神。
　　　　不惜捐躯为革命，但愿失土早归回。
　　　　他年民族全解放，指点沙场吊忠魂。**10**

　　悼念活动结束后，周保中擦干眼泪，向第二路军留守部队发出命令：抓住各种战机，狠狠打击日军和伪兴安军。他还特别指示第五军第三师一定要痛歼"兴安军"。

　　接到周保中的命令后，不到一个月，在同江、富锦交界的西林子，"兴安军"又被我抗联第二路军第七军第二、第三师的阻击部所袭击。这次战斗打死打伤敌 70 多人，缴获重机枪 2 挺，马枪 60 多支，弹药万余发，军马 50 多匹。从此，"兴安军"既受到抗联的不断打击，也受到民族抗日的教育，该部队日寇教官无论用什么欺骗压迫手段，已不能再煽动起已经低落下去的士气。寇军防卫司令部估计"兴安军"有投奔抗联的危险，1938 年 4 月把残缺不全的"兴安军"调走了。

烈士山战斗后，敌人继续向山里进犯。尽管周保中率领第二路军留守部队顽强奋战，但形势并未根本好转，而是一天天地在恶化。1938 年 6 月，敌人在富锦、宝清等地也加紧推行"归屯并户"政策。

第二路军参加西征的下江部队出发后，第二路军总指挥部命令：第五军第三师第八团担任掩护西征部队西进的任务，以托腰子金矿为中心进出依兰、勃利两县活动；第九团从宝清县出发向东部伸展到虎林北部，与第七军第三师组成联合部队，配合行动；第八团一个连由政委姜信泰率领，继续在依东活动；其余约 100 多人在师政治部主任季青、团长费广兆率领下，6 月初到达勃利驼腰子。为了完成掩护西征部队西进任务，为了迷惑与牵制敌人，上述各部队曾破坏驼腰子金矿局运输队，缴获大量物资。因此，吸引了依兰、勃利、桦川 3 县敌人集中对驼腰子一带进行"大讨伐"。

第一次"大讨伐"刚结束，我军又袭击了驼腰子外围的炮台，扬言要进攻驼腰子。于是敌人又集中兵力进行了第二次"大讨伐"。第八团在该地活动将近 3 个月，与敌人发生多次战斗，积极牵制了敌人的兵力。在完成掩护西征部队西进的任务之后，于 9 月中旬从驼腰子撤出，回到依、桦、富、宝地区活动，并在桦川县的七星砍子和宝清县的宝石河子建立了两处后方基地。至冬初，又在宝清东部的双鸭子建立一个临时后方基地，与第九团在虎林北老土顶子的后方基地衔接起来。

第九师第九团在师长李文彬、团长蒋继昌、政委姜信泰率领下，于 6 月

17 日在宝清县东部与第七军第三师景乐亭所部会师，组成第五、第七军联合部队。其任务是在宝清等地相机破坏敌人的采伐运输线，侦察敌人在大和镇、宝清县间的交通运输状况，进行给养征发和军需用品筹集，选择有利地形，开展游击活动。

6 月 19 日，联合部队到达双鸭子煤矿，次日与 200 多名"兴安军"发生激战，将敌人击退。战斗中蒋继昌团长牺牲，后由戴克正继任团长。

7 月初，第五、第七军联合部队为纪念全民族抗战一周年，以截断密（山）宝（清）公路敌人交通为目的，积极在宝清南部开展活动，有力地打击了敌人，牵制了敌人大批兵力。这期间，第五、第七军联合部队在李文彬率领下夜袭宝清县四区伪警察署，击毙日本指导官，解除伪警察全部武装，缴获大、小枪 30 支，对俘虏的伪警察官兵进行抗日救国宣传教育后悉行释放。不久，又将三区二、三甲及四区一甲的"集团部落"捣毁。

8 月，敌人进一步加强了对富锦、宝清一带的进攻。8 月 13 日晨，日伪军近 200 名骑兵突然袭击宝清东南第五军第三师第九团小团山子临时后方防所。驻守防所的 14 名战士在团长戴克正率领下与敌人激战 3 小时，戴克正及 10 名战士英勇牺牲。此后、第五、第七军联合部队一直处在敌人"讨伐队"的"追剿"之中。

8 月 21 日，联合部队召开了干部会议，讨论了为摆脱敌人"追剿"，队伍的移转方向、解决给养、建立密营等问题。会后，李文彬、景乐亭两位师长率第五、第七军联合部队 80 余名骑兵，从蛤蟆通河出发奔赴大旗杆，进出富锦、同江一带。第五军第三师第九团第三连在团政委姜信泰领导下，仍然在双鸭子一带活动。第九团在师长李文彬、团长蒋继昌、政委姜信泰率领下，于 6 月 14 日从宝清县出发向虎林移动，17 日与第七军第三师师长景乐亭率领的部队在宝清东部会合。6 月 19 日，第九团第二连到达双鸭子煤矿韩家木营。第二天下午被敌发现，遭 200 多"兴安军"包围，战斗 3 个小时，将敌人打退。第九团团长蒋继昌在这次战斗中牺牲。

在此期间，第二路军总部警卫部队与在宝清活动的第九军第二师部队联合战斗，取得数次战斗的胜利。6 月 21 日，联合部队在第二路军总指挥部参谋处处长王效明、第九军第二师政治部主任王克仁率领下，袭击了宝清城西敌人的马棚，缴获军马 26 匹。6 月 26 日，联合部队又在花砬子截击了敌人一支部队，俘虏伪靖安军中队长李占山以下 21 人，缴获步马枪 28 支、轻机枪 2 挺、子弹 2 万余发、军马 40 余匹。而后，两支部队为避开敌人搜索进攻，便分兵开展游击活动。

1938 年 7 月下旬，中共吉东省委针对敌人不断加紧进攻依兰、富锦、宝清等地的形势，为加强对这一地区反"讨伐"斗争的领导，给第五、第九军党的领导干部发出重要指示信。为统一领导在富锦、宝清一带活动的第四、第五、第七军的工作，吉东省委决定成立第四、第五、第七军下江临时党团组织，由第五军第三师政治部主任季青担任党团书记，负责政治工作，由第二路军总指挥部参谋长王效明负责军事指挥。同时，对部队游击活动方针作了原则指示，提出力求在完达山脉站稳脚跟，第五、第七军及第四军骑兵部队必要时可向西南方向发展，步兵部队可按情况在虎林、饶河毗连地带及宝清以东蓄养实力，打击敌人。

抗联第七军小佳河上伏击毙日酋

1938 年春，活动在虎林、饶河一带的抗联第七军也遭到了敌人疯狂的军事"讨伐"。敌人不断派遣特务进行政治诱降，实行全面经济封锁，断绝抗联供给来源；实行"三光"政策，破坏抗日游击区。

抗联第七军党委根据吉东省委指示，决定军部在虎林、饶河地区坚持斗争；第一、第二师转赴同江、富锦地区开展游击活动；第三师在宝清与抗联第五军第三师会合，共同进行活动。长期艰苦抗日斗争生活中，积劳成疾的第七军军长李学福身患半身不遂症，不能随军活动，后被送往苏联医治。

同年3月，日军从虎林调进骑兵500余人，从富锦调来伪军第三十五团，配合当地伪军第三十一团，对抗联第七军的后方基地进行大肆破坏。面对敌人疯狂进攻，第七军各部队在代理军长崔石泉指挥下，采取灵活机动的战术，在游击区内与日伪军周旋，巧妙地袭击敌人。

6月，第七军第二师骑兵200名在同江七牌与"兴安军"200人、其余伪军300人交战，结果，敌人被击退，缴获轻机枪1挺，步枪30支，军马24匹，击毙敌人50余名。

7月间，崔石泉派出8名战士采取里应外合的办法突袭了饶河县佛寿宫，解除了伪警察武装，缴获轻机枪2挺、马步枪66支，子弹1万余发，及许多军需品。之后，崔石泉用缴获的武器在小别拉坑密营成立了少年连，全连共40多人，直属军部领导。同时，军部又从各部队抽调优秀战士30余人组成教导队，在苇子沟进行了为期3个月的政治军事训练，为第七军培养了一批军政干部。

9月26日，第七军军部接到地下联络员送来的情报，获悉敌人的一名高级官员乘船到饶力河畔小佳河，来视察"集团部落"的建立情况。这时，代理军长崔石泉与来军部汇报工作的第一师副师长姜克智决定率军部人员及少年连，在敌人返回的必经之地予以截击。随后，崔石泉、姜克智率队来到位于饶力河下游的西风嘴子。此时，敌人汽艇已沿饶力河向上游开去。崔石泉等指挥战士连夜构筑工事，挖好掩体，设下埋伏，准备在敌人返回时打击这股敌人。

9月28日晨，日军汽艇由小佳河上游直向西风嘴子开来。当汽艇行至距第七军埋伏阵地几十米远的时候，战士们用机枪、步枪向汽艇猛烈射击，舵手当即毙命，汽艇搁浅。敌人因突然受到袭击，惊慌失措，在忙乱中拼命抵抗，但在第七军战士的猛烈火力下很快被歼灭，战斗胜利结束。此役缴轻机枪1挺，步枪27支，子弹4000余发，击毙日伪军39人，其中有伪军政部高级官吏日野武雄少将。日野武雄是九一八事变后随日本侵略军来东北的，曾任伪满骑兵少校，因屠杀抗日军民"有功"，于1938年5月晋升为少将。日野武雄被击毙给敌以很大震动，同年10月2日，伪满《大同报》发出"满洲国防将星陨落一个"的哀叹。

1938年6月，曾分途活动的第七军第一师和第二师在富锦、同江交界的七牌处会合。此后，该两师在王汝起指挥下，在富锦、同江一带艰苦转战。

7月，王汝起率队攻打了富锦县境的几处"集团部落"，解决了部队急需的给养和服装等物品。

10月，又在同江县卧虎山与尾追之敌发生激战，打死打伤敌人20余人，缴获步枪50余支。同年秋，第七军第二师师长邹其昌在富锦县阴谋投敌，形势十分危急，由于第一师师长王汝起及时果断地对这一事件进行了处理，使第二师未遭到损失，并加强了队伍团结，巩固了部队。

1938年冬，敌人出动3000多人，在饶河县境内进行"大讨伐"，妄图"围歼"抗联第七军。在反"讨伐"斗争中，第七军多次冲破敌人的军事"围剿"和经济封锁，重创了敌人。但第七军部队也遭到很大损失，许多优秀的抗联干部战士为民族解放事业而英勇献身。其中，第七军军长李学福因患病在苏联医治无效，于1938年8月病逝。第五师副师长姜克智、第三师政治部主任刘廷仲作战牺牲。第七军在艰苦的斗争中部队减员很大。

1938年8月底，周保中率领第二路军总指谋部人员，离开宝清向勃利、依兰、方正牡丹江下游地区移动。经10日行军到达依东地区，后又到牡丹江西岸莲花泡附近活动。

随着第二路军总指挥部的西移，日本"讨伐队"也跟踪而来。同年11月，日伪军重点以围歼抗联第二路军总指挥部和第五军军部为主要目标，对依兰、方正。林口、勃利等地进行长期"大讨伐"。在此期间，周保中率领的第二路军总指挥部和直属队的 80 多人，被敌严密包围在莲花泡夹皮沟方圆 60 里的狭小范围内，迫使他们不得不在山洞里度过了 20 多天。12 月，敌人撤出时周保中率队截击了敌人的后路，击毙日军 30 多人，缴获了一些枪支弹药和粮食。随后转移到牡丹江东岸，同第五军、第九军和救世军军部取得联系，积极筹划突围斗争。

一年多来，抗联第二路军留守部队在吉东地区反"讨伐"斗争中，与敌人进行了许多英勇顽强的战斗，在极其艰难困苦的斗争考验面前，许多忠贞的抗联战士不畏艰难与牺牲，怀着"宁为民族解放事业而舍生，也不屈节于日寇法西斯而苟活"的坚强意志，坚持在原地进行斗争。特别是第二路军总部及第五军部队在依兰、方正地区，第四军和第五、第七军联合部队在宝清、富锦，第七军部队在虎林、饶河，进行了卓有成效的反"讨伐"斗争，有力地打击与牵制了敌人，破坏了日伪军的"讨伐"计划，配合了第二路军主力部队的远征活动。

注　释

1. 东北抗日联军斗争史编写组：《东北抗日联军斗争史》，人民出版社 1991 年版，第 309 页。

2. 中国人民解放军历史资料丛书编审委员会编：《东北抗日联军·大事记·回忆史料·参考资料》，白山出版社 2011 年版，第 299 页。

3. 中国人民解放军历史资料丛书编审委员会编：《东北抗日联军·大事记·回忆史料·参考资料》，白山出版社 2011 年版，第 300 页。

4. 张丽：《抗日英烈民族魂》，中国民主法制出版社 2015 年版，第 211 页。

5. 张丽：《抗日英烈民族魂》，中国民主法制出版社 2015 年版，第 212 页。

6. 张丽：《抗日英烈民族魂》，中国民主法制出版社 2015 年版，第 214 页。

7. 张丽：《抗日英烈民族魂》，中国民主法制出版社 2015 年版，第 214 页。

8. 张丽：《抗日英烈民族魂》，中国民主法制出版社 2015 年版，第 215 页。

9. 李敏主编，刘颖、侯昕编著：《东北抗日英雄图谱》，黑龙江美术出版社 2023 年版，第 150 页。

10. 刘文新编著：《东北抗日联军第五军》，黑龙江人民出版社 2005 年版，第 199 页。

第 十 五 章

西征北征　北满抗联主力实现战略转移

　　避敌锋芒第三军两次西征，赵尚志冰趟子重创日寇——第三军留守
部队分头出击，牵制敌人——第六军军长夏云杰以身殉国，重整后第六
军夜袭汤原——松花江岸：抗联第三、六、九、十一军在战斗——赴苏
求援，赵尚志等三位抗联军长身陷囹圄——张寿篯（李兆麟）独撑危局，
北满四支主力军胜利西征——北满抗联成功北征，张寿篯就任抗联第三
路军总指挥——赵尚志率队重返东北与再入苏联

避敌锋芒第三军两次西征，赵尚志冰趟子重创日寇

　　北满抗联第三、六军及其他抗日部队在松花江下游地区的英勇斗争，以
及抗日游击区的不断扩大，引起敌人极大的恐慌。日伪统治者称之为"北部
国防上的心腹之患"。为此，日伪当局根据"三年治安肃正计划"，在 1936
年 10 月，开始了以汤原、宾县、木兰、通河和依兰五县为中心的"大讨伐"。
为了加强对松花江两岸抗日游击区的"讨伐"，日伪指定日本关东军第九师
团长为这一地区防卫司令官，调遣大批兵力，妄图歼灭抗日联军部队。敌人
在汤原的讨伐企图是想把抗联第三、六军"聚歼"于汤原根据地周围。

　　北满抗联第三、六、九、十一军先后进行多次西征。1936 年 3 月，由
军长赵尚志率 300 余人从汤旺河后方根据地向西进军，由于受敌堵截，无法
到达目的地，遂于 7 月返回汤旺。

　　1936 年 9 月，为了冲破敌人秋冬季"大讨伐"，珠河县委、汤原中心县

委和第三、六军党委，在汤原县帽儿山召开联席会议，专题研究政治、军事、组织等重大问题，并成立了中共北满临时省委，冯仲云为书记。从此，抗联第三、六军等即在中共北满临时省委领导下开展活动。根据珠汤联席会议决定，第三、六军等部队要采取灵活机动的战略战术，避开敌"讨伐"锋芒，迂回到敌人后方开辟新游击区，以粉碎敌企图聚歼抗联队伍于汤原的企图，决定展开向铁力、海伦方向的第二次西征。

抗联第三军远征队由第一、二、三、五、六、九师组成。第三军司令部派第一师政治部主任李熙山率领第一师部分队伍为先遣部队，经东兴到庆城与王德富指挥的第九师会合，共同向铁力进发。经过两个月的艰苦行军，于11月间到达铁力，与第六师张光迪部会师。第二、三师由第三师政治部主任吴景才率领，横渡松花江经汤原境内，穿越倒木纵横、山高林密、人烟稀少的山林地区，于11月间进入铁力的东山里。当时，同第三军主力部队西征的还有第五军第一师、第四军第二团等部分部队。第三军远征部队在进入铁力境内后，曾与敌人遭遇。不久，第五军第一师根据军部指示，率部返回大罗勒密。第三军的先遣部队到达铁力以后，立即开展了游击活动。第二、三、九师与第四军第二团各一部共200余人，在铁力孙灵阁山附近与装备有重机枪、迫击炮的500余日军激战一天半，击毙日伪军80余人，缴获轻机枪1挺、马30匹。尔后，敌人在北黑线、黑龙江流域布置重兵，对远征部队进行追击。部队行至通北冰趟子，与在这里活动的第五师蔡近葵部会合。

同年11月，第三军司令部在汤原老钱柜岭西，将政保师、少年连，第一、五师各一部混编成为500余名的骑兵队，在军长赵尚志的率领下，从汤原开始远征。12月间到达铁力。与李熙山率领的先遣部队及第六、第九师会师。

当日伪军发现第三军远征意图后，日军岩越师团指挥官带本部部队和伪军的一个"讨伐"大队近千人，乘坐爬犁，对赵尚志部紧紧尾随。

东北的3月丝毫没有春天的气息，仍然冰封雪寒。

　　赵尚志在部署了进一步开辟铁力、庆城游击区工作后，又率军部少年连和第六师共200多人组成的队伍，从铁力继续向西北转进。为了摆脱敌人，赵尚志命令部队迅速前进，行至海伦至通北附近山区的一条道路时，前面出现了一段狭长的冰面，光滑如镜，不少战士和战马都纷纷滑倒。

　　原来，此处有一眼常年不冻的山泉，冬季泉水从山上流下，结成了一道长长的冰坡，冰上落雪，雪上覆冰，于是光滑无比，人畜踏上无不滑倒摔跤。当地群众称这里为"冰趟子"。

　　见此情景，赵尚志心头一亮，高兴地用木棍敲打着冰面，认为这是兵书上说的"绝地"与"死地"，是打伏击的好地方。

　　赵尚志仔细观察了周围的环境，这里有几家店铺，过往车马都在此休息。车道北就是那段冰坡，道南是一坐小山，山上长着稠密的杂木丛，是个打伏击的好地方，遂决定利用冰道伺机设伏，打击日伪追敌。

　　部队按照赵尚志的命令，利用有利地形在两天之内筑好阵地，并在阵地前面浇上水，结冻后的冰面可以有效阻止敌人行进。此外，他们还在各个阵地之间以及阵地和木营之间用雪垒砌上交通壕，在木营墙上挖了一排枪眼，这样部队布置得当，从山口到谷底布置成一个"口袋阵"伏击敌人。

　　不一会儿，远处传来了清脆的马蹄声，赵尚志知道那是侦察员回来了。

　　据侦察员报告：北面，从北安、海北镇一带，两团日军已经到达海伦县城附近，向第三军压了过来；西面拜泉、明水各县的警备队、"讨伐队"正向东开过来。而后面，从绥化、望奎，有日军一个团和伪军的"讨伐大队"乘着汽车紧追上来。

　　听完报告后，赵尚志在雪地上铺开地图来细细地查看，果然敌人从北、西、南三个方向压过来，已经形成了三面包围，只留下东北方向——小兴安岭西麓的群山地苇。敌人的意图非常明显，要把他的这支粮尽弹绝的部队压缩到深山老林里去。

　　敌人的行动是迅速的。四个轮子的汽车，在江河沼泽都已冻结的北满平原纵横飞驰。

3月7日，日本竹内部队守田大尉率700多名日伪军，沿山道向抗联第三军驻地方向赶来。只因山路狭小，汽车难以通行，敌人不得不弃车徒步。穿着翻毛皮靴的日本关东军士兵，纷纷从车上跳下来，排好队形，用战马驮着重机枪、迫击炮、小钢炮、掷弹筒等重武器，在骑马的指挥官的督阵下，耀武扬威地进入山谷。

面对武器装备精良、人数远远多于我军的敌寇，全体抗联战士毫无畏惧，士气高昂，盼望着马上和日军大战一场。

不一会儿，一队伪军在沟口处出现了。约有100来人慢慢地走过去了。他们分四路纵队，循着抗联部队的足迹前进，雪深路滑，一个个走得筋疲力尽，东倒西歪。

赵尚志命令机枪手先放过伪军，专打日军。

又等了近半个小时，人喊马叫，一队日军出现了，看上去像是四个中队，400多人。每隔100个人就有一骑马挎刀的指挥官。这帮家伙跟伪军完全不同，杀气腾腾，目空一切，一边走着一边叽里咕噜地说着话。

谁知，那皮靴一踏在冰趟子上，一滑多远，接二连三地摔下去。战士们看到这伙侵略军摔得鬼哭狼嚎，鼻青脸肿，都强忍住笑声，恨不得立刻扑下山去痛快地厮杀一场……

眼看日军全部进入了包围圈，赵尚志一声令下："打!"

立刻，战士们的步枪、机关枪同时开火，抗联部队的6挺机枪发挥了威力，"哒哒哒……"刹那间，两侧山林里所有的武器都响了起来。密集的枪弹，带着抗日战士的满腔仇恨射向日本侵略军。那声音像刮起一阵飓风，打得鬼子措手不及，晕头转向，一片一片地倒下去。骑在马上的日本军官，首先倒下去。

听到枪响，后面的200多名日军向抗联部队扑来，但鬼子兵在光滑的冰坡上站立不稳，脚下不听使唤，一挪步就摔倒了，跑也跑不掉，躲也无处躲，很快就乱了阵脚。一个个像没头的苍蝇四下乱窜，有的像乌龟似的趴在冰川上，仓促开枪抵抗，有的连滚带爬往沟外逃命。不一会儿，不可一世的日军被打得人仰马翻、晕头转向，狼狈不堪。

趁着敌人大乱的时刻，赵尚志命令号兵吹起了冲锋号。

"杀啊！"战士们怒吼着，有的端着上有明晃晃刺刀的步枪，有的举着带有红缨的扎枪，有的挥着雪亮亮的大刀，像一群猛虎冲出山林，扑下山去。

鬼子们也端着枪刺，野狼似的反扑过来。但很快被抗日战士的勇猛气势压下去了。鬼子的防线迅速崩溃了。经过两个来小时的肉搏战，鬼子死伤大半，侥幸活下来的跑走了。走在前面的那连伪军，听到身后的激烈枪声和震天动地的杀声，知道日军被抗联部队包围了，吓得他们只恨爹娘少生两条腿，早钻进山沟沟沿着小道溜回县城里去了。

这次伏击战打得非常漂亮，抗联部队以弱胜强，打死日军 300 多人，守田大尉、准尉津田庆一、曹长高山五郎、天野松治、伍长三井勇三、通北县警务指导官福田政雄等 7 名日本指挥官全部被击毙。战场上遍地是日军已冻僵的尸体和到处乱扔的枪支弹药。同以往历次战斗一样，日伪当局为掩盖事实真相，伪《盛京时报》报道的其题为："击溃赵尚志共匪，守田大尉壮烈战死"。在报道战况时，谎说抗日军队被"击溃"，"竹内部队灭赵尚志"。而且故意在报道中减少伤亡人数，只说守田战死，10 名负伤，冻伤若干。

这一战，第三军缴获 7 挺歪把轻机枪、6 个掷弹筒，200 多支三八式步枪，以及大批的子弹。没穿棉衣的战士，一个个高高兴兴地从敌军的尸体上剥下棉衣，脱下皮靴，穿在自己身上了。

冰趟子战斗是第三军战史上与日军作战取得的最大的一次胜利。日军对这次惨败痛心疾首，战后他们派来汽车拉尸体，又在当地树起一块写有被击毙日军官兵的姓名的木牌，发誓一定要消灭赵尚志，为战死的皇军报仇。

冰趟子战斗后，第三军面临的一度非常紧张的敌情有所缓解。各路日军慑于赵尚志的威名，一段时间里没有再继续追击第三军。于是，赵尚志命令张光迪率第六师第十三团 200 余人在海伦、铁力一带继续坚持游击活动。自己则乘此良机，率领第五师、第一师及少年连 150 人继续向通北、龙门一带挺进。

赵尚志率队西进北上的途中，敌人设置重兵阻击。远征部队行军非常困难，粮食断绝就宰食战马充饥。队伍一路行进在林海雪原里，经常露宿于冰天雪地之中。但是，远征部队全体指战员，特别是十几岁的少年队员们，以坚强的意志、高度的革命乐观主义精神，克服重重困难，奋勇前进。当远征队伍行至龙门附近的炭窑时，获悉日军乘着 30 多张爬犁前来"讨伐"，于是，我军当即派出 50 余人隐蔽在路旁两侧的树林里，准备伏击敌人。中午刚过，敌人行进到我伏兵阵地时，突然遭到猛烈射击，日军町田少佐以下 20 人被歼灭；我军缴获轻机枪 1 挺、掷弹筒 1 个、步枪 10 余支。

龙门作战之后，北上队伍在茫茫林海中继续前进，但由于不断遭受日军的堵截和飞机追踪、轰炸，部队大量减员，遂将一部分多余的枪支埋在森林之中。当部队到逊河附近露营休息时，只剩下百余人。第一师师长蔡近葵考虑到战士们长期长途行军过于疲乏，因此，在山上只布置了 6 名岗哨，夜深时又没有及时地进行检查，过于疲劳的哨兵也都入睡。不料跟踪的敌人摸到山上，枪响后部队才发觉已被敌人包围。战士一面英勇还击，一面将军长赵尚志护送上山。

此次战斗，我军牺牲较大。但赵尚志仍然率队突出敌人重围。部队的马匹已全部损失，这支队伍在赵军长的领导下，突破了敌人围追堵截，于 1937 年春末，胜利地返回汤原后方根据地进行休整。

赵尚志亲自率领的抗联第三军主力部队在这次西征中，行程 2000 余里，经过多次战斗，歼灭了大量的敌人，不仅扩大了抗日游击区，而且也扩大了我军在北满广大地区群众中的影响。在这次远征中，第三军牺牲了 30 多名军政干部和百余名战士，精锐部队减员很大。但是在军长赵尚志的指挥下，终于冲破了 1936 年秋敌人发动的以宾、木、通、汤、依五县为中心的"大

讨伐"，保住了汤原后方根据地。第三军西征部队先后分两批胜利地到达了
庆城、铁力和海伦，在这里开辟了新的游击区，为以后第三路军开展黑嫩平
原游击战争，进行西征北征，提供了经验，打下了基础。

第三军留守部队分头出击，牵制敌人

抗联第三军主力部队远征之后，第一师和第五师留守汤原的队伍同军部
直属留守第一团，为配合主力部队西征，分头组织出击，牵制敌人的兵力。

留守第一团是由后方留守处和休养的伤病员编成的 2 个连组成的。由崔
春秀任团长，于保合任政治部主任，全团约有 200 人左右。第一连活动于黑
河一带，开辟乌云、佛山（今嘉荫）、萝北金矿居民地区，牵制黑河的敌人。
第二连留守唐里川（今南岔），准备给养被服，以供应西征主力部队。

1937 年 2 月，于保合率领第一连全体战士从汤原唐里川出发，向黑河
一带出击。部队经过 25 天的行军，踏过小兴安岭的高峰，到达佛山县境内，
攻占了马连站，处死了两名民愤极大的伪警察，没收了敌人的一些粮食和
秘密文件。第二天清晨，部队急行军向嘉荫河金矿挺进，当天夜里包围了
金矿。我部 30 余名战士在连长王玉升的指挥下，午夜 12 时越墙跳入金矿警
察局院内，将矿警全部堵在营房里，未经开枪便缴了警察的枪支、弹药、30
多斤沙金、400 多袋面粉。当时有 10 多名矿工加入我抗联部队。然后，部
队返回山里，一面进行休整，一面侦察金满沟金矿的敌情。10 天后，部队
开始向金满沟挺进。按照作战部署，战斗打响后半个小时，金满沟金矿即被
占领。击毙伪矿警 2 名、伤 3 名，缴步枪 3 支、子弹 100 余发，烧毁了敌人
的仓库。对这次战斗，当时敌伪《大北新报》登载消息称："共匪一股夜袭
金满沟，损失约万元，使该金矿数日后才恢复生产。"

第三军留守第一团在金满沟战斗胜利之后，战士情绪很高，要求继续作
战，攻打老道沟，为死难烈士报仇。第一连领导人在胜利面前也有轻敌思

想，没有经过认真调查和研究敌情的变化，便决定攻打已经增加防守力量的老道沟，结果攻而未克。在组织部队撤退时，连长王玉升和1名排长、1名班长、1名战士牺牲。最后部队返回了岔巴旗后方基地。

留守第一团第二连在2月间从汤原糖梨川出发，向黑龙江沿岸出击。3月，部队踏过小兴安岭的乌墨岭，到达佛山县境内，攻占了距佛山县约有90公里的水运交通站马连站。

活动在通河、依兰、方正、林口的第三军第一师第一团，在哈东游击队司令李福林的率领下，曾多次袭击敌人据点。1937年1月袭击了林口县城，在夹信子伏击了日军西山大尉的部队，击毙日军20人。之后，李福林率领所部转战在通河县的大小古洞、二道河子等地，向群众宣传抗日救国主张，许多青年纷纷参军，扩大了抗日队伍。3月，李福林率队在通河二道河子与敌战斗中牺牲。

与此同时，第一师副师长任永富率领一个团参加了抗联第五军进攻依兰的战斗。郝贵林率领第四师活跃在宝清、富锦一带与第四军配合牵制和打击敌人。

第三军第五师部队，在师长景永安率领下联合义勇军共400人于1936年11月末，在北进中袭击了萝北县老沟和火烧营采金场，缴获一些物资，解决了部队的装备和给养，补充了兵员。休整3天后继续挥师北上，进攻佛山（今嘉荫）县城。

佛山县城位于黑龙江沿岸，是国境线上的军事重镇。第五师经过周密侦察，于12月1日，分3路同时向伪县公署、警察署、国境监视队发起攻击。首先捣毁无线电台、有线电话，断绝县城与外部的联络，从而使该城处于孤立无援的状态。随后，解除了国境监视队的武装。

在第五师强大攻势下，日本吉村参事官、五十岚指导官及10余名伪警察见势不妙，狼狈向黑河逃窜。驻守佛山的伪骑兵第二十七团的一个排，在日本军官桥木中尉指挥下负隅顽抗。经过激战，桥木被我军击毙，其余敌人狼狈溃逃，佛山县城为我军攻占。

这次战斗共击毙日军9人，伪警察3人，打伤日伪军8人，俘虏8人；缴获步枪50支，子弹1200发，被服489件，马93匹，现款7万元；逮捕了伪县长和伪警察署长，烧毁了伪县公署、伪警察署。

第三军第五师部队进城后，召开群众大会，宣传党的抗日救国政策，得到了群众的拥护。部队纪律严明，受到群众的赞扬，群众送来大批肉食慰劳抗联部队。随后，第五师主动撤离该城。

佛山战斗的胜利大大地鼓舞了抗日军民的士气，有力地声援了第三军主力部队的西征，使伪三江省的汤原、萝北、绥滨一带的敌人受到了很大的震动。佛山战斗之后，第五师指战员怀着胜利的喜悦心情，回到了汤原后方游击根据地。

从1936年10月到1937年6月的这段时间内，第三军各部英勇出击、顽强作战，取得了许多胜利。从松花江下游沿岸的汤原、依兰、通河、方正、木兰、巴彦到小兴安岭山麓的铁力、庆城、绥棱、海伦、通北，从北黑铁路沿线的北安、龙门到黑龙江沿岸的逊河、佛山，纵横数千里，大小百余战，毙伤日伪军800余人，俘虏300多人，攻占城镇二三十座，缴获了敌人的大量轻重武器和弹药。

第六军军长夏云杰以身殉国，重整后第六军夜袭汤原

为了粉碎1936年日伪军秋冬季"大讨伐"，东北抗联第六军坚决贯彻珠汤联席会议精神，执行抗日统一战线政策，深入发动群众，壮大了抗日队伍。第六军部队对于日伪军的疯狂进攻，采取避实击虚的战术，有时以少数部队引敌入山，有利则击，无利则避；有时以大股部队避开敌人的锋芒，主力部队进行长距离转移。前文提到，1936年秋，夏云杰率领第二、三团横渡松花江到依兰、桦川开辟游击区。1936年初冬，夏云杰率部返回汤原根

据地，又派遣第一、四团前去扩大和巩固桦川、依兰、富锦抗日游击区。11月23日，夏云杰在后方积极筹备给养、服装，准备率队远征佛山过程中，于汤原西部丁大干屯遭敌伏击，身受重伤于11月26日光荣牺牲，为国捐躯。

夏云杰（1903—1936），另名夏云阶，山东沂水人。1926年3月携妻女闯关东到黑龙江汤原谋生。九一八事变后加入抗日战争行列。1932年11月，夏云杰加入中国共产党，历任中共汤原中心县委委员、汤原反日游击总队政治委员、东北人民革命军第六军军长、北满（临时）省委委员。1936年11月壮烈牺牲，年仅33岁。

夏云杰在伤重临危之际，再三嘱咐身边的战友、爱人和女儿，要团结一致，在中共北满临时省委的领导下，把抗日民族解放事业进行到底。夏云杰同志在祖国民族危机之秋投身革命，是抗联第六军和汤原游击根据地创始人之一，经受了抗日烈火的考验，为抗日救国的伟大斗争建立了功勋。他那高尚的爱国主义精神，坚贞不屈的革命意志，大无畏的英雄气质，给松花江下游地区的人民和抗联第六军指战员留下了崇高的英雄形象！

夏云杰牺牲后，第六军在北满临时省委的领导下，于1937年2月2日在汤原格节河后方基地召开了军政联席扩大会议。会议决定由戴鸿宾接任第六军军长，确定实行由军长、政治部主任、参谋长形成高级会议，负责解决重大问题的集体领导体制，强调了第六军应加强党的建设，加强革命团结的重要性。

会议结束之后，第六军进行了全面整顿，以原有的7个团为基础，扩编为4个师，各师、团成立党委会，各连成立党支部。军部直属的保安连扩编为保安团。第一师师长马德山，政治部主任徐光海，下辖第一、二、三团。第二师师长张传福（养病期间由陈绍宾代理），政治部主任张兴德，下辖第四、五、六团。第三师师长兼政治部主任周云峰，下辖第七、八团。第四师师长戴鸿宾（兼），政治部主任吴玉光，下辖第九、十、十一、十二团。同年4月根据中侠、助国等义勇军的要求，收编该部为第六军第五师，师长刘振生（中侠），改治部主任高玉斌，参谋长邱金海（助国），下辖 4 个团。这时抗联第六军共 2000 余人。

1937 年全民族抗战爆发前夕，三江平原上空乌云滚滚，日寇策划的"三江大讨伐"已经出笼，敌人调兵遣将，气焰十分嚣张。

与此同时，第六军迎来发展鼎盛时期，成为东北抗日联军的主力部队之一。它先后在三江平原、松嫩平原、大小兴安岭、完达山脉等地艰苦斗争 10 余年，先后攻克汤原、讷河、克山等数十座城镇和矿山，为抗日战争的最后胜利作出了积极贡献。

第六军经过全面整顿之后，部队作风和战斗力有了新的提高。在短短的几个月的时间内，各师分别活动在松花江下游广大地区，遥相呼应，与日伪军展开了英勇的搏斗。从 1 月到 4 月，第六军部队协同兄弟部队与日伪军进行大小战斗 206 次，毙伤日伪军官 13 人和大批日伪军，抗联第六军在松花江下游一带声威大振。为了冲破敌人的"三江大讨伐"，给敌人以沉重打击，鼓舞东北抗日军民的必胜信心，第六军军部决定在执行西征松嫩平原之前，对有重兵把守的汤原县城进行一次袭击。这次战斗是 5 月 18 日夜间发起的，故称夜袭汤原。

1937 年 5 月 16 日，天刚擦黑，汤原中心县委突然接到一份紧急情报——这是在汤原伪县政府做地下工作的同志送来的。大意是：日寇下了血本，要血洗汤原县。大批日伪军已开到县城，并且运来了武器弹药，另外还特地从"新京"派来 17 名日本高级参事官。汤原县城是日伪在北满的重要据点之一，驻有日本守备队，伪军第三十八团和伪警察大队、汤原治安队、总兵力千余名，防卫森严，工事坚固。

这时，抗联第六军的 5 个师都远离了汤原：第一、三师南跨松花江，到依兰、桦川、富锦、宝清一带开辟新区去了；第二、四师西越小兴安岭前往哈北，配合第三军开辟新游击区去了；第五师也到中苏边境的萝北、佛山执行任务去了。眼下，汤原境内，只剩下第六军参谋长冯治纲带的一个百多人的留守团。敌我兵力如此悬殊，这一百多人，别说打仗，就是保护机关，放哨也不够用。

出乎大家的意料，冯治纲从县委开会回来后，向大家宣布县委决定攻打汤原县城。

大家一听，不禁有些愕然。100多人去打敌人重兵设防的县城，不会是脑子发热吗?

这时，冯治纲对大家解释了县委为何决定攻打汤原县。原来，县委隐藏在敌营的内线人员传出情报:伪军第三十八团正在换防，城内防务空虚，夜袭汤原的时机已经成熟。

第六军戴鸿宾等领导对夜袭汤原也十分关注，派人送去指示信，要求绝对避免集中优势兵力进行得不偿失的攻城战斗，而是要发扬我军游击战术的优点，以少数兵力，出其不备突然袭击。

同志们听了冯治纲参谋长的话后，心中的疑虑顿时被打消了，立即投入了攻城工作。

半夜光景，冯治纲率领第六军留守团100多人悄悄地摸到了汤原县北门外，这时只听见城墙上传出更锣声和更夫拉长的吆喝声:"平——安——无——事!"

部队刚接近城门，城门便打开了。接着闪了几下红光。冯治纲说了声:"前进!"队伍快速地插了进去。门口一个人低声对冯治纲说:"一切都按照计划，快进去!"

事后知道，这是内应安排好的。城门早被他们控制起来了。

汤原小城，被两条十字街割成几个方块，西北是伪县政府大院和伪警察大队队部，东南、西南分驻着伪军和日军。

街中心十字路口有一个大碉堡。化装成敌人的农民自卫军，不费一枪一弹，把大碉堡控制起来。部队进城之后，在地下工作者的配合下，仍是没放一枪，收缴了伪军防守所的一个排的武器。随后各区的农民大队涌进了城。神不知鬼不觉，汤原城几个要害地方，全部换了主人。

在城内地下工作人员的配合下，攻城部队兵分三路展开进攻：一路部队直奔伪县公署旁的日军守备队；另一路部队解除北门伪警察派出所的武装，留少数部队扼守退路；第三路部队攻打监狱、拘留所，营救被捕的格金河区委书记张士俊及70余名抗日群众。

冯治纲参谋长带领冲锋队，沿北城穿过几条黑胡同悄悄地来到伪县署大院跟前。部队一到，立即又有人来带路。伪县署大院后墙早有人摆好了梯子，另一名"更夫"还在那里喊着"平安无事"。进了伪县署大院，队伍一股直奔大堂，一股去堵日寇高级参事官和伪县长的住宅，另一股扑向住在前院东厢房的日寇守备队。

顿时，枪声打破了寂静的夜，沉睡着的汤原像爆豆一样地响起无边的枪声。

在内线工作同志的策应下，负责进攻城北伪警察大队的第六军攻城部队，迅速解决了该处之敌，300名伪警察全部被缴了械。

经过激战，被堵在伪县署东厢房里的日寇守备队十几人全部被击毙，汤原县"太上皇"宫地宪参事官也被打死在住房里，日本警官竹木福太郎等变成了枪下鬼。

第三路进攻部队同样进展顺利，砸开了监狱、拘留所，解放了在押群众70余人。其中有被汤原日军守备队逮捕入狱的中共格节河区委书记张世俊，他紧紧握住冯治纲的双手，激动得热泪盈眶，表达了重新回到抗日队伍的感激之情。

在汤原城里居住的人民群众目击了一切，他们以无比喜悦的心情度过了这个不眠之夜。于是，早已在城外候命的群众赶着大车牵着毛驴上来了，搬的搬，扛的扛，一群群地涌进来，又一群群地涌出去，比赶集还热闹。

夜袭汤原的重大胜利，轰动了整个北满，沉重地打击了日本侵略者，振奋了我军战士的抗日斗志，极大地鼓舞了松花江下游地区人民的抗日热忱。战斗后，我军共缴获迫击炮 3 门、炮弹 96 发，轻机枪 3 挺、步枪 62 支、手枪 62 支、子弹 3.5 万发、马 35 匹。

拂晓，战士们抬着战利品浩浩荡荡地向深山密林走去。冯治纲指挥部队交替掩护撤退，用强大的火力阻击了日本驻屯军部队的反扑，打退了驻屯太平川的日本久保部队和黑山屯驻防伪军的追击。部队安全转到深林，仍严阵以待，准备对付敌人的"血洗"。可是，一连几个月，也没听到敌人的动静，听到的倒是第六军主力南下西进的胜利。

松花江岸：抗联第三、六、九、十一军在战斗

1937 年春，继抗联第三军西征之后，根据北满临时省委的指示，抗联第六军派出主力部队向海伦进行远征。同年 4 月，该军第三师师长周云峰率领 200 余名战士为西征先遣队，从汤原县香兰出发，穿过伊松河谷原始森林地带，经历了半个月的行军到达绥棱县金沟。以后，这支队伍不断遭到日伪军的围追堵截。

第三师西征先遣队为扭转这种被动的局面，于 5 月攻袭了驻守在半截楞的日本"讨伐队"。经激战，第三师终以少数伤亡赢得了胜利，击毙日军 10 余人。6 月，第三师强渡通北县南北河与第三军部队会合，随之联合进攻了日本木业采伐作业区，缴获了大批粮食。此后，第三师便以海伦郭炮营为后方基地，深入农村发动群众，宣传党的抗日统一战线政策，积极筹备给养，为第六军西征后续部队的到来，准备了有利的物资条件和良好的群众基础。

七七事变前后，北满抗联部队第三、六、九、十一军在松花江两岸和小兴安岭西麓展开英勇的抗日斗争。

1937 年 6 月 28 日至 7 月初，中共北满临时省委在汤原帽儿山抗联第六军被服厂召开了执委扩大会议，吉东省委代表周保中应邀参加。会议讨论了

当前的形势，制定出军事行动计划。根据抗日联军在松花江下游地区聚集过多的情况，会议指出：各军必须互相援助，团结一致，配合行动，用竞赛突击的精神，开辟新游击区，突破敌人新的进攻与"讨伐"。根据北满临时省委指示精神，抗联第三、六、九军及独立师分别在松花江下游两岸、小兴安岭西麓展开英勇斗争。第三师还在依东修建了两处密营，储存了大批粮食、给养。

抗联第三军第一、二、三师在松花江南岸积极活动，第四师部队活跃在宝清、富锦、勃利一带。

同年7月，第三军第四师师长郝贵林率部在勃利县青龙山小五站一带活动时，遭到勃利县200余名日伪军的围攻。郝贵林在掩护部队突围时不幸身负重伤，英勇牺牲。尔后，陆希田继任第四师师长。随之，第四师游击营在勃利策应20余名伪军哗变取得成功，师长陆希田率保安连将40余名伪警缴械。第四师第四团在宝清六区击溃一支伪军"讨伐队"，缴获许多武器、弹药。同年10、11月间，敌人调动日军一个骑兵旅团及几个整团的伪军向宝清一带进攻。为更有效地牵制敌人，避免与强敌正面接触，在师政治部主任金策提议下，该师以一部分骑兵与第六军第一师共250人联合编成模范师，挺进饶河、抚远境内。同年冬，与抗联第七军共同在乌苏里江岸国富镇、蒿通镇等地袭击敌人，获得了一些胜利。

第三军第五师骑兵部队在师长景永安率领下，在依兰东部肖家屯附近与驻守在四合山的日伪军发生激战，予敌以很大杀伤。之后又与第五军警卫旅第一团在小门傅屯与日军150余名骑兵战斗3小时，毙伤敌人20余名。

活动在小兴安岭西麓海伦县境的抗联第三军第六师第三、第七团，于7月间在师长张光迪指挥下攻占了侯家大屯，焚毁了伪警察署，俘虏了伪警察署长和伪警察多名。

第三军第九师在师长李振远率领下在汤原西部地区积极活动、主动出击，与日伪军进行多次战斗，共缴获日伪军步枪100余支、轻重机枪6挺、炮1门、子弹1万余发，击毙日伪军数十名，在游击活动中取得了很大成绩。11月间，第三军第九师根据军司令部指示，经通河、木兰转战到海伦，与第三军第六师第三、第七团一起开展活动。

随着抗日斗争形势的发展，第三军队伍不断增加，游击区域不断扩大。但在敌人分割包围、疯狂"讨伐"的艰苦斗争环境中，部队也出现了一些问题。一是由于未能很好地改造收编的一部分抗日山林队，这些部队在艰苦的斗争中发生了动摇，第七师（于九江部）、第八师（考凤林部）于1937年秋相继叛变。二是在基本队伍中，由于战斗频繁，放松了政治思想工作，党的组织生活不够严密，少数党员干部出现害怕艰苦、贪图享受、脱离群众等问题。

为了提高和巩固部队的战斗力，抗联第三军党委和司令部采取了一系列措施，加强政治思想工作，并着手整顿部队。为加强第三军军部及部分师的政治领导力量，中共北满临时省委和第三军党委决定，派周庶钒任第六师政治部主任，雷炎任第九师政治部主任，第四师政治部主任金策调到省委工作，派于保合到第四师负责政治工作，并把联军政治军事学校的教官、学员全部派到抗联第三军和第六军各部队，以充实和加强军政工作的骨干力量。同时，抗联第三军党委会针对部队存在的问题，作出了相应的决议，号召全军发扬艰苦奋斗、联系群众、英勇作战的好作风，并重申了革命军事纪律。所有这些，都对抗联第三军的巩固和发展起了重要作用。

抗联第六军在七七事变后，积极在松花江下游及小兴安岭西麓开展游击活动。为反对"集团部落"政策，开辟三江平原游击区，该部首先在集贤夹信子解除了反动地主自卫团的武装，没收其全部资财充作抗日经费，使群众受到很大鼓舞。第六军还协助中共富锦县委建立起安邦河、集贤、沙岗、腰山等地下党区委组织及许多抗日救国会、妇女会、儿童团等团体，使这一地区出现了抗日斗争的新局面。第六军第五师在此期间开辟了绥（滨）、同（江）

抗日游击区，与敌人进行了多次英勇顽强的战斗。同年 10 月，第五师部队
在绥滨、同江连续袭击"集团部落"，摧毁农村保甲政权，破坏敌人的"匪
民分离"政策。同时，该部还积极进行争取、分化伪警察工作。绥滨第五区
伪警察署署长在我党抗日救国政策感召下，协助第五师部队解除了伪警察署
和自卫团武装，缴获步枪 40 余支。11 月，第五师蒲鸭河后方密营遭到敌人
的破坏，师部率第一、二团跨越松花江，进入富锦县别拉音山西部地区，与
抗联独立师李景荫部会合。不久，这两支部队共 300 余人袭击了伪军第四军
管区教导队，击毙日本教官 1 人，俘虏伪军 100 余人，缴获轻机枪 2 挺、步
枪 100 余支。所俘虏的敌人经过教育后被全部释放。

同年 7 月，第六军军长戴鸿宾率领第二、四师和保安团、特务连共 700
余名战士，按省委关于突破敌人新的进攻与"讨伐"的指示精神进行西征。
队伍穿过人烟稀少的小兴安岭，在海伦八道林子与第六军第三师先遣部队
会师。随之，西征部队攻打了叶家窝堡，但由于指挥失误，我军伤亡数十
人，被迫撤出阵地。次日，在吕缸烧锅与 300 余名日军遭遇，经激战获得胜
利，此战歼敌 30 人，缴获重机枪 1 挺。尔后，第六军远征部队又转战于绥
棱、通北等地，攻克了宋家站，缴获大量军需物资，解决了冬季服装。8 月
中旬，戴鸿宾在海伦八道林子召开团以上干部会议，决定返回汤原抗日游击
根据地。同年 9、10 月间，戴鸿宾率部返回汤原后，又立即投入了新的战斗。

活动在依东地区的抗联第九军，根据新的斗争形势需要，加强了部队的
思想政治工作，同时对部队进行了必要的整顿，划分了作战区域。第九军政
治部主任李熙山为改造这支部队，增强部队战斗力，在方正县大罗勒密先后
开办了三期军政训练班。李熙山亲自担任训练班教员，给各连队选送来的学
员讲解文化、军事常识和革命道理。训练班共训练了 100 多名干部、战士，
使部队军政素质有了明显提高。同时，为加强骨干师、团的领导力量，第九
军重新调整了部队干部。郭铁坚任第二师政治部主任，率部活动在依兰、方

正一带；王克仁任第二师政治部主任，率部在宏克利一带活动。9月，王克仁率队转赴宝清，与抗联第五军第二、三师一起开展游击活动。

抗联独立师在祁致中率领下，伸展到富锦、宝清、桦川一带。7月，独立师一部袭击了富锦县七区伪警察署；之后，进入同江五顶山，攻克了该地自卫团防所，解除37名敌人武装；同日，师长祁致中率部分战士在富锦三区击溃该区自卫团；8月，又袭击了宝清县凉水泉子伪警察分驻所。在此期间，独立师第一旅政治部主任金正国率部在桦川县孟家岗长砬子袭击了往佳木斯运送黄金的百余名伪军，经激战，击毙了伪军参谋长和10余名伪军，缴获黄金数百两。8月21日，金正国率90余名骑兵协同第五军警卫旅部队进行了五道岗截击战。战斗中，独立师与第八军第三师将桦川县孟家岗日军黑石部队骑兵一部诱入五道岗大道第五军警卫旅伏兵阵地，敌人遭到沉重打击，我军获得重大胜利。

同年10月，抗联独立师在富锦第二区正式改编为东北抗日联军第十一军。祁致中任军长，金正国任政治部主任，薛华任副军长，于天放任随军学校教育长。军部下辖1个师，师长李景荫，师下辖3个旅。第一旅旅长张建国，政治部主任金正国（兼），辖第一、二、三团；第二旅旅长胡文权，政治部主任王济舟，辖第四、五、六团；第三旅旅长姜宝林，政治部主任李学忠，辖第七、八、九团。全军共1500余人。

抗联第十一军正式成立后，为粉碎敌人加紧"归屯并户"，隔断我军与群众联系的阴谋，同抗联第五、六、八军共同制定了摧毁敌人"集团部落"的计划，并对敌特务从事的收买、暗杀等破坏活动，给予了严重打击。该军第一旅在金正国领导下处决了妄图诱降、瓦解我军的日本关东军司令部特务、伪三江省协和会特别工作部部长拿东汉，使敌人诱降阴谋遭到失败。11月12日，祁致中率军部与第三旅第七团，在富锦县富廷岗西北黑鱼泡附近与日伪军激战3小时，予敌以重大杀伤。

11月下旬，因我军七星砬子兵工厂急需做枪弹用的火药，祁致中率军部与第三旅第七团自富锦向北活动，谋求苏联援助。12月末，第十一军军长祁致中从抚远过界去苏联。此后，第十一军部队由师长李景荫率领坚持开展游击斗争。

赴苏求援，赵尚志等三位抗联军长身陷囹圄

祁致中军长过江后，虽然有介绍信，苏联边防军也不予承认，他被无理关押起来，后与从萝北县过界去苏联的抗联第三军军长赵尚志、第六军军长戴鸿宾（1937年2月因战斗失利后退入苏境）等关押在一起，进行长期审查。

一时间，北满抗联第三、六、十一军的3个军长赴苏后被长期扣押，这对处于敌人"大讨伐"包围之中的抗联队伍的斗争与发展产生了极大的不利影响。

其中，北满抗联总司令赵尚志赴苏后被扣押，一代抗日英豪的抗日事业走上了下坡路，赵尚志个人的人生悲剧也由此开始。

正当赵尚志以全部精力投入反对日伪军"大讨伐"作战的筹划之际，一封从苏联伯力"传来"的口信传到北满临时省委，要求北满临时省委主要领导过界赴苏商谈抗日斗争的重大问题。赵尚志应约赴苏，不料，被苏方以无人邀请为由关押了一年半之久。

后人在研究这段抗联不幸事件时，有人推测是远在苏联的王明、康生因不满赵尚志对其主笔拟定的《六三指示信》产生异议，而设计诱捕了赵尚志；也有人推测是中共满洲省委撤销后，吉东省委与北满临时省委之间的党内斗争和第三军内部领导人与赵尚志之间个人矛盾加在一起所致。

还有一种说法，就是赵尚志、戴鸿宾、祁致中等人过境被扣押相当长时间是另有原因。其一，1938年，苏联远东军对抗联尚处在冷淡时期，远东军不愿意同抗联来往，以免引起日本的外交抗议等不必要麻烦，因为苏联不

想分别在远东和欧洲同时与日本、德国两个强敌开战。其二，是受苏联国内肃反扩大化的影响。1937 年 11 月，抗联第三军军长赵尚志曾给苏联特别远东军司令布留赫尔元帅致信，请他代转给中共中央一封信。布留赫尔于1937 年初捎口信要赵尚志去苏联联系。时值苏联肃反扩大化时期，布留赫尔被逮捕，赵尚志等也因此受到牵连，过境后即被扣押。

原抗联第六军第二师政治部主任陈雷（原名姜士元，1917 年出生，黑龙江桦川人，1936 年加入中国共产党，1938 年参加东北抗日联军。历任东北抗联第六军政治部组织科科长、东北抗联第三路军第三支队政治部主任。抗战胜利后任中共绥化中心县委书记、中共黑龙江省委秘书长。新中国成立后，历任黑龙江省副省长、省长等职，2006 年病逝）在《回忆赵尚志》一文中是这样说的："我作为抗联六军二师的政治工作负责人，参加了北满抗联部队的西北远征，最后退至苏联境内。我们这支七八十人的队伍入了苏界即被苏联边防军解除了武装，之后，我被一名会汉语的苏联军官带到黑龙江边的一个小城，有一人负责专门学习马列主义基础知识，时间有几个月。大约在 1939 年 6 月，苏联同志通知我可以回东北了，并安排我和自己的队伍（抗联三、六军的同志）见了面，在这里我见到了刚刚被关押释放的赵尚志同志。"**2**

对于赵尚志为什么会被长期扣押，陈雷在《回忆赵尚志》一文中继续说道："北满临时省委和赵尚志本人都曾多次派出代表去寻找党中央，但都没有结果。正在这时，原抗联第六军第一师代师长陈绍滨从苏联返回，带回苏军以海路署名的信，信中说，苏军要求北满临时省委派主要负责同志赴苏商讨重大问题。北满临时省委得到这一消息，立即召开了一次临时会议，决定派赵尚志为省委代表赴苏。1938 年 1 月，赵尚志按照省委的决定带一部分人去苏联。但一过界，即被苏军缴械并关押起来。苏方否认邀请北满代表一事。一切申辩、抗议都无济于事。赵尚志就这样被不明不白地关押了近一年半。直到 1939 年 5 月苏方才释放了他。临回国前，一位苏军少将在宴请赵尚志时解释说，这是一个'误会'，并向他传达了共产国际的决定：任命赵尚志为东北抗日联军总司令，回东北主持抗联工作。我（指陈雷）所在的抗联三、六军西征部队被迫入苏境后，这时又随赵尚志回国。"[3]

结合 1938 年前后苏联国内政治外交形势看，陈雷的说法有相当的合理性。凡此种种，说法不一，本文不多赘述。

1937 年冬，日伪军对松花江下游地区展开疯狂的"大讨伐"。

这时，北满抗联总司令、抗联第三军军长赵尚志曾对第三、六军作出冲破敌人"讨伐"的部署，除哈南、哈东及松花江两岸仍留大部兵力外，派遣一部分队伍到萝北、绥滨一带。第三军第九师一部远征北黑，第一、六师分头通过嫩江平原，占领大兴安岭山脉及湘河、布西、拉哈一带，游击于洮南、索伦及海拉尔附近。第五师游击于海伦、通北、德都、龙门等北黑路线。对第六军则要求远征巴彦木兰之三百精锐，速于封江以前束装西进，以突破敌人封锁。但是由于敌"讨伐"军来势凶猛，我军部队相互隔离，以及第六军刚西征返回，尚未得到很好休整，所以未能完全实现这一行动计划。

正当此时，1937 年 12 月底，原抗联第六军第二师代师长陈绍滨从苏联归国，带回口信说：远东军司令部要求北满抗联主要领导人去苏商谈重大问题。（注：有学者考证这一口信有明确文字记载，存档于黑龙江档案馆221-3-1 卷宗第 17 页，1937 年阴历十二月初八[4]）

得到这个消息后，赵尚志十分振奋，也让北满临时省委的成员们非常激动。他们便在依兰东杨家沟召开了省委临时会议。赵尚志、冯仲云、张寿篯、张兰生、魏长魁参加了会议，戴鸿宾、陈绍滨列席了这次会议。

会议上大家各抒己见，情绪很高，都说：既然苏联邀请我们，我方又急需援助，一定要去！苏联是社会主义国家，我们今天在东北拖住了日本人的腿，也就保卫了苏联。我们不但是为了中国而战，也是为了苏联而战。无论是基于无产阶级国际主义义务，还是基于苏联自己的利益，他们都应当支持我们。赵尚志和张寿篯还一起列了一个清单，要求苏方提供枪多少万支、子弹多少万发、服装多少万套，并草拟了一个计划，要求苏方在黑龙江对岸为我军建立后方医院、营地和军政干部学校，以使我军伤员能及时得到救治，作战疲劳的部队可以过境去休整，缺少干部可以在那里培养。

会上确定赵尚志为代表去苏联。时值第三军反"讨伐"作战的紧要关头，去与不去，赵尚志一直很犹豫，最终在冯仲云、张寿篯极力劝导下，同意亲自前赴苏联会谈。

1937 年 12 月下旬，张寿篯、张兰生、戴鸿宾等人率第六军保安团、第三军一师组成的一支共 500 人的骑兵部队，从汤原的杨家沟向黑龙江边的萝北进发。31 日深夜，东北抗联第三军军长、东北（实际上是北满）抗日联合军总司令、著名抗日英雄赵尚志，在萝北县公立永屯与张寿篯、张兰生、冯仲云、戴鸿宾等人告别，约好一个月后仍由张寿篯等人集结第三、六军部队来此迎接。因为，赵尚志相信自己从苏联归来时，一定会带回苏联援助的大批武器弹药，人少了搬不完哪！之后，赵尚志由第三军第九师师长李振远率一支小队伍护送，另带警卫员郭录等 6 人，踏着没膝深的积雪，一步步向冰封的黑龙江走去。在接近江岸的地方，他让李振远等人停下，自己和警卫员继续朝前走。

1938 年 1 月 1 日凌晨，赵尚志越过黑龙江宽阔的江面，踏上了异国的土地。

2 月 3 日，赵尚志被扣押一个月后，为按照原定计划迎接赵尚志归来，张寿篯率第六军第二师师长张传福领导的 200 多人袭击萝北鸭蛋河后，去老龙岗一带活动。7 日，部队行至老龙岗附近时，与 200 多名日军相遇，在作战中有 4 名战士牺牲。

2 月 4 日，第六军军长戴鸿宾、第三军一师师长蔡近葵、第九师师长李振远率领两军部队共 500 人，配以轻机枪 10 挺、炮 1 门，兵分两路向萝北县城肇兴镇发起突然袭击。激战 3 昼夜，部队虽然攻进了县城西门，但守城敌军顽抗，敌人的伪县公署和伪警察署等重要机关未能最后攻克。为避免出现重大伤亡，戴鸿宾指挥部队主动撤出，随后与用汽车从富锦运送前来的日军援兵板垅部队相遇。在交战中打死打伤日军三四十名，我军伤亡也较大。

以后，敌将戴鸿宾所部压至黑龙江江岸一线，突围无望。戴鸿宾和蔡近葵、李振远商议，决定率部退入苏境，去寻找刚刚入苏"商谈重大问题"的总司令赵尚志。2月5日，戴鸿宾等率部入苏，当即被苏军缴械，以防止瘟疫为理由，衣服、枪支悉数被焚毁。戴鸿宾被送至伯力监狱，与1937年末过界的第十一军军长祁致中等被关押在伯力苏联远东军的一个禁闭室里，半年后方与赵尚志关在一起。随后，蔡近葵、李振远所部500人被送上火车，经西伯利亚铁路送往新疆，交与和苏方关系尚好的"红色军阀"盛世才。北满抗联部队的一支精锐，就这样永远地退出了抗日战场。

赵尚志被苏联远东军关押长达1年又6个月，是抗联斗争史上的重大事件，它成了北满地区抗日武装斗争由盛而衰的分水岭。当他再次返回东北战场时，东北抗日斗争局面发生了急剧变化，虽然东北抗联仍然在浴血奋战，但是大好局面不复存在，抗联作为一支曾创造辉煌战绩、威震日军的铁军，正在步东北义勇军的后尘，在最后的斗争中走向溃败。

张寿篯（李兆麟）独撑危局，北满四支主力军胜利西征

冬去春来，覆盖在黑土地上厚厚的冬雪渐渐消融，转眼间1938年的春天来临了。

1937年卢沟桥事变后，全民族抗战爆发，大大鼓舞了东北抗日军民的斗志。东北抗日联军为配合全民族抗战频繁出击，到处骚扰和打击日伪统治者，成为日伪巩固侵华战争后方基地的心腹之患，因此，日寇加紧了对东北抗日联军的"讨伐"和"围剿"。其中，松花江下游地区的东北抗联

游击运动异常活跃。因此，日本侵略者把伪三江省看作是全满洲各省所谓"治安肃正"工作最落后的地区。为了改变这种状况，日伪统治者企图从1938年起，到1939年止，完成伪三江省的"治安肃正"工作。依据日本关东军司令部的作战计划，从1937年开始，日本关东军便把"讨伐"的重点逐步移至伪三江省，调遣重兵在三江地区纵横"扫荡"，反复"围剿"抗日联军。同时，在政治上进一步加紧推行所谓"匪民分离"的"集团部落"政策。

由于日伪军的疯狂"围剿"，北满抗日游击区和根据地遭到严重的破坏，地方党组织和群众抗日团体也屡遭破坏，在下江的抗联各军同广大群众失去了联系，粮食、弹药等军需物资上均发生极大的困难，部队有时以草根树皮充饥，打鱼打猎成为解决给养的主要方法。下江各军战士不仅每天要遭受饥饿的威胁，而且还要遭到几倍、几十倍敌人的疯狂进攻，部队损失也越来越大。同年1月至8月，北满抗联各军虽与敌作战达500次以上，杀伤日伪军数千，但北满抗联第三、六、九、十一军部队大量减员，部队的处境十分危险。

北满抗联总司令部于1937年10月10日给抗联第六军司令部的信中就曾指出："日伪由黑河到吉林布置封锁线，主要作用是阻止抗日联军向西发展"。因此小兴安岭以西是北满抗联的"主要出路"。**5**

1938年五六月间，在敌人缩紧下江老区包围圈的危险形势下，中共北满临时省委连续召开了第七、第八两次常委会以研究对策。会议经过认真研究，作出了冲破敌人包围，组织北满抗联部队主力穿越小兴安岭，向西北海伦地区及龙江腹地远征的决定，以实现在黑嫩平原开辟新的抗日游击区。

黑嫩平原曾是马占山、苏炳文、李海青义勇军活动的地方，群众基础比较好，敌人的统治相对来说比较薄弱。从地理位置来说，这里有森林密布的大小兴安岭，可作为抗日部队的依托；从黑嫩平原的三肇南下可达索伦一带，可成为与关内联系的通道。自1936年冬以后，抗联第三、六军曾分别到这一地区开展游击活动，张光迪所率之抗联第三军第六师在海伦东山之八道林子建立了活动基地，可作西征部队的落脚点，并以此作为北征的出发点。

西征是由中共北满临时省委统一领导，由张寿篯（李兆麟）、金策、冯治纲具体组织，分三批进行。北满抗联总政治部主任、第六军政委张寿篯于7月间在萝北县麻花林子召开了第八军师级干部会议，进行远征动员，并制定了行动计划。以后，张寿篯又亲赴第九军整顿队伍，为西征做准备。与此同时，第八军第四师政治部主任金策根据省委的指示，于1938年8月同原第三师政治部主任侯启刚率70余人的骑兵队伍从宝清出发，渡过松花江到萝北县梧桐河沿岸，召集和组织部队准备西征。

7月，北满抗联第三、六、九、十一军主力，按计划分三批西征。

首批西征部队由第三军政保师师长常有钧和第九军第二师师长郭铁坚率领的150余人组成。在远征前，省委派到第九军接替政治部主任李熙山职务的魏长魁来到第九军后，由于军长李华堂反对和阻止第九军主力部队集结西征，并一直潜藏在深山之中，魏长魁在依东久等，也未见到李华堂，只好率领第九军部分队伍与第三军政保师从依兰东部渡过松花江，一同向海伦西征。魏长魁和第九军第二师郭铁坚率领的部队行至通河苇子沟时，遭到敌人袭击，魏长魁在队伍后边照顾战士，不幸中弹，身负重伤，不能行走。他坚持匍匐前进数里地。最后，在万分危急的情况下，为保守我军机密，他焚毁了文件，毅然自刎，壮烈殉国。

魏长魁，1906年出生于山东省德平县，早年来大连谋生。后在大连地区积极参加和领导工人运动。1926年初加入中国共产党，1936年任哈东特委书记，后来又任北满临时省委组织部部长，是东北党组织最早的党员之一。他的模范行为和忠诚革命事业的精神是永远值得尊敬和学习的。

魏长魁牺牲后，常有钧和郭铁坚带领部队沿山边继续前进。由于缺少粮食，又遇大水阻碍，当部队到达庆城九道岗时，再次遭敌人包围。在突围中部队被敌人打散。这时，郭铁坚与常有钧失掉联系，后来常在9月间、郭在11月间分别率队到达海伦与第三军新编第三师许亨植、张光迪率领的部队会师。

第二批西征部队由第六军之第三师及第二师一部约200余人组成，由富锦出发，与第三军第三、四师200余人在萝北麻花林子会合后，在第三军政治部主任金策等率领下于9月7日出发，10月8日到达海伦白马石。

两军西征之际，金策接受第三军第一次西征盲目打攻坚战的经验教训，鉴于大部队行军目标显著，容易引起敌人注意，行动上又不灵活，粮食问题也不好解决，当西征部队到达汤旺河东岸时，便将第三军和第六军西征部队分成两部分前进。一部分为第三军第三师在原政治部主任侯启刚领导下，以铁力、庆城为目标前进。另一部分为第六军第二、三师在第三军政治部主任金策和第六军第三师师长王明贵领导下，以海伦、通北为目标前进。

西征部队在人烟稀少、荆棘丛生的深山密林之中，冲破各种艰难险阻，经过两个多月的行军，侯启刚率领的部队首先到达铁力县境。金策与王明贵率领的部队于1938年10月8日到达海伦的后方，与在这里活动的新编第三师师长许亨植（即李熙山）、副师长张光迪等同志会晤。

至此，北满抗联头两批西征部队胜利达成西征目的。

10月16日，第一、第二批西征部队在海伦联合召开了团以上干部会。会议决定，由第六军第三师在海伦筹建后方临时基地，以接应第三批西征部队；由第三军一部和第六军第一师一部组成西北远征队，向纳河、德都发展，开辟新区；另以第六军第二师执行开辟北安、通北游击区之任务。

在此期间，张寿篯率第六军教导团等部在下江地区留守，既策应西征，也准备西征。11月，第三批西征部队由第六军教导团、第十一军第一师约300余人组成，在张寿篯等率领下，从绥滨出发，进军途中曾奔袭鹤岗矿山商店解决冬装、粮食。第三批部队西征时正值寒冬季节，广大抗联战士披风雪、冒严寒，克服重重困难，冲破小兴安岭原始森林，于12月中旬到达了海伦八道林子。

至此，在中共北满临时省委的领导下，北满抗联部队第三、六、九、十一军主力历时 6 个月行军千里，历经千辛万苦，克服重重困难，胜利地完成了西征任务。

何谓重重困难，除了一路奔袭与日伪军作战外，还有小兴安岭道路难行。战士们每天行进在草甸子里和密密的丛林中。指战员们的双脚被甸子里发红的腐水泡烂，每走一步都要克服极大的困难。秋天的密林中，蚊、蠓、蛇成群，战士们的衣服被划破，皮肤被叮得一片片红肿，奇痒难耐，而一旦抓破则感染溃烂，更是疼痛难忍。由于失掉给养，战士们只好以野菜、山果、蘑菇等充饥。在这种极为艰难困苦的情况下，北满抗联三支远征部队披荆斩棘，艰苦行军，越过小兴安岭，终于到达了海伦东边的八道林子，胜利地完成了西征北征的任务。

西征的胜利，冲破了敌人在松花江下游地区设下的包围圈，使日伪军"聚歼"抗日联军的阴谋计划破产。实现了向敌人统治薄弱的地区进行战略性转移的计划，达到了保存北满的党政干部和抗联一部分主力部队的目的。为后来在广阔的黑嫩平原，依托小兴安岭山区，开展平原地区抗日游击战争、重建根据地，奠定了基础。

在组织北满主力部队远征的过程中，亲率第三批部队西征的张寿篯（李兆麟）和他的战友创作了著名的《露营之歌》[6]，真实地反映了东北抗日联军将士们英勇无畏而又艰苦悲壮的战斗生活：

（一）

铁岭绝岩，林木丛生，

暴雨狂风，荒原水畔战马鸣。

围火齐团结，普照满天红。

同志们！锐志哪怕松江晚浪生。

起来哟，果敢冲锋，

逐日寇，复东北，天破晓，

光华万丈涌。

（二）

荫蔽天，野花弥漫，

湿云低暗，足溃汗滴气喘难。

烟火冲空起，蚊吮血透衫。

战士们！热忱踏破兴安万重山。

奋斗啊！重任在肩，

突封锁，破重围，曙光至，

黑暗一扫光。

（三）

荒田遍野，白露横天，

夜火晶莹，敌垒频惊马不前。

草枯金风疾，霜晨火不燃。

兄弟们！镜泊瀑泉唤起午梦甜。

携手吧！共赴国难，

振长缨，缚强奴，山河变，

片刻熄烽烟。

（四）

朔风怒吼，大雪飞扬，

征马踟蹰，冷气侵人夜难眠。

火烤胸前暖，风吹背后寒，

壮士们！精诚奋发横扫嫩江原。
伟志兮！何能消灭，
全民族，各阶级，团结起，
夺回我河山。**7**

它是抗联战士浴血奋战、艰苦斗争生活的真实写照，它充分反映出中华儿女抗战必胜的坚强信念和革命英雄主义与革命乐观主义精神。这首歌在东北抗日斗争的艰苦岁月里，尤其是在北满抗联各军西征的过程中，成为鼓舞抗联战士英勇杀敌、完成西征任务的有力武器，生动体现了东北抗联精神。新中国成立后，《露营之歌》成为永久传唱的革命经典歌曲，"火烤胸前暖，风吹背后寒"成为老百姓耳熟能详的经典名句。

北满抗联成功北征，张寿篯就任抗联第三路军总指挥

在北满抗联主力完成西征后，下一步就是要依照中共北满临时省委常委会定下的方案，进行第二步行动——北征。

何谓西征？何谓北征？

1938 年夏季以后，在中共北满临时省委领导下，根据珠汤联席会议确定的向日满统治环节薄弱的隙缝中突击的策略，北满抗联第三、六、九、十一军的 800 余人，进行了具有战略意义的西北远征。从这一年的 6 月至 12 月末，历时半年，远征部队经过千辛万苦，分批跨过小兴安岭，到达海伦县境东部山区，这是西征；随后又要开始北征，向黑龙江腹地黑嫩平原进军，在那里开辟新的游击区。后来的事实表明，北满抗联部队也的确在那里坚持了 3 年游击战争。

1938 年 10 月 8 日，第三军和第六军在 8 月间出发的各部西征部队，都先后到达了海伦县境内的八道林子后方基地。金策立即在这里召开两军主要

领导干部会议。出席会议的有许亨植、冯治纲、张光迪、王明贵、王钧、陈雷等。当第三、第六军远征部队先后到达海伦以后，金策于1938年10月10日和13日分别召开了第三、第六军和第三、第六、第九军主要领导干部会议。金策在会上指出，现在全民族抗战爆发，抗日民族统一战线已经形成，马占山的抗日游击军在热河、察北一带活动。为了避免部队在海伦一带过于集中，而主要是为了主动配合全国抗战，与八路军打通联系，中共北满临时省委决定组织已到达海伦的队伍进行北征，依托大兴安岭之森林地带向北然后向西、向南挺进，以达到贯通关内外抗日游击战争联系之目的。

根据会议所确定的部署，第三军和第六军的远征部队以海伦为中心，积极地开展抗日游击活动。

首先组成西北远征队，向德都五大连池远征。该队由第三军第三师第八团40名战士和第六军第一师第六团40余人组成。在军事负责人张光迪、政治负责人陈雷率领下，于10月9日向德都五大连池进发，到该地建立抗日游击区。然后，继续向嫩江平原前进。西北远征部队一路上受到了广大群众的热烈欢迎和支援，取得了很多胜利，缴了敌人3挺轻机枪。部队在德都和嫩江进行游击活动的同时，开辟了新的抗日游击区。

第三军由侯启刚率领的原第三师70余人，到达铁力之后，在"五节半"一带开展抗日游击活动。

张连科率领的第三军第三师第七团第一连40余人，在铁力马鞍山东部开展游击活动。

姜福荣领导下的第三军第三师第八团第二连40余人，在通北、龙门一带单独进行活动。在抗联第三、六、九军大部队进行西征的同时，第三军第四师150余人按照省委决定，在陈云升、于保合率领下，从宝清开始向舒兰远征。当部队西进到勃利县境时，在小五甲大屯与敌相遇，战斗中缴获了伪警察的武器、弹药和一部分给养。部队在继续西行途中，屡遭袭击。这时，副师长兼第十二旅旅长李中央私自带领收编队第十二旅一个团脱离第四师，单独进行活动。此后，敌人"讨伐队"不断袭击第四师师部和少年连以及第十二旅的余部，第四师后方黑背留守处也曾受到准备投敌的第八军第二师关文吉部的袭击。在行动困难、没有粮食的危急时刻，陈云升也动摇了。政治部主任于保合劝说陈云升把部队再带回宝清，同第六军第一师或第五军一起活动，陈云升不同意。于保合无奈，只好与李在德二人离开第四师回宝清找第四师第三十二团团长李铭顺。陈云升便于 1938 年 12 月杀害了第三十六团副团长隋星玉，率领 30 余人叛变投敌。

1938 年 12 月，由于敌人在伪三江省地区连续不断地进行"大讨伐"，第四师第三十二团 30 余人在抗联主力部队都已西进的情况下，在团长李铭顺、师政治部主任于保合率领下，经虎林过界进入苏境。1939 年上半年又返回东北进行活动。

在哈东一带活动的第三军第二师于 1938 年 10 月在方正县蚂蚁河西老道庙附近被敌包围，师政治部主任吴景才身负重伤后牺牲。师长兰志渊于 1939 年 1 月背叛抗日事业，枪杀了师部副官韩铁军及教导队长等 20 名战士，率 20 余人赴方正投靠了敌人。此后，我抗日部队在松花江两岸地区的活动更加困难。

1938 年底，北满东北抗日联军主力部队完成远征任务，东北抗日联军第三、六、九、十一军和中共北满临时省委主要领导人均到达海伦、通北一带。1939 年 1 月 2 日，为加强对西征部队的统一领导和指挥，张寿篯（李兆麟）以中共北满临时省委委员的身份，在海伦县八道林子召开东北抗日联军第三、六、九、十一军师以上干部会议，正式成立了东北抗日联军西北临时指挥部，张寿篯和许亨植（李熙山）分别担任指挥部政治、军事负责人。

为总结 1936 年以来党的工作，部署今后斗争任务，中共北满临时省委于 1939 年 1 月 28 日在海伦县召开第九次常委会。此次会议从东北抗日游击战争的全局出发，阐明了开展黑嫩平原游击战争的重要意义，不仅总结了反

"讨伐"作战和进行远征的经验，还规定了开展平原游击战争的行动方针和战术要求，对于北满东北抗日联军各军即将展开的黑嫩平原游击战具有重要的指导作用。

1939 年 4 月 12 日，中共北满临时省委在通河召开了第二次执委全体会议，初步总结了 1938 年三江平原反"讨伐"斗争的经验教训，正确分析了北满东北抗日联军转移到黑嫩平原后的形势，提出了党和军队面临的任务，并就北满党和军队组织等问题作出了一系列重要决议，主要有：

1. 中共北满临时省委改为中共北满省委，金策任省委书记，张寿篯（李兆麟）任组织部长，冯仲云任宣传部长，选举金策、张寿篯、冯仲云任省委常委。

2. 为重整北满反日阵容，更加巩固统一军事计划和指挥，以适应新环境之需要，正式改选北满抗日联军总司令部，以东北抗日联军第三、六、九、十一军为基础，成立东北抗日联军第三路军及第三路军总指挥部。张寿篯（李兆麟）任总指挥，冯仲云任政治委员，许亨植（李熙山）任总参谋长。

3. 重新整顿东北抗日联军第三、六军，许亨植（李熙山）任第三军军长，张兰生任第三军政治部主任，张寿篯（李兆麟）任第六军军长，冯仲云任第六军政治部主任。考虑到下江和龙北地区工作的需要，派冯仲云、张寿篯以省委代表身份分别前往下江、龙北地区开展工作。

根据会议精神，东北抗日联军第三军缩编为三个师：第一师，杨宏杰任师长，任永富任副师长，周庶范任政治部主任；第二师，李泰任师长；第三师，张光迪任师长，赵敬夫任政治部主任。全师共 143 人，主要活动在庆城、铁力、讷河、嫩江、德都一带。

5 月 30 日，东北抗日联军第三路军在德都县朝阳山后方基地正式成立，下辖东北抗日联军第三、六、九、十一军。东北抗日联军第三路军总指挥部下设龙北、龙南、下江三个地区性的指挥部：龙北指挥部，许亨植（李熙山）任指挥（后由冯治纲担任指挥），下辖第二、三支队；龙南指挥部，李景荫任指挥，下辖独立第一、二师及第四支队的第九军第二师；下江指挥部，徐光海任指挥，统一领导继续活动在松花江下游地区的北满东北抗日联军留守部队，后因徐光海牺牲，指挥部未能正式建立。

在成立大会上，张寿篯（李兆麟）发表了《东北抗日联军第三路军成立宣言》及《致抗联第一、二路军通电》、《致马占山将军及第八路军游击师通电》等。"宣言"和"通电"一致表示：我们决定以最大的精诚团结的热诚信心，忠勇和毅力，去和敌寇血战……

除此之外，被北满省委授予领导北满抗日斗争重任的张寿篯（李兆麟），在通北南北河发表了慷慨激昂、文采飞扬的《东北抗日联军第三路军总指挥就职誓词》，表示："……寿篯为抗日救国已与日寇血战六载，涉险第创，困厄不屈……复惟战争之紧迫关头，历史命运之转换时期，寿篯愿以高度之革命热诚，忠贞不移之魄力，效命祖国，矢竭愚忱……如不以强盗逐出中国领土之外，不将汉奸走狗完全肃清誓不为止……同志等之谴责。谨此宣誓！"

东北抗日联军第三路军及总指挥部的建立，统一了北满东北抗日联军的领导和指挥，克服了部队各自为战、彼此无法呼应的混乱局面，使政令更加通畅、内部更加团结、行动更加一致，从而形成了合力，为积极开展平原游击战提供了可靠的军事和组织保障。从此，第三路军所属各部在黑龙江省的十几个县境内开展游击战争，主动打击日伪军，纵横驰骋，异常活跃。

赵尚志率队重返东北与再入苏联

1939年，北满抗联留守松花江下游地区的第三、六军的少数部队，在敌人疯狂"围剿"下遭到严重挫折的时候，原北满抗联总司令、第三军军长赵尚志从苏联带领110余人的抗联队伍返回东北，在汤原北部一带开展抗日游击活动，取得了许多胜利。

赵尚志于1938年1月过界被苏方无理关押后，直至1939年6月才把他从狱中释放出来。赵尚志以抗日大业为重，立刻组织在苏联的东北抗联人员，重返东北抗日斗争的战场，继续开展抗日武装斗争。

赵尚志率领的这支队伍回到东北后，立即投入战斗。第一仗攻打嘉荫县乌拉嘎金矿。战斗中击毙数名日军和20余名伪矿警。缴获了电台、砂金和大量的面粉等物资，还有枪支和弹药。金矿的工人有一部分参加了队伍。攻打乌拉嘎金矿战斗的胜利，不但使队伍扩大到150余人，而且也较好地解决了部队的给养。此后，赵尚志率队在小兴安岭青山里的游击活动中，袭击了一个日本的武装测量队，俘虏了1名日本武装测绘师，缴了日本测量队的测绘仪器和大批军用图纸。

9月间，赵尚志率队到达汤原县境马把头"碓营"。在这里，他决定把部队分开活动。总司令部参谋长兼大队长戴鸿宾率领100余人的队伍向西挺进，到原来第六军活动过的唐里川（今南岔）一带重新恢复旧的游击区。刘凤阳率领40余人的队伍到绥滨一带开展游击活动。赵尚志率领司令部10余人在原地准备召开北满党和军队领导人的会议，拟研究重整北满抗日阵容、继续在北满地区开展抗日活动等重要问题。赵尚志同司令部10余人在预定召开会议的地点等了3个月，应邀参加会议的人员一个也未到达，所以这次会议未能开成。

戴鸿宾带领的队伍开始曾在汤旺河沟一带击溃了敌人的铁路守备队，后来，在七号桥遭敌袭击，队伍溃散。刘凤阳在去绥滨的途中也遭到袭击，队伍被打散。这两支队伍由于损失过重，不好向总司令交代，戴鸿宾自行决定只带几个人去铁力找北满省委，刘凤阳也只带几个人就自行过界进入苏境。

赵尚志在与分开进行活动的两支队伍失掉联系，得不到群众的支援，给养断绝，同时又遭到敌人袭击的情况下，于11月不得不率领司令部十几名人员再次过界赴苏。

总之，北满抗联留守部队在敌人严密封锁与疯狂"讨伐"下，英勇奋战，打击与牵制了敌人的兵力。虽然遭受严重损失，付出了巨大牺牲，但他们坚持在松花江下游地区的抗日斗争，有力地配合了北满抗联主力部队的远征。

注　释

1. 赵亮、孙雅坤：《东北抗日联军第六军》，黑龙江人民出版社 1988 年版，第 79 页。

2. 中国人民解放军历史资料丛书编审委员会编：《东北抗日联军·大事记·回忆史料·参考资料》，白山出版社 2011 年版，第 397 页。

3. 中国人民解放军历史资料丛书编审委员会编：《东北抗日联军·大事记·回忆史料·参考资料》，白山出版社 2011 年版，第 398 页。

4. 史义军：《最危险的时刻——东北抗联史事考》，中信出版社 2016 年版，第 109 页。

5. 中国人民解放军历史资料丛书编审委员会编：《东北抗日联军·大事记·回忆史料·参考资料》，白山出版社 2011 年版，第 304 页。

6. 《东北抗日联军史》编写组：《东北抗日联军史》（下），中共党史出版社 2015 年版，第 717 页。

7. 关于《露营之歌》已见多种版本，其歌词内容各不相同，本书所录为中共党史出版社 2015 年出版之《东北抗日联军史》，特此说明。

第 十 六 章

分区作战　抗联第一路军的最后光荣

第一军北上辑安，破袭老岭隧道——第二军夜袭辉南县城，魏拯民
苦觅杨靖宇——杨靖宇、魏拯民联手痛打"满洲剿匪之花"索旅——通
辑铁路连环破袭战，第一路军走出低谷——风云突变，第一路军紧急改
编——杨靖宇、魏拯民长岗再打伪军索旅——岔沟突围，杨靖宇再显指
挥才能——中共六届六中全会致电慰问杨靖宇——第一路军三个方面军
分区作战——"野副大讨伐"盯上了第一路军——杨靖宇血洒濛江——
第一路军的最后斗争与退入苏联，魏拯民病逝

第一军北上辑安，破袭老岭隧道

1936 年抗联第一军两次西征的失利，使誉满东北的第一军骨干队伍基本
丧失殆尽，元气大伤。面对 2.7 万多名日伪军发动的"东边道独立大讨伐"，
杨靖宇率抗联第一军第一、三师的余部不得不进入桓仁、宽甸游击区的深山
密营里休整。冬去春来夏又至，杨靖宇率部在密营里"销声匿迹"了半年之久。

七七事变的爆发，再次唤醒了杨靖宇内心深处压抑不住的强烈的战斗欲
望。1937 年夏季，杨靖宇指挥第一军与第一路军继续与敌展开了一系列频
繁作战，取得了一定胜利，同时也再次震动了敌人。

1937 年冬天，关东军和伪满洲国军政部再次出动部队，仍以南满和下
江地区为重点，再次进行了一次大规模"讨伐"。与"东边道独立大讨伐"
不同的是，这次"讨伐"杨靖宇的敌人换成了日军。杨靖宇与第一军再次面

临严峻考验。在反"讨伐"作战中，第一军第三师师长王仁斋、政委周建华先后牺牲，使西征后一直没有恢复过来的第一军及其第三师又受到一次沉重打击。

1938年初，抗联第一路军经过艰苦的反"讨伐"斗争，打破了敌人1937年冬季的"讨伐"，取得了许多胜利。但是由于敌人对抗日游击区的疯狂进攻，残酷地推行"三光"政策，使游击区内诸多村庄被毁，大批群众被屠杀，抗日游击区不断缩小，部队损失很大。在这种形势下，杨靖宇经过深思熟虑，决定率第一军军部和第三师向桓仁、宽甸游击区北方的辑安老岭山区转移，同时也为了与南满省委书记魏拯民会面，商讨抗日游击运动策略和开辟辑安（今集安）老岭游击区问题。

辑安是和朝鲜隔鸭绿江相望的一座边境城市，是一处山青水绿、风光秀丽、民风古朴、物产丰富的好地方。长白山系的老岭山脉由东北向西南横贯全境，把辑安分隔为南北两半，形成了岭南、岭北寒暖错落的不同气候。当岭南春意盎然的时候，岭北仍然是冰雪覆盖，一派北国风光。

杨靖宇率部去辑安，当然不是去领略山川的秀美。他1935年南下辽东时，就从桓仁进入过辑安县县境。以后又多次派部队到辑安打击过敌人。他发现辑安海拔1112米的老岭，山高林密，地势险峻，群众抗日情绪高涨，是一处建立抗日游击根据地的好地方。具有远见卓识的杨靖宇，在建设柳河、金川、临江、通化、濛江交界处的河里根据地和桓仁、兴京、本溪、凤城、宽甸交界处的老秃顶子根据地的同时，就在考虑建立新的根据地。

看中辑安老岭以后，1936年杨靖宇就派于仙舟指导员等人带领小分队分别到辑安的八宝沟、大青沟一带活动，宣传抗日主张，和农民建立亲密联系。1937年初，杨靖宇再次派于仙舟等人到辑安东岔、长岗进一步开展工作。不久，杨靖宇又派人和桓仁游击大队陈政委带一些部队从宽甸、桓仁进入辑安，沿着老岭山脉向北发展，建立一批秘密营地，为开辟老岭抗日游击根据地打下基础。

杨靖宇在老岭建立抗日游击根据地想达到四个目的：第一，粉碎敌人1937年秋冬的"讨伐"和新的"围剿"。在老岭山区可以避开敌人正面打击的锋芒，依托有利地形与敌周旋，寻找战机，给予敌人更加沉重的打击。第二，破坏和阻滞日本侵略者于1937年3月动工修建的通化到辑安的铁路工程，不让日寇进一步掠夺东北丰富的资源。第三，为了同抗联第二军主力会合，共商打击日寇、发展武装等重大问题。这次会师是杨靖宇和第二军政委魏拯民在1937年秋天就商量好了的。第四，以老岭抗日根据地为中心发展壮大抗日武装，扩大游击区，把敌人后方变成打击敌人的前线，牵制更多的侵华日军，配合关内军民的对日作战。

1938年2月中旬，杨靖宇对第一军第一、二师的活动做了如下部署：第一师在本溪、宽甸、桓仁一带隐蔽不战，保存实力；命令第二师转向敌人尚且不太注意的濛江、辉南、桦甸一带修建密营，休养生息。之后，3月间，杨靖宇率军部直属部队和教导团由桓仁突入山岳重叠的辑安老岭山区。

杨靖宇率部来到辑安后，即以袭击日伪正在紧张施工的通辑铁路（通化至辑安）工程为重点，与敌人进行了多次战斗。通辑铁路是日本帝国主义为掠夺东北物产资源和"围剿"在通化地区活动的抗日部队而修建的。这条铁路与朝鲜平壤至满蒲铁路相连接，是日本从朝鲜伸向东北地区的一条重要通道。

3月13日黄昏，在距通化71公里处的老岭隧道附近，杨靖宇率领军部直属部队500人，兵分三路袭击了老岭隧道西口"东亚土木株式会社"工地现场、十一道沟发电所和十二道沟供应仓库。

战斗一开始，担负袭击十二道沟供应仓库的100余名抗联战士一举冲破警戒线，破坏了铁丝网，将供应仓库重重包围，击毙日本警备助理漆佃等数人。另两路抗联战士分别包围和攻占了十一道沟发电所机器房及"东亚土木株式会社"工地后山的宿舍，迅速消灭了敌人。

在袭击老岭隧道工程现场战斗中，第一军击毙、俘虏了日军及"满铁"

警备员等守敌多人，烧毁工程事务所等建筑物 12 栋、汽车 3 辆以及储存的大批建筑材料，破坏了所有机器设备和电气设施，缴获面粉 800 袋、大米 12 包及一批衣物，解放劳工 100 余人，使日军直接损失数十万元，工程被迫停止两个月。等伪通化省警务厅接到报告后派出大批军警赶到现场时，我军早已撤出，中朝劳工跑得一个不剩，他们中的许多人加入了第一军。

老岭战斗扩大了抗日联军的政治影响，抗日群众为之振奋。而敌人则感到恐慌，将抗日联军这次袭击老岭隧道的战斗称为"老岭事件"，"东边道肃正史上最巨大的一章"。

翌日，杨靖宇率部在老岭西南方的十七道沟，击溃前来追击的日军老岭隧道工程警备队，即角田部队和伪警察共 120 余人。随后经老土顶、大小吊水湖、蚊子沟等地进入蚂蚁河、大东岔一带休整，开始建立密营。

此后，在 6 月 19 日深夜和 6 月 24 日，杨靖宇指挥抗联第一军教导团和第二师共 700 多人，两次袭击土口子隧道工程现场，使敌人遭受到政治上、军事上、经济上的沉重打击。

随后，杨靖宇抓住时机，率部一鼓作气，连续袭击伪警察所，派出抗联第一军干部战士到老岭山区发动群众，建立反日组织，成立我党控制下的基层政权，第一路军军部直属部队以老岭山脉为依托，开辟了抗日游击区，广泛开展游击战争，到处打击敌人。

1938 年 5 月，在 2 万余名日军结束南满的又一次冬季"大讨伐"之际，以大东岔和八宝沟为中心、长达百余里的老岭山区，已成为第一军的天下。抗日名将杨靖宇又一次率部冲破了敌人设下的"必死之网"生存下来，取得了辉煌的胜利。

第二军夜袭辉南县城，魏拯民苦觅杨靖宇

1937 年下半年以来，中共南满省委书记兼第一路军政治委员魏拯民一

直率部在濛江、辉南、临江、金川一带开展游击活动，进行反"讨伐"斗争，其间曾试图突破敌人的浑江、通化一带封锁线，南下与总司令杨靖宇会师，以便商讨新形势下第一路军的军事部署，但由于敌人的极力封锁和围追堵截而未能成功。1938年春，魏拯民召集独立旅和二师党委联席会议，分析了当时的敌人布防情况，决定将部队化整为零，在濛江南部和金川东部摆出大举进攻的态势，吸引敌人浑江防线的注意力，然后出其不意渡江南下，实现与第一路军主力部队的会师。会后，各部队主动积极出击，采取"调虎离山"之计，攻克濛江、金川县境内的十几个"集团部落"，迫使敌人急忙从浑江两岸守军中抽调一部分兵力回援濛江、金川。魏拯民趁此机会立即收拢第二军教导团、独立旅一部、第二师一部共400余人的部队，在地方党组织和抗日救国会的帮助下，冲破敌人的封锁线，进入通化山林之中，并急速挥师辑安。途中，采取声东击西的疑兵之术，成功甩掉追敌，于1938年5月上旬到达辑安。其间，为解决部队给养和冬装，魏拯民曾率部攻打辉南县城。

1937年冬，经过仔细侦察，魏拯民选定了辉南县城作为进攻目标。这里有敌人的一个军需仓库，还有一些经营棉花和布匹的日本洋行，只要能将其打开，第二军大部分部队的冬装就得到了解决，还可以得到大批粮食。

辉南县城东连濛江，西通海龙，北接桦甸、磐石，是南满地区的交通要道，是日伪盘踞的军事重镇，驻有100余名日军守备队，还有80余人的伪军机枪营和60余人的伪警察部队，敌人武器精良，且修筑深沟高垒，戒备森严。

战前，我军派出侦察员对敌军的军事设施、兵力部署、物资仓库以及市内洋行情况都作了精细侦察，攻城指挥部作出了严密的战斗部署。

10月25日下午，魏拯民率第二军教导团、独立旅一部、第六师第八团共400余人，分数路悄悄地包围了辉南。

26 日凌晨 2 时，攻城开始，我军从敌防守较弱的南门攻入，敌人从梦中惊醒，仓促应战。在我军凌厉攻势下，有二十几名日军被击毙，伪军受到打击后便龟缩回去不再出动，一部分伪警察被缴械。随后，我军攻占了敌军需仓库，获取了大量军用物资，又没收了日本洋行的大量棉布、毛衣、绒衣等物品，同时还从中国商店中购买了一批白布，对群众则秋毫无犯。战斗达到预定目的后，我军立即携带大批战利品撤出县城。

这时，驻守濛江、朝阳镇、桦甸的敌军闻讯急速乘车开往辉南援救，我军在撤退途中受到敌人的阻击。第六师第八团指战员奋勇迎敌，掩护大部队撤退，在辉南东部龙首山与敌交火。为分化、瓦解敌军，抗联战士高喊"中国人不打中国人"的口号，立即奏效，伪军停止了射击。尔后我军集中兵力回击日军，战斗十分激烈，双方展开了白刃战，我军消灭了敌指挥官以下数十名日军。由于我军各部配合作战，终于打退了敌各路援军，我物资运输部队安全突围，满载而归。战斗中，第六师第八团团长钱永林牺牲。

夜袭辉南县城的战斗，扩大了抗联第二军的影响，使第二军军部、独立旅、教导团、第六师大部的给养与服装基本得到解决。这年冬天，当 2 万多名日军在长白山区的冰天雪地里到处"讨伐"之时，第二军各部队已遵照军部指示，避敌锋芒，退到深山密营中隐蔽，没有遭到多大损失。

辉南战斗后，魏拯民带着第二军独立旅一部踏上寻找杨靖宇与第一军的漫长路程。这时的魏拯民非常想尽快见到杨靖宇，商讨第一路军如何在严峻形势下生存与作战的重大问题。就这样，从 11 月到 12 月，魏拯民和独立旅的官兵冒着漫天大雪在濛江境内转，希望能打听到杨靖宇的消息。

直到 1938 年 4 月，魏拯民率独立旅东渡浑江，在辑安青沟子与 300 名日军交战，歼敌 80 余人后，与第一军第二师会合，才得知了杨靖宇的确实消息。

5月初，在辑安五道沟，魏拯民终于同断联很久的杨靖宇及所率第一军军部胜利会师。第一路军总司令杨靖宇见到了魏拯民和从北满过来的独立旅同志们，异常兴奋，他激动地说："共产党这条蛟龙就是锁不住、斩不断的。独立旅走了八个月，走了四个省、战胜了千难万苦，终于来到了南满。敌人想把我们割成一块块，是永远办不到的。现在形势很好，关内八路军、新四军打了很多大胜仗，我们在东北的任务，不但要拉住日本人的后腿，而且要配合关内作战，最后胜利一定属于中国人民！"**1**

第二军指战员们看到了总司令和第一军战友们，听到杨司令的讲话，心情十分激动。

第一、二两军会师后，于5月11日至6月1日在辑安县老岭山区五道沟召开了第一路军军政干部会议。参加会议的有：杨靖宇、魏拯民、杨俊恒、韩仁和、伊俊山、黄海峰、徐哲、宋茂输等16人。会议讨论了全国和东南满的形势，研究和交流了开展游击战争的策略和经验，提出了"坚持对日本帝国主义的游击战争中，保存实力，粉碎敌人全面进攻"的策略方针。

大家还重点研究了今后游击活动方向的问题，杨靖宇提出了关于和关内八路军取得联系，同时和东北各抗日部队互相配合、协同作战的方针。为此，拟从第一军的第一、二师中抽调部分兵力，补充第三师组成西征部队先行西征，然后第一、二师再相机行动。其他各部队的活动：第二军第四、六师在通化地区开展游击活动；第五师仍在绥宁地区活动，并负责与抗联其他各军的联络。

会议还决定，因原第一路军副总司令王德泰牺牲，由魏拯民兼任第一路军副总司令。会议还听取了第二军独立旅政委伊俊山关于北满、吉东各兄弟部队的战斗情况和南满概况的汇报。

老岭会议期间，杨靖宇异常兴奋，他挥笔写下《东北抗日联军第一路军军歌》，激昂地喊出：

我们是东北抗日联合军，
创造出联合军的第一路军。
乒乒的冲锋杀敌缴械声，
那就是革命胜利的铁证。

正确的革命信条应遵守，
官长士兵待遇都是平等。
铁般的军纪风纪要服从，
锻炼成无敌的革命铁军。

亲爱的同志们团结起，
从敌人精锐的枪刀下，
夺回来失去的我国土，
解脱亡国奴的牛马生活！

英勇的同志们前进呀！
赶走日寇推翻"满洲国"。
这一次的民族革命战争，
要完成弱小民族的解放运动。

高悬在我们的天空中，
普照着胜利军旗的红光。
冲锋呀，我们的第一路军！
冲锋呀，我们的第一路军！ **2**

这首歌词，庄严地宣告了东北抗联第一路军的建军宗旨，表达了广大抗联战士抗战到底的决心，军歌极大地鼓舞着第一路军将士们在抗日疆场上冲锋陷阵，奋勇直前。

老岭会议，是第一路军的一次重要会议，它总结了抗日游击战争的经验，指明了部队今后斗争的方针和策略，极大地鼓舞了广大指战员的抗日斗志。老岭会议结束后，抗联第一路军将士向敌人展开了猛烈进攻，杨靖宇和魏拯民共同指挥抗联部队，在辑安进行了著名的蚊子沟战斗和土口子战斗。

杨靖宇、魏拯民联手痛打"满洲剿匪之花"索旅

老岭会议期间，闻知日伪加紧调集日军守备队、伪靖安军索旅、伪奉天骑兵教导团等部队，要一起出动"讨伐"杨靖宇部。杨靖宇和魏拯民研究后，决定主动引诱索旅出动，进行伏击。

索旅是由伪骑兵第四十二团和步兵第三十二团组成的一个混成旅，由旅长索景清少将和日本军事教官饭冢中佐统领，原来驻防热河。索旅士兵多系蒙古族人，擅长格斗，装备精良，行动快速，是一支战斗力很强的伪军，因镇压热河的抗日活动"有功"，被吹捧为"满洲剿匪之花"。1936年"索旅"调到东边道地区，参加对抗联第一军的"大讨伐"，先驻通化，后移驻辑安，虽未与抗联第一军直接交过手，但经常进山"搜剿"，烧毁山寨，残害群众，气焰嚣张。索旅与其他伪军不同，自认为"兵强马壮"，没有把抗联放在眼里。

于是，杨靖宇和魏拯民决定采取围城打援的战法痛歼索旅。

6月6日，魏拯民率第二军一部袭击了辑安县蚊子沟，把20余名伪警察全部缴械。

紧接着，6月9日，杨靖宇又派出部队在辑安小青沟南坡绿水桥子截击了伪警察大队的给养车。

果然，引蛇出洞成功。6月11日，索旅听说蚊子沟警察被缴械、给养

车被截，便派出索部第三十二团第一营和警察大队一部共200余人向蚊子沟
扑来。

6月10日这天，杨靖宇早早地率领400余名战士进入了家什房子沟，
在公路两侧一片狭长的灌木丛和杂草地段布设伏兵，十几挺机枪分别架在沟
口南坡和沟口对面小西沟两侧的山梁六，形成交叉火力网，与架设在沟门北
岗的两门迫击炮相呼应，封锁公路和沟口的木桥。整个口袋阵纵深长达两华
里，布置妥当了"打蛇的口袋"。

索旅第三十二团第一营和伪警察大队在蚊子沟扑了个空，驻了一宿，于
12日早晨返回县城。家什房子沟门是通往县城的必经之路。

待他们一头扎进家什房子口袋阵，杨靖宇的指挥枪响了。埋伏了两天的
战士们将一腔怒火喷向敌人，霎时，枪声、炮声、手榴弹爆炸声响成一片。
公路附近地势低洼开阔，敌人被抗联战士密集的火力压得进退不得，乱作一
团，转眼死伤过半。部分残敌钻到木桥下负隅顽抗，终究敌不住我军居高临
下的打击和随后发起的猛烈冲锋。激战一小时，200多敌人除少数伪警察逃
散外，基本上全部就歼，日军顾问小越也被我军击毙。这次战斗，抗联缴获
机枪2挺、步枪100余支、手枪数十支，而我军仅伤亡2人，是一次以小代
价获取大胜利的漂亮伏击战。

战胜索旅之后，杨靖宇用蚊子沟和长岗战斗缴获的枪支弹药作装备，组
建了少年铁血队。其后，杨靖宇率部多次与索部激战，大败索部，使有着
"满洲剿匪之花"之名的索部从此一蹶不振。

通辑铁路连环破袭战，第一路军走出低谷

消灭了索旅来犯之敌后，杨靖宇和魏拯民商量，要对通辑铁路工程发动
新的攻势，重点破袭阳岔至辑安的工事区，让通辑铁路工程进一步瘫痪。

阳岔工事区是辑安工事第八区，由日本今井组负责施工，施工地段从阳

岔村北直至土口子岭前，全长 10 公里。除了阳岔村附近地势稍微开阔外，其余地段都是深山峡谷，老岭河从谷底蜿蜒流过。第 11 号和第 12 号铁路桥梁和土口子隧道工程，都在这一段工事区以内。自从 3 月 13 日杨靖宇率兵炸毁烧光老岭隧道工程以来，日伪军加强了阳岔至辑安工事区的警戒，日本守备队和伪军骑兵 100 多人驻守这一带铁路沿线，并配备了精良的武器装备。

1938 年 6 月 19 日傍晚，杨靖宇、魏拯民指挥抗联第一军教导团、第二师张团和第二军教导团共 700 多人，兵分三路，进入阳岔西山和土口子附近的密林中，准备同时对阳岔工程分区、第 11 号和第 12 号老岭铁路桥梁、土口子隧道工程，以及阳岔工事区今井组宿舍区发动袭击。

午夜 23 时许，三支队伍同时向各自的打击目标发起猛烈进攻。阳岔至土口子铁路工地，枪声火爆，杀声震撼山谷。

第一路抗联勇士冲下山坡，切断敌人铁丝网，迂回到东山脚下，包围了今井组事务所和宿舍。战士猛打猛冲，击毙了顽抗的日军和伪警察，纵火焚烧了今井组事务所办公室、宿舍、伪警察分所以及工地仓库、厂房，并将阳岔工事区的对外通信联络设施全部捣毁。

第二路抗联勇士向阳岔村南 3 公里的第 11 号和第 12 号铁路桥梁工地发起猛烈进攻。他们炸开铁丝网，击毙 8 名日军哨兵，冲进工地，俘虏 90 名日伪人员，其中有日本工程师竹内和小林，解放中国劳工 700 余人。然后，将桥梁工地烧成一片火海。

第三路抗联勇士击溃了守卫土口子隧道的日伪军，破坏了一些工地设施，将工地一些建筑材料和"东亚土木株式会社"值班室一把火烧成灰烬，烧不掉的水泥、石灰都被掀到河里去了。

三处战场全线告捷。这次破袭行动，是抗联继奇袭老岭隧道以后给予通辑铁路工程又一次沉重的打击，使阳岔至土口子地段的施工足足瘫痪了两个月，经济损失在 20 万日元以上。日寇哀叹："6 月 19 日，是通辑线建设史上用血染成的最悲惨的日子。"

5 天以后,5 月 24 日晚,杨靖宇又指挥部队再一次袭击土口子隧道工程。连续袭击土口子隧道,是因为土口子隧道是通辑铁路的关键工程之一,隧道工程量之大,仅次于老岭隧道,要给它来个彻底的破坏。

在杨靖宇正确决策下,攻击土口子的部队发展顺利,一举攻歼了守备工地的日伪军,击毙日寇铃木一雄、横田警一等多人,解放了 250 多名中国劳工,俘虏了一批日方施工人员。这次对土口子隧道的破袭持续了 3 个多小时,该烧的烧了,该炸的炸了,将施工现场砸了个稀烂。

后来,据日本"满铁"编写的《通辑线建设工事志》记载,通辑铁路施工期间,以杨靖宇为首领的约 600 人的集团,无休止地干扰工程,致使工程遭到数十次袭击,受害很大。从抗联破袭老岭隧道以来,日寇在通辑铁路工程各段采取了堆调和紧急招募警备人员,增加警犬、警鸽等各种手段,仍然无法抵御抗日联军的不断袭击,以致被迫停工两个月之久。直到 8 月,在抗联第一路军向辑安以北山林地区转移以后,通辑铁路才恢复全面施工。按照原来的计划,通辑线应该在 1939 年 3 月完工,结果直到这年 9 月末才最后修成这条铁路,工期整整拖后了半年时间。

1938 年 2 月抗联第一路军移师老岭之后,第一路军的抗日斗争走出低谷,再次达到高潮,战果辉煌。杨靖宇率部转战在辑安、通化、临江等地。据不完全统计,从 1938 年 8 月中旬到 10 月中旬,共作战 20 多次,屡获胜利,并以所缴武器、弹药、粮食、服装,补充了部队给养。第一军人员也有所增加,根据地范围进一步扩大。东起阳岔小青沟,西到双岔河乡、台上乡;南起大路乡、榆树林镇、太平乡,北到清河镇,总面积达到 600 多平方公里。这表明第一路军在历经两次西征严重损失之后,再次走上振兴之路。

风云突变,第一路军紧急改编

第一军第一师师长程斌的叛变投敌,使得第一路军风云再起,处境极为不利。

1938 年 6 月，敌人长岛工作班利用叛徒胡国臣（时任第一军军需部长）等人，对正向宽甸、桓仁转移的第一师部队实施"扰乱"，随后，程部政治指导员叛变，并"协助""长岛工作班"向程斌发出"劝降书"，程斌终因经受不住艰苦环境的考验和敌人的威胁引诱，于 6 月 29 日在辽宁本溪附近的碱场叛变投敌。

程斌的叛变，对第一路军危害甚大，不仅使第一军第一师基本上瓦解；而且更可恶的是，程斌将其所熟知的第一路军领导人的行踪、所属各部队的番号、活动规律、战略部署、战术原则、密营设施等重要机密，皆向敌人暴露，因而给第一路军带来极大危害。

尤其令杨靖宇感到痛心的是，刚刚走上重振之路的第一路军今后的战略发展部署全部被打断。老岭会议刚刚开过，第一路军部队连续破袭通辑铁路工程，重新赢得了战场上的主动。他和魏拯民都希望能以老岭山区为依托，逐步向西、北、东南三个方向开展，重新打开南满抗日游击战争的局面，同时准备第三次西征，打通与关内八路军的联系。程斌的叛变将这一切都破坏了。

鉴于这种情况，为了应付这突变的形势，保存实力，粉碎敌人新的进攻，第一路军总司令部决定采取紧急措施，改变部队的编制和重新制定战略部署。

1938 年 7 月中旬，第一路军主要领导人再度于辑安老岭召开紧急干部会议，即第二次老岭会议。会上，根据程斌叛变后的形势，重新研究了第一路军各部游击活动的方向，决定取消原定的第一军再度西征的计划，并对第一路军实行改编，取消军和师的番号，在总司令部领导下组成 1 个警卫旅和 3 个方面军，各部队实行分区作战。

第一方面军于当年 8 月在金川县的黑瞎子沟首先正式编成。曹亚范任指挥，伊俊山任政治部主任，尹夏太任参谋长，下辖 1 个团和 1 个机枪班，兵力约250余人，拟活动在辑安、通化、临江及辉发江南北诸县。

1938年11月25日，第二军第六师改编为第二方面军。总指挥金日成，兵力约350人，活动在长白、抚松、濛江、临江及东满四县。

1939年7月，第二军第四、第五师改编为第三方面军。总指挥陈翰章，共300人，活动在东满四县和绥宁地区。

第一方面军编成之际，日伪为实行其"三年治安肃正计划"，又开始对第一路军进行第三次大"讨伐"。这次"讨伐"，日伪调集了1.5万余人的兵力，并利用刚投降过去的程斌等叛徒作为鹰犬，编成各种类别的"讨伐队""宣抚班""工作班"。敌人采取"跟踪追击，四面包围，断其粮道，绝其补给，逐步压缩包围圈"的手段"围剿"我军，并在天空派遣飞机对我军监视、跟踪、侦察。敌军还提出了"专打杨靖宇，不打红军小部队"的口号，散布"杨靖宇已经投降"等谣言来蛊惑动摇我军心。

面对敌人的疯狂"讨伐"，杨靖宇和魏拯民决定率刚编成的第一路军警卫旅和第一方面军一部共400余人，离开老岭根据地，向北方的通化、临江一带山林实施机动，提前跳出日伪军尚未形成的合围圈。

7月2日，两人率队出发，第一路军历史上气壮山河的老岭突围战就此打响。

杨靖宇、魏拯民长岗再打伪军索旅

1938年8月2日下午，我军先头部队刚刚出发，就在庙岭附近发现了敌情：进驻老岭的"满洲剿匪之花"——伪军索旅部共计300余人，离开辑安赶往庙岭来堵截我军。

接到敌情通报，我军杨靖宇指挥部队第一方面军400余人在老岭山区的通（化）辑（安）公路长岗地方的埋财沟设伏，准备伏击前来"讨伐"的伪靖安军索景清旅。

　　埋财沟是长岗地区一条由西北伸向东南的小山沟，沟的两边全是高山。长岗公路在沟东侧的山坡上蜿蜒到沟底，与通向八宝沟的山路交会，交会处的地势比较平展。往下是一条小河的源头，两岸繁生着灌木丛，是宜于部队隐蔽和起而向公路冲杀的有利地形。

　　杨靖宇派一个连控制东南方制高点，在长岗公路两侧的草木丛中布置了伏兵，安排好机枪火力点，在北面山腰建立了临时指挥所。一切布置就绪，已经是午后两三点钟了。

　　这时，盛夏季节，烈日当空，一丝风也没有。索旅经过一上午行军，个个汗流浃背，气喘吁吁。午后，伪军休息打尖。他们做梦也想不到埋财沟里埋伏在近旁的抗联战士，早已用黑洞洞的枪口瞄准着他们。

　　"啪"的一声脆响，杨靖宇发出攻击的命令。

　　一声令下，十几挺机枪同时打响，一时间枪声响成一片，子弹从四面八方飞向敌群，当即撂倒敌人一片。毫无准备的敌人顿时乱了营，大部敌人退到了沟底，陷入我埋伏圈。

　　我抗联战士端着刺刀冲入敌群，展开了激烈的白刃战。但索旅毕竟经过严格训练和实战锻炼，应变能力强于别的伪军。当抗联战士端上刺刀向他们冲杀时，他们已开始组织抵抗。一面发挥伪兵善于格斗的特长，顶住我战士第二波打击；一面分兵夺取制高点，企图改变被动挨打的不利局面。

　　尽管索旅有一定的战斗力，但他们原是骑兵，改为步兵时间不长，爬山钻林的本领和山地作战的经验也远远比不上抗联。所以，经过一番拼杀，索旅又有重大伤亡，连他的日本指导官步兵上尉高冈武治和骑兵中尉西田重隆也被当场击毙。"满洲剿匪之花"遇上了最为强劲的对手，叫苦不迭，乱哄哄地向山林里逃散。经过一小时激战，长岗公路和两侧山坡，横躺竖卧着许多敌人的死尸和伤号，遗弃的枪支弹药散落一地。

　　正当抗联准备打扫战场、肃清残敌的时候，东南山顶突然响起激烈的枪声。机枪发射的一串串子弹，在沟底抗联战士脚下击出一簇簇尘灰。抗联部队遭受这意外的打击，发生了伤亡。原来，控制东南方制高点的某连连长陈秀明见敌人大势已去，便带着战士下山缴枪抓俘虏。一股敌人便乘机爬上山头，抢占了制高点后组织新的反击。

杨靖宇命令部队立即夺回制高点。敌人居高临下，用密集火力阻止我军的反冲击，我军组织几次进攻都未能成功。这时，天色已近黄昏，战斗不宜久拖不决，参谋长杨俊恒亲自率领战士，向山头发起又一次冲击。突然，敌人扔出的一颗手榴弹在杨俊恒身边爆炸，他和身边的几个战士不幸被弹片击中要害，壮烈牺牲。

杨俊恒，1910 年出生于吉林农民家庭。幼年因家贫辍学，长大加入东北军，因军事才能突出被提拔为少尉排长。九一八事变后，杨俊恒反对长官投敌，与营长苏剑一起率部起义，参加过哈尔滨保卫战，后联合田霖抗日队伍在五常、舒兰等地抗日。1933 年，杨俊恒随部队改编为东北人民革命军南满第一游击大队，任中队长。同年加入中国共产党。后历任东北人民革命军第一军第二教导团团长、抗联第一军第三师参谋长、抗联第一路军军部参谋处处长。2015 年被民政部列入第二批著名抗日英烈名录。

杨靖宇顿时怒发冲冠，要亲自率队拿下山头，身边警卫人员将他死死拽住。杨靖宇只好再次组织冲锋队，增调机枪加强火力掩护。丢失制高点的陈秀明连长十分懊悔，要求参加冲锋队，立功赎罪。他和冲锋队的战士们一道，高喊着"向敌人讨还血债！""为杨参谋长报仇！"等口号，奋不顾身向制高点发起更猛烈的进攻，终于一鼓作气夺回了山头，敌人大部分被击毙，只少数向县城方向逃走。

此战，抗联共毙伤敌人 60 余名，俘敌 30 余名，缴获机枪 9 挺、步枪 130 余支、手枪 4 支、望远镜 2 架，其他军需品若干。日本指导官骑兵中尉西田重隆和步兵上尉高冈武治被打死。第二天黎明，杨靖宇派一个连队继续搜索，又捉拿了十几个躲藏在树林子里的伪军，缴获 1 挺机枪、10 余支步枪。至此，长岗战斗胜利结束。

经抗联在家什房子沟和长岗的两次沉重打击，索旅第三十二团和第四十二团主力基本上被歼。"满洲剿匪之花"从此萎靡不振。

战斗结束后，杨靖宇和官兵们装殓了杨俊恒的遗体，将这位英勇善战的抗联将领安葬在杨家沟附近的岗梁上。

岔沟突围，杨靖宇再显指挥才能

长岗之战后，杨靖宇、魏拯民继续率队北上。8月中旬以后，在辑安、通化、临江等地频繁活动，先后袭击了辑安大东岔、梨树沟、黄崴子、青沟子、大荒沟等"集团部落"，以及通化县六道沟、七道沟、郝家街等敌伪据点，缴获大批武器弹药和粮食、被服等战利品。之后，部队于10月中旬渡过浑江，到达临江县岔沟山区，准备越过四方顶子向河里基地转移。不料，我军转移的意图被日伪当局发觉，随即调集日伪军1500余人在岔沟布下陷阱，企图一举将我军围歼在岔沟。

我军探察未及，陷入重围。这时，在包围圈上空，敌人的飞机不断散发传单，下有叛徒程斌等前来劝降喊话。敌声言抗日联军"插翅难飞"，还许诺：杨靖宇若投降便委以"东边道司令"的头衔。

但是，敌人所得到的答复只是抗联战士们的猛烈还击。激战终日，敌人始终未能突破我军的防御阵地。

天黑下来了，山下的敌人停止了进攻，用机枪构成严密的火力封锁线，又燃起一堆堆大火，将山上山下照得通亮，防止我军突围。

杨靖宇意识到增援的敌人第二天一定会赶到，这个黑夜是我军突围的最后机会。他和魏拯民再次召开干部会议部署突围。经过冷静分析敌情，杨靖宇判定西北岗是悬崖峭壁，地势险要，是敌人兵力布置的薄弱环节。于是，杨靖宇果断决定从西北岗突围。

经过讨论，杨靖宇下定了决心：选拔一支"冲锋队"，就从那里突破！

突围时间选定在拂晓：后半夜之前敌人肯定会十分警惕，我军抓紧时间休息，拂晓时对方已疲惫，我军突然行动，成功的可能性很大！

经过周密部署，调集全部机枪，抽出战斗骨干组成"冲锋队"，把一时用不着的东西，全部埋起来，轻装突围。特务连做向导，连长是朝鲜族人，会说日本话。

到夜里11点多，各部迅速做好准备，杨司令命令"冲锋队"出发，各部接序跟上，注意保持肃静，迅速向西北山岗进发。敌人没有料到我军会从那里突破，当敌人发现时，我军以迅雷不及掩耳之势冲上敌人据守的西北山岗。刚刚惊醒的敌人被迫与我展开白刃战。我军发挥善于近战、夜战的特长，打得敌人惊慌失措，乱作一团。

乘敌混乱之机，部队迅速往外冲。冲锋队将扼守在西北岗的伪军一个连迅速击溃，突破口打开了，我军冲出重围，当我军越过四方顶子时，天已拂晓，敌人才发觉我军已无影无踪了。岔沟突围，毙伤敌军70余名。

岔沟突围表明，任凭敌人布下天罗地网，大智大勇的抗日联军也难以被降伏。部队突围之后，杨靖宇、魏拯民分别率部向北部和东部山区转移，广泛开展抗日游击战争。

中共六届六中全会致电慰问杨靖宇

1938年9月29日至11月6日，中共六届六中全会在延安召开。毛泽东主持制定了党在抗日战争时期的一系列方针。东北抗日联军的斗争在全会上受到广泛关注，杨靖宇等抗联将领长达7年的艰苦奋战，对于全党坚定抗战信心起到了榜样作用。杨松（前文提到的曾任中共满洲省委巡视员的吴平）以抗联代表兼会议秘书的身份出席会议，在会议上详细介绍了东北人民在杨靖宇领导下与日本侵略者战斗到底的英雄事迹。在开幕式上，全体代表起立向金伯阳、夏云杰、陈荣久、张文楷、李斗文、何忠等抗联先烈默哀致敬。

11月5日（大会结束前一天），与会代表满怀崇高的敬意，以中共六届六中全会的名义，向"以杨靖宇为代表的东北抗日联军和全体东北同胞"发出致敬电。致敬电颂扬东北抗日军队是"在冰天雪地与敌周旋七年多的不怕困苦艰难奋斗之模范"，[3]"我们坚决相信，只要我们坚持民族抗战到底，坚持持久战，坚持以国共合作为基础的抗日民族统一战线，定能克服目前的困难"，[4]电文指出："八路军的一个支队曾到冀东游击，希望在东北各地的民族志士及全体同胞，在敌人后方与敌进行更加长期的持久的艰难的游击战争，更加巩固和扩大各党派各阶级各军队的抗日民族统一战线，以准备我国军队在将来反攻，而达到收复东北的目的。"[5]

这封致敬电通过无线电波，越过范围广大的敌占区，历经辗转传到了东北边境地带的茫茫山林。它是1936年初魏拯民离开莫斯科后，南满党组织和抗联部队第一次听到的来自党中央的声音。这时，从不流泪的杨靖宇禁不住热泪盈眶。

第一路军三个方面军分区作战

根据第二次老岭会议的部署，第一路军三个方面军陆续编成后，实行了分区作战。

抗联第一路军第一方面军编成以后分两部分活动。一小部分先于杨靖宇率领的总司令部和警卫旅向河里山区转移，大部分在曹亚范、伊俊山的率领下坚持在辑安老岭游击区进行活动。当杨靖宇率总部警卫旅离开辑安向河里山区转移时，留在辑安的第一方面军的主要任务是，坚持在原地开展游击活动，以牵制敌人的兵力，配合总部的行动，掩护杨靖宇所部北上。

1938年8月末，该部袭击了二道坎子、太平沟敌人据点，烧毁敌炮台4座、伪军营房28间。此外，还袭击了驻守在双安村的铁路保卫队，攻下过活龙盖，打下了青沟子"集团部落"等敌据点。

同年 11 月，第一方面军在辑安沉沟与伪军 200 人遭遇，歼敌 60 人，缴获步枪 20 支。这些战斗不仅缴获敌人大批物资，补充了自己，同时，很好地完成了牵制敌人、掩护总部和警卫旅转移的任务。

1938 年冬，第一方面军挺进临江县境。在此期间，曹亚范、伊俊山率部在八道江的铵路江桥和板石沟等地开展游击活动。随后，又分兵两路，一路由曹亚范率领跨过八道江经通化进入辑安县境，一路由伊俊山率领留在通化、辑安毗邻地带活动。

1939 年初，曹亚范率一部队伍袭击了辑安二道阳岔、新开岭和刀尖岭等敌人重要据点，伊俊山率一部队伍辗转回到辑安，与曹亚范会合。

同年 2 月到 5 月间，第一方面军在辑安县境不断开展游击活动，先后在花甸子、土坨子、青石沟、台上、横路等地与日伪军进行 10 余次战斗。以后曹亚范、伊俊山率领第一方面军在辑安活动一个时期后，向北部山区转移。

1939 年 5 月，杨靖宇写信给曹亚范等，介绍了东北及国内抗战斗争形势，指示第一方面军要采取机动灵活的游击战术，坚持在鸭绿江沿岸和辑安等山区斗争。根据总部的指示，第一方面军在辑安县境积极活动。7 月，曾先后解除榆树林和江口伪警察分所的武装。8 月，袭击了敌人据点麻线沟，攻克了黄柏伪警察所。同年秋，该部北上到达抚松县境，在这里与军部警卫旅再度会师。

1938 年秋，第一路军第二军第六师在师长金日成指挥下在濛江一带活动。11 月间，杨靖宇、魏拯民率第一路军总指挥部到达濛江南排子与金日成所部会晤，并将第六师改编为第一路军第二方面军。

第二方面军组成后，为扩展长白山抗日游击区，在金日成指挥下，由濛江向中朝边境临江、长白县境等地进军。1938 年冬季，衣着单薄的战士们，冒着零下三四十摄氏度严寒的侵袭，踏着过膝深的积雪，进行了连续百天的艰苦行军。由于敌人严密的经济封锁与不断的"讨伐"，部队经常缺粮、断炊，行军途中战士们用玉米糠和干白菜充饥，以顽强的革命斗志克服了饥饿严寒等巨大困难，终于胜利地到达目的地。

为了保存自己，打击和消灭敌人，第二方面军军部决定分兵活动，第七团开赴长白县十三道沟等地开展游击战，第八团转移到长白山深处马鞍山大森林里进行冬季休整，准备来年春耕。第二方面军实行分兵活动后，在长白、临江县境建立了许多密营，注意开展群众工作，有力地领导了当地人民进行抗日救国斗争。

1939年春，第二方面军主力在长白县十三道沟、黑瞎子沟等地与敌人周旋，曾连续袭击了十三道沟和七道沟木材经营所。4月，第二方面军指挥部在长白大顶子召开干部会议，总结1938年和1939年春抗日游击战争经验，讨论今后游击活动方向，决定集中兵力进击敌人。接着，第二方面军在该县进行了丘家店、十五道沟和半截沟战斗。在十五道沟战斗中，第二方面军缴获了许多枪支、弹药，并把缴获的粮食、布匹分给贫苦农民。5月底，第二方面军主力转战到安图、和龙县境，曾经在和龙县境击退图们江沿岸广坪等地伪警察的进攻。

6月上旬，部队在红旗河沿岸闭门屯（沙金沟）打了一场伏击战。当时，第二方面军通过群众了解到一支约200余名的伪军"讨伐队"正在向百里坪集结。为消灭这股敌人，金日成指挥第二方面军主力第七、第八团在百里坪附近的闭门屯设下埋伏。6月6日晨，敌人毫无防备地进入第二方面军埋伏圈后，突然遭到猛烈的交叉火力袭击。一些妄图抵抗的敌人来不及开枪便纷纷倒毙，大部分敌人举手投降。这次战斗歼灭日本指导官以下50多人，俘虏了敌大队长以下大部分士兵，并缴获轻机枪4挺、步枪百余支，及许多其他军需物资。

7月和8月，第二方面军主力部队继续在安图、和龙转战，另一部打回

辉南、金川，曾连续攻占金川县四道沟、平安堡、平岗、龙湾堡村等伪警察
分驻所，袭击了辉南县老虎轩伪自卫团，并在辉南县东安河子与伪军第五团
交战，取得了胜利。自第二方面军组成以后，该部在金日成指挥下不仅在长
白山区进行了卓有成效的游击战争，而且还跨越鸭绿江，向朝鲜茂山地区进
击，开展游击活动，进一步鼓舞和推动了朝鲜人民的民族解放斗争。

由抗联第一路军所属第二军第四、五师组成的第三方面军成立较晚。第
三方面军成立之前，第四、五师分别在桦甸、蛟河及宁安、汪清一带实行分
区作战。

第二军第四师在 1938 年夏转战于桦甸、蛟河等地。8 月，第四师第一
团在桦甸富尔河与数百名日伪军展开激战，击毙日本宪兵队长以下 10 余人，
伪军近百人。10 月，在延吉明月沟伏击敌人"特设部队"汽车 5 辆，毙敌
10 余人，缴获大量军需物资。接着，第四师一部在桦甸马驮子沟又与敌军
80 人展开激战，击毙敌小队长以下 10 余人。1939 年春，第四师一部参加了
由杨靖宇指挥的攻袭木箕河林场和大蒲柴河镇等战斗，取得很大胜利。

1938 年 6 月，第一路军副总司令魏拯民和第四师部队一同来到敦化县。
6 月 5 日袭击了敦化县寒葱沟敌人据点。6 月 11 日，在敦化西北岔北方与日
军助川、松岛部队及伪军"讨伐队"交战。战斗中，我军以少数部队守住正
面阵地，而以大部队包抄敌之背后，敌人因腹背受击，死伤惨重，溃败逃
遁。此战，助川部队长以下 20 余名敌人被击毙。随后，第二军第四师又转
至敦化、安图、延吉进行活动。6 月 29 日，他们袭击了延吉县天宝山铜矿
矿务所和镇警察署，破坏了矿山的生产设备，给敌人造成 80 余万元的经济
损失，使其长期不能进行生产。战后部队撤离时，有 250 多名青年矿工参加
了抗日联军。

第二路军第五师在师长陈翰章率领下，在宁安、汪清一带配合抗联第二
路军展开活动。1939 年 6 月，为了配合抗联第二路军主力部队的西征，第

五师拟跨越"京"图（长春至图们）铁路向东满挺进，继与抗联第二路军主力部队相会合，贯通吉东、东南满抗日联军联络。但由于"京"图铁路沿线设有重兵防守，加之敌人的疯狂"讨伐"，跨越"京"图铁路的计划屡次遭到挫折。所以，第五师坚持在敦化、额穆、宁安一带进行游击活动。

7月初，第五师在宁安袭击了日本侵略者经营的镜泊湖瀑布水电站北湖头建筑工地，焚毁了工程事务所，解放了大批劳工。7月底，部队突入额穆县境，在行军途中不断与日伪军进行激烈战斗，在新塔二站附近的战斗中，歼灭日伪官兵30余人，缴获很多枪支、弹药。在宁安、额穆毗邻地带痛击日军"讨伐队"，缴获一大批武器、弹药及测量器、探照灯等军用物资。

8月末，第五师回师宁安，在东京城粉碎了600余名敌军对横道河子的进攻，毙伤敌人200余名。9月，又袭击了敦化县沙河沿八家子"集团部落"。10月，敌人冬季"讨伐"开始后，第五师部队与第五军第二师陶净非部在敦化沙河沿森林中休整。同年冬季，第五师曾攻克额穆县大沟伪警察所和敦化县沙河沿孙家船口等"集团部落"，获得许多粮食给养。

此外，在1939年春，第一路军第五师部队与第五军第二师陶净非部在延吉、敦化一带共同活动，曾在敦化县大蒲柴河苇塘沟与日伪军400余人激战，击毙日军牛岛大佐以下14人、伪军17人，俘虏伪军35人，缴获步枪40支、子弹7000发、手榴弹3箱。陈翰章率领第二军第五师部队与日伪军的英勇斗争在宁安、敦化一带影响很大，群众中到处传颂着："日本鬼子遭了殃，出门遇见陈翰章"。同年夏，第二军第五师与第四师部队在敦化、桦甸毗连地区会师。1939年7月底，第二军第四、第五师在敦化汉阳沟合编为第三方面军。第三方面军成立之后，在魏拯民、陈翰章率领下转战于安图、敦化、宁安、额穆等地。

同年8月上旬，总司令部决定第三方面军攻袭安图县城（今松江镇），以策应第一、第二方面军的斗争。但在进军途中，因叛徒告密，使安图守敌加强了防卫。经魏拯民、陈翰章、侯国忠共同研究，决定改为攻打大沙河镇，运用"围城打援"战术，消灭安图县城和明月沟出援的敌人。

8月23日，部队分兵进入阵地。24日晨，陈翰章率领安吉所部第十四团和第二方面军一部共200人攻入大沙河镇。经激战，占领了敌人的炮台、伪警察署，歼灭日伪军百余人，并将镇内日本洋行货物全部没收。在大沙河战斗打响之后，由安图县城开来的日伪军，在大沙河南边的杨木条子遭到第三方面军副指挥侯国忠所率部队阻击，敌兵伤亡惨重。杨木条子阻击战保证了大沙河战斗的胜利。但在战斗中，侯国忠不幸中弹牺牲。

8月25日，由魏拯民率领的司令部直属部队、崔贤所部第十三团和第十五团共300人袭击了大沙河北附近的大酱缸"集团部落"，并阻击了由明月沟开来的援敌。敌援兵在抗联战士的猛烈打击下，乘6辆汽车向安图逃去。8月27日，日军宫本"讨伐队"和敌"特设部队"110余人，乘9辆汽车从安图县城向大沙河方向驶来，当汽车开到柳树河子时，又遭到第三方面军伏兵的猛烈袭击。除6名敌兵乘一辆汽车逃跑外，其余敌人包括宫本队长在内皆被击毙，8辆汽车被烧毁。

大沙河之战是第三方面军以接连三次的攻击战和阻击战组成的一次较大战斗，整个战斗历时4天，共毙伤俘敌警方400余人，缴获轻机枪7挺、步枪300余支，取得了重大战果。

大沙河战斗后，第三方面军于1939年9月向敦化寒葱岭移动，时值日军松岛部队300余人前往大蒲柴河一带进行"讨伐"。

9月24日，陈翰章得知这一情况后，便在敦化县高海楼店设下埋伏。翌日中午，满载敌兵的12辆汽车驶进伏击阵地，我军奋起冲杀，激战数小时，冲入敌阵地，展开肉搏。此战击毙敌队长松岛以下80多人，烧毁汽车9辆，缴获重机枪1挺、轻机枪2挺、掷弹筒2个、步枪100余支、子弹6000多发及许多粮食、服装等军需物资。战斗中，第三方面军伤亡10余人。此后，根据总指挥部决定，第三方面军以团为单位分头进行游击活动。1939

年秋开始，崔贤率第十三团往延吉、汪清方向转移；安吉率第十四团向额穆方向转移；陈翰章率警卫队和第十五团与第五军第二师政治部主任陶净非所率第二师第五团在敦化一带进行游击活动。

抗联第一路军自1938年7月决定改编为三个方面军至1939年秋的一年多时间里，在杨靖宇、魏拯民的统一指挥下，实行分区作战，取得了许多重大战斗的胜利。这些新的战绩打击了敌人，鼓舞了群众，增强了广大军民抗日胜利的信心；同时，也声援了吉东、北满抗联部队的斗争，牵制了日本侵略者的大批兵力，有力地配合了全国的抗日战争。

"野副大讨伐"盯上了第一路军

杨靖宇与魏拯民率领第一路军自1938年8月分区作战以后，重新活跃在东北战场上，让日伪当局极为不安。日伪当局供认，为了掠夺东边道地区的丰富资源，自伪通化省建立以后，"即竭尽全力，配合日满各警备机关，做了各方面工作，然而治安状况至今仍然未能基本安定。根本原因是成为东边道癌瘤的杨靖宇等团匪未能除掉"[6]。为此，敌人通过1939年秋"三江大讨伐"，并对松花江下游地区抗联第二、三路军造成严重损失后，又将矛头指向东南满的杨靖宇及其第一路军，开始了"野副大讨伐"。

日伪对东南满地区的"野副大讨伐"，是在第三期对三江地区的"治安肃正计划"结束之后制定的，时间是从1939年10月至1941年3月。

"野副大讨伐"具有五大新变化：

第一，"讨伐"幅域大，兵力多。"野副大讨伐"的区域包括吉林省的舒兰、蛟河、敦化、桦甸、磐石各县。此外，还包括牡丹江省宁安县、间岛省（今吉林省延边地区）和通化省。其主要目标是在这一地区由杨靖宇领导的抗联第一路军。

这次"讨伐"是以关东军中防卫地区第二独立守备队司令官陆军少将野

副昌德为"讨伐"司令，专门组成了"大讨伐"司令部。司令部下设的参谋部、宪兵部、警务部、行政联络部、最高检察联络部、协和会联络部、铁警联络部的负责人，全部由日本人担任。投入的日军兵力大约 6000 余人，伪军 2.5 万余人，伪警察队与自卫团约 1.4 万人。此外，还有东北 8 省警察大队近 2 万余人，总兵力计 6.5 万人左右。而当时抗联在南满的部队不过 3000 人左右。

第二，采取"日满军警合为一体"的体制。派出精锐部队占据东南满大小城镇和山村据点，对抗联第一路军游击区实行长期、严厉的封锁和围困。

第三，敌人在派出大批"讨伐队"的同时，继续搞"归屯并户"，"集团部落"之外绝无家屋，食宿之处所一律捣毁。敌人将重点"集团部落"配置上二三十名武装警察，建成"防卫部落"。在伪通化省的 454 个"集团部落"中，"防卫部落"竟有 379 个。在"集团部落"内，实行严厉的保甲制，广大群众的行动被置于伪警察、侦探的监视之下。群众出入"部落"必须检查证件，后来又由"指纹班"以指纹对证盘查，如稍有差错即以"通匪"论处。此外，还加强了警务工作，增设伪警察署、所，配备日本警察官吏，淘汰所谓"不良分子"，以达到所谓彻底分离"匪"、民的目的。为了切断抗日联军衣食之源，敌人对粮食和其他生活用品实行"专卖"，把抗日游击区内民众的粮食都强制收缴运走，每次对民众仅配给两三天的粮食。如发现有向抗日联军支援粮食、生活必需品者，则对其全家枭首示众。敌人妄图以饥饿政策使抗日联军由穷困疲惫而归于自消自灭。为了加强"讨伐"部队的机动能力，敌人还在伪通化省、伪间岛省强迫群众修筑"警备道路"、架设"警备电线"，建成了一个纵横交错的交通、通信网络。

第四，以特种战术对付抗联。敌人为了对抗联部队进行分割包围，追击"围剿"，把用精良武器装备起来的日伪军警分别编成"讨伐队""出击队""挺进队""警防队""游击队""特搜队"等队伍。敌人为了捕杀抗联第一路军总司令杨靖宇，还专门组成"富森工作队""程斌挺进队""唐振东挺进队""崔胄峰挺进队""地方工作班"。这些"讨伐"队伍按区域在飞机的配合下，采取"陆空呼应""踩踏战法"向抗联第一路军进攻。敌人继而打破区域界限，只要一发现抗联部队，便穷追不舍，以所谓"狗蝇子战术"死死叮住，越区追赶。

第五，注重政治收买。这次"大讨伐"改变了过去偏重武力的做法，加强了所谓"治本工作"，即实行政治瓦解。日伪当局利用"特殊工作班"和"宣抚班"进行欺骗宣传，收买叛逃、脱队、动摇分子，对被俘人员也不像以前那样一律处决，而是许以高官厚禄进行利用，以图动摇抗联干部、战士的士气，瓦解抗日联军。

总之，在这次"大讨伐"中，敌人以残暴、狠毒的"武力战""经济战""思想战"疯狂地向抗联第一路军进攻。我抗联部队经常要与数倍、十数倍的敌人作战，而且由于日伪统治的严酷、经济封锁的加强，我军与人民群众的联系被割断，衣、食、住、行发生极大的困难。部队要吃上一顿饭，几乎每次都要付出鲜血和生命的代价。加之东北的严冬奇冷，经常是零下四五十摄氏度的严寒，抗联战士冻伤冻死的事时有发生。所有这些，使东南满抗日斗争形势日趋恶化，抗日游击区域不断缩小。最后，抗联第一路军部队被迫进入东部边境伪通化省、伪间岛省（吉林延边）的森林地带，陷入了异常困苦的境地。

针对敌人"大讨伐"的严重形势，杨靖宇、魏拯民在 1939 年 10 月 1 日至 5 日，在头道溜河召开中共南满省委和第一路军主要领导人会议，提出了为保存实力，避免遭受歼灭性的打击，将第一路军部队化整为零、分散游击的方针。会后，抗联第一路军各部便在长白山区的濛江、抚松、金川、辉南、桦甸、敦化、和龙、临江、辑安等地同敌人周旋转战，坚持艰苦斗争。在 1939 年秋季开始的"讨伐"与反"讨伐"斗争中，抗联第一路军各部经常与敌展开连续性作战，有时一日数战，战斗十分激烈。由于

抗联第一路军采取夜袭、伏击、迂回等游击战术,乘有利时机巧妙地打击
敌人,取得了一些战斗的胜利。但进入冬季,斗争便更加艰苦,抗联战士
缺衣少食,冒着零下三四十摄氏度严寒与敌人进行搏斗,战争之残酷、激
烈达到了空前的程度。据敌伪资料记载,1939 年下半年,抗联第一路军与
敌人战斗共 276 次,其中袭击敌人 167 次,交战 109 次。属于总司令部的
49 次,属于第一方面军的 23 次,属于第二方面军的 41 次,属于第三方面
军的 55 次,"系统不明者"108 次。[8] 在激烈的战斗中,抗联第一路军广大
指战员不畏艰险,顽强奋战,表现了无比的勇敢和伟大的牺牲精神。许多
战士在频繁战斗、饥寒交迫的险恶环境中牺牲了。到 1939 年底,抗联第一
路军已不足千人。

杨靖宇血洒濛江

　　1939 年 10 月头道溜河会议之后,杨靖宇率一部向桦甸夹皮沟等地转
移,并在金川县回头沟与伪军 600 多人激战。10 月 24 日,在金川县大板石
沟 1162 高地作战失利。12 月末,杨靖宇率司令部及第一方面军在濛、桦县
境的七号桥作战再次受损。到 1939 年底,第一路军总司令部及部队虽然甩
掉了敌人的追击,给敌人以相当打击,但部队本身也严重减员。就在这种极
为困难的情况下,杨靖宇仍率领部队在辉南、濛江、金川等地开展积极的游
击活动,连续作战,给敌人以有力打击。杨靖宇从不畏缩,以超人的胆略指
挥部队顽强战斗。他带领部队在林海雪原穿梭,时而集中,时而分散,有时
打伏击,有时远道奔袭。冲出一个重围,又遇另一股敌人堵截。但是由于敌
人的紧追不舍,部队减员越来越严重,1939 年末,杨靖宇所率司令部直属
部队尚有 400 余人,到 1940 年 1 月,仅剩了 200 人左右。

　　1940 年初,杨靖宇率部回到濛江县境活动后,为了筹集给养,袭击了
濛江县敌人重要据点龙泉凰,缴获部分粮食及其他军需物品。当敌人得知杨

靖宇率队在濛江县活动的情报后，由伪通化省警务厅厅长岸谷隆一郎坐镇濛江，调集日军大原、有马、渡边、小滨、有政等部队，伪军步兵第三团与9个伪警察大队、1个森林警察队，在濛江到处张罗布网，对杨靖宇及第一路军总指挥部展开了疯狂的"围剿"。

1月6日，杨靖宇、韩仁和指挥警卫旅在青江岗北方西岗地区，与日军小滨部队及程斌、崔胄峰挺进队发生激战。之后，杨靖宇将所部进行分散，由警卫旅政委韩仁和率该部主力北上向桦甸方向挺进，寻找魏拯民所率队伍并牵制敌人兵力。杨靖宇率警卫旅60余人离开濛江西部林区，向东谋求与第一方面军政治部主任伊俊山会合，但是由于敌兵阻截，未能实现。杨靖宇率队在濛江和辉南之间的山区与敌人周旋50余天，战斗达30次之多，所率部队大量减员。特别是警卫旅第一团参谋丁守龙于1月下旬被捕叛变，供出杨靖宇的行动计划后，敌人加紧了对杨靖宇的搜捕，战斗更加频繁。1940年2月2日，杨靖宇身边尚有27人，到2月10日仅剩12人。然而，面对敌人的步步紧追和困饿交加，即使知道大家的心情，但他就像平时那样镇定沉着，满怀信心地鼓励着身边的战士。

杨靖宇："你们看见过海吗？革命就好比海潮，有时高，有时低。大革命失败，国民党就'围剿'我们的红军，可是红军越'剿'越多。敌人是搞不过我们的。"**9**

接着，杨靖宇略微提高了点声音说："就是我们这几个人牺牲了，还有人继承革命的事业。革命总是要成功的！"**10**

50多年过去后，杨靖宇身边警卫员黄生发，仍然清晰地记得那晚上杨司令对大家说的话，他在纪念文章中写道：他的这番话，使我们每个人都感到浑身是劲。是的，不管敌人多么疯狂，只要坚持斗争到底，革命就一定能胜利！**11**

杨靖宇等继续与敌周旋，到2月14日他身边只剩6名战士了。

15日清晨，杨靖宇在濛江县五斤顶子西北方的一个小山洼里被敌人发现。敌人为了浦捉杨靖宇，责令在这一带开展"讨伐"的程斌、崔胃峰、唐振东"挺进队"600 余人进行"追剿"搜寻。午后 3 时，杨靖宇等在距敌仅360 米的一个有利地势向敌人猛烈射击，毙敌 10 人，"挺进队"队长崔胃峰大腿被打断，队副伊藤肠子被打出，另有数人受伤。随后，杨靖宇等迅速转移。跟踪搜捕的敌人被杨靖宇等拖得筋疲力尽，开始 600 余人的"讨伐队"，最后只剩 40 多人。当晚，杨靖宇决定让警卫员黄生发等 4 名负伤战士转移，他自己与另外 2 名战士继续前进。

2 月 16 日晨，敌人在濛江县大北山东方 3 公里的朝（朝阳镇）抚（抚松）公路上，失掉了追踪的线索。原来，杨靖宇在密林里转了个大圈，来到朝抚公路南侧七个顶子一带。杨靖宇在甩掉了追击的敌人后，派警卫员朱文范、聂东华去附近屯村购买食物。他只身一人在此地等候。

2 月 18 日，警卫员朱文范和聂东华在濛江县城东南 6 公里的大东沟"部落集团"附近赃买食物时被敌人发现，大东沟伪警防队和特搜班立即出动"追剿"，朱文范、聂东华 2 人在与敌战斗中牺牲。敌人在他们身上搜出手枪、现金和杨靖宇的印章等物品。这样，敌人越发认定杨靖宇就在附近。于是敌人进一步缩小了包围圈，封锁了濛江县各村间通道，并向附近的村民发出"入山打柴绝对不准携带午饭"的通告，以切断其食物的来源。

由于在规定的时间内杨靖宇未见朱文范、聂东华两位警卫员返回，估计他们遇到了危险，于是便只身向三道濛江附近走去。

北风卷着烟雪。杨靖宇已数日未食，忍着左臂的伤痛，穿着被树枝划破的棉衣和一双早已损坏了的棉鞋，来到濛江县城西南保安村外，他看见有一个四壁挂霜的地仓子，就轻轻地向地仓子走去，见里面没人，就走了进去，里面冷如冰窖，刺激了他的喉咙，引起一阵阵剧烈的咳嗽。实在太累了，杨靖宇躺在一堆乱草上，决定在这里过夜。1940 年 3 月 6 日，敌伪在《通化省警务厅关于枪杀杨靖宇经过情况的报告》中，对 2 月 15 日、2 月 18 日、2 月 23 日这三个时间节点及追击过程，记录得非常清楚。仅从 18 日到 23

日这六天的时间看，杨靖宇靠着超强的意志，战胜了人类断粮时间的极限，并在 23 日这天，同追敌进行了最后的激烈战斗。**12**

2 月 23 日上午，杨靖宇挣扎着站起来，但是一阵晕眩又使他跌倒在地上，他实在太虚弱了。连日来，他一直靠吃树皮充饥，人已瘦了一圈儿，眼窝深陷，颧骨高耸，面色青黄，连嘴唇都失去了血色，并且变得干瘪了。只有那双眼睛，依然炯炯有神，永远闪烁着坚毅无畏的光芒。

杨靖宇喘息了一阵，从破得到处翻花的棉衣上撕下一块棉絮，搓成几个小球，蘸着飘进地仓里的雪花，放进嘴里，脖子一仰，像吞药丸一样，一个个吞了下去。然后又咬着牙站了起来，钻出地仓子，摇摇晃晃地向山坡上的一片树林走去。

杨靖宇在林中一个雪坑前停下来，用手扒开坑中的积雪，然后迅速打开背包，掏出几份机密文件、几张军事地图，擦着火柴点燃后扔进坑里。杨靖宇已经预感到，今天可能是他为党、为革命、为中华民族最后献身的日子，他可能就要在这块土地上流尽自己的最后一滴血。所以他除了把子弹打向敌人，还不能让敌人从他手里得到任何东西，要把该办的事情都办利索了。

杨靖宇向濛江县城西南方走去，到了 6 公里处三道崴子的地方。在这里，他遇见 4 个打柴的人。杨靖宇见他们都是农民，便向他们宣传抗日救国道理，并拿钱托他们给买些粮食和一双棉鞋。几个人对他说："你还是投降吧，如今'满洲国'不会对投降者杀头的。"**13**

杨靖宇坚定地回答说："我是中国人，良心不允许这样做，这样做也对不起广大人民。一句话，我是中国人，是不能向外国人投降的！"**14**

这几个人中，为首的是一名叫赵廷喜的伪牌长，另外 3 人为孙长春、辛顶礼、迟德顺。赵廷喜佯装答应杨靖宇的请求，约定地点给他送粮食和棉鞋来。

赵廷喜在下山的路上遇到特务李正新，他们便一起去保安村伪警察分驻所告密，报告说发现一身高五尺七寸、长脸、大眼睛、穿着似军衣的服装和朝鲜鞋的人。之后，伪警察分驻所又向濛江县伪公署警务科报告。伪警务科科长王士洪又向驻在濛江县城的伪通化省警察本部长、警务厅厅长岸谷隆一郎报告。

岸谷隆一郎根据报告中所描述的男子体貌特征情况，判断此人正是杨靖宇。当时，各伪警察队正在朝抚公路以北地区追寻杨靖宇。伪警察队本部仅有崔胄峰挺进大队的一个小队和一辆卡车。在这种情况下，岸谷隆一郎于下午3时左右派伪警察队本部警佐西谷喜代人、警佐补益子理雄以下21人乘卡车奔赴现场。

卡车行至保安村南1公里左右地方，因公路不平，汽车停驶，便由告密者赵廷喜带路蹚雪沿三道崴子向743高地以西的高地，即"约定地点"急进。而后，伪警察队本部又从附近陆续调来日伪军第二批25人、第三批9人、第四批一个中队、第五批一个小队的增援力量。下午3时，日伪"讨伐队"已将三道崴子密林层层包围。

马达的轰鸣声传来，杨靖宇立刻意识到，这是"打柴人"引来的日伪军警。他连忙向树林里跑去。一帮敌人钻进树林，发现了杨靖宇留在雪地上的脚印。敌人循印搜索，终于在三道崴子703高地发现了杨靖宇，立即向山上岩石缺口处的人影开枪，并分左右两队包抄过去。

杨靖宇发现"讨伐队"到来，便在繁密的树林中且战且退，一会儿就消失在密林中。当他发现敌人追来时，便强忍饥饿和伤病的折磨，奋起应战，双手持枪，一支匣枪，一把橹子，都早已上好了子弹，对准了越来越近的敌人，打一枪转移一处，充分利用地形和树木，巧妙地和围攻的敌人周旋。

最后，杨靖宇被逼到山谷中的老恶河旁，敌我相距不到50米。

开始，敌人幻想活捉杨靖宇，劝他"归顺"。所以敌人不断地向他高喊："抵抗没有用了，快投降吧！"叛徒程斌和崔胄峰也跟着狂叫："放下武器，保留生命，还能富贵。"**15**

面对蜂拥而上的敌人，在一阵阵劝降的狂叫声中，杨靖宇镇定自若，毫不动摇，突然伸出双枪，同时搂火，"叭！叭！叭！……"打得敌人肢残臂断、脑袋开花、心肺俱裂。没等敌人缓过劲儿来，杨靖宇又已撤走，跑到另一棵树后面，继续向敌人猛烈开火。

这时，敌人意识到要杨靖宇放下武器投降是不可能的，于是，开始向他射击。杨靖宇宁死不屈，回答敌人的是手枪里的子弹。杨靖宇弹无虚发，冲在前边的敌人，挨个儿被杨靖宇击倒。

杨靖宇吃力地移动着，又撤到一块巨石后面，向逼近的敌人猛烈射击，但仍然不能阻止敌人潮水似的从四面涌来。他终于被团团包围起来。

杨靖宇已经筋疲力尽了，便停下来，靠在一棵大树上喘息。他决定不再跑了，要用最后的精力多消灭几个敌人。

敌人进一步向杨靖宇迫近，双方最近距离仅约20米。这时，敌人仍然在对杨靖宇进行劝降，但回答敌人的仍然是子弹。于是，敌人开始从两面向依在大树旁的杨靖宇进行射击。杨靖宇突然觉得左腕一麻，手枪脱手，随着迸溅的鲜血落在雪地上。他一面用右手继续射击，一面弯下腰来，仍用左手去抓手枪。

这时，杨靖宇的胸口好似被猛然撞击了一下——一颗子弹击穿了他的胸膛，他大睁着怒视敌人的眼睛，手里紧握着那支20响匣枪。接着，又有两发子弹接连击中了他的胸膛。16时30分，杨靖宇身体朝前一扑，倒下了，洁白的雪地，渗透着殷红的鲜血。一代抗日英豪就此壮烈殉国。

杨靖宇倒下后，敌"讨伐队"一拥而上，敌人跑上前去一看，胸部中3弹、手上亦中弹的大汉仰面倒在地上。和平常看熟了的"人像图"一比较，认出他就是杨靖宇。敌人从他身上搜出毛瑟手枪1支，子弹160发；考尔特2号手枪1支，子弹30发；考尔特3号手枪1支，子弹40发；现金6660元，此外还有手册、怀表及钢笔等物品。

敌人将杨靖宇遗体运下山后，伪警察官令叛徒程斌和前不久投降敌人的张秀峰辨认，证明确是杨靖宇。而后，残暴的敌人又令叛徒程斌让其部下用铡刀将杨靖宇头颅铡下，又令县城民众医院医生剖腹化验，经检查，杨靖宇肠胃里一粒粮食也没有，见到的只是未能消化的草根、树皮和棉絮。

参加解剖的中国医生都深深地感慨，无不为之动容，暗暗地流下眼泪，都认为杨靖宇是我们中华民族的好男儿。甚至敌人们也暗暗地佩服他那壮志冲天的豪气，也不得不惊叹：中国竟有如此威武不屈的人！

杨靖宇生命终止于 35 岁。在这 35 年中，他用言与行、火与血，为中国人民塑造了一尊民族英雄的形象。杨靖宇在九一八事变前即到东北从事党的地下工作，九一八事变后投身于伟大的抗日斗争，他率领抗联第一路军驰骋于东南满大地，英勇抗战，沉重地打击了日本侵略者，为夺取抗日战争的胜利作出了巨大贡献，为中华民族的解放事业奋斗了一生。他为中国革命和抗日战争的胜利所作出的卓越贡献与日月同辉，与山河共存！他的丰功伟绩、崇高品格、革命精神永远彪炳青史，光照千秋。在白山下黑水滨，在长城内外大江南北，到处都在传颂着英雄的业绩，回响着颂扬民族英雄的赞歌。这位东北抗日联军的著名将领、抗日民族英雄、优秀的共产主义战士，将永远活在人们心中。

第一路军的最后斗争与退入苏联，魏拯民病逝

杨靖宇牺牲后，日伪统治者以为"满洲治安之癌"得到了根治，然而摆在敌人面前的事实是，抗联第一路军在副总司令魏拯民的指挥下，继续与敌人进行着顽强的斗争。

1940 年 3 月 13 日至 15 日，魏拯民在桦甸县头道溜河主持召开中共南满省委扩大会议。会议讨论了形势、任务和军事、党的工作等问题，对抗联第一路军今后的活动作了重要部署。会议根据党的地方组织遭到严重破

坏、地方工作薄弱的实际情况，决定从部队抽调部分干部到地方工作；派人赴苏，以便通过苏联的帮助，恢复与中共中央的联系；第一路军警卫旅、第二、三方面军突过"京"图线，向汪清、宁安、东宁、穆棱、五常等地北进，第一方面军在原地坚持斗争，以掩护主力部队北上，并负责筹集给养。会议还决定改编警卫旅，因警卫旅旅长方振声在 1940 年 1 月中旬于桦甸活动时被敌人逮捕，由朴德范继任警卫旅旅长职务，政治委员仍由韩仁和担任。头道溜河会议结束后，魏拯民不顾重病在身，抱病出征，亲临第一线指挥战斗。广大战士紧密团结在总指挥部周围，艰苦转战长白山区，与日本侵略者进行着不屈不挠的斗争。

第一路军警卫旅，其主力自 1940 年初与杨靖宇分离奔赴桦甸后，因敌人追阻未能按预期规定与总部会合。警卫旅政委韩仁和只好率队活动于桦甸、辉南、敦化等地。同年春季，韩仁和率部与第一路军副总司令魏拯民会师之后，活动在桦甸木箕河、大榆树河子、西北岔、草帽顶子、安图县杨木桥子和敦化大蒲柴河等地，采取伏击、突击、夜袭战术，予敌以意想不到的打击。

第一方面军主力部队在曹亚范、伊俊山率领下，于 1940 年春在临江、濛江县境频繁出击，狠狠地打击了敌人。据不完全统计，第一方面军在 1940 年 3 月份就有如下主要战斗：3 月 2 日，袭击了临江县珍珠门、太阳岔一带的伪警防队和伪森林警察队；3 月 5 日，在临江三岔子东南袭击了伪军三团和伪森林警察队；3 月 6 日，主力部队 100 余人在濛江县湾沟痛击日军长岛工作队，毙、伤敌人 11 名，缴获轻机枪 1 挺、步枪 9 支、匣枪 2 支、粮食 400 余斤；3 月中旬，主力部队不时地出现在濛江县湾沟和临江县大板石沟等地，与日伪军和伪森林警察队周旋游击。从 3 月 22 日到月底，第一方面军与其他抗日部队出没于临江、濛江、辉南、柳河、抚松各地，不断打击敌人，夺取敌人的牲畜、被服、粮食等物资。第一方面军在极端困难的日子里，天寒地冻，无衣无食，有时赤足行军在雪地里，空腹与顽敌搏斗。在敌人跟踪追击时，常常是几天几夜不吃不睡，许多战士躺倒就再也起不来了。在艰苦的斗争中，由于饥饿、严寒和敌人的不断"讨伐"，第一方面军大量减员。1940 年春，部队为了解决给养，在与敌人拼搏中损失很大。这时，整个部队已只剩数十名队员。4 月 8 日，曹亚范在濛江县龙泉镇西瓮圈活动时被叛徒杀害。第一方面军因失去中心领导而散失。

曹亚范（1911—1940），又名曹青山、曹俊杰，北京人。因家境贫寒，少年时期在北京香山慈幼学院读书。1928 年到吉林和龙任小学教员，1931 年春加入中国共产党。九一八事变后，曹亚范被派到中共东满特委工作，1933 年 11 月任中共和龙县委书记，1935 年 3 月任中共东满特委秘书长，5 月调任东北人民革命军第二军第二团政治委员，1936 年 3 月任东北抗日联军第二军第三师政治委员，同年 7 月被选为中共南满省委委员，1937 年春任东北抗联第一军第二师师长，1938 年 8 月任东北抗联第一路军第一方面军指挥。曹亚范[16]牺牲后，日军"讨伐队"在他的遇难地，找到了他刻在树干上的"抗日救国是中国每个人的神圣天职"和"推翻傀儡伪满洲国"的绝笔刻字。

第二方面军依照 1939 年 10 月第一路军领导人头道溜河会议关于分散游击的战略方针，在 1940 年春积极活动，其主力部队在金日成指挥下，避开日伪"讨伐队"的合围进击，寻找敌人薄弱环节，在抚松、安图、和龙一带灵活穿插、攻袭敌人。其中，大马鹿沟战斗和红旗河战斗是第二方面军在艰苦斗争时期所取得的两次较大胜利。此后，第二方面军继续转战在安图、敦化、珲春、和龙、宁安、东宁一带频频打击敌人。1940 年 11 月，第二方面军余部在金日成率领下越界入苏。

1940 年春，因敌人实行残酷的"篦梳山林"战术，第三方面军设在敦化牛心顶子山的几处密营遭到破坏。密营里的女战士惨遭敌人杀害，被服厂成为一片废墟，18 台缝纫机及储存的粮食、萝卜全部被敌人掠走。第三方面军失去了后方基地，陷入更加困难的境地。但第三方面军指挥部警卫队和第十五团在陈翰章率领下坚持活动在敦化一带，攻袭了敦化县黄泥河车站，缴获部分粮食和布匹。但当部队撤退到牛心顶子山时，遭到跟踪而来的日伪军 2000 余人的包围。敌人在飞机配合下，向我军猛烈进攻。战斗中，30 多名战士负伤、牺牲，陈翰章左腿部受贯通伤。夜幕降临时，陈翰章忍痛指挥部队突围，经过激战，终于寻隙冲出敌围，迅速转移到敦化沙河沿一带。陈翰章养病期间，第三方面军第十五团在团长李云龙率领下由敦化往延吉移动，之后到达汪清，与第五军第二师部队一起活动。陈翰章**17**伤愈后，又与第五军第二师政治部主任陶净非所部会合，他们率领 80 余人的队伍在敦化一带坚持斗争。

1940 年春，第三方面军各部分散作战以后，分别进行了多次战斗：2、3 月间袭击了延吉四台、桦甸大蒲柴河、蛟河官地等。之后，在敦化县牛心顶子遭 2000 余敌兵包围，遭到重大损失。5 月间，陈翰章率部向五常远征，以图与北满抗联部队取得联系；6 月初袭击了五常县拉林河伪警察响水河子分驻所、六道滴达、石头河子等据点；6 月 25 日，袭击冲河镇获胜。7 月以后，为了寻找副总司令魏拯民和与第十二团、第十四团取得联络，陈翰章率部回师敦化。在归途中，于 8 月 13 日在额穆境内的牡丹江二岔桥遭敌伏击，伤亡过半。9 月中旬，陈翰章率部进入宁安。12 月 8 日，陈翰章及其所部在宁安南湖头被敌包围。陈翰章在突围战斗中壮烈牺牲。1941 年春，第三方面军余部从东宁撤入苏联境内。

陈翰章（1913—1940），满族，吉林敦化人。1930 年以名列榜首的成绩毕业于敖东中学。1932 年 4 月，经人介绍，到王德林统领的救国军司令部工作，因此得以结识在救国军任参谋长的抗战名将周保中。在周保中的培养教育下，陈翰章进步很快，并加入中国共产党。1934 年任宁安工农义务队政治指导员，1935 年任东北反日联合军第一师政治部主任，1936 年调任东北抗日联军第二军第二师任参谋长、代师长，1939 年 7 月任抗联第一路军第三方面军指挥。1939年以后，陈翰章率领抗日健儿驰骋沙场，屡立奇功，打得日军及伪军心惊胆战，日夜不宁。陈翰章是抗联第二军的优秀指挥员，在抗日疆场上，他足智多谋，屡立战功，威震敌胆，被人们誉为"镜泊英雄"。他的牺牲是抗联第一路军的又一个重大损失。

当陈翰章率领部队与敌人激战于小湾湾沟时，陶净非正去往北湖头筹办给养，途中与敌遭遇，部队又有很大伤亡，最后仅带两名队员迂回东进，于1941年3月20日进入苏联境内。

警卫旅政治委员韩仁和于1941年春率领部队转移到宁安境内，在镜泊湖上湾沟突然与敌遭遇，在指挥作战中韩仁和不幸中弹牺牲。这时，第一路军第二方面军和第三方面军第十三、第十四团以及总部警卫旅余部共200余人，已先后撤退到苏联境内休整。

东北抗联第一路军余部指战员撤到苏境后，同东北抗联其他部队一起，开始了野营训练和小部队的出击生活，为抗日斗争的最后胜利做各种准备。一直到1945年8月，配合苏军红军、八路军解放东北，获得了东北抗战14年的最后胜利。

抗联第一路军退往苏联后，全军只有魏拯民还留在密营中养病。

1940年6月下旬，魏拯民、韩仁和率领第一路军总部和警卫旅一部在宁安境内与第二方面军一部分队伍会合。会合后，他们以分散游击的形式在安图、延吉、敦化一带战斗，先后取得了袭击敦化哈尔巴岭车站和黄泥子伪警察队的胜利，部队给养得到了补充。但是，此时敌人在东南满地区的统治越来越残酷，对抗联部队实行军事"讨伐"和经济封锁兼施的政策。由于敌人实行经济封锁，造成抗联物质生活的极度困难，因长期行军作战和粮食药品的奇缺，魏拯民所患心脏病加重，已无法随军指挥，只好由警卫排护送回到桦甸县夹皮沟牡丹岭密营休养。

此刻，在桦甸县夹皮沟牡丹岭二道河子密营中休养的魏拯民心里十分苦闷。虽然离开了硝烟弥漫的战场，但魏拯民仍然挂念着战场上的战友，期待着捷报，更渴望重新回到战场上为祖国而战。但是由于缺乏起码的物资供给，他的疾病逐渐恶化，身体日渐虚弱，他只能痛苦地压抑内心的战斗欲望，奋笔疾书，多次向党中央写信，希望与党中央取得联系，同时向党中央汇报抗联第一路军这些年的战斗情况。由于当时敌人的层层封锁，这些信并没有送到，他的愿望并没有很快得到实现。

警卫员担心他的身体，不得不把他的纸笔藏起来，强迫他休息，但他总是深情地说："时间对我太宝贵了，工作怎么能停止呢？请把纸和笔给我吧！"他知道自己的时间不多了，他在用生命的最后时光为党工作，为抗日大业而鞠躬尽瘁。在生命的最后一息，魏拯民把一包文件交给了警卫员，嘱咐说："千万把这包文件交给党组织。"他还勉励身边的战士说："你们都很年轻，革命就靠你们哪，不要难过，革命是艰苦的，要打倒敌人，就要流血牺牲。可是我们的血不会白流，革命红旗一定会插遍全中国！"

1941年3月8日，魏拯民病逝于长白山区这座抗联密营中，年仅32岁。

魏拯民，原名关有维，1909年2月3日出生于山西省屯留县王村的一个农民家庭。九一八事变后，他积极投身反日斗争。1932年5月，受党派遣来到东北抗日斗争第一线，先后担任中共哈尔滨道外书记和市委书记。1934年冬来到东满，先后担任中共东满特委书记，东北人民革命军第二军政委，中共南满省委书记，东北抗日联军第二军政委和第一路军政委、副司令等职务。魏拯民在领导东南满人民和抗日武装进行的艰苦卓绝的抗日斗争中作出了重大贡献，他把自己的一生都献给了中华民族的解放事业，他是东北抗日联军中的一位优秀的政治工作干部，一名卓越的军事指挥员和杰出的民族英雄、坚强的共产主义战士，他的逝世是东北人民抗日斗争的又一重大损失。东北抗日联军第二军和第一路军的历史丰碑上深深地铭刻着魏拯民的光辉名字。

1940年到1941年，是东北抗日联军在东北坚持抗战的最严酷阶段，每一个抗联战士都在经受着生与死的考验。对于抗联第一路军来说，进入1941年4月以后，第一路军第一方面军几乎损失殆尽；第二、三方面军余部虽然按照"逐步收缩、分散游击"的方针坚持战斗，但因敌我力量悬殊，部队的减员仍在不断地增加，当时能坚持战斗的已不足500人，特别是一些领导人的相继牺牲，更使部队严重挫伤。除了杨靖宇、陈翰章、曹亚范牺牲之外，还有第一跻军警卫旅政委韩仁和于1941年3月15日在宁安县镜泊湖上湾沟与敌交战时壮烈牺牲，因而警卫旅也遭受了极为严重的损失；第三方面军第十五团团长李龙云于1940年10月20日在汪清县天桥岭山中被特务包围，英勇牺牲。

抗联第二、三方面军的余部，虽然力量比较弱小，但是他们是抗日队伍的精华。他们以不畏艰险、不怕牺牲的光辉业绩谱写出无数可歌可泣的历史篇章。在那国破家亡的岁月里，抗联战士们经受了血与火的洗礼，生与死的考验，其不朽业绩确实是感天地、泣鬼神的。

东北抗联第一路军英勇抗日游击战争的光荣历史将千秋永传。

注　释

1. 陈瑞云、张留学、宋世章：《杨靖宇将军传》，河南人民出版社1985年版，第126页。

2. 陈瑞云、张留学、宋世章：《杨靖宇将军传》，河南人民出版社1985年版，第127页。

3. 中共中央文献研究室、中央档案馆编：《建党以来重要文献选编（1921—1949）》第15册，中央文献出版社2001年版，第731—732页。

4. 中共中央文献研究室、中央档案馆编：《建党以来重要文献选编（1921—1949）》第15册，中央文献出版社2001年版，第731—732页。

5. 中共中央文献研究室、中央档案馆编：《建党以来重要文献选编（1921—1949）》第15册，中央文献出版社2001年版，第731—732页。

6. 常好礼：《东北抗联路军发展史略》，吉林大学出版社1993年版，第92页。

7. 1934年10月　日伪将原东北4省（辽、吉、黑、热河）划分为14个省，到1939年划分为18个省。

8. 中国人民解放军历史资料丛书编审委员会编：《东北抗日联军·大事记·回忆史料·参

考资料》，白山出版社 2011 年版，第 798 页。

9. 中国人民解放军历史资料丛书编审委员会编：《东北抗日联军·大事记·回忆史料·参考资料》，白山出版社 2011 年版，第 384 页。

10. 中国人民解放军历史资料丛书编审委员会编：《东北抗日联军·大事记·回忆史料·参考资料》，白山出版社 2011 年版，第 384 页。

11. 中国人民解放军历史资料丛书编审委员会编：《东北抗日联军·大事记·回忆史料·参考资料》，白山出版社 2011 年版，第 384 页。

12. 中国人民解放军历史资料丛书编审委员会编：《东北抗日联军·大事记·回忆史料·参考资料》，白山出版社 2011 年版，第 707 页。

13. 赵俊清：《杨靖宇传》，黑龙江人民出版社 2005 年版，第 514 页。

14. 赵俊清：《杨靖宇传》，黑龙江人民出版社 2005 年版，第 514 页。

15. 《杨靖宇传》编委会：《杨靖宇传》，当代中国出版社 2016 年版，第 290 页。

16. 2014 年，曹亚范被民政部列入第一批著名抗日英烈名录。

17. 2014 年，陈翰章被民政部列入第一批著名抗日英烈名录。

第 十 七 章

冲破重围　抗联第二路军踏雪入苏

处决关书范，周保中铁腕惩叛——第二路军首度东西两路突围未果——第二路军东西两路成功突围——夏秋冬连续苦战，第五、七军受损严重——令人动情的汪雅臣与第十军——欧战爆发，苏联改变对东北抗联的冷淡——第一次伯力会议与抗联三大路军改编为支队——第二路军总指挥部的"小群游击战"——第二支队夏秋征战与退入苏联——周保中乌苏里江脱险入苏，第二路军东北光荣征程落幕

处决关书范，周保中铁腕惩叛

前文提到，1938 年 8 月，周保中为加强对松花江南岸依兰、方正及勃利抗联部队的领寻，率领第二路军总指挥部警卫部队及第九军第二师部分队伍由宝清向依兰、方正地区转移。随着抗联第二路军总指挥部的转移，敌人以围歼第二路军总部和第五军军部为目标，动用约一个师团的兵力对依兰、方正、林口、勃利等地进行"大讨伐"。11 月下旬，为避开敌人"搜剿"，周保中率总部指战员在夹皮沟附近利用森林蔽障，四处转移，或倒走，或绕行，或在山洞隐蔽，巧妙与敌人周旋。为此，周保中曾率部在山洞里隐蔽达 20 天之久。12 月下旬，周保中率队跨越牡丹江，摆脱了敌人的"追剿"之后，在距莲花泡 30 里的山谷修建密营，休整队伍。

由于形势极为严峻，斗争生活异常艰苦，第五军部队中出现了动摇情绪，投敌、叛变、逃跑者不断出现。周保中为此感到十分焦虑，但他坚信大

浪淘沙，艰苦的斗争淘去的只是渣砾，留在抗联队伍中的都是民族的精英与抗联的骨干。

然而，这天，第五军军长柴世荣报告说：吉东省委委员、第五军第一师师长关书范叛变投敌。闻知消息，周保中心里有说不出的难过。他怎么也想不到，自己一向器重的爱将关书范会叛变投敌，这对他来说是一个沉重的打击。

每个高级指挥员手下都有几名爱将，周保中的爱将除了被派到第四军的王光宇，再一个就是这位青年师长关书范了。由于骁勇善战，曾两次负伤，多有战功，1937年，周保中提议关书范担任吉东省委委员和第五军第一师师长，那时关书范只有25岁。周保中可以想到任何人动摇叛变，决不会想到关书范也会叛变，他在敌人监牢里、在枪林弹雨中都没有皱过眉头，怎么能想到他会叛变！

关书范的内心变化发生在西征归来之后，第二路军西征的彻底失败，摧毁了他对抗战胜利所持的信心。他被敌人"讨伐"所吓倒，散布抗战胜利遥远、目前客观形势险恶、可以向敌人实行假投降以保存实力的"曲线救国"等悲观与危险论调。

言为心声，关书范竟将投降论调付诸行动。一天，他借口到前沿阵地侦察，背着第五军党委和军长柴世荣秘密前往三道通会见日本特务小林斋藤，同他们"协商"，双方达成第五军投降的协定。

柴世荣闻讯后大惊失色，急忙向周保中报告。1939年1月6日，在周保中的主持下，吉东党组织召开了临时会议，研究了处理关书范问题。为巩固部队，反对悲观投降倾向，制止内部动摇思想，惩治叛徒，会上立即作出决定：开除叛徒关书范的党籍，撤销其一切职务。如其归来，立即逮捕，就地枪决。会上还决定成立吉东省委执行部，周保中任执行部主席。

1月15日，关书范身着日本军服，随着敌人工作班人员乘汽车从佳木斯来到刁翎地区，企图收编抗联第五军部队。周保中立即命令逮捕关书范，并出示判决书。

次日，周保中在第二路军密营内主持军人大会，当众宣布关书范叛变投敌的罪行，下令对关书范执行枪决！事后，他又让人把关书范的罪行与吉东省委及第五军军部对他的处理印成文件，以省委和第二路军总指挥部的名义发到吉东各级党组织和抗联各军，明确指出：当此国难深重、斗争形势极其残酷的时刻，对于任何人的动摇、叛变，都将不予宽恕！

在关书范被处决后，第五军内部的动摇之风被刹住。周保中铁腕治军，挽狂澜于既倒，避免了第五军和第二路军的大崩溃。

然而，周保中的铁腕并没有阻止住谢文东率领的第八军、李华堂率领的第九军的相继叛变。这两支部队虽然改编为抗联部队，也曾在一段时期内积极主动地打击日伪军，部队中的多数共产党员与广大爱国士兵与敌人奋力拼杀，甚至献出了自己的生命，但由于这两人极力阻挠党组织在其部队中的建立与开展思想政治工作，造成了这两支部队总体上思想政治基础不够牢固，加上部队的领导人本身就缺乏为民族、为国家而战的牺牲精神，所以这两支队伍一遇到危险情况，部队就会产生动摇情绪，甚至逃跑投敌现象不断出现，最终走向叛变的不归路。

谢文东投敌，第八军全部瓦解。李华堂投敌叛变，成为人民的罪人，丝毫抹杀不了广大第九军指战员在抗日烽火中为民族解放事业所作的贡献。军政治部主任魏长魁、参谋长李向阳、第二师师长郭铁坚、第二团团长吴大成、金助一科长、肖指导员等，以及许许多多没有留下姓名的同志，他们在艰苦卓绝的斗争中献出了宝贵的生命，他们以对民族解放事业的无限忠诚，创造了许多可歌可泣的英雄业绩。这些好同志、好战士是第九军的中坚和栋梁。尤为可贵的是，他们在第九军这样复杂的环境里，忠实地贯彻执行党的抗日民族统一战线政策，为团结扩大抗日阵线作了极大的努力。李华堂投敌后，郭铁坚率领第二师第五团的同志们，在第三路军总指挥部的领导下与兄弟部队配合，在广阔的黑嫩平原上坚持战斗。他们中的不少人不仅迎来了抗日战争的胜利，又以战斗迎来了新中国的诞生。

第二路军首度东西两路突围未果

处决了关书范，第五军内部与第二路军的思想稳定了下来，但是敌人不断"讨伐"带来的形势恶化，让周保中一直紧皱眉头，思考着如何冲破敌围摆脱险境。

周保中看到，自1939年1月以来，日伪军在依兰、林口、勃利一带布满大批兵力，向第二路军总部和第五军进逼，并不断压缩包围圈。活动在依兰莲花泡、刁翎一带的抗联第二路军部队，始终面临着敌人围攻的严重形势。经过深思，周保中作出了活动在依兰、刁翎地区的第二路军所属部队兵分两路、东西突围的决定。

一路为总指挥部警卫部队连同第九军王荫武部西向老爷岭突围，进入方正、延寿地区，由周保中指挥；另一路由柴世荣率第五军部队向北佯动，迷惑敌人，然后向东突破图佳铁路和勃利、林口间的敌人封锁线，奔赴宁安与第二军第五师部队协同作战。于是，很快各部依计行动。

1月31日，周保中率第二路军总指挥部警卫部队、第九军王荫武部共300余人，绕过敌人在刁翎三道通所设防线，跨越牡丹江。从2月4日起，部队西进翻过老爷岭，开始在原始森林中行军。时值大雪纷飞，战士们冒着零下四十摄氏度的严寒，踏着深达一米左右的积雪艰难地行进着。他们一路翻越崇山峻岭，穿越容易迷失方向的森林，经过5天的艰苦行军，于2月8日晨到达方正县陈家亮子东北约10余里的山林中。在此获悉附近有一日本人经营的山元木场。部队决定当夜攻打山元木场补充给养。山元木场驻有伪森林守备队近40人，设有防御工事，警备甚严。

当日深夜，因前来搜索的敌兵进入第九军警戒线，于是双方交火。敌兵被击退后，周保中指挥部队迅即向山元木场发起猛烈袭击，与伪森林守备队进行了3小时战斗。后因大罗勒密开来敌100余名援军，依据防御工事死力抵抗，使战斗久拖不决。这时再继续延长战斗恐于我不利，周保中率部于次日拂晓前主动撤退到老爷岭四道河子西北岔上掌。

周保中料定被袭后的敌人肯定会来追击，当看到此地地形有利于打伏击时，便决定设伏兵于险要地带以待追敌。他派出100余名战士，携带机枪埋伏于岭西险要地形上，其余埋伏于山顶，准备迎击追敌。

2月10日下午2时，敌军百余名跟踪而至。敌人以为抗联部队饥疲劳乏，不堪一击，所以其行军秩序异常紊乱，蜂拥前行。我军将其先头部队放进伏兵线内的口袋里，突然一齐集火猛烈射击，使敌人既立不住脚，又来不及撤退，敌人当即死伤10余名，余者连爬带滚，拼命向后狼狈逃跑。我方也并不追赶，打扫完战场后，再次主动撤离战斗。在攻袭山元木场和伏击敌人援兵战斗中，救世军曲师长饮弹捐躯，第九军政治科科长金助一受重伤后牺牲。

战斗结束后，第二路军总指挥部派出侦察人员探知敌人封锁部队仍未撤除，只是对山林区域搜索、进扰行动稍有收敛，因此，向方正、延寿方向突围难以进行。据此，总指挥部决定总部与警卫部队及第九军第二师一部重返牡丹江东岸刁翎地区葫芦崴子一带进行休整。救世军由王荫武率部赴五道河子一带活动。

此时，第五军部队在军长柴世荣率领下，于1月末试图向牡丹江上游宁安一带突围。该部虽然突破了乌斯浑河封锁线，但经数次战斗仍无法越过敌重兵防守的图佳铁路，部队续有伤亡，2月初，被迫折返牡丹江下游依兰境内的喀上喀一带。

由于敌人的疯狂"讨伐"和严密封锁，第一次东、西突围未果，第二路军不仅损失严重，人员减少三分之一以上，而且敌人仍然尾追不止，第二路军的危险处境仍未改变。

第二路军东西两路成功突围

1939 年春天降临。虽然已是立春时节，但寒冷的东北大地上仍然寒气未减，树枝上或多或少顽强地鼓起的小树芽苞，说明春天的到来不可阻挡。这段时间里，周保中一直关注着敌情的发展，寻找着突破敌重围的办法。

1939 年春，日伪军加紧在林口、勃利、依兰及刁翎、牡丹江下游沿岸地区"讨伐"第二路军总指挥部和第五军军部及所属部队。日伪军出动 6000 余人，分编 10 余个部队分区封锁包围，轮流出扰。3 月中旬，日伪军以三道通为据点，纠集 300 余兵力，向总指挥部驻地四道河子附近进攻，连续破坏了第二路军总指挥部牡丹江岸江西、江东两处密营。在江西密营，正在养伤的第三军第二师组织科科长李洪秀牺牲。在江东密营，吉东省委秘书处处长姚新一等 3 人遭到敌人袭击，英勇牺牲。

活动于依兰、勃利毗连地带的第五军部队曾与敌人发生四次战斗，其中，在草帽顶子击毙日军赤田指导官以下多人。在大百顺沟设伏袭击敌人运输队，取得了胜利。但后来不断遭受敌兵追踪攻击，第五军部队受到很大损失。3 月 28 日，柴世荣率第五军部队由依兰喀上喀后方密营来到四道河子与总指挥部会合。自 1938 年 11 月至 1939 年 3 月，在四五个月时间的反"讨伐"斗争中，第二路军总指挥部领导依兰、方正地区抗联各部，同 10 倍于我的敌人周旋苦斗，进行大小战斗 37 次，破坏"集团部落"11 处，打死、打伤大批日伪军，拖得敌人疲惫不堪。

针对敌情严重的情况，3 月 30 日至 4 月 1 日，在牡丹江西岸四道河子沟里，周保中主持召开中共吉东省委扩大会议。第五军军长柴世荣、第四军政治部主任黄玉清、第九军第二师政治部主任王克仁、省委秘书处主任金石峰及冯丕让、颜江童等 20 余人参加了这次会议。

会议作出了迅速实现突破敌人包围的决定：（一）由周保中率领第二路军总部（包括省委机关）及直属警卫部队向宝清、密山转移，恢复与第四军留守部队、第五军第三师和第七军部队的联系；（二）由第五军军长柴世荣、新调任的第五军政治部代理主任王克仁率领第五军军部教导团及第一、二师部队向穆棱、东宁、汪清地区转移，寻求与抗联第一路军联系；（三）由第五军副官长冯丕让、省委秘书处主任金石峰率领部分队伍分散在刁翎、勃利西部等地，用"麻雀战术"扰乱敌人，牵制敌人。

1939 年 4 月 10 日，抗联第二路军总指挥部直属警卫部队及第五军部队，在乌斯浑河右岸的老头沟一带集结，准备分兵突围。这时，分布在小锅盔山、样子沟、西沟一带的日军黑石部队及伪军共 1500 余人对抗联部队尾追不止。为阻止敌人的追击，第二路军总部直属警卫部队和第五军部队，于兴隆沟北方 20 余里的葫芦崴子山与敌人展开激烈战斗。周保中与柴世荣率队分别占据左、右翼高地指挥战斗，战士们以交叉火力猛烈射向前来追击之敌。此战击毙敌人 100 余名，伤 20 余名。战斗结束后，第二路军总部及第五军军部分别撤退到腰围子东沟，在此地经数日休整补充给养后，开始按省委扩大会议决定分头进行突围。

4 月 15 日，周保中率领第二路军总指挥部及直属警卫部队共 90 余人开始向东突围。部队自后刁翎东部马桥河宿营地开始移动后，被该地日伪 300 余人发现。第二路军总部直属警卫部队主动出击，敌军仓促应战，被毙伤 30 余人。第二路军总部直属警卫队于当日傍晚悄然离开宿营地，南走荒野。夜半，至拉拉别河上游，在穿越一片五六里宽的沼泽地后，连日沿荒山密林向东隐蔽行军。19 日，通过勃利县青山林区。20 日晚，部队在佛岭北顺利跨越图佳铁路，径向东北方向前进。以后又经骆驼砬子，奔大、小五站，一路上巧妙地避开了敌人设立的许多据点，于 5 月 1 日到达茄子河边。5 月 7 日，第二路军总部及直属警卫部队抵达宝清县境内兰棒山联军留守处密营。至此，第二路军总部及直属警卫部队向东突围斗争终获胜利。

在周保中率第二路军总指挥部及直属警卫队向东突围的同时，第五军部队在柴世荣、王克仁率领下离开宿营地，分兵两路在乌斯浑河左岸山地进行隐蔽行军，按计划拟越过中东路，挺进汪清。18 日，当部队在林口南部向阳站附近通过图佳铁路，东向穆棱县梨树镇前进途中，被敌人发现。敌人从密山、林口两地调重兵封锁铁路沿线，并从梨树镇、平阳镇两地调集兵力，妄图在黄泥河子一带阻击第五军部队。于是第五军部队改变方向，向南行进。4 月 22 日夜，第五军部队在敌人守备力量薄弱处穆棱站西部越过中东路。因目标暴露，估计必有敌人追兵前来，第五军部队便在泉眼河设下埋伏。次日，穆棱、下城子方面果然有数百名日伪军追踪而至，第五军伏兵部队与敌人展开 5 小时激战，敌人伤亡惨重，余者仓皇撤逃。战斗中，第五军代理政治部主任王克仁及第三团副团长王德山以下 20 人英勇牺牲。泉眼河战斗后，部队迅速向穆棱与宁安交界的东偏脸子前进，不久，即与在宁安镜泊湖一带活动的抗联第一路军第三方面军取得了联系。至此，第五军部队完成了突围任务。

抗联第二路军总部及直属警卫部队、第五军部队突出敌人重围，打破了敌人精心策划的在刁翎地区对抗联第二路军的"讨伐"计划。此后，抗联第二路军各部以小股部队形式，分别在乌苏里江左岸及西老爷岭地区继续开展抗日斗争。

夏秋冬连续苦战，第五、七军受损严重

抗联第二路军东西突围的成功，再一次为抗联的生存提供了难得的喘息机会。在近半年的时间里，突围、突围再突围，始终成为第二路军官兵头脑中的头等大事。部队先后进行两次分兵东西突围，官兵们打得很苦，部队遭受了重大损失，可以说，第二路军元气大伤，急需休整。即使是所谓的"休整"，也无非是躲入山林中避战一段时期，然而，在山林中却要忍饥挨饿，因此"休整"的时间不能长，必须出山进行战斗以缴获给养。饿着肚子打仗是整个东北抗日联军也是第二路军作战的基本特点之一，这在全国抗战史上

都是罕见的。

随着抗联第二路军总指挥部从刁翎地区向宝清转移，敌人从哈尔滨、佳木斯调集大批日伪军分驻在富锦、集贤、同江、宝清各地。这些配有坦克、大炮、装甲车、汽车的敌人同当地所驻伪军一起在图佳、林密铁路线和桦川、富锦、宝清、密山之间的公路线上布置严密的封锁，在飞机的配合下，不断对活动在下江地区，即牡丹江、松花江下游、乌苏里江左岸地带的抗联部队展开进攻，妄图把在这一地区活动的抗联部队逼至虎林、饶河国境线，以便最后围歼。因此，1939 年入夏以后直至冬天降临，抗联第二路军所属各部队虽然继续坚持游击作战，也取得了很大的胜利，但总体上看，第二路军处境日益艰难与危险。由于敌我力量对比悬殊，第二路军不仅没有打破敌人的"讨伐"，而且部队损失严重。尤其是第二路军第五军部队主力基本丧失，第七、第十军也受损严重。第二路军也步入了生死存亡的关头。

针对入夏以来严峻的敌情，中共吉东省委执行部为提高部队内部对抗战前途的认识，克服困难、坚持斗争，于 1939 年 7 月 10 日向各部队党组织发出《关于东北游击运动目前严重阶段的斗争任务紧急通知》。通知在分析了东北抗日游击战争之所以能够实现持续斗争的有利条件后，提出当前的具体任务是：建立健全党的组织，加强党的领导；适当改变部队活动方式和方法，保持与民众的联系；努力筹集粮食和军需物资；培养提拔新的干部；纠正不良倾向，清洗坏分子。通知还就反对敌人的"集团部落"政策，争取分化伪军、孤立敌人的斗争的策略作了原则的规定。通知最后号召广大官兵高举抗日救国的旗帜，前仆后继，向前猛冲，争取最后的胜利。

根据省委执行部通知精神，1939 年夏秋两季，由牡丹江下游刁翎地区转移到桦川南部和富锦、宝清两县交界地带开展游击活动的第二路军所属部队，展开了一系列反击作战行动。为了适应新的斗争环境，第二路军各部把部队改编成小股队伍，采取分散游击的形式，运用隐蔽、机动、灵活的战术，破坏敌人交通线和军事设施，劫夺敌人运输车辆，袭击敌人据点，与敌人展开了积极斗争。

7月上旬，第二路军总部警卫部队在富锦县李金围子西北截获敌人一支运输队，7月28日又袭击了富锦县兴隆镇附近的杨家"集团部落"。

抗联第五军第三师以团为单位，利用小股部队的灵活性，主动出击。该师第八团于7月曾伏击了桦川县驼腰子日本采金船，缴获轻机枪1挺。8月，又袭击了宝清县柳毛河日本采金公司。在此期间，该师第九团与第七军补充团共同袭击了虎林县黑嘴子敌人的秘密军事工程。

9月初，抗联第二路军总指挥周保中为在宝清研究今后斗争和活动计划，派总部政务主任黄玉清巡视虎林第五、七军工作。由于敌人的"讨伐"，黄玉清未能找到第七军关系。9月上旬，黄玉清和第五军第三师师长李文彬、第九团政委姜信泰率领两个连200人前往宝清第二路军总指挥部。途中，于9月13日下午3时在"十二烈士山"附近遭到伪军第三十五团和伪警察队的包围，师长李文彬指挥部队奋力突围，激战中，李文彬等8人英勇牺牲。

李文彬自1937年7月率宁安伪森林警察大队反正参加抗日联军以后，一直转战于牡丹江两岸和乌苏里江左岸地区，为民族解放事业作出了贡献。危难时机，李文彬的牺牲使第二路军又如雪上加霜一般，失去了一位独当一面、极有战斗经验的指挥员。李文彬牺牲后，张镇华继任第三师师长，第三师仍坚持活动在依兰东部、富锦、宝清等地，不断袭击、扰乱敌人。

1939年冬，敌人以数十倍于我军的兵力集中向依兰、桦川、富锦、宝清各县山边和森林地带大举进攻，使抗联第五军第三师部队陷于非常困难的境地。当时，敌人长期轮番搜索、"讨伐"，部队行动极为困难；敌人厉行经济封锁，粮食来源被割断，战士经常处于饥饿状态中；设在崇山峻岭里的后方密营屡遭敌人破坏，临时根据地也不易建立；部队大量减员，得不到应有的补充。

1940年3月，日伪当局又从密山县调来300余名日军骑兵和2000余名伪军，合力围攻宝清地区的第五军第三师，部队在敌人进攻中受到很大损失。第三师师长张镇华在战斗中被俘，后遭到敌人杀害。第二路军总部政务主任黄玉清率该师第九团90余人向南突围，也在途中牺牲。这90多人中，10人被俘后遭杀害，4人逃散，9人越境赴苏，其余大部战死，整个第三师最后仅剩下第九团20余人，在团政委姜信泰率领下突出重围，在宝清、勃利交界处编入第二路军总指挥部直属警卫部队。第五军第三师的艰苦抗战的光荣历史就此终结。

抗联第五军军部教导团及第一、二师部分队伍在军长柴世荣率领下，自1939年5月从刁翎地区突出敌围后，转至宁安、穆棱一带，以西老爷岭山地为依托，在图佳、中东铁路和宁安至敦化公路沿线开展游击活动。但是由于这一地区敌人统治严密，游击活动的开展遭到很大困难。同年秋，第五军部队实行分散活动，以便解决越冬物资。柴世荣率一小股部队在穆棱县宣羊砬子活动时遭到敌人包围，突围后，在敌人紧追不舍的情况下，被迫越境赴苏。

当时，在穆棱九站南沟一带活动的抗联第二路军姚振山部（义勇军）百余人处境也十分困难。1939年夏，姚振山率所部在与敌军一次激战中损失大部，姚振山在战斗中壮烈牺牲。

1939年夏，抗联第五军第二师第五团在师政治部主任陶净非和团长任德胜率领下，由宁安经安图向敦化移动，在敦化大蒲柴河找到了抗联第一路军，此后，便与第一路军第三方面军在中东路道南敦化、安图、额穆、汪清一带开展游击活动。4月至7月，第五军第二师第五团与第一路军第三方面军第十四团在安图青沟子、敦化苇塘沟、寒葱沟等地与敌人展开了战斗。

8月中旬，第二师第五团与第一路军第三方面军第十三团得悉敌军两个连由敦化大蒲柴河开往西北岔换防的消息，于是在大蒲柴河附近的马蹄子岭设下埋伏。第二天上午，120余名敌人连同10余辆满载货物的马车陷入我军埋伏圈。经 30 分钟激战，打死打伤敌人数十名，其余伪军缴枪投降。这次战斗，缴获敌人轻机枪 2 挺、步枪 50 支及许多子弹等其他物品。10 月 10 日，第二师第五团与第三方面军第十三团在安图县荒沟岭设下埋伏，截击了敌人由明月沟开往安图的汽车队，100 余名敌人被缴械，5 辆汽车被焚毁。[1] 11 月初，两部队又在汪清县境活动，先后攻袭了梨树沟、百草沟、大荒崴等"集团部落"；12 月下旬，又在宁安县南湖头附近柞木台地方与敌人展开激战。1940 年 1 月，部队在敦化县境内解决给养时暴露目标，遭到敌人追击，受到一些损失。同年春，两部队又转移至蛟河、舒兰等县活动。

1939 年底，吉东省委、第二路军总指挥部为加强中东路道南地区工作，于 12 月 20 日委任第五军第三师政治部主任季青为第五军政治委员兼绥宁区、敦化区政务特派员，负责中东路道南地区抗日联军政治、军事及地方组织工作。1940 年 2 月，季青根据省委指示率部分战士赴中东路道南地区开展工作，领导道南抗日游击活动的开展。同年 9 月，季青率队与柴世荣所部以及一路军余部为解决给养，联合攻打了东宁县杨木桥子营。随后，敌人尾追不止，抗联部队同敌人发生激战。战斗中，因失去联系，柴世荣率部再次退入苏境，一路军余部也在后来退入苏联。只有季青率第五军部队向东宁老黑山沟转移，继续在珲春、汪清一带坚持战斗。

夏秋冬三季连续作战，第五军主力第三师耗尽，主力第一、二师一部退入苏联，一部在珲春、汪清一带坚持小规模活动，周保中身边仅剩第二路军总部警卫部队少量兵力。从第三师的失败开始，标志着由周保中亲手创建的抗联第五军主力的全部丧失。这年 11 月间，周保中准备去苏联伯力开会。

活动在饶河、虎林、富锦、宝清、抚远、同江等地的抗联第七军在吉东省委的领导下，经过不断整顿、巩固和加强，提高了战斗力。1939 年 3 月，吉东省委下江临时党团书记季青在虎林县秃顶子主持召开了第七军党特委常委会议，调整了第七军领导干部。会议决定，崔石泉（崔庸健）任第七军党特委书记，景乐亭为代理军长，崔石泉兼任参谋长，王效明任政治部主任。

会议制定了1939年的活动计划，决定崔石泉率军部和第三师在饶河地区活动；王效明率第三师补充团去虎林与第五军第三师第九团联合行动；景乐亭率第一师到抚远、同江一带活动。同年春，为了冲破敌人经济封锁，解决部队给养，第七军根据军党委会议精神，决定建立密营，开垦荒地，自耕自种解决部分给养。这些自耕地，虽然有些地块在夏秋两季遭到敌人的破坏，但仍有部分地块保留了下来，得到一定收获，这对解决冬季给养问题起到了一定作用。

三四月间，第七军部队抓住敌人薄弱环节，与敌人展开斗争。第七军第一师部队在师长王汝起、副师长刘雁来、政治部主任彭施鲁率领下，向抚远、同江一带伸展活动。同年春、夏两季，利用有利的自然条件，连续袭击了乌苏里江沿岸的蒿通镇、国福镇和抓吉镇，并于8月攻袭了伪军驻地杨木林子，消灭伪军一个连，缴获步枪47支、手枪7支及许多弹药和军需品。

1939年9月，敌纠集日军1600人，伪军2000人，向在虎林、饶河活动的抗联第七军展开"讨伐"。此时，原第七军政治部主任郑鲁岩在虎林被捕叛变。为了保存部队有生力量，第七军部决定化整为零，由崔石泉、王效明、王汝起、彭施鲁、景乐亭各率一部在虎林、饶河山区活动。同年10月8日，周保中为巡视第七军工作，率第二路军总指挥部警卫人员由宝清东来虎饶。11月14日，周保中给第七军领导同志写信，指出第七军目前的任务是冲破日军最近的疯狂进攻和包围，逐渐向抚远方向转移，同时留下部分部队坚持虎饶游击区的斗争。

根据第二路军总指挥部的指示，同年11月末，崔石泉、王汝起率所部160余名战士为脱离敌人包围线，快速向抚远移动。12月间，第七军部队克服冬季严寒、给养缺乏的严重困难，转战抚远、同江等地，与敌人交战4

次。其中在抚远新屯与 170 名日军、伪靖安军激战一天，毙敌 70 余人。在同江西碴子与 100 余名日军骑兵部队战斗中，毙敌 20 余名，并缴获军用地图等重要军需品。

在 1939 年秋冬反"讨伐"作战中，第七军部队也受到极大损失。在敌人严密封锁下，部队给养经常发生困难。战士数日吃不到粮食、食盐，有时竟以树皮果腹。为了避敌锋芒，隐蔽目标，部队在严寒露营之际不能生火取暖，经常是日夜不停地连续行军，许多战士在极端艰苦的情况下被饿死、冻死、病死，部队减员很大，最终只剩下 200 余人。

1940 年 1 月，第七军根据吉东省委关于整顿部队的指示，缩编了队伍，补充团余部并入教导团，由军部直接领导；第一师（包括前二师余部）全部缩编为 1 个团，番号为第一师第一团；第三师亦缩编为 1 个团，番号为第二师第四团。

根据第二路军总指挥部决定，第七军党特委书记兼军参谋长崔石泉调任第二路军总部参谋处长，由王效明继任第七军参谋长。同时对第七军军党委也进行了改组。此后，第七军 200 余名战士在十分艰苦的条件下，克服艰难困苦，顽强地坚持与敌人进行激烈的搏斗。

令人动情的汪雅臣与第十军

在东北抗日联军斗争史中，第十军是唯一一支被强敌分割、孤军奋战直到最后的部队。1939 年初，第二路军在下江陷入危局，第十军在五常的斗争也到了最困难年代。汪雅臣率部苦斗连年，一直坚持到 1941 年光荣牺牲。余部隐入深山，誓不降日。

汪雅臣率部抗联第十军一直活动在五常、舒兰、榆树等县山岳地带。长期以来，在敌人的分割包围下，第十军与第二路军总指挥部的联系被隔断了。在此期间，第二路军总指挥部虽然多次试图与第十军取得联络，但都未能实现。抗联第十军虽然陷入孤军作战的境地，但始终没有放弃抗击日本侵略者的斗争。他们采取小股部队形式，以五常县南部的崇山密林为依据，坚持开展游击活动，不时出扰、袭击敌人。

抗联第十军前身为东北人民革命军第八军。在汪雅臣军长的率领下，常年在五常、舒兰境内开展英勇战斗，有力地配合了北满和吉东地区我军的斗争。汪雅臣不但在敌人营垒里被视为强大对手，而且在北满抗联内部受到广大官兵的尊敬。在 1936 年冬天召开的珠汤联席会议上，新成立的北满临时省委决定将东北人民革命军第八军改编为东北抗日联军第十军，军长汪雅臣，政治部主任张忠喜。此时，该军已发展为 10 个团，1000 多人。

由于接受了中国共产党的领导，军长汪雅臣的政治领导水平不断提高，东北人民革命军第八军和以后的东北抗联第十军，能够更加自觉地宣传和执行党的抗日民族统一战线政策。无论平时在自己部队还是战斗中遇到伪军，汪雅臣总是反复讲"中国人不打中国人，集中子弹打日本鬼子"等，有时把这些政治宣传口号编成歌曲在部队中边学边唱，收到了良好的效果。

1937 年初，第十军进入困难时期。为消灭哈东地区最后一支抗联武装，日寇派驻重兵，进入五常、舒兰，强制推行"集团部落"和"无人区"建设计划，用整整一年时间在九十五顶子山"拉网清剿"。汪雅臣继续带部队机智灵活地运动于五常、舒兰山区，出其不意地打击敌人。

1938 年夏，东北抗联第二路军第四、五两军主力部队于刁翎集结，越过老爷岭，进行西征。7 月，汪雅臣得知抗联第二路军西征部队已进入苇河县境（今属尚志县）后，便亲率第十军北进，去苇河接应西征部队。部队行至五常小山子时遭到敌人的阻击，未能达到目的。战斗中，汪雅臣不幸负伤。不久，第二路军西征部队在第四军军长李延平、副军长王光宇和第五军第二师政治部主任陶净非率领下，进入五常县境，汪雅臣又率领第十军战士与李延平部在冲河胜利会师。汪雅臣对西征部队在给养和交通等方面，都给予很大支持。汪雅臣部和李延平部在五常南山协同作战，攻打冲河森林警察队和沙河子日军守备队，均取得胜利。

1940 年 6 月 5 日夜，汪雅臣联合陶净非部、抗联第一路军第三方面军陈翰章部，在五常南山协同作战。两军部队袭击了五常县拉林河森林警察队和响水河子敌分遣队和森林采伐事务所，毙伤日军 10 人，伪军 4 人，使中国 120 余名劳工获得解放，缴获粮食百余石及大批生活用品。

6 月 26 日，两军部队袭击张家湾西南 6 公里处的日军町井部队和伪警察大队。7 月 20 日，两军部队又袭击了冲河镇，毙日军官 1 名，士兵数名，缴获现款 8000 多元。

这年 9 月，为解决第十军冬装和弹药，军部决定攻打五常县第二大城镇——山河镇。这是第十军一次重要的军事行动。

该镇位于五常县城南 25 公里处，是原滨江省的重要城镇之一，也是拉滨铁路线上的一个车站。时镇内驻有日军守备队和伪警察署，并设有"金融组合"、当铺等商业机构。

汪雅臣军长事先派侦察员进入镇内探听虚实，侦察敌军军事部署情况，同时动员舒兰县上金马、下金马和五常县大微子、沙河子等地农民随军作战。

部队经过战前动员于 9 日出发，昼伏夜行，于第二天到达西南山休息一天，当晚急行军进入缸窑林子。在这里，汪雅臣再次组织研究制定了攻城计划。

11 日晚 10 时，第十军袭城队伍逼近山河屯城墙东门，割断电线，从东门突入，冲进伪警察署，缴获署内全部武器弹药。伪署长被我突袭部队吓得浑身颤抖。日军铁道守备队疯狂射击，负隅顽抗。攻击部队勇不可当，急速冲击。经半小时激战，消灭日军 3 名，其余十几名狼狈逃窜。第十军在这次战斗中缴获敌"金融组合"、当铺里一批金银首饰以及粮食、衣服等大批用品，现款 3000 余元。战斗结束后，部队分两路从东、东南门撤退，分别返回摩天岭宿营地、满天星宿营地。为酬谢南山里群众对袭击山河屯战斗的支援，第十军把缴获的部分首饰及粮食、衣服等物资分发给当地农民。

1940年冬，日军对汪雅臣和抗联第十军除更加疯狂地进行军事"围剿"外，又加强了特务活动。敌人封锁山道，以隔断群众与抗联第十军的联系，妄图饿死、冻死汪雅臣和第十军战士。当时第十军所面临的敌情是非常严重的。汪雅臣军长将部队化整为零，把缴获的许多大小枪支、迫击炮、炮弹等掩埋起来，开始分散游击。在艰难困苦的战斗岁月里，汪雅臣以身作则，与战士同生死、共患难。部队断粮，他和战士们一样以野菜、树皮充饥，用蜂蜡、野兽、军马代食，艰苦奋斗，坚持抗日游击战争。

由于日伪特务王永贵、叛徒郭珍、汉奸屯长孙永清告密，日伪军由梶田率队300多人，于1941年1月12日（农历腊月十五）到蛤拉河子屯，向我军军部所在地尖山子密营袭击。在敌众我寡的情况下，为保存实力，汪雅臣率领军部人员和保安连战士主动撤退。但是，军部密营和我军所存粮食、马肉、马皮等过冬给养，悉数被敌人放火烧毁。

时值寒冬腊月，狂风怒吼，大雪封山，山区气温下降到零下三四十摄氏度。当地群众考虑到汪雅臣部处在饥寒交迫之中，便冒着生命危险送粮上山。汪雅臣和他的战友们备受感动。除夕夜，汪雅臣派战士护送寒葱河屯18名送粮群众回家过年。走到该屯外一里多远的庙岭子岗上被汉奸特务发现。

1941年1月28日，日军梶田和翻译金翰渊率领守备队40多人、伪自卫团60余人，跟踪追至第十军活动区。

29日拂晓，汪雅臣和军部20多名战士在蛤拉河子附近休息、吃早饭。敌人根据炊烟判断汪雅臣部驻地，分三路进行包围。在万分危急之际，汪雅臣毫无惧色，命令副军长张忠喜带领部分战士抢占东山，从伪军阵地突围；他自己带领部分战士坚守西面阵地，阻击并牵制日军。张忠喜率领队伍抢占东山高地时不幸光荣地牺牲了，部分战士冲出了重围。

汪雅臣率领战士在阻击日军时，机枪射手中弹牺牲。汪雅臣接过机枪，带领警卫员冲向东南方向，继续打击敌人，并命令其余战士从西南方向突围出去。这时，警卫员相继壮烈牺牲，阵地上只剩下汪雅臣一人，敌人蜂拥而上，要抓活的。

汪雅臣左臂负伤，他圆睁虎眼，大骂不绝，手持一挺机枪继续同敌人拼搏。敌人见他誓死不降，便集中火力向他射击，子弹如刮风般地扫向汪雅臣军长，汪雅臣军长很快胸部中弹，接着腿上又受了重伤，站立不住，滑下山坡。敌人蜂拥般地围了上来。汪雅臣四肢不能活动，便大骂日本侵略强盗。敌人把他抬往蛤拉河子，途中，汪雅臣光荣地为国捐躯，时年30岁。直到5月份，周保中尚不知汪雅臣和第十军的下落，多次派人到这一带寻找。汪雅臣军长英勇牺牲后，日军找来特务叛徒前来辨认，之后，将汪雅臣军长遗体在蛤拉河子"示众"。残暴的日军凶狠地割下了他的遗首，以便向关东军司令部"报功请赏"。

"双龙"英雄汪雅臣军长其实并没有死，仍然是老百姓心目中最了不起、最富传奇色彩的抗日英雄。五常、舒兰一带的群众听到汪军长为国捐躯，许多人都黯然泪下，一些老人冒着被敌人满门抄杀的危险，让儿孙们为汪军长戴孝。他的遗体当夜就被群众收殓起来。

新中国成立后，昔日汪雅臣战斗殉国的地方蛤拉河子屯，被命名为"双龙"生产大队；将军的遗首被安葬在哈尔滨烈士陵园。1955年4月5日，哈尔滨市人民政府暨各界人民以沉痛的心情敬祭汪雅臣，对他的光辉业绩和崇高品质给予高度评价与赞扬。公祭大会的祭文中写道："在抗日战争中，将军十年如一日，英勇地站在民族解放斗争的最前列，为中华民族的解放，献出了自己的生命。将军的崇高品质和英雄气概，将永远铭刻在人民的心中，英雄的事迹永垂不朽！"[2]

汪雅臣的牺牲标志着抗联第十军主要斗争时期的结束。但这支坚强的队伍并没有被完全消灭。与汪军长离散后，仍有一些战士在零星战斗。九十五顶子山地区的抗日活动一直坚持到1945年。更有一些战士将枪插起来，隐姓埋名，藏在深山，以种地、打猎为生，他们牢记汪军长的话，誓死不做伪满洲国国民。这些忠勇的战士中，有一些最终看到了中华民族胜利的一天。

在东北抗日联军史上，汪雅臣的第十军是一支极令人动情的部队。他们从报号"双龙"的山林队起步，坚定地跟着共产党走，自觉地遵循北满党组织的指示，一直苦苦坚守在敌人统治的心脏地区五常、舒兰，直至全军战死。汪雅臣和他的将士们在参加联军的友军中，是战绩最大、叛变行为最少、坚持时期最长、打得最苦的一支部队。汪雅臣和抗联第十军将士无愧为中华民族的优秀儿女！

欧战爆发，苏联改变对东北抗联的冷淡

1939年9月1日，希特勒对波兰发动突然袭击。3日，英法对德宣战（宣而不战），欧洲战争爆发。日本阿部内阁发表声明，宣布帝国不介入大战，专注于解决"中国事变"。

日伪当局继续在中国东北地区推行其"东南部治安肃正"计划，1940年关东军增兵至11个师团。仅1月至5月，日军对抗联的"讨伐"作战即达362次，到1942年累计"讨伐"兵力超过20万人，战费3000万日元。1940年冬，日伪军警在黑龙江省"三肇"（肇州、肇东、肇源）地区进行大检举大逮捕，被捕被杀害的抗联第十二支队一部和人民群众数以千计。

1941年1月，伪满治安部发出《关于1941年度治安肃正的指示》，提出"避免使用大兵力的大风一过式的讨伐，而由各军管区选拔少部分部队进行固定的接连长追，分别捕捉击灭匪团，同时使各部队密切支援当地的各项治本工作，迅速确立恒久的治安"[3]的方针。根据这一方针，决定从各军管区分别抽调部分兵力组成"特设讨伐队"，由伪治安部大臣直接统辖，在新编成的"特设讨伐队"中，总共抽调24连、2400人，专事对抗联第二、第三路军部队进行"讨伐"。

从1939年冬至1940年春，敌人连续的军事"讨伐"和政治迫害使东北

抗联各军受到很大损失，遭到了严重挫折。由于抗联长期得不到休整补充，部队减员日益增多，活动范围越来越小，游击区由原来的近 70 个县缩小到不足 10 县，许多部队被迫转移到原始森林和边境地区活动。东北抗联部队人员从原来的 3 万余人减少到不足 2000 人，东北抗日武装斗争面临着更险恶的严峻形势。但是，东北抗联第一、二、三路军的坚强战士，在穷凶极恶的敌人面前始终没有屈服。他们仍然在长白山区、松花江下游和黑嫩平原坚持抗日游击战争、英勇杀敌、浴血奋战。

面对严峻的形势，为保存部队的实力，以求长期坚持斗争，并争取最后胜利，抗联迫切需要一个安定的后方进行休整。在当时，这个"后方"就是苏联与中国东北接壤的边境地区。

如前所述，在过去一个时期内，已有东北抗联的一些小部队曾在作战失利的情况下被迫越过国境线后，得到了苏联边防军的支援，经过休整重返东北继续斗争。这除了苏联的国际主义精神外，主要还是东北抗联的斗争保卫了苏联东部边境的安全。侵驻中国东北的近 50 万日本关东军，虽然有"北进"的试探，有对苏战备的企图，但是终年与日军浴血奋战的是中国东北抗日联军。这是尽人皆知的事实。

从总体上看，出于维持对日和平关系局面的需要，苏联在 1940 年以前对待东北抗联的态度是比较冷淡的，给予东北抗联各部越境部队的援助是极其少量的，有时甚至将越境的抗联部队的武器收缴，人员遣散，以避免引起日本方面的外交抗议。赵尚志、戴鸿宾、祁致中等三位抗联军长与一批官兵入境后被苏联长期扣押，所部武器被收缴，人员被遣散，便是明证。

1938 年和 1939 年，日军在苏蒙边界地带连续制造"哈桑湖事件"和"诺门坎事件"。1939 年德国进攻了波兰，西方战线战事吃紧。特别是 1941 年苏德战争爆发后，苏联方面为避免两面作战，从远东边境安全和未来对日作战需要出发，需要同战斗在中国抗日前线的东北抗联协同配合，以稳定其东方战线。其中，远东军迫切需要获得关东军在东北的军事情报，尤其是中

苏、中蒙边境各筑垒地域的情报。对此，苏方曾要求东北抗联予以支援。在
诺门坎战斗进行期间，远东军把关押一年半的赵尚志、戴鸿宾、祁致中等抗
联领导人放出并派回东北，其目的显然是希望他们在东北加强抗日游击活
动，以牵制日军。

同中共中央中断联系多年的东北党组织和抗联主要领导人，都迫切希望
共产国际和苏联能帮助与中共中央取得联系，并争取必要的援助。中共吉
东、北满省委三要负责人周保中、赵尚志、冯仲云等曾先后过界赴苏，寻找
中共驻共产国际远东联络站，或者期望借助苏联方面的渠道，转达东北党组
织给中共中央的报告。但由于种种复杂原因，这些活动都未能达到预期目
的。1939 年中苏边境苏日对峙形势的发展，使得东北抗联与苏联达成协同
配合的主客观条件成熟。1939 年 9 月，中共北满省委党委派冯仲云越界到
达苏联伯力城（今哈巴罗夫斯克），和苏联远东有关部门进行磋商。结果，
得到了苏联方面的积极回应，表示指定专人负责，在政治、组织、军事上对
东北抗联部队给以最大的帮助。

第一次伯力会议与抗联三大路军改编为支队

1939 年 11 月末，周保中到达伯力城。12 月，赵尚志到达伯力城。1940
年 1 月至 3 月下旬，中共吉东、北满党代表会议在伯力召开，它标志着东北
抗联的抗日武装斗争即将揭开其历史上新的篇章。

这次会议，中共南满党组织没有代表参加。但是，从会议的主要议题
和形成的决议来看，它所提出和解决的问题，实质上都是属于东北地区全
局性的。这次会议的主要成果是：

（一）总结了东北抗日游击战争的经验教训。

（二）讨论了部队的编制必须适应形势的发展问题，并根据会议确定的
"保存实力，逐渐收缩"的方针，决定将各路军缩编成 10 个支队：第一路军

各部缩编为第一、四、七支队；第二路军各部缩编为第二、五、八支队；第三路军各部缩编为第三、六、九、十二支队。

（三）中共北满与吉东党组织和东北抗联的代表与苏联远东军政当局达成协议：由苏联协助通过共产国际的帮助，争取恢复抗联与中共中央的联系；东北抗联表示接受苏联某些必要的援助，但必须坚持中国共产党对东北抗联的领导，保持东北抗联的独立性。会上否定了关于将东北抗日游击运动与中共党组织分开的提案。

此外，在伯力会议上，赵尚志调任抗联第二路军副总指挥。

伯力会议结束后，中共吉东、北满党代表即返回东北。

1940年3月20日，中共吉东党代表、第二路军总指挥周保中和副总指挥赵尚志到达宝清地区后，立即向第二路军参谋长崔石泉、第七军政治部主任王效明作了简要传达。4月初，第七军召开党代会传达伯力会议精神，会议决定将部队缩编为第二路军第二支队，支队长王汝起，政委王效明，副支队长刘雁来。第五、十军由于部队分散活动，当年未能缩编。1941年2月，第五军缩编为第二路军第五支队，支队长柴世荣，政委季青。第十军始终未能实现缩编，仍以第十军番号照常活动。

4月中旬，中共北满党代表、第三路军政治委员冯仲云返回海伦地区，向第三路军总指挥张寿篯传达伯力会议精神，并决定将活动在龙北地区第三路军的部队缩编为第三、九支队。第三支队长王明贵，政委赵敬夫，参谋长王钧；第九支队长边凤祥，政委周云峰，参谋长郭铁坚。

接着，冯仲云又到绥棱地区，向中共北满省委书记金策传达了伯力会议精神，并将活动在绥棱地区的第三、十一军各一部缩编为第六支队，支队长张光迪，政委于天放，副支队长高吉贤。最后，冯仲云又赴庆城、铁力等地，向第三路军参谋长许亨植传达伯力会议精神，并将活动在该地的第三军一部缩编为第十二支队，支队长戴鸿宾，政委许亨植（兼）。至此，第三路军按伯力会议精神全部完成了缩编支队的任务。

第一路军各部远在南满地区，联系中断，中共吉东、北满代表无法向他们传达会议精神，因此，第一路军仍以方面军番号进行活动。直到1941年3月，始将第一路军第六师金日成所部改编为第一路军第一支队。金日成任支队长，安克为参谋长。

第二路军总指挥部的"小群游击战"

从1939年夏季以后，勃利、宝清、富锦、密山一带日伪军调集大批兵力重点"围剿"抗日联军。上述地区日伪军活动频繁，四处搜寻抗日联军，严重妨碍了抗联队伍的行动，抗联根据地屡遭破坏。第二路军总指挥部和直属部队企望通过上述地区到中东铁路南方牡丹江下游地带活动。但由于上述地区敌情严重，部队不能继续西进，决定暂时在勃利、富锦、宝清、密山一带边界开展活动，因为这一带多山林，抗联部队便于隐蔽活动。到1940年夏季，上述地区日伪军军事守备力量相对减少，出现了防守方面的弱点与漏洞。针对敌人的薄弱环节，周保中、赵尚志、姜信泰等率第二路军直属部队，以精悍小股部队多路出击，袭击敌孤立据点、交通运输及经济部门，使敌惊恐万状。这种以多股小部队分头袭击敌人薄弱环节的战法，指战员们称之为"小群游击战"。

5月1日深夜，总部派遣姜信泰率领一支小部队突袭宝清南小色金别拉河畔的一个日本屯垦军小队，敌兵10人全部被击毙，缴获步枪10支、子弹600发和一些粮食。28日夜，警卫队政委金光侠率队袭击孟家岗东北15里处采金船日伪保沪队，获全胜，毙日本军官1名、主事5名，毙伪军官兵5名，俘虏70名，缴获轻机枪1挺、步枪15支、子弹2000发，还有一些粮食和军用品，我方无一伤亡。5月间，总指挥部派出的小股部队在宝清的兰花顶子附近破坏敌人交通使其运输中断，击毙日军2人，缴获牛马15匹（头）、粮食800余斤，使部队得到了补给。

7月以后，青纱帐起，对小群游击活动更加有利。7月2日，总部派出的姜信泰指挥的小部队在富锦以南、李金围子西北约10余里的高地上袭击敌车队，一举击溃敌监护部队50余人，毙伤敌7名，截获运输车9辆与马30匹，粮食等军需品甚多。另一支队伍在勃利南部图佳铁路虎山站附近，于19日夜袭击敌人列车，炸毁机车1辆、客车厢数节、货车厢10余节、桥梁2座，毙伤敌人15名。7月28日，第二路军总部警卫队代政委姜信泰、队长朴洛权率领两支小部队，袭击了富锦兴隆镇附近的杨甲长"集团部落"。原来，该"集团部落"甲长杨某仰仗日军势力，横行乡里，不仅拒绝为游击队代购粮食，还将我军行动告诉敌人。为惩治其罪行并获得粮食等物资，总部决定攻破该"集团部落"。28日夜，姜信泰、朴洛权率部突袭成功，捣毁伪甲长办事处，缴枪26支，将汉奸杨某家的马28匹、牛11头、粮食1200斤全部没收。

袭破杨甲长部落后，小部队准备转移到七星河南岸，但估计到敌人一定有援兵开到并要对小部队进行追击，所以兵分两路，以分散敌兵追击目标。一路由队长朴洛权率马队驮运行李、粮草先行过河；另一路步行小分队由姜信奉率领在扁石河子庙岭一带设伏待敌。

7月31日，敌骑兵百余人自兴隆镇出发，绕过步行小分队埋伏之路，沿七星河上行并发现小部队马队行踪，穷追不舍。这时朴洛权队长在七星河南岸杨木岗方向发现敌骑追来，于是先将一部分马匹、行李、粮食撤走，只留下一个小分队乘精壮马匹在河南岸约200米处选一有利地形，设下埋伏。敌骑兵几乎在同一时间涉水过河，朴洛权指挥小分队集中火力向敌群猛烈射击，毙伤敌人15名。敌骑兵遭到突然打击后队伍溃散，遗弃许多粮食、军用物资逃窜。敌骑兵逃走后，我骑兵小分队拾取一批物资，立即撤走。此战役，从7月28日袭击杨甲长部落到31日杨木岗战斗，前后4天，由于指挥得当，抗联小部队以少胜多。战斗之后，周保中主持战斗讲评，并形成一份《七星河杨木岗西南战斗经过批评简要》文件，以总结经验，激励士气。

8 月中旬以后，第二路军总部直属部队继续在依兰东部及林口至佳木斯铁路线，宝清、富锦等地进行游击活动，不断给敌人以相当的破坏和扰乱，多次作战均获胜利。8 月 14 日夜，总部派遣一支部队奔赴依东，在图佳路追分站南方袭击列车，炸毁列车 10 余辆、机车 1 辆、桥梁 1 座，击毙日军多名，缴获粮食 2 石、军需品及文件若干。

8 月 15 日，第二路军总指挥部给姜信泰、李永镐发出指示，由警卫队、第一中队编成西北方派遣队，由姜信泰担任指挥，从杨木岗出发向依东老平岗、永平岗方向前进，侦察图佳路行车情况及敌军兵力情况，并执行图佳铁路线追分站到孟家岗之间的铁路桥的爆破任务。主要目的是扰乱敌人交通，同时以期炸毁列车后获得粮食、布匹、水鞋等军需用品。

8 月 19 日，直属部队一小队在虎山站北方 500 米处的铁路桥实施爆破。晚 10 时，一列由北向南行驶的混合列车通过时，全车被炸毁，机车一辆、客车数辆、货车 10 余辆坠入河下，敌兵死伤 10 余人。爆破任务完成后，执行任务之小队在铁路附近散发抗日救国传单 30 余张。然后迅速撤走。这时，由南开来一列车到达虎山站，得悉前方桥梁被炸，遂急速倒退南返。

8 月 25 日，又一小分队在追分和弥荣车站间的铁路桥进行爆破，一列货车被颠覆。小分队缴获一批粮食、面粉，日军死伤 10 余名。

9 月 29 日，姜信泰又派一个小分队在上述两车站之间的铁路线上实行爆破，使机车、行李车脱轨。

第二路军总部直属部队在 1940 年夏季同敌人进行了激烈的战斗。这一时期日伪军向第二路军直属部队出扰累计 16 次，出动骑兵 700 名、步兵 2600 名。直属部队同敌人战斗 4 次，特种工作 4 次，共击毙敌兵 38 名，伤 12 名，俘虏 11 名，获机枪 1 挺、步枪 18 支、洋枪 26 支、弹药 3000 发，炸毁机车 2 辆、客车 20 余辆、桥梁 2 座，攻陷"集团部落"1 处，没收粮食 10 石以上，获牛马 60 头（匹）、其他军需品及文件若干。

第二支队夏秋征战与退入苏联

抗联第七军改编为第二支队之后，部队化整为零开赴乌苏里江沿岸和完达山区，开展游击活动。支队长王汝起率领第一大队到达大旗杆、同江和富锦边界处活动；支队政委王效明率第二大队一部和教导大队向密山、勃利移动，隋长青率第二大队第二中队留在虎饶地区活动，并担负各部的联络任务。

支队长王汝起率队赴大旗杆之前，先派副支队长刘雁来和彭施鲁带小队为先遣队提前到达该地，为后续部队开展游击活动创造条件。先遣队先通过以种罂粟为生的四五十户农民，筹集了给养。5月，王汝起率第一大队主力开赴大旗杆的途中，得知大岱河驻有40多名伪警察，每天到秃山头附近巡逻，监视伐木工人。王汝起决定消灭这股敌人。他率队埋伏在秃山头东南方离大岱河10余里的树林中。5月24日，敌30名进入埋伏圈，我伏兵急起开火，经两小时战斗，毙敌5名，伤3名，俘9名。缴获轻机枪1挺、步枪17支、子弹700发。第二支队亦受严重损失，阵亡6人。支队长王汝起受重伤，战后当天牺牲于托窑山。第一大队指战员怀着悲愤的心情掩埋好支队长的尸体，继续奔赴大旗杆与先遣队会合。

王汝起牺牲近4个月后，周保中在1940年9月9日的日记中，用长文追忆王汝起："王汝起同志，为吾常最有进步之布尔塞维克，民族英雄。……汝起同志竟战死！我之伤感，非特十年患难相依，一旦斩丧手足，实以久经锻炼忠贞不拔，最堪寄莫大希望之布尔塞维克有力干部，其损折实深足追想。汝起同志，不独为我第二支队全体同志所爱戴，凡吉东党同志，凡吉东抗日军队，无不知其人，敬其人。"[4]

入夏以后，敌人调动伪军第十八、二十八、三十团等部计约千余人和日军300人，在飞机、坦克配合下，向第二支队活动的虎饶地区进攻，妄图将第二支队消灭。在强敌进攻面前，第二支队避实就虚，不时出击。

8月20日夜，第二支队一部袭击了富锦县七区柳大林子伪警察队、自卫团。打死打伤伪军10余人，获马7匹、牛37头。

9月11日，第二支队奇袭宝清县七星河镇。进攻之前第二支队曾通过关系派人与伪军第三十团士兵杨清海等数人联系，制定计划，策动哗变。进攻开始后，伪军机枪连百余名官兵起义，打死日本指导官和伪团长以下军官数人。第二支队攻占七星河镇以后，缴获重机枪4挺、轻机枪3挺、子弹1万余发、步枪131支、子弹3万余发，以及其他军用物资一批。第二支队率起义官兵撤出七星河镇后，敌人急派飞机多架狂轰滥炸，并以大股兵力尾追，起义人员大部分逃散，只有34人正式加入第二支队。

10月20日，第二支队由宝清去密山，攻打东二道岗日本移民开拓团，烧毁一部分房舍，缴获一批牛马、粮食和军用大衣等物资，尔后返回饶河地区。

第二支队政委王效明率教导大队和第二大队部分战士的虎林境内展开活动。9月，王汝起牺牲后，中共吉东省委任命，王效明继任支队长，刘雁来兼任第一大队队长，彭施鲁为教导大队政委。14日，支队长王效明率队从大旗杆到宝清第五区七星河镇引导伪军第三十团第三营两个连暴动，获重大胜利。原驻该镇伪军第三十团一个机枪连班长杨清海和高海山、胡景全、杨振华等人密谋组织哗变，派胡景全、高海山秘密来到大旗杆要求第二支队前去接应。第二支队以三路展开进攻，和杨清海里应外合，将该镇伪机枪连长和日军教官打死，其余140余名伪军全部俘虏，获重机枪4挺、轻机枪3挺、步枪160支、手枪4支、手榴弹两箱、弹药6万余发、军马20匹、布300匹、大衣40件及其他军需品甚多。接着，第二支队又袭击离星河镇七八里处的伪军迫击炮连。敌惊慌失措，向密山方向溃逃。第二支队在追击中歼敌多人，获装满18辆大马车的军需物资和粮食，迅速转移到宝清东部沼泽地。日军于第二天曾派飞机5架跟踪，进行轰炸扫射。第二支队所获马匹、物资稍有损失。不少哗变伪军在混乱中逃跑。宝清之敌随后又集中日骑兵200余人和伪警察500余人在大旗杆、七星河镇一带搜索抗联第二支队。第二支队迅速从水林子、老等窝转移到饶河沟里，摆脱了敌人跟踪。转移途中，第二支队还在独木河南伏击伪军一个排，缴获1挺机枪、40多支步枪。

这年秋，日伪军以几万兵力在佳木斯以东松花江下游地区"讨伐"，第二支队处境险恶，不得不迅速返回饶河。敌为断绝抗联第二支队的给养，已开始封山。第二支队在饶河蛤蟆顶子等三处所种庄稼和蔬菜、储存的粮食全部被敌毁坏。指战员们靠自身携带的肉干充饥，肉干很快吃尽。部队不得不派人到贮存青菜的地里寻找可以捡回食用的蔬菜。他们储存的萝卜已被敌从地窖中挖出，并将其剁成碎片扔掉。他们把这些萝卜碎片收集起来分给指战员。每人靠这几斤萝卜充饥，一直吃了七八天，个个体力不支、面黄肌瘦。但指战员们仍以顽强毅力与敌周旋。

为摆脱敌人的围困，第二支队决定出击密山。当时密山和虎林一带有许多日本移民屯垦区。第二支队到达密山地区后，通过在炭窑中干活的老百姓了解了当地的敌情，决定于夜间兵分两路突袭密山北部与虎林交界处的日本武装移民屯子。由于消息走漏，屯中老百姓大多逃走。第二支队在夜袭中击毙顽抗的日军头目，获大批粮食和军用棉大衣，随后用当地牛、马驮着粮食迅速撤离密山，返回饶河。

教导大队在崔勇进、彭施鲁率领下，担负迷惑敌人、掩护主力部队转移的任务，并转战到宝清方向的蛤蟆通河上游。大队经一夜行军，于第二天到达托腰布准备宿营，突遭敌两路夹击。教导大队迅速占领附近山头，顽强打退敌人多次冲锋，敌死伤多人。夜幕降临后，教导大队机智地跳出了敌包围圈，转移到土顶子，又遭敌人追击堵截。教导大队指战员英勇突围，转移到大穆河。

第二支队经过夏秋两季的游击活动，由于敌军不停顿地追击，部队历经艰难险阻，处在极度疲惫状态，况且弹尽粮绝，掉队、战死、逃亡、冻死、饿死及被俘的日渐增多。至年底部队只剩下五六十人，敌人仍在不断尾追"围剿"，第二支队危在旦夕。为执行总指挥周保中的指示，保存实力，第二支队决定转移。11 月末，第二支队除留第二支队副支队长刘雁来率 10 余名队员继续在饶河大叶子沟搜集敌情外，12 月，王效明率大队主力从饶河过乌苏里江到达苏联的比金整训待命。

周保中乌苏里江脱险入苏，第二路军东北光荣征程落幕

自 1940 年春季以后，由于贯彻执行了吉东、北满两省委联席会议的精神，第二路军直属部队和第二支队采取了较为适宜的小群游击战争，积小胜为大胜，游击活动相当活跃，取得了一定战果。但因为敌人兵力强大，不断进行"讨伐"，第二路军直属部队和第二支队活动日渐困难，活动区域也只限于勃利、宝清、富锦、林口、虎林、饶河一带。

周保中就整个情况分析，认为去年冬直到今年（1940 年）3 月，第二支队虽然打死 60 名以上的日伪满军敌人，不断得到大量的轻重武器和粮食军需，然而由于敌人用大部骑兵和步兵联合，长期轮流跟踪追击。敌人对我们的物资封锁与群众隔离依然很严重。游击队无论怎样有计划地行动，敌人对我们的军事进攻和后方根据地的搜查破坏是丝毫不放松的。这一地域的情况使我们目前新的工作布置非常困难。第二支队在这一地域情形并未好转。鉴于以上原因，第二路军总部原定向中东路道南活动，以及与第二、五军及第一路军余部会合的意图很难实现，特别是严寒冬季就要到来，大风雪会使部队活动更加不便，第二路军总部领导人遂改变计划。

9 月，在冬季来临之前，周保中决定率队东返。但总指挥部警卫队长朴洛权、政委姜信泰等所率队伍仍在西部活动，周保中不得不在现地停留等待。直到 10 月 26 日，西部活动队仍未归来。

此时，周保中接到情报说敌情越来越严重，在蛤蟆通河西面，距自己

宿营的地方约 30 里地，发现数目众多的帐篷，是敌人的"围剿"堵截部队，还是前来搜山的敌军？是伪军还是野蛮残暴的日军？情况完全不明，而且自己部队的粮食又快耗尽，再就地等下去无异于坐以待毙。据此，周保中果断决定总指挥部先行东进。当天，他集合队伍进行紧急动员，号召队伍振作精神，战胜饥疲困乏。不论敌情如何严重，必须以第二支队联络地点横道河子为目标，坚持强行军通过大和镇南以及虎林西北尖山子、土顶子一带，横过阿布沁河三人班。队伍在后有追兵、忍饥挨饿的情况下，强行军到尖山子才逐渐摆脱追兵，当晚在土顶子西北第五军第三师去年耕种处宿营。

27 日早 8 时，周保中率队出发走兴隆沟北。午后 1 时抵阿布沁河西岸三人班，经 3 次战斗，于白天强行越过三人班大桥，毙伤敌 5 名，我 1 人被俘。

自三人班大桥一带作战后，敌已判明第二路军总指挥部行动意图和方向。从三人班至乌苏里江岸，日军上百名和伪军数百名，兵分六七路向总指挥部追击搜索，形势极为紧张。

周保中下令部队全体指战员必须以最大的辛苦，不吃饭，不睡觉，横过三人班西北面一条小河，行军途中，尽力消灭易被敌人发现的行踪，分几路向高大的山峰爬去，往东面撤走。到 10 月 28 日下午，当他们绕过横道河子东北的独木河和三人班之间的通路后，发现敌人兵力很多，行军距离很密。显然，敌人在用很大力量搜寻周保中一行，周保中想：在这种情况下再往返横道河子方向不仅已无可能，而且有害无益。他下定决心，只有往乌苏里江岸边走，才有可能保存这支抗日力量。但现在食粮几乎完全断绝，每个人都已精疲力竭，然而除了往乌苏里江岸边走之外，不论往哪一方向都有覆灭的危险。

想到这里，周保中再次决定改变行军路线，奔赴乌苏里江岸，以便沿江而行。

29 日，当他们往乌苏里江岸行军途中，遇上大雪，雪花弥漫，只有靠指南针才判断出往东走的方位。部队有时要穿过高山丛林，或者要走过深草中的泥水甸子。他们在茫茫大雪中，越过独木河通虎林的两条大道。第二天沿着春天第二路军总部西征走过的小道继续行军，至夜里大家实在都已精疲力竭，再也走不动了。便在一个平坦开阔、毫无遮蔽而敌情又不明的小穆河东边的土岗上宿营。

周保中望着这支已疲惫万分的抗日队伍，悲愤地想：要是有日寇伪军追踪而至，除了和他们作最后的拼刺刀外，只有战死。何况在三人班和他们交手后，敌人很可能已判明我军的行动。周保中前思后想，哪里能闭眼入睡啊！他和崔石泉参谋长反复思虑商谈，必须尽快找到渡江船筏，及早渡江到苏联对岸休整。

第二天，也就是 10 月 31 日，参谋长崔石泉派人到大穆河找到一艘破旧的小船，战士中会修船的能手全部集中修船，到傍晚船已修好。立刻组织过江，并在江中第二支队储藏给养的江洲航灯站上休整，这里既有粮食给养，敌人又无法再追上。

在江洲，面对乌苏里江的滔滔江水，周保中视察抗联的战士，见他们由于多日来半饥半饱，有些天别说半饱，连一口水都难以进口，何况还要爬山涉水，连日行军，途中还要和日伪军进行战斗。现在稍稍可以睡个觉，也有了吃的。但是眼看就要进入寒冬，这样单薄的衣被，不用敌人打，也会冻死的。他感到再也不能在江洲多待下去了，必须渡江到苏联境内，与远东军区领导机构取得联系，获得他们的帮助。按照国际主义的原则，他们有责任保护我们的休整，给予我们和日本侵略军战斗的支援！何况中共中央驻共产国际代表团早已和他们在这方面达成了协议。

31 日当夜，周保中派出副官陶雨峰，由一个朝鲜族战士金龙驾船，进入苏联境内，找到驻防军官，向他说明了来意，并请他迅速用电话通知哈巴罗夫斯克的王新林同志，向他报告周保中要越乌苏里江到苏联边境，急待求得联络接待。

第二天即 11 月 1 日，当敌人赶到江岸时，遗憾地在江面上大放野火、乱鸣枪炮，以示愤恨。周保中于脱险当天日记中写道："冒险脱围，从来未有之侥幸！……自三人班作战以后之危险紧张，为数年来余所未曾经历者，已陷于时刻作最后拼斗无可幸免之境无。尤在于大江横隔，若无小舟渡过，则乌苏里江为我之乌江矣！"**5**

11月1日，周保中率领部队乘船越界进入苏联境内。

几天后，周保中在他11月5日的日记里记下这难忘的时刻："过界之后的第二天，正是中午时刻，太阳当顶，阳光给人几分温暖。一苏联边防军官来找周保中，两人热烈握手。当他知道周保中能说俄语后，更是高兴。他告诉周保中说：广西南宁已被中国军队收复，根据毛泽东同志抗战三阶段的著名论述，他深信不久日本侵略军一定会被中国完全打败。"**6**

接着，苏联远东军区派了一个中校军官正式来接待周保中一行，并转达：苏方请抗联战士到小黑河边防军驻所附近扎营休整。

自此，抗联第二路军总部越界入苏，抗联第二路军的抗日斗争即将掀开新的一页。

到1940年底，抗联第二路军在东北的光荣战斗历程宣告结束。

注　释

1.《东北抗日联军史》编写组：《东北抗日联军史》（下），中共党史出版社2015年版，第775页。

2. 叶忠辉、李云桥、温野等著：《东北抗日联军第八——十一军》，黑龙江人民出版社2005年版，第210页。

3. 中国人民解放军历史资料丛书编审委员会编：《东北抗日联军·大事记·回忆史料·参考资料》，白山出版社2011年版，第741页。

4. 周保中：《东北抗日游击日记》，人民出版社1991年版，第500页。

5. 周保中：《东北抗日游击日记》，人民出版社1991年版，第529页。

6. 周保中：《东北抗日游击日记》，人民出版社1991年版，第531页。

第 十 八 章

连战连捷　抗联第三路军黑嫩平原
掀起"红五月风暴"

冯仲云、张寿篯（李兆麟）组织第三路军改编支队——敌情严峻，
黑嫩平原掀起"红五月风暴"——朝阳山密营被袭，第三支队猝不及防——
诱敌出击，第三、九支队智取伪满"模范的克山县"——破敌追击，第三
支队攻袭霍龙门——辗转苦斗，第三支队退入苏联——小群平原游击战，
第六、九支队且战且走——打散重聚，第十二支队血战敖木台子——打
散再重聚，攻下肇源城——光荣的退却：第三路军大部入苏休整

冯仲云、张寿篯（李兆麟）组织第三路军改编支队

1940 年 3 月下旬，北满省委代表、抗联第三路军政治委员冯仲云在参
加伯力会议之后，于 1940 年 3 月 22 日率领随行小部队从伯力出发，横跨黑
龙江经黑河地区返回北满。原来预计 12 天可以到达北满第三路军总指挥部，
由于山中积雪没膝，背载过重，途中又两次遇敌，行动迟缓。冯仲云和随行
小部队忍受了数天的饥饿，克服了各种困难，走了 21 天，终于到达海伦地
区，在第三路军后方基地所在地南北河支流的木沟河地方，会见了北满省委
常委、第三路军总指挥张寿篯（李兆麟）。

4 月，东北抗日联军第三路军总指挥部，在一派春意盎然的嫩江支流木
沟河畔，召开了第三路军在龙北的第三、六军干部会议。出席会议的有第三
路军总指挥张寿篯（李兆麟）、政委冯仲云、第六军第三师师长王明贵、第

三军第八团政治部主任赵敬夫、第六军第一师代理师长陈绍宾、原下江特委书记高禹民、第六军第二团团长边凤祥、第九军第二师师长郭铁坚、第六军第二师十二团政治部主任王钧。

在这次会议上，冯仲云传达了伯力会议提出的中国共产党在东北的任务，即必须加强对东北抗日武装的领导，恢复和重建各地党组织，大力开展抗日救国运动，等等。特别是冯仲云从苏联带回的《论持久战》等毛泽东的著作，使第三路军全体指战员受到了很大的教育和鼓舞，全体指战员精神振奋，纷纷表示不论前进路上有多大困难，坚决抗战到底不动摇，不断扩大反日力量打击敌人，争取全国抗日战争的最后胜利。

中共北满省委常委张寿篯要求地方和第三路军的各级党组织召开党员大会，并吸收抗日积极分子，扩大抗日民族统一战线，集中财力、物力，积极支援抗联，打击敌人的薄弱环节，以胜利的军事活动，提高广大民众抗日救国的决心与信心。创造北满抗日救国的新局面。¹

会议决定，对第三路军部队进行整编，编为第三、六、九、十二共4个支队。在张寿篯、冯仲云主持下，抗联第三路军按照统一编制的原则，先后于四、五月间完成了龙北和龙南的第三、六、九、十二支队的改编工作。张寿篯作为第三路军主要负责人，积极贯彻执行了伯力会议关于改编部队、统一番号的决定。

根据会议精神，各支队的编制与活动区域重新进行划分：

第三支队，队长王明贵，政治委员赵敬夫，参谋长王钧，该部由第六军教导队、第六军第一师第一团、第六军第二师十二团、第六军第三师第八团、第三军第三师第七团组成，下辖第三、六两个大队、四个中队、八个小队，队员90人。该部以朝阳山为依托，活动在嫩江、讷河、德都、甘南、景星、巴彦、阿荣、布特哈等县旗。

第六支队，队长张光迪，政治委员于天放。该部由原第三军第二师、第十一军第一师组成。下辖第九、十二大队，队员90人。该部以绥棱、铁力山区为基地，左绥棱、海伦、明水、拜泉、绥化、兰西、通北、青冈等县活动。

第九支队　队长陈绍宾，政治委员高禹民，参谋长郭铁坚，副官长边凤祥。该部由原第六军第一师、第九军第二师部分队伍组成，下辖第十五、十八两个大队、四个中队、八个小队，队员 90 人。该部以南北河为后方基地，活动在北安、通北、克东、拜泉、克山、明水、甘南、阿荣各县旗。

第十二支队，队长李景荫（后为戴鸿宾），政治委员许亨植（兼）。该部由原第三军第一师组成，下辖第二十一、二十四两个大队，队员 90 人。该部以巴彦、木兰、东兴境内的安邦河两岸为基地，活动在铁力、庆安、巴彦、木兰、东兴、绥化、望奎、肇东、肇州、肇源各县。

第三路军所属各支队经过整编之后，认真总结了 1939 年在黑嫩平原作战的经验，采取大步前进，大步后退，声东击西，远距离奔袭等机动灵活的游击战术，积极开展抗日游击战争，取得了不少胜利。

敌情严峻，黑嫩平原掀起"红五月风暴"

1940 年，东北的抗日战争进入了最困难时期。同抗联第一、第二路军一样，抗联第三路军面临的敌情也是极其严重的。

第三路军西征的成功，使全军全部进入北满平原地区开展游击活动，虽然北满地区尚未像东南满和下江、绥宁地区那样实行"集团部落"制度，但是第三路军冲破重围进入北满腹地，不能不引起日伪当局的严重注意，这让日本侵略者对北满的法西斯血腥统治也日益加紧。他们大肆散发反苏反共传单、书报，甚至把每家的墙壁上都贴满了这类宣传品。

1940 年 10 月以后，除了在北满加紧实行保甲连坐制度外，日伪在全满还实行了统一的证明书制度。身份证除须贴照片外，还要印上个人的手纹。

同时，组织和强化了各县区的谍报网。敌伪统治的"模范县"德都、青冈、兰西、庆城等地，严令老百姓每两小时到警察署报告一次。一接到情报报告，"讨伐队"便立即出动。在夏季日伪强迫人民沿公路站岗，其距离在百里甚至数百里。强迫数百、数千人搜查高粱地，日伪军则坐在汽车上加以监视。在抗联经常活动的县区以及和山林接壤的地区开始加紧建立所谓"模范大屯"。在从汤原县、木兰、通河、东兴县开始，直到嫩江县北数千里的兴安岭与龙江省平原的毗邻地带建立大量的日本武装开拓团、日本青年义勇队训练所，以监视和防止抗日联军同人民群众相接触。

在交通方面，铁路与公路平行，公路工程和平原汽车路也已基本完成。凡属抗联经常出没的山林区域，或日本木业公司附近，都建有纵横交错的汽车路，增强了日伪军打击抗联的机动性。

同时，日伪军还强化了沿山警备线（封锁线），在沿山高地建有监视哨兵营，控制着抗联在山林与平原毗连地带的出入。日伪对广大人民的恐怖政策有增无减。不但城市侦探密布，广大乡村中木业、炭窑、工人区等都暗伏侦探，以监视抗联与群众接近。日本特务机关曾训练大批伪军退伍人员作侦探，分散在抗联活动地区或企图混入抗联施行里应外合之计，以便拐械、暗杀、组织叛乱等。发现与抗联有联系者则大肆杀戮，仅讷河县东部一个区，被杀害的普通老百姓就达 50 多人。

日伪军对抗联的"扫荡"不惜血本。第三路军每个支队所面临的日伪"讨伐队"至少在 800 至 1000 兵力，并以陆空配合。同时日伪还改变了"分区屯驻，分进合击"的"扫荡"战术，实行"集中主力，随时出动，各个击破"的战术，把"追逐主力部队为目标"，变为以"穷搜山林，打击领导机关"为目标。敌人的兵力和野蛮手段都大大超过 1939 年。1940 年春，敌人又调集了伪兴安骑兵团、伪森林警察队、伪军一个团、日军一个师团共 5000 余兵力"讨伐"北满第三路军各支队。

由于敌人的优势兵力和恶劣的自然环境，以及缺乏给养、弹药等许多困难，在频繁激烈的战斗中，我部队的损失相当严重，特别是一些高中级指挥员在战斗中牺牲。到1940年初，第三路军各部队仅剩500余人（其中中共正式党员120名，候补党员30名）。

尽管身处乱人的重重"围剿"与"讨伐"之中，1940年3月24日，中共北满省委仍发出开展"红五月"活动的通告，要求所属地方和军队党组织在五月份组织民众、军人或军民的纪念活动。所属队伍则根据当地实际情形尽量采取军事行动，如攻袭敌人城镇、防所、车站，破坏铁路、桥梁、电线，缴获轻重机枪、步枪、衣服、经费，发展队员，建立地方群众组织，发展新党员，召集纪念大会、军人大会，等等。特别指出北满各地的部队要在统一的计划下，按照规定"展开红五月比赛运动"。

所谓"红五月"，即五月的几个纪念日，分别为"五一"国际劳动者纪念日，"五四"中国新文化运动纪念日，"五五"世界革命鼻祖马克思诞生日，"五七""五九"中国人民反对日贼灭亡中国的二十一条及袁世凯卖国殃民的纪念日，"五卅"惨案纪念日。中共北满省委在通告中要求每个人都要在"红五月"竞赛中做出成绩，并且根据优劣施行赏罚。

"红五月"竞赛活动从4月13日起至6月7日结束。第三路军各支队都积极活动起来，投入到打击日本帝国主义者的竞赛活动中。

第三路军二支队三战三捷，首开"红五月"竞赛的胜仗。

第三支队改编完成后，即奔赴讷河、克山、嫩江、德都等县开辟抗日游击区，以朝阳山为后方基地。据侦察得知，在克山县境内的北兴镇（今属克山县），有一伙流氓、罪犯、大烟鬼组成的伪北安省警察"讨伐队"，以其射击准、马术好、道路熟、武器精的有利条件，多次袭击抗日部队。以前冯治纲和赵敬夫率领的第二支队在这一带活动时吃过他们的亏。

该股敌人的头目叫董连科，原为土匪头子，后来效忠日军。该部经日军挑选和训练，配备精良的武器装备与从各县征选的快马，组成了200名骑兵的"讨伐队"。该敌自恃地形熟枪法准，了解我抗联队伍的战术与习惯，气焰特别嚣张，多次叫嚣要专打抗联部队。1940 年 3 月间，董连科率"讨伐队"准备再次"讨伐"这一带的抗联部队。

第三支队决心在"红五月"活动中首先消灭这支"讨伐队"。在支队长王明贵、政委赵敬夫率领下，决定避开嫩江、讷河、克山、德都各县日伪军，采取调虎离山的办法，聚而歼之。

第三支队先以一支精悍小队诱敌，引狼出洞，有意让伪骑兵"讨伐队"发现行踪，敌人闻讯后，果然迅速从北兴镇驰出，寻踪尾追而来。第三支队的主力早在朝阳山地区选择有利地形严阵以待。当敌骑进入射程时，第三支队集中轻重武器开火，一时打得敌人晕头转向，夺路而逃。整个战斗约 20分钟，伪骑兵"讨伐队"伤亡惨重，董连科率残部败走。第三支队乘敌混乱之机撤出战斗。此次战斗不久，第三支队参谋长王钧率 80 余名战士，从阿荣旗返回朝阳山后方基地与支队长王明贵会合，第三支队战斗力有所加强。[2]

"讨伐队"不甘心，续行追击。第三支队在山中再次选择有利地形，打了第二次伏击战。敌人丢盔卸甲而逃。随后敌重新整顿队伍，继续在朝阳山里寻找第三支队决战。而第三支队诱敌小分队利用熟悉朝阳山区的有利条件，在山里与敌打转转，时隐时现，把敌人牢牢地拴在了山里出不来。

为打乱伪骑兵"讨伐队"的"讨伐"行动，第三支队决定奔袭敌留守处北兴镇。

3 月中旬一天夜 12 时左右，第三支队以迅雷不及掩耳之势奔袭北兴镇。攻城部队从北兴镇南城墙冲入，兵分两路，一路进攻留守处，一路进攻伪警察署。敌人突遭袭击，很快失去战斗能力。第三支队指战员利用这个机会，缴了伪森林警察队留守处、伪北兴警察署和伪自卫团的械，获步枪 30 余支，毙伪自卫团长。打开监狱，释放了被关押的数十名爱国志士和劳苦群众。

战斗历时半小时，第三支队无一伤亡，北兴镇的一伙民族败类死的死、伤的伤、逃的逃。战后，第三支队迅速撤出战斗。拂晓时敌人派出大批骑兵，并配合以飞机侦察轰炸，汽车前后堵截，但第三支队已迅速离开北兴镇，返回朝阳山区密营。**3**

接着，第三支队又乘胜出击，打了一系列的袭击战。

5 月 5 日，第三支队袭击了嫩江县沐河村，俘虏了当地伪森林警察 45 人。随后，第三支队神速转移到讷河县活动。5 月 13 日在该县湖山镇附近与伪军李同"讨伐队"遭遇。经过激战，敌溃乱逃跑，第三支队毙敌 7 名，伤 16 名，俘虏 3 名，缴步枪 2 支、子弹 700 余发及两大车给养。21 日，第三支队在嫩江县四站（塔溪）袭击了伪警察署、伪自卫团和伪军刘素"讨伐队"一个连，并将伪警察署、伪自卫团缴械，只有刘素"讨伐队"据垒顽抗。经 4 小时战斗，第三支队未能克敌，便主动撤离战斗。此次交战，毙伤敌 6 名，缴马枪 3 支、子弹 5000 发、战马 2 匹。**4**

5 月末，第三支队进行了"红五月"杀敌竞赛总结，当月第三支队共与日伪军警进行 3 次战斗，打死打伤敌人 29 名，俘敌 70 余名，缴三八式轻机枪 1 挺、手枪 4 支、步枪 60 余支、战马 2 匹和一些被服等。第三支队经过"红五月"竞赛的锻炼，政治军事素质有了很大提高，巩固了党在部队的领导地位，涌现出很多智勇双全的英雄人物，受到中共北满省委的表扬，被中共北满省委评为"红五月"杀敌竞赛第一优胜单位。

第三路军其余各支队在"红五月"活动中也都积极行动，英勇打击敌人。第六支队攻破了绥棱县瑞穗村日本移民团团部，袭击了铁力东部的圣浪站。第九支队先后与敌交战 5 次。第十二支队与敌交战 3 次。"红五月"的活动使第三路军各部队都得到发展，其中，第三支队发展较快，由原来的 200 人扩大到 300 人。

1940 年 9 月 10 日，中共北满省委对"红五月"纪念运动作了总结。总结认为，第三路军各支队在"红五月"纪念运动中，以胜利的军事行动震动了敌人的统治，摧毁敌军事与行政建筑，获得了很多胜利。同时，开展这一运动，使抗联第三路军更加团结与巩固起来，更加积极与统一化，使它在政治上、军事上建立了很大的威望。

总结宣布最后竞赛成绩：第三支队是在"红五月"纪念运动中第一胜利者，第六支队是第二胜利者。"红五月"运动对各支队起到很大鞭策鼓舞作用，为1940年黑嫩平原游击战开了一个好头。

朝阳山密营被袭，第三支队猝不及防

1940年夏，青纱帐起，又是一个打游击战的好时节。第三路军所属各支队在这样一个季节，绝对不会放过任何一个打击日寇的机会。他们向日伪展开新的攻势。日伪军调兵遣将，加强布防，由于力量对比悬殊，第三路军各支队活动区域的敌情愈加严重。但各支队不畏强敌，仍然坚持活动。

出没于讷河、嫩江、德都、朝阳山一带的第三支队，于6月6日袭击了嫩江县大横山日本开拓团建筑工地，活捉伊贺原、横山次郎等4名日本工头，缴枪4支，解放中国劳工167名。7月19日，第三支队袭击了黑（河）嫩（江）至德都公路沿线的双泉屯、科洛站。战斗中，第三支队用日语喊话交代我军俘虏政策，使4名负隅顽抗的日本武警放下武器。这次战斗缴获一台油印机、油墨和纸张。战后由政委赵敬夫亲自送到朝阳山第三路军总指挥部，并参加了抗联第三路军总指挥部总指挥张寿篯在朝阳山大横山举办的干部训练班。

不料，就在朝阳密营，第三支队遭到了日伪军的偷袭。

7月19日，日军渡边"讨伐队"和董连科率领的伪骑兵150余人，携轻重武器和迫击炮，分两路进入朝阳山，逼近第三路军总指挥部。

此时，在第三路军总部密营里，正在举办北满省委军政干部训练班。张兰生正给学员们讲授毛泽东的《论持久战》。总部机关和教导队当时只有24名指战员，撤退不及，被敌骑兵三面包围，形势极其危险。

指战员们提出"誓死保卫总指挥部"的战斗口号，连续打退5倍于我之敌的多次冲击。第三支队政治委员赵敬夫冒着敌人枪林弹雨，组织总部教导队掩护总指挥部三次突围，击毙伪警察大队长董连科以下10余名。但终因寡不敌众，部队只能迅速突出包围，退出密营。在激战中，赵敬夫和张兰生两位同志壮烈牺牲。

赵敬夫，原名白长岭，1916年生于桦川县悦来镇。1932年参加抗日救国斗争，1935年参加中国共产党，1938年7月任东北抗日联军第三军第七团政治部主任，1940年4月任东北抗日联军第三支队政治委员。赵敬夫性格刚强，襟怀坦白，有勇有谋，善于做思想政治工作，能够团结同志一道工作，他的牺牲是第三支队的重大损失。

张兰生，原名鲍巨魁，1909年出生，黑龙江呼兰人。1932年光荣地加入中国共产党，1934年2月受中共哈尔滨市委的派遣，赴珠河抗日游击根据地工作。1937年6月，张兰生被选为中共北满临时省委书记。张兰生生前曾立下"我的头颅，我的热血，是献给民族革命，是献给党的事业"的伟大誓言。张兰生用生命立起铮铮誓言！

密营被袭与战友的牺牲，激起了第三支队官兵杀敌报仇的意志。1940年夏，第三支队异常活跃，在支队长王明贵和参谋长王钧的带领下，8月8日攻打了讷河县讷河镇，8月15日攻袭了克山县通宽镇，8月20日袭击了讷河县拉哈镇，三次战斗均获胜利。这期间，第三支队还攻打了讷河县九井村、克山县蔡家窝堡等地的伪自卫团，并缴获步枪20多支，子弹2000多发。[5]

12月28日，东北抗日联军第三路军政治委员冯仲云率警卫团到朝阳山烈士牺牲地举行追悼会，并为烈士献了挽联。

诱敌出击，第三、九支队智取伪满"模范的克山县"

1940年"红五月"风暴兴起，以及随后三路军各支队的主动出击中所取得的一系列胜利，为第三路军第三支队在青纱帐放倒前攻取克山县奠定了胜利基础。

早在 1940 年 6 月，第三支队就已确定乘夏季青纱帐起的大好时机，以打击敌人最毒辣的保甲制度为主要目标，相机攻克克山县城。

当时，第三支队通过和讷河县南阳岗屯地下党员陈静山的关系，会见了中共讷河县委宣传部长方冰玉，并在玉海楼、魏汗子炭窑召开了军队和地方干部联席会，共同确定了攻打克山县城的方案。会后，地方党组织积极协助第三支队侦察克山县城的兵力部署、工事构筑和敌县公署、伪军团部、银行、监狱、武器库等情况。

克山县是北（安）齐（齐齐哈尔）铁路线上的重镇，地处平原，公路铁路四通八达。日伪军在克山对广大群众统治严酷，推行保甲制度、十家连坐制度颇为彻底。日伪对县城的防守也很严，绕县城挖了深 8 尺、宽 8 尺的壕沟，并筑有丈余高的城墙。城内县公署围墙高筑，电网、炮台、工事设施比较坚固。日伪宣称"铁打的满洲，模范的克山县"。**6**

第三支队攻打克山县城的作战动机是：震撼日伪的统治，给敌以教训。增强东北人民的抗战信心。如果把克山县打下来，就等于把"满洲国"的天捅了个大窟窿，让全国人民看看，"满洲国"不是铁打的，敌人的战略后方是不巩固的。

9 月初，第三支队已经得到地方党组织的敌情报告。县城西门外驻有伪军一个团，铁路车站驻有日本守备队百余人，伪警察训练队和警察 200 人，总兵力达千余人。在兵力配备上，城郊强而城内弱。城里的十字街中心设有炮台一座，敌人的武器库设在公署大院内。

第三支队指挥员经过周密研究确定：首先利用敌人在秋季青纱帐割倒之前阻我进山，消灭我军于平原地带的企图，实行调虎离山之计，派部分部队在克山与讷河交界地区频繁扰敌，摆出要进山过冬的姿态，以便把克山县日伪军主力引出，然后支队主力趁机突袭克山。

9 月 20 日，地方组织侦察员高木林按约定时间，来到部队送来准确情报：克山县伪军第二十二团已出发去朝阳山进行"讨伐"。城内只有日军守备队50名、伏军58名、伪警50名、自卫团40名。出县的敌人到处强迫沿路的老百姓割庄稼，企图尽快放倒青纱帐，以便对我抗联进行"围剿"。

敌已中计，我攻城时机已经成熟，事不宜迟，必须尽快行动。

第三路军总政委冯仲云决定第三、九支队共同攻打克山县。经过研究决定：第九支队攻打西门里的伪军团部，第三支队攻打伪县公署，另派中队长刘中孚带一个班袭击县银行。中队长修申带一个班阻击和牵制西大营伪军。另派一个机枪班攻占街中心的炮台。整个战斗指挥由第三支队长王明贵负责。

9月22日晚，两支队出发，昼伏夜出，25日黎明前到达了预定的隐蔽地点，随后就地在青纱帐里休整。这时整个部队距克山县只有七八里地。听着路边此起彼伏的人声、牲畜声，特别是日伪军部队的行军声，战士们都屏住呼吸，严阵以待。

黄昏时分，我地下情报人员来报：敌情没有任何变化，一切正常。听到这个消息，大家很快就换上了早已准备好的伪军军服。

9月25日，黄昏降临，部队从隐蔽地点出发了。行军不到一个小时，克山县的城墙便隐约可见。我军一律穿着伪军服装，前导打着伪军旗帜，成二路纵队扛着枪，迈着整齐的步伐，大模大样地从城西北角的缺口处进入城内。在街头上，没有人想到这支队伍是东北抗日联军的部队。于是，大家迅速沿着街道向正大街方向前进，冲向自己的战斗地点。部队走到北二道街十字路口，按原定战斗方案，第三、九支队分头行动，各自奔向自己的进攻目标。

第九支队在队长边凤祥和政委高禹民的率领下顺着大街奔向伪军团部。趁天黑顺利缴了敌哨兵的枪。

看到门前的伪军哨兵被解决，战士们犹如闪电一般，冲进伪军团部大院。此时，屋里的敌人正在闲聊。

　　面对这突如其来的情况，伪军一个个全都吓呆了。敌人万万没想到抗日联军能在这个时候攻打克山县城，毫无准备。就这样，第三支队顺利地缴了伪军团部和迫击炮连的械。

　　缴械结束后，边凤祥支队长立即命令指导员把伪军俘虏关押到一个屋里进行抗日宣传教育。同时，命令中队长冯魁打开仓库搬运武器弹药，把不能带走的枪全部破坏，机枪班的战士们利用伪军团部门口的工事架好两挺机枪，准备阻击进城增援的日本守备队。

　　第三支队第八大队中队长任德福带领机枪班向十字街中央炮台冲去，这时炮台门还开着，部队闯进去以迅雷不及掩耳之势缴了十多个伪军的械。接着，战士们冲上炮台顶部，架起了机关枪，做好了阻击敌人的准备。

　　与此同时，第三支队第七大队已经来到县公署。这时县公署前后大门都紧紧地关着，大墙有 7 尺多高，墙上插着玻璃碴子，还架设着电网，显然防御很坚固。部队来到墙根，一人蹬着另一个人的肩膀，利用人梯蹬到了墙上。用钳子剪断电网，然后架起机枪，准备掩护部队跳墙。

　　战士们迅速地翻过院墙。敌人发觉了，屋内的敌人开了枪，第三支队司务长临危不惧向敌人反击，但不幸中弹牺牲。这时，第七大队的机枪开了火，机枪打得敌人抬不起头来，手榴弹在敌人跟前爆炸。第七大队进攻迅速火力猛烈，经过 20 多分钟激战，第三支队全部占领了伪县公署。战斗结束后，王明贵带着人来到监狱，把监狱门全部打开，里面这些遭到日伪军警严刑拷打的群众，看到狱门被打开，心情激动不已。

　　此刻，激烈的枪声和手榴弹的爆炸声，犹如迅雷响彻在克山县城上空。日本参事官听到枪声，立即给日本守备队队长打电话，让他速来增援。西门外的日本守备队队长得知抗联攻城，命令日本守备队全副武装，头戴钢盔，分乘两辆汽车从西门进来。当敌人汽车行驶到离伪军团部只有 20 多米处，担负阻击任务的机枪班班长于德发指挥全班的机枪开始扫射，子弹像雨点似的射向敌人，首先打死了敌机枪射手，车上的日军也被打死很多。

敌人看到我军占着有利地形且枪打得又准，一时冲不上来，便且战且退至十字街炮台附近，又遭到埋伏在这里的任德福中队长指挥的机枪班阻击，又倒下一片。日本守备队长一看两次冲锋都冲不上去，带着残兵败将奔北二道街撤退了。

经过3个小时激战，攻打克山胜利了，攻防部队除娄司务长光荣牺牲和3人轻伤外，没有其他损失。而敌人则伤亡惨重，日本守备队增援的鬼子死伤过半，1名日本警正被击毙，伪警察死伤20多人，我俘虏伪军100多人，缴获迫击炮4门、步枪100多支、子弹数万发，击毁日本汽车3辆（其中小车1辆），战士们除带足了子弹外，其余全部炸毁了。从监狱解放出300多人，有100多人参军。战斗结束后，王明贵指挥部队迅速撤至城外张发屯，奔赴后方基地朝阳山。

攻占克山县是一次成功的破袭战，在军事上政治上都有重大意义。日伪政权对克山县统治很严，对县城的防守更是严密，工事也很坚固，加之日伪军武器精良弹药充足，以为抗联不敢也无法攻占克山县城，所以，敌人非常麻痹松懈。我抗联攻占县城虽然仅有几个小时，却产生了重大影响。在政治上，确实把"铁打的"伪"满洲国"捅了个大窟窿，把伪北安省的"模范县"砸个稀里哗啦，克山和黑嫩地区人民的爱国激情受到极大鼓舞，增强了抗战必胜的信心，它说明，中国人民永远不会屈服于日本殖民统治，伪"满洲国"政权并不巩固，"治安状态日趋良好"的神话不堪一击。[7] 在军事上，这次战斗按预定的作战计划完成了任务，显示了抗联军游击战术的强大威力。

破敌追击，第三支队攻袭霍龙门

1940年9月底，第三、九支队在克山县、德都县多次与日伪军遭遇，两支队且战且走。10月初，冯仲云调第九支队政委高禹民任第三支队政委，并召集两支队召开军政干部会议，决定第三、九支队分开行动。第九支队绕道返回南北河的第三路军总指挥部，第三支队西渡嫩江，直插大兴安岭西部的阿荣旗、布特哈旗、巴彦旗、甘南县、景星县等内蒙古地区，开辟游击区。

第三、九支队分手后，日伪军"讨伐队"追上第三支队。第三支队将计就计，收集许多柴草，燃起浓烟烈火，以引起敌人注意，然后绕到敌人背后，离开了朝阳山。为摆脱敌人追击，第三支队80余骑绕道北上奔赴大兴安岭山区。10月中旬，小兴安岭寒气逼人。身着单薄戎装的第三支队指战员很难抵御兴安岭的寒气。为解决部队过冬服装、粮食军需，第三支队又打响了攻袭霍龙门的战斗。

早在这一年春天，第三支队就得知霍龙门有个日本修筑的北黑铁路物资供应站，它的仓库里有炸药、汽油、被服和粮食。于是，支队决定到那里解决冬装和给养。

霍龙门位于嫩江北部，是当时北（安）黑（河）铁路线上的一个车站。这里设立的铁路总供应站，储备了大量武器、炸药、汽油、被服、粮食等物资。

第三支队经长途跋涉到达门鲁河边。王明贵与高禹民、王钧在门鲁河边的木耳营里共同研究了奔袭霍龙门的战斗准备工作，大家一致认为，如果这次奔袭霍龙门能够成功，就有可能实现总指挥部经过深谋远虑决定的西征大兴安岭的战略计划。本着孙子兵法"知己知彼，百战不殆"的作战原则，首先要做足情报侦察。在当地群众帮助下，他们很快摸清了日伪军在霍龙门的部署，支队领导人遂研究决定了攻袭霍龙门的战斗部署：

第一，九大队以一个中队40人的兵力、配备机枪两挺埋伏在日军兵营门外，占据有利地形，以交叉火力阻止日军出击；另一个中队负责收缴火车站伪警察的武装。第二，八大队全力缴伪军骑兵连的武器、装备和马匹。支队直属中队攻占铁路日本工程技术人员宿舍，烧毁房屋、仓库、马车队，给敌

以严重破坏。第三，各部在完成上述任务的同时，派出部分兵力，把敌仓库
的粮食、武器、弹药、冬装等物资尽量用马车拉走，剩余物资分给当地群众
或全部烧毁。第四，发起战斗时，各部要秘密、迅速接近敌人。如被敌哨兵
发现，便指定人员将其消灭，大部队立即发起冲锋，力争把敌人堵在营房
内。如敌不交枪则以手榴弹消灭之。完成战斗任务后，部队迅速沿车站大路
向北方撤退。[8]

13日夜，第三支队长王明贵与参谋长王钧率领支队骑兵部队趁朦胧月
色，迅速挺进到霍龙门附近。各部按指定地点将马匹隐蔽好，变骑兵为步
兵，分头奔赴进攻目标。

第八大队长徐宝和、指导员姚世同率队伍，最先摸到伪军骑兵连营房驻
地，被敌哨兵发现并鸣枪报警。冲锋队的战士们用两条毛毯搭在铁丝网上，
后面的队伍紧跟着全都冲入院内，以迅雷不及掩耳之势冲入屋内，伪骑兵连
官兵百余名乖乖成了俘虏。

与此同时，第七大队长白福厚、指导员迟万钧带队伍摸到霍龙门车站，
忽听第八大队那边打响，立即命令一中队冲入车站，将20余名警察全部缴
械。接着，命令中队长韩印堂率队埋伏在日军大营门前，阻止日军反扑。日
军一小队冲出，双方以机枪猛烈对射，打得难解难分，中队长韩印堂不幸牺
牲，几名战士负伤。白福厚指挥部队顽强回击，终将敌人顶了回去，争取了
宝贵的时间。[9]

战斗中，第三支队参谋长王钧带一个中队冲到车站北边的仓库里，在炭
窑工人的协助下，迅速抢运物资。日本侵略者的铁路供应总站成了抗联第三
支队的物资补给站。每个指战员都牵着两匹战马，马上和十几个大车上都驮
上了全新的军大衣、棉衣、皮鞋、皮帽、皮手套、毛毯和大米、白面、罐头
等给养。缴获的物资一部分分给炭窑工人和当地群众，一部分物资及弹药储
藏在人迹罕至的山野里，以备急需。

辗转苦斗，第三支队退入苏联

攻袭霍龙门后，第三支队以全部的骑兵装备来到嫩江边。时值深秋，霜重水寒，第三支队在一朝鲜族老乡的帮助下，乘木筏子顺利渡过嫩江，并在其帮助下缴取了嫩江沿岸的几个日本人经营的木业供应站，补充了给养。为避开敌机轰炸，第三支队加快行军速度，并在鄂伦春人高积善帮助下顺利地渡过甘河到达巴彦旗。在这一带，第三支队积极开展群众工作，宣传抗日救国，给当地蒙汉民族留下良好印象。**10**

11月初，由于日伪军调重兵轮流跟踪追击，企图阻止第三支队深入到阿荣旗、布特哈旗、甘南一带。为避免敌机轰炸，第三支队撤入山林隐蔽。敌骑兵仍穷追不舍，支队与其苦战数日，仍难以突破敌多道防线去平原活动。第三支队决定穿过科尔沁草原，以便与热河冀东的八路军李运昌部队会合，打通与中央的联系。于是，第三支队南进博克图，从敌人的薄弱环节杀开一条血路，迂回前进，沿途不断与敌交战，终于突破重围到达洮南、泰来等地活动，于11月下旬越过中东铁路到达阿荣旗境内，并返回大兴安岭南部山区。

12月1日，第三支队在鸡冠山附近屯中宿营时，由于汉奸告密遭日军偷袭，幸亏带班干部及时查岗，发现哨兵已死于血泊中，便立即鸣枪报警。战士们立即与日军展开肉搏，奋力反击，但因寡不敌众，迅速撤离战斗。政委高禹民、中队长刘中孚、战士冯振和、阎福等7人为掩护部队撤退英勇牺牲。第七大队指导员迟万钧、王耀军身负重伤。第三支队掩埋了烈士遗体后，回师北上，返回德都朝阳山，向总指挥部汇报挺进嫩江西岸，在大兴安岭战斗等情况。

第三支队为开辟新的抗日游击根据地，同敌人进行了艰苦卓绝的斗争，付出了很大代价，不得不决定返回后方基地朝阳山。这时，第三路军总指挥张寿篯、总政委冯仲云已去苏境伯力开会，朝阳山地方党组织和抗日团体先后遭到严重破坏。12月下旬，第三支队离开朝阳山到达嫩江县三站召开了支队党委会。党委会委员王钧、白福厚、徐宝和、高邦华出席了会议。大家在讨论中认为 第三支队进入大兴安岭地区后，与超过其数十倍之敌辗转苦斗两个月，减员三分之二以上，仅余 60 余人，其中尚有许多伤员。[11] 人无粮食，马无草料，子弹缺乏，伤员也急需治疗。全体党委委员一致同意，率队去苏联向总指挥部汇报，待补充修整后再重返大兴安岭开辟抗日游击区。

1941 年 1 月 6 日，第三支队从瑷珲县小五家子附近踏着黑龙江的坚冰，进入苏联境内休整。1941 年 2 月 26 日，第三支队经过短暂休整后，带着全副武装牵着战马，从苏联远东地区一个僻静的农庄出发，再次踏上归国抗战之路。

小群平原游击战，第六、九支队且战且走

活动在拜泉、明水、海伦、绥棱一带的抗联第三路军第六支队，在支队长张光迪、政委于天放率领下，坚持开展小群平原游击战。4 月 28 日，第六支队攻袭了绥棱瑞穗村日本移民团团部，毙伤敌 20 余名，缴获步枪 20 支、轻机枪 1 挺、子弹 7000 余发及许多服装、布匹。

5 月 20 日，又攻袭了铁力东部圣浪站之敌，占领了车站，俘铁路警察 5 人，缴获步枪 5 支、伪币 8000 元。

6 月 1 日，高吉贤率领第六支队 43 名战士在铁力东北一村屯夜袭日军守备队、伪警武装，击毙敌 70 余人，缴获轻机枪 1 挺、步枪 15 支。第六支队还在望奎县高贤村击溃伪海伦警察游击大队，生俘敌大队长王玉喜。

9 月，第三路军总指挥张寿篯（李兆麟）到通北县南北河召开了第六支队干部会议，讨论在海伦、绥化、兰西、青冈、明水、拜泉、呼兰、通北八县开展游击活动计划。随后第六支队返回海伦，开始筹集过冬物资给养。

9 月 12 日，第六支队从密营出大界至山边与敌遭遇。经半小时战斗，敌不支败走，第六支队亦退回密营。16 日，六支队袭击了张家湾附近高力工棚，获 5 人帐篷一顶，给养数斗，并于 17 日到达北满省委书记金策驻处，

商谈并了解总指挥部对第六支队的工作指示。在金策的指导下，支队当即召开了军政联席会议，讨论贯彻总指挥部对支队开展平原游击战总结的补充、后方工作以及军事活动等问题，表示完全赞成总指挥部的指示意见。不久，第六支队南进至庆（安）绥（化）等县，在该处三次征发粮食历时一个月，因民户较穷，粮食未得许多。其他服装、鞋袜、棉帽已准备完毕，第六支队以庆安、东兴为后方开展小群游击。

这年冬季，日伪军加紧对第六支队的"围剿"，队伍大量减员，活动十分困难，被迫转移到安庆地区山林与敌周旋。这年底，第六支队得知绥化东山大伊吉密河畔有日本测量队活动，决定对其实行突袭。

一天，副支队长高继贤在队内挑选基干队员20人，于晚9时出发，途中遇中国劳工，得知敌情已发生变化。原来在当晚6时，有近70余名日军和100多名伪军开到，并在当地驻扎。

高吉贤果断决定趁敌立足未稳之机实行突袭。部队分3组向预定目标挺进，一直摸到敌宿营的3个帐篷附近时，突袭队员步枪、机枪突然一齐开火，向敌扫射。敌猝不及防，鬼哭狼嚎。班长王玉发冲到敌帐跟前，一脚把帐篷踢个大窟窿，顺手把里面的歪把子机枪拖出，端起来就向敌人横扫，敌死伤累累。除逃跑伪军外，有8名伪军被俘。

高继贤从俘房口中得知，他们袭击的帐篷里是伪军，日军尚在离此不远的两个帐篷内，有80余人。在伪军遭突袭时，日军不明情况，未敢贸然出动。高继贤认为我军有机枪4挺，火力强，且天色黑，好打好散，有取胜把握。于是，立即指挥部队将日军帐篷包围起来，并集中火力猛烈扫射，日军拼死抵抗，哭喊声一片。这次突袭毙伤日伪军172人，俘8人。第六支队突袭队牺牲4人，受伤4人，缴获步枪100多支、子弹数千发。**12**

入冬后，第九支队长边凤祥率60余名指战员，避敌锐锋，向呼海路东部山区转移，并以此为依托活动在海伦、通北、北安、龙镇、克东、拜泉一带，不断骚扰沿山地带的日本移民团、日军监视哨、日本人经营的木业等。

由于日伪军加紧秋冬季"讨伐",第九支队又先后有20名战士牺牲,支队最后转移到通河一带坚持游击活动。

打散重聚,第十二支队血战敖木台子

第十二支队编成后,在支队长李景荫(后为戴鸿宾)、政委许亨植(兼)率领下,在龙南地区的木兰、庆城一带开展活动,一度很活跃。六七月间,支队开办干部训练班,为在青纱帐起后向南远征做好准备。

1940年夏,青纱帐起,正是开展平原游击战的好时机。8月9日,第十二支队在许亨植、戴鸿宾率领下,从安邦河后方基地出发,经巴彦、呼兰县境,然后在呼兰河乘船而下,在兰西登岸,越过滨州铁路线,途中曾与日伪军多次遭遇,支队且战且走。9月初,才到达肇州县东北部的丰乐镇,并从东门攻入该镇,毙伤日伪人员6名,俘伪军警官2名,缴获步枪27支、手枪4支、子弹2361发。他们还攻占了银行,获伪币15万元、鸦片2000斤、表43块,另有黄金三四斤。

18日,部队本拟攻打肇东县宋站警察署,因汉奸告密,被大批日伪军突然包围。第十二支队在突围作战中,支队政委许亨植与主力部队失去联系,自率十几名队员向庆城方向转移。主力在戴鸿宾支队长率领下向肇州移动。途中,戴鸿宾失踪,队伍失去指挥员。9月下旬,在地方党组织帮助下,支队把失散的队员70余人集合起来,在肇源县南五家召集党员干部会议,决定由徐泽民代理支队长,韩玉书代理政治部主任。

会上,第十二支队确定要攻打肇源县城,遂在肇源、肇州两县交界处隐蔽。

1940年9月底的一天,第十二支队经过整顿后,准备攻打肇源。部队由薄荷台出发,来到肇源县城附近敖木台两个屯子中间的一座小庙扎营。小庙南面和西南是松花江堤岸,江堤的南面是一莲花泡,敖木台每个屯子都有四五十户人家，第三、四大队和改编的义勇军驻东屯，第三、六大队和支队部驻西屯。

第二天上午9时，9个骑马的敌人突然闯进了第三、四大队驻地东屯。正好周小队长从屋内出来解手，发现敌人已经进屯，他立即拔出手枪一边鸣枪报警，一边向敌人射击。听到枪声，战士们纷纷冲出屋来投入战斗，一下就活捉了3个敌人，其中一个是日本参事官，后面跟随而来的二三十名伪警察吓得跑到江堤南面去了。

敖木台的枪声惊动了三站的敌人。上午10时过，有五六百名日伪军向第十二支队驻地扑来。不到1个小时，敌人又从哈尔滨方向开过来一支四五百人的日军快速部队。这样一来，第十二支队面临的敌人总数已达千余人，被敌从三面包围，情况十分危急。

敌人向东西敖木台两屯的我两个大队发起进攻。指战员们冒着密集的弹雨，依据院落、房屋、土岗进行着顽强的抵抗，敌人的数次冲锋都被战士们打退了。敌人又集中炮火向我猛烈轰击，刹那间屯子炮声隆隆，硝烟弥漫，房屋中弹起火，谷垛也浓烟四起，火光冲天，激战进行到傍晚时分。

天黑时分，第十二支队准备突围。但是，在敌人的疯狂进攻和炮火轰击下，支队伤亡惨重，战斗力大大减退，尽管战士们打得英勇顽强，但敌人还是逼了上来。几次突围都没能冲出去，被敌逼到堤坝跟前。

这时，敌人从三面往里进攻，战士们无路可撤。韩玉书命令从水泡子中蹚过去，大家一边蹚水过河一边还击。部队下水了，党委书记韩玉书仍留在堤上同机枪手一起阻击敌人，他是最后一个下水后撤的，就在这时一颗罪恶的子弹打中了他的头部，第十二支队优秀的抗联指挥员韩玉书英勇牺牲。同时，还有大队指导员吴世英和另两名大队领导王殿阁、关秀岩也献出了宝贵的生命。

敖木台战斗是东北抗联第三路军第十二支队在三肇地区活动期间打得最激烈、最残酷的一仗。支队官兵同兵力超过自己十余倍的强敌作战，四五十名同志倒下了。同志们不怕流血牺牲，英勇作战，表现出了我抗日联军与敌人血战到底的英雄气概，也使敌人付出了数倍于我的代价。后来据目击群众讲，敌人打扫战场时，仅尸体就拉出了好几辆汽车。[13]

打散再重聚，攻下肇源城

敖木台之战由于敌我兵力悬殊，第十二支队伤亡很大，队伍被打散后自行撤退。突围出来的16人有13人负伤。他们在张瑞颜、钮景芳带领下，艰难地撤到一块沼泽地里，在当地渔民刘凤林的掩护下，休养整顿一个多月时间。不久，地下党组织把失散在各村中的伤员设法保护起来，相互联络。代理支队长徐泽民还通过地方反日群众组织，动员青年农民参军。这样，支队又增至36人，力量得到加强。全队在徐泽民的带领下，继续在三肇地区活动。

10月下旬，第十二支队在三站石家粉房附近一个喇嘛庙里召开干部会议，决定联合当地义勇军艾青山部80余人共同行动。同时，联络肇源街内报馆、伪旗公署及退职警察中的爱国分子为内应，攻入肇源县城。

肇源县城是伪郭尔罗斯后旗公署所在地，驻有较多日伪军。但日伪当局以为抗联队伍已被完全消灭，其主力部队全部撤走。他们调驻日伪军和武装警察200余名驻县公署院内，以为可以高枕无忧了。11月5日，三肇地区日伪人员正在县城内召开所谓"剿匪祝捷大会"。除肇源、肇州、肇东3县的日军参事官、指导官参加外，伪滨江省哈尔滨第四军管区、铁路局也派代表参加大会，好不热闹。

11月6日，第十二支队和义勇军艾青山部计80余人经一夜行军，天亮前到达大拉嘎屯，并于8日晚11时半迎着刺骨寒风，急行军至县城附近，城内反日救国会的负责人王秉育（王秉育的公开身份是伪滨江省城哈尔滨《大公新报》肇源分社社长）等人前来接应，并向支队指挥员介绍了城内敌情。

指挥员再次审定了作战计划后，便开始行动，从县城西南角分兵摸进城，直捣县公署。敌哨兵发现情况欲报警时，被冲锋队员捆绑起来，我军逼迫伪警察全部缴械。随后打开仓库，迅速搬运各种武器弹药和军需品。打开监狱，释放了100多名被日伪关押的群众。此次战斗共打死日本警务股长以下日伪警察9人，俘虏116名武装军警，缴获轻机枪5挺、八二式迫击炮3门、长短枪300余支、子弹2万余发、伪币12000元、战马70余匹、军毯100多条、伪警服装几十套以及其他许多军用食品和物资，共装满1辆汽车和2辆胶轮车。**14**

第二天清早，肇源县城群众个个喜气洋洋，欢庆抗联的胜利。第十二支队在十字街召开群众大会，向他们散发抗日传单、进行讲演，揭露日伪制造抗联队伍已被全歼的谎言。当即有100多名青年参加抗联队伍。这样，第十二支队已有骑兵队140余人、步兵30余人。战士们一律穿着崭新服装，背着大枪，各携子弹两袋，乘战马一匹，个个精神抖擞，喜笑颜开。会后，第十二支队带着缴获的战利品，唱着歌撤离了肇源县城。

攻袭肇源县城的战斗，是在日伪当局自以为其统治已相当巩固的情况下进行的，是抗联第三路军进入极其艰苦斗争时期继攻打讷河、克山之后攻袭县城的又一重要胜利。这一胜利鼓舞了北满人民的抗日热情。事后，敌人在"匪情报告"里称我攻城部队"动作迅速""战术巧妙"，承认伪守备队"力量薄弱，必然失败"。

第十二支队在攻袭肇源县城之后，更主动地连续出击。11月9日，第十二支队在袭击头台镇时，烧毁警察分驻所一处，解除15名伪警察武装。当晚，部队在杨木窝堡重新整顿了队伍，编成3个大队，计170余人。10日中午，第十二支队与日伪"讨伐队"发生遭遇战，战斗中新编的第三大队艾青山部与支队失去联系，18日在肇州西阳区与艾青山部会合。此后，第十二支队转战于三肇地区与日伪军发生战斗四五十次，攻克头台镇、三站、托古、古龙等日伪据点。还攻打孤鲁站镇、安达杏树冈日本开拓团、泰来县五棵树镇、抗左林等十余座城镇，队伍曾发展到200余人。第十二支队在三肇地区的活动传开后，哈尔滨王岗伪飞行大队80余名士兵受其影响曾举行抗日反满暴动。

这年 12 月，日伪滨江省把肇东、肇州、安达、郭尔罗斯后旗（肇源）三县一旗作为"治安肃正"重点地区，制定了"冬季三肇地区治安肃正计划"，组成了以第四军管区为主，有伪治安部和伪滨江省警务厅、协和会指导科伪官佐参加的治安工作指导部，并派遣日军子安部队、伪军刘兴部队、伪警察队、宣抚工作委员会组成"讨伐队"，彻底"讨伐"抗联，并对抗日群众进行大逮捕、大屠杀，制造了骇人听闻的"三肇惨案"，地下党组织也遭到破坏。

第十二支队西有嫩江、南有松花江、东有呼兰河之阻隔，北面又有敌人防守严密的中东铁路，处境相当危险，已不便继续孤军深入在平原地区坚持作战。根据第三路军总指挥张寿篯的指示，第十二支队转战呼兰、双城等地，返回庆城、铁力南山里南安邦河上游地区，于 1941 年 2 月找到第三路军总指挥部，后在北满省委书记金策和抗联第三路军总参谋长许亨植领导下继续坚持斗争。

光荣的退却：第三路军大部入苏休整

1940 年是东北抗日游击战争最为困难的一年，从全局看正值低潮阶段。但第三路军第三、六、九、十二支队以朝阳山和绥化以东的山区为依托，活跃在黑龙江省的 18 个县境。在这广大区域内，第三路军在日伪军的疯狂"讨伐""扫荡"之下，广泛地开展了黑嫩平原游击战争。据不完全统计，在一年的游击战争中，各支队采取灵活机动游击战术，以突然袭击和埋伏阻截等方法，接连攻破了克山、拉哈、讷南、通宽等一些中心城镇，先后攻打了"集团部落"、伪警察署、日本开拓团等 30 多处，突袭日伪军 20 余次，缴获一大批枪支弹药和其他物资。

第三路军在 1940 年游击战中，由于部队纪律严明，注意维护群众利益，因而得到了广大群众的支持和拥护。入冬以后，由于条件困难，各支队遭受挫折，但却在这一带扩大了党和抗联的政治影响，增强了人民群众抗日斗争必胜的信念和希望。

第三路军各支队在 1940 年的平原游击战中取得了相当成绩，部队深入敌人腹地在嫩江平原游击作战，支援了全国抗战，牵制了敌人的兵力。第六支队政委于天放在 1940 年 10 月 22 日撰写的《龙江平原游击的感想谈》中指出：以第六支队一部为例，我们以不到 50 人的小部队竟牵制了数百名至千名日伪军。日伪当局曾动员 10 余县兵力对付抗联第六支队，甚至不得不把在沿山一带警备的军队调到平原方面来，从而分散了敌人兵力，使敌人兵力不足这一弱点更为突出。**15**

第三路军总指挥部曾把 1939 年一年同 1940 年头 4 个月的战斗情况做了比较，清楚地表明，由于敌我力量对比极为悬殊，整个东北的抗日武装局面日益恶化，在这种大环境下，尽管第三路军在 1940 年战斗次数增加，战果却相对减少，损失大大增加。

1939 年与 1940 年头 4 个月的比较表 16

细目	1939 年	1940 年
战斗次数	40 次	45 次
胜利次数	20 次	15 次
获敌武器数目	步枪手枪共 500 支 轻机枪 5 架	步枪手枪 200 支 轻机枪 1 架
获敌弹药数目	50000 发	12700 发
俘敌官兵数目	428 人	70 人
敌方死亡数目	150 人	300 人
我方死亡数目	死 68 人 逃 70 人	死 30 人 逃 200 人
我方损失武器数目	步枪手枪 90 支 轻机枪 2 架	步枪手枪 196 支 轻机枪 2 架

1941年，抗联第三路军第三、六、九、十二支队一直活动在大兴安岭和嫩江平原一带，同年秋各部开始过境入苏。

第三路军总指挥张寿篯率总指挥部于11月在萝北一带过境。

第三路军政委冯仲云、中共北满省委书记金策，于12月初率领去伯力接受训练的学员及九支队共20余人，在逊克县境渡黑龙江过境。

第三支队于1941年1月在瑷珲大五家子渡江过境。1941年2月26日，第三支队经过短暂休整后归国再战。1942年2月初，第三支队在敌人的"讨伐"尾追之下，全队仅剩12名队员，处在极端危急状态，于2月26日通过乌云的哈望达再次进入苏联境内。

第九支队在1941年的游击活动中，全队只剩6名共产党员。他们在群众掩护下突破敌人封锁，于1942年10月在黑龙江沿岸红毛鸡村附近进入苏联境内。

第六支队于1941年12月在黑河一带进入苏联境内。

第三路军只有第十二支队未过境入苏。

包括第三路军在内的所有过境的抗联队伍，都到达苏联境内的抗联野营，开始集中整训，从而揭开东北抗联教导旅的新篇章！

注　释

1. 高树桥：《东北抗日联军后期斗争史》，白山出版社1993年版，第102页。
2. 《东北抗日联军斗争史》编写组：《东北抗日联军斗争史》，人民出版社1991年版，第426页。
3. 《东北抗日联军斗争史》编写组：《东北抗日联军斗争史》，人民出版社1991年版，第426页。
4. 高树桥：《东北抗日联军后期斗争史》，白山出版社1993年版，第109页。
5. 《东北抗日联军史》编写组：《东北抗日联军史》（下），中共党史出版社2015年版，第901页。
6. 高树桥：《东北抗日联军后期斗争史》，白山出版社1993年版，第113页。

7. 中国人民解放军历史资料丛书编审委员会编:《东北抗日联军·大事记·回忆史料·参考资料》,白山出版社 2011 年版,第 323 页。

8. 王明贵:《踏破兴安万重山》,黑龙江人民出版社 1988 年版,第 150 页。

9. 高树桥:《东北抗日联军后期斗争史》,白山出版社 1993 年版,第 117 页。

10.《东北抗日联军史》编写组:《东北抗日联军史》(下),中共党史出版社 2015 年版,第 904 页。

11.《东北抗日联军史》编写组:《东北抗日联军史》(下),中共党史出版社 2015 年版,第 905 页。

12. 高树桥:《东北抗日联军后期斗争史》,白山出版社 1993 年版,第 121 页。

13. 中国人民解放军历史资料丛书编审委员会编:《东北抗日联军·大事记·回忆史料·参考资料》,白山出版社 2011 年版,第 348 页。

14.《东北抗日联军史》编写组:《东北抗日联军史》(下),中共党史出版社 2015 年版,第 920 页。

15. 高树桥:《东北抗日联军后期斗争史》,白山出版社 1993 年版,第 128 页。

16. 高树桥:《东北抗日联军后期斗争史》,白山出版社 1993 年版,第 134 页。

退却是为了更好地反攻！

1936 年 12 月，延安。毛泽东利用长征胜利结束后难得的空余时间，静心撰写了军事经典名著《中国革命战争的战略问题》。这篇名著是毛泽东为总结第二次国内革命战争的经验而写的，并在陕北的红军大学作过讲演。

如果历史场景可以重构，1936 年这一年，几千公里之远的白山黑水间，因敌情极为严峻，东北抗联各军陆续开始西征。如果抗联将士们能够在西征转战中读到《中国革命战争的战略问题》的话，将会更加心明眼亮和豁然开朗。因为毛泽东在这篇名著中专门谈了"战略退却"的问题，指出："战略退却，是劣势军队处在优势军队进攻面前，因为顾到不能迅速地击破其进攻，为了保存军力，待机破敌，而采取的一个有计划的战略步骤。"[1]

如果历史时空可以穿越，4 年后，即 1940 年底以后，因遭受严重损失而不得不退入苏联境内的东北抗联将士们，如果能读到《中国革命战争的战略问题》这部名著，将会更加激昂振奋并对未来充满期待。因为毛泽东指出，"战略退却的目的是为了保存军力，准备反攻"[2]，因为毛泽东接着还指出，"准备反攻，须选择和造成有利于我不利于敌的若干条件，使敌我力量对比发生变化，然后进入反攻阶段"[3]。

虽然历史场景不能重构，历史时空不可穿越，但对党无比忠诚、对民族无限热爱的东北抗联将士们却用战斗的行动，生动诠释了毛泽东思想的真理之光。尽管西征转战屡屡受挫，但是抗联将士们为党打开东北抗日斗争新天地、开创新局面的使命担当不衰减。退入苏境不是为了逃离战场以求得个人的生命安全，而是为了保存党的抗日武装力量，为了未来重返祖国狠狠打击并最终驱逐日寇创造有利条件。

1940年冬以后，苏联境内的海参崴和伯力城附近，在两处人烟稀少的密林中，东北抗联将士们以高涨的热情和全部的精力展开野营整训。从此，东北抗日联军揭开了东北抗联教导旅的发展新篇章！

在野营里，东北抗联将士们不仅自己动手盖营房建设施，还要从事生产劳动以做到丰衣足食。他们不仅严格按照党的组织原则，建立完善野营部队党的各级领导；而且自觉加强党性锻造，学政治理论、学党史，学习毛泽东思想，时刻关注世界反法西斯战争和中国全民族抗战的形势变化，把能收集到的有限的党的著作、文件、讲话、《新华日报》等，当作部队政治思想教育的必修课和精神食粮。他们不仅要学射击、学刺杀、学爆破、学游泳、学滑雪、学伞降，不断提高单兵战斗技能；还要学习连以下的攻防战术和野营训练等行军打仗勤务，开展班、排相互竞赛，定期评比。1944年冬季，抗联将士们组织了步兵营进攻和步兵连防御的实战对抗演习，这在中国革命战争年代、在人民军队的军事训练史上都是罕见的。

野营政治军事整训日复一日，年复一年，5年的厉兵秣马，从密林中走出了一支对党忠诚、装备精良、训练有素的东北抗日联军教导旅！这支部队有着苏联远东红旗军独立步兵第八十八旅（对外番号是八九六一步兵特别旅）的正式番号，但骨子里始终保持着中国共产党领导的人民军队的一切性质，坚决维护党的利益，坚决执行党的路线，坚决完成党的任务！

1945年8月9日，苏军向盘踞东北的日本关东军发起全线进攻，东北抗日联军教导旅先遣部队配合苏军进攻作战，重返东北抗日战场。8月15日，日本帝国主义宣布无条件投降。9月6日至9日，东北抗联教导旅主力先后分10批从伯力乘飞机和火车，抢占东北57个大、中、小城市等战略要点。在东北光复之初的复杂环境中，东北抗联教导旅巧妙利用自身特殊身份，在57个战略要点上卓有成效地开展建党、建军和建政工作，为中国共产党及其领导的八路军、新四军一部挺进东北赢得宝贵时间，作出了战略性贡献！

1945 年 10 月 20 日，沈阳。中共东北党委员会负责人、东北抗联教导旅党委书记兼旅长周保中，庄重地向中共中央东北局书记彭真汇报工作，同时把中共东北党委员会的全部关系及党费、档案，以及各个战略要点上的人员名单等移交给中共东北局。东北局领导肯定并且接受了中共东北党委员会转交的组织关系，宣布东北党委员会已经胜利完成了它的历史使命。从此，多年来失去党中央领导指挥的东北抗联犹如漂泊赤子，重新回到党的怀抱！

1945 年 11 月 3 日，党中央决定组成东北人民自治军，由东北抗日联军扩编起来的东北人民自卫军同挺进东北的八路军、新四军一起，改编为东北人民自治军。从此，东北抗日联军完成了它的全部光荣历史使命，汇入到人民军队的浩浩大军中，投入到即将到来的全国解放战争的历史洪流中！

让我们重新回到 1945 年 10 月 20 日这一天，东北抗联的将士们被鼓舞被激励。中共东北局领导同志对抗联的英勇斗争和功绩给予了充分肯定，认为东北抗日联军的 14 年游击战争，也像二万五千里长征和江南三年游击战争一样艰苦卓绝，可歌可泣！

历史将会永远铭记东北抗日联军为东北的解放，为中华民族的解放所建树的光辉业绩！忠诚于党的坚定信念、勇赴国难的民族大义、血战到底的英雄气概东北抗联精神是中国共产党人精神谱系的重要组成，将永远激励与支撑中华民族实现伟大复兴！

注 释

1.《毛泽东军事文集》第一卷，军事科学出版社、中央文献出版社 1993 年版，第 723 页。

2.《毛泽东军事文集》第一卷，军事科学出版社、中央文献出版社 1993 年版，第 727 页。

3.《毛泽东军事文集》第一卷，军事科学出版社、中央文献出版社 1993 年版，第 727 页。

第 十 九 章

移师苏联　东北抗联密林中厉兵秣马

第二次伯力会议前，苏联远东军王新林通知中共代表将参会——坚持独立自主，周保中上书抗争赢尊重——进驻南北野营，抗联首次有了新营房——周保中巡视抗联南野营——抗联整装待发，返国作战突然被叫停——学军事，"操场课堂就是我们目前的战场"——掌握最现代作战技能——学政治，抗联每个连队俱乐部都挂着手绘的毛泽东画像——扫文盲学外语，抗联成为有文化的部队——自己动手，改善供给——抗联对苏军的合作与抗争——东北抗联改编为苏联远东红旗军独立第八十八旅——中共东北党组织特别支部局（东北党委员会）成立

第二次伯力会议前，苏联远东军王新林通知中共代表将参会

1940 年是东北抗联斗争形势最为困难的一年。尽管抗联各路军与广大官兵克服险恶环境带来的重重困难，想尽一切办法与凶残的日寇战斗，但抗联面临的严重困难局面还得不到根本扭转。

首先，抗联同党中央的联系仍然没有接通。东北党组织和抗联部队的统一领导、统一指挥问题还没有得到解决。

1940 年 4 月，抗联第一路军副总司令魏拯民在牺牲前撰写的《致中共中央代表团报告》中说："从 1934 年中央红军开始长征至今，东北党组织、东北抗联与中共中央的联系一直中断。自 1935 年七次代表大会（指共产国际第七次代表大会）以后……就完全断绝了中央与北满的关系，因而也就得

不到中央的具体指示与中央所发行的文件与通讯，即对一般群众所发行的书籍报纸等亦见不着迹影。我们有（注：原文如此）如在大海中失去了舵手的小舟，有如双目失明的孩提，东碰西撞，不知所从。当目前伟大的革命浪潮汹涌澎湃之际，我们却似入于铜墙铁壁中，四面不通消息，长期闷在鼓中，总听不到各处革命凯歌之声。……我们终日所希望的，就是不要再度长期中断了联络。我们很忧虑，万一再度长期断决了这种联络时，不知将来更要遭到怎样严重的后果呢？"**1** 魏拯民在该报告中一上来就谈出的感想，代表整个东北抗联党组织和广大官兵的共同心声。

其次，抗联各路军的处境十分艰险。

第一路军被隔绝在东南满。第一次伯力会议也就是吉东、北满省委代表联席会议召开后，第一路军主要领导还不知道会议的精神。1940 年 4 月，抗联第一路军副总司令魏拯民在《致中共中央代表团报告》中说："我军全体干部和部队都自始至终发挥了英勇的精神，与敌战斗的次数亦相当的增多，打击了敌人讨伐……由于敌人完成了集团部落，就造成我军粮食、物质上的很多困难，因而队内物质生活就逐日恶化下去。再加之斗争更趋于尖锐，干部与部队均感缺乏。同时队内携械叛变事件也不断地发生。"**2** 在杨靖宇、魏拯民相继牺牲后，第一路军濒于解体，余部相继越界入苏休整。

第二军在周保中指挥下，在 1940 年夏秋季攻势中虽然取得了一些胜利，但面对冬季来临和日寇的持续"讨伐"，周保中预想到了最困难局面的到来。在 1940 年 9 月 11 日的日记中，他写道："预想今后若无意外之有利条件直接影响我方，则我下江方面，欲紧握完达山脉之倚据，而能免于重大之损失，对敌作持续有力之抗争，实有困难。换言之，游击队现有实力之保存，乃成为重大问题。"**3** 第二路军在周保中指挥下，在 1940 年夏秋季攻势中虽然取得了一些胜利，如夺得轻重机枪 10 余挺，毙敌三四百名，但是三江抗日斗争形势进一步恶化。3 月，周保中在《吉东党的第二路军总部召开现地党干部会记录》中这样写道："及至降雪后，在敌人的压迫下，又增加了天然的困难条件，使第二支队在行动上处于被动地位，转入恶劣状态。更由于各方各部门工作任务之未得全部完成及部分被破坏，使得对活动队给养供给缺乏，又遭受到疲劳与饥饿的胁迫……使得冬季遭受了严重的损失。"[4] 1940 年 10 月末，周保中率第二路军直属部队从虎林过乌苏里江进入苏境。第二路军第二支队由于密营被敌破坏，所有粮食物资尽皆丧失，被迫于 12 月在饶河过乌苏里江到达苏联的比金。11 月，第二路军第五军政委兼绥宁敦延区政务特派员季青率军部教导团第四连，与柴世荣所率第五军一部在杨木桥子西南 12 公里的大寒葱河附近休息时遭敌袭击。柴世荣在战斗之后与队伍失去联系，率少部人员越界入苏，季青率部转移至珲春、汪清一带活动。1941 年 1 月，第二路军第十军在军长汪雅臣光荣殉国后，第十军余部冲出重围后继续在拉林河上游山区坚持抗日斗争。至此，第二路军主力或散或退入苏联。

第三路军在 1940 年黑嫩平原的游击战争中取得胜利，成绩是突出的，但也遭到了敌人的疯狂"讨伐"。张寿篯（李兆麟）在报告中说："总之敌人不断地对三路军的进攻，显然是没有得到结果，但是我军的损失也是特别惊人，伤亡减员和非战斗的减员为二百人。这是说在四〇年冬期'讨伐'中，三路军的总的数量是减少半数以上。"[5]

正是在这种困难而复杂的情况下，东北抗联将士迫切要求与党中央取得联系，而研究和解决抗联队伍的一些重大问题又是当务之急，为此各省委和抗联各部领导人，都怀着十分迫切的心情，盼望能够在苏联方面的帮助下与党中央取得联系。然而，由于种种复杂的原因，东北抗联始终未能与党中央取得直接联系。

即便如此，东北抗联的领导者们仍然为此不懈地努力着。第一次伯力会议的召开，抗联与苏联远东军方面达成了相互协作、相互配合的战斗关系后，从 1940 年 3 月到 10 月，中共北满省委曾六次向党中央报告北满党和部队的工作情况，迫切希望得到中央的指示，以便在党中央的正确路线下确定新时期的工作。

中共吉东省委负责人周保中除了多次向中共中央写报告信外，一再向远东军方面呼吁，请他们协助同中共中央取得联系。周保中甚至表示："可以采取一些特殊办法，比如让苏联方面以'遣送越境犯、政治犯'的名义，把抗联的联络员经过伊尔库次克，转入到中国新疆省，向陕西延安中共中央所在地去。"[6] 周保中所说的特殊办法即越境犯、政治犯办法，是希望苏联方面为抗联提供同中共中央取得联系的办法。所谓越境犯、政治犯办法，意思是说，如果苏联方面担心由于他们为抗联提供方便而引起边境事件，那么则可以采取另一种办法，即用政治犯名义将其"驱逐"出境或使其"非法"越境。

然而，事实上，苏联方面从未答复过东北抗联的这种请求。

多次的努力失败后，苏联远东军方面从未向抗联领导同志做过任何说明与解释。时间一久，东北抗联的同志们心生疑虑：是党中央把这些长期坚持艰苦奋战的优秀儿女丢下不管了，还是远东军在这个问题上另有想法。这一直使抗联领导干部们深感迷惑。因为从当时的情况出发，由苏联出面沟通东北抗联与党中央的联系并非多么困难的事情。

很快，这个难解之谜在第二次伯力会议上露出了端倪。远东军王新林（化名）通知：中共代表将到达远东。

1940 年 9 月 28 日，中共吉东省委和第二路军负责人周保中收到来自苏联的一条振奋人心的通知。

通知内容让周保中激动不已："在本年十二月初中共代表就可来到而召集党工作人员会议，所以在十二月前一切军事领导者、军事委员和党书记要达到此地。同时把你们所选择的干部带来，设（如）军事领导者和政治委员没有机会来时，那么则派其代理人来参加会议，在此会上一定有您方二人至三人参加。"[7]

王新林的这个通知还同时发给第一路军杨靖宇、魏拯民，第二路军赵尚志、王效明，第三路军张寿篯、冯仲云，第五军柴世荣、季青。

9月30日，苏联再次发来通知："在今年十二月将要召集党和游击队之干部会议。在此会议上并有中共代表参加。所以应在此会议上来解决党组织和目前的游击运动之一切问题。"**8**

10月14日，王新林在给周保中的电报中重申了这个问题，并说明"在这个会议上必须解决都是最要紧的问题"。同时请他们选择15—20名指挥员和政治干部同时带到伯力接受训练。**9**

王新林，是俄语名字"瓦西里"的中文音译代号，由首位担任抗联联络官的苏军校级军官使用，后来成为苏军联络官的通用代称。据有关研究资料显示，首任"王新林"军衔为内务部旅级指挥官，1941年因与抗联领导层发生分歧被撤职。继任"王新林"为索尔金少将，仍被抗联同志称为"王新林"，后续多名苏军远东军情报部门负责人均沿用此代号。

所有的抗联领导干部，都把这次通知当作特大喜讯。王效明后来在《东北抗联领导干部会议追记》中这样写道："接到通知后，我高兴的心情无法用语言来表达。……几年来，我们是在失去与党中央的直接领导下坚持奋战的，好像是一个失去母亲的孤儿，在那艰苦的岁月里，有多少个不眠之夜，我们都是在对党中央、毛主席的思念中度过的；又有多少次的梦乡，我们是从回到党中央怀抱的喜庆中惊醒的。这次党中央将派代表来参加会议，我们能亲耳聆听党中央的声音，怎么能不使人兴奋哪！"**10**

抗联领导干部都是怀着这种心情陆续进入苏境的。从11月到12月初，抗联各部领导人先后到达伯力，等候中共中央代表的到来。他们包括：第二路军总指挥周保中、副总指挥赵尚志、参谋长崔石泉，第三路军总指挥张寿篯、政委冯仲云、中共北满省委书记金策，第二路军第五军政委季青、第五军军长柴世荣及所率第五军人员一部，第一路军金日成、安吉，第二路军第二支队及第三路军第三支队等先后从东北各地率队进入苏境。领导干部所率领的队伍留在雅斯克村附近进行临时驻屯。

然而，令人感到不可思议的是，对先后到达苏境的抗联各部领导干部，远东军方面却安排他们分散住宿，使他们彼此不通消息。1940年11月初，率第二路军总部第一个进入苏境的周保中，对陆续到达的抗联各部领导干部的情况一无所知。同样，已经到达苏境的抗联其他领导同志对抗联各部其他领导同志的情况也是一无所知。11月底，已经到达伯力的第五军政委季青在城内偶然遇上了周保中的副官乔树贵，远东军方面对他们的隔离政策才被打破。在周保中的要求下，从12月初起，抗联各部领导干部才得以会集在一起。

坚持独立自主，周保中上书抗争赢尊重

1940年12月1日，周保中、冯仲云、张寿篯、金日成、崔庸健等多位抗联将领到达伯力城郊白桦别墅。

白桦别墅依旧寂静地耸立在肃穆的白桦林中。蓝天白云，苍劲挺拔的白桦林，是远东特有的山野景象。

这些天，抗联将领们的心无时无刻不在牵挂着留在东北的抗联官兵们，也渴望早日取得党中央的指示，迅速回到东北战场狠狠地打击日寇。然而，抗联将领们到齐之后，仍不见中共中央代表到会。

周保中一直焦急地等待着中共中央代表的早日到来。烦躁的时候，他在屋里踱来踱去，沉默不语。实在是闷得不行，他便走出屋门，望着远处的白桦林久久不出声，陷入长长的思考当中。此次会议会有一个什么样的结果呢？周保中联想起不久前在一次双边会议上，远东军方面曾谈到抗联的领导关系问题：他们提出抗联应该归联共领导，因为我们同是共产党大家庭的兄弟，抗联目前又面临绝境，这样做是唯一出路。周保中当场驳回了这个提议。因为这个提议实际上是要取消中国共产党对抗日联军的领导权和指挥权。既然这次会议将有东北抗联企盼已久的中共中央代表参加，那就决不允许有损于中国共产党和抗日联军利益、尊严的事情发生。

想到苏联远东军的这个"提议",周保中感到阵阵隐忧,也不知这次这个会能开成什么样?党中央的代表何时能来呢?

时间在百无聊赖的等待中一天天地过去了。12月7日,周保中再次询问苏方:"中共代表何时到会?"拖至12月16日,王新林通知周保中:中共中央代表不能前来参加会议。这一反常情况引起了抗联将领们的深思、疑虑和不安。他们决定继续交涉。

在王新林避而不见的情况下,12月20日,周保中、张寿篯写信向苏方正式声明:"依照你的通知,中共中央代表如果来参加会议的话,那么我们东北游击运动与苏联远东军的工作联系,应由中共中央代表和你来共同确切规定新的方针。现在既已经没有中共代表参加,继续执行你给我们的'三月十九日提纲'的原则指示。就这样,也只有我们东北党组织领导继续讨论这问题而加以批准才行。"**11**信中再次要求苏方代为接通中共中央与东北党组织的联系。

在无法按原计划召开联席会议的情况下,从1940年12月下旬开始到1941年1月上旬,东北抗联将领们在伯力城多次召开会议,深入讨论了东北党组织的集中统一和东北游击运动的方针政策问题,选举周保中、魏拯民、金策为东北抗联中共代表,临时机关设在伯力。

1941年3月19日,会议进入第二阶段的一天,苏联联共远东边疆委员会书记伊万诺夫、远东军代理总司令那尔马西、远东军内务部长王新林以及哈巴罗夫斯克、乌苏里斯克(双城子)驻军负责人**12**等前来参会,主要解决苏联远东党和军队对东北抗联建立临时指导关系的问题。

果然,在会上,苏方人员再次提出了"新建议":"同志们,国际主义和世界反法西斯的斗争和对日作战具有一致性,我认为东北抗联已没有必要保持原来的系统,可以把中共东北党组织和东北抗日联军按地区分属到苏联远东边防军的各军分区,由王新林来担任东北抗日联军总司令,直接指挥东北抗日游击运动。"

接着，另一位苏军上校帮腔道："抗联在东北独自活动下去已无实际意义。没有远东军的帮助，东北抗日游击队是不可能和日寇斗争的。"**13**

这种以"统一指挥"为名，行吞并抗联之实的"取消主义"的论调，显然是要改变抗联性质的严肃问题，遭到周保中等抗联领导干部的强烈反对，他们明确表示："我认为每一个中国共产党员对中国革命现阶段，民族解放斗争必须彻底进行下去。你们应该站在国际主义立场上，援助各国人民革命，更应尊重各国共产党的独立性。"**14**

对此，王新林竟气急败坏地拍着桌子同抗联领导干部大吵大叫，坚持己见。抗联领导干部们也不相让，双方争执不下，最后会议不得不责成远东军方面负责把双方的不同意见同时报共产国际裁决。**15**

会后，周保中决定上书苏共中央，阐明东北抗日联军党组织的立场、意见和要求。一个月之后，周保中收到伊万诺夫的请柬，称将于3月中旬在伯力宴请中国同志。

3月中旬的一天，在伯力军区招待所宴会厅，伊万诺夫宣布了苏共同意中共东北抗联党委的立场和意见，并委派新的联络员接替王新林的职务和工作。

新任联络员瓦夏在祝酒词中代表苏联远东边疆区党组织和远东军司令阿巴纳申科大将，向中国东北抗联将士"表示钦佩和慰问，并愿意在反法西斯斗争中与中国同志并肩作战，夺取胜利"。在欢快的《喀秋莎》乐曲中，周保中等人真诚地和伊万诺夫一口干下了杯中斟满的伏特加。

以周保中为核心的东北抗日联军党委会，在第二次伯力会议上坚决地同王新林"取消主义"的主张做斗争，坚持了中国共产党独立自主的原则立场，在特殊的环境中牢牢地把握住党对抗联军队的绝对领导权。

1941年3月中旬，新任代表王新林给与会代表及越境指战员饯行，第二次伯力会议亦宣告结束。会后，抗联将领们率领即将过境的抗联部队，迅速投入到紧张的野营整训生活，时刻准备回国作战，打击日本侵略者。

进驻南北野营，抗联首次有了新营房

在抗联领导人在伯力开会的同时，先期过境的抗联部队以及此次随同领导人过境参加会议的抗联部队，在苏联安排下留驻在南、北两个驻屯所。为了称呼上的方便，又把临时驻屯所称之为"野营"。从此，抗联过境部队开始了紧张而又充实的野营整训生活，时刻准备着返回东北作战。

北野营，即北驻屯所的位置在伯力东北 75 公里处的苏联境内、黑龙江南岸费·雅斯克村，这里有少量房屋，主要是帐篷。因其地处伯力东北，并与在伯力以南双城子附近的另一处野营相区别，故称北野营，也称为 A 野营（注：北野营位于黑龙江畔，苏联称黑龙江为阿穆尔河，俄文字头为"A"，所以称 A 野营）。这里山峦起伏，森林茂密，依山傍水，夏可游泳，冬可滑雪，是进行军事训练的好地方。费·雅斯克村离野营两公里远，住有四五十户人家，此外，很少有人来往，便于保守机密。野营所需物资，则由苏方通过水陆两路运来，交通方便可保无虞。

南野营的位置在海参崴（苏名符拉迪沃斯托克）和双城子（原名为沃罗什诺夫城，现名乌苏里斯克）之间的一个小火车站附近，当地人称蛤蟆塘。原来就有几间住房是苏军的一个驻屯地，这里也是山区，山高林密，人迹罕至。因其地在伯力之南又与北野营相对，所以叫南野营。南野营也称为 B 野营（沃罗什诺夫城俄文字头为"B"，故称 B 野营）。

驻在北野营的抗联部队中，最早到达这里的部队是第二路军总指挥部直属部队一部分人员和第二路军第二支队越境部队，以及第三路军总指挥部部分人员。1941 年 1 月，第三路军第三支队入苏后也属北野营领导。北野营当时大约驻有 300 人。这年春，第三支队返回东北后，北野营约剩百余人。根据当时的统计，北野营 1941 年共计 158 人，1942 年各部人员返回后，达到 361 人。1942 年 7 月，东北境内饶河县东安镇起义的伪满军 72 名士兵，他们原来是伪靖安军的 1 个连，在 3 个班长齐连升、国如阜和周岩峰的发动下，打死了连内的几名日本军官之后，立即携带全连的武器装备越过乌苏里江进入苏联境内。经苏军作简单的审查后，决定将他们全部交给抗日联军教导旅，这批起义官兵也来到北野营。此外，还有近百名 30 岁以下的华侨应征入伍，也被送到北野营。

集中在南野营的抗联部队，1940 年底只有第一路军柴世荣、季青率领第五军一部。不久，周保中、张寿篯得知第二路军部队越境后正在某地接受苏边防军审查，遂写信给王新林，要求检查手续完毕后迅速放行。这样，第一路军警卫旅，第二、三方面军越境部队共 88 人，于 1941 年 1 月中旬到达南野营。南野营人数 114 人。南野营有一名苏军中尉军官、一名翻译和一名司机常驻。双城子驻军机关瑞金中校负责同南野营联络等一切事务。双城子驻军负责南野营的军事训练和后勤供应工作。日常行政教育由南野营自理。

野营时期，抗联保留各路军原来编制，按实到人数混合组建连、排。第二路军部队为一连，连长崔石泉，指导员彭施鲁，司务长崔勇进，下设两个排。第三路军也进行了相应组建，唯原第三军和第六军各一部先到第二路军中混编，由陈雷负责。

抗联野营成立后，远东军派来 3 名军官协助管理北野营后勤等项事宜。一个是吴刚（苏名不详，上尉），另一个是李季南（苏名隆包斯克，苏军中尉），后又增派一名野营主任杨林（苏名沙马尔钦科，苏军大尉）。还有一名苏籍华人任专职翻译，叫别佳，中国名刘士林。野营领导人周保中、张寿篯常驻伯力，野营的日常工作由杨林主持。1941 年 6 月苏德战争爆发后，野营官兵加快了军事训练的节奏，上百名苏联尉级军官也来到了北野营，准备指导抗联的军事训练。为此，北野营新建了一片帐篷区。

野营期间，抗联在后勤保障上得到很大改善，供给是苏军换季下来的军衣、皮大衣、呢子大衣、毡靴等，冬季足以防寒。食品按苏军标准供应，每日 1 公斤面包。每周洗上一次澡，衬衣和被单每周换洗一次。

从 1941 年初到 1942 年 8 月抗联教导旅正式成立之前，南北两个野营的训练工作一直持续地进行着，其中也抽出了一些时间盖营房、种菜和伐木砍柴等。这期间，在步枪射击、刺杀、爆破技术以及土工作业、滑雪与游泳等课目的训练上都是很有成效的，单兵到班的攻防战术也都学得较好。这些都是游击战术以及到敌后作斗争时所必需的。**16**

周保中巡视抗联南野营

为了做好返回东北开展游击战争的各项准备，抗联领导干部集中在伯力开会期间，驻野营的抗联部队也开始总结东北抗日游击战争的经验教训。

1940 年 11 月 27 日，驻北野营的第二路军第二支队临时党组织开会，并写了《关于布置和建立东北游击队的报告》。报告中分析了吉东、北满游击运动形势，指出第二支队现有 145 人应分布在饶河、宝清、依兰三个方向进行游击活动，并提出了进一步开展游击运动的设想。

12 月 1 日，第二路军总部警卫队也召开了党的会议，大家广泛地发表意见，请求上级抓紧他们的军事训练，以便早日返回东北战场对日作战。

第三路军也进行了工作总结，12 月 8 日写出了《东北抗联第三路军总指挥部关于 1940 年的工作报告》。

1940 年 12 月 13 日，周保中给第二路军总部驻北野营党支部委员写信，信中提醒大家在暂时和平环境里"没有游击队那样步步艰难，断餐绝粒，时刻与死敌日贼作殊死斗争的环境"，"每位同志要会利用现有的好条件，加紧清理自己的思想，增进政治认识，锻炼军事技术技能，提高身体健康"，以便继续坚持东北游击运动。信中还建议第二路军人员编成临时党委，并要与第三路军的全体指战员"互相亲密和尊重"。

1940 年 12 月 18 日，驻北野营的第二路军总部警卫队、第二支队以及第三路军一部，按照中共吉东省委的指示召开了党的干部联席会议。出席会议的有彭施鲁、李永镐、隋长青、李成祥、姜信泰、乔书贵、陶雨峰、金京石、朴洛权等人，陈雷以"现地全部政治负责人"身份参加了会议，会议由彭施鲁主持。会上选举产生了野营党临时委员会，书记为姜信泰，组织委员乔书贵，宣传委员李永镐，李成祥、金京石为候补委员。

新产生的野营党委对今后的战斗任务、政治学习、纪律和团结等问题进行了研究和部署。干部联席会议后，周保中再次给野营同志写信，强调加强军事训练、政治文化学习的重要性，号召野营的同志克服自发的、散漫的小资产阶级自由主义、无政府主义的破坏纪律的行为，为铁的纪律而斗争。

1941年2月25日到3月12日，利用抗联领导干部会议休会的机会，吉东、北满省委代表周保中、金策到南野营视察。3月5日到11日，分别召集了第一路军警卫旅，第二、三方面军党员会议和野营临时党委积极分子会议，就如何坚持东北游击运动等一系列问题广泛地听取大家的意见，党员之间展开批评与自我批评，整顿了野营的纪律，统一了思想认识。会议之后对南野营部队进行了整编，健全了党的组织。整编的情况是：把第五军，包括尚在东北境内五常、额穆、宁安等地活动的部队在内改编为第二路军第五支队，以柴世荣为支队长，以季青为政治委员。将第一路军越境部队改编为第一路军第一支队，金日成任支队长，安吉为参谋长。支队下分两个大队。当时还决定将第十军汪雅臣部改编为第二路军第八支队，任命汪雅臣为支队长，陶净非为政委，委托柴世荣、季青传达此项决定，后因汪雅臣、陶净非牺牲，所部星散，改编支队一事未能实现。

这次会议决定，在第二路军总部没有到达中东路道南以前，由柴世荣任道南游击区司令，季青为政委，统一指挥和领导第二路军五、八两个支队及义勇军"九彪""九站"等各部的军事和政治工作。这次会议还肯定了在中东路道南各部之间的领导关系，确定当第一路军总部还在南满时，在道南活动的第一路军各部由柴世荣、季青统一领导；如果第一路军总部转移到道南，而第二路军总部尚未到达该区，则柴、季所部统一由第一路军总部指挥。在这次会议上建立了南野营党的组织，确定党委会由吉东、南满党组织联合组成，中共道南特委名义暂时保留，但要与中共南野营委员会合而为一，书记为季青，委员为柴世荣、金日成、朴德山，候补委员为崔贤、金润浩。在周保中、金策视察南野营时，还同南野营领导人商定尽快把第一路军越境部队先行派回东北战场，然后再派第二路军第五军越境部队回国。

南北两个野营经过整顿，重新编队，健全了党的组织，部队的认识逐渐统一，大家都充满胜利的信心，准备分批重返东北抗日战场。

抗联整装待发，返国作战突然被叫停

1941 年春，养精蓄锐后的抗联第一批部队踏上了光荣的归国之旅。

1941 年 3 月上旬，第三路军总指挥部部分人员和第三支队王明贵部第一批返回东北。

驻南野营的第一路军部分人员于 1941 年 4 月上旬在金日成率领下，经珲春边境回东北，他们的主要任务是寻找魏拯民和第一路军总部。

其他越境部队也接到通知，做好回国前的一切准备。

正当第二批部队摩拳擦掌、整装待发之际，抗联领导人接到苏联远东军停止派遣抗联回国作战的紧急通知。

原来，1941 年 4 月 13 日，苏联和日本签订了《苏日中立条约》。苏联政府出于苏日关系方面考虑，提出越境到苏联的抗联部队停止大批派遣回国。苏联自觉刚把远东地区安全形势稳定下来，避免了两面作战。不料，紧接着，6 月 22 日，德国法西斯向苏联发动全线进攻。接着，意大利、匈牙利、斯洛伐克、芬兰追随法西斯德国对苏宣战。苏联初期作战严重失利，处境极为不利。

6 月 23 日，野营主任吴刚向野营全体指战员宣布了这一消息。于是，抗联官兵都紧张起来，为苏联担忧。抗联各路军主要负责同志分别到临时驻地召开会议，开展学习讨论，统一认识，稳定官兵情绪。野营党组织召集大家一起讨论了时局问题．确定第二次世界大战起了根本变化。随着苏德战争初期苏军严重失利，抗联领导对这场战争的认识更加清晰正确。1942 年 1 月，北野营中共党支部委员会在《关于四个月的工作总结报告》中指出，德国法西斯侵略者的战争"虽说它在初步是得到一些胜利，但是它的战争的反动实质及违背于世界人类的和平是注定了它将来的死亡，它一定也要遭受到德国法西斯所将要遭受的死亡命运，这个情势，使我们深刻了解到中国的抗战若能正确的配合着国际情势，利用各种有利于我们的客观条件，胜利的到来，是在不久的将来的"[17]。

《苏日中立条约》的签订，苏联卫国战争的开始，使抗联返国参战的计划不能实现。为了防止日本帝国主义的突然袭击，远东军这一时期在边界一线展开，增加了战争气氛。野营指战员们认识到日本帝国主义从远东向苏联发动进攻的可能性。这种紧张的战争气氛给抗联指战员"带来了希望和兴奋，认为这下子可以和苏军共同携手作战了，解放全东北的战争只有在这种情况下才能取得胜利'[18]。从此，抗联指战员安心在野营进行军政训练，随时准备开赴前线作战。

学军事，"操场课堂就是我们目前的战场"

自 1940 年冬，抗联南北野营建立后，除因执行特殊任务派遣小部队返回东北外，其他越境部队大部分留在南北两野营开始正式整训。由于东北抗联长期处于频繁战斗、生活艰难的困境，无暇顾及军事训练和其他方面的学习。利用野营这一比较适宜的环境，加紧自身的军事训练，提高政治、文化水平，的确是一个大好的机会，抗联指战员都十分珍惜这一有利条件。整训的具体内容，有政治学习、军事训练、文化学习及其他项目。同时也积极从事修建营房、仓库，开荒种地、种菜等必要的劳动。

这是一张抗联南北野营每日起居工作时间表。[19]

起　床　6：00

朝　操　6：00—6：20

盥　漱　6：20—6：45

早　餐　6：45—7：45

新　闻　7：50—8：40

上　课　8：50—14：50

午　饭　14：50—15：50

休　息　15：50—16：50

劳　动　16：50—18：50

群众政治工作　19：00—21：00

晚　饭　21：10—21：50

自　习　22：00—22：30

点　名　22：30—22：50

熄　灯　23：40

　　从战火纷飞的战场来到和平环境中，抗联战士们虽然远离了敌人的无休止的"讨伐"，不必担心一夜醒来会被敌人包围，也不必再去为一日三餐而发愁，甚至有时仅仅是单纯地为筹集给养而打仗，更不用担心半夜被冻醒。环境变了，条件好了，吃得好、穿得暖、睡得香，但抗联官兵们的斗志并没有因此而松懈。相反，来到野营后，只要每天清晨起床的哨声一响，抗联官兵便自觉地按照每日起居工作时间表的规定，斗志昂扬地投入到一天又一天紧张而又繁重的训练、工作、劳动、学习之中。

　　军人是时刻准备打仗的。"仗怎么打，兵就怎么练"，"平时多流汗，战时少流血"，"战场上永远只有第一名，没有第二名"。这些朴素的军事规律是抗联官兵中从残酷的抗日战争实践中感悟出来的。长期以来，与凶残的日军作殊死拼杀的抗联部队中的大部分指战员都是在游击作战中学习军事的，并没有经过系统的正规的训练。野营整训正是抗联提高军事素质的大好机会。

周保中作为南北两个野营的主要领导人，全面负责野营整顿训练工作，对野营的军事训练十分重视。1941 年 2 月 20 日，周保中在《给野营游击队全体同志的信：为革命而斗争》中说：要知道，战斗的要诀在于消灭敌人，保存自己，达到战胜敌人的目的。无论现在兵器如何发达，步兵作战仍居首要地位，而步兵部队的唯一战斗手段是依靠射击，近距离还需要用刺刀肉搏。因此，他要求每个指战员和政治工作人员，都要"尽心练习瞄准演习和实弹射击"，将自己培养成"沃罗什夫式的、朱德式的射手"，具有超等的射击艺术，百发百中。此外，周保中对于侦察勤务、步哨勤务、传达勤务，游击队的战术、战略和战法问题，对正规军作战的关系问题，军队的一般管理问题等方面的学习和训练都提出了严格的要求。[20]

抗联南北野营每日进行 6 小时的军事训练。军事训练的主要科目从队列、刺杀、投弹、手枪步枪射击等基本战斗技能开始。

野营军事训练是由在野营的苏联军官任教。有时是先由他们训练几个小教员，再由小教员分教大家。苏联红军是当时世界上一支强大的军队。它拥有的武器装备机械化程度高，现代化的作战能力强。苏联红军建设与管理的正规化程度也很高，它严格按照红军《纪律条令》《内务条令》来规范每个军人的行为举止，因此，苏军的纪律严明，战斗力强。抗联官兵虽然久经战火考验，但仍然虚心请教，以苏为师，进行严格正规的现代化军事训练。夏季在黑龙江中训练游泳、武装泅渡，冬季的滑雪科目是必修课。1941 年底至 1942 年初，野营自制滑雪板进行滑雪训练。野营指战员对滑雪训练颇有兴致，他们联想到在东北冬季，如果会滑雪，对游击活动肯定会有很大帮助。

1941 年 10 月以后，世界战争的形势更趋紧张。日本帝国主义经过紧张的备战之后，于同年 12 月 8 日偷袭美国在太平洋的重要基地珍珠港，随后又袭击了英国在太平洋上的战略基地新加坡。日本帝国主义对英美两国的不宣而战，标志着太平洋战争的爆发。太平洋战争爆发后，欧美和亚洲的许多国家纷纷对日宣战，使中国的抗日战争同各国人民的反日斗争汇合起来，从而使国际反法西斯统一战线更加扩大。反法西斯阵营的强大，增强了抗联指战员战胜日本侵略者的信心。两野营党委也号召大家，"加紧学习，加紧准备。我们了解学习就是我们目前实际的斗争，操场、课堂就是我们目前的战场，我们现在要多流汗，以便将来在战场上少流血"[21]。这时抗联官兵每天的训练至少要有 8 个小时，尽管身体十分疲劳，但为了打败日本帝国主义，抗联指战员部以坚强的毅力和饱满的精神进行各种军事训练，并且取得了优异成绩，仅劈刺一项就有 40 余人获得奖励。

A 野营中共临时党委在总结 1941 年 10 月至 1942 年 1 月的训练工作时，对野营训练成绩做出了评价。总结认为，劈刺训练全体同志"拿出了全副的精神，在苏联长官直接教练下，在一个半月的过程中，有四十名同志得到劈刺技术的基本造就。成绩优良者沈泰山、金曾东、武昌文、陶雨峰、崔明锡等人"。"在射击训练方面进行 5 次步枪实弹射击、两次手枪实弹射击。手枪射击由于练习时间过少的关系，仅止（只）很少的同志稍有成绩。步枪 100 米卧射则有多半同志都在水平成绩以上。滑雪训练的进步是迅速的，一般说来是能保证于冬季战斗时的有利行动的，还有手榴弹投掷、防毒面具的使用，及反坦克的训练等也都有基本的造就。"[22]

掌握最现代作战技能

为了使抗联官兵不仅人人"知其然，还要知其所以然"。野营与苏军教官还要求全体指战员尽心讲授射击原理和法则，研究步兵作战经验，学习训练手枪、轻重机枪、掷弹筒、狙击炮、各种武器的构造机能和原理，练习瞄准和实弹射击。

随着军事训练的逐步开展，抗联官兵军事素养的不断提高，野营军事训练的项目也逐步向着现代化作战的方向转变，训练的内容也更多样化。除以前的训练项目外，又增加了爆破、防化、反坦克等内容，从1941年春开始，北野营还抽调20余人组成无线电报务训练班，专门学习无线电收发报技术。第一班在6个月后结束，之后又办了第二班。通过训练培养出一批质量较高的收发报人员。抗联历史上首次与现代化通信技术打上交道。

1941年6月22日，德国法西斯背信弃义，突然发动了对苏联的进攻。两野营抗联指战员从广播里听到消息后义愤填膺，纷纷请战，要求同苏联红军并肩战斗去打败德国法西斯强盗及其帮凶日本帝国主义。南北野营充满着出征的战斗气氛。

7月初，北野营全体人员到伯力进行了为期一个月的空降跳伞训练，其中有十几位女同志也参加了训练。半个月后，即1941年7月15日，开始进行第一次空降实习。周保中也随苏军李海中校乘汽车来到飞机场"随同乘坐运输机练习飞行，约半小时"，然后由苏教官站在飞机的舱口指挥每个人跳出飞机，除6人不能跳伞外，其余50余人第一次跳伞全部成功。"大家喜悦的心情真是终生难忘"。

周保中参加了空降训练，并且先后6次进行空中跳伞。7月18日他开始同指战员一起学习降落基本知识训练，先后五次从45米高降落台实习降落。26日，周保中开始实地跳伞。从7月15日起到8月6日伞降训练结束，这段时间里，周保中只要参加跳伞训练，都会在当天日记中写下训练心得。

7月15日："今天，系我游击部队所选送之降落伞学员实习，由大运输机，成绩大体不�┄。余亦随同乘坐运输机练习飞行习惯，约半小时。"

7月17日："余开始降落伞之识别及伞之折叠法见习，并开始学习降落基本姿势，及飞机模型之识别。"

随着伞降训练不断深入，周保中的体会就更加丰富。8月2日："上午八时到飞行场实习全部队第七次降落，三分之一人员技术较优。余系第五次，不用系自动绳钩，自己掣环下降，动作进步。唯因腿带太松，由飞机降落时背囊被挤，两腿不能并拢，着陆时触伤左足面，行动颇感艰难。"

8月4日这天，周保中跳伞遇险。"余为第六次实习降落。九时登机，降落时，余之主伞发生故障。余自机腹下降后，抬头仰视，主伞未撑开，即急放备补伞。而大伞自然撑开，备补伞未至撑开时而扭卷攒入大伞，余急收掣之夹于胯下。降落伞发生故障时离地面只四百米矣。情况有危险，但余尚未觉其为恐惧耳。着陆时倒地跌伤臂脖，但无碍。"

8月6日，一个月时间的空降训练结束了，全体队员前后经8次实际跳伞，经过苏军教官的统计和评判，取得成绩如下：

第一营全体降伞员六十七名中最优等者：35人。

第二营全体降伞员六十名中最优等者：23人。

第三营全体降伞员六十一名中最优等者：13人。

第四营全体降伞员四十七名中最优等者：25人。

交通连全体降伞员六十二名中最优等者：女11人，男46人，共57人。

迫击炮连全体降伞员四十名中最优等者：38人。

救护排全体降伞员七名中最优等者：6人。

经理排全体降伞员六名都是最优等者。

旅部全体降伞员四名。**23**

在这天的日记中，周保中详细记录了当天官兵欢呼以及与苏联教官依依惜别的感人情景。

全部队列队，降落伞总教官某苏联同志向全体学员训话，指明学习时间虽短，但因努力振奋之结果，成绩颇佳。愿诸同志握此现代最新技能，必要时使用于打倒法西斯侵略者，为伟大中华民族争取解放胜利。总教官再三殷勤示意，不忍别离。然而正当法西斯侵略者希特勒侵犯劳动祖国之今日，正当中华民族解放战争夺取最后胜利之日，吾人在列宁、斯大林国际旗帜之下，向前奋斗。……

航空陆战队总政治委员亦到场训练，向全体学员一一握手，并云，愿诸同志将来与苏联红军手携手，消灭共同敌人，使大中华民族独立解放。

总教官拥抱我亲吻，政治委员更致敬意，向余紧紧握手。这充分地表现国际主义热烈恳挚之精神，布尔塞维克之革命热情。使人兴奋振动。深感列宁、斯大林党布尔塞维克的伟大教育、伟大革命之精神。最后，隋长青同志出致简短答词，余引导高呼口号，全体"乌啦"之声接连不断，满场充塞热烈欢腾。……**24**

学政治，抗联每个连队俱乐部都挂着手绘的毛泽东画像

野营指战员除了每天进行紧张的军事训练，苦练杀敌本领，对于政治文化学习的要求同样是十分迫切的。在东北长期的游击战争环境中，很少有机会学习政治理论、文化。在野营初建立时，抗联领导干部周保中、张寿篯、冯仲云等在伯力开会期间，每隔10天半月就到野营巡视、讲课，进行政治教育。政治教育的目的"最重要的是要巩固革命思想，增强革命信念和积极性"。他们认为，由于指战员文化程度不同，受学者会发生困难，教育也带来一定困难。但"无论任何人，必须尽可能的去学习"**25**。

1942年8月1日，教导旅组建完成后，广大指战员进一步加强了政治学习。当时，由于抗联部队长期与党中央隔绝，要想得到中共中央的文件和来自延安的材料是非常困难的。尽管如此，抗联指战员还是通过各种渠道、千方百计去争取得到党中央的有关文件和中央领导人的讲话、文章，力图了解和领会党中央的方针、政策。野营十分珍视来自国内、延安的消息和材料。驻伯力的周保中、张寿篯经常通过远东军机关得到一些不完整的《新华日报》及书籍、文件，然后组织官兵如饥似渴地学习领会。他们获得材料的主要来源是公开的报刊，如《新华日报》和1938年前的《救国时报》。1942年延安整风之后，教导旅印发的文件计有：《关于新四军皖南惨案概况》；中

共中央《关于增强党性的决定》（1941 年 7 月 1 日中共中央政治局通过）；毛泽东著《反对自由主义》《改造我们的学习》《整顿党的作风》《反对党八股》；周恩来著《论苏德战争及反法西斯斗争》；朱德著《建立东方民族反法西斯统一战线》等。**26** 旅党组织根据这些文件精神及时引导大家理论联系实际地进行学习、讨论，自觉地整顿党风、学风和文风。在这一时期，广大指战员还学习了马克思、恩格斯、列宁、斯大林的著作。对于提高理论水平，激发爱国主义和国际主义热情，树立为中国抗战和世界反法西斯斗争而献身的坚定意志，都有很大的作用。

野营的政治教育紧密结合国际战争形势和部队思想实际进行，对提高指战员的思想政治觉悟，统一认识起到很大作用。教导旅当时还从苏联有关方面及电台广播和报纸得到一些关内八路军和新四军斗争的情况，抗联领导人也经常把这些情况向全体指战员报告或传达。1941 年 2 月皖南事变后，周保中专门就事变发生的经过及我党的态度发表了演说，号召大家休整后回到东北努力作战。通过政治教育和时势教育的有机结合，抗联每个官兵都明白了自己是在为中华民族的解放、独立与自由而战，是在为国际共产主义运动而战的道理，这极大地增强了抗联官兵的使命意识与责任感。除此之外，正是长期系统的政治学习教育，不仅使教导旅官兵了解了关内抗战情况，增加了抗战胜利的信心，而且提高了思想认识水平，增强了团结力、改进了作风。此外，教导旅的抗联同志，虽身居异国，与党中央失去了联系，但每个指战员的心都向往着延安，想念党中央。每个连队的俱乐部都挂着毛泽东、朱德、周恩来的画像，这些画像都是他们自己依据报刊的新闻照片精心绘制出来的，表现了抗联同志热爱党的领导人的深厚感情。

扫文盲学外语，抗联成为有文化的部队

把学政治与学文化紧密结合起来，是抗联进行政治文化学习的一大特点。

毛泽东在 1944 年 10 月召开的陕甘宁边区文教工作者会议上指出："没有文化的军队是愚蠢的军队，而愚蠢的军队是不能战胜敌人的。"[27] 抗联也深刻地认识到这个道理，并努力加以实践，这在当时的历史条件下实为难能可贵。

野营领导根据官兵不同文化程度组织 4 个班，其中中文班 3 个，俄文班 1 个。文化课用学政治读物的办法学生字，第一班以联共（布）党史为课本，通过学习文字结构，了解其政治内容。第二班以普希金故事为读本，学习生字。第三班主要学生字。野营对文化课抓得比较紧，并有识字检查法以督促学习，到 1942 年初就扫除了文盲。另一个文化课班，即俄文班取得成绩的人很少，但也确实有在参加俄文班后，能较流利地说俄语日常用语。由于野营内有一部分指战员是朝鲜族，因此在学习文化课时，也临时成立民族组讨论，并完全使用民族语言文字。[28] 可以说，在近代以来的所有中国军队中，抗联部队是文化程度很高的部队，即使是在党领导下的人民军队里，抗联也是一支文化程度很高的军队。

在艰苦的野营整训时期，指战员的文化娱乐生活一般来说比较枯燥，但指战员野营文化生活却很有特色和具有战斗力。野营办有壁报，以连为单位办有墙报，经常举行讲演会、文艺晚会、看电影等。墙报两星期出版一次，由专人负责。墙报建立各种专栏，如政治问题、野营生活、时事、讽刺小说、记事、通讯等，内容丰富。墙报强调战斗性，火药味是很浓的。

自己动手，改善供给

1942 年 2 月 10 日，周保中在给留在虎饶地区的刘雁来小部队的信中写道："我处目前需要下列各色种子：红皮大萝卜籽（够种一垧多地的）、山东白菜籽（够种半垧地的）、东三省白菜籽（够种半垧地的）、大青筋黄烟籽（够种五亩地的）、韭菜籽两碗、灯笼辣椒籽两碗、山东大葱籽四碗。"周保中要求刘雁来副支队长把他要的这些种子务必在 3 月 10 日前派交通员送到野营。

他一再强调要"把那些种子要完全带来,这是很要紧,千万不要误事不要误期"。**29** 第二年春,周保中在给刘雁来的指示信中,仍然叮嘱道:"刘雁来同志来我处时,必须把购买好的籽种用具等一同带来。"**30**

指挥部队打仗,带领部队搞好野营训练,是指挥员周保中的分内之事,那为何周保中又如此牵挂种地用的种子,以至于亲自给留在国内继续坚持游击斗争的抗联部队写信求助呢?事情还得从抗联野营整训时期的后勤给养问题说起。

1940 年末,抗联过境部队到达南北野营(驻屯所)时,经过短暂的调整与适应,抗联部队的野营整训生活很快步入了正轨。但是,每天 6 到 8 个小时的高强度军事训练,再加上半天的劳动,使得抗联官兵普遍感到苏军供给标准有点"低","吃不饱"的问题困扰着官兵。

时值苏德战争时期,苏联国内供应紧张,野营粮食按不同级别供应,平均每人每天一公斤"列巴"(音译即面包)。副食以汤为主,一般是大头菜、柿子汤。早饭每人一碗砂糖水或红茶水。按苏军定量,每人一公斤面包定量是相当高了,但大多数抗联官兵还是吃不饱。

野营开始是每天定量的面包一次性分完,由官兵自己计划分开吃,但有的战士一顿就吃个精光,第二天只好喝菜汤、菜粥了。因此,每顿饭前,抗联指挥员要检查一下腰带系得紧不紧,不紧的要受批评。野营时期曾发生战士推举代表 3 人向野营主任、苏军大尉交涉,要求增加面包定量的事情。这位苏军大尉杨林则给代表讲热量计算,他认为一公斤面包的卡路里是足够用的。问题得不到解决,战士这种做法后来受到抗联领导人的批评。

在处理这件不良事态后,抗联领导同志以小见大,认识到要改善部队供应状况,解决吃饭问题,必须自己动手,开荒种地。因此,1941 年 4 月,周保中就指示驻屯所部队重视种地问题。4 月 8 日,他在给野营领导人崔石泉、冯仲云及野营党支部的信中强调搞好春耕工作,他说:"春耕工作非常重要,请你们用各种教育说服、启发大家自觉行动,提高积极性和热忱,无论如何多种一些，千万不可以迟误。"

自己动手，丰衣足食。这才有了周保中亲自写信向国内索要各色种子的故事。1941 年 A 野营开垦荒地 100 余亩，到 1942 年增至 200 余亩。B 野营在 1941 年开垦了新地六七垧种蔬菜，1942 年又有所增加。开荒种地改善了野营的供应条件和生活。1941 年北野营收获马铃薯 300 袋，白菜、萝卜、黄瓜、西红柿等腌装咸菜 19 桶。饲养猪 10 头，捕鱼 700 公斤以上。这一年野营度过了一个较为安适的冬季。野营中积极参加生产劳动的 33 名战士受到奖励。

除了开荒种地，住房不够的问题也得到了解决。1940 年末，抗联过境部队到达南北野营（驻屯所）时，指战员住在原有的几间旧营房内。随着过境部队的增加，特别是停止派遣之后，原有营房已不够用了，大部分部队住在临时帐篷里。于是，野营领导号召指战员行动起来，自己动手修建营房、采石铺路，制作桌椅床铺等日常用具。当时野营是半天军事训练、政治学习，半天从事生产劳动。至 1941 年底，北野营修建营房的劳动基本结束，共修建能居住 150—200 人的营房一所，野营本部一所，面包炉一所，菜窖一个。修理改装野营本部房舍（教室寝室合用）。还有饭堂厨房、卫兵室、澡堂、马厩、火油仓库、猪圈。此外还制作了滑雪板 202 副、爬犁 3 张，修理凳子 32 个、面包装具及书架 5 个，采伐木材 261 立方米等。南野营也盖起了新营房，制作了许多用具，野营的条件有了较大改观。营房的修筑形式采用半地窖式。整个野营编为四个区队，住在不同的营房内。

抗联对苏军的合作与抗争

抗联在野营整训以后，总体上同苏军同志保持着相互尊重、平等交往的协同配合关系。比如，1941 年，在北野营的苏联军官有 5 名，大尉杨林任野营主任，上尉吴刚任军事教官和野营管理教育，还有中尉李季南翻译和一名青年医官等。一般来说，野营指战员同他们相处得还算不错。这些苏军军官有很高的革命热情，积极努力地工作。但由于身处异国他乡，抗联野营的吃、穿、住、行、训练等大部分要靠苏军保障，在文化背景、民族习惯等方面，两军也存在着差异。因此，抗联与苏军的日常交往中，总体上保持着合作，但在合作中也有分歧与矛盾，如果这种分歧与矛盾涉及抗联的独立自主等原则性问题，抗联则会进行有理有节的抗争。

抗联与苏军的分歧与矛盾大致集中在三个方面：

一是苏军出于确保控制抗联的目的，有意无意地将抗联各营之间的联系加以限制与阻断。野营初期，苏军人员并不参与东北党和抗联内部事务。但是，当时由于抗联路军领导干部常驻伯力，南、北野营处于长期分离状态，其通信联络也有障碍，领导干部对野营的指示则只能通过书面形式请远东军方面转交，确有许多不便之处。野营指战员有事请示时，要经远东军方面批准才给予传递信件。远东军方面的这个中间传递人使抗联上下都不满意，许多事他们办得不及时，且往往根本不落实。野营指战员要见到抗联领导人当然就更加困难，致使"很多问题不能得到及时答复，传达的文件找不着下落"。从1941年夏至1942年3月底，周保中已不能忍受这种态度与做法，曾要求率队返回东北，显然他对这种限制方式很不满意，王新林则总是劝其"暂时留下"。对于苏联方面的这种"软拒绝"，周保中常常感到无可奈何。

二是在野营的苏军军官按远东军情报机关的意图，在不征得周保中、张寿篯同意的情况下，擅自把一些指战员调出执行派遣任务，严重侵犯了抗联独立自主的党性原则，对此，中共野营党委据理力争。

由苏方直接调动的抗联军事侦察人员有三部分人员：

其一是接受苏军电信培训的人员。1940年秋，王新林通知在东北的抗联各部队从队伍中选派最好的人才15—20名到苏境接受训练，主要是学习无线电收发报技术和必要的侦察手段，如绘图、照相等。另外在1944年9月间，苏联远东军情报机关在海参崴与双城子之间的26公里处，又举办了一期无线电训练班，有18名青年抗联战士参加了学习。这个训练班在1945年6月结束。

大部分学员在苏联宣布对日作战后被先行派遣回东北执行任务。这部分人有第二路军的陈春树、夏礼亭、姜焕周，第三路军的陈明、刘巨海等人。**31**

其二是苏边防军扣留过境的抗联人员用于小部队侦察或特殊侦察。第一、二、三路军在1940年前后有零星分散的过境人员。这些人是在作战失利情况下，与主力部队失去联系，零散地进入苏境。苏联边防军对这批人员加以必要的审查和训练后，派回东北进行军事侦察工作，由苏联远东边防军情报部门直接掌握。这些抗联人员虽然享受着与苏军情报人员相同的待遇，但是苏联边防军对他们的控制已涉及中国共产党独立自主原则。

其三是由苏方代表从南、北野营或教导旅中临时抽调人员组成的侦察小组。

苏联远东军情报部门在野营抽调野营队员回东北侦察敌情，本也无可厚非。抗联领导干部从国际主义原则出发，也曾和苏方商定必须"保持东北中共党组织和东北游击队系统"的原则前提。这些抽调出来从事侦察工作的指战员，可以由苏方直接管理和分配任务，暂时脱离东北党和游击队的关系。除此之外，远东军不能再随意抽调人员从事侦察工作"而减弱东北抗联的基本力量"。但远东军方面在实际上是不可能严格遵守这些"君子协定"的。针对苏军常常在调人问题上违反原则的现象，中共野营党委认真研究后，明确规定：未经周、张批准，任何人无权在野营调人。

虽然抗联据理力争，但结果并不如愿。凡经远东军从野营派遣出发的游击队员，很少有按规定时间归回原队的，有很多人长时间同抗联野营失去了联系，下落不明。据教导旅内部统计，从野营开始到1943年6月，远东军从南北两野营和教导旅内先后派遣小部队侦察人员，其中共有213名未能归还原队，抗联因此被严重削弱。抗联领导干部从来不否认"对满洲的侦察工作是万分必要"，但抗联领导干部坚决抵制远东军方面把抗联单纯地变成侦察队的做法，从而减弱东北抗联的基本力量。因此，周保中等抗联领导曾不止一次地提出要求，希望远东军方面必须改正这样不好的工作方式。然而，抗联领导干部的这些意见和要求没得到任何结果，有时他们还会遇到很大困难和风险。

1942年8月，抗联野营编入远东军序列成为教导旅后，军训、内务管理等均按苏军条例条令实行。旅内设立的内务部组织也和苏军部队无二。苏军内务部在旅内设立了工作机关，这个组织由它的上级机关垂直管理，不受旅的领导。他们可以不经教导旅任何行政首长同意便可直接同指战员接触，了解情况。他们的工作看上去并不为人所注意。他们对旅内每个人都建立一份详细档案。当时苏联正值肃反扩大化时期，教导旅必置于其中而受波及，因此苏军方面可以处罚任何人。季青、柴世荣于1944年被秘密逮捕是何原因、如何处理等，他们从未正式向周保中、张寿篯等领导人通报过。尽管抗联和东北党负责人为维护抗联的独立性和指战员的尊严大声疾呼过，但要扭转这种局面是不现实的。**32**

三是野营的日常管理教育，抗联与苏军军官也常常发生一些小摩擦。苏军军官吴刚实行苏联红军的办法，简单粗暴，收不到好效果。抗联领导干部对他的评价是："野营苏方负责者吴刚同志对于管理教育欠正确精密，同时不注重游击队领导干部间之相互密切合作关系，一般的带有骄纵粗率与轻蔑态度。以此不但为我领导干部所不满，即全队大多数人员亦不甚满意。"**33**苏联教官在日常管理和军事训练中还存在打骂现象。1942年小佳河起义伪军参加抗联教导旅后，有两名战士在队列教练时不过关，受到苏教官的训斥打骂。他们因受不了苏教官的粗暴而逃跑，企图渡江返回东北，结果被苏边防军截回，定为叛变罪处以死刑。

东北抗联改编为苏联远东红旗军独立第八十八旅

1941年秋，苏军在取得莫斯科保卫战的胜利后，于同年冬开始全线反攻，法西斯德国军队被迫转入防御。在东方战线上，日本在中国战场上遇到了抗日武装力量日益顽强的抵抗。日军在太平洋战争中损失惨重，丧失了战略主动权，世界反法西斯战争出现了转折。

1942 年夏，东北抗联领导根据国内外形势的需要，认真研究了抗联部队和党组织的统一集中领导问题。他们认为南北野营的建立，使抗联部队得到了休整和训练的场所，抗联指战员经过一段休整和训练，政治、军事素质有了很大提高，但是还不能适应当前国内外形势发展和将来斗争的需要。周保中等抗联领导人认为有必要把两个野营中的抗联战士集中起来，进行统一管理，在中共党组织的领导和苏联远东军的帮助下，进一步提高军事训练的水平，将这些抗联人员培训成未来战争中政治军事骨干，成为更好的指挥员，以便在未来战争中发挥更大的作用。他们将上述意见向苏方提出，希望苏方给予支持。

1942 年 7 月 16 日，王新林通知周保中、张寿篯，苏方同意把东北抗日联军游击队南北野营及在东北活动的抗联人员完全统一编为一个旅。王新林对这个旅的成立还指出以下要点：一、目的是养成东北抗日救国游击运动的军事政治干部；二、任务是东北转入直接的战争环境时，发展积极有力的游击运动；三、中共党组织关系和中共政治路线不变更，今后工作活动不但不限制在独立活动性，而且要加强独立活动性；四、旅长以下主要军事政治干部由现有的东北抗日联军游击队干部充任。**34**

7 月 22 日，苏联远东方面红军总司令阿巴纳申科大将在伯力接见周保中、张寿篯，并以司令部的名义委任周保中为中国特别旅旅长，张寿篯为政治委员（后改任政治副旅长），金日成、王效明、许亨植、柴世荣分任各教导营长，安吉、金策、季青任各教导营政治委员。阿巴纳申科还提出下列建议：

（一）中国旅（东北抗日联军教导旅）之成立，在于培养中国东北各省的民族革命战争中的军事干部。"一旦满洲大变转处于新环境时，中国特别旅应起重大作用，成为远东红军与中国红军之连锁"，使东北人民从日寇压迫下解放出来。因此，教导旅"必须加速训练，完成任何时期的战斗准备"。

（二）对于教导旅培养的军事指挥员与政治工作人员的要求是："不但须领会战略战术与游击运动的原则与经验，同时必须精通现代各种兵器之技术技能。"

（三）必须特别注意构成战斗的神经系统的通信联络，"应培养数目众多的无线电通信技术干部"**35**。

最后，该司令还进一步强调说："旅的全体成员应是将来东北建立大军之基干，希望努力完成此项任务。"**36**

7月23日，周保中、张寿篯在伯力写信给南北两野营负责人，通知他们决定成立教导旅。与此同时，远东军代表杨林到北野营宣布了远东军总部的委任令，并同崔石泉等一起着手改组工作。

1942年8月1日，抗联教导旅正式宣告成立。为此，苏联远东军区司令员阿巴纳申科大将亲临野营参加成立典礼，还举行了阅兵式。

当天，抗联指战员齐集新建营房内，苏军方面宣布教导旅的组织任命，旅指挥部由下列人员组成：旅长周保中、政治副旅长张寿篯、副参谋长崔石泉。旅以下共编4个步兵教导营，两个直属教导连（无线电、迫击炮），1944年又增设自动枪教导营。每营2个连，每连3个排，正职均由抗联人员担任。以第一路军人员为基干组成教导第一营，营长金日成，政治副营长安吉；以抗联第二路军第二支队人员为基干组成教导第二营，营长王效明，政治副营长姜信泰；以抗联第三路军人员为基干组成教导第三营，营长许亨植（许牺牲后由王明贵继任），政治副营长金策；以抗联第二路军第五支队及第一路军一部为基干组成教导第四营，营长柴世荣（后由姜信泰接任），政治副营长季青（后由姜信泰接任）。全旅共有官兵1000余人，其中苏籍官兵300人左右，抗联部队700余人。

教导旅的武器按苏军步兵装备，比较齐全，每排有轻机枪一挺，每班有冲锋枪两支，其余为步枪。生活供给、服装等均按苏军陆军官兵供应标准供应，抗联人员任正排以上干部授予军官衔，薪金等待遇亦与苏籍军官相同；

副排以下授军士衔，待遇亦与苏籍军士相同。

抗联教导旅在名义上系暂由苏联远东军总部代管，接受了苏联远东红旗军独立第八十八旅的正式番号（对外番号是八四六一步兵特别旅，因有中、朝、苏三国人员组成，又称国际旅），但是在内部还保持着抗联的独立性，保持抗联的单独的组织系统，坚持执行抗联的独立的战斗任务，派遣小部队返回东北进行游击战争。同时，它又是一所培养军事干部的学校，为将来抗联队伍的扩大准备骨干力量。在完成上述使命中得到了苏联远东军的指导和帮助。

中共东北党组织特别支部局（东北党委员会）成立

随着抗联教导旅的建立，必须重新改组南北野营及东北抗日联军、游击队的党组织，使之适合于新环境，担负起新的任务。当时党的组织系统，除南北野营建立了党委外，吉东省委和北满省委同时存在，这种状况既不适合于斗争环境的要求，也不符合工作实际。1942 年 4 月 20 日，周保中、张寿篯根据形势发展的需要和党员与基层党组织的要求，草拟了《党组织彻底改组与集中领导》的提案，并请王新林帮助解决。这一提案的中心思想就是要建立东北地区的统一的集中的党的领导机关。

提案分析了东北各省委组织的历史和现状，指出：东北党虽然存在着组织缩小、党员数量减少和长期与中央断绝联系等弱点，但是现有党员基本成分却是"以工农成分为骨干，在工人阶级中共布尔什维克旗帜下，久经民族解放斗争锻炼，政治上是可靠的"，它的党员和基层组织是有相当丰富的革命经验和斗争能力的，是深得群众信任的。因此，"东北党组织必须继续成为东北人民解放斗争指导的组织"。具体办法就是"在吉东、北满两省委及南满党的基础上，建立新的中共东北党组织临时委员会；同时废止现有的吉东、北满两省委"。**37**

9 月 5 日，王新林在伯力同周保中、张寿篯谈话，讨论并决定了抗联教导旅的党组织建立问题。

1942 年 9 月 13 日，抗日联军教导旅召开了全体中共党员大会，正式成立中共东北党组织特别支部局。会上，首先由周保中作了《关于留 C（苏）中共东北党组织总结状况及改组的报告》[38]，报告简述了自1940年冬以来东北游击运动的状况及南北两野营组织成立的经过，肯定了成绩，总结了经验教训。同时，对于支部局的建立作了原则说明，指出，新建立的抗联教导旅党的委员会名称定为"独立步兵旅中共东北党组织特别支部局"（亦称东北党委员会），特别支部局要执行中共政治路线，"中共党组织底基本不改变"；"旅中共党组织包括在营（地）和出发派遣的党员"，特别支部"对原有的中共东北党组织关系不改变"；特别支队的领导核心是旅长（中共党员）和政治副旅长（中共党员），由旅长、政治副旅长、支部局书记负责特别支部局的日常领导工作。特别支部局同教导旅内联共党组织的关系是"兄弟党的关系"，既要保持工作上的紧密联系与合作，如公开大会和党的积极分子教育会议可以合开或互相通气，又要各自保持自己的独立性。报告对于特别支部局的任务和组织法亦作了明确规定。

会议依据特别支部局组织法选举了特别支部局第一届执行委员和候补委员。执行委员有：周保中、张寿篯、崔石泉、金日成、金京石、彭施鲁、王明贵、金策、王效明、安吉、季青。候补委员有：王一知、沈泰山。其中执行委员金策、王效明、安吉、季青因在东北执行战斗任务未能到会。9 月 14 日，新选出的东北党组织特别支部局召开了第一次委员会，选举了特别支部局的书记和副书记，确定了委员分工。选举和分工的结果是：书记为崔石泉，副书记为金日成、金京石。王明贵、王一知负责组织工作，彭施鲁、沈泰山负责宣传工作，金策、王效明、安吉、季青旅内暂不分工，王一知兼管妇女救国会工作，沈泰山兼管抗日救国青年团工作。

中共东北党组织特别支部局，无论就其成立的宗旨，还是就其后来所起到的实际作用来说，都有着双重的身份。第一，它是中共抗联教导旅委员会，负责教导旅的党务工作，平时配合旅长和政治副旅长搞好军事训练和政治教育，发挥党员的先锋模范作用，督促、检查、保证训练任务的完成。在战时，则领导和组织全体党员完成旅长和政治副旅长下达的各项战斗任务。第二，它又是在东北党同党中央失去联系的情况下，全东北党组织的临时最高领导机关，因为它的组织原则规定它的成员同原来东北各地党组织的关系不变，即原来吉东、北满省委和南满省委组织的代表在他们参加本支部局之后仍然保留其原地方组织的代表资格，并不断派出党员、游击队员同东北地区的地下党组织和党员群众保持联系，指导该地区的党组织的活动，贯彻执行党的路线和政策，领导人民进行抗日斗争。**39**

1942 年 8 月，抗联教导旅成立后，进一步加强了军事训练。当时除了派遣小部队和在东北坚持游击活动的人员外，在旅内能参加军事训练的，平均可保持 400 人左右。训练的内容，比在野营时期要求更高，参照苏联远东军司令部颁布的《步兵训练大纲》，结合战时需要和东北游击战争的实际，有计划地进行系统地现代化军事训练，也组织一些特殊技术和技能的学习。

这一时间，教导旅官兵的一般战斗技能经过严格训练后已达到相当高的水平。像队列、刺杀、射击、投弹、瞄准等一般军事训练项目，完全是按照苏军训练大纲来组织与考核训练的。此外，教导旅同时也讲授战术、军事地形、爆破等课程。

这一时期，教导旅的特战技能也达到了相当高的水平。主要是空降和滑雪，其强度与标准也远比野营初期进行过的空降与滑雪要高出许多。空降训练由旅司令部根据需要组织空降跳伞活动。每年冬季举行一次为期两周的集中滑雪活动，把部队带到 100 公里以外宿营，途中均滑雪而行，并进行编队形、派警戒、搜索、伏击、遭遇战等科目的演习，炊事兵要进行野炊练习，一切从实战出发。宿营后，各部队相互间进行侦察、偷袭方面的战术演习，并设临时射击场进行实弹射击演习。

东北抗联教导旅野营政治与军事整训，有力地提高了广大指战员的素质，保持了一批抗日斗争的骨干力量，为后来在东北展开全面反攻，打造了一支训练有素、装备精良的精锐之师。

注　释

1.《东北抗日联军史料》编写组编著：《东北抗日联军史料》（上），中共党史资料出版社1987年版，第199页。

2.《东北抗日联军史料》编写组编著：《东北抗日联军史料》（上），中共党史资料出版社1987年版，第201页。

3. 周保中：《东北抗日游击日记》，人民出版社1991年版，第510页。

4.《东北抗日联军斗争史》编写组编著：《东北抗日联军斗争史》，人民出版社1991年版，第439页。

5.《东北抗日联军史料》编写组编著：《东北抗日联军史料》（下），中共党史资料出版社1987年版，第224页。

6. 高树桥：《东北抗日联军后期斗争史》，白山出版社1993年版，第138页。

7.《东北抗日联军史》编写组：《东北抗日联军史》（下），中共党史出版社2015年版，第935页。

8.《东北抗日联军史》编写组：《东北抗日联军史》（下），中共党史出版社2015年版，第934页。

9. 高树桥：《东北抗日联军后期斗争史》，白山出版社1993年版，第140页。

10. 高树桥：《东北抗日联军后期斗争史》，白山出版社1993年版，第140页。

11.《东北抗日联军史》编写组：《东北抗日联军史》（下），中共党史出版社2015年版，第935页。

12. 彭训厚主编：《友谊：中苏联合抗战纪实》，五洲传播出版社2015年版，第144页。

13. 高树桥：《东北抗日联军后期斗争史》，白山出版社1993年版，第148页。

14. 高树桥：《东北抗日联军后期斗争史》，白山出版社1993年版，第149页。

15. 高树桥：《东北抗日联军后期斗争史》，白山出版社1993年版，第149页。

16. 中国人民解放军历史资料丛书编审委员会编：《东北抗日联军·大事记·回忆史料·参考资料》，白山出版社2011年版，第356页。

17.《东北抗日联军史料》编写组编著：《东北抗日联军史料》（下），中共党史资料出版社1987年版，第232页。

18. 彭施鲁：《在苏联北野营的五年》，《黑龙江党史资料》第10辑。

19. 高树桥：《东北抗日联军后期斗争史》，白山出版社1993年版，第185页。

20. 中国人民解放军历史资料丛书编审委员会编:《东北抗日联军·文献》,白山出版社 2011 年版,第 861 页。

21. 中国人民解放军历史资料丛书编审委员会编:《东北抗日联军·文献》,白山出版社 2011 年版,第 911 页。

22. 中国人民解放军历史资料丛书编审委员会编:《东北抗日联军·文献》,白山出版社 2011 年版,第 912 页。

23. 中国人民解放军历史资料丛书编审委员会编:《东北抗日联军·文献》,白山出版社 2011 年版,第 942 页。

24. 周保中:《东北抗日游击日记》,人民出版社 1991 年版,第 609 页。

25. 中国人民解放军历史资料丛书编审委员会编:《东北抗日联军·文献》,白山出版社 2011 年版,第 861 页。

26.《东北抗日联军史》编写组:《东北抗日联军史》(下),中共党史出版社 2015 年版,第 958 页。

27.《毛泽东选集》第三卷,人民出版社 1991 年版,第 1011 页。

28.《东北抗日联军史》编写组:《东北抗日联军史》(下),中共党史资料出版社 2015 年版,第 960 页。

29.《周保中给刘支队副雁来同志信》,1942 年 2 月 10 日,见《中共满洲省委全宗汇集》第 48 卷。

30. 中国人民解放军历史资料丛书编审委员会编:《东北抗日联军·文献》,白山出版社 2011 年版,第 965 页。

31.《东北抗日联军斗争史》编写组:《东北抗日联军斗争史》(下),人民出版社 1991 年版,第 465 页。

32. 高树桥:《东北抗日联军后期斗争史》,白山出版社 1993 年版,第 202 页。

33. 周保中:《东北抗日游击日记》,人民出版社 1991 年版,第 615—616 页。

34. 中国人民解放军历史资料丛书编审委员会编:《东北抗日联军·文献》,白山出版社 2011 年版,第 936 页。

35. 周保中:《东北抗日游击日记》,人民出版社 1991 年版,第 662 页。

36. 周保中:《东北抗日游击日记》,人民出版社 1991 年版,第 662 页。

37. 中国人民解放军历史资料丛书编审委员会编:《东北抗日联军·文献》,白山出版社 2011 年版,第 927 页。

38. 中国人民解放军历史资料丛书编审委员会编:《东北抗日联军·文献》,白山出版社 2011 年版,第 927 页。

39.《东北抗日联军史》编写组:《东北抗日联军史》(下),中共党史出版社 2015 年版,第 955 页。

第 二 十 章

重返战场　大反攻中的东北抗联

黎明前的战斗，抗联小分队返国作战与侦察——留守东北的抗联部队在战斗——赵尚志："我死也要死在东北的战场上！"——从游击战向现代化作战转变——大反攻在即，抗联进行了政治动员——苏联对日宣战，抗联周密准备反攻——夺占先机，抗联抢占东北57座城镇——利用特殊身份，卓成有效地建党建政建军——完成多年夙愿：与党中央取得直接联系——周保中向党汇报，东北抗联光荣历史终结——永载中华民族史册的东北抗联

黎明前的战斗，抗联小分队返国作战与侦察

抗联野营建立后，经过一段休整和补充，一部分队伍先行返回东北进行小群游击活动。《苏日中立条约》签订后，主力部队大批返回东北战场受到限制，遂决定派遣小部队回东北，继续执行东北反日游击战争的各种任务。这种小部队是在特定的历史条件下，在一定的区域和规定的时间内进行反日游击活动的一种方式。每支小部队的人数和活动期限，则是根据其执行任务情况而定。小部队的人数少则二三人，多则十几人到二三十人不等。活动时间有十几天，两三个月，最长则达一年以上。

抗联返国小部队所担负的任务，概括起来有下列四项：

第一，寻人。寻找、收拢与抗联各路军总指挥部断绝联系而失散在各地，特别是失散在中东路道南及南满一带的第一路军部队。

第二，潜伏。派遣少数精干人员潜伏地方巡视工作，恢复旧有的各种地方组织，秘密发展新的反日会等群众组织，慎重、少量地征收新队员，对群众进行抗日宣传，积聚抗日力量。

第三，侦察。调查了解敌伪各种统治手段、广大群众的政治情绪及生活状况，在指定区域内对敌人的一切军事设施、兵力配备、部队调动、交通运输等方面进行侦察。

第四，联络。担任交通联络，护送出入境的人员；在比较隐蔽、安全地区建立临时的据点，在有利条件下伺机破坏敌人的交通运输，对敌人实行突然袭击。

有的小部队综合执行上述任务，有的小部队专门完成特定的一项任务。一般地讲，在 1942 年以前派出的小部队，以执行综合任务为主，1942 年以后以专门的军事侦察为主。在派遣方法上，有的是抗联各部领导人与苏方代表协商决定；也有的是由苏方单独决定，这主要是执行军事侦察任务。从 1941 年春到 1945 年 8 月以前，共派遣小部队 30 余支，累计人数在 300 人以上。[1]

最早被派遣回东北执行任务的，是在南野营的第一路军的一支小部队。1940 年冬抗联各部先后越境入苏后，尚未得知第一路军副总司令魏拯民病逝及其所率队伍的确切消息，此外，还有一部分与主力失去联系的第一路军部队也需要设法找到。1941 年 2 月间，抗联部队领导人即决定派两支小部队返回东北执行上述任务。抗联第一路军越境部队在南野营经过休整后，决定组织以金日成为首的第一支小部队、以安吉为首的第二支小部队返回东北。同年 3 月，周保中写信给苏军联络官王新林，认为经过整理以后的第一支小部队和第二支小部队，派遣回东北执行任务，继续抗日游击斗争是有相当保障的。

金日成小部队有朴德山、董崇斌、金铁宇、柳三孙等 29 名组成，于 1941 年 4 月 9 日晚越境，向珲春、汪清方向前进。由于初春积雪未化行军受阻，他们在珲、汪交界处滞留多日，5 月 3 日继续前进，经绥芬大甸子南方太平沟、石头河子、小汪清，到大肚川附近的夹皮沟和大荒沟一带。因携带无线电台不便长途行军，遂留下朴德山带领的共 10 人组成的小分队，携带电台负责在图佳线小城子至图门之间及东宁至汪清的铁路两侧地区进行扰敌活动，并完成敌情侦察和宣传群众的任务。其余部队由金日成率领于 5 月 12 日继续向敦化和桦甸方向前进。为便利行动，于 5 月 20 日把人员分成 3 个小分队，继续搜寻魏拯民及第一路军部队。各小队分头活动两月余未得知任何消息，遂于 7 月 28 日在汪清县大荒沟、大肚川一带会合。当时讨论决定朴德山率一部分人向图门、石观附近活动，金日成则率一部分人向香水河子、大甸子、老母猪河一带寻找安吉小部队。但这时安吉小部队尚未从苏境出发，故联系不成。根据苏德战争爆发后的新形势，需要研究确定新的活动方案，金日成乃决定暂留朴德山、柳三孙等 14 人继续在图门、汪清一带活动，其余人员由金日成率领返回苏境，8 月 28 日到达双城子，8 月 30 日给抗联驻野营领导人写了报告。9 月 14 日，金日成率队又离开苏境前往图门、汪清一带会合留在那里的小部队。这支小部队一直到 1941 年 11 月 12 日才返回野营。此次派遣除找第一路军余部外，还进行了大量的关于敌情方面的侦察工作，在许多地方恢复了一些旧有的地方组织关系。**2**

第一路军原定的安吉第二支小部队因故出发较晚，在安吉小队出发前，南野营另派季青、陶净非小队出发执行综合派遣任务。1941 年 7 月 25 日周保中写信给南野营的柴世荣、季青、安吉、崔贤，指示由南野营第一、二路军人员混合编成一个有力的部队，由柴世荣、季青直接指挥掌握，队长及政委分别由崔贤、安吉担任。这支小部队的任务是：努力恢复道南各地原有之党、群众组织的联系；尽一切可能迅速与第一路军副司令魏拯民和已派遣的第一小部队及在五常、舒兰一带的第五军、第十军分散部队建立联络；编成的小部队在非常必要时，展开牡、穆、敦、额、汪、延各地的游击活动，破坏敌人的交通，焚毁仓库等，尽可能从侧面或后方扰乱、牵制敌人。

　　根据这一指示精神，南野营于 7 月末组成一支 16 人的混编小部队，由季青和陶净非率领于 8 月 11 日晚越境。8 月 15 日，在东宁县老黑山东南黑瞎子沟与敌遭遇，小部队安全退走。9 月初，小部队得知敌人"讨伐队"在大甸子一带行动，遂将部队向西移动，敌"讨伐队"也一路尾追而来。为完成派遣任务，保存实力，小部队尽量避免与敌人接触交战，一直在大甸子、三道河西沟、大石头河子等地活动，寻找地方关系，侦察敌情。但由于形势紧张，和地方联系的机会很少。当时已确知魏拯民病逝，加之越冬物品没有准备，季青小部队于 11 月 2 日回到南野营。3

　　北野营派遣小部队人数较多的，是第二路军的王效明支队长率领的小部队。王效明小部队于 1941 年 7 月末出发，坐船过乌苏里江在饶河西林子一带上岸。先到饶河爆马顶子密营稍事休整，把刘雁来留守部队的于保合调到王效明小队，任命他为电台报务主任。从爆马顶子密营出发后因大雨河水暴涨，行路困难，所带给养用完，费时 20 余日始到达宝清西沟拉磨山，行军途中有 5 人因病饿而牺牲。这里属完达山区，面积很大，南面是密山，东面是虎林，北面是富锦，四周都驻有大批日伪军，这是一个中间地带。王效明小部队在拉磨山里建了临时住处，选择了空降点，准备了联络信号。王效明小部队到达宝清山区后曾一度与在野营的总指挥部失去电讯联络，12 月中旬，周保中又派一个交通小队到饶河密营，指示刘雁来小队派人到宝清寻找王效明小部队，并尽快与总指挥部取得联络。1942 年春，王效明和姜信泰分别带领一个小队活动。王效明率队到宝清、饶河交界处的大五碴子一带，在那里找到了原第五军副官刘长胜，这时刘与总指挥部失去了联络，领十几个人在山里种地。姜信泰小队则到林佳线东、林虎线北一带活动，曾炸毁铁路桥梁多处。另外在拉磨山里还留几个人种地。1942 年 6 月，总指挥部派郭祥云、朴洛权小队携带电池、军衣、机枪 1 挺和大枪 9 支及一批子弹到达王效明小部队驻地，传达了上级指示。王效明回信中详细地报告了饶河一带的敌情及当地群众生活困难情形。10 月、11 月王效明两次收到通知，除令其率领 12 名精壮人员继续留在原地活动外，其他人员连同在富锦、桦川一带活动的姜信泰部归还野营。总指挥部表扬了王效明小部队在一年多的艰苦斗争中，"获得了可贵的工作成绩"，提供了"最有价值的情报"，希望他们不辞劳苦，继续坚持到 1943 年春。[4]1943 年 4 月，王效明小部队返回抗联教导旅，只留下少数人员担任富锦、宝清一带的侦察工作。

1941 年夏季由北野营派出的小部队，还有赫永贵小队 5 人，高万有和曹曙焰小队 5 人，李忠彦小队 5 人，护送金策返回东北的小队 4 人等。这些小部队的活动主要在两个地区，一是北黑铁路两侧原第三路军活动区域，二是牡丹江、林口一带原第二路军活动区域。这批小部队由抗联领导同志和苏方共同派遣，受双重领导。野营领导同志交代他们的三项任务是：联系失散部队；宣传抗日救国，扩大抗联影响，让群众知道抗联仍在坚持斗争；争取发展抗联力量。苏联远东边防军交给的任务是：了解敌人边防军事布置；敌人兵力调动情况，是否有迹象调兵进攻苏联；敌人边防工事构筑情况。这些小部队一般在较短时间内便返回野营。

总的来看，1941 年整个夏季，除派出王效明小部队外，北野营先后派出 6 支特别派遣小分队回国活动，还有个别派遣人员大约 50 名以上，这不包括在此之前派出和由苏方直接派出的。南野营除苏方个别临时派遣外，经野营派出的较大的小部队共 3 个，近 60 人。[5]1942 年 3 月以后，南野营又先后派遣了 11 支小分队回国。到 1943 年为止，抗联教导旅基本上停止了小部队的派遣。但在南野营还有一些抗联人员没有回到抗联教导旅，他们仍在苏军王新林的指挥下执行小部队任务。

抗联教导旅停止派遣小部队以后，由苏方直接派遣的军事侦察活动仍在进行。抗联野营、教导旅派出的小部队在执行综合任务的同时，也搞军事侦察，但它与苏方直接派遣的军事侦察人员有很大不同。苏方直接派出的军事侦察人员，北野营由苏军杨林，南野营由苏军瑞金负责调动并直接交代任务。

最早被苏联远东边防军派回东北进行侦察工作的是李明顺。他原是抗联

第三军第四师第三十二团团长，1938 年底率一小部分人员进入苏境。经过
审查和学习后，于 1939 年春开始接受特别派遣任务。他从 1940 年到 1945
年 7 月以前，曾多次被派遣回东北宁安、穆棱一带进行军事侦察，先后联系
和发展了几个地方关系，利用猎户有进山执照的合法身份，以给日伪军送鹿
肉、鹿茸为由，收集到许多可靠的情报。如弄清了宁安卧龙屯日军飞机场位
置、飞机架数。这一情报使苏军在 1945 年 8 月出兵东北时，准确无误地将
该机场全部炸毁。此外，第一路军的吕英俊、黄生发、王传圣，抗联第三军
的李东光等都是越境后，经过审查和训练派出搞侦察的。据 1942 年 4 月 8
日安吉的报告记载，仅在南野营就有由苏联领导下"做个别侦察工作者 50
余名" 6 。

　　抗联的指战员对苏军提出的军事侦察工作是很重视的，一方面是出于
将来反日游击战争的需要；另一方面，也是履行一种义不容辞的国际主义义
务。他们都以高度爱国主义和国际主义精神，不怕艰难困苦，冒生命危险执
行任务，并付出了巨大牺牲。仅 1943 年 1 月的不完全统计，执行小部队任
务的原南野营抗联人员就牺牲近 30 人，被捕 5 人，负伤 1 人。抗联人员就
是在这种险恶的条件下完成侦察任务的。

　　日本帝国主义为加强其在东北的统治，镇压东北抗日力量，同时也为了
对苏联进行防御和军事进攻的准备，所以在东北各地，特别是在中苏边境地
带修筑了大量军事设施，形成了完整的防御体系。截至 1945 年夏，日军在
中苏边境沿我国境内苦心修建了 17 个筑垒地域，总长度达 1000 多公里，其
中大的筑垒地域正面长 50—100 公里，纵深 40—45 公里。抗联部队广大官
兵在 1940 年到 1945 年 8 月以前的各种侦察活动中，收集了大量真实的有价
值的军事情报，实地查明了这些筑垒地域的构成如工事结构、位置、坚固程
度、人员住所、弹药库、粮库、供水系统、发电站、飞机场和大小桥梁以及
军队数量、番号、调动情况等，为后来苏联出兵东北对日作战提供了一批极
为重要的第一手敌情资料，为夺取东北抗日战争的最后胜利和世界反法西斯

战争的最后胜利作出了重要贡献。

1945 年 8 月，苏军在进军东北对日作战前夕，最高统帅部绘制了边境地带日军防御工事详图，下发连以上军官人手一册。[7] 苏军后贝加尔方面军参谋长 M.B. 扎哈罗夫在他主编的《结局》一书中，在谈到苏军对日作战时说道："我光荣的边防军给予了各方面军进攻部队以巨大援助"，"尤其是在战役的第一个夜里，有许多边防军人充当进攻部队先遣支队和侦察支队的向导"。这位参谋长赞扬说："由于苏联边防军人的高超技能、机智灵活和英雄主义精神，日军边防警备分队和哨所在战斗的头几个小时里就被粉碎和摧毁了，这加速了粉碎关东军的总胜利。"[8]

在这里，扎哈罗夫虽然只字未提东北抗日联军小部队的贡献，但他所说的那种具有"高超技能、机智灵活和英雄主义精神"的"特种编外支队"并不完全是苏联边防军人，其中相当多数人是东北抗日联军指战员。至于发到连以上的日军工事地图，当然也不可能是边防军单独完成的。东北抗联指战员多年来为侦察日军军事情况所作出的巨大贡献，应该载入世界反法西斯战争胜利的史册上。

留守东北的抗联部队在战斗

当抗联主力部队先后在野营和教导旅整训期间，一部分抗联队伍仍然在东北坚持游击活动。其中，实力最强的是第三路军的第三、六、九、十二支队，其中，第三支队尤为突出。此外，第二路军第二支队小部队也在东北坚持斗争。限于篇幅，仅介绍留守部队中的两支部队，即第三路军第三支队和第二路军第二支队。

抗联第三支队又是留在原地坚持斗争的第三路军各部中实力最强的队伍。第三支队 80 余人，在苏境经一段时间休整，队员恢复了健康，武器装备也大大加强，平均每人有 4 颗手榴弹、500 发子弹，每七八人就有 1 挺机枪。1942 年 3 月初，在抗联其他部队停止派遣之后，第三支队在一个风雪交加的夜晚奉命出发，重返北满抗日前线，坚持抗日游击斗争。

1941 年 3 月初，王明贵率领第三支队返回东北，初春雪大，行动缓慢，3 月中旬到达北安县境。原计划部队从这里穿过北黑线，挺进朝阳山以西的嫩江平原开展游击活动。从 3 月到 5 月，第三支队连续攻打了北黑线上的辰清火车站，在获得给养与马匹后，为摆脱敌人"讨伐"迅速向朝阳山退去。

6 月间，冰雪开始融化。抗联第三路军总指挥部命令第三支队向大兴岭一带进发，开辟抗日游击区，破坏敌人后方，牵制日军发动对苏战争。此时，敌人以重兵 6 路追击，第三支队转移到朝阳山外，变为骑兵进行活动。6 月间，第三支队到达瑷珲县境，于 6 月 23 日袭击了罕达气金矿，包围了驻守的日军和矿警，获步枪 27 支、手枪 14 支，一批步枪、手枪子弹，现款 1 万余元和其他物资甚多。第三支队退出罕达气金矿后，于 6 月 29 日在嫩江八站与伪国境警察队 40 余人遭遇。第三支队先头部队 8 人接近村庄时被敌人发觉开枪射击，一战士当场牺牲，5 人负伤。小队长郭成章负伤后仍持枪射击，把敌人困在房里，部队赶到时，敌人全部缴枪。

八站战斗之后，第三支队跨过嫩江向阿荣旗、甘南一带活动。这时正值青纱帐起，山林繁茂，山地平原作战均为有利。7 月上旬袭破"满鲜木业"五号和四号木营，缴获大批粮食和其他食品等物资。7 月末在阿荣旗多布库尔河袭击了敌人两座仓库，支队将库存数万斤粮食运到山里，秘密储藏起来，以备急需之用。这一带河流很多，甘河水势猛涨，不能涉水过河，当时敌人控制了所有渡口和船只，企图利用天然条件截断第三支队的出路。在这种情况下，第三支队指战员把从敌人手里缴获的帐篷做成麻布船，把马匹和给养安全运抵甘河之北，进入毕拉河流域，深入到居住在那里的少数民族——鄂伦春族部落之中，向鄂伦春族首领和群众宣传解释我党的抗日主张和民族政策。鄂伦春族人民一向仇恨日本侵略者，他们把在中国共产党领导下的抗日联军看成是自己的亲人，用最隆重的民族礼仪来欢迎抗联的战士们。第三支队领导人按照鄂伦春人的习惯，同他们的头领结拜为兄弟，双方表示携手抗日，同甘共苦，生死不渝。他们在一起商谈了抗日救国大计。从此，鄂伦春族居住的毕拉河岸成为抗联第三支队存粮、休整、养伤的后方基地。9

8月份，第三支队走出毕拉河，又展开了一系列的小群突击作战。

8月11日，由少数民族兄弟引路，袭击了格尼河日本恰合公司采伐作业区，缴获大批粮食、干菜、食盐和其他日用品，公司资本家金清宪太郎被击毙。

8月25日，攻克阿荣旗震威庄伪警察署，这是第三支队走出山林，在平原展开的一次战斗。消息很快传遍了阿荣旗，群众说抗联又回来了。以后，第三支队又先后进行了攻克了毓丰堡，瓦解了许家围子伪警察所。

9月16日，第三支队成功地攻破了宝山镇伪警察署，这次战斗缴获一大批物资，解决了冬季服装。此后，又先后进行了骆驼山战斗、石场沟战斗、王家地营子战斗、火勒气战斗。

由于第三支队在开展这种机动灵活的小群游击战的同时，密切联系当地抗日群众，保守了部队行动的机密，所以尽管敌人利用这个地区交通便利的条件，投入了超过我10倍的兵力对第三支队进行迂回、包围、搜索，仍然没能达到其消灭我军的目的。入秋以后，第三支队顺利返回毕拉河休整，在鄂伦春兄弟民族支援下，储存了粮食，换了冬装。10

1941年10月德军包围了列宁格勒，兵临莫斯科城下，德国法西斯强盗的暂时得势，进一步刺激了日本帝国主义者的侵略扩张欲望，于是他们一面加紧准备发动进攻英美的太平洋战争，一面指令伪"满洲国"做好对苏作战准备，加紧修筑各种军事设施。在日本侵略当局的导演下，伪"满洲国"颁布了所谓"战时法令"，宣布"满洲国处于战斗状态"，在北黑线上，把民用列车完全改为军事运输，差不多每小时都有向北开的运兵或运输军用物资的列车。

10月末，第三支队得到情报，日伪军从诺敏河出发到毕拉河一带"讨伐"。

部队改变了在这里休整的计划，向毕拉河以西的山里转移。部队在茫茫林海行军4天，行程500里。途中，第三支队又发动了一系列的袭击战斗。也在转移途中多次遭铃木"讨伐队"的追击，部队伤亡很大。以后，部队又进入巴彦旗境内，政治部主任王钧身负重伤，随同30余名学员先行赴苏。

1942年2月13日，日军铃木"讨伐队"和伪警察队将第三支队包围在库楚河边，激烈战斗从中午进行至深夜，敌我伤亡均极惨重。因我军地形不利处于被动，部队伤亡60余人，只有16人冲出敌阵。这16人在支队长王明贵、宣传科长陈雷率领下，经过20多天的艰苦行程，冲破敌人层层围困和追击，到了黑龙江边越界入苏，1942年3月初到达北野营，但这时第三支队只剩下11人。

第三路军第三支队在1941年的小群游击战争中取得了一些胜利。到是年12月中旬，共进行大小战斗17次，夺得轻机枪1挺、步枪140支、毛瑟枪20支、子弹1.8万发；俘虏伪军士兵135名；夺取粮食数万斤，其他物品甚多，黄金10余两；破坏伪警察署（所）5处，破坏木工业10余处。但是1941年冬季到来以后大雪封山，日伪军"讨伐队"步步进逼，尾追阻击。部队退到山里以后与群众断绝联系，给养缺乏，行动困难，最后受到严重损失，难以坚持下去，只好退入苏联境内休整。

抗联成立野营前后，第二路军尚留有第二支队副支队长刘雁来率领的小部队在宝清、虎林、饶河地区。该小部队计有十几个人，多时有18人。该部以饶河暴马顶子密营为基地，不时选择有利时机侦察敌情，破坏敌人交通。但其主要任务是在崇山密林中开荒种地，为抗联主力部队筹集和储备粮食给养。

刘雁来是1940年4月被任命为第二支队副队长的。这年11月末，由于敌情严重，支队长王效明率主力转移到苏联境内整训，刘雁来率十几名队员继续留在饶河大叶子沟执行任务。

1941 年春，周保中给刘雁来小队发出指示，要求小队"时刻加紧注意警戒和时刻有战斗准备"，并嘱咐他们准备好春天自耕的粮食种子。1941 年一年内，刘雁来小队以饶河为中心，在北到抚远，南到虎林独木河，西到宝清义顺号这一地区进行秘密活动，侦察、收集日伪军兵力布置、交通运输等政治、军事情报，并多次派交通员向在苏境的第二路军总部报告。这一年粮食生产也取得了可观的成绩，计收玉米 40 石、马铃薯 250 麻袋、萝卜 2 万斤。所收粮食全部用土仓储存起来**11**。

1942 年 2 月 20 日，总指挥部给刘雁来小队写信，指示他们加强对饶河地区敌情的侦察工作。诸如日军兵力、调防、部队番号、军事建筑、仓库以及当地群众生活、思想情绪等都要进行侦察。还指示他们不要继续留在旧的地方根据地，要"另行经营新的后方根据地"，继续做好春耕准备工作，并要求小队筹集一批菜籽送到野营**12**。根据上级指示，刘雁来小队在这一年除继续种地外，还增加了侦察任务，并和被派遣回东北的王效明小部队取得了联系。

1942 年 10 月 29 日，第二路军总指挥部写信表扬刘雁来小队"能够齐心努力，不怕辛苦遭罪，有组织、有纪律，这是值得尊敬的"。这个小队除原有的队员外，在一年多斗争中又发展了几名新队员。当时饶河一带敌情紧张，小部队处于四面包围之中，时刻都有被袭击和消灭的危险。这个小部队的人员后来有所调整，但一直坚持在饶河地区进行活动。

1943 年 8 月 27 日，周保中指示刘雁来、李永镐，要求第二支队在下江活动的全体人员，在冬季红面结冻时全部越境到苏。根据这一指示，刘雁来小队大部分人员奉命前往抗联教导旅参加整训、学习，但仍留少数人在饶河后方密营行动。

1940 年底抗联成立野营后，仍在东北坚持原地斗争的抗联部队处境极其困难。由于敌人推行"集家并屯"政策，疯狂"讨伐"抗日武装，斗争环境越来越残酷。抗联部队在夏秋两季靠大自然的赐予还可以维持最低的生存条件，山菜、野果皆可充饥，山洞、密林也可为栖身之所。但冬季到来，气候严寒，粮食断绝，煮苞米粒是最好的食品，有时竟连冻菜叶也难得到。但是，在这样极其艰险环境中，抗联部队始终高举抗日救国旗帜，战斗在祖国的土地上，为东北人民解放事业作出了重要贡献。

赵尚志："我死也要死在东北的战场上！"

当1940年末、1941年初，抗联领导干部汇集远东，召开第二次伯力会议的时候，周保中、金策、张寿篯、冯仲云、赵尚志曾满怀希望认真交换意见，澄清问题，消除误会。但由于许多复杂的原因，赵尚志被取消参加会议的资格，并被撤销了抗联第二路军副总指挥职务，此后赵尚志一直留在远东军方面。

赵尚志为何被撤销第二路军副总指挥的职务？

其一，1939年4月10日，在中共北满省委第二次全体执委会议上，对赵尚志当年在珠、汤联席会议上抵制中共驻共产国际代表团王明、康生1935年6月3日《给东北负责同志的秘密信》的做法和主张加以否定，决定撤销他的省委执委主席、第三军军长、北满抗日联军总司令的职务，并给予党内严重警告处分。

其二，被苏军扣押的一年半后，1939年5月苏联方面以"误会"之说释放了赵尚志，赵尚志率100多人的队伍重返东北投入战斗。在这期间，他错杀了和自己意见不同的东北抗联第十一军军长祁致中。10月，赵尚志致信给中共北满临时省委的主要负责人，要求召开党和军队领导会议，商讨重整抗日阵容。12月末，有人向北满省委主要领导人汇报了赵尚志错杀祁致中的事，北满省委更加难以容忍赵尚志，同时也对赵尚志请求召开党和军队领导会议的动机产生怀疑。结果，赵尚志在约定地点一连等了3个月，也不见省委派人来联系。当时给养断绝，处境困难，赵尚志正好接到苏联方面通知，命他率领司令部 20 多人再次入苏，于 1940 年初参加在伯力召开的中共吉东、北满省委代表联席会议，即第一次伯力会议。会议期间，赵尚志遭到批判，被取消了出席这次会议的资格，同时被撤销了抗联第二路军副总指挥的职务，更为严重的是，会议传达了北满临时省委第十次常委会《关于永远开除赵尚志党籍》的决定。对此，不仅赵尚志感到突然，连冯仲云、周保中等也感到意外。

在蒙受这样的打击之后，赵尚志的心情极为沉重。他在还没有见到省委正式决定之前，便急切地给省委写了一份请求书，恳切地请求党组织重新审查，恢复自己的党籍。他在请求书中说："自己一天也不能离开党，望党组织一天也不要放弃对我的领导。"**13** 后来，经周中保、冯仲云和赵尚志本人的再三交涉，1941 年 2 月，北满省委作出了让步，把"永远开除党籍"转为"开除党籍"，但失去党籍使得赵尚志再无回到第三路军工作的可能。第一次伯力会议后，在赵尚志的困难时刻，吉东省委书记、第二路军总指挥周保中向他伸出了热情的手。他考虑到自己因为工作需要，要留在苏联境内一段时间，正好可以邀请赵尚志到第二路军来担任副总指挥，给自己当一个助手，发挥他的军事才能，让他回祖国东北去指挥部队作战。赵尚志怀着感激的心情接受了这一邀请。

1941 年 10 月，苏联西线战局吃紧，远东局势也日趋紧张。为了应付日本帝国主义在远东燃起的战火，苏军也积极进行备战，在这一时期苏军远东军派遣大批以抗联人员为主要力量的小部队，返回东北执行各种军事任务。

赵尚志被开除党籍，撤销职务，并没有丝毫动摇他的革命意志和抗日决心，他光复祖国、消灭日寇的信念始终坚定不移。在苏联的日日夜夜里，他无时无刻不在盼望重返东北抗日前线。由于他的坚决要求，苏联方面终于答应了他的请求，于 1941 年秋允许他带一个 5 人小分队回东北活动。他深情而又坚定地对周围的同志说："我死也要死在东北的战场上。"**14**

据参加该小队执行任务的张凤岐回忆，当时远东军交给该小队的任务是：一旦苏日战争爆发，小部队便立即炸毁兴山（鹤岗）的发电厂和佳木斯至汤原间的铁路，配合苏方在小兴安岭深处老白山附近修建飞机场。苏方要求小部队过界3个月后，不管情形如何，必须返回苏联**15**。

10月中旬，赵尚志率姜立新、张凤岐、赵海涛、韩有组成小部队，携武器和几十斤烈性炸药，从伯力先乘火车后转乘汽车到达黑龙江沿岸。在苏边防军协助下，秘密渡江在萝北县境登岸。他们一行5人在大马河口向南经4天艰苦跋涉，到达梧桐河上游老白山地区，并选定老白山东南坡姜把头趟子房作为活动据点，隐蔽等待执行预定任务。他们一直等了两个月，也无苏日战争消息。赵尚志心情急躁，他决定不再继续等下去，率小部队走出隐蔽地点，到周围趟子房开展活动，以扩大发展抗日武装。

时值隆冬，小部队冒着零下三四十摄氏度的严寒，蹚着没膝深的积雪，在小兴安岭密林深处梧桐河和汤旺河上游间，接连审了董家大营、四海店、板子房等四五个趟子房，了解敌情，向抗日群众宣传。

12月23日，小部队到达汤原县北部乌德库（今伊春市境内），在距伪警防所北方64公里处，吸收了采集皮货的青年王永孝入队。1942年1月中旬，赵尚志与小部队6人在鹤立、汤原北部活动时，因已到规定返回日期，赵尚志决定派赵海涛、张凤岐、韩有3名队员去苏联汇报情况，自率姜立新、王永孝返回姜把头趟子房。

赵尚志在鹤立、汤原一带活动的消息，在1941年12月下旬已被日伪所侦知。据鹤立县警务科伪装成特务的冯界德报告称"赵尚志等五名突然来到鹤立县梧桐河西北100华里的青山沟打猎人王永江、冯界德居住的山里小房"**16**。汤原县报告称"2月23日，身着日本军服的赵尚志直属部下姜立新、张凤岐等五名，于汤原乌德库警务所北方64里的地点（东梧桐河上流）绑去打猎人王文孝并抢去200张毛皮"**17**。

赵尚志的突然出现引起了敌人的注意和恐慌。赵尚志一直是日伪捕杀的对象，但因赵在苏联滞留一段时期，所以在敌人情报线上已失踪一年多。伪鹤立县警佐、兴山警察署署长田井久二郎与该署特务主任监督尉东城正雄将这一情报作为甲种情报报告上级，并制订了诱捕赵尚志的计划，即"派遣伪装的密探潜入赵将军部队，把赵将军引诱到警察势力范围内，伺机使他负重伤，并加以逮捕"[18]。于是，他们选择特务刘德山等人于1942年1月下旬伪装成收山货老客进入鹤立县北部山区。日伪当局答应，事成之后将给刘优厚赏金。为配合刘德山行动，伪鹤立县警备队警长穴泽武夫以下16人进驻北部山区担任警戒，同时又派出王秀峰等25名特务由梧桐河附近进山专做情报联络工作。

2月初，刘德山不但找到了赵尚志一行，而且向其提供了日伪假情报以骗取赵尚志的信任，取得了"盖有赵尚志印章的副官兼游击队长的任职令，同时发给步枪1支和子弹200发，手榴弹2个"[19]。

但刘德山无法按规定时间将情报送出。田井久二郎再派二号特务张青玉进山执行同样任务。2月8日，张青玉在梧桐河北40公里处姜把头趟子房找到了赵尚志小部队。赵尚志怀疑张青玉是密探，要将其枪毙。刘德山诡称张是其亲友，是来找他的。赵尚志解除了怀疑，未进行必要的审查，便允许其加入小部队。此后，刘、张二人极力怂恿赵尚志袭击梧桐河伪警察分驻所。赵轻信其言，将人员分成两组，一组袭击伪警察分驻所，一组袭击警备队，以便夺取武器、弹药和粮食。

11日夜，赵率队向预定目标移动。12日凌晨6时，小部队到达梧桐河北两公里处的单独农户孙某家中。这时，刘对赵尚志说，袭击前应先了解一下情况，遂派张去了解情况。张按事先的约定，奔往分驻所急报。

12日凌晨2时30分，在梧桐河担任警戒任务的伪县警备队长穴泽武夫带12名伪警察、14名警备队员组成"讨伐队"，带特务张青玉于2时40分出发，赵暂时停留现场。但因积雪太厚，行动不便，当潜入距房子约400米地点时，赵尚志发觉，突然射击，遂立即就地散开应战。

战斗进行时，赵尚志立命姜立新携带装有秘密文件及活动经费的文件包转移。姜立新突出包围后径去苏联。

战斗中，紧跟赵尚志背后的刘德山向赵射击，子弹从赵尚志腰间后右下部打进，斜从小腹与胯间穿出，伤势极为严重。但赵尚志知被暗算，反过身来用手枪将刘德山击毙。这时，王永孝腹部被机枪子弹打穿负重伤，敌人遂将昏迷中的赵尚志、王永孝拉到梧桐河伪警察分驻所附近一工棚内进行突击审讯。

赵尚志苏醒过来，忍着剧烈伤痛，切齿痛骂。据《伪三江省警务厅关于射杀前东北抗日联军总指挥赵尚志的情况报告》供述："赵尚志受伤后约活了八个小时左右。在这个时间自供是赵尚志，同时对警察官说'你们不同样是中国人吗？现在你们在卖国。我一个人死不要紧，现在我就要死了还问什么'。说到这里就闭口不语，只是斜视审讯官，对自己的苦痛也一声不响，表现了一个大匪首的气概。"[20]赵尚志在生命最后一刻，忍受着重伤所造成的巨大痛苦，未发一声呻吟，仍然坚贞不屈，和敌人进行了顽强的斗争，表现了中华民族的凛然正气和中国共产党人的高尚气节。

8 个小时后，坚强的抗日英雄赵尚志终于停止了呼吸。一颗赤红、伟大的心脏停止了跳动。中华民族的好儿子、祖国的好战士、党的好党员，东北抗日联军的总司令，在敌人的面前，在祖国的土地上，在自己一生不懈追求党的事业中，流尽了最后一滴血……

牺牲时，他年仅 34 岁。

3 小时后，身负重伤的王永孝也以身殉国。

过了两天，没敌后充任日本特务机关开设的佳木斯三江公寓经理的李华堂，来到了梧桐河伪警察署。日本人要他认一认囚室地下那个死者是不是赵尚志。李华堂只瞅了一眼，眼泪就大滴大滴地掉下来，大叫一声："司令，你到底也这么着了吗?!"他的辨认让东城政雄、穴泽武夫欣喜若狂，当即用锯子锯下英雄的头颅，装进木匣，连夜送到伪三江省警务厅。很快，赵尚志的头颅被送进长春伪满军政部，与杨靖宇的头颅陈列在一起。

日本人对赵尚志之死大加宣传。他们也确实觉得：杀死了杨靖宇，又杀死了赵尚志，东北抗联就彻底完了。

但是东北抗日联军没有完。东北抗日联军仍在战斗！很快，抗联就要重返东北，实施大反攻！

1947年，先于全国大多数地区得到解放的黑龙江省珠河县召开了全县第一届工农代表大会。此次会议作出了一项重要决定：为了永远纪念曾经在那里生活和战斗过的民族英雄赵尚志，改珠河县名为尚志县。珠河改为尚志，是那片黑土地的光荣，因为正是她为那位顶天立地的英雄及其战友们提供了展示其忠心赤胆和聪明才智的舞台；赵尚志的名字成为全中国屈指可数的几个用人名命名的县名，这是他当之无愧的荣光，他用满腔热血和对祖国的无限忠贞，将自己的名字深深地印在了那片沃土之上，印在了生活在那里的老少爷们的心里。

1982年，根据中共中央组织部的通知精神，中共黑龙江省委对开除赵尚志党籍的问题进行了复查，并于同年6月8日作出了《关于恢复赵尚志同志党籍的决定》。《决定》指出：赵尚志同志的一生忠诚党的事业，是一个坚贞的共产主义战士，他在反对日本帝国主义侵略中国的民族解放斗争中，坚强不屈，英勇斗争，作出了重大贡献，直至献出了自己的宝贵生命。因此，开除赵尚志同志的党籍的决定是错误的，是一起历史冤案。决定撤销1940年1月中共北满临时省委常委《关于开除赵尚志党籍的决定》，恢复赵尚志党籍，推倒强加给赵尚志同志的一切不实之词，恢复名誉。*21*

这里，再讲讲赵尚志将军牺牲身后事。

1942年，年仅34岁的东北抗日名将赵尚志被日军杀害，随后日军将其尸体分成两部分，尸身沉入松花江的冰窟窿里，头颅送新京（今长春）请功，而后下落不明。

新中国成立以后，吉林和黑龙江两省的党史研究部门和文物管理部门及抗联老战士，一直都在努力地寻找赵尚志烈士的头颅。在有关文献档案中，人们唯一能够了解到的就是因为枪伤，他的左眼下方有三个月牙形的伤疤。

在查阅日伪档案史料过程中，有关学者了解到：1954年6月，作为抚顺战犯管理所舍监号353号的日本战犯东城政雄首次交代了自己参与谋杀赵尚志的经过。东城政雄提交的忏悔书中这样写道：1942年2月12日晚上举行了庆功宴会。第二天早晨，用汽车把赵尚志的遗体运到佳木斯警务厅了。可过了一周，我姜到省里一个电话："带着赵尚志的首级，马上乘飞机到新京的治安部警备司来！"在佳木斯飞机场，有人把装着赵尚志头颅的白木箱交给了我。到新京后，伪满治安部大臣于芷山接见了我。后来听说，赵将军的头颅被埋到新京市内的护国般若寺里。

原来，日本关东军准备将赵尚志的头颅公开示众，然后密封保存，与杨靖宇、陈翰章等烈士的头颅一样，伺机送往日本，以炫耀武力占据中国东北的赫赫战果。

由于赵尚志的头颅在进行药物浸泡之前就发生变化，保存已不可能。所以，经于芷山请示关东军司令部，决定将赵尚志的头颅焚烧灭迹。就在准备焚烧时，有一位僧人及时赶到了，他就是炎虚法师，是长春市般若寺的主持，当年在伪满新京德高望重。由于当时的日本关东军总司令梅津美治郎信奉佛教，多次去般若寺拜见过这位僧人，所以，当炎虚法师听说抗日捐躯的赵尚志烈士的头颅将要被焚烧时，便亲自出面请求将赵尚志的这颗头颅掩埋在般若寺内。关东军最高司令官居然对炎虚法师的要求破例允许了。

说起来，沉寂63年之久的赵尚志的头颅突然被人们在般若寺发现，堪称巧合。2004年，沈阳军旅作家姜宝才赴长春拍摄文献专题片，翻阅文献时，意外发现当年赵尚志的头骨就埋葬在该市远郊的般若寺内。2004 年 6 月 1 日，姜宝才来该寺拍摄时，从一个正在寺内施工的农民工口中听说，他们头一天竟然挖出了一颗头骨，这颗头骨没有下颚和牙齿，已被寺里改葬在一个山坡上。抑制不住心头兴奋的姜宝才，立即将此事通知给哈尔滨的赵尚志老部下李敏及赵尚志外甥李龙、李明兄弟，于是 4 人约定于次日同往长春找寻头骨。次日，姜宝才等一行终于找到了那个山坡。当日 18 时 20 分他们从埋葬地点挖出了那颗头骨。那是一颗用两层黑色塑料袋包裹的头骨，学习考古的李龙立即认出：这应是一颗中年男性头骨，医生出身的李明则认出了它左眼下方的伤痕。于是一场关于头骨来历的论证就此展开。最终，英雄颅骨得到最后鉴定。

"这就是赵尚志将军的头骨"。2004 年 12 月 17 日公安部第二研究所的专家对长春般若寺出土的未名头骨鉴定得出论证。至此，持续了 63 年的赵尚志烈士头骨追寻事件得以画上圆满句号。

从游击战向现代化作战转变

1945 年 5 月 8 日，德国无条件投降。在太平洋战场上，日本帝国主义已处于日暮途穷困境。随着硫磺岛和冲绳岛的相继失守，日军的海空军一败涂地，战争迫近日本本土，"大东亚共荣圈"陷于崩溃之中。1945 年 4 月 5 日，苏联外交部部长莫洛托夫代表本国政府宣布：1941 年 4 月 13 日签订的《苏日中立条约》由于日方破坏已经失效，该条约也不再延期。

在中国战场上，日军在太平洋战争中惨遭失败，不能不影响到中国战场，从 1944 年开始，解放区各战场先后开始发动局部反攻。到 1945 年春夏之交，我军在华北、华中、华南各解放区的攻势都取得辉煌胜利，总兵力壮大到 91 万人。各地共发动 40 多次较大战役，攻克县城 22 座、据点近千个。5 月开始的夏季攻势，其攻势之猛、地区之广，日伪军损失之惨重，解放区之扩大，都是几年来所未有。

随着世界反法西斯战争形势的发展，东北抗联教导旅的军事训练夜以继日地进行着。为了在反攻东北作战中发挥应有作用，抗联指战员对提高军事素质提出了很高的要求。苏联远东方面军司令部对抗联的军事训练也给予高度的重视与关注，并且越来越重视从实战需要出发，提高抗联部队大规模作战的指挥能力。

1942 年 11 月 16 日，远东方面军在远东进行诸兵种联合冬季实战演习。事前，总司令阿巴纳申科召见教导旅旅长周保中、政治副旅长张寿篯，让他们随同他南行，巡视此次军事演习实况。他对周、张说，你们可用心见学，"以便将来在你们抗日救国反抗日寇斗争、解放人民事业中，能于指挥大规模作战"[22]。周、张遂于当日下午 8 时从伯力乘铁甲列车出发，于次日上午 8 时 30 分到达沿河，并同阿巴纳申科将军转乘汽车到现地观察二四五旅进攻演习。随后又随同总司令巡视该旅驻屯所。20 日、21 日，周保中、张寿篯随同副总司令到海岸防区驻屯区域巡视苏远东军第八旅，并检阅该旅各部队制式教练和战斗教练，有单人教练，班、排教练以及军官教练。检阅了加强排（步兵一排，附重机二排，迫击炮二排）的高地攻击战斗演习。

接着 1943 年 4 月，远东方面军司令部还指挥抗联部队进行一次军队集结演练，以提高在现代化战争中的行军机动能力。

1944 年冬，在远东军索尔金将军亲自监督之下，抗联部队经一个月的准备之后，组织了一次步兵营进攻和步兵连防御的战术对抗演习。这次演习由教导旅第四营第七连在既设阵地上担任防御，第二营担任进攻。攻防双方指挥员概由中国人员担任，苏军官担任顾问。攻方的营长为王效明，参谋长为彭施鲁。杨清海、沈泰山、陶雨峰分别担任连长。守方的连长是金光侠。在演习中，索尔金将军还临时提出几个情况，让攻守双方指挥员进行处理。

原国防科工委司令部顾问、曾获苏联红星勋章的彭施鲁少将，对于这次实兵对抗演习做了这样的回忆：由于天寒地冻，仅构筑连防御工事就用了半个月时间。这次演习，几乎全旅的各个连队都参加了。通信营的人员被分别配属在攻防双方的各分队中。演习由旅司令部直接领导，正式演习的那一天，远东军区情报部长索尔金少将还亲临现场，有时还给双方指挥员提出几个战斗情况，要求作出处理。这样的演习方案，都是根据苏德战场实际经验制定的，所以收获是很大的。从 1944 年春季起，就陆续有一些苏联尉级军官从西部前线调到教导旅，他们把最新的作战经验也带来了，把军事训练和战场上的现实情况紧密结合。苏军有一条最重要的原则，即按战争所需要的一切来训练部队。抗联教导旅的训练内容，虽说基本上都是按统一的步兵部队的训练大纲进行的，但是增加了一些在敌人后方进行游击战的内容，有如空降、爆破技术等。这对抗联将士日后的对日作战是相当实用的。**23**

1945 年 1 月，周保中在索尔金少将陪同下，会见了苏联远东军第二方面军司令普尔卡耶夫大将，共同商定了抗联教导旅的 14 个问题。主要制定关于政治教育、军事训练的方案。从 2 月起，抗联在远东军的组织帮助下，制订了"新教育计划"，这个计划包括提高"中国人员的文化程度以便熟练掌握现代化作战技能"，以及进行巷战、骑（兵）和多兵种的军事计划。**24**1945 年六七月间，远东天降大雨，沟满壕平。但抗联的军事训练并没有停止。旅长周保中率领全体指战员连续在风雨中进行紧张的训练与演习。在军事理论、技术及战斗作双的考核中均取得良好成绩。

1945 年上半年教导旅的军事训练出现了新的特点：第一，所有的训练与演习都是在苏远东军区司令部统一部署下进行的，且更着重训练抗联同远东军在反攻东北的作战中的互相配合与协作。第二，进一步加强军事指挥员适应大规模现代化进攻作战的训练。第三，教导旅调进不少苏德战场上指挥过作战的指挥官，而以前的教官多是苏联国内战争时期的老游击队员，现在调进的教官大多与德军打过仗，具有较丰富的反法西斯战争的新经验与现代化战争的新经验。抗联指战员在训练中尊重他们，虚心地学习他们的新经验。

1945 年抗联教导旅所进行的一系列现代化攻防作战演习的成功表明，经过 5 年半的集中整训，抗联的作战方式已从游击战转向了现代化的攻防作战，抗联官兵的现代化的战术素养得到极大提高，抗联已成为一支具有现代化实战能力的军队，即使与当时中国军队中现代化程度最高的国民党军队相比，也是不相上下的。

大反攻在即，抗联进行了政治动员

1945 年 4 月 23 日至 6 月 11 日，中国共产党第七次全国代表大会在延安召开。毛泽东在大会上作了《论联合政府》的政治报告，朱德作了《论解放区战场》的报告。当抗联教导旅利用无线电广播，得到党的七大召开的消息和七大报告精神，进行了认真的学习讨论，明确了"放手发动群众，打败日本侵略者，解放全国人民，建立一个新民主主义的中国"的党的政治路线，明确了我党我军在军事上的中心战略任务是要准备迎接抗日大反攻的战斗，应该扩大自己的军队——八路军、新四军及其他人民军队，并在一切敌人所到之处，广泛地自动地发展抗日武装，准备直接配合同盟国作战，收复一切失地，决不单纯地依靠国民党。

东北党委员会和抗联教导旅在新的形势下，决定动员抗联主力部队和分散活动的小部队全体指战员在教导旅的统一指挥下，团结一致，准备参加全国抗战总反攻的伟大战斗。

为迎接大反攻作战，东北党委员会加强了政治思想工作。由教导旅政治副旅长张寿篯，旅政治部主任、中共东北党委员会书记崔石泉，旅政治部副主任冯仲云和中共东北党委员会组织工作负责人卢东生、金京石、王一知等人具体负责。营连各级由政治副营长和政治副连长及党团支部委员负责。思想政治工作的内容主要结合学习贯彻党的七大精神，以军人大会、阅兵式、专题讨论会、时事报告会、讲演会、座谈会、诉苦会和个别谈话等多种形式进行阶级教育、爱国主义教育和共产主义教育。通过开展这些活动，指战员增强了贯彻党的路线的自觉性，斗志更加旺盛。

6月2日，抗日联军领导人在远东第二方面军司令员普尔卡耶夫大将帮助下，制定了抗联在反攻行动中的五条方针 **25**：

1．东北是中国的一部分。东北党组织和东北抗日联军必须在中国共产党的政治路线指导下，参加反攻东北的作战。

2．扩编东北抗日联军队伍6万—10万人，准备长期抗日武装斗争。

3．发展全民族统一战线，恢复东北抗日救国总会。

4．恢复中共东北党委会对各地方党组织的领导和开展地方的抗日斗争。

5．中共东北党委会要与中共中央迅速取得联系。

7月间，教导旅东北党委员会拟定了政治、组织和行为三个"备忘录"，以规范指战员的行动，切实做到在大反攻作战中自觉听指挥，守纪律，上下一致，步调统一。备忘录全部用韵文写成，言简意赅，易于记诵。

《政治备忘录》：

> 中国人民艰苦抗战，民族解放胜利来临。
>
> 苏联红军吊民伐罪，东北河山复见光明。
>
> 共产党员坚贞稳定，对我中华祖国竭诚。
>
> 统一建国党派不分，是非曲直但求其真。
>
> 勿忘爱护人民同胞，处处请求廉洁公正。
>
> 耻于国贼专暴为伍，占地位置尊重人民。
>
> 争取全民民主自由，极力避免阋墙内争。
>
> ……
>
> 海亦可枯石亦可烂，志趣宗旨绝无变更。

《组织备忘录》：

> 要遵守系统规定，要严守密切联络。
>
> 要到处学习进步，要利用一切经验。
>
> 要虑念周到，要有正确决心。
>
> 要行动紧张，要敢作敢为。
>
> 要靠近组织，要尊重人才。
>
> ……
>
> 要团结内部，要纪律森严。
>
> 要熟知事物，要到处检点。
>
> 要正常工作，要准备应变。

《行为备忘录》：

> 小心酒肉钱财引诱你，
>
> 小心美丽女色淬迷你，
>
> 小心甜言蜜语欺骗你，
>
> 小心日寇遗毒沾染你，
>
> 小心走狗叛徒暗算你，
>
> 小心法西斯忒杀害你，
>
> 小心华衣丽屋拘住你，
>
> 小心偷安懒惰坑了你。[26]

上述三个备忘录由周保中起草。经党委成员讨论修改，然后印发给抗联指战员人手一册，并规定每人必须将备忘录放在口袋里，随身携带。

苏联对日宣战，抗联周密准备反攻

1945年8月8日，苏联外交人民委员会莫洛托夫接见了日本驻苏大使佐藤，发表了苏联政府对日宣战宣言。

8月9日，延安新华通讯社广播了毛泽东主席关于苏联对日宣战的声明：《对日寇的最后一战》。

8月9日零点10分，苏联远东军150万大军向日本关东军发起猛烈进攻。至9月2日，苏军消灭了日军约70万人，解除了近20万伪满军的武装。

8月15日，日本宣布无条件投降。

8月14日，与苏联政府签订《中苏友好同盟条约》的国民党政府对我解放区人民军队下令，"就地驻防待命"，不得向敌伪"擅自行动"。美军将领麦克阿瑟又以远东军司令名义，命令日军向蒋介石的军队及其政府投降，而不得向中国共产党领导的人民武装力量投降。在美蒋配合抢夺抗战胜利果实的情况下，苏联远东军和东北抗联不能不根据实际情况采取相应的对策。

8月28日，远东军总司令部军事委员希金中将召见抗联教导旅旅长周保中，下达了远东军总司令华西列夫斯基的指示：第八十八旅现有中国人员和苏联人员要分别行动，苏联人员暂时不动。中国人员要随苏军各方面军分别占领东北战略要点，并准备接受驻各城市苏军卫戍司令的任命。同时规定了抗联返回东北的任务：

一、帮助红军维持占领地的革命秩序，肃清敌伪残余和一切反革命分子，提高红军在群众中的威信，促进中苏人民友好。

二、利用抗联参加军事管制的合法地位建立党组织，开展群众运动，在主要的占领地以外建立人民武装和建立根据地。**27**

希金中将还同周保中一起估计到了三种可能发生的情况：第一，党中央和八路军向东北分布力量，准备迎接中央和八路军。第二，八路军被新的反动势力暂时隔断，国民党统治东北的时候，准备作新的长期的游击战争，反对国民党。第三，我们在东北处于十分不利的情况下，可随同红军撤退，再回苏联。

抗联教导旅指战员配合苏军反攻东北时具有双重身份。他们既是中国东北抗日联军人员，又属于苏军编制，在占领地可以开展各种合法活动。待苏军撤出东北后，他们可以顺理成章地以抗联指战员身份接管城市。这样，既不违反8月14日苏联政府与中国国民党政府签订的《中苏友好同盟条约》的规定，又确保各地区能顺利地回到人民手中，使美蒋合流掠夺人民抗战胜利成果的阴谋归于失败。

根据上述精神，抗联领导人向全体指战员布置了具体行动方案：

第一，抗联指战员在反攻东北后，迅速抢占57个战略要点，即12个大城市和45个中、小城市，以接收东北。

第二，撤销抗联第八十八旅的建制。抗联干部在各战略点的主要负责人，都以红军卫戍区司令部副司令的身份出现，每个指战员都颁发苏军军官证书。为保密起见，在军官证书上都改换姓名，不暴露本人在东北抗联的姓名和身份，以应付各种复杂局面。如周保中改为黄绍元，张寿篯改为李兆麟，崔石泉改为崔庸健。

第三，规定了联络系统、联络工具，规定了人员调动与苏军总指挥部的联络关系，规定了抗联与远东第二方面军司令部与其他两个远东方面军司令部的临时联络方法。

考虑到斗争需要和抗联的实际情况，东北党委会、第八十八特别旅和远东军总司令部共同决定，对一批抗联战士提前提衔晋级，其中中国同志晋升40名，朝鲜同志晋升17名。同时，鉴于第八十八旅的抗联战士已经过长期革命战争的严峻考验，均已具备了共产党员条件。中共东北党委员会决定，让在第八十八旅的抗联非党战士，集体加入中国共产党，并规定不经过候补期转为中共正式党员。

8月28日下午，教导旅召开连以上军官会议，宣布上述决定事项，部署出发准备工作。抗联领导人周保中、李兆麟叮嘱大家要以新的战斗姿态完成抢占和接收东北的伟大任务，号召全体共产党员在接收东北的斗争中积极贯彻中共七大路线，为建立统一民主自由的新中国贡献力量。至此，苏联远东红旗军第八十八特别教导旅正式撤销。

夺占先机，抗联抢占东北 57 座城镇

经过一系列的紧张准备，东北抗联指战员在苏联远东军方面人员的护送下，从伯力分赴东北和朝鲜，从此抗联光荣斗争的历史又揭开崭新的一页。

第一批共 170 人，于 9 月 6 日乘飞机分赴东北哈尔滨、吉林、延吉、朝鲜。其中李兆麟赴哈尔滨市，王效明赴吉林市，姜信泰（朝鲜）赴延吉市，金日成赴朝鲜平壤。

第二批共 40 多人，于 9 月 7 日由彭施鲁率队乘飞机赴佳木斯市。

第三批共 102 人，于 9 月 8 日由周保中率队分乘 4 架飞机飞抵长春、沈阳等市。

第四批共 30 多人，于 9 月 9 日由王明贵、范德林、董崇彬率领，乘飞机到达哈尔滨、大连等市。

9 月 8 日下午 3 时 10 分，4 架满载东北抗联 102 名指战员的飞机在长春机场降落。在此之前，8 月 18 日，苏军已有 500 名官兵空降占领长春。

24 日，后贝加尔方面军总司令部和总司令马利诺夫斯基元帅迁入长春原日本关东军司令部旧址。中共东北党委员会和周保中迁入大和旅馆，开始了接收占领长春的工作。这样，长春市既是抗联抢占东北 12 个大战略城市之一，又是抗联抢占和接收东北的总指挥部。

抗联部队抢占的战略要地共有 12 个中心点，这些中心点是：长春，周保中负责；哈尔滨，张寿篯负责；沈阳，冯仲云负责；吉林，王效明负责；延吉，姜信泰负责；齐齐哈尔，王明贵负责；北安，王钧负责；海伦，张光迪

负责；绥化，陈雷负责；佳木斯，彭施鲁负责；牡丹江，金光侠负责；大连，原派去董崇斌等 7 人，后因苏军接管大连，董崇斌等人撤到长春。每个大的战略要地下面又各有若干小战略点，近 50 个。

利用特殊身份，卓成有效地建党建政建军

抗联指战员抢占各战略要地之后，即着手进行建党、建政、建军工作。由于东北地区在日本帝国主义统治下长达 14 年，加上日本战败后又面临国民党政权极力争夺东北这一复杂的形势，斗争从哪里进行，工作如何开展，这的确是一个重大的课题。根据 8 月份确定的行动任务，经过认真研究，抗联首先确定当前的工作重心就是恢复和建立党的组织，建立人民的军队，建立人民政权。

返回东北的抗联领导人十分重视在东北地区尽快恢复和发展党的组织工作。长春，是苏军驻东北总司令部所在地。为了更好地配合工作，中共东北党委员会机关和抗联总部也设在这里。周保中率领抗联人员飞抵长春之后，立即着手恢复长春地区党组织的工作，并于 9 月中旬就成立了中共长春地委，书记由周保中兼任。

抢占哈尔滨的抗联党员很快建立起以李兆麟为书记的中共松江地区委员会。

冯仲云率领抗联人员飞抵沈阳后，与相继挺进到沈阳地区的八路军党组织取得了联系，于 9 月中旬正式成立了中共沈阳地委。

黑龙江地区组建了中共齐齐哈尔市委委员会，后组建中共黑龙江地区委员会。地委负责人由王明贵、王钧、陈雷、张光迪、张瑞麟组成。

以后，在佳木斯、牡丹江、吉林、延吉都分别建立起党的组织。

从 9 月初到 10 月中旬这段时间里，返回东北的抗联就已在各地积极协助苏军肃清日伪残余和反动武装，开始建立起了党的各级组织，奠定了恢复

和建立党组织的初步基础。

　　成立人民政权的工作，是在协助苏联红军肃清敌伪残余、维持进驻地区治安和配合八路军、新四军进军东北的过程中进行的。在工作方式上，根据不同的特点，大体上分两种方式进行。一种方式是由苏军直接占领的大中城市，如沈阳、长春、哈尔滨、大连、齐齐哈尔等地，因苏联政府与中国国民党政府订有条约，苏方不便允许我党公开建立政权和军队，开展工作只能以隐蔽方式进行，在一般情况下，在这样的城市，抗联人员以苏联驻军负责人的身份进行社会活动。另一种方式是在一些没有苏联驻军的县城和乡镇，则以苏军占领而尚未到达为理由，拒绝国民党当局到这些地区接收和管理，抗联人员便可放手发动群众，公开进行工作。

　　1945 年 8 月，苏军刚刚进驻长春后，这里的反动势力十分猖獗。伪满的汉奸、警察等敌伪残余，摇身一变，变成了国民党的各种"挺进军""先遣军"。各种冒牌的国民党的"市党部""区党部""区分部"多如牛毛，还组织了所谓"长春维持会"。反动的维持会和国民党特务唆使敌伪残余分子到处打黑枪，破坏治安。

　　抗联进入长春后，周保中即向苏军驻军总部提出要通过电台、报社向全世界宣传东北人民在中国共产党领导下进行的 14 年艰苦卓绝的抗日斗争，宣传抗日联军，表彰抗日烈士，宣传中国共产党领导的八路军、新四军及其他人民军队坚持抗战的英雄业绩，等等，以引导正确的舆论；要求接管公安局，建立人民警察队伍，以维持社会治安。经过协商，决定由抗联派出王一知等人以苏军名义进驻伪康德新闻社广播电台、邮电局、公安局等要害部门，对这些部门实行军事管制。电台称"长春人民广播电台"。报纸只发行两种，即《光明报》和《东北日报》。由于是军管，原有人员也只好服从指挥。公安局被抗联人员以苏军名义军管后，原消防和警察队伍被清理，另建立了300 余名的"自愿警察队"，成立了警备司令部保卫处，执行治安任务。为了完成实际上的接管城市的工作，由抗联独立组成了长春警备司令办公处，下设公安、社会、工务、政治、特务5个部，分别开展工作，除长春、哈尔滨、齐齐哈尔外，抢占北满各大中城市的抗联指战员也采取了类似措施，肃清了国民党造成的消极影响，积极开展了人民政府权建设。

枪杆子里面出政权。建党、建政取得进步，接下来，就要在东北建立中国共产党领导的人民武装。当时东北虽然光复了，但日伪残余势力同国民党势力纠合在一起，组织了各种名目的"维持会""解放同盟""敌产清理委员会"等反动组织，建立起了各种"先遣军""挺进军"等反动武装。他们趁苏军刚刚入境，各方面情况不是十分明了，在东北各地区兴风作浪，打黑枪、闹暴动、暗杀干部群众，一时间，东北地区枪声日夜不停，社会秩序极为混乱。甚至驻长春的苏联远东军总司令部驻地也遭到歹徒袭击。

为了镇压反动势力，同国民党开展争夺政权的斗争，中共东北党委会和抗联领导人从一开始就十分重视开展建立武装队伍的工作。抗联人员在到达各战略城市之后，都把建立武装队伍作为头等大事，不曾有丝毫放松，工作相当出色。

要建立武装队伍，首先要有大批武器装备。抗联人员则不遗余力地筹集武器装备。在长春，周保中率队到达该市的第二天，就对苏联远东军总司令部华西列夫斯基提出要求："我要扩军，你要支持我们武器啊！"

听完周保中的请求，华西列夫斯基元帅笑了笑说："可尽你的力量拿，你能拿多少就拿多少，剩下的归我。这是咱们的胜利品，我们分用。既然是战利品，中苏友好条约又没有规定将战利品交国民党，所以我只能交给他（国民党）武器库房，交给他长春市。"

接着，华西列夫斯基说："我立即通知所有苏军把守的武器库房，让他们只要见到你的条子，就立即帮你们运。"**28**

此后，周保中立即向进驻东北各战略点的抗联负责人、当地苏军卫戍区副司令下达了十万火急的命令：抢运武器，扩充军队！

接到周保中的命令，各地的抗联人员积极行动起来，利用他们的特殊身份争取苏联红军支援武器弹药，为建立党领导的人民武装作出重要贡献。东北抗联领导人周保中的爱人王一知在回忆长春市的扩军工作时说："我们从长春市运出了大批武器，我就曾经参加过押运武器的工作，接连干了好几天。押送武器时，我们穿的是苏联军装，用的是苏军汽车，国民党武装、警察不敢阻拦。我们利用搞到的大批武器着手建立军队。"**29**

当年专门负责从苏军看守的军火库搬运武器的抗联战士陈春树也得意地回忆说："我身穿苏军军装，又佩上尉军衔，办事很方便。我在到达长春后的两个月时间里，每天安排人从军火库中往外搬运武器，然后再发给新编的卫队和关内来的八路军、新四军干部。"**30** 到 10 月 15 日，长春已运出的武器计有：步枪近 6 万支，轻机枪 2000 余挺，重机枪 800 挺，掷弹筒 500 余个，迫击炮 20 余门，山炮野炮 5 门，弹药 1200 余万发。

鉴于日本已投降，东北抗联的任务已由抗日转变为保卫抗日战争胜利果实，同国民党反动派挑动内战的行为作斗争。到 9 月中旬，东北抗日联军改名为东北人民自卫军，并相继任命了哈尔滨、齐齐哈尔、北安、佳木斯、牡丹江、吉林、延吉等地人民自卫军负责人。到 10 月中旬，东北人民自卫军编制已达 4 万人以上。长春地区建有步兵 5 个团、骑兵 2 个连，其中长春市 3 个团，吉林、波河各 1 个步兵团。延吉建立延吉警备军 4 个团，敦化建立人民自卫军 1 个大队，旅大建立人民自卫军警卫一队和警卫二队。沈阳建立人民自卫军工人第一军 1 个团。松江地区成立 4 个警备大队。龙江地区成立了警备大队。北安、绥化、海伦、龙江各有警备军 1 个团。其他市、县普遍建立了不同数量的警察队伍。这支队伍在打击日伪势力、维护社会治安以及后来在同国民党争夺东北的战争中，发挥了重要作用。**31**

至此，经历了 14 年浴血奋战的东北抗日联军正式结束了其光荣的斗争历史，改编后的东北人民自卫军同中央派到东北的部队合编为东北人民民主联军，又投身于解放东北、解放全中国的伟大斗争中，这支队伍便是后来赫赫有名的东北第四野战军的前身。

完成多年夙愿：与党中央取得直接联系

迅速与党中央取得直接联系，这是东北党委员会和东北抗日联军全体指战员多年来的夙愿，也是抗日反攻东北后的头等大事。

反攻开始前夕，中共东北党委员会就委托负责沈阳地区党和军队工作的冯仲云就近设法与关内联系，争取早日找到党中央。9月10日，在沈阳担任苏军卫戍区副司令的冯仲云电告在长春的周保中："冀热辽军区李运昌部的先头部队曾克林已率三千人进驻沈阳。"[32]

这一消息使周保中兴奋不已。他一面命令王一知通过长春广播电台火速播出八路军出关消息，一面向华西列夫斯基元帅求助，要求派飞机送代表去延安。当时，华西列夫斯基元帅也正要就八路军出关事宜与中共中央取得联系，便命令进驻东北的后贝加尔方面军司令马利诺夫斯基备好飞机，先到沈阳接上冯仲云、曾克林等，然后飞抵延安。他和周保中商定，派原第八十八旅第一营少校军官卫斯别夫同机飞往延安。[33]

飞机到达沈阳后，卫斯别夫通过苏军驻沈阳卫戍司令部副司令冯仲云与曾克林取得联系，并向他转达了苏联远东军总司令华西列夫斯基元帅和周保中的意见。但此时冯仲云因事不能去延安，他给党中央写了一封信，汇报抗联到东北配合苏军占领战略要地的情况，他"希望中央派人来，越快越好"[34]。

9月14日，曾克林与苏军代表卫斯别夫乘坐的飞机从沈阳北陵机场起飞，当日到达延安。15日，曾克林向中共中央转交了冯仲云给中央的信，汇报了东北情况。中央政治局听取了曾克林关于东北情况的汇报之后，对于东北的实际情况有了更加深入的了解和认识。

党中央对东北的重要战略地位非常重视，认为"只要能控制东北及热、察两省，并有全国各解放区及全国人民配合斗争，即能保证中国人民的胜利"。为此，提出党的方针策略是"向北发展，向南防御"。为加强对东北地区的工作领导，中央决定成立以彭真为书记的中共中央东北局，并且增派大批干部和军队到东北。9月18日，彭真、陈云、叶季壮、伍修权抵达沈阳，东北局开始在沈阳办公。随后，张闻天、高岗、林彪、李富春、蔡畅、林枫、王稼祥、萧劲光、吕正操、萧华、罗荣桓、黄克诚等20余位中央政治局委员、中央委员、候补委员共率领2万名干部和10万大军浩浩荡荡开进东北，准备与东北人民自卫军会合，开展新的伟大斗争。

周保中向党汇报，东北抗联光荣历史终结

1945年9月20日，周保中、崔石泉（崔庸健）到达沈阳。他们在冯仲云的助手刘铁石陪同下，来到沈阳大南门里（张作霖大帅府）东北局所在地，向中共中央东北局负责人彭真、陈云等进行汇报，并由崔石泉把东北党委员会的全部关系及党费、档案等移交给东北局。

这次汇报从9月20日晚至23日清晨，历时两天两夜。汇报的主要内容是：

第一，东北抗日游击队运动的艰苦斗争。大体分为五个阶段：东北抗日义勇军阶段；我党领导的抗日游击阶段；东北人民革命军阶段；东北抗日联军实行统一建制，建立十一大联军阶段；日本投降后，抗日联军改编为东北人民自卫军阶段。

第二，东北地下党斗争情况和东北党、团组织几经破坏、恢复和发展。满洲省委撤销后成立4个省委，后于1942年建立东北党委员会，后又分为东北党委员会和朝鲜工作团两部分，以及从1934年10月东北党组织和抗日联军与中央失去联系，多次设法寻找中央均未成功。

第三，抗联转移苏境，与苏联红军建立地区性军事合作，建立南北野

营，1942 年又成立苏联红旗军远东军独立步兵第八十八特别旅。在这 5 年间，抗联还组织了小部队坚持在东北活动。苏联对日开战后，抗联小部队积极配合苏军反攻东北。

第四，抗联为反攻东北所做的一切准备工作及为作战所做出的努力，为苏军进军提供了条件。

第五，抗联反攻东北后，抢占东北三省多个战略点的情况、重要意义及各个战略点上的抗联人员名单。

第六，东北党委会作了两手准备：一手是在苏军占领期间，迅速占领东北各城市，与党中央取得联系，与八路军会师，争取控制全东北。另一手准备是，如果第一手准备不能实现，就准备再与国民党打游击。

东北局领导同志听完汇报后，对东北党委会的工作和东北抗日联军的斗争给予了很高的评价，认为我东北抗日联军 14 年的游击战争，也像二万五千里长征和江南游击战争一样艰苦卓绝，可歌可泣。彭真、陈云对在东北建设根据地和扩大武装力量等问题作了重要指示。

陈云着重阐述了党中央、毛主席制定的东北要放手发动群众，壮大人民力量，针锋相对，寸土必争的方针，指出：我们不交枪，不当官，要准备打仗。他指示东北抗联人员要充分利用穿苏军军装的有利条件，控制铁路交通沿线，迎接党中央派往东北的大批干部的到来。抓紧在已控制的城市中开展建党、建军、建政工作。收缴敌伪武器，肃清土匪，镇压汉奸、敌特分子，稳定社会秩序；发展生产，建立巩固的东北根据地，大力发展武装，积极筹集资财，准备打仗。以接管城市为基点，到农村发动群众开展反奸反霸、减租减息斗争。

数日后，陈云到达长春，周保中再次向他汇报并交代了党的组织关系问题。东北局接受了中共东北党委员会移交的组织关系，宣布东北党委员会已经胜利完成了它的历史使命，予以撤销。所属各地组织统一由东北局负责领导。崔庸健在移交党的组织关系后，于 10 月份由冯仲云派人经安东护送回朝鲜。

在 10 月间东北党委员会向中共中央东北局移交党的关系时，由东北抗日联军扩编起来的东北人民自卫军的指挥系统没有变更，同挺进东北的八路军、新四军一样，在中共中央东北局的领导下按原来的指挥系统配合战斗。1945 年 11 月 3 日，党中央决定组成东北人民自治军，以林彪为总司令，彭真为第一政委，罗荣桓为第二政委，吕正操、李运昌、周保中、萧劲光为副司令，程子华为副政委。从此，东北抗日联军完成了它的全部历史使命，和全国其他人民军队一起进入了新的历史时期。**35**

永载中华民族史册的东北抗联

东北抗日联军是中国共产党领导、东北各族人民组织起来的抗日武装。**36** 在极其艰难困苦的环境中，同日本帝国主义和"满洲国"统治者进行了长期的英勇斗争，直至全国抗日战争的最后胜利。

东北抗日联军在中国抗日战争和世界反法西斯战争中发挥了重要作用。对此，中共党史出版社于 2015 年出版的《东北抗日联军史》做出了评价，主要体现在以下五个方面：

第一，东北抗日联军和此前东北抗日义勇军进行抗日游击战争，是中国人民抗日战争的起点，揭开了世界反法西斯战争的序幕。

第二，在全国抗战爆发前，东北抗日义勇军、东北抗日联军的英勇斗争，沉重打击了日本侵略者的嚣张气焰，振奋了民族精神，推动了全国抗日救亡运动的发展，扰乱了日军进攻中国关内的计划。从九一八事变到七七事变的 6 年间，东北抗日义勇军和东北抗日联军站在全国抗日斗争的最前线，用民族自卫战争反抗日本侵略者，消灭了日军大量有生力量，取得了辉煌的战绩。仅从日本陆军省 1936 年 3 月 18 日公布的日本关东军伤亡数字来看，从 1931 年九一八事变至 1935 年底，日本关东军伤亡数字为：战殁者 4200 人，伤病者 17.13 万人。加上日本关东军参谋部统计的 1936 年至 1937 年 9 月日军死伤 2662 人的数字，6 年来，日本关东军死伤病者共计 17.82 万人。**37**

第三，全国抗战爆发后，东北抗日联军融入了全民族抗战的洪流中，有力地配合了全国抗战。从七七事变到抗战胜利的 8 年间，东北抗日联军在全民族抗战的鼓舞下，斗志顽强，士气旺盛，主动出击，到处袭击敌人的据点，破坏敌人的军事设施，不仅使日军付出了巨大的人力物力财力消耗，而且牵制了日军在东北的大批兵力，使之不能入关南下，有力地配合了全国抗日战争。

第四，在 1945 年东北光复初期，东北抗日联军配合苏联红军和八路军、新四军进军东北，并随即投入了建立东北根据地的斗争，发挥了重要作用。

第五，东北抗日联军在长期地与凶恶敌人的斗争实践中，铸就了抗联精神，是中国共产党人的精神谱系的重要组成，是中华民族的宝贵精神财富，其精神永远值得后人学习传承。

东北抗日联军之所以能够在冰天雪地和残酷的斗争环境中，以陈旧的武器同装备精良的日本侵略军奋战 14 年之久而始终没有被消灭，其根本的原因是因为东北抗日联军是中国共产党创建与领导的一支真正的人民军队。它是由中华民族优秀儿女所组成的，有着高度的政治觉悟，有着严格的纪律，有着与东北人民的血肉联系。它坚持了机动灵活的游击战术，以长白山、兴安岭的广阔山区为依托，开辟了数块较大的抗日游击区和游击根据地，与凶恶的敌人周旋苦斗。它遵照中国共产党的抗日救国的总政策，与抗日义勇军和反日山林队的部队建立了反日武装统一战线，共同反抗了日本帝国主义的侵略。它不仅得到全国人民和东北人民的拥护与支持，而且得到苏联和朝鲜人民的同情与支援。

东北抗联的斗争和全国其他地区的革命斗争一样，是难免有缺点和错误的。东北抗联经过长期的英勇斗争之后，在 1938 年遭受了严重挫折，其原因是多方面的。除了敌强我弱、敌我力量悬殊，以及冬季漫长而严寒的不利条件外，在主观方面，主要是缺乏统一的领导和指挥。正如 1941 年 5 月 14 日东北抗联训练处临时党委会的意见书中提到的那样："东北的敌人是统一的，敌人以统一的军事、政治的进攻来进攻我们，我们则不能够以统一的计划来反击敌人。1938 年整个联军及全东北地方党组织之受到严重损折，谁也不能否认党和军队的不统一是其主要原因之一。"**38** 东北抗联斗争的另一个弱点是党的政治思想工作比较薄弱。如在抗日斗争的高潮期间，曾有许多义勇军、山林队及民团的队伍加入到东北抗联的行列，当时因干部缺乏和战斗频繁，派不出一批骨干力量到这些部队去进行政治思想工作，以便逐步将他们改造成为坚强的抗日部队，在对待这些部队的上层人物的工作上，往往是从团结照顾方面考虑的多，而对他们违反抗日原则的错误行为缺乏必要的斗争。因此，当战斗失利、形势逆转时，这些部队便出现动摇，甚至叛变投敌，使东北抗联蒙受重大损失。

中共中央对东北抗日联军历来是关注和重视的，曾经给予高度评价。1938 年 11 月，中国共产党扩大的六届六中全会给东北义勇军及全体同胞的电文中称赞东北抗日军队是"在冰天雪地与敌周旋 7 年多的不怕困苦艰难奋斗之模范"。1948 年 1 月 1 日，中共中央东北局曾专门作出决定，表彰东北抗日联军的历史功绩，称赞东北抗联的英勇斗争"是中国共产党光荣历史不可分的一部分"。1949 年 5 月，中共中央给东北局的电文中再次指出抗联斗争是光荣的，并说"此种光荣历史应受到党的承认和尊重"。全国人民特别是东北人民，将会永远铭记东北抗日联军为东北的解放，为中华民族的解放所建树的光辉业绩，并将会从他们的艰苦卓绝、可歌可泣的战斗事迹中受到启迪，汲取力量。东北抗日联军英勇不屈、百折不挠的革命精神和崇高的爱国主义精神，永远激励着人民奋发前进。**39**

1948 年 10 月长春解放前，长春共产党地下工作组李国权与刘亚光从国民党军骑兵第二旅控制的长春医学院发现并秘密转移杨靖宇、陈翰章两将军的遗首。

1948 年 12 月，杨靖宇、陈翰章两将军的遗首被送往哈尔滨东北烈士纪念馆。1958 年，经党中央批准，在吉林省通化市建立了庄严肃穆的"靖宇陵园"，朱德为公园亲笔题词："人民英雄杨靖宇同志永垂不朽"。是年 2 月 23 日，党政军群代表 9000 人在陵园参加了隆重的公祭仪式。毛泽东、朱德、周恩来，朝鲜领导人金日成、崔庸健送了花圈。为纪念英雄，杨靖宇将军蒙难地吉林濛江县改名靖宇县。

1960 年新年过后的一天，纷纷扬扬的雪花，把整个北京城打扮得银装素裹。

这天，周保中按照周总理的嘱托，像往日一样吃罢早餐，又坐进了书房，开始奋笔疾书，继续撰写抗日联军史。

一年多来，周保中以无限的深情，夜以继日地回忆着 14 年艰苦卓绝的抗日斗争，波澜壮阔的战争画面，英雄的战友们那些悲壮感人的故事，不时地使他心潮起伏，文思泉涌，而且也使他常常泪盈双眼。牺牲的战友和惊天动地的悲壮太多了，14 年与日军浴血奋战，光牺牲的抗联军长就有十几位，他们是：第一军创始人、第一路军总指挥杨靖宇，第二军的创始人王德泰、童长荣，北满省委书记、第一路军副总指挥魏拯民，第三军创始人、北满反日联合军总司令赵尚志，第四军军长李延平、王光宇，第六军军长夏云杰，第七军军长陈荣久和李学福，第十军军长汪雅臣，第十一军军长祁致中。这些将军的名字和牺牲时的壮烈情景一齐涌上他的心头，他的眼前也常常出现杨靖宇的头颅，李兆麟的血衣，赵一曼的遗书，赵尚志、陈翰章、柴世荣的身影。特别是杨靖宇那高昂不屈的头颅，肠胃里的枯草、树皮、棉花，更是让周保中热泪双流……

1946 年 2 月 20 日，东北抗联第三路军政委冯仲云在《东北抗日联军十四年苦斗简史》中写下一段充满悲痛而又砥砺后人的话："他们很多在战斗中牺牲了。对这些为祖国而流血的先哲烈士们，我们当怎么去纪念他们。他们都是我们勇敢的同胞，他们以他们的鲜红而赤热的血，栽起来我们祖国复兴的花，他们用他们的血肉之躯，铺平了我们光复的大道。他们没有一个人是为了自己，他们全是为我们大中华民族的被日寇作了奴役的同胞。他们的精神是不朽的，他们的志气是超卓的，他们的毅力是坚决的，他们都能整个代表着我们中华民族的光荣和勇敢的精神……十四年来，他们受尽了饥、渴、风霜之苦，有的竟没能亲眼看见祖国的光复，未能亲眼看见盘踞在这十四年的倭寇离开这块土。甚至于他们死了，连个名也未曾被人得知，想起来是很恸心的事。"*40*

　　80年前这段如悲如思的话语，令人心潮几番起伏，久久难复。我们这个民族一路走来太不容易，未来还要抵着风险挑战坚定地走向伟大复兴。东北抗联一路走来太不容易，一路充满艰苦卓绝和英勇悲壮。东北抗联是我们民族之荣光，后人的历史任务就是要把这个荣光记载在伟大中国人民英勇抗日斗争的史册上，使之留下痕迹，以志纪念，以教后人。

注　释

　　1.《东北抗日联军史》编写组：《东北抗日联军史》（下），中共党史出版社2015年版，第981页。

　　2.《东北抗日联军斗争史》编写组：《东北抗日联军斗争史》，人民出版社1991年版，第459页。

　　3.《东北抗日联军斗争史》编写组：《东北抗日联军斗争史》，人民出版社1991年版，第460页。

　　4.《东北抗日联军斗争史》编写组：《东北抗日联军斗争史》，人民出版社1991年版，第461页。

　　5.《东北抗日联军斗争史》编写组：《东北抗日联军斗争史》，人民出版社1991年版，第462页。

　　6.《东北抗日联军斗争史》编写组：《东北抗日联军斗争史》，人民出版社1991年版，第466页。

　　7.［苏］弗诺特钦科：《远东的胜利》，辽宁人民出版社1979年版，第88页。

　　8.高树桥：《东北抗日联军后期斗争史》，白山出版社1993年版，第264页。

9.《东北抗日联军史》编写组：《东北抗日联军史》（下），中共党史出版社 2015 年版，第 990 页。

10.《东北抗日联军斗争史》编写组：《东北抗日联军斗争史》，人民出版社 1991 年版，第 469 页。

11.《东北抗日联军史》编写组：《东北抗日联军史》（下），中共党史出版社 2015 年版，第 1001 页。

12.《东北抗日联军史》编写组：《东北抗日联军史》（下），中共党史出版社 2015 年版，第 1002 页。

13. 中国人民解放军历史资料丛书编审委员会编：《东北抗日联军·大事记·回忆史料·参考资料》，白山出版社 2011 年版，第 399 页。

14. 中国人民解放军历史资料丛书编审委员会编：《东北抗日联军·大事记·回忆史料·参考资料》，白山出版社 2011 年版，第 400 页。

15. 高树桥：《东北抗日联军后期斗争史》，白山出版社 1993 年版，第 266 页。

16. 中国人民解放军历史资料丛书编审委员会编：《东北抗日联军·大事记·回忆史料·参考资料》，白山出版社 2011 年版，第 750 页。

17. 中国人民解放军历史资料丛书编审委员会编：《东北抗日联军·大事记·回忆史料·参考资料》，白山出版社 2011 年版，第 750 页。

18. 高树桥：《东北抗日联军后期斗争史》，白山出版社 1993 年版，第 267 页。

19. 中国人民解放军历史资料丛书编审委员会编：《东北抗日联军·大事记·回忆史料·参考资料》，白山出版社 2011 年版，第 751 页。

20. 中国人民解放军历史资料丛书编审委员会编：《东北抗日联军·大事记·回忆史料·参考资料》，白山出版社 2011 年版，第 753 页。

21. 中国人民解放军历史资料丛书编审委员会编：《东北抗日联军·大事记·回忆史料·参考资料》，白山出版社 2011 年版，第 400 页。

22. 周保中：《东北抗日游击日记》，人民出版社 1991 年版，第 684 页。

23. 中国人民解放军历史资料丛书编审委员会编：《东北抗日联军·大事记·回忆史料·参考资料》，白山出版社 2011 年版，第 362 页。

24. 中国人民解放军历史资料丛书编审委员会编：《东北抗日联军·文献》，白山出版社 2011 年版，第 809 页。

25. 中国人民解放军历史资料丛书编审委员会编：《东北抗日联军·文献》，白山出版社 2011 年版，第 811 页。

26. 中国人民解放军历史资料丛书编审委员会编：《东北抗日联军·文献》，白山出版社 2011 年版，第 982 页。

27.《东北抗日联军史》编写组：《东北抗日联军史》（下），中共党史出版社 2015 年版，第

1019 页。

28. 赵素芬：《周保中将军传》，解放军出版社 1988 年版，第 478 页。

29. 高树桥：《东北抗日联军后期斗争史》，白山出版社 1993 年版，第 316 页。

30. 高树桥：《东北抗日联军后期斗争史》，白山出版社 1993 年版，第 316 页。

31. 《东北抗日联军史》编写组：《东北抗日联军史》（下），中共党史出版社 2015 年版，第 1032 页。

32. 《辽沈决战》（上），人民出版社 1988 年版，第 164 页。

33. 赵素芬：《周保中将军传》，解放军出版社 1988 年版，第 479 页。

34. 《东北抗日联军斗争史》编写组：《东北抗日联军斗争史》，人民出版社 1991 年版，第 492 页。

35. 《东北抗日联军史》编写组：《东北抗日联军史》（下），中共党史出版社 2015 年版，第 1042—1043 页。

36. 《东北抗日联军史》编写组：《东北抗日联军史》（下），中共党史出版社 2015 年版，第 1044 页。

37. 《东北抗日联军史》编写组：《东北抗日联军史》（下），中共党史出版社 2015 年版，第 1045 页。

38. 中国人民解放军历史资料丛书编审委员会编：《东北抗日联军·文献》，白山出版社 2011 年版，第 868 页。

39. 《东北抗日联军斗争史》编写组：《东北抗日联军斗争史》，人民出版社 1991 年版，第 495 页。

40. 冯仲云：《东北抗日联军十四年苦斗简史》，中央文献出版社 2008 年版，第 92—97 页。

参考文献

1. 中国人民解放军历史资料丛书编审委员会编：《东北抗日联军·大事记·回忆史料·参考资料》，白山出版社 2011 年版。

2. 中国人民解放军总政治部组织部编著：《中国共产党中国人民解放军组织史资料》第二卷，长征出版社 1994 年版。

3. 中共中央党史和文献研究院编著：《中国共产党的一百年》第一册，中共党史出版社 2022 年版。

4.《东北抗日联军斗争史》编写组：《东北抗日联军斗争史》，人民出版社 1991 年版。

5. 中共黑龙江省委党史研究室编著：《东北抗联路军发展史略》，吉林大学出版社 2015 年版。

6.《东北抗日联军史料》编写组编著：《东北抗日联军史料》（上、下），中共党史资料出版社 1987 年版。

7.《东北抗日联军史》编写组：《东北抗日联军史》（上、下），中共党史出版社 2015 年版。

8. 中国人民解放军政治学院政治工作教研室编著：《军队政治工作历史资料（第九册）抗日战争时期（六）》，中国人民解放军战士出版社 1982 年版。

9. 高等军事学院训练部资料室编著：《抗日联军资料汇集》，北京高等军事学院训练部资料室 1960 年版。

10. 原军事学院图书馆军事资料室编著：《东北抗日联军游击实录》，上海杂志公司 1960 年版。

11. 国防大学《战史简编》编写组编：《中国人民解放军战史简编》，解放军出版社 1992 年版。

12. 军事科学院军事历史研究部编著：《中国人民解放军战史》第二卷《抗日战争时期》，军事科学出版社 1987 年版。

13. 军事科学院图书馆编著：《中国人民解放军组织沿革和各级领导成员名录》，军事科学出版社 1990 年版。

14. 辽宁社会科学院地方党史研究所著：《可歌可泣的诗篇：毛泽东与东北抗日联军》，中央文献出版社 2013 年版。

15. 杨震编著：《东北抗日联军的过去现在和未来》，汉口大行出版社 1938 年版。

16. 上海杂志公司编著：《东北抗日联军游击实录》，上海杂志公司 1937 年版。

17. 徐首军著：《东北抗日联军的斗争》，黑龙江人民出版社 1986 年版。

18. 常好礼著：《东北抗联路军发展史略》，吉林大学出版社 1993 年版。

19. 李惠著：《东北抗日联军斗争史简编》，解放军出版社 1987 年版。

20. 高树桥著：《东北抗日联军后期斗争史》，白山出版社 1993 年版。

21. 朱姝璇、岳思平编著：《东北抗日联军史》，解放军出版社 2014 年版。

22. 霍辽原编著：《东北抗日联军第一军》（第二版），黑龙江人民出版社 2005 年版。

23. 霍辽原编著：《东北抗日联军第二军》（第二版），黑龙江人民出版社 2005 年版。

24. 刘枫著：《东北抗日联军第三军》，黑龙江人民出版社 1986 年版。

25. 龚惠、马彦文著：《东北抗日联军第四军》，黑龙江人民出版社 1988 年版。

26. 刘文新著：《东北抗日联军第五军》，黑龙江人民出版社 2005 年版。

27. 赵亮、孙雅坤著：《东北抗日联军第六军》，黑龙江人民出版社 1988 年版。

28. 元仁山著：《东北抗日联军第七军》，黑龙江人民出版社 1987 年版。

29. 叶忠辉、李云桥、温野等著：《东北抗日联军第八——十一军》，黑龙江人民出版社 20C5 年版。

30. 王明阁、王云、奚介凡、孙凤云、施振兴著：《东北抗日联军斗争史略》，《北方论丛》编辑部，1980 年版。

31. 李铸、贾玉芹、高书全等译：《中华民国史资料丛稿译稿》第一分册《关于东北抗日联军的资料》，中华书局排印，1982 年版。

32. 李铸、贾玉芹、高书全等译：《中华民国史资料丛稿译稿》第二分册《关于东北抗日联军的资料》，中华书局排印，1982 年版。

33. 周保中著：《东北抗日游击日记》，人民出版社 1991 年版。

34.《周保中文选》编辑组编著：《周保中文选》，云南人民出版社 1985 年版。

35. 李延禄著：《过去的年代》，黑龙江人民出版社 1979 年版。

36. 王明贵著：《踏破兴安万重山》，黑龙江人民出版社 1988 年版。

37. 冯仲云著：《东北抗日联军十四年苦斗简史》，中央文献史出版社 2008 年版。

38. 张瑞麟著：《在漫漫长夜中：张瑞麟回忆录》，黑龙江人民出版社 1985 年版。

39. 李杜、周保中著：《东北的黑暗与光明》，历史资料供应社 1946 年版。

40. 李敏、刘颖、侯昕编著：《东北抗日英雄图谱》，黑龙江美术出版社 2023 年版。

41. 刘永俭、李朝阳著：《东北抗日联军在宝清》，黑龙江省农垦报社印刷厂，1987 年版。

42. 王健英著《中国工农红军和东北抗日联军高级领导人》，中共党史出版社 2016 年版。

43. 王琪等著：《中共党史人物传》，中央文献出版社 1997 年版。

44. 中国中共党史人物研究会编：《中共党史人物传》，中国人民大学出版社

2017 年版。

45. 霍丹琳著：《抗日英烈民族魂》，中国民主法制出版社 2015 年版。

46. 王向阳著：《抗日英烈事迹读本》（二），大象出版社 2015 年版。

47. 军事科学院解放军党史军史研究中心编著：《杨靖宇》，学习出版社 2019 年版。

48.《吉林文史资料》编辑部、政协通化市委员会编著：《回忆杨靖宇将军》，政协吉林省委员会文史资料委员会 1988 年版。

49. 赵俊清著：《民族英雄杨靖宇》，黑龙江人民出版社 2015 年版。

50.《杨靖宇传》编委会编著：《杨靖宇传》，当代中国出版社 2016 年版。

51. 陈瑞云、张留学、宋世章著：《杨靖宇将军传》，河南人民出版社 1985 年版。

52. 韩文宁著：《抗联名将杨靖宇》，南京出版社 2016 年版。

53. 中共吉林省委党史工作委员会编著：《回忆周保中》，吉林人民出版社 1989 年版。

54. 陈贵斌、孙华著：《杨靖宇将军传奇》，新华出版社 1998 年版。

55. 卓昕著：《杨靖宇传奇》，解放军出版社 2002 年版。

56. 纪云龙著：《杨靖宇和抗联第一路军》，东北书店 1946 年版。

57. 夏国珞著：《中华伟男：抗战中的杨靖宇将军》，中共中央党校出版社 1995 年版。

58. 张文新、李毓卿编：《周保中传》，黑龙江人民出版社 1987 年版。

59. 范福忠著：《抗联将军周保中》，黑龙江朝鲜民族出版社 2000 年版。

60. 赵素芬著：《周保中将军传》，解放军出版社 1988 年版。

61. 顾为民著：《抗日英雄李兆麟》，辽宁、吉林、黑龙江、延边人民出版社 1959 年版。

62. 骆宾基著：《李延禄将军的回忆》，山西人民出版社 2022 年版。

63. 刘枫、李颂鸾著：《李兆麟传》，黑龙江人民出版社 1989 年版。

64. 王忠瑜著：《赵尚志：中国的夏伯阳》上、下册，人民文学出版社 1997 年版。

65. 崔亚斌著：《威震北满的赵尚志》，辽宁少年儿童出版社 1991 年版。

66. 全国政办文史和学习委员会编著：《亲历者说中国抗战编年纪事（1931—1937）》，人民出版社 2015 年版。

67. 河南省民政厅编著：《烈士永生》，河南人民出版社 1960 年版。

68. 国家图书馆中国记忆项目中心编著：《我的抗联岁月：东北抗日联军战士口述》，中信出版社 2016 年版。

69. 沈阳市档案馆、沈阳市文史研究馆编著：《黑土地上的红色记忆：东北抗日义勇军抗日联军亲历者口述档案汇编》，沈阳出版社 2020 年版。

70. 中宣部《党建》杂志社编著：《我家的抗战故事》，现代出版社 2016 年版。

71. 林声著：《"九·一八"事变图志》，辽宁人民出版社 1991 年版。

72. 佟冬等著：《东北"大讨伐"》，中华书局 1991 年版。

73. 中共党史出版社编著：《东北抗联绝地战歌》，中共党史出版社 2012 年版。

74. 谭译著：《"九·一八"抗战史》，辽宁人民出版社 1991 年版。

75. 潘喜廷等著：《东北抗日义勇军史》，辽宁人民出版社 1985 年版。

76. 温永录著：《东北抗日义勇军史》上、下册，黑龙江人民出版社 1987 年版。

77. 元仁山著：《东北义勇军》，黑龙江人民出版社 1982 年版。

78. 李剑白著：《东北抗日救亡人物传》，中国大百科全书出版社 1991 年版。

79. 张虹著：《东北军民抗日斗争》，北京时代华文书局 2016 年版。

80. 王明伟著：《东北抗战史》，长春出版社 2016 年版。

81. 吉林省档案馆编著：《东北抗日运动概况（1938—1942）》，吉林文史出版社 1986 年版。

82. 王承礼著：《中国东北沦陷十四年史纲要》，中国大百科全书出版社 1991 年版。

83. 孙邦编著:《抗日救亡》,吉林人民出版社 1993 年版。

84. 胡淑英、李秉刚编:《辽宁抗日风云录》,辽宁人民出版社 1991 年版。

85. 中国社会科学院、中国二战史研究会、军事科学院编著:《学术讨论会文集》第 4 集,1985 年版。

86. 赵冬晖、孙玉玲著:《苦难与斗争十四年》上卷,中国大百科全书出版社 1995 年版。

87. 李茂杰、孙藏英著:《苦难与斗争十四年》中卷,中国大百科全书出版社 1995 年版。

88. 贺新诚著:《血肉长城》,世界知识出版社 2000 年版。

89. 王希亮著:《义勇军演义》,黑龙江人民出版社 1988 年版。

90. 中国人民政治协商会议黑龙江省委员会文史资料研究委员会编辑部编著:《义勇军松江浴血》,黑龙江人民出版社 1986 年版。

91. 常诚著:《张作霖》,辽宁人民出版社 1980 年版。

92. 王鸿滨著:《张作霖和奉系军阀》,河南人民出版社 1989 年版。

93. 刘书良著:《黑土骁将:抗战中的马占山将军》,中共中央党校出版社 1995 年版。

94. 宋黎著:《张学良和他的将军》,辽宁人民出版社 1993 年版。

95. 朱秀海著:《东北抗联征战纪实》,解放军文艺出版社 1995 年版。

96. 张正隆著:《雪冷血热》上、下册,长江文艺出版社 2011 年版。

97. 张正隆、姜宝才著:《最后的抗联》,人民日报出版社 2016 年版。

98. 史义军著:《最危险的时刻:东北抗联史事考》,中信出版社 2016 年版。

99. 萧雪等著:《燃烧的黑土地》,团结出版社 1995 年版。

100. 袁碧辉著:《木炮打宾州:冰趟子战斗》,南京出版社 2018 年版。

总　策　划：蒋茂凝

策划编辑：曹　春

责任编辑：曹　春　王世勇

封面题字：李向东

装帧设计：汪　莹

图书在版编目（CIP）数据

抗日战争．孤悬喋血：1931年9月—1945年9月 ／
《人民军队征战丛书》编写委员会编 ；王晓辉编著．
北京 ： 人民出版社，2025.8（2025.10重印）. -- （人民军队征战丛书）.
ISBN 978 - 7 - 01 - 027512 - 3

Ⅰ．K265.06

中国国家版本馆 CIP 数据核字第 2025YH7846 号

抗日战争　孤悬喋血

KANGRIZHANZHENG GUXUAN DIEXUE

1931 年 9 月—1945 年 9 月

《人民军队征战丛书》编写委员会　编

王晓辉　编著

人民出版社 出版发行

（100706　北京市东城区隆福寺街 99 号）

北京汇林印务有限公司印刷　新华书店经销

2025 年 8 月第 1 版　2025 年 10 月北京第 2 次印刷

开本：710 毫米 ×1000 毫米 1/16　印张：44.25

字数：605 千字

ISBN 978 - 7 - 01 - 027512 - 3　定价：178.00 元

邮购地址 100706　北京市东城区隆福寺街 99 号

人民东方图书销售中心　电话（010）65250042　65289539